THÉÂTRE
CHOISI
DE CORNEILLE

AVEC

UNE NOTICE BIOGRAPHIQUE ET LITTÉRAIRE
ET DES NOTES

PAR E. GERUZEZ

Professeur honoraire de la Faculté des lettres de Paris

PARIS
LIBRAIRIE HACHETTE ET CIE
79, BOULEVARD SAINT-GERMAIN, 79

Y 5512.
Ag.2.

Yf 2241

THÉATRE

CHOISI

DE CORNEILLE

PARIS. — TYPOGRAPHIE LAHURE
Rue de Fleurus, 9

THÉATRE
CHOISI
DE CORNEILLE

AVEC

UNE NOTICE BIOGRAPHIQUE ET LITTÉRAIRE

ET DES NOTES

PAR E. GERUZEZ

Professeur honoraire de la Faculté des lettres de Paris

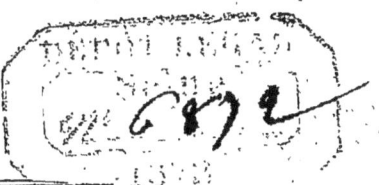

PARIS

LIBRAIRIE HACHETTE ET CIE

79, BOULEVARD SAINT-GERMAIN, 79

—

1872

NOTICE

BIOGRAPHIQUE ET LITTÉRAIRE SUR P. CORNEILLE.

Au point où nous sommes placés dans la perspective historique, nous ne voyons pas Corneille tout entier; nous n'apercevons plus ses obscurs commencements, sa croissance laborieuse, cachés pour nous derrière l'éclat de sa gloire, ni les derniers efforts de son mourant génie qui brille encore par intervalle jusqu'à ce qu'il s'éteigne dans le tombeau après une chute profonde. Nous ne voyons pas davantage le bourgeois normand chargé d'une nombreuse famille et descendant à la prière pour la soutenir; luttant contre d'obscurs ennemis, tourmenté par la critique envieuse et la basse jalousie de rivaux éclipsés : Corneille n'est pour nous que le grand poëte du *Cid*, d'*Horace*, de *Cinna*, de *Nicomède*, l'envié de Richelieu, qui s'indigne qu'un succès de théâtre fasse pâlir sa gloire d'auteur et sa renommée de grand politique; en un mot, l'homme de génie a effacé tout ce qui précède et tout ce qui suit la gloire de sa maturité; le jeune homme et le vieillard, le bourgeois et le courtisan, tout a disparu pour la postérité; l'imagination populaire a traité Corneille comme il a traité ses héros, elle n'a conservé qu'un point de sa vie et de son génie et elle en a fait l'objet de son culte et de son admiration. Corneille est pour nous un idéal, comme Horace, comme Polyeucte, comme Rodrigue. Il serait bon de rendre à cette figure idéalisée toute sa réalité; de la replacer, dans son temps, dans sa famille, entre ses envieux et ses partisans, et de suivre le progrès, l'essor et la décadence de cette puissante intelligence. La gloire de Corneille n'y perdra rien.

Pierre Corneille naquit à Rouen le 6 juin 1606. Son père était avocat du roi à la table de marbre de Normandie. La condition de ses parents et le génie particulier de sa province ne sont pas des circonstances indifférentes. Le milieu dans lequel se fait l'éducation morale des hommes étouffe ou développe les qualités naturelles, et, pour dire vrai, les habitudes de l'enfance s'unissent si étroitement à la nature qu'elles s'y confondent. Je ne veux pas renouveler les préjugés de la naissance, je ne prétends pas qu'on soit noble ou vil pour être né en haut ou en bas, mais je dis qu'il importe de naître en bon lieu et que l'âme en se développant ne s'ennoblit que sous l'influence des bons exemples domestiques; que les principes se respirent plutôt qu'ils ne s'apprennent et que notre vie tout entière en dépend; les souvenirs de la famille sont les gardiens de notre moralité. Rattachons donc sans hésiter cette droiture d'intention aux saints exemples des parents, comme nous pourrons rapporter à l'esprit de nationalité qui faisait de la Normandie une province indépendante au milieu de la France, ces sentiments de patriotisme exclusif que Corneille a si profondément sentis et si bien exprimés. Pour Corneille, la maison paternelle a été le foyer de l'honneur et la Normandie le foyer du patriotisme. De ces deux points partit la double étincelle qui anima son génie. L'homme du devoir était dans le fils du bourgeois; le Romain dans l'enfant de la Normandie.

Corneille fit ses études au collége des Jésuites

Rouen, mais de ces fortes études classiques qui ne s'effacent jamais; même il fit des vers latins et les fit excellents. Cette rude gymnastique de la pensée et du style fortifie l'une et assouplit l'autre; elle est nécessaire au développement du talent. Au sortir du collége on voulut faire de Corneille un avocat; il n'y était pas né. Il avait trop de scrupules et de hautes pensées pour se livrer avec ardeur à ce métier. Un avocat doit avoir, non pas l'esprit faux, mais indifférent à la vérité; c'est l'homme du pour et du contre, du *sic et non*. Je ne dis pas non plus que l'avocat doive manquer de goût, mais il ne faut pas que son goût soit trop sévère, il ne faut pas qu'il soit arrêté par l'image intérieure du beau et du grand qui tourmente les esprits supérieurs tout en les dirigeant. Il doit parler, et beaucoup, et sur-le-champ. Or, on ne peut le faire qu'en délayant la pensée qu'on accueille avec indulgence et qu'on débite avec une assurance intrépide. Outre les obstacles physiques, tels que son maintien de fermier, l'embarras de sa langue, Corneille avait contre lui la supériorité même de son génie; il devait être médiocre dans ce genre, parce qu'il était éminent par la pensée. Comment eût-il pu se passionner pour des questions de mur mitoyen? Ces natures vigoureuses ont besoin, pour être émues, d'intérêts graves et de hautes pensées; elles sont comme ce dogue d'un roi d'Épire, qui laissait passer le menu gibier, mais se dressait pour combattre à l'approche du lion. Corneille ne paraîtra donc au barreau que pour y constater son dédain ou son impuissance; il est né poëte, il sera poëte en dépit de ses parents mais non en dépit de Minerve. Il est inutile de dire que les réflexions qui précèdent ne sauraient atteindre, en masse, le barreau moderne, qui est devenu, grâce aux grands intérêts qui s'y débattent, l'arène où préludent tant d'esprits distingués et comme la pépinière de nos orateurs politiques.

Fontenelle, neveu et biographe de Corneille, attribue l'éveil de son génie à une piquante aventure dont on a contesté la réalité[1]. Suivant lui, Corneille, présenté à la maîtresse d'un de ses amis par cet ami même, devint le rival heureux de son introducteur, et, ravi de cette heureuse fortune, il en fit le sujet d'une comédie. En songeant à la gaucherie et à la réserve de Corneille, je serais tenté de croire que la tradition de famille rapportée par Fontenelle aura interverti les rôles. La vérité est que l'amour éveilla la verve de Corneille, nous avons sur ce point son propre témoignage[2]. La passion qu'il éprouva fut partagée quelque temps, mais il est certain que la dame de ses pensées devint la femme d'un autre sous le nom de madame Dupont. Le cours de cette affection fut rompu, mais le souvenir en resta profondément gravé dans le cœur de notre poëte, puisqu'il écrivait longtemps après :

> Après beaucoup de vœux et de soumissions,
> Un malheur rompt le cours de nos affections :
> Mais toute mon amour en elle consommée,
> Je ne vois rien d'aimable après l'avoir aimée;
> Aussi n'aimai-je plus, et nul objet vainqueur
> N'a possédé depuis ma veine ni mon cœur.

Cette passion tourna le génie de Corneille vers la poésie, et la poésie le conduisit sur le théâtre; en outre, ce souvenir garda sa jeunesse et le protégea contre des écarts que les mœurs du siècle auraient autorisés.

---

[1] Il faut bien que cette tradition ait quelque fondement, puisqu'on montre encore, à Rouen, la maison habitée par l'héroïne de cette aventure, qui s'appelait mademoiselle Milet, dont *Mélite* est l'anagramme :

> J'ai brûlé fort longtemps d'une amour assez grande,
> Et que jusqu'au tombeau je dois bien estimer,
> Puisque ce fut par là que j'appris à rimer.

Je n'ai besoin que de ce chaste amour pour justifier Corneille d'une imputation grave, d'une licence de jeunesse qu'il aurait, dit-on, expiée depuis par sa traduction de l'*Imitation*. Je veux parler d'un conte ordurier dont la honte doit revenir à son véritable auteur, l'avocat Cantenac. Non, Corneille n'a pas souillé sa plume ; non, il n'a pas suivi, même un instant, la voie qu'avaient frayée les auteurs du *Cabinet* et du *Parnasse satyrique*; non, celui qui purgea le théâtre de la licence effrénée qui le déshonorait avant lui, n'a pas débuté par une insulte à la pudeur, et si plus tard il a traduit l'œuvre de Gerson, c'est que, dégoûté un moment du théâtre par la chute de *Pertharite*, il trouvait à guérir les blessures de son amour-propre dans le livre sublime qui nous apprend l'abnégation.

La longue carrière de Corneille peut se diviser en quatre époques distinctes. La première, pendant laquelle son génie se développe et cherche en tâtonnant à se frayer sa voie. La seconde, qui n'est guère marquée que par des chefs-d'œuvre, nous le montre dans toute la force de son génie et avec la conscience de sa supériorité. Pendant la troisième, éloigné du théâtre par le souvenir d'un revers douloureux, il donne un aliment à sa verve par des traductions plus ou moins heureuses, et, jetant un regard en arrière, il se fait le juge de ses propres œuvres, et il essaye, en expliquant la poétique d'Aristote, de montrer que son génie est en règle avec la critique, et qu'on ne saurait invoquer contre lui l'autorité du législateur de la tragédie antique. Enfin, ramené par les avances du surintendant et les encouragements du roi sur le théâtre de ses premiers succès, nous voyons le déclin et la chute de son talent.

Lorsque Corneille entreprit d'écrire pour le théâtre, il en ignorait les règles, et ce fut dans un voyage qu'il fit à Paris pour y jouir du succès de sa première comédie qu'il apprit qu'il fallait se soumettre à la terrible loi des unités, unité d'action, unité de temps, unité de lieu. Au reste, dans ce premier ouvrage, essai ingénu d'un talent qui cherchait sa voie, le bon sens l'avait préservé de l'horrible déréglement qui usait et abusait du temps et de l'espace pour multiplier les événements invraisemblables et les péripéties romanesques dans lesquels se jouaient des personnages ou platement réels ou ridiculement imaginés. *Mélite* (1629) est le tableau d'une aventure dont les incidents peuvent être exposés en peu de mots. Éraste, amant depuis longtemps en instance, sans avoir été ni accepté ni éconduit, appelle à son aide Tircis, son ami, quelque peu rimeur, qui se charge de faire un sonnet destiné à attendrir le cœur de Mélite. Le confident secrétaire prend feu pour son propre compte et supplante facilement celui qu'il devait servir. Celui-ci imagine alors, pour se venger, d'introduire, comme prétendant nouveau, un certain Philandre, qui se croit aimé sur la foi d'une lettre supposée. Cette trahison apparente pousse au désespoir Mélite et Tircis. Éraste, épouvanté du succès de sa fourberie, entre en pleine démence, au point de voir distinctement Caron et sa barque, et les Euménides ; heureusement pendant son délire il dévoile devant celui-là même qu'il a trompé la trame qu'il avait ourdie ; heureusement encore ni Mélite ni Tircis ne sont morts ; tout s'éclaircit : Mélite donne sa main à Tircis ; Éraste, revenu de sa courte fureur, obtient en échange de sa première maîtresse la sœur de Tircis, et le crédule Philandre prendra, si bon lui semble, une vieille nourrice, mêlée à cette intrigue, et que personne ne sera tenté de lui disputer.

Corneille s'est toujours applaudi d'avoir dénoué sa pièce à l'aide du délire d'Éraste. Cet artifice ne manque pas d'adresse ; mais ce n'est pas le seul mérite de cette comédie où se rencontrent déjà des scènes bien conduites et quelques vers heureux[1]. Toutefois ce n'est pas une comédie, puisqu'il y manque l'observation des mœurs et la peinture des caractères ; les personnages n'y ont aucune physionomie, le seul élément dramatique est dans l'intrigue dont le débrouillement excite une certaine curiosité. Les traits d'esprit ou de sentiment jetés comme ornements sur ce canevas sont dans le goût fade et subtil des Italiens ou hyperbolique des Espagnols. Mais c'est par là qu'on se faisait applaudir. Ainsi je ne doute pas que les spectateurs ne fussent charmés de ces vers d'Éraste sur sa maîtresse :

> Le jour qu'elle naquit, Vénus, quoique immortelle,
> Pensa mourir de honte en la voyant si belle;
> Les Grâces à l'envi descendirent des cieux
> Pour se donner l'honneur d'accompagner ses yeux;
> Et l'amour qui ne put entrer dans son courage
> Voulut obstinément loger sur son visage.

On goûtait fort, sans doute aussi, ce dialogue entre deux amants :

> « Regarde dans mes yeux et reconnais qu'en moi
> On peut voir quelque chose aussi parfait que toi.
> — C'est sans difficulté, m'y voyant exprimée.
> — Quitte ce vain orgueil dont ta vue est charmée.
> Tu n'y vois que mon cœur, qui n'a plus un seul trait
> Que ceux qu'il a reçus de ton charmant portrait,
> Et qui tout aussitôt que tu t'es fait paraître
> Afin de te mieux voir, s'est mis à la fenêtre.
> — Le trait n'est pas mauvais. »

[1] En voici quelques-uns :
> La beauté, les attraits, l'esprit, la bonne mine,
> Échauffent bien le cœur mais non pas la cuisine.
> . . . .
> L'argent dans le ménage a certaine splendeur
> Qui donne un teint d'éclat à la même laideur
>
> Une fausse louange est un blâme secret.

Non, mais il est détestable. Ce *cœur qui s'est mis à la fenêtre* est le comble du ridicule; cependant les contemporains de Corneille étaient *charmés de ce petit morceau*, et il les servait à leur appétit.

Mélite eut un grand succès. Cependant les critiques ayant blâmé la simplicité de l'intrigue et la familiarité du style, Corneille voulut prouver qu'une fable complexe ne l'embarrassait pas et qu'il dépendait de lui de prendre un ton plus élevé. Dans cette pensée, il composa *Clitandre* (1632), où, pour donner la mesure de sa faculté d'invention, il mit à une véritable torture l'intelligence de ses auditeurs. Il avoue qu'une seule représentation ne suffit pas pour faire comprendre l'enchaînement des faits, tant la contexture de la pièce est embrouillée, et d'un autre côté nous ne comprenons plus qu'on se soit soumis plus d'une fois à cette rude épreuve. Corneille a prétendu plus tard qu'il avait eu le dessein de faire réussir une pièce détestable. Nous croyons qu'en cela il se vantait et se calomniait. Tout Normand qu'il fût, Corneille n'était pas homme à tendre un piége au public ni à se mettre le premier au supplice qu'il aurait préparé pour ses admirateurs, et il n'aurait pas poussé l'irrévérence jusqu'à impliquer dans cette fastidieuse mystification le duc de Longueville, par une dédicace. S'aventure qui voudra dans ce labyrinthe pour lequel je n'ai point de fil d'Ariane; que d'autres en comptent les détours, sans oublier les cavernes, les travestissements, les coups d'épée noblement ou traîtreusement portés; qu'ils y suivent les faits et gestes d'un roi Alcandre, peu connu dans l'histoire, de son favori Rosidor et de son fils Floridan, de l'infortuné Clitandre; qu'ils écoutent les soupirs de Caliste, les imprécations de Dorise; qu'ils assistent au crime de Pymante et à son châtiment, et je leur promets un lourd cauchemar. Nous trouvons dans cet *imbroglio* de terribles vers. C'est là qu'un amant se plaignant de ne pas être blessé mortellement s'écrie :

> Blessures, hâtez-vous d'élargir vos canaux,
> Par où mon sang emporte et ma vie et mes maux !
> Ah ! pour l'être trop peu, blessures trop cruelles,
> De peur de m'obliger vous n'êtes pas mortelles.

Et qu'un autre, à qui une maîtresse irritée vient de crever un œil, apostrophe ainsi le sang qui coule de sa plaie :

> Coule, coule mon sang, en de si grands malheurs
> Tu dois avec raison me tenir lieu de pleurs.
> . . . .
> Miraculeux effet ! Pour traître que je sois,
> Mon sang l'est encor plus et sert tout à la fois
> De pleurs à ma douleur, d'indices à ma prise,
> De peine à mon forfait, de vengeance à Dorise.

C'est le traître Pymante qui joue ainsi avec l'antithèse, par où l'on peut voir que pour être devenu borgne, il n'en est pas moins pétri d'esprit. Disons cependant qu'à côté de ces prétentieuses niaiseries se rencontrent çà et là quelques traits de force qui annoncent le poëte. Je n'en apporte pour preuve qu'un seul passage. Dorise, qui n'a pas réussi à tuer sa rivale, se plaint en ces termes :

> Encor si son trépas, secondant mon désir,
> Mêlait à mes douleurs l'ombre d'un faux plaisir !
> Mais tels sont les excès du malheur qui m'opprime,
> Qu'il ne m'est pas permis de jouir de mon crime ;
> Dans l'état pitoyable où le sort me réduit,
> J'en mérite la peine et n'en ai pas le fruit[1].

---

[1] Racine n'aurait-il pas tiré de ce passage les admirables vers qu'il met dans la bouche de Phèdre :

> Hélas ! du crime affreux dont la honte me suit,
> Jamais mon triste cœur n'a recueilli le fruit !

Et tout ce que j'ai fait contre mon ennemie
Sert à croître sa gloire avec mon infamie.

De *Clitandre* à *la Veuve* (1633) le passage est brusque et le contraste n'est pas moins tranché qu'entre *Mélite* et *Clitandre*. Corneille tenait à prouver la souplesse de son talent. Cette fois le progrès est sensible et le poëte fait un premier pas dans la route de la véritable comédie. Sans arriver encore à tracer un caractère, il touche à la vérité des mœurs dans la peinture de l'âme de Clarice, jeune veuve aimable et tendre, encourageant avec décence la passion discrète d'un amant qui ne se déclare pas, tandis qu'elle rejette avec courtoisie les empressements d'un prétendant plus favorisé de la fortune. Ce prétendant, dans son dépit, imagine de faire enlever et séquestrer sa maîtresse pour n'avoir plus de compétiteur, mais l'ami qui s'est chargé de ce coup de main reconnaît la perfidie, rend Clarice à son amant, et reçoit en échange de ce service la main de la sœur de celui qu'il a favorisé. Cette agréable comédie, dont le style est presque toujours naturel et quelquefois élégant, nous offre encore sinon le rôle au moins le portrait d'un personnage comique ; c'est un amoureux qui a appris dans les livres le langage de la galanterie ; avec plus d'expérience, Corneille l'aurait mis en scène comme personnage épisodique ; il se contente d'en parler. Voici, dès la première scène, des vers dans le vrai ton de la comédie qui doit reproduire la conversation des honnêtes gens :

Le joli passe-temps,
D'être auprès d'une dame et causer du beau temps,
Lui jurer que Paris est toujours plein de fange,
Qu'un certain parfumeur vend de fort bonne eau d'ange,
Qu'un cavalier regarde un autre de travers,
Que dans la comédie on dit d'assez bons vers,
Qu'Aglante avec Philis dans un mois se marie !

> Change, pauvre abusé, change de batterie,
> Conte ce qui te mène, et ne t'amuse pas
> A perdre innocemment tes discours et tes pas.

Ces vers sont d'autant plus piquants qu'ils s'adressent à celui qui ne perd ni ses pas ni ses discours, et qu'ils sont dans la bouche de l'amant qui sera éconduit. Citons après ce spirituel passage un trait de sentiment :

> Ma flamme est toute pure, et sans rien présumer,
> Je ne cherche en aimant que le seul bien d'aimer.

Il y a, chose rare dans les comédies de ce temps, quelques vers plaisants et de bon ton, et de plus une situation vraiment comique[1].

C'est à propos de la Veuve que Scudéri s'écria :

> Le soleil est levé, disparaissez étoiles.

Et que Mairet écrivit ce joli madrigal :

> Rare écrivain de notre France
> Qui le premier des beaux esprits,
> As fait revivre en tes écrits
> L'esprit de Plaute et de Térence;
> Sans rien dérober des douceurs
> De Mélite, ni de ses sœurs,
> O Dieu, que ta Clarice est belle!
> Et que de veuves à Paris
> Souhaiteraient d'être comme elle
> Pour ne pas manquer de maris!

Nous verrons bientôt que Scudéri et Mairet changeront de ton au moment précis où l'éloge, même enthousiaste, n'aurait rien eu d'hyperbolique.

Ces succès avaient attiré sur Corneille l'attention du puissant ministre qui régnait sous le nom de

[1] Act. II, sc. III.

Louis XIII. Richelieu fit entrer l'auteur de *Mélite* dans l'officine où se fabriquèrent, sous sa direction et avec l'aide de Lestoile, Boisrobert, Colletet et Rotrou, ces pauvres pièces de *Mirame*, des *Thuileries*, la *Grande Pastorale*, et tant d'autres ébauches dramatiques dont le ministre fournissait le cadre, où il glissait parfois des vers de sa façon, et qu'achevaient à la tâche ses cinq collaborateurs rétribués. Ne médisons pas trop de cette manie d'un grand homme, c'est elle qui fonda le théâtre que devait enfin consacrer le génie de Corneille. Cet emploi dans l'atelier dramatique des cinq auteurs n'empêcha pas Corneille de travailler pour son propre compte. Deux nouvelles comédies également heureuses, *la Galerie du Palais* et *la Suivante* succédèrent à *la Veuve* dans une même année (1634). La première, par le choix du lieu de la scène, indique que Corneille cherchait à se placer sur un terrain réel; la vérité des lieux est déjà quelque chose, en attendant celle des mœurs, et on peut dire qu'elle y conduit, car il serait trop choquant de placer des personnages purement imaginaires dans un lieu que le spectateur connaît et fréquente. La seconde annonce par son titre un personnage nouveau sur la scène française. Corneille, dans sa *Galerie du Palais*, avait substitué à l'éternelle nourrice de ses devanciers une simple suivante. Cette innovation avait été goûtée, et par reconnaissance le poëte fit de ce personnage subalterne qu'on avait applaudi, l'héroïne d'une nouvelle comédie. L'intrigue de *la Galerie du Palais* est fondée sur le caprice d'une maîtresse qui se met en tête de changer d'amant, et comme celui-ci se pique au jeu, tous deux allant chercher fortune ailleurs, nous avons deux couples dépareillés qui, après force querelles et méprises, finissent par se réunir. Dans *la Suivante*, l'antichambre veut supplanter le salon. Mais la soubrette échoue, malgré sa grâce réelle aidée de ruse et de coquetterie. Dans ces pièces, Corneille côtoie la comédie sans y pénétrer [1], il noue et conduit l'intrigue avec dextérité, il évite le jargon dans le langage de ses ac-

---

[1] Une scène fort piquante donnera une idée de l'art et de l'esprit de Corneille dans le dialogue. Clarimond reçoit de Daphnis, sa maîtresse (voy. *la Suivante*, act. III, sc. II), un congé en forme. Le dialogue est un véritable tour de force; c'est comme une partie de volant jouée avec une adresse infinie :

C. Ces dédains rigoureux dureront-ils toujours?
D. Non, ils ne dureront qu'autant que vos amours.
C. C'est prescrire à mes feux des lois bien inhumaines.
D. Faites finir vos feux, je finirai leurs peines.
C. Le moyen de forcer mon inclination?
D. Le moyen de souffrir votre obstination?
C. Qui ne s'obstinerait en vous voyant si belle?
D. Qui pourrait vous aimer vous voyant si rebelle?
C. Est-ce rébellion que d'avoir trop de feu?
D. C'est avoir trop d'amour et m'obéir trop peu.
C. La puissance sur moi que je vous ai donnée....
D. D'aucune exception ne doit être bornée.
C. Essayez autrement ce pouvoir souverain.
D. Cet essai me fait voir que je commande en vain.
C. C'est un injuste essai qui ferait ma ruine.
D. Ce n'est plus obéir depuis qu'on examine.
C. Mais l'amour vous défend un tel commandement.
D. Et moi je me défends un plus doux traitement.
C. Avec ce beau visage avoir le cœur de roche!
D. Si le mien s'endurcit, ce n'est qu'à votre approche.
C. Que je sache du moins d'où naissent vos froideurs.
D. Peut-être du sujet qui produit vos ardeurs.
C. Si je brûle, Daphnis, c'est de nous voir ensemble.
D. Et c'est de nous y voir, Clarimond, que je tremble.
C. Votre contentement n'est qu'à me maltraiter.
D. Comme le vôtre n'est qu'à me persécuter.
C. Quoi! l'on vous persécute à force de services?
D. Non, mais de votre part ce me sont des supplices.
C. Hélas! et quand pourra venir ma guérison?
D. Lorsque le temps chez vous remettra la raison.
C. Ce n'est pas sans raison que mon âme est éprise.
D. Ce n'est pas sans raison aussi qu'on vous méprise.
C. Juste ciel! et que dois-je espérer désormais?
D. Que je ne suis pas fille à vous aimer jamais.
C. C'est donc perdre mon temps que de plus y prétendre?
D. Comme je perds ici le mien à vous entendre.
C. Me quittez-vous sitôt sans me vouloir guérir?
D. Clarimond sans Daphnis peut et vivre et mourir.
C. Je mourrai toutefois si je ne vous possède.
D. Tenez-vous donc pour mort s'il vous faut ce remède.

teurs, et on peut dire que dans un genre essentiellement vicieux, il pallie autant que possible des défauts sans remède.

La Place Royale (1635) est la contre-partie de *la Galerie du Palais*. Cette fois c'est un amant capricieux que le bien-être pousse au changement et qui se brouille de gaieté de cœur avec une maîtresse, dont l'unique défaut est de n'en point avoir, et pour que le contraste soit complet, cette brouille sans motif ne se rajuste pas; elle conduit Angélique au cloître et maintient Alidor dans le célibat. Ainsi se montre dans ces inventions diverses l'industrie de Corneille, qui s'étudie sans cesse à trouver de nouvelles combinaisons pour arriver à des effets différents. Malheureusement la matière ne vaut pas les soins de l'ouvrier, et on peut, sans trop de sévérité, appliquer à toutes ces pièces ce que dit un des personnages de *la Galerie du Palais* [1]:

O pauvre comédie! objet de tant de peines,
Si tu n'es qu'un portrait des actions humaines,
On te tire souvent sur un original
A qui, pour dire vrai, tu ressembles fort mal.

Corneille comprit sans doute qu'il était engagé dans une impasse et il se détourna résolûment vers la tragédie. La *Sophonisbe* de Mairet fut le premier éclair à la lueur duquel il entrevit sa vocation. Les efforts d'un esprit industrieux et subtil lui avaient donné conscience de son habileté; il prit tout à coup le sentiment de sa force et de son élévation. *Médée* (1635) n'est pas une bonne tragédie, il s'en faut de beaucoup. L'atrocité du sujet, dont l'art d'Euripide avait triomphé, n'était pas même déguisée dans le modèle que suivit Corneille; c'était Sénèque, dont l'influence avait déjà servi et gâté Garnier. Ce poëte sentencieux et déclamateur,

---

[1] Act. I, sc. VII.

qui exagère tout, a cependant le mérite de buriner sa pensée par l'énergie du langage ; il a des traits de force qui touchent au sublime. Racine a pu seul, grâce à la sûreté de son goût, affronter le dangereux commerce de cet écrivain ; mais Corneille, qui ne s'était pas formé à l'école des Grecs, n'avait rien qui pût le préserver de l'imitation de défauts saillants qui passaient alors pour des beautés. Corneille ne trouve pas dans ce premier essai le diapason de la langue tragique ; le style de *Médée*, toujours diffus quand la pensée du poëte n'est pas nette, est souvent emphatique dans l'expression des sentiments élevés, et trivial dans les détails familiers. Aucun des personnages n'est intéressant : Médée épouvante et repousse, Jason est méprisable, Créuse insignifiante ; Égée, le vieil Égée, amoureux suranné, protecteur impuissant, touche au grotesque : tout cela est vrai, mais enfin Corneille eut dans ce drame imparfait l'honneur de faire entendre les premiers vers vraiment tragiques qui aient retenti sur la scène française, lorsque Médée s'écrie :

> Souverains protecteurs des lois de l'hyménée,
> Dieux garants de la foi que Jason m'a donnée !
> Vous qu'il prit à témoin d'une immortelle ardeur,
> Quand par un faux serment il vainquit ma pudeur,
> Voyez de quel mépris[1] vous traite son parjure,
> Et m'aidez à venger notre commune injure[2].

C'est lui qui introduisit pour la première fois le sublime sur notre théâtre par un trait demeuré célèbre :

> Votre pays vous hait, votre époux est sans foi ;
> Dans un si grand revers que vous reste-t-il ?

---

[1] *De quel mépris*, « avec quel mépris, » comme dans ce vers de *Polyeucte* (act. III, sc. II) :
   Et traitaient de mépris les Dieux qu'on invoquait.

[2] Act. I, sc. IV.

MÉDÉE.

Moi, dis-je, et c'est assez.

Sénèque peut, il est vrai, réclamer sa part dans ces beautés, mais c'est beaucoup de les avoir transportées et naturalisées sur un sol nouveau.

Avant d'arriver à la tragédie vraiment digne de ce nom, nous avons à traverser une composition singulière où Corneille emploie la magie, non plus, comme dans *Médée*, pour satisfaire la vengeance d'une mère dénaturée, mais la curiosité et la tendresse d'un père. Un vieillard, pareil à celui de Térence[1], a poussé par ses rigueurs son fils à fuir le toit paternel; mais depuis son départ il est inconsolable : vainement il s'est mis à la poursuite de cet enfant prodigue, ses lointains voyages ne lui en ont rien appris. La science des devins a échoué; mais enfin il s'adresse à un magicien centenaire, qui possède à fond tous les secrets de son art et qui les emploie généreusement. Le sorcier se met aussitôt à l'œuvre, et des fantômes subitement évoqués viennent sur la scène reproduire la figure du fils si longtemps cherché et des personnes avec lesquelles il vit. Nous le voyons donc au service d'un matamore, héros de contrebande aussi brave en paroles que pusillanime en action. Clindor, c'est le nom du fils, en paraissant servir les amours du capitan, fait ses propres affaires, il est aimé : mais un perfide rival, essayant de le tuer, se fait tuer; Clindor est arrêté : condamné à mort, il n'attend plus dans sa prison que le moment du supplice, lorsque sa maîtresse, qui a séduit ses gardiens, se présente et le délivre. Au dernier acte, les deux époux reparaissent sous de brillants costumes de cour. Clindor est le favori d'un prince : doublement infidèle, il trompe l'amitié de son

---

[1] Voy. l'*Heautontimoroumenos*.

maître et l'amour de sa femme, et il ne tarde pas, pour
prix de sa trahison, de recevoir un coup de poignard.
Le vieillard, témoin de cette catastrophe, se désespère.
Tout à coup le fils reparaît non plus couvert d'ori-
peaux, mais du moins en parfaite santé. Il est occupé
avec son meurtrier et quelques autres personnages,
hommes et femmes, à compter de l'argent qu'on se
partage. Cet argent est le produit de la recette. Nos
princes étaient tout simplement des acteurs jouant une
tragédie, ce qui amène un magnifique éloge du théâtre.
Corneille a donné à cette œuvre bizarre, mais artiste-
ment construite, le titre d'*Illusion comique* (1636), et il
est vrai que l'illusion théâtrale y est portée à la troisième puissance. En effet, au début, c'est le mensonge
habituel de la scène, c'est-à-dire des acteurs dans
leur rôle, illusion simple; du second acte jusqu'au cinquième, c'est une action éloignée amenée sur la scène
par voie d'évocation, illusion double; et dans le cinquième ces personnages évoqués devenus comédiens,
font, sans qu'on en soit prévenu, leur métier d'acteurs
tragiques, triple illusion. La pièce est donc bien nommée, et de plus elle fut accueillie avec une faveur qui
se soutint pendant un demi-siècle. L'étrangeté du spectacle y contribuait, mais aussi la facilité et la vigueur
de la versification; c'était d'ailleurs dans la conclusion
un plaidoyer en l'honneur du théâtre et des comédiens [1]. Citons un seul passage qui montrera l'habileté

---

[1] Le morceau mérite d'être conservé. Il marque le moment
précis où les jeux de la scène, grâce à la protection de Richelieu, de-
vinrent le divertissement des honnêtes gens :

> A présent le théâtre
> Est en un point si haut, que chacun l'idolâtre,
> Et ce que votre temps voyait avec mépris
> Est aujourd'hui l'amour de tous les bons esprits,
> L'entretien de Paris, le souhait des provinces,
> Le divertissement le plus doux de nos princes,
> Les délices du peuple et le plaisir des grands ;
> Il tient le premier rang parmi leurs passe-temps,

de Corneille à manier la langue poétique; je le tire du monologue de Clindor, dans l'attente du supplice :

> Ainsi de tous côtés ma perte était certaine.
> J'ai repoussé la mort, je la reçois pour peine.
> D'un péril évité je tombe en un nouveau,
> Et des mains d'un rival en celles d'un bourreau.
> Je frémis à penser à ma triste aventure :
> Dans le sein du repos je suis à la torture;
> Au milieu de la nuit et du temps du sommeil
> Je vois de mon trépas le honteux appareil;
> J'en ai devant les yeux les funestes ministres,
> On me lit du sénat les mandements sinistres;
> Je sors les fers aux pieds, j'entends déjà le bruit
> De l'amas insolent d'un peuple qui me suit;
> Je vois le lieu fatal où ma mort se prépare;
> Là mon esprit se trouble et ma raison s'égare,
> Je ne découvre rien qui m'ose secourir,
> Et la peur de la mort me fait déjà mourir.

Le succès des premières pièces de Corneille, tout imparfaites qu'elles sont, fut éclatant. Il se montrait dès lors supérieur à ses contemporains par la forme et l'élégance du langage, et par la conduite d'une action plus simple et mieux développée. Il se distinguait surtout des autres poëtes comiques, en bannissant du théâtre la licence du langage et des mœurs; car la scène comique nous conservait avec une malheureuse fidélité les traditions scandaleuses de ces farces qui marchaient au XVIᵉ siècle à côté des moralités et des soties. La chasteté de notre langue se refuse à exprimer ce qui se faisait alors publiquement sur la scène. Corneille ne s'éleva pas dans ses comédies à la peinture des mœurs réelles, mais il en bannit du moins

> Et ceux dont nous voyons la sagesse profonde
> Par ses illustres soins conserver tout le monde,
> Trouvent dans les douceurs d'un spectacle si beau
> De quoi se délasser d'un si pesant fardeau.

les tableaux d'immoralité qui avaient le privilége de divertir nos bons aïeux. Pendant cette première période, il n'eut guère que des admirateurs. L'envie attendait pour s'éveiller l'éclat et le bruit de la gloire.

Ce fut un hasard providentiel qui mit enfin Corneille dans sa véritable voie. Ne connaissant point encore l'originalité de son talent, il se bornait à suivre et à dépasser, dans la comédie, les traces de ses devanciers. Un ancien trésorier, qui dans sa jeunesse avait été page de Marie de Médicis, M. de Châlon, retiré à Rouen, tout en félicitant Corneille sur ses succès, l'avertit qu'il avait mieux à faire; qu'il tenait sous la main les trésors d'une littérature riche, grandiose, féconde. Ils lurent ensemble *Las Mocedades del Cid*[1] de Guillem de Castro. Si quelqu'un était né pour comprendre et goûter la poésie espagnole, c'était certes Corneille : déjà, dans sa *Médée*, il avait été en contact avec un des écrivains latins de race espagnole, avec Sénèque, et Lucain avait été sa première passion.

Un critique distingué[2] a peint en termes pompeux l'effet de surprise et d'admiration que produisit sur les spectateurs la *naissante merveille*[3] du *Cid*. Le passage mérite d'être cité :

« La scène s'ouvre : quelle surprise! quel ravissement! Nous voyons pour la première fois une intrigue noble et touchante, dont les ressorts, balancés avec art, serrent le nœud de scène en scène, et préparent sans effort un adroit dénoûment : nous admirons cet équilibre des moyens dramatiques, qui, réglant la marche toujours croissante de l'action, tient le spectateur incertain entre la crainte et l'espérance, en va-

---

[1] On pourrait traduire ce titre d'après nos vieux auteurs, *Les enfances du Cid*.
[2] Victorien Fabre, *Éloge de Corneille*.
[3] Boileau.

riant et en augmentant sans cesse un intérêt unique et toujours nouveau; cette opposition si théâtrale des sentiments les plus chers et des devoirs les plus sacrés; ces combats où, d'un côté, luttent le préjugé, l'honneur, les saintes lois de la nature; de l'autre, l'amour, le brûlant amour, que la nature respectée ne peut vaincre, et que le devoir surmonte sans l'affaiblir. Subjugué par la force de cette situation, je vois tout le parterre en silence, étonné du charme qu'il éprouve, et de ces émotions délicieuses que le théâtre n'avait point encore su réveiller au fond des cœurs. Mais dans ces scènes passionnées où devient plus vive et pressante cette lutte si douloureuse de l'héroïsme de l'honneur et de l'héroïsme de l'amour; lorsque, dans les développements de l'intrigue, redoublent de violence ces combats, ces orages de sentiments opposés, par lesquels l'action théâtrale se passe dans l'âme des personnages et se reproduit dans l'âme des spectateurs,... alors, au sein de ce profond silence, je vois naître un soudain frémissement; les cœurs se serrent, les larmes coulent, et parmi les larmes et les sanglots, s'élève un cri unanime d'admiration, un cri qui révèle à la France que la tragédie est trouvée ! »

En effet, la tragédie était trouvée. Le succès fut prodigieux, et l'admiration alla si loin que, suivant le témoignage de Pellisson, elle donna cours à cette formule, *beau comme le Cid*. On n'imaginait rien au delà. Mais Corneille devait éprouver qu'on ne s'élève pas impunément, par un essor imprévu, à une pareille hauteur. Lorsqu'il se fut mis hors de pair, ses confrères en poésie, ceux-là même qui avaient applaudi à ses débuts d'autant plus volontiers qu'ils conservaient l'avantage d'être plus fêtés dans les cercles à la mode, se liguèrent pour protester contre les acclamations de la foule. Scudéri, Mairet, Claveret s'évertuèrent à prouver que le *Cid* valait peu de chose, et que ce peu de chose n'appartenait pas à Corneille. Scudéri se distingua dans cette croisade. Nous avons reproduit dans notre commentaire[1] quelques-unes de ses observations. Ce libelle fut soumis à l'Académie qui eut pour ses débuts dans la critique à prononcer entre Corneille et son détracteur. Tel était l'ordre du puissant ministre cardinal de Richelieu. On regrette de voir un tel homme mêlé à un pareil débat, et quoi qu'on ait dit, il est impossible de méconnaître que le mobile de Richelieu était la jalousie. Disons d'abord que Corneille s'était détaché de l'atelier poétique du ministre-poëte, grave insubordination qui avait fait dire au maître que Corneille manquait *d'esprit de suite*, ce qui veut dire qu'il ne suivait pas avec assez de docilité les ordres reçus. C'était un premier grief. De plus, Richelieu se piquait de poésie, et, dans ce métier, les plus intraitables sont ceux qui y réussissent le moins. Comme rimeur, Richelieu était l'allié naturel de Scudéri, et à ce titre seul le succès de Corneille lui aurait fait ombrage; mais il y a plus, le succès était de telle nature que la gloire du poëte bruissait autant que celle du ministre. Or, Richelieu ne supportait pas qu'auprès de lui on s'élevât si haut. Descartes, Saint-Cyran, Balzac même en sont témoins. Le cardinal n'aimait de grandeur que la sienne propre; heureusement, et ce sera là son éternel honneur, il y engageait celle de la France.

L'Académie fut bien empêchée à satisfaire Richelieu, encore n'y réussit-elle qu'imparfaitement. Ses *sentiments* rédigés par Chapelain ont passé longtemps, sur la foi de la Bruyère, pour un modèle de critique. Voltaire n'a protesté que mollement, par esprit de corps. Le fait est que l'esprit de cette censure ne va à rien moins qu'à proscrire la passion dans le drame tra-

---

[1] Je m'empresse de reconnaître ici que les conseils de M. Viguier m'ont été fort utiles pour la correction et l'intelligence du texte espagnol, dans mes notes sur le *Cid*.

gique. On y trace à des amants des règles que la froide raison a déjà beaucoup de peine à suivre, et on leur demande d'agir et de parler comme si rien dans leur âme ne combattait la loi du devoir. Les conseils du prudent aréopage ne conduisent pas à faire mieux, mais à s'abstenir. Voilà pour l'intrigue et les caractères. Quant aux remarques sur la langue, elles ont trop souvent pour principe les scrupules d'une logique méticuleuse, qui procure une clarté sans éclat, et cette sorte de correction banale, hostile à l'originalité du langage, mortelle aux hardiesses de la poésie. Corneille, qui n'avait pas accepté l'arbitrage, ne protesta pas contre la sentence, mais s'il s'abstint de répondre à ses juges officiels, c'est que « la même raison qui les avait fait parler l'avait obligé à se taire[1]. » Voilà la liberté que Richelieu laissait à la république des lettres ! Sachons gré à la nièce du cardinal d'avoir tenu tête à l'orage; louons Balzac de s'être rangé du parti de la foule contre Scudéri; félicitons Rotrou du plaisir qu'il éprouva d'être vaincu par un ami. Rotrou était un noble cœur, sa mort l'a prouvé, mais le courage qu'il montra, en restant par devoir de magistrat, exposé aux atteintes de l'épidémie qui l'emporta, est peut-être moins rare que le dévouement d'un poëte à la gloire d'un rival[2].

Corneille s'associa avec ardeur et ingénuité à l'admiration qu'il inspirait :

Je sais ce que je vaux et crois ce qu'on m'en dit.

---

[1] *Avertissement* sur la tragédie du *Cid*.

[2] Corneille donnait à Rotrou le nom de père, quoique celui-ci fût plus jeune que lui de trois années. Ce titre de vénération donné à un ami atteste la simplicité et la profonde reconnaissance de Corneille. J'estime que Rotrou avait accueilli le poëte normand à son arrivée à Paris, où, déjà engagé dans la vie de théâtre, il aurait aplani pour le nouveau venu les difficultés qui ajournent si souvent et arrêtent quelquefois les débuts d'un auteur.

Il ajoutait :

> Mon travail sans appui monte sur le théâtre....
> Je satisfais ensemble et peuple et courtisans,
> Et mes vers en tous lieux sont mes seuls partisans....
> Je ne dois qu'à moi seul toute ma renommée[1].

Par là Corneille se défendait de toute brigue et non de toute imitation ; car il ne cachait pas que Sénèque lui avait fourni les plus beaux traits de sa *Médée*, ni qu'il dût à Guillem de Castro le sujet et quelques-unes des plus belles scènes du *Cid*. C'est ici le lieu de signaler une étourderie de Voltaire, qui, ayant jeté un coup d'œil sur l'*Honrador de su padre* (le Vengeur de son père) d'un certain Diament, fit de ce poëte, traducteur médiocre de Corneille, un devancier non-seulement de Corneille, mais de Guillem de Castro, ce qui transformerait notre loyal grand poëte en plagiaire impudent. M. Génin a relevé avec beaucoup d'esprit et de sens[2] cette méprise qui donnait cours à un soupçon odieux.

Non, Corneille n'a pas été plagiaire, mais quelque supériorité qu'il eût apportée dans l'imitation, il ne lui convenait plus de marcher sur les traces d'autrui. Pour confondre ses adversaires et leur prouver que le génie de l'invention ne lui manquait pas, il fit *Horace* (1639) sur une page de Tite-Live. Une simple narration historique lui fournit l'étoffe de cinq actes tragiques. *Horace* est sans doute la production la plus vigoureuse, la plus originale du génie de Corneille. Là tout est substance, force et lumière. Dans un cadre de médiocre étendue, l'art du poëte évoque la famille romaine avec la pureté de ses mœurs, la gravité de sa discipline, la diversité des membres qui la composent, et la cité elle-même tout entière, avec ses institutions et les vertus qui la desti-

---

1 *Épître à Ariste.*
2 *National* du 11 avril 1841. Il est fâcheux que cet article d'excellente critique n'ait pas été recueilli.

naient à l'empire du monde. Ainsi, par une anticipation si vraisemblable qu'on ne l'a pas remarquée, Rome soumise à l'autorité des rois est déjà digne de n'en plus avoir. Quelle simplicité dans les ressorts, quelle variété dans les caractères! Voyez comment l'annonce successive de deux décisions simultanées produit deux scènes admirables ; il suffit que le choix des Curiaces ne soit connu qu'après celui des Horaces pour que l'intérêt naissant du drame se prolonge et croisse; l'empressement fort naturel d'une femme timide venant annoncer comme complet un fait inachevé produit la plus neuve et la plus émouvante des péripéties. Pour les caractères, nous avons le contraste de Sabine et de Camille, l'une voulant mourir pour son époux, l'autre poussant à l'homicide l'humeur farouche de son frère ; Horace et Curiace sont tous deux des héros, mais le Romain n'a que du cœur et point d'entrailles, tandis que chez l'Albain la sensibilité tempère l'héroïsme, et cette opposition se dessine nettement par un dialogue sublime :

Albe vous a nommé, je ne vous connais plus.
— Je vous connais encore et c'est ce qui me tue.

Mais au-dessus de ces figures si bien caractérisées s'élève avec la majesté du vieillard, avec l'autorité du père, avec le dévouement dès longtemps éprouvé du citoyen, le vieil Horace, auquel je ne vois rien à comparer. Écoutez de quel ton il débute :

Qu'est ceci, mes enfants, écoutez-vous vos flammes
Et perdez-vous encor le temps avec des femmes?
Prêts à verser du sang regardez-vous des pleurs?.

N'entendez-vous pas dans ces mots simples et fiers, comme un prélude lointain et un premier grondement de cette âme de fer et de feu qui éclatera comme la foudre dans le *qu'il mourût!* Mais le ferme vieillard, qui n'a pas mis un instant en balance la mort du dernier de ses fils et la honte du nom d'Horace, trouvera dans son cœur de père, pour les transports de la joie, cette exclamation pénétrante :

> O mon fils, ô ma joie, ô l'honneur de mes jours,
> O d'un État penchant l'inespéré secours !

pour la pitié, ces mots touchants :

> Loin de blâmer les pleurs que je vous vois répandre,
> Je crois faire beaucoup de m'en pouvoir défendre ;

et, dans le dernier péril de son fils, des accents capables d'attendrir ses juges :

> Lauriers, sacrés rameaux qu'on veut réduire en poudre,
> Vous qui mettez sa tête à l'abri de la foudre,
> L'abandonnerez-vous à l'infâme couteau
> Qui fait choir les méchants sous la main du bourreau !

Je ne sais si je me trompe, mais j'aime à voir dans le vieil Horace l'image idéal de l'âme de Corneille, la grandeur qu'il rêvait et qu'il aurait voulu réaliser s'il eût vécu dans un siècle héroïque. Ce caractère, si vigoureusement et si savamment tracé, peut, il me semble, neutraliser un défaut sur lequel Corneille lui-même a passé condamnation.

Horace, a-t-on dit, pèche contre l'unité d'action et d'intérêt, parce que le meurtre de Camille et le procès d'Horace ne se rattachent pas nécessairement à l'action principale et forment une seconde tragédie à la suite de la première. Cela est vrai, si le jeune Horace est réellement le centre de la tragédie; mais, quoique Corneille l'ignore, le pivot de l'action n'est-ce pas le vieil Horace? Le péril de ses enfants, la mort de sa fille, le déshonneur de son fils ne sont que des moyens dramatiques pour nous faire contempler dans toutes ses attitudes cette vieille figure romaine, du père et du citoyen, qui, dominant tous les personnages et concentrant tous les faits, produit au moins l'unité d'intérêt. Quoi qu'il en soit, les censures de la critique furent l'aiguillon de son génie. Le reproche d'imitation, à propos du *Cid*, fit jaillir de son intelligence, pour *Horace*, toutes les ressources de l'invention : et afin de détourner le grief d'irrégularité dans la composition des drames adressé à ce chef-d'œuvre, il asservira désormais ses plans à toute la rigueur des unités. C'est ainsi que la critique, qui décourage la faiblesse, stimule la force et lui prépare de nouveaux triomphes.

Avant de pousser plus avant cet examen des tragédies de Corneille, j'ai à cœur de discuter et de confondre deux reproches trop souvent répétés. Le premier s'autorise du *Cid*, et *Horace* est le principal prétexte du second. Un honorable magistrat, dans un écrit sur le duel, accuse le *Cid* d'avoir mis en honneur cette funeste manie. Il est étrange que les contemporains n'aient pas remarqué cette influence, et qu'on vienne ainsi, après coup, démentir l'histoire qui place la fureur des combats singuliers à une époque antérieure, celle des raffinés[1], ces frivoles héros des premières années du siècle de Louis XIII. L'exemple de Rodrigue vengeant l'affront

---

[1] Voici la définition des raffinés, donnée de main de maître par le Gascon Agrippa d'Aubigné : « Ce sont yens qui se vattent pour un clin d'uil, si on ne les salue que par acquit, pour une fredur, si le manteau d'un autre touche le lur, si on crache à quatre pieds d'ux : et noutez que sur un rapport, vien qu'il se troube faux, ou si bous prenez un home pour l'autre, il en faut user comme firent dux gentiushomes, dont l'un estet au cardinal de Joyuse : en allant dessus lou prai, l'un demanda à l'autre : « N'estes bous pas un tel « d'Aubergne ?—Non, dit l'autre, je suis un tel du Dauphiné. » Pour tant ils abisèrent que, puisqu'il y aboit appel, il se falloit tuer, comme ils firent, et cela s'appelle rafiné d'baunur. » *Aventures de Fœneste*, liv. I, ch. IX.

d'un père est loin d'autoriser les provocations de la vanité et les violents caprices des bretteurs de profession : si le duel n'intervenait que dans les nécessités extrêmes de l'honneur outragé, s'il n'était que la ressource désespérée de la piété et de la pudeur, les moralistes les plus sévères auraient fermé les yeux sur cette infraction à la loi divine qui nous crie : « Tu ne tueras pas! » car, à côté de la morale écrite, il y a la morale du cœur qui accomplit les préceptes qu'elle semble transgresser. Il en est de la morale comme de l'art; c'est d'elle-même qu'on apprend à franchir, pour la mieux pratiquer, ses limites apparentes. Le second grief des accusateurs de Corneille, c'est que les principes inflexibles de ses héros, les habitudes hautaines de leurs âmes, faussent le cœur des jeunes gens en exaltant leur orgueil et leur imagination. Ces vertus altières, dit-on, ne sont pas de notre siècle et mettent en péril l'ordre social. Je crois qu'on s'exagère le danger de ces doctrines : si Corneille place un peu trop haut le niveau de la vertu, l'exemple de la vie commune l'abaisse suffisamment, et si quelque chose est à craindre de nos jours, ce ne sont pas les excès de la vertu. Le relâchement des principes n'a pas besoin d'être prêché; la pratique a suffi longtemps, ce semble, à la propagande de la corruption des mœurs et de l'avilissement des âmes. Au reste, un exemple insigne de cette imitation des farouches vertus de Rome a été donné par une arrière-petite-fille de notre grand tragique; mais si le malheur des temps devait jamais produire un second Marat, pourrait-on se plaindre que devant l'impuissance des lois l'inspiration de Corneille suscitât une autre Charlotte Corday.

Corneille avait mis entre *le Cid* et *Horace* trois années d'intervalle. Ce n'était pas trop pour produire une œuvre aussi forte; mais la puissance qu'il avait concentrée donnait un tel ressort à son génie qu'il put dans la même année créer un nouveau chef-d'œuvre. *Cinna* ne le sépare pas de ces Romains auxquels il doit son triomphe, et si *Horace* nous a présenté les vertus naïves et rudes qui devaient produire la liberté des temps républicains, *Cinna* nous offrira les sentiments nobles encore, mais exagérés, qui survivent à la liberté dans les regrets qu'elle inspire. Cette inévitable hyperbole est personnifiée dans Émilie, fille d'un proscrit, pupille de l'empereur, amante du petit-fils de Pompée. C'est de ce cœur ulcéré par la vengeance, et même par les bienfaits, que partent les menaces et les complots qui mettent en danger la vie d'Auguste et qui donnent matière à sa clémence. Les larmes du grand Condé[1] ont consacré la tragédie de *Cinna*, et on s'accorde en général à y voir la plus belle œuvre de Corneille. Il est vrai que rien ne surpasse le tableau de la conjuration, la grande scène où Auguste délibère s'il doit renoncer à l'empire ou le conserver, et enfin le pardon héroïque accordé aux conspirateurs; mais ces beautés supérieures laissent subsister en regard l'inconsistance de quelques-uns des caractères et de l'intérêt qui passe brusquement des conjurés à l'empereur. Cinna s'annonce magnifiquement: il a pour lui tous nos vœux quand il exprime l'ardeur qu'il a communiquée à ses complices; il commence à baisser lorsqu'il donne perfidement à Auguste un conseil qui lui laisse le droit de l'assassiner; ses hésitations l'amoindrissent encore, et au dénoûment, devant tout à la clémence d'Auguste, rentré dans son crédit, chargé de dignités

---

[1] Voltaire ne trouvait rien de plus admirable, dans le siècle de Louis XIV, que :

Le grand Condé pleurant aux vers du grand Corneille.

Toutefois, cette belle anthithèse est un anachronisme, puisque *Cinna* appartient au règne de Louis XIII. On l'oublie trop souvent, et on dépouille volontiers, au profit du grand roi, ceux qui ont devancé et préparé l'éclat de son règne.

nouvelles, époux d'Émilie, il n'est plus bon qu'à faire un courtisan ; Maxime n'a qu'un bon moment, c'est lorsqu'il donne à Auguste un avis loyal, mais il dément bientôt sa courte probité ; révélateur auprès d'Auguste, traître envers Émilie, sur laquelle il tente un enlèvement, le faux bruit de sa mort dans les eaux du Tibre, sa réapparition imprévue, sa colère contre Évandre, le font descendre au niveau d'un personnage de comédie ; Émilie, l'adorable furie, comme disait Balzac, se soutient mieux, elle ne cède qu'à la dernière extrémité ; Livie, une impératrice, ne paraît qu'un instant pour donner un bon conseil, mal reçu ; l'empereur, sur qui pesaient d'abord les souvenirs d'Octave, qui nous faisaient complices de Cinna, s'en dégage tout entier. Le triumvir devient Auguste ; de telle sorte qu'Émilie, qui entraînait comme satellites Cinna et Maxime, se range elle-même avec eux sous l'ascendant de l'empereur qui domine tout par sa puissance. Il arrive ainsi que l'œuvre qui s'ouvre par des regrets et des espérances de liberté, se termine en faisant arriver l'asservissement de Rome.

Le drame, ou plutôt l'épopée d'Horace, le fier dessin du caractère d'Émilie ne permettent pas de douter des prédilections morales de l'âme de Corneille. Elle était de trempe républicaine dans toute l'acception du mot : mais on se tromperait si l'on voyait dans Corneille un apôtre de l'Évangile démocratique. Corneille, comme tous ses contemporains, avait foi en la monarchie : il comprenait et il peignait merveilleusement par l'instinct de sa forte nature les vertus d'un autre temps, mais il ne les proposait pas à l'imitation de ses auditeurs ; s'il a dit :

Pour être plus qu'un roi tu te crois quelque chose,

il a dit aussi :

Le pire des États c'est l'État populaire ;

et il a donné sous toutes les formes sa complète adhésion aux principes qui, de son temps, réglaient la société et gouvernaient la politique. Il exprimait fortement la vertu idéale dont il trouvait le type dans son âme, il l'exprimait sans dessein d'attenter au respect qu'inspirait la royauté, et si, de fait, il a jeté dans les cœurs le germe de sentiments et d'idées qui devaient aboutir au renversement des trônes, c'est l'œuvre de sa pensée et non de son intention. Il a été dans l'ordre moral ce qu'est Descartes dans l'ordre philosophique. Descartes a voulu seulement montrer la force de la raison, et il a contribué à ruiner l'autorité dans la doctrine; Corneille prétendait uniquement à reproduire la mâle beauté des caractères antiques, et en faisant admirer et goûter les vertus de la liberté, il en a provoqué l'imitation.

Je vois clairement dans la poésie de Corneille l'essence héroïque de son âme et même de son caractère, mais dans la vie réelle, il suit les mœurs de son siècle. Il s'y soumet, gauchement, parce qu'il n'y est pas né, toutefois il s'y soumet, et même il arrive, dans ce conflit de sa nature généreuse et des nécessités que lui imposent son temps et sa condition, qu'il dépasse le but. Ainsi lorsqu'à l'imitation de ses contemporains il dédie humblement ses chefs-d'œuvre aux grands de la cour ou à de riches parvenus, il courbe, comme l'a dit M. Sainte-Beuve, son noble front jusqu'à terre. Il y a cependant des circonstances atténuantes dont il faut tenir compte. Prenons, par exemple, le plus grave de ses délits en matière de dédicaces, celle de *Cinna*.

Chargé d'une nombreuse famille dont il était devenu le chef par la mort de son père, Corneille voulut tirer de son dernier chef-d'œuvre le meilleur parti possible. Richelieu et Louis XIII venaient de mourir. La régente, qui ne refusait rien, n'avait plus rien à donner. Mazarin n'était pas généreux. Il y avait alors un financier,

Turcaret et Jourdain tout ensemble, Montauron, que ses folles libéralités réduisirent plus tard à la misère : ce fut à lui que Corneille, deux fois chef de famille, et par la mort de son père et par son récent mariage, adressa cette fameuse dédicace de *Cinna*[1] où il brûle un encens grossièrement approprié aux sens de son idole. « S'il va jusqu'à l'altesse, dit M. Jourdain, il aura toute la bourse. » Corneille alla plus loin et reçut dix mille écus.

Tirons au moins de cet abaissement forcé d'une grande âme une preuve de dévouement aux devoirs de l'honnête homme. Corneille ne pensait pas que la pratique du théâtre l'autorisât à négliger sa famille, ni que le génie fût une dispense de vertus bourgeoises. Il ne cherchait pas d'autres distractions que celles du foyer domestique; mari fidèle, tendre père, frère dévoué, il remplissait avec courage tous ses devoirs, il prenait souci de l'éducation et de l'avenir de ses enfants; ses fils devenaient d'intrépides soldats ou des hommes d'Église; celle de ses filles qu'il ne put établir fut mise en religion. Par affection autant que par économie, on le voit plus tard réunir son ménage à celui de son jeune frère, Thomas, dont il encourageait les essais dramatiques, et qui lui soumettait quelquefois des rimes rebelles en échange de ses conseils. Cette vie austère et pure, étrangère aux cabales et aux passions du monde, fortifiait cet idéal de vertu, ces nobles pensées que Corneille exprimait par la bouche de ses héros et qu'il réalisait dans leurs caractères. Ce n'est pas sans dessein que je fais remarquer ce régime de vertueuse simplicité, parce que je pense que la petite morale est la source de la grande, que les fortes idées jaillissent naturellement d'une âme droite et pure et

[1] *Cinna*, représenté en 1639, ne fut imprimé pour la première fois qu'en 1643. Voy. l'*Histoire de Corneille*, par M. Jules Taschereau.

que pour reproduire en traits ineffaçables la conception de la beauté morale, il faut qu'aucune souillure n'ait profané le sanctuaire où s'élabore la pensée.

Le mariage de Corneille, qui précéda de trois années sa dédicace de *Cinna*, fut négocié d'autorité par Richelieu, qui, en 1637, avait donné des lettres d'anoblissement au père de l'auteur du *Cid*. Ce sont là de bons procédés dont il faut tenir compte au ministre. « Corneille, dit Fontenelle, se présenta un jour plus triste et plus rêveur que de coutume devant le cardinal de Richelieu, qui lui demanda s'il travaillait. Il répondit qu'il était bien éloigné de la tranquillité nécessaire pour la composition, et qu'il avait la tête renversée par l'amour. Il en fallut venir à un plus grand éclaircissement, et il dit au cardinal qu'il aimait passionnément une fille du lieutenant général des Andelys, en Normandie, et qu'il ne pouvait l'obtenir de son père. Le cardinal voulut que ce père si difficile vînt à Paris. Il y arriva tout tremblant d'un ordre si imprévu, et s'en retourna bien content d'en être quitte pour avoir donné sa fille à un homme qui avait tant de crédit. » La jeune épouse de Corneille se nommait Marie de Lamperière. C'est sous le charme de cette union selon son cœur que Corneille dessina les nobles figures de Pauline et de Sévère. *Polyeucte* (1640) marque le terme extrême et le développement le plus harmonieux du génie de Corneille. C'est dans cette œuvre immortelle qu'il approche le plus de la perfection : aussi l'arbitre du goût, au siècle de Louis XIV, Boileau, n'hésita-t-il point à mettre *Polyeucte* au premier rang parmi les tragédies de Corneille. Voltaire, dans son Commentaire, poursuit avec acharnement la dévotion de Polyeucte, et il répète, sous toutes les formes, que l'intérêt du drame naît tout entier de l'amour combattu de Sévère et de Pauline. Un critique ingénieux, mais paradoxal, a essayé, en dédoublant l'action, de tirer de *Polyeucte* deux tragédies, l'une profane, l'autre religieuse, et toutes deux intéressantes. Il est probable que l'opération projetée aboutirait à frapper de mort l'œuvre primitive de Corneille, sans faire vivre ni l'une ni l'autre des deux fractions détachées : L'extrême beauté de *Polyeucte* est dans le contraste harmonieux de caractères opposés et le pathétique y naît d'un double sacrifice également héroïque. Pauline sacrifiant les espérances désormais légitimes d'un chaste amour, Polyeucte immolant à sa croyance sa tendresse et son ambition, Sévère travaillant à la ruine de ses vœux les plus chers, présentent un spectacle qui émeut et transporte, et chacun de ces personnages concourt également à produire le pathétique et l'admiration. Le père de Pauline, Félix, manque d'élévation, mais non de vérité. C'est une étude savante, une image fidèle de la prudence politique aux prises avec les conseils de l'honneur, lutte périlleuse dans laquelle la probité vulgaire n'est pas de force à repousser les suggestions de la crainte et de l'ambition.

On raconte que l'hôtel de Rambouillet, où se rendaient les oracles du goût, consulté par Corneille, donna à la lecture de *Polyeucte* quelques applaudissements de bienséance, sans doute en souvenir des fleurs que le poëte avait enlacées à la *guirlande de Julie*[1]. Mais quelques jours après, Voiture, habile diplomate, fut député auprès de l'auteur pour lui faire entendre, avec tous les ménagements d'une exquise politesse, que sa tragédie chrétienne n'avait pas eu tout le succès qu'il pouvait imaginer d'après l'accueil qu'elle avait reçu ; que les juges les plus compétents, et notamment l'évêque de Vence, Godeau craignaient que la

---

[1] Corneille contribua pour six madrigaux à la galanterie du duc de Montausier. Il les signa seulement de son initiale C., ce qui a induit M. Ch. Nodier à les mettre sur le compte du silencieux Conrart.

religion ne fît pas bon effet au théâtre. Corneille, dit-on, fut surpris et découragé, et il aurait retiré sa pièce, si un acteur, qui n'y avait point de rôle, parce qu'il était trop mauvais, ne lui en eût garanti le succès. Ce méchant acteur fut un excellent prophète; *Polyeucte* réussit selon ses mérites : *le Cid* seul excita des transports plus vifs par la surprise et le premier éclat de la beauté; l'héroïsme religieux, malgré les prévisions sinistres des beaux esprits, trouva des âmes ouvertes à l'admiration; et même ces coups de la grâce qui frappent subitement Pauline et son père et qui effleurent Sévère lui-même, ajoutèrent aux immortelles beautés du poëme un intérêt de circonstance. Déjà, en effet, s'agitaient, entre théologiens et devant la foule attentive, les insolubles problèmes de la grâce soulevés par Jansénius et l'abbé de Saint-Cyran d'après saint Paul et saint Augustin, et qui commençaient à servir de prétexte à la persécution. Plus tard, nous devrons à cette querelle *les Provinciales*.

Boileau a dit :

Tel s'est fait par ses vers distinguer dans la ville,
Qui jamais de Lucain ne distingua Virgile.

Boileau se trompe. Corneille distinguait Lucain de Virgile; mais il préférait Lucain. Lucain était son poëte favori; et c'est de lui qu'il tenait le goût des sentences, de la déclamation, de la subtilité, qui ont gâté son génie. C'est cette préférence qui l'a porté à traiter le sujet de *Pompée* (1642), où, sur les traces de son dangereux modèle, il passa au delà de l'éloquence par l'emphase. On sent dès le début que Corneille vient de s'abreuver à longs traits des vers de *la Pharsale*, et qu'il s'y est enivré :

Quand les dieux étonnés semblaient se partager,
Pharsale a décidé ce qu'ils n'osaient juger.

Ses fleuves teints de sang et rendus plus rapides
Par le débordement de tant de parricides,
Ces horribles débris d'aigles, d'armes, de chars,
Sur ces champs empestés confusément épars,
Ces montagnes de morts privés d'honneurs suprêmes,
Que la nature force à se venger eux-mêmes,
Et dont les troncs pourris exhalent dans les vents
De quoi faire la guerre au reste des vivants,
Sont les titres affreux dont le droit de l'épée,
Justifiant César, a condamné Pompée.

N'est-ce pas là du Lucain tout pur? l'oreille ne reconnaît-elle pas à s'y méprendre, dans ce fracas monotone de l'alexandrin, le roulement de l'hexamètre latin, et ces métaphores outrées ne sont-elles pas un écho formidable de l'emphase du chantre de Caton. Quand le diapason est ainsi donné, il faut s'attendre à un bruit assourdissant de vers pompeux, et à un luxe effréné de figures[1]. Les personnages capables de parler une telle langue ne seront pas non plus pris dans la nature. Quoi qu'il en soit, c'est une idée originale et hardie de donner dans un drame le premier rôle à l'ombre du héros : *Stat magni nominis umbra*. Pompée mort remplit toute la scène; son esprit revit dans la mâle figure de Cornélie; c'est pour satisfaire à ses mânes irrités que périt l'infâme Ptolémée, et les derniers mots de sa veuve promettent contre César même une vengeance éclatante. Mais la mémoire du héros absent ne suffit pas à l'intérêt du drame, distrait trop

---

[1] « Ce sont, sans contredit, dit Corneille, les vers les plus pompeux que j'aie faits. La gloire n'en est pas toute en moi : j'ai traduit de Lucain tout ce que j'y ai trouvé de propre à mon sujet; et comme je n'ai pas fait de scrupule d'enrichir notre langue du pillage que j'ai pu faire chez lui, j'ai tâché pour le reste à entrer si bien dans sa manière de former ses pensées et de s'expliquer, que ce qu'il m'a fallu y joindre du mien sentît son génie et ne fût pas indigne d'être pris pour un larcin que je lui eusse fait. » (*Examen de Pompée.*)

souvent par la rivalité du triste roi d'Égypte et de sa sœur, et par les amours peu chastes de César et de Cléopâtre. Le rôle de Cornélie, création imposante du génie de Corneille, protége encore son œuvre. On admirera toujours le coup de théâtre produit par la révélation qu'elle vient faire à César :

> César, prends garde à toi!

et la force des sentiments qu'elle exprime lorsqu'elle l'avertit que si elle protége sa vie contre la trahison, c'est pour l'attaquer à son heure et conserver son droit de vengeance sur le vainqueur de Pompée ; on n'a pas oublié non plus ses gémissements héroïques devant l'urne qui renferme les cendres de son époux, et son exclamation sur les respects et les soupirs de César :

> O soupirs! ô respects! ô qu'il est doux de plaindre
> Le sort d'un ennemi lorsqu'il n'est plus à craindre!

Pompée exprime encore tout le génie de Corneille, tendu outre mesure, mais conservant dans ce violent effort la plénitude de sa force. C'est une œuvre grande, et cependant de mauvais exemple, puisqu'elle pousse à l'hyperbole dans les caractères et le langage. D'ailleurs, elle n'excite ni terreur, ni pitié.

Il semble qu'après cet exercice d'emphase et de déclamation, Corneille ait éprouvé le besoin de détendre les ressorts forcés de son intelligence, et de leur rendre quelque souplesse par un travail moins rude. Il se souvint heureusement d'avoir fait autrefois des comédies ; et trouvant sous sa main, dans ses chers auteurs espagnols, un sujet à sa guise, il se mit naturellement à l'accommoder aux convenances de la scène française. Guillem de Castro lui avait fourni *le Cid;* Alarcon, et non Lope de Véga, comme il le croyait, lui donna *le Menteur* (1642). Ainsi, Corneille, sous l'inspiration de l'Espagne, ouvrit par deux chefs-d'œuvre l'ère glorieuse de la tragédie et de la comédie en France. Le premier il fit parler à la passion un langage digne du théâtre; le premier aussi il peignit avec vérité des mœurs réelles et des travers pris sur la nature : aussi l'a-t-on justement nommé le père du théâtre; et on peut dire de lui ce que J. B. Rousseau disait du vieil Homère :

> A la source d'Hippocrène,
> Corneille, ouvrant ses rameaux,
> S'élève comme un vieux chêne
> Parmi de jeunes ormeaux.

Le caractère du Menteur, de Dorante, est tracé de main de maître; il y a dans ses hâbleries une verve, une bonne grâce de jeunesse qui entraîne, et les incidents qu'amène cette manie de son esprit s'enchaînent avec tant de vivacité et de naturel, que cette image d'un travers qui côtoie le vice devient un véritable enchantement. Personne avant Corneille n'avait donné à la versification française cette allure dégagée, cette prestesse de mouvement qui répond à tous les caprices d'une conversation spirituelle et enjouée. Ce n'est pas à l'hôtel de Rambouillet qu'il avait trouvé le modèle de ces entretiens sans apprêt, de ces plaisanteries sans affectation, de ces saillies si promptes et si nettes. Comment ce même esprit qui aimait tant à se guinder, cette âme si haute qui se haussait encore si volontiers, ont-ils pu se jouer avec tant d'abandon et de grâce? Le naturel que Corneille atteint ici comme du premier coup, dans un moment de relâche, Molière l'a cherché longtemps avant de l'atteindre. N'avons-nous pas déjà trente ans à l'avance le style des *Femmes savantes* dans les vers qui suivent :

> Connaissez mieux Paris, puisque vous en parlez.
> Paris est un grand lieu plein de marchands mêlés;
> L'effet n'y répond pas toujours à l'apparence;
> On s'y laisse duper autant qu'en lieu de France;

Et parmi tant d'esprits et polis et meilleurs,
Il y croît des badauds autant et plus qu'ailleurs.
Dans la confusion que ce grand monde apporte,
Il y vient de tous lieux des gens de toute sorte,
Et dans toute la France il est bien peu d'endroits
Dont il n'ait le rebut aussi bien que le choix.
Comme on s'y connaît mal chacun s'y met de mise,
Et vaut communément autant comme il se prise :
De bien pires que vous s'y font assez valoir.
Mais pour venir au point que vous voulez savoir,
Êtes-vous libéral ? — Je ne suis point avare.
— C'est un secret d'amour et bien grand et bien rare ;
Mais il faut de l'adresse à le bien débiter ;
Autrement on s'y perd au lieu d'en profiter.
Tel donne à pleines mains qui n'oblige personne ;
La façon de donner vaut mieux que ce qu'on donne.... etc.

Le récit de la collation que Dorante prétend avoir donnée, et le conte de son prétendu mariage à Poitiers, sont des morceaux achevés. Dans ces tirades, comme dans le dialogue, c'est partout le vrai langage de la comédie ; mais dans la scène où Géronte fait rougir son fils du vice auquel il s'abandonne, on retrouve, dit Voltaire, la même main qui peignit le vieil Horace et don Diègue. Il faut citer :

GÉRONTE. Êtes-vous gentilhomme ?
DORANTE. Ah ! rencontre fâcheuse !
Étant sorti de vous la chose est peu douteuse.
G. Croyez-vous qu'il suffit d'être sorti de moi ?
D. Avec toute la France aisément je le croi.
G. Et ne savez-vous pas avec toute la France
D'où ce titre d'honneur a tiré sa naissance,
Et que la vertu seule a mis en ce haut rang
Ceux qui l'ont jusqu'à moi fait passer dans leur sang ?
D. J'ignorerais un point que n'ignore personne,
Que la vertu l'acquiert comme le sang le donne.
G. Où le sang a manqué si la vertu l'acquiert,
Où le sang l'a donné le vice aussi le perd.

Ce qui naît d'un moyen périt par son contraire ;
Tout ce que l'un a fait l'autre le peut défaire,
Et dans la lâcheté du vice où je te voi,
Tu n'es plus gentilhomme étant sorti de moi.
D. Moi?
G. Laisse-moi parler, toi de qui l'imposture
Souille honteusement ce don de la nature ;
Qui se dit gentilhomme et ment comme tu fais,
Il ment quand il le dit et ne le fut jamais.
Est-il vice plus bas? est-il tache plus noire?
Plus indigne d'un homme élevé pour la gloire?
Est-il quelque faiblesse, est-il quelque action
Dont un cœur vraiment noble ait plus d'aversion,
Puisqu'un seul démenti lui porte une infamie
Qu'il ne peut effacer s'il n'expose sa vie,
Et si dedans le sang il ne lave l'affront
Qu'un si honteux outrage imprime sur son front?

C'est dans de telles situations que la comédie peut accidentellement élever le ton, surtout si elle sait de cette noblesse redescendre sans effort à la familiarité qui lui est naturelle ; et c'est un art que Corneille a pratiqué dans ce premier et immortel chef-d'œuvre de notre théâtre comique.

Dans *la Suite du Menteur* (1643), nous retrouvons Dorante et Cliton, son valet, mais Dorante s'est amendé, et s'il lui arrive de ne pas dire la vérité, ce n'est plus par goût de mensonge, mais par vertu. La première de ces contre-vérités va même jusqu'à l'héroïsme, puisque arrêté pour un meurtre qu'il n'a pas commis et en danger de mort, il refuse de reconnaître le véritable meurtrier qui lui est confronté. La donnée est plus ingénieuse que comique. Dorante, ainsi transformé, intéresse et touche, mais il ne fait plus rire. Les mots plaisants ou qui veulent l'être sont dans la bouche de Cliton, qui n'est pas avare de mauvais *lazzi*. Voltaire admire beaucoup les trois premiers actes, et pensait que si les deux derniers eussent été de même mérite, *le Menteur* aurait eu un digne complément. Cette conjecture a engagé M. Andrieux à remanier ces deux actes; mais quelque habileté qu'il ait apportée dans cette opération, tentée à deux reprises, le succès de la pièce n'a jamais été brillant. Voltaire croyait trop facilement qu'on pût faire une bonne comédie sans comique; il avait ses raisons pour cela : Molière était d'un autre avis, et la foule, au théâtre, se range du parti de Molière. *La Suite du Menteur* est de ce style net et facile que Corneille n'avait rencontré que dans *le Menteur;* l'intrigue en est bien conduite, et la plupart des scènes y sont faites avec art; et s'il est vrai, comme on l'a dit, que *le Menteur* ait initié Molière à la comédie, on peut penser que *la Suite du Menteur* a conduit Destouches à ce genre intermédiaire qui n'est plus la comédie, et qui n'est pas encore le drame. C'est dans *la Suite du Menteur* que se trouve la tirade célèbre sur la prédestination en amour, thèse célèbre à l'hôtel de Rambouillet, lieu commun à la mode, que Corneille avait ébauché dans *l'Illusion comique*, qu'il reprendra dans *Rodogune*, mais dont il a donné cette fois le développement le plus complet et le plus poétique[1].

Depuis le *Cid*, la marche de Corneille a été un triomphe continu. Mais ici nous avons à parler d'une défaillance de son génie qu'on a peine à comprendre. Le *Martyrologe* qui l'avait si bien servi en lui offrant le

---

[1] Quand les ordres du ciel nous ont faits l'un pour l'autre,
Lyse, c'est un accord bientôt fait que le nôtre :
Sa main entre les cœurs, par un secret pouvoir,
Sème l'intelligence avant que de se voir,
Il prépare si bien l'amant et la maîtresse,
Que leur âme au seul nom s'émeut et s'intéresse.
On se cherche, on s'estime, on s'aime en un moment;
Tout ce qu'on s'entre-dit persuade aisément,
Et sans s'inquiéter de mille peurs frivoles,
La foi semble courir au-devant des paroles,
La langue en peu de mots en explique beaucoup;
Les yeux plus éloquents font tout voir tout d'un coup;
Et de quoi qu'à l'envi tous les deux nous instruisent,
Le cœur en entend plus que tous les deux n'en disent.

sujet de *Polyeucte*, le fourvoya cruellement en lui présentant *Théodore*, vierge et martyre. Le grand homme, dans sa simplicité d'enfant, ne soupçonna pas qu'une noble jeune fille, exposée pour supplice à la brutalité de la populace, était un spectacle dont aucun artifice ne pouvait pallier l'horreur : il ne vit là qu'une situation dramatique et un nouveau genre d'héroïsme. Il suffisait que la victime pût dire, et en quels termes!

Je saurai conserver d'une âme résolue
A l'époux sans macule une épouse impollue.

Une erreur capitale de Corneille a été de croire que les situations dramatiques pouvaient suffire à l'intérêt tragique, et c'est pour cela qu'il n'a pas toujours pris souci de choisir des personnages intéressants ou de créer des caractères auxquels le spectateur puisse s'attacher; or, au théâtre ce n'est pas le péril qui nous touche, ce n'est pas le nombre des meurtres ou des suicides qui nous émeut, il faut que le cœur prenne parti entre les personnages pour que les revers ou les succès, le salut ou la mort, produisent une émotion tragique. Ici, il n'y a pas un seul personnage qui vaille qu'on craigne ou qu'on espère pour lui; les bons y sont insipides, les méchants méprisables, de telle sorte que les coups donnés ou reçus nous laissent dans une complète indifférence. Il y a là surtout un Valens, gouverneur d'Antioche, au prix de qui Félix serait un exemplaire de magnanimité. C'est l'impuissance et la lâcheté mêmes dans un rang qui commande au moins une certaine hypocrisie de fermeté. Marcelle, sa femme et marâtre de Placide, est moins abjecte, puisque agissant mal, du moins elle agit. L'animosité de cette abominable femme, qui produit tous les sinistres de cette lamentable histoire, a sa source dans les dédains du fils de Valens pour qui sa fille Flavie meurt d'amour. Placide épouserait Flavie s'il n'était épris de Théodore;

Théodore n'épouserait personne, quoiqu'elle ait un faible pour quelqu'un, et ce quelqu'un n'est pas Placide, mais Didyme! Au reste, Placide, Didyme, et même un certain Cléobule suspect un instant d'aimer Théodore, et Théodore elle-même, aucune de ces âmes pures n'a le secret de nous toucher. Tout le monde meurt dans cette pièce, excepté Valens, et contre tant de sang jamais une larme n'a coulé. On a fait croire à Corneille, qui le répète[1], que *Théodore* avait réussi quelque part, en province. Douce crédulité! touchante illusion! Mais non, Corneille s'était mépris radicalement, et son œuvre tombée n'eut pas même, comme on l'a dit de *la Pharsale* de Brébeuf, le dédommagement d'être *chère à la province*. Cependant il y a dans ce triste ouvrage au moins trois situations dramatiques[2] qui en auraient amorti la chute si on eût pris quelque intérêt aux personnages, et si le style eût voilé le vice du sujet. Mais Corneille écrit mal quand la pensée ne le force pas d'écrire admirablement. Toutefois, on trouve encore dans quelques traits l'empreinte du maître[3].

Corneille ne resta pas longtemps sous le coup de la chute de *Théodore*, que Rotrou sut encore adoucir par un éloge public de son ami, et il se releva avec éclat

---

[1] Examen de *Théodore*.

[2] Act. III, sc. III et v. — Act. V, sc. vi.

[3] Je puis citer au moins ce passage du récit de la mort de Marcelle :

> Elle ajoute : « Va, traître à qui j'épargne un crime ;
> Si tu veux te venger cherche une autre victime.
> Je meurs ; mais j'ai de quoi rendre grâces aux dieux,
> Puisque je meurs vengée, et vengée à tes yeux. »
> Lors, même dans la mort conservant son audace,
> Elle tombe, et tombant elle choisit sa place,
> D'où son œil semble encore à longs traits se soûler
> Du sang des malheureux qu'elle vient d'immoler.

C'est de là que la Fontaine a tiré ce mouvement qu'on admire dans un des récits des *Filles de Minée*.

> Elle tombe, et tombant range ses vêtements,
> Dernier trait de pudeur à ses derniers moments.

par *Rodogune* (1644). Cette œuvre, la plus tragique, sans contredit, que son génie ait jamais conçue, n'est pas sans défauts; mais ces défauts sont rachetés par des beautés du premier ordre, et couverts par le prodigieux effet du cinquième acte. La véritable héroïne est la reine de Syrie, veuve de Démétrius Nicanor, Cléopâtre, mère dénaturée, audacieusement criminelle, et que l'art du poëte, par un suprême effort, a su rendre intéressante. Son secret a été d'ennoblir le crime par sa puissance même, tant il est vrai que la force d'âme, quel qu'en soit l'emploi, a toujours le privilége d'étonner et de maîtriser l'imagination. La terreur qu'elle inspire marque une supériorité devant laquelle on s'incline en frémissant; car le crime, à cette hauteur, ne produit plus le dégoût, mais l'effroi, qui est un hommage à la puissance. Ainsi, cette abominable femme, ayant sa grandeur et comme son héroïsme, devient dramatiquement un magnifique personnage. Corrompez cette nature perverse et intrépide par quelque faiblesse humaine, vous la dégradez, et le drame n'est plus qu'un spectacle vulgaire de trahison et d'empoisonnement. Il fallait en contraste que les victimes qu'elle frappe et qu'elle menace pussent inspirer un sérieux intérêt. Or, Corneille, qui n'avait qu'à lire en son cœur pour reproduire avec vérité l'amour fraternel, a représenté Séleucus et Antiochus de manière à les faire aimer, de telle sorte qu'ils ne sauraient périr sans nous coûter des pleurs. Quand le poëte engage dans une situation intéressante des personnages qui n'intéressent pas, la situation manque son effet. Nous l'avons vu par *Théodore*, et Corneille en offre de nombreux exemples. Ici, soit calcul, soit heureuse fortune, il réunit les deux conditions dramatiques et il rencontre le succès. Il y a cependant à cette machine si habilement construite un ressort bien imparfait, et c'est le caractère de Rodogune. D'abord, telle qu'est peinte cette princesse des Parthes, elle n'a pas comme Monime dans *Mithridate*, cet enchantement de pudeur et de sensibilité qui expliquerait la passion des deux frères; de plus, le prix auquel elle met sa main et la couronne la rendrait haïssable si la proposition était sérieuse; et cependant il faudrait qu'elle le parût pour justifier le doute d'Antiochus hésitant au cinquième acte entre sa mère et sa maîtresse. D'autre part, il fallait que cette proposition fût faite pour amener cette situation, qui est la beauté même et la raison d'être de l'œuvre. Heureusement, sur les trois personnages qui y sont mêlés, il y en a deux qui émeuvent profondément, Cléopâtre par l'audace du crime, Antiochus par le charme de la vertu, et la beauté dramatique de ces deux caractères rayonnant un moment sur la figure indécise de Rodogune en voile les défauts. L'art du poëte l'emporte, et on peut dire que jamais le théâtre n'a présenté un spectacle plus saisissant. Avouons sans détour que le style de cette belle tragédie porte déjà dans ses choquantes inégalités des traces de la précipitation à laquelle Corneille, trop sûr de lui-même, s'abandonna si volontiers dans ses dernières tragédies, où la versification n'est plus un art, mais une industrie.

Rodogune fut l'objet d'un plagiat par anticipation qui mérite une place à part dans les annales de la piraterie littéraire. Corneille avait ébruité le plan de la tragédie d'où il espérait tirer une revanche de *Théodore*. Quelques mots en arrivèrent à l'oreille d'un poëte médiocre assez bien placé dans le monde pour y recevoir des confidences, et d'une profession où il est naturel d'en abuser: c'était un diplomate, Gilbert, résident de la reine Christine. Notre homme se mit incontinent à l'œuvre, et sa pièce avait déjà chaviré quand celle de Corneille était encore à l'étude. Le plaisant du larcin fut que le plagiaire transporta à Rodogune le rôle de Cléopâtre. Corneille passa outre et ne daigna pas même jeter un regard de colère ou de pitié sur le maladroit qui l'avait dérobé sans profit.

Héraclius suivit *Rodogune*. C'est le même travail d'invention sur l'histoire avec plus de complication et d'audace. Un passage des *Annales ecclésiastiques* de Baronius suscita dans l'esprit de Corneille l'idée d'une situation tout à fait neuve et merveilleusement dramatique, d'une conception que l'histoire ne donne pas, mais qu'elle suggère par voie d'hypothèse. Le tyran Phocas a voulu détruire, et il a détruit réellement toute la famille de l'empereur Maurice, mais, pendant ce carnage, une femme dévouée a tenté de soustraire au supplice un fils de l'empereur, qui aurait échappé si celui-ci n'avait pas voulu que le châtiment de Dieu sur lui et sa famille fût complet. Ce fils livré par la piété farouche d'un père, l'imagination de Corneille le sauve pour la punition de l'usurpateur, et par une autre entreprise non moins hardie sur l'histoire, comme il le dit, il en fera l'Héraclius successeur réel de Phocas au trône de Constantinople. Cet enfant vivra sous la garde de la même nourrice qui élève le fils de Phocas, et celle-ci fera un échange qui placera sur les marches du trône comme fils du tyran le fils même de sa victime. Les deux enfants grandissent unis par une étroite amitié; et lorsque, sur le bruit de l'existence d'Héraclius et dans l'obscurité produite par l'échange, il faudra que le tyran devine et choisisse sur qui frapper pour épargner son fils en atteignant Héraclius, le combat des deux amis, répudiant à l'envi l'un de l'autre l'héritage et la paternité de Phocas, arrachera à celui-ci l'exclamation sublime :

O malheureux Phocas! ô fortuné Maurice!
Tu recouvres deux fils pour mourir après toi,
Et je n'en peux trouver pour régner après moi.

Il faut suivre et admirer, dans une très-ingénieuse et

solide dissertation de M. Viguier [1], toutes les ressources, j'ai presque dit toutes les ruses du génie de Corneille, pour arriver à la forte combinaison qui fait la trame de sa tragédie, et qui aboutit à cette situation si poignante. Grâce à l'habile critique, nous assistons au laborieux enfantement de l'œuvre; nous voyons les éléments les plus éloignés et les plus disparates, attirés par le magnétisme du génie, s'unir et se fondre dans une création nouvelle. Et cependant, M. Viguier s'en étonne avec juste raison, on a disputé à Corneille le fruit de sa patience et de son génie, et, ce qui est plus étrange, ce fut pour le transporter à un poëte improvisateur qui produisait à la douzaine ses ébauches dramatiques, Caldéron de la Barca. Ajoutons que, par une méprise semblable à celle de Gilbert, Caldéron donne au fils de Phocas le nom de Léonide, que Corneille avait tiré de Baronius et attribué à la gouvernante des deux enfants, et que cette scène, amenée par une si savante combinaison de moyens, se trouve noyée chez Caldéron au milieu des incidents bizarres d'une pièce de sorcellerie qui a pour titre : *Todo es verdad y todo mentira* [2]. Il eût été plus naturel de voir, dans l'œuvre capricieuse et négligée de Caldéron, une combinaison fantasque de *l'Illusion comique* et de *l'Héraclius* de Corneille. Mais telle est notre générosité envers les étrangers, que, pour dépouiller un des nôtres, nous faisons d'un double emprunt une création originale.

Héraclius est certainement une des conceptions les plus vigoureuses de Corneille, sans être un chef-d'œuvre. L'intérêt n'y manque pas, mais la clarté. Comme l'a dit Boileau, cette pénible intrigue mal débrouillée

D'un divertissement nous fait une fatigue.

[1] *Anecdotes littéraires sur Pierre Corneille.* Rouen, 1846. Brochure in-8° de 70 pages.

[2] Le titre complet est : *En esta vida todo es verdad y todo mentira.* — « Dans cette vie tout est vérité et tout est mensonge. »

On ne saurait s'imaginer par quelles ténèbres il faut passer avant de voir poindre un peu de lumière; pendant plusieurs actes on ignore et qui parle et à qui l'on parle, et de qui l'on parle; le vrai Martian, fils de Phocas, passe pour Léonce, fils de Léontine, mort au berceau, et celui qu'on prend pour Martian est le fils de Maurice, lequel, au rebours du fils de Léontine, qu'on croit vivant tandis qu'il est mort, passe pour mort tandis qu'il est vivant. Pour peu que la paupière s'abaisse dans cette pénombre, l'œil en se rouvrant court risque de se méprendre; il y faut une vigilance infatigable; mais aussi, pour prix de ce labeur, la lumière se fait. Et alors quel éclat! quel intérêt! On a payé cher l'intelligence de l'intrigue; mais on se trouve amplement dédommagé par l'émotion qui nous transporte au spectacle de l'héroïque dévouement de ces deux jeunes héros, que le poëte a su nous faire aimer, et des angoisses du tyran. Pour consoler ceux qui ne parviennent pas à comprendre, on a dit que Corneille, qui avait d'abord compris, finit plus tard par ne plus s'y reconnaître : il aurait perdu le mot de ce que Boileau appelle un logogriphe. Un autre malheur est encore que Corneille ait pris moins de soin du style que de l'intrigue.

Lorsque Corneille fit représenter *Héraclius* (1647), il était depuis un an membre de l'Académie française. Ce ne fut pas sans peine qu'il se fit ouvrir les portes de l'illustre assemblée; jamais, Richelieu vivant, il n'avait osé y frapper; mais, depuis la mort du ministre, il l'avait fait vainement à deux reprises; une première fois il avait dû céder le pas à M. de Salomon, et la seconde à du Ryer. Il est vrai qu'il ne résidait pas, mais Balzac habitait en Angoumois, plus loin que la Normandie, et il ne s'était jamais piqué d'exactitude aux séances; le règlement pouvait fléchir aussi bien devant Corneille. Enfin, celui-ci leva toute difficulté en promettant de se partager également entre Paris et Rouen. Il eût donc l'honneur de succéder à Maynard, et de siéger auprès des juges qui avaient glosé dix ans auparavant sur Chimène et Rodrigue. Si sa joie fut sincère, ou s'il voulut, en remerciant l'Académie, se moquer des censeurs du *Cid*, on l'ignore. Toujours est-il qu'il parla des *admirables chefs-d'œuvre* de ses confrères, de l'*épanouissement de son cœur*, et de la *liquéfaction intérieure qui relâchait toutes les puissances de son âme*. Que ce soit malice ou gaucherie, le ridicule du langage est hors de doute. Au fond, Corneille prisait médiocrement la plupart de ses collègues, et il n'attendait l'avis de personne pour savoir qu'il était le grand Corneille, ou, comme il le disait plus simplement, Pierre Corneille. Mais on peut douter qu'il s'en soit souvenu dans l'accomplissement d'une formalité où l'étiquette lui commandait d'être modeste et louangeur. S'il s'humilie sans bonne grâce, et s'il flatte sans adresse, c'est qu'il forçait sa nature et son talent. Nous l'avons vu dans ce rôle devant Montauron, et nous aurions pu, à propos de la dédicace de *Pompée*, le montrer en même posture auprès de Mazarin, dont César et Pompée, en unissant tous leurs mérites, ne suffisent pas à compléter la ressemblance [1]. C'est donc un accident qui se reproduit dans toutes les occasions analogues.

Au milieu de tous ces succès, le génie patient et aventureux de Corneille cherchait toujours des routes non battues. Nous le voyons, encore tout haletant du rude labeur d'*Héraclius*, aborder, dans *Andromède*,

---

[1] Il faut donner les pièces à l'appui :

Leurs plus hautes vertus qu'étale mon ouvrage
N'y font que prendre un rang pour former ton image.
Quand j'aurai peint encor tous ces vieux conquérants,
Les Scipions vainqueurs et les Catons mourants,
Les Pauls, les Fabiens, alors, de tous ensemble,
On en verra sortir un tout qui te ressemble.

la tragédie à machines avec des intermèdes en musique ; c'est le germe de l'opéra : il y reviendra plus tard par *la Toison d'or* et *Psyché*, en attendant les chefs-d'œuvre de Quinault qu'il prépare. « Il paraît, dit Voltaire, par la pièce d'*Andromède*, que Corneille se pliait à tous les genres. Il fut le premier qui fit des comédies dans lesquelles on retrouvait le langage des honnêtes gens de son temps, le premier qui fit des tragédies dignes d'eux, et le premier encore qui ait donné une pièce en machines qu'on ait pu voir avec plaisir. » Voltaire ajoute qu'il y a « des beautés dans l'*Andromède* de Corneille, et qu'on les trouve dans les endroits qui tiennent de la vraie tragédie ; par exemple dans le récit que fait Phorbas à l'avant-dernière scène de la pièce. » Andromède, éprise d'abord de Phinée, s'en détachant ensuite, parce qu'il lui a failli au moment du danger, et récompensant de son amour le courage de Persée, est un caractère naturel, bien dessiné, parfaitement soutenu dans son apparente inconstance.

Don Sanche (1650), pièce héroïque, qui n'est ni une tragédie, ni une comédie, nous prouve que Corneille n'avait pas renoncé au commerce de ses chers Espagnols. Le nouveau larcin qu'il leur fit ne fut pas très-heureux, et Corneille attribue le médiocre succès de sa pièce au refus d'un *illustre suffrage*. C'était celui du prince de Condé, dont le goût faisait autorité. Malgré ce préjugé défavorable, *Don Sanche* s'est relevé ; et bien qu'il n'ait ni l'attrait du comique, ni l'intérêt de la terreur, les mœurs chevaleresques dont il offre l'image, et la beauté du caractère de don Sanche suffisent à soutenir l'attention et à charmer l'esprit du spectateur. Don Sanche, du sang des rois d'Aragon, ignore le secret de sa naissance : élevé par un pauvre pêcheur, il s'en croit le fils. L'ardeur généreuse de son sang l'a poussé, à l'insu du pêcheur, à venir, sous le nom de Carlos, prendre part aux exploits des Castillans contre les Maures. Il a monté si haut, grâce à son courage, que la reine de Castille et une jeune princesse d'Aragon n'ont de regards que pour lui. La reine veut en faire son époux et le lui laisse deviner. Mais les grands de Castille pressent Isabelle de choisir entre trois d'entre eux : celle-ci donne son anneau à Carlos et celui des trois rivaux qui le rapportera à la reine sera son époux. Carlos déclare qu'il le donnera au jouteur qui pourra le vaincre en champ clos. L'orgueil de deux des concurrents se refuse à lutter contre un aventurier. Le troisième relève le défi dont l'effet est ajourné par une ruse d'Isabelle. Le vieux pêcheur survient alors, et Carlos, toujours généreux, n'hésite pas, au péril de toutes ses espérances, à le reconnaître pour père ; heureusement le mystère s'éclaircit, grâce à un favori du feu roi d'Aragon et à je ne sais quel écrin qui dénouent l'intrigue en faisant connaître que Carlos n'est autre que don Sanche, fils de don Fernand d'Aragon. Dès lors plus d'obstacle et l'inévitable dénoûment s'accomplit à l'honneur de don Sanche et au bonheur d'Isabelle. Parmi les traits brillants qui donnent un mérite durable à cette composition, il faut surtout citer la réplique de don Sanche lorsqu'il avoue hautement son obscure naissance :

> Sanche, fils d'un pêcheur, et non d'un imposteur,
> De deux comtes jadis fut le libérateur ;
> Sanche, fils d'un pêcheur, mettait naguère en peine
> Deux illustres rivaux sur le choix de leur reine ;
> Sanche, fils d'un pêcheur, tient encore en sa main
> De quoi faire bientôt tout l'heur d'un souverain ;
> Sanche enfin, malgré lui, dedans cette province,
> Quoique fils d'un pêcheur, a passé pour un prince.

Corneille dédia *Don Sanche* à un Hollandais, M. de Zuylichem, conseiller et secrétaire du prince d'Orange. déjà il lui avait dédié *le Menteur*. C'était en 1651, nous étions en pleine Fronde. Ne serait-ce pas qu'il n'y avait plus d'argent qu'à l'étranger et qu'après tout des florins ne sont pas à mépriser? J'exprime ce soupçon parce que Corneille, à la honte de ses contemporains, rois et ministres, n'a jamais connu l'aisance; je veux bien qu'on n'endorme pas un grand poëte dans l'opulence, mais au moins faut-il que la prévoyance des chefs de l'État mette au-dessus du besoin l'homme de génie dont les travaux font la gloire de la nation.

Nous arrivons au dernier effort complétement heureux du génie de Corneille. *Nicomède* est une création vraiment originale, que Corneille seul pouvait concevoir et réaliser. Comment a-t-il pu, sur une page de Justin et d'un recoin obscur de l'histoire de Bithynie, faire jaillir un tableau fidèle de l'abaissement des rois de l'Asie sous l'ascendant de Rome, et le développement d'un caractère héroïque qui tient en échec par sa hauteur d'âme toute la puissance des maîtres du monde? Le poëte, par une audace dont il connaît tous les périls, laisse de côté la terreur et la pitié, ressorts habituels de la tragédie; à peine effleure-t-il l'amour; il veut résolûment que tout l'intérêt de son drame naisse de l'admiration. Nicomède sera l'unique pivot de l'intrigue; il n'agira point, il n'aura d'autre glaive que sa parole, d'autre bouclier que sa force d'âme; mais cette parole humiliera toutes les vanités, déjouera toutes les ruses de la perfidie; mais cette âme forte confondra les desseins les plus pervers. Dès le début on comprend que le héros brisera toutes les mailles du filet dont il est enlacé. Ni les noirs complots d'une marâtre, ni la pusillanimité d'un père, ni l'adresse d'un ambassadeur soutenu de toute l'autorité du sénat et du peuple romain, ne pourront prévaloir contre le bon droit et l'intrépidité de l'élève d'Annibal. Comme ce souvenir du héros carthaginois plane heureusement sur la scène! Son disciple s'est d'abord emparé de toutes nos sympathies; aussi nous voulons qu'il triomphe et nous sommes assurés qu'il triomphera. De cette affection passionnée qu'il nous inspire naît tout l'intérêt du drame. Nous faisons cause commune avec lui : quoi qu'il dise, quoi qu'il ait à redouter, nous sommes toujours de son parti. Aussi avec quelle joie le voyons-nous de son âpre ironie rabattre l'orgueil de Rome dans son ambassadeur Flaminius :

> J'ignore sur ce point les volontés du roi;
> Mais peut-être qu'un jour je dépendrai de moi,
> Et nous verrons alors l'effet de ces menaces.
> Vous pouvez cependant faire munir ces places,
> Préparer un obstacle à mes nouveaux desseins,
> Disposer de bonne heure un secours de Romains;
> Et si Flaminius en est le capitaine,
> Nous pourrons lui trouver un lac de Trasimène.

Nous aurons aussi à voir de quel ton il repousse les conseils pusillanimes de son père :

> Grâces aux immortels, l'effort de mon courage
> Et ma grandeur future ont mis Rome en ombrage :
> Vous pouvez l'en guérir, seigneur, et promptement;
> Mais n'exigez d'un fils aucun consentement :
> Le maître qui prit soin d'instruire ma jeunesse
> Ne m'a jamais appris à faire une bassesse.

Il faudrait trop citer pour mettre en relief toutes les beautés de cet admirable caractère. Cette fois le prince de Condé, qui venait d'être fatal à *Don Sanche*, aida au succès, involontairement, il est vrai, mais par l'analogie de sa situation avec celle du héros du drame. Les frondeurs détournaient, à l'honneur du prince rebelle, tous les traits lancés par Nicomède contre la cour et la reine de Bithynie. Corneille, de son côté, n'y avait pas songé, n'étant pas homme à se mêler à la petite guerre de la Fronde; mais son œuvre profitait de cet accident de malignité. Écoutons Corneille témoignant sa joie du succès de sa tentative. « Ce héros de ma façon, nous dit-il, sort un peu des règles de la tragédie en ce qu'il ne cherche point à faire pitié par l'excès de ses malheurs ; mais le succès a montré que la fermeté des grands cœurs, qui n'excite que de l'admiration dans l'âme du spectateur, est quelquefois aussi agréable que la compassion que notre art nous commande de mendier pour leurs misères. Il est bon de hasarder un peu et ne s'attacher pas toujours si servilement à ses préceptes, ne fût-ce que pour pratiquer celui-ci de notre Horace :

Et mihi res, non me rebus submittere conor.

Mais il faut que l'événement justifie cette hardiesse, et dans une liberté de cette nature on demeure coupable, à moins que d'être fort heureux. » Hélas ! Corneille, notre grand Corneille était à la veille d'être bien coupable, car il allait être très-malheureux.

Mais avant de parler de cette catastrophe qui navra de douleur l'âme du poëte et qui le tint éloigné du théâtre pendant six longues années de deuil, qu'il nous soit permis d'apprécier par quelques considérations générales les caractères principaux du système dramatique de Corneille. Il sera toujours temps de dire un mot des infortunes de *Pertharite*, roi des Lombards.

On a remarqué avec raison les ressources infinies du génie de Corneille, pour développer une donnée dramatique, pour conduire une intrigue et pour varier les situations. Sous le rapport de la fécondité et de la variété des moyens, nul ne l'a surpassé. On peut comparer les fables de tous ses drames, et l'on sera surpris de voir combien elle diffèrent dans leur principe et dans leur développement ; il n'a pas de moule unique dans lequel il jette toutes ses conceptions, il craint avant tout de reproduire ce qu'il a déjà donné, et, comme on lui avait injustement reproché à ses débuts d'être le plagiaire d'autrui, il triomphe doublement de ce reproche, en ne ressemblant à personne de ses devanciers, et en évitant de se ressembler à lui-même; tant il avait à cœur de repousser l'accusation de plagiat qui avait accueilli ses premiers triomphes. L'imagination de Corneille avait autant d'industrie que de puissance, et on peut ajouter que son habileté à conduire et à varier les intrigues dramatiques est une heureuse application de l'esprit de procédure qui caractérise sa province. Il est bon de remarquer que le soin de diversifier le tissu de l'action et d'emprunter des sujets à des époques et à des pays divers, est le principe de la variété infinie des caractères qui cependant expriment les mêmes passions ou du moins des sentiments analogues.

Corneille a peint l'héroïsme sous toutes ses faces; dans Horace, l'héroïsme du père et du citoyen; dans Auguste [1], l'héroïsme de la clémence; dans Polyeucte, l'héroïsme de la religion; dans Cornélie [2], l'héroïsme de l'amour conjugal; dans Théodore, l'héroïsme de la pudeur; dans Antiochus et Séleucus [3], l'héroïsme de l'amour fraternel. L'héroïsme se montre partout et sous toutes ses formes, dont la plus originale est sans contredit le caractère de Nicomède, qu'un critique a appelé le railleur élevé à la puissance tragique. Corneille n'a pas eu l'ambition de reproduire toute l'humanité dans son ensemble, mais de montrer de préférence le côté noble de l'âme humaine. L'écueil d'un pareil système est de ne représenter souvent que des personnages froids, abstraits et insuffisamment passionnés. La question est donc de savoir si Corneille a fait

---

[1] *Cinna.*
[2] *Pompée.*
[3] *Rodogune.*

vivre ses abstractions, si ces personnages, tout héroïques qu'ils soient, nous émeuvent par leurs actes, par leurs discours, s'ils nous élèvent jusqu'à eux; Shakspeare, partant d'un point de vue différent, n'a point procédé autrement; il a élevé à l'état de type des personnages pris dans la réalité historique ou bourgeoise; il a été du particulier au général, tandis que Corneille est descendu du général au particulier. Voilà ce que n'ont point compris les imitateurs de ces deux grands hommes; ils ont continué de faire, les uns des abstractions, les autres des copies de la réalité; mais ni les uns ni les autres ne leur ont donné une âme.

Ainsi Corneille, dans la conception de ses personnages, procédait par abstraction; il n'avait pas la prétention de reproduire l'homme réel sous tous ses aspects, mais dégageant de l'ensemble un élément simple, il l'incarnait et le faisait agir et parler. L'art du poëte dramatique est de vivifier des abstractions, de leur donner une âme, un esprit, un visage. La création des types est le dernier terme de l'art. Le théâtre n'y est pas arrivé tout d'abord; chez nous il a débuté par la réalité, c'est là son point de départ; l'abstraction pure a été son premier progrès, et l'idéalisation, ou l'art de faire vivre l'abstraction, a été le terme de ses efforts. Les Mystères et les Farces n'étaient que des fragments historiques ou des nouvelles dialoguées; le personnage était donné par la tradition avec son nom, son caractère, son langage et son costume. Les Moralités et les Soties mettaient en scène les passions, les vices et les vertus ou les classes de la société, en leur conservant leur véritable nom; l'hypocrisie était l'Hypocrisie, la simonie la Simonie, l'idée abstraite restait à l'état d'abstraction, sauf le vêtement que lui imposait le besoin de paraître en scène. Ainsi les mystères et les farces ne donnaient que des individus, les moralités et les soties que des classes ou des espèces. Il fallait faire un pas de plus et consommer l'alliance de l'individu et de l'espèce, du particulier et du général ; cette alliance se trouve réalisée dans ces belles créations du génie qui ont tout ensemble une existence individuelle et une existence générale, qui vivent par elles-mêmes et qui représentent toute une classe, qui ont un nom propre qui devient nom commun, réalités et symboles. Pour indiquer cette marche du drame, cette transformation des personnages depuis les mystères jusqu'aux chefs-d'œuvre du théâtre et du roman, il me suffit de trois noms empruntés à chacun de ces systèmes : Judas, l'Hypocrisie, Tartufe. Les plus belles créations de ce genre ou du moins les plus populaires appartiennent à la comédie et au roman : Tartufe, Harpagon, Figaro, Lovelace, don Quichotte, etc., et il serait facile d'en indiquer les raisons. Quoi qu'il en soit, Corneille appartient évidemment à l'école de ces grands maîtres qui procèdent du général au particulier, et qui savent vivifier par la puissance de l'imagination les abstractions de la pensée. Avouons qu'il n'y a pas toujours réussi.

Corneille ne s'est pas contenté de donner une vie générale à ses personnages par la convenance du langage, le mouvement de la passion et le rapport des actions avec les situations ; il a su donner à ses héros un caractère spécial, en modifiant les traits généraux de la nature humaine par le caractère des lieux et des temps. Il tient compte du milieu dans lequel respirent ses personnages. Il a conçu à sa manière, mais dans le sens de la tradition, l'esprit de Rome à son origine, dans les dernières crises de la république expirante, dans les beaux jours de l'empire et à son déclin, et, sans s'attacher à le décrire ni à le définir, il l'exprime par reflets dans le langage et dans les mœurs de ses personnages : *Horace*, *Polyeucte*, *Cinna*, *Pompée*, *Héraclius* expriment indirectement les différences de l'esprit romain dans des siècles différents, bien que dans aucun de ces drames il ne soit ni analysé ni défini. La connaissance des temps, des lieux et des mœurs transpire plutôt qu'elle ne se montre, et ne se fait que mieux comprendre. C'est par cet artifice, c'est en modifiant ainsi la conception générale du caractère par celle de l'époque et du lieu, que Corneille a pu atteindre ce qu'on appelle de nos jours la couleur locale, et que Segrais a pu dire avec l'assentiment de ses contemporains : « Dans Corneille le Romain parle comme un Romain, le Grec comme un Grec, l'Indien comme un Indien et l'Espagnol comme un Espagnol. » Racine, pour être demeuré dans les sentiments généraux de l'humanité, a été accusé de n'avoir peint que des Français sous le costume grec, romain ou turc. Corneille, en singularisant ses personnages, a été accepté comme un peintre fidèle de l'antiquité, et les habiles qui soupçonnaient bien quelque différence entre le tableau et la réalité, aimaient mieux s'en prendre aux Romains qu'à Corneille. « Corneille, dit Saint-Evremont, fait mieux parler les Grecs que les Grecs, les Romains que les Romains, les Carthaginois que les citoyens de Carthage ne parlaient eux-mêmes. » L'art de Corneille est surtout d'avoir dépaysé ses spectateurs; les Français ont pris ses héros pour des portraits fidèles des hommes du passé et des pays étrangers, parce qu'ils ne s'y reconnaissaient pas, et ils ont accusé Racine de les avoir pris pour modèles, parce qu'il s'était contenté de peindre les passions et les sentiments généraux de l'humanité.

On a reproché à Corneille d'avoir trop fait parler ses personnages pour se faire connaître et d'avoir trop souvent substitué la parole à l'action. Vauvenargues l'en accuse, et ce grief n'est pas sans fondement; mais il faut remarquer que le champ de la tragédie, assujettie aux unités de temps et de lieu et renfermée dans l'étroite limite de cinq actes, n'est pas assez étendu pour que tous les traits d'un caractère soient toujours mis en saillie par l'action ; de là cette peinture directe des personnages par eux-mêmes ; toutefois Corneille n'en abuse pas, et c'est le plus souvent l'action qui dévoile les caractères. On a remarqué aussi que quelques-uns de ses personnages ont d'étranges retours tout à fait inattendus, et que rien n'a préparés ; ainsi Félix dans *Polyeucte*, Arsinoé dans *Nicomède*, et Cinna font volte-face à la grande surprise des spectateurs. M. Guizot, dans une étude sur Corneille, aussi exacte pour les faits que riche en idées[1], a trouvé la raison de ces revirements soudains dans la manière dont Corneille établit ses caractères ; comme il n'y fait entrer comme élément qu'une seule passion, lorsque le besoin de l'action commande un changement, il faut qu'une passion nouvelle se substitue à l'autre et l'efface entièrement ; un caractère complexe pourrait renfermer le germe de ces évolutions : mais Corneille ne procède pas ainsi ; ses personnages étant tout d'une pièce ne peuvent pas avoir de souplesse, et s'ils changent, ils le font brusquement. Ainsi Félix devient tout à coup l'homme de Dieu, après avoir été celui de César, Arsinoé passe pour Nicomède de la haine violente à la vive amitié, et dans Cinna, le courtisan idolâtre prend sans transition la place du conspirateur fanatique.

Quelques critiques accusent encore Corneille d'avoir

---

[1] Voyez, dans les *Vies des Poëtes français*, la *Notice sur Corneille*, 1 vol. in-8, 1813. Le premier volume seul a paru. Si on contracte forcément des dettes lorsqu'on revient sur un sujet déjà raité, il faut aussi les reconnaître loyalement. Je dois donc dire ci que la *Vie de Corneille* par M. Jules Taschereau m'a été fort utile pour la connaissance et l'ordre des faits reproduits dans ncetenotice.

trop souvent donné pour ressort à la tragédie l'admiration, sentiment élevé, mais qui se fatigue et se refroidit facilement. Il faut s'entendre sur ce point capital d'esthétique dramatique. Il est vrai que l'admiration ne suffit pas, mais on doit ajouter qu'elle est nécessaire; sans elle la pitié et la terreur seraient une souffrance, et non un plaisir. L'admiration exalte au plus haut degré le sentiment de notre puissance morale et intellectuelle, et c'est par la vertu de ce noble sentiment que le spectateur, transportant à l'humanité tout entière la force et la dignité morale dont il a conscience pour lui-même, jouit ainsi de sa propre grandeur et de celle de ses semblables. La théorie opposée, qui rattache le plaisir que procure la tragédie au contraste de notre situation avec celle des personnages mis en scène, calomnie gratuitement la nature humaine : *quibus ipse malis careas quia cernere suave est*[1]. Celle qui le place dans l'analogie des situations a conduit dans la pratique à ces tragédies bourgeoises qui nous attendrissent sans nous élever, et par conséquent sans nous rendre meilleurs. Le spectacle des grandes infortunes supportées avec courage inspire à l'homme une noble fierté et une salutaire admiration qui adoucit les atteintes de la terreur et de la pitié, double ressort de la tragédie. Aristote prétend que la terreur et la pitié se purgent par elles-mêmes; nous verrons plus tard comment on peut entendre ce principe; mais il nous paraît clair que la puissance morale de la tragédie doit surtout se rattacher à l'admiration. Ainsi ce sentiment, qu'on veut proscrire et qu'on a proscrit en effet au profit des émotions nerveuses et des convulsions, est la condition même du plaisir tragique.

Guillaume Schlegel a fait remarquer dans l'histoire de la tragédie grecque l'affaiblissement successif de la

[1] Lucrèce.

fatalité, qui en est le principal ressort dans Eschyle, et qui, rejetée au second plan par Sophocle, s'efface presque entièrement dans Euripide, pendant que la volonté de l'homme et ses passions se développent progressivement et finissent par dominer la scène. Ce qui caractérise la marche du théâtre français, c'est la décadence de la force morale et le progrès continu de la passion. La passion contenue dans Corneille par des principes sévères, par une moralité qui a conscience d'elle-même et qui proclame ses principes, n'est plus combattue dans Racine que par des habitudes morales: ce frein s'affaiblit dans Voltaire, et les dramaturges modernes l'ont complétement rejeté. Leurs héros ne font pas la distinction du bien et du mal, ils vont toujours dans le sens de leurs passions, qui ne rencontrent que de ces obstacles matériels dont on triomphe aisément avec le fer, le poison, les fausses clefs et les échelles de corde. Le principe moral a eu sur notre théâtre le sort de la fatalité chez les anciens, et la tragédie a été moins morale à mesure qu'elle est devenue plus pathétique. Corneille, même lorsqu'il nous émeut le plus vivement, tient toujours notre âme à une grande hauteur, et la remplit du sentiment de la dignité de l'homme. Racine la fait descendre de ces sommets pour l'attendrir, et Voltaire pour la remuer profondément. Le drame moderne la secoue, la bouleverse et la déchire, et va jusqu'à donner des convulsions à ceux qui le prennent au sérieux. Cet excès est la conséquence forcée du système qui prend l'émotion pour mesure du mérite dramatique. C'est ailleurs qu'il faut la chercher. La tragédie doit tendre à ennoblir et à fortifier les âmes, et non les briser et les amollir par les violentes secousses de la sensibilité. La passion a tout envahi, on veut à tout prix émouvoir des spectateurs blasés, et l'on oublie qu'on ruine ainsi le fondement sur lequel on s'appuie; car la sensibilité, au rebours de nos autres facultés, s'émousse par l'exercice, et demande, lorsqu'elle n'est pas contenue dans de justes limites, des excitations chaque jour plus violentes. Le drame, en continuant de marcher dans la route qu'il a prise, ne tardera pas à rencontrer les bêtes fauves plus énergiques, plus violentes que ses héros, qui réclameront son héritage; car, puisqu'il s'est fait matérialiste, il faudra bien qu'il soit détrôné par la matière. Ces jeux féroces de la scène appellent, par une loi fatale, les jeux du cirque.

Ce dénoûment, j'aime à le croire, sera sans doute détourné par le bon sens public; en attendant, tâchons de résister à cet entraînement qui accuse un grave désordre moral, et, pour préserver notre intelligence, pour tenir nos âmes fermes contre le siècle, jetons parfois un regard en arrière, nourrissons-nous de ces vieux auteurs dont les beautés sont toujours neuves, malgré les années, et n'oublions pas ce mot d'un sage couronné : « Parmi tant de choses dont les hommes envient ou recherchent la possession dans le cours de leur vie, tout le reste est fadaise, hormis le vieux bois pour brûler, les vieux amis pour causer et les vieux livres pour lire. » Disons cela, sous toutes réserves de droit et sans nous inscrire contre les beaux monuments de la littérature contemporaine et nos légitimes espérances d'un brillant avenir.

Notre tâche, si douce jusqu'à présent, va devenir moins attrayante, puisque nous avons à suivre dans sa décadence l'homme de génie dont nous avons admiré la force. Il faut revenir à *Pertharite* (1653), qui prélude si tristement à une période où de rares accès de force ne compensent pas des défaillances trop nombreuses. Corneille, qui allait cherchant partout le minerai à convertir en métal brillant et solide, s'était enfoncé dans les annales des temps barbares, où il rencontra Pertharite, roi détrôné, époux fidèle. L'amour conjugal lui inspira la funeste pensée de montrer, comme exemple rare et nouveau d'héroïsme, un mari capable de céder son trône pour conserver sa femme, et de renoncer à la vie pour donner à cette même femme un nouvel époux et une couronne. Le trait était édifiant; mais il fallait trouver le secret de le rendre dramatique. Or, voici la fable que Corneille construisit. Grimoald, autrefois duc de Bénévent, a dépossédé Pertharite du trône de Milan. Celui-ci a cherché un asile auprès du roi des Huns, laissant sa femme et un fils en bas âge aux mains du vainqueur. Grimoald, qui, au début de ses conquêtes, avait promis à Pavie d'épouser Edwige, sœur de Pertharite, s'est épris à Milan de sa femme Rodelinde; et sur le bruit de la mort de Pertharite, il veut contraindre Rodelinde à lui donner sa main. Celle-ci résiste opiniâtrément. Pendant cette lutte, un certain Garibalde, ambitieux et fourbe, fait sa cour à Edwige, délaissée par Grimoald, et obtient de cette amante irritée un consentement, à la charge d'immoler le perfide. De son côté, le roi des Lombards menace de faire mourir le fils de Pertharite et de Rodelinde si celle-ci s'obstine dans son refus. Elle cède enfin; mais, par la plus étrange idée qui ait jamais traversé la tête d'une mère, elle veut que Grimoald tue lui-même ce fils que son hymen devait garantir. Le roi donnait les mains à cet expédient, lorsque Pertharite arrive à l'improviste du fond de sa retraite pour se voir traité, par Grimoald et Garibalde, d'imposteur et de fantôme; ce n'est qu'un revenant dont l'identité ne peut être méconnue ni par sa femme ni par sa sœur. Pertharite ne réclame que sa femme et quitte son trône à Grimoald. L'arrangement ne se concluant pas, Pertharite, de plus en plus débonnaire, conseille à Rodelinde de se résigner à régner avec Grimoald. Pour lui, il va mourir et laisser le champ libre à tous deux. Toutefois, il consent à profiter d'un stratagème du fidèle Udulfe qui le tire de prison; mais il est atteint dans sa fuite par le traître Garibalde. On le ramène devant Grimoald, lequel, bon prince au fond, malgré les apparences, rend à Pertharite et sa femme et sa couronne; celui-ci exige en retour que Grimoald accepte Pavie, où il régnera avec Edwige. Personne ne refuse. Notons que Garibalde a été tué par Pertharite; c'est le seul meurtre que produise tout cet appareil tragique, qui aboutit au rapprochement de deux époux, plus de deux amants, et à l'amiable partage d'un royaume.

Le principal malheur de cette *pièce infortunée*, le mot est de Voltaire, c'est, sans parler du style, qu'on ne peut s'intéresser à aucun des personnages. Tous les caractères y sont outrageusement ou niais, ou féroces, ou ridicules. Corneille, cette fois encore, est dupe d'un principe qu'il a trouvé dans Aristote, savoir que la tragédie peint les actions, et non les mœurs. C'est pour cela qu'il subordonne les caractères à l'intrigue, et qu'il croit sa tâche accomplie lorsqu'il a combiné les ressorts de l'action de manière à produire des situations. Nous avons vu, par *Théodore*, les vices de ce système; *Pertharite* les démontre surabondamment. En effet, cette pièce, féconde en situations dramatiques, est absolument mauvaise. Racine, cependant, a su en tirer *Andromaque*[1]. Mais Racine ayant placé, dans la situation qu'il emprunte à Corneille, des caractères vrais ou vraisemblables, animés de passions réelles, a rempli la double condition de l'intérêt dramatique. Rodelinde serait Andromaque, Edwige Hermione, Garibalde Oreste, Grimoald Pyrrhus, car les

[1] On a aussi remarqué que *Théodore* présente la même situation que l'*Inès de Castro* de Lamotte. Dans ces deux pièces, c'est une belle-mère voulant faire épouser sa fille et persécutant la maîtresse de celui qu'elle désire pour gendre. Singulière destinée de deux pièces tombées, dont le débris donne matière à un double succès!

rôles seraient identiques, s'ils avaient mêmes mœurs et même langage[1]. Tels qu'ils sont, ils se font appliquer le vers d'Horace :

Quodcumque ostendis mihi sic incredulus odi.

On ne croit pas qu'ils puissent exister, et ils inspirent du dégoût.

Voilà une bien longue analyse et trop de réflexions à propos d'une pièce qu'on ne lit plus et qui n'a paru qu'une fois au théâtre. Pour cela même, je veux en tirer quelques vers qui paraissent dignes d'être conservés. Ils appartiennent au rôle de Rodelinde, éloquente par accident, parce qu'elle rencontre des sentiments nobles ou touchants. Voici ce qu'elle dit en parlant de Grimoald :

> Je hais dans sa valeur l'effort qui le couronne ;
> Je hais dans sa bonté les cœurs qu'elle lui donne ;
> Je hais dans sa prudence un grand peuple charmé ;
> Je hais dans sa justice un tyran trop aimé ;
> Je hais ce grand secret d'assurer sa conquête,
> D'attacher fortement ma couronne à sa tête ;
> Et le hais d'autant plus que je vois moins de jour
> A détruire un vainqueur qui règne avec amour.

Certes, ces vers ne sont pas indignes de Corneille ; les suivants sont de la plus grande beauté. Rodelinde les

---

[1] Le rapport n'est pas seulement dans la situation. Edwige et Garibalde se rencontrent quelquefois avec Oreste et Hermione dans l'expression des mêmes idées ; ainsi, Edwige dira :

> Pour gagner mon amour il faut servir ma haine ;
> A ce prix est le sceptre....

et Hermione après elle :

> Hermione est le prix du tyran opprimé.

Garibalde dira :

> Grimoald inconstant n'a plus pour moi de charmes,
> Mais Grimoald puni vous coûterait des larmes.
> A cet objet sanglant l'effort de la pitié
> Reprendrait tous les droits d'une vieille amitié ;

prononce en réponse à la proposition de Pertharite, qui lui conseille de se donner à Grimoald :

> N'achève pas un discours qui me tue,
> Et ne me force point à mourir de douleur
> Avant qu'avoir pu rompre ou venger ton malheur.
> Moi, qui l'ai dédaigné dans son char de victoire,
> Couronné de vertus plus encor que de gloire,
> Magnanime, vaillant, juste, bon, généreux,
> Pour m'attacher à l'ombre, au nom d'un malheureux,
> Je pourrais à ta vue, aux dépens de ta vie,
> Épouser d'un tyran l'horreur et l'infamie,
> Et trahir mon honneur, ma naissance, mon rang,
> Pour baiser une main fumante de ton sang!

Le souvenir de la chute de *Pertharite* pesa longtemps sur le cœur de Corneille ; et il n'est pas probable qu'il

> Et son crime en son sang éteint avec sa vie,
> Passerait en celui qui vous aurait servi....

et Oreste après lui :

> Le cœur est pour Pyrrhus et les vœux pour Oreste....
> Et vous le haïssez! Avouons-le, madame,
> L'amour n'est pas un feu qu'on renferme en une âme ;
> Tout nous trahit, etc....

Rodelinde pense aussi quelquefois comme Andromaque ; ainsi, l'héroïne de Racine dit à Pyrrhus :

> Seigneur, que faites-vous ? et que dira la Grèce?
> Faut-il qu'un si grand cœur montre tant de faiblesse,
> Et qu'un dessein si beau, si grand, si généreux,
> Passe pour le transport d'un esprit amoureux!

Mais Rodelinde avait dit à Grimoald :

> On publierait de toi que les yeux d'une femme,
> Plus que ta propre gloire, auraient touché ton âme ;
> On dirait qu'un héros si grand, si renommé,
> Ne serait qu'un tyran s'il n'avait point aimé.

Voltaire a remarqué ces analogies. Mais il y a plus : il semble qu'Oreste, exprimant la joie qu'il éprouve en retrouvant Pylade, se souvienne du langage de Pertharite à la vue de Rodelinde :

> Je bénis mon destin, quelques maux qu'il m'envoie,
> Puisqu'il peut consentir à ce moment de joie,
> Et bien qu'il ose encor de nouveau me trahir,
> En un moment si doux je ne puis le haïr.

en ait été diverti en se mêlant un instant comme médiateur dans la guerre des jobelins et des uranistes, qui succéda à celle de la Fronde. Il se soumit à l'arrêt du public, dont il ne pouvait contester la compétence sans mettre en péril ses triomphes passés; mais le chagrin qu'il ressentit n'en fut que plus profond, et le souvenir de cette œuvre malheureuse lui devint si importun qu'il n'osa pas le rappeler pour montrer ce que lui devait l'auteur d'*Andromaque*. Racine n'en dit rien, et l'oubli couvrirait encore le secret des deux auteurs, si, après quatre-vingts ans écoulés, l'abbé Desfontaines n'eût indiqué cette ressemblance, que Voltaire crut découvrir encore trente ans plus tard. La religion seule pouvait adoucir une aussi cruelle blessure. Heureusement, Corneille, tout en travaillant pour le théâtre, avait conservé une piété sincère qui ne se démentit jamais. Déjà, à la prière d'Anne d'Autriche, il avait traduit les vingt premiers chapitres de l'*Imitation*. Sa disgrâce l'appela naturellement à se réfugier dans ce travail, dont les commencements avaient réussi. Il s'y dévoua tout entier avec consolation intérieure et non sans profit. Les anciens maîtres de Corneille, dont il était demeuré l'ami, aidèrent au succès de son œuvre pieuse; de sorte que ce qu'on a considéré, sur la foi d'un récit mensonger, comme un travail de pénitence et d'expiation, fut, en réalité, une bonne entreprise. Corneille, il faut s'en souvenir, ne travaillait pas seulement pour la gloire. Les éditions des différentes parties de l'*Imitation* se multiplièrent avec une grande rapidité. Ce succès ne s'est pas maintenu. Il est vrai que les vers, souvent pénibles et presque toujours solennels, ne reproduisent ni l'onction ni la simplicité du texte original; mais on a eu tort de délaisser complétement ce travail, où éclatent par intervalles de grandes beautés [1]. Nous pouvons,

[1] M. Onésime Leroy a tenté récemment une restauration de cet

puisque l'occasion s'en présente, détacher quelques passages remarquables. Ainsi, le premier chapitre contient déjà un vers admirable sur le dédain de Dieu pour les orgueilleux :

> Il ne s'abaisse pas vers des âmes si hautes.

Voici encore qui est digne de Corneille :

> L'âme, de ses défauts saintement indignée,
> Doit jusqu'à la racine enfoncer sa cognée,
> Et ne saurait jouir d'une profonde paix,
> A moins que d'extirper jusques à ses souhaits.

Et ce distique ne renferme-t-il pas une belle image de l'intelligence d'une âme pure ?

> L'âme pourrait alors, comme reine des sens,
> Jusqu'au trône de Dieu porter des yeux perçants.

Connaît-on beaucoup de traits plus énergiques que ceux-ci, que j'emprunte à une description de l'enfer ?

> L'ivrogne et le gourmand recevront leurs supplices
> Du souvenir amer de leurs chères délices,
> Et ces repas traînés jusques au lendemain
> Mêleront leur idée aux rages de la faim.
> L'envieux, qui verra du plus creux de l'abîme
> Le ciel ouvert aux saints et fermé pour son crime,
> D'autant plus furieux, hurlera de douleur
> Pour leur félicité plus que pour son malheur.

On peut conseiller de feuilleter quelquefois un livre où des vers pareils se rencontrent, non pas au hasard, mais sans chercher beaucoup[1]. Je voudrais pouvoir

---

ouvrage. Il y a pratiqué avec dextérité des retranchements et quelques corrections. L'inconvénient de cette méthode est de donner un texte où les soudures faites par une main étrangère détruisent l'analogie du style. De simples extraits auraient une véritable utilité et sauveraient de l'oubli de beaux vers qu'on ne va pas chercher dans la foule.

1 Corneille a retouché beaucoup sa traduction. J'ai regretté de

citer dans toute son étendue l'imposant chapitre du Chemin royal de la Croix [1].

L'adieu de Corneille au théâtre n'était pas fait sans un secret espoir de retour, il avait été trop douloureux pour être complétement sincère. « Ma résolution, avait-il dit, n'est pas si forte qu'elle ne se puisse rompre. » C'était demander qu'on lui fît violence. Cependant six mortelles années se passèrent sans provocation. Enfin en 1659 un signe de Fouquet lui rendit la vie. Combien sa joie fut vive et quelle fut l'ardeur de son réveil, on peut en juger par l'empressement qu'il mit à composer *Œdipe*, et mieux encore par la chaleur de ses remercîments. Je sens, s'écriait-il,

> Je sens le même feu, je sens la même audace,
> Qui fit plaindre le Cid, qui fit combattre Horace;
> Et je me trouve encor la main qui crayonna
> L'âme du grand Pompée et l'esprit de Cinna.

Il ajoutait avec un naïf orgueil qui ne déplaît pas:

> Mes dix lustres et plus n'ont pas tout emporté
> Cet assemblage heureux de force et de clarté,
> Ces prestiges secrets de l'aimable imposture
> Qu'à l'envi m'ont prêtés et l'art et la nature.

Le brillant succès d'*Œdipe* ne tarda pas à l'affermir dans cette douce illusion.

Fouquet, brillant dilapideur de la fortune publique, était alors dans toute l'ivresse des fêtes somptueuses dont il amusait l'adolescence du roi et la vieillesse de Mazarin. L'or qu'il prodiguait lui donnait pour complices l'avarice du ministre, la sensualité des

---

ne pas retrouver dans les dernières éditions ce trait profond qui m'avait frappé comme un excellent conseil de morale :

> .... *Déprends toi de toi-même*.
> Et tu retrouveras un précieux trésor,
> Le calme intérieur ignoré de qui s'aime.

[1] Liv. II, chap. XII.

jeunes seigneurs, la coquetterie des femmes et la reconnaissance des poëtes. Combien eût duré ce faste ruineux, sans l'envie d'un commis sobre et laborieux, dont la rude enveloppe cachait encore un grand administrateur, et sans la jalousie du jeune roi, qui déjà voulait régner seul, au moins sur ses maîtresses? nul ne le sait ; mais il est certain que quelques années de complaisances sans bornes et de luxe sans frein laissèrent, au moment de la catastrophe, une terrible besogne à l'économie de Colbert. Corrupteur aimable, concussionnaire généreux, Fouquet oppose encore aujourd'hui aux sévérités de l'histoire l'amitié de madame de Sévigné, le dévouement de Pellisson, la douleur de la Fontaine, la gratitude de Corneille. Celle-ci fut sans réserve, parce que Corneille ne se croyait jamais quitte envers ceux qui *lui épargnaient la pudeur*[1] de demander. Voltaire en parle bien à son aise, lorsque, du haut de son opulence royale, il regrette que Corneille n'ait pas préféré vivre à Rouen avec du pain bis et de la gloire. Corneille seul aurait pu se contenter de gloire et de pain bis ; il savait vivre de peu, et nous savons qu'on le trouva un jour occupé à restaurer sa chaussure avariée ; ce n'est pas le superflu qu'il recherchait, mais le nécessaire pour lui et pour les siens. La gloire peut bien décorer la médiocrité, mais non pas la misère. Il faut donc seulement gémir quand nous voyons Corneille, pressé par le besoin, faire, en 1550, argent de ses charges d'avocat du roi à la table de marbre, et de premier avocat à l'amirauté de Rouen, honorables sinécures qu'il avait conservées en mémoire de son père, et cédant, à la veille de la mort, la maison où il était né.

Corneille, ranimé par les libéralités de Fouquet, choisit, entre trois sujets que le surintendant lui proposa, celui d'*OEdipe* (1659). Il pensait marcher d'un pas ferme sur

[1] La Fontaine.

les traces de Sophocle et de Sénèque, mais il comprit bientôt que l'Œdipe des anciens ne pouvait pas s'arracher les yeux ni faire ruisseler son sang de leurs orbites vides devant un parterre de Parisiens. Force lui fut donc de chercher d'autres sources d'intérêt, et pour suppléer au défaut de matière, il imagina ce qu'il appela l'*heureux épisode* de Dircé et de Thésée. L'expédient fut jugé excellent puisque la pièce réussit, et même « la plupart des auditeurs avouèrent que Corneille n'avait fait aucune pièce de théâtre où se trouve autant d'art[1]. » Il est vrai qu'il n'y en a point où le naturel manque plus complétement. C'est là que nous entendons au début Thésée débitant à Dircé ces vers, hélas! trop célèbres:

> Quel ravage affreux qu'étale ici la peste,
> L'absence aux vrais amants est encor plus funeste.

En vertu de cet axiome, Thésée veut demeurer dans Thèbes pestiférée auprès de sa chère Dircé. Cette princesse, sortie du cerveau de Corneille, se trouve, de sa grâce, fille de Laïus et de Jocaste, sœur d'Œdipe. Le sang altier et querelleur des Labdacides ne se dément pas dans ses veines; elle tranche de la reine dépossédée, et elle n'épargne pas les traits piquants à l'heureux usurpateur qui tient sa place. Ainsi Œdipe a déjà deux ennemis sur les bras: Thésée, à qui il refuse la main de la fille de Laïus, et cette fille elle-même, sans parler de Jocaste, qui penche du côté des deux amants, lorsque commence sur le meurtre de Laïus l'enquête qui doit aboutir à la découverte d'un parricide et d'un inceste. Nous avons peine à comprendre comment on a pu non-seulement supporter, mais applaudir ce mélange d'horreur et de galanterie, et cependant le préjugé fut tellement tenace que soixante ans plus tard Voltaire corrompit encore ce tragique sujet par une

---

[1] *Avis de Corneille au lecteur.*

réminiscence d'amour entre Jocaste et Philoctète, ajoutant au vice du mélange le ridicule qui s'attache aux amours surannées. Quand nous sera-t-il donné de voir dans sa simple et magnifique horreur le drame de Sophocle que rien n'égale au théâtre? Aujourd'hui nous sommes capables de tout entendre, de tout voir; mais où est le grand poëte dont le génie sublime et docile ne trahirait pas Sophocle en le traduisant[1]? Corneille a gauchi, Racine a reculé, Voltaire a côtoyé, la place est à emporter. Nous avons dans le rôle de Thésée quatre vers qui n'ont pas empêché Corneille de passer outre, et qui portent la condamnation de son œuvre. Thésée dit en parlant d'Œdipe :

> Pourra-t-il trouver bon qu'on parle d'hyménée
> Au milieu d'une ville à périr condamnée,
> Où le courroux du ciel changeant l'air en poison
> Donne lieu de trembler pour toute sa maison?

Cependant tout n'est pas à dédaigner dans cette tragédie manquée; on y rencontre de beaux vers, et Voltaire s'en est approprié deux: la définition du sphynx,

> Ce monstre à voix humaine, aigle, femme et lion;

et l'image du supplice d'Œdipe qui

> Des morts et des vivants semble le séparer.

Je vois aussi, dans un passage qu'on n'a pas remarqué, le germe d'un des tableaux de notre grand peintre, M. Ingres. Son Œdipe n'est-il pas dans ces deux vers?

> Au pied du roc affreux semé d'os blanchissants,
> Je demande l'énigme et j'en cherche le sens.

Il faut encore citer la tirade sur la fatalité et le libre

---

[1] A défaut d'une imitation parfaite, qu'on ne peut pas obtenir sans miracle, nous possédons une traduction digne d'estime qui passe inaperçue. Elle est de M. Ayma.

arbitre, éternels problèmes qui tourmentent les philosophes et qui aigrissaient alors les théologiens :

> Quoi ! la nécessité des vertus et des vices
> D'un astre impérieux doit suivre les caprices,
> Et l'homme sur soi-même a si peu de crédit
> Qu'il devient scélérat quand Delphes l'a prédit ?
> L'âme est donc tout esclave : une loi souveraine
> Vers le bien ou le mal incessamment l'entraîne,
> Et nous ne recevons ni crainte ni désir
> De cette liberté qui n'a rien à choisir.
> Attachés sans relâche à cet ordre sublime,
> Vertueux sans mérite et vicieux sans crime,
> Qu'on massacre les rois, qu'on brise les autels,
> C'est la faute des dieux et non pas des mortels :
> De toute la vertu sur la terre épandue
> Tout le prix à ces dieux, toute la gloire est due;
> Ils agissent en nous quand nous pensons agir;
> Alors qu'on délibère on ne fait qu'obéir,
> Et notre volonté n'aime, hait, cherche, évite,
> Que suivant que d'en haut leur bras la précipite....
> N'enfonçons toutefois ni votre œil ni le mien
> Dans ce profond abîme où nous ne voyons rien.

Corneille, ranimé par le succès d'*OEdipe*, qui lui attira, outre les suffrages de la foule, des libéralités du roi, songea enfin à donner un recueil complet de ses tragédies. Elles s'élevaient déjà au nombre respectable de vingt-deux et formaient un total de plus de quarante mille vers. Non-seulement il publia ses œuvres, mais il les examina sans en dissimuler les défauts comme sans en contester les beautés, et en cela il fit acte de courage et de bonne foi. Ces examens méritent d'être étudiés comme de précieuses confidences du génie; ils prouvent avec quel soin le poëte méditait un sujet, quelle part il faisait à la vérité de l'histoire et à l'invention, quels étaient ses scrupules et ses hardiesses. Trois discours qu'il y ajouta, et dans lesquels il commente et complète la poétique d'Aristote, attestent ses profondes réflexions sur les secrets de l'art dramatique. On y admire sa sincérité et sa pénétration, tout en souriant, à l'occasion, de la naïveté avec laquelle il mêle, dans les exemples qu'il allègue, ses pièces les plus imparfaites et ses chefs-d'œuvre, dont l'amour paternel fait une seule famille où les plus disgraciés ne sont pas les moins aimés. Ces discours donnent à Corneille un rang élevé parmi les critiques. Les jeunes poëtes y apprendront le respect d'eux-mêmes, du public et de l'art; ils y verront que la fantaisie et le caprice sont de méchants guides, et que le génie ne donne pas dispense de raison et de méditation. Ce n'est pas que Corneille ait compris partout le sens d'Aristote; il a échoué après tant d'autres dans l'interprétation de la fameuse définition de la tragédie; il l'explique comme si Aristote avait dit que la tragédie purge toutes les passions par la terreur et la pitié, tandis que le philosophe attribue seulement à la terreur et à la pitié tragiques le don de purger la terreur et la pitié elles-mêmes. Ce premier contre-sens sur le texte que Corneille ne voyait qu'à travers une traduction latine, donne au principe d'Aristote, avec une fausse signification, une étendue qu'il n'a pas. Aussi Corneille s'étonne-t-il de le voir si souvent inapplicable. Évidemment Aristote veut contredire Platon; c'est un plaisir qu'il ne se refuse guère, et il prétend montrer que la poésie, même dramatique, ne corrompt pas les âmes; que si elle excite la pitié et la terreur, qui sont réellement des principes d'énervement moral, elle purge ces mêmes sentiments, c'est-à-dire qu'elle leur enlève ce qu'ils ont de contraire à la force de l'âme. Mais cette purgation ou purification s'opère-t-elle réellement, et, si elle est réelle, comment se produit-elle? Ce sont là des questions qui sont du ressort de la critique et de la morale. Si j'avais à présenter mes conjectures, je dirais que la terreur et la pitié éprouvées pour des dangers et des malheurs, ou éloignés ou fictifs, apprivoisent par une expérience inoffensive l'âme à ces mêmes sentiments, au point de lui donner la force de les dominer au lieu d'en être vaincue dans les dangers et les malheurs présents et réels. Il y a déjà, dit-on, sur ce point vingt-cinq opinions controversées. J'en livre une de plus à la discussion.

La Toison d'or (1661), que l'ordre des temps nous présente après *OEdipe*, ramène Corneille à ses premiers héros tragiques, Jason et Médée; mais il les prend dans leur âge d'innocence relative, quand Jason n'a encore sur la conscience qu'Hypsipyle trahie, et que Médée songe seulement à se faire enlever. C'est ici que se trouve la pointe célèbre d'Hypsipyle disant à la magicienne sa rivale :

Je n'ai que des attraits, et vous avez des charmes.

Le but du poëte était surtout de donner place aux merveilleuses machines de Torelli, pour lesquelles le marquis de Sourdéac se mettait en dépense afin de fêter dignement le mariage de Louis XIV et de Marie-Thérèse. Le machiniste dut emporter le principal honneur, et c'était justice, car entre autres divertissements pour les yeux, il avait ménagé la vue d'un *palais d'horreur* où « tout ce qu'il y a d'épouvantable en la nature servait de termes. L'éléphant, le rhinocéros, le lion, l'once, les tigres, les léopards, les panthères, les dragons, les serpents, tous avec leurs antipathies, y lançaient des regards menaçants. » On pense bien que c'était là un tour du métier de Médée à l'encontre d'Hypsipyle, ce qui prouve victorieusement combien les *charmes* ont de supériorité sur les *attraits*. Cette belle magie plut infiniment à Leurs Majestés.

Lorsque *Sertorius* parut sur la scène en 1662, on put croire au complet rajeunissement du génie de Corneille; on y retrouvait sans appesantissement notable

La main qui crayonna
L'âme du grand Pompée et l'esprit de Cinna.

C'est le même art et la même vigueur, avec un moindre élan de grandeur et sans pathétique. En effet, si on ajoute par la pensée un degré d'élévation dans les sentiments et quelques traits de passion, *Sertorius* monte au niveau d'*Horace* et de *Cinna;* mais Corneille n'a pas cherché d'autres ressorts que les grands intérêts de la politique ; il a mis en regard deux hommes d'État et de guerre, Sertorius et Pompée, et dans l'un la vraie grandeur, la vraie liberté de Rome et ses mâles vertus, dans l'autre l'éclat extérieur de la gloire; la pompe du langage couvrant des mêmes noms de vertu et de liberté des espérances de domination. Sertorius remonte jusqu'à Scipion, et Pompée trace la voie à César. C'est là un grand spectacle, un moment solennel de l'histoire ; et pour tout ce qui touche la politique et la guerre la main de Corneille n'a pas faibli; mais la source du pathétique, qui jamais n'avait coulé en abondance de sa veine que par accident, s'est tarie ; le poëte nous intéresse encore par l'habileté de ses combinaisons, il nous élève par la noblesse des idées et des sentiments ; il domine l'esprit, il ne touche pas le cœur; l'amour qu'il introduit dans Aristie et dans Viriathe se glace de raisonnements et de politique ; ces tendresses du cœur soumises à la raison d'État, exaltées ou refroidies au gré de l'ambition, n'ont pas le don d'émouvoir. Au théâtre on ne s'intéresse à l'amour que si celui qui l'éprouve souffre douloureusement de ses combats ou doit mourir de ses mécomptes. Ici il n'y a danger de mort de ce côté ni pour Viriathe, ni pour Sertorius, ni pour Aristie, ni pour Pompée, et cependant tous quatre se donnent pour amants. Le vice de cette belle tragédie est dans ces fausses passions, mais il lui reste une part de vérité qui la fait vivre. La conférence de Sertorius et de Pompée sauverait encore une pièce qui aurait d'ailleurs de moindres mérites de composition. Corneille en parle avec sa sincérité accoutumée : « Ne cherchez point, dit-il, dans cette tragédie les agréments qui sont en possession de faire réussir au théâtre les poëmes de cette nature : vous n'y trouverez ni tendresses d'amour, ni emportements de passions, ni descriptions pompeuses, ni narrations pathétiques. Je puis dire toutefois qu'elle n'a point déplu, et que la dignité des noms illustres, la grandeur de leurs intérêts et la nouveauté de quelques caractères ont suppléé au manque de ces grâces [1]. »

Non, *Sertorius* n'avait pas déplu et ne pouvait pas déplaire à des spectateurs parmi lesquels on comptait Turenne et Condé, et, à défaut d'autres preuves, nous devinerions que le succès en fut éclatant par les clameurs de l'envie. Corneille put se rappeler alors doublement la journée du *Cid*. *Sertorius* eut son Scudéri, au prix duquel celui du *Cid* était un adversaire loyal et courtois. Scudéri, hâbleur, fanfaron, ferrailleur, est homme de cœur, après tout; ses vanteries et ses hyperboles amusent; ses grands coups d'estoc ne font que des égratignures : mais quelle vipère que son successeur! comme il distille le fiel! quel venin sur sa langue à triple dard! Scudéri était jaloux, l'abbé d'Aubignac, c'est de lui que nous parlons, était envieux. Critique médiocre, auteur détestable, cabaleur infatigable, il était descendu de la chaire avec la prétention de régenter le théâtre, dont il avait écrit *la Pratique*. Ce n'était pas celle de Corneille qui avait réussi contre les règles de l'abbé. De là toute sa colère contre l'indocilité triomphante du grand poëte. La robe qui autorisait alors les vilenies de ce méchant homme ne doit pas le protéger contre nos ressentiments. Anathème donc sur la bouche dont notre Corneille eut à souffrir les morsures!

La bonhomie et la grandeur de Corneille avaient fini

[1] *Préface de Sertorius*. Il faut lire toute cette préface, qui est un chef-d'œuvre de bon sens et de saine critique.

par désarmer l'ancien Scudéri et Mairet, ses confrères au théâtre et à l'Académie ; aussi lorsqu'il eut résolu de tenter le sujet de *Sophonisbe* (1663), que Mairet avait fait applaudir trente ans auparavant, il rendit hommage au mérite de son devancier et chercha loyalement le succès par des moyens nouveaux, laissant à Mairet la propriété de ceux par lesquels il avait réussi : « J'ai cru, dit-il, plus à propos de respecter sa gloire et de ménager la mienne, par une scrupuleuse exactitude à m'écarter de sa route, pour ne laisser aucun lieu de dire ni que je sois demeuré au-dessous de lui, ni que j'aie prétendu m'élever au-dessus. » Malheureusement Mairet avait pris la route du pathétique, qui est la plus sûre pour arriver au succès, et Corneille resta dans celle où Sertorius l'avait engagé ; mais n'étant plus soutenu par la grandeur des intérêts et l'importance historique des personnages, il demeura avec tous les inconvénients des amours politiques et des maximes d'État. Syphax, Massinissa, Lélius, ne sont que des subalternes : Corneille a pris soin d'avilir les deux premiers, pensant rehausser sa Sophonisbe, qui n'intéresse que médiocrement, parce qu'elle n'a que la passion de régner et le désir, d'ailleurs bien légitime, de ne pas orner un triomphe au Capitole. La décadence est manifeste dans *Sophonisbe* : le vieux chêne s'est dépouillé, la sève d'automne qui l'avait fait reverdir un instant, sans être complétement épuisée, ne ranimera plus désormais autour du tronc rugueux que quelques rameaux plus longtemps rebelles à la mort. C'est une raison de plus de chercher pieusement ces derniers signes d'une force qui se retire et d'un feu qui s'éteint. Ainsi, dans *Sophonisbe*, même Massinissa, qui autorise ses faiblesses d'amour de l'exemple des dieux, reçoit de Lélius cette noble et piquante réponse :

> N'alléguez point les dieux : si l'on voit quelquefois
> Leur flamme s'emporter en faveur de leur choix,

> Ce n'est qu'à leurs pareils à suivre leurs exemples,
> Et vous ferez comme eux quand vous aurez des temples;
> Comme ils sont dans le ciel au-dessus du danger,
> Ils n'ont là rien à craindre et rien à ménager.

Mais que peuvent quelques traits de ce genre quand l'intérêt n'a pas où se prendre entre tant de personnages sans passion vraie ou sans grandeur?

Othon (1664) nous rend au moins Corneille dans l'exposition, qui est noble et faite en beaux vers, parmi lesquels il y en a quatre qui sont sublimes. Tout le monde les sait par cœur:

> Je les voyais tous trois se hâter sous un maître
> Qui chargé d'un long âge a peu de temps à l'être,
> Et tous trois à l'envi s'empresser ardemment
> A qui dévorerait ce règne d'un moment.

Ces vers sortis d'un cerveau de soixante ans ne sentent pas la vieillesse; mais dès la seconde scène la pièce faiblit « parce qu'on voit trop, dit Voltaire, que la tragédie ne sera qu'une intrigue de cour, une cabale pour donner un successeur à Galba, » et cette intrigue ne nous offre que des cabaleurs vulgaires. Cependant on peut croire que, dans la force de l'âge et du talent, Corneille aurait su trouver un pinceau énergique et sur sa palette des couleurs saisissantes pour peindre dignement l'agonie voluptueuse et comme les convulsions de la grandeur romaine, mais le tableau qu'il trace est sans éclat ni profondeur. Le sujet, s'il n'est pas mal choisi, est mal conçu. Or, la nature et la disposition du sujet sont au théâtre la plus sûre garantie du succès. Le style, qui fait vivre les tragédies, n'est pas nécessaire pour qu'elles réussissent. Mille exemples l'attestent. Voltaire remarque judicieusement que les pièces tombées de Corneille sont écrites à peu près du même style que *Rodogune*, qu'on applaudit encore.

Ce sont quelquefois, dit-il, les mêmes beautés et toujours les mêmes défauts dans l'élocution ; partout vous trouverez des pensées fortes et des idées alambiquées, de la hauteur et de la familiarité, de l'amour mêlé de politique, quelques vers heureux et beaucoup de mal faits, des raisonnements, des contestations, des bravades. Il est impossible de ne pas reconnaître la même main. D'où peut donc venir la différence du succès, si ce n'est du fond même du dessin ? »

Corneille, dans la préface de sa *Sophonisbe*, avait dit fièrement : « J'aime mieux qu'on me reproche d'avoir fait mes femmes trop héroïnes que de m'entendre louer d'avoir efféminé mes héros par une docte et sublime complaisance au goût des délicats, qui veulent de l'amour partout et qui ne permettent qu'à lui de faire auprès d'eux la bonne et la mauvaise fortune de nos ouvrages. » Le trait n'allait alors qu'au jeune Quinault, auteur applaudi de *Stratonice* et d'*Astrate*; mais depuis, Racine avait fait représenter son *Alexandre*, dont le brillant succès donnait tort au conseil de Corneille, qui avait engagé ce nouveau venu à porter ailleurs qu'au théâtre son talent pour la poésie. Cette fois Corneille fut entraîné, et il voulut montrer aux admirateurs des *doucereux*, comme il les appelle, qu'il ne tenait qu'à lui de dire des douceurs. C'est dans cette pensée qu'il composa l'*Agésilas* (1666), représenté sept mois après *Alexandre*. Il est vrai que rien n'est plus doux que cette pièce, mais aussi la douceur y est fade et languissante. C'est presque une pastorale. Agésilas, Spitridate et Cotys, n'ont rien à envier ni à l'Artamène, ni à l'Horatius Coclès de mademoiselle de Scudéri. Ce long soupir de tendresse aboutit à un triple mariage, dont Agésilas donne le signal en ces termes :

> Rendons nos cœurs, madame, à des flammes si belles;
> Et tous ensemble allons préparer ce beau jour
> Qui par un triple hymen couronnera l'amour.

Un Agésilas, capable de dire de si belles choses, appelait fatalement la douloureuse interjection, si bien attachée à son nom, de par Boileau [1], qu'elle en est désormais inséparable.

Attila (1667) mérite moins le *holà* du satirique, mais il ne doit la restriction qu'on y met qu'à une scène où le roi des Huns délibère avec Ardaric et Valamir sur le parti qu'il doit préférer entre la France qui s'élève et Rome qui tombe. C'est là que se trouvent ces beaux vers :

> Un grand destin commence, un grand destin s'achève,
> L'empire est prêt à choir et la France s'élève ;
> L'une peut avec elle affermir son appui
> Et l'autre en trébuchant l'ensevelir sous lui.
> Vos devoirs vous l'ont dit : n'y mettez point d'obstacles,
> Vous qui n'avez jamais douté de leurs oracles ;
> Soutenir un État chancelant et brisé
> C'est chercher par sa chute à se voir écrasé.

C'est Valamir qui commence ainsi son discours, et Ardaric trouve dans sa réplique des traits de même force :

> Cependant regardez ce qu'est encor l'empire :
> Il chancelle, il se brise, et chacun le déchire,
> De ses entrailles même il produit des tyrans,
> Mais il peut encor plus que tous ses conquérans.

Le reste de la scène n'est pas indigne de ces passages ; mais, par malheur, cette délibération n'est qu'un piége tendu aux deux rois par Attila, indifférent entre la sœur de Mérovée et celle de Valentinien, afin de détourner le courroux soit de Mérovée, soit de l'empereur, sur celui des deux conseillers dont l'avis aura prévalu. Ainsi tout consiste à savoir si Attila parviendra à jouer un méchant tour à Ardaric ou à Valamir, et s'il épousera Honorie ou Ildione. Ce grand débat

---

[1] J'ai vu l'Agésilas,
Hélas !

reste en suspens jusqu'à ce que le fléau de Dieu vomisse son âme avec son sang. L'hémorragie vient d'un accès de colère, et fort à propos pour permettre aux deux couples de princes et de princesses de contracter mariage. Était-il besoin d'évoquer Attila pour amener cette partie carrée?

Il faut aller jusqu'au bout et raconter, mais brièvement, comment Corneille se laissa mettre aux prises, à son insu, avec le jeune poëte qui, des fadeurs d'Alexandre, avait passé aux tragiques fureurs d'Oreste et aux crimes de Néron avec un tel applaudissement, que le poëte du *Cid* et de *Cinna* avait enfin un rival. Henriette d'Angleterre, duchesse d'Orléans, ménagea cette rencontre, dont l'issue fit gémir les admirateurs de Corneille. Fallait-il ainsi traîner sur la scène le vieil et noble athlète, tout vaincu du temps, le front sillonné de rides, pour lutter dans un tournoi de galanterie contre toutes les grâces de la jeunesse et les forces croissantes du génie? Ce sont là jeux de prince. Était-ce malice ou simplicité? Corneille s'est fourvoyé en plaçant, à côté de Titus et de Bérénice, Domitien amoureux de la fille de Corbulon, Domitie, qui dispute par ambition le cœur de Titus à Bérénice, bien qu'elle soit éprise de Domitien. Domitien aimé et amoureux, n'est-ce pas assez pour assurer une chute? Bérénice, de son côté, tient surtout à ne pas être chassée de Rome; et lorsque le sénat consent à son mariage avec l'empereur, elle y renonce aussi bien qu'à l'empire. Elle emportera son amour en Judée, et Titus sur le trône lui demeurera fidèle. Grâce à ce double héroïsme, Domitie fait retour à Domitien avec l'espoir d'être un jour impératrice. Cette esquisse montre à quel point la passion est sacrifiée dans ce drame, dont l'amour doit être toute la matière et le principal ressort. Reconnaissons cependant que le caractère de Bérénice se dessine noblement dans la dernière scène. Mais que

f

vaut un beau mouvement au prix des longs ennuis d'une intrigue banale où se meuvent des personnages froids qui n'ont aucun sentiment vrai et qui aiment à disserter[1]? On n'aurait presque rien à citer de *Tite et Bérénice* sans un trait notable de ce que Boileau appelait galimatias double, c'est-à-dire celui qui n'est entendu ni du lecteur ni de l'auteur. Voici le passage :

Faut-il mourir, madame? et si proche du terme
Votre illustre inconstance est-elle encore si ferme
Que les restes d'un feu que j'avais cru si fort
Puissent dans quatre jours se promettre ma mort[2].

[1] En voici un frappant exemple. Un des personnages résume dans une tirade le livre des *Maximes* de La Rochefoucauld. Le passage est curieux :

L'amour-propre est la source en nous de tous les autres,
C'en est le sentiment qui forme tous les nôtres ;
Lui seul allume, éteint, ou change nos désirs :
Les objets de nos vœux le sont de nos plaisirs.
Vous-même qui brûlez d'une ardeur si fidèle,
Aimez-vous Domitie ou vos plaisirs en elle ?
Et quand vous aspirez à des liens si doux,
Est-ce pour l'amour d'elle ou pour l'amour de vous ?
De sa possession l'aimable et chère idée
Tient vos sens enchantés et votre âme obsédée ;
Mais si vous conceviez quelques destins meilleurs,
Vous porteriez bientôt toute cette âme ailleurs.
Sa conquête est pour vous le comble des délices,
Vous ne vous figurez ailleurs que des supplices ;
C'est par là qu'elle seule a droit de vous charmer,
Et vous n'aimez que vous quand vous croyez l'aimer.

(Act. I. sc. III.)

[2] « Baron, le célèbre auteur, devait faire le rôle de Domitien dans *Tite et Bérénice*; et comme il étudiait son rôle, l'obscurité des quatre vers : *Faut-il mourir*, etc., lui donna quelque peine, et il alla en demander l'explication à Molière, chez qui il demeurait. Molière, après les avoir lus, avoua qu'il ne les entendait pas non plus : « Mais attendez, dit-il à Baron, M. Corneille doit venir « souper avec nous aujourd'hui, et vous lui direz qu'il vous les ex- « plique. » Dès que Corneille arriva, le jeune Baron alla lui sauter au cou, comme il faisait ordinairement, parce qu'il l'aimait, et ensuite il le pria de lui expliquer ces quatre vers, disant à Corneille qu'il ne les entendait pas. Corneille, après les avoir exami-

Corneille fut plus heureux dans une œuvre dont il partage l'honneur avec Molière et Quinault. Sa part est la plus considérable, quoique Molière ait tracé le plan et qu'il ait écrit le premier acte et les premières scènes du second et du troisième. Les intermèdes appartiennent à Quinault. La Fontaine avait préparé la matière dans son roman de *Psyché*, et Lulli fit la musique. Combien de grands noms pour un seul ouvrage, mais c'était Louis XIV et sa brillante cour qu'il fallait charmer. L'œuvre commune réussit à souhait. Corneille, malgré ses soixante-cinq ans, travailla vite et bien. Quinault, dans ses meilleurs opéras, n'a pas de scène plus tendre, écrite en vers plus faciles, plus harmonieux que l'entrevue de Psyché et de l'Amour.

Avec *Pulchérie* (1672) Corneille descend dans les limbes du Bas-Empire. Cette impératrice vestale était fille d'Arcadius; dès sa quinzième année, elle avait préludé à l'empire sous son faible frère Théodose II, et après la mort de ce prince, elle épousa un vieux militaire qui dut se contenter du vain titre d'empereur. Elle ne mit à son choix d'autres conditions que le respect de son vœu de virginité et de son autorité, et le vieux Martian se prêta de bonne grâce à cet arrangement. Corneille, pour trouver matière à ses cinq actes, donne à Pulchérie du penchant pour le jeune Léon, qui régnera plus tard, et il prête au vieux Martian de tendres sentiments pour son impératrice, le tout sans préjudice d'un amour entre le patrice Aspar et Irène, sœur de Léon. Tous ces amants soupirent et dissertent jusqu'à la conclusion du mariage de Pulchérie avec Martian. Corneille, rebuté par les comédiens de l'hôtel de Bourgogne, porta son impératrice d'Orient à une troupe d'acteurs novices qui végétaient au Marais. S'il faut l'en croire, sa pièce peu-

---

nés quelque temps, dit : « Je ne les entends pas très-bien non « plus ; mais récitez-les toujours : tel qui ne les entendra pas les « admirera. » (*Récréations littéraires*, par Cizeron-Rival.)

pla le désert et révéla parmi les acteurs des talents ignorés. *Pulchérie* n'en est pas moins son plus faible ouvrage. Cependant le début promettait; c'est Pulchérie qui parle :

> Je vous aime, Léon, et n'en fais point mystère;
> Des feux tels que les miens n'ont rien qu'il faille taire :
> Je vous aime et non point de cette folle ardeur
> Que les yeux éblouis font maîtresse du cœur,
> Non d'un amour conçu par les sens en tumulte,
> A qui l'âme applaudit sans qu'elle se consulte,
> Et qui, ne concevant que d'aveugles désirs,
> Languit dans les faveurs et meurt dans les plaisirs.

Inconvenance à part, ces vers sont bien faits et prouvent, dit Voltaire, que Corneille aurait pu écrire encore avec force et avec pureté, s'il avait voulu travailler davantage ses ouvrages; mais la pièce est écrite très-négligemment : la forme y répond à la matière, et il n'y a point moyen de protester contre la brève et rigoureuse sentence du critique : « c'est un mariage ridicule, traversé ridiculement, et conclu de même. »

Il est triste de voir Corneille, fermant les yeux sur sa décadence, exposer ses cheveux blancs aux dédains des acteurs et rejeter sur l'inconstance du siècle, les caprices de la mode, une tiédeur que justifiait du reste le déclin de son génie. Ni *Horace*, ni *Cinna*, ni *Polyeucte* et ses autres chefs-d'œuvre, n'étaient abandonnés, mais la foule n'a pas de longues complaisances, elle ne connaît qu'un crime au théâtre, c'est l'ennui, et à tout prix elle l'évite. Corneille ne voulut pas comprendre et il tenta un dernier effort. Il pensa à la Chine pour vaincre l'indifférence, mais il n'alla pas plus loin que l'Euphrate, et c'est à Séleucie qu'il plaça la scène de sa tragédie. Il fit d'un nom de dignité chez les Parthes, du *Suréna*, un nom d'homme, et, sur la foi de Plutarque et d'Appien, il peignit un sujet dont la grandeur et les services importunent un roi, qui sacrifie son bienfaiteur à ses terreurs. On peut croire que Corneille songeait au duc de Guise[1], dont le dernier descendant l'avait protégé. Ainsi l'instinct dramatique l'acheminait à l'invention de la tragédie nationale. On peut dire que jusqu'au bout Corneille a tenté des routes nouvelles. *Suréna* (1674) n'est pas sans mérite; l'idée du poëme est dramatique, et deux caractères au moins, celui de Suréna et d'Eurydice, sont bien tracés, mais l'action languit et il est fâcheux que le péril de Suréna vienne du refus d'épouser la fille d'Orode. Il eût été plus habile de grandir encore Suréna et de pousser les craintes d'Orode au point de rendre le meurtre du héros inévitable. Quand il s'exécute, c'est un crime gratuit, et qui de plus, dans l'exécution, paraît accidentel. L'attentat devait être mieux préparé et plus redouté pour émouvoir. Eurydice aussi n'a pas assez laissé prévoir l'effet de sa douleur, et lorsque la sœur de Suréna l'accuse d'insensibilité parce qu'elle ne pleure pas et qu'elle répond :

Non, je ne pleure pas, madame, mais je meurs,

ce beau vers, qui autrement amené serait, selon Voltaire, le sublime de la douleur, surprend plus qu'il ne touche, parce que l'amour d'Eurydice n'a pas paru de nature à produire une crise de mort soudaine. Au reste, ce dernier cri tragique sorti de la bouche de Corneille, est un digne adieu au théâtre. Il est beau de couvrir ainsi sa retraite, et que le dernier combat fasse souvenir des plus beaux triomphes d'une carrière si longue et si glorieusement parcourue. Eurydice, avant ce dernier mot, a déjà eu de belles inspirations :

L'amante d'un héros aime à lui ressembler
Et voit ainsi que lui ses périls sans trembler.

[1] Il y a analogie de situation et, tout au moins, allusion dans l'emploi du mot historique : *On n'oserait.*

C'est encore elle qui dit, pour détourner les coups qui menacent Suréna :

> Si Crassus est défait, Rome n'est pas détruite ;
> D'autres ont ramassé les débris de sa fuite ;
> De nouveaux escadrons leur vont enfler le cœur,
> Et vous avez besoin encor de son vainqueur.

Suréna lui-même ne parle-t-il pas la langue d'*Horace* lorsqu'il dit :

> Qu'on veuille mon épée ou qu'on veuille ma tête,
> Dites un mot, seigneur, et l'une et l'autre est prête :
> Je n'ai goutte de sang qui ne soit à mon roi,
> Et si l'on m'ose perdre il perdra plus que moi.
> J'ai vécu pour ma gloire autant qu'il fallait vivre.

Ne reconnaît-on pas encore la main du grand Corneille dans ces paroles de Suréna, répondant à Eurydice, qui lui commande de prendre une autre épouse, parce que les illustres morts dont il tient la place *ont assez mérité de revivre en leur race* :

> Que tout meure avec moi, madame : que m'importe
> Qui foule après ma mort la terre qui me porte ?
> Sentiront-ils percer par un éclat nouveau,
> Ces illustres aïeux, la nuit de leur tombeau ?
> Respireront-ils l'air où les feront revivre
> Ces neveux, qui peut-être auront peine à les suivre,
> Peut-être ne feront que les déshonorer
> Et n'en auront le sang que pour dégénérer ?

Voltaire, si dur aux faiblesses du vieux Corneille, a-t-il de pareils traits dans *les lois de Minos* et dans *les Pélopides*, et de plus l'exemple et les paroles de Corneille lui-même ne l'avertissaient-ils pas qu'il est temps à soixante ans de prendre congé du théâtre, et que « la poésie s'en va avec les dents[1] ? »

---

[1] « Ma poésie s'en est allée avec mes dents, » disait Corneille à Chevreau.

La vieillesse de Corneille fut contristée par l'affaiblissement de son génie et par l'éclat des succès de son jeune rival. En vain son amour-propre lui faisait illusion sur les causes de cet abandon; en vain, dans sa tendresse pour ses derniers ouvrages, pense-t-il qu'un regard du roi suffirait pour les placer à côté de leurs aînés; en vain s'écrie-t-il, en s'adressant à Louis XIV :

> Achève; les derniers n'ont rien qui dégénère,
> Rien qui les fasse croire enfants d'un autre père.
> Ce sont des malheureux étouffés au berceau,
> Qu'un seul de tes regards tirerait du tombeau.
> On voit Sertorius, Œdipe, Rodogune,
> Rétablis par ton choix dans toute leur fortune;
> Et ce choix montrerait qu'Othon et Suréna
> Ne sont pas des cadets indignes de Cinna.
> Sophonisbe à son tour, Attila, Pulchérie,
> Reprendraient pour te plaire une seconde vie;
> Agésilas en foule aurait des spectateurs,
> Et Bérénice enfin trouverait des acteurs [1].

Le ton de ces doléances montre que le découragement était entré dans son âme. Faut-il ajouter que la détresse de ses finances ajoutait les embarras de la vie matérielle à ces souffrances de l'amour-propre? Incroyable négligence de ces glorieux protecteurs des lettres qui ne savent pas aller au-devant de la misère du génie, oublieux Mécènes auxquels il faut que Boileau réveille la mémoire, pour qu'une tardive aumône vienne atteindre sur son lit de mort celui que Napoléon aurait fait prince et dont la mémoire est l'orgueil de la France! Malgré ces mécomptes, malgré ce complot de l'indifférence publique et de l'oubliance royale, on aime à penser que la grande âme de Corneille fut consolée par le sentiment de ses

---

[1] Ce vers nous apprend les affronts de *Bérénice*. *Suréna* fut agréé par les acteurs de l'Hôtel de Bourgogne. Il paraît que *Pulchérie* seule fut réduite à chercher asile au Marais.

forces et raffermie par sa dignité morale; pour n'avoir pas à maudire, on veut croire fermement que le jour où Corneille, chargé d'années et de misère, parut au théâtre, et fut salué par les longues acclamations de l'auditoire, qui s'était levé en sa présence, ces suffrages qui devançaient, en les annonçant, ceux de la postérité, durent adoucir les blessures de son amour-propre, et lui rendre plus légères les douleurs de la vieillesse, par l'assurance d'une mémoire immortelle.

Corneille mourut dans la nuit du 30 septembre au 1er novembre 1684. Il était âgé de soixante-dix-huit ans trois mois et vingt-quatre jours. Racine, directeur désigné de l'Académie française, disputa à l'abbé de Lavau, dont les fonctions expiraient au moment de la mort de Corneille, l'honneur de faire célébrer le service funèbre. L'Académie décida contre lui, et Benserade, qui ne perdait jamais l'occasion d'un bon mot, dit à ce propos : « Nul autre que vous ne pouvait prétendre à enterrer Corneille; cependant vous n'avez pu y parvenir. » Racine fit mieux, il s'inclina devant la gloire de son maître, et il la célébra en termes dignes de Racine et de Corneille.

GERUZEZ.

LE CID

TRAGÉDIE

1636

À

MADAME DE COMBALET [1].

MADAME,

Ce portrait vivant que je vous offre représente un héros assez reconnaissable aux lauriers dont il est couvert. Sa vie a été une suite continuelle de victoires : son corps, porté dans son armée, a gagné des batailles après sa mort; et son nom, au bout de six cents ans, vient encore triompher en France. Il y a trouvé une réception trop favorable pour se repentir d'être sorti de son pays, et d'avoir appris à parler une autre langue que la sienne. Ce succès a passé mes plus ambitieuses espérances, et m'a surpris d'abord; mais il a cessé de m'étonner depuis que j'ai vu la satisfaction que vous avez témoignée quand il a paru devant vous. Alors j'ai osé me promettre de lui tout ce qui en est arrivé, et j'ai cru qu'après les éloges dont vous l'avez honoré, cet applaudissement universel ne lui pouvait manquer. Et véritablement, MADAME, on ne peut douter avec raison de ce que vaut une chose qui a le bonheur de

---

[1] Marie-Magdeleine de Vignerot, fille de la sœur du cardinal de Richelieu et de René de Vignerot, seigneur de Pont-Courley. Elle épousa le marquis du Roure de Combalet, et devint dame d'atour de la reine; elle fut duchesse d'Aiguillon, de son chef, sur la fin de 1637. Cette épître dédicatoire lui fut adressée au commencement de cette même année. Elle est un titre d'honneur pour la nièce de Richelieu, qui ne craignit pas de combattre les préventions du cardinal, et de se déclarer en faveur du poëte dont le succès portait ombrage au puissant ministre.

vous plaire : le jugement que vous en faites est la marque assurée de son prix, et comme vous donnez toujours libéralement aux véritables beautés l'estime qu'elles méritent, les fausses n'ont jamais le pouvoir de vous éblouir. Mais votre générosité ne s'arrête pas à des louanges stériles pour les ouvrages qui vous agréent : elle prend plaisir à s'étendre utilement sur ceux qui les produisent, et ne dédaigne point d'employer en leur faveur ce grand crédit que votre qualité et vos vertus vous ont acquis. J'en ai ressenti des effets qui me sont trop avantageux pour m'en taire, et je ne vous dois pas moins de remercîments pour moi que pour LE CID. C'est une reconnaissance qui m'est glorieuse, puisqu'il m'est impossible de publier que je vous ai de grandes obligations, sans publier en même temps que vous m'avez assez estimé pour vouloir que je vous en eusse. Aussi, MADAME, si je souhaite quelque durée pour cet heureux effort de ma plume, ce n'est point pour apprendre mon nom à la postérité, mais seulement pour laisser des marques éternelles de ce que je vous dois, et faire lire à ceux qui naîtront dans les autres siècles la protestation que je fais d'être toute ma vie,

    MADAME,

               Votre tres-humble, très-obéissant
                 et très-obligé serviteur,

                          P. CORNEILLE.

AVERTISSEMENT

SUR LA TRAGÉDIE DU CID.

Fragment de l'historien Mariana, *Historia de España*, l. IVe, c. L.

« Avia pocos dias antes hecho campo con D. Gomez,
« conde de Gormaz. Venciòle, y diòle la muerte. Lo
« que resultó de este caso, fué que casó con doña
« Ximena, hija y heredera del mismo conde. Ella
« misma [1] requirió al rey que se le diese por marido
« (ya estaba muy prendada de sus partes [2]), ó le cas-
« tigase conforme á las leyes, por la muerte que diò
« á su padre. Hizóse el casamiento, que á todos estaba
« á cuento, con el cual por el gran dote de su esposa,
« que se allegó al estado que él tenia de su padre, se
« aumentó en poder y riquezas [3]. »

Voilà ce qu'a prêté l'histoire à D. Guillem de Castro,
qui a mis ce fameux événement sur le théâtre avant
moi. Ceux qui entendent l'espagnol y remarqueront

---

[1] Ces paroles de Mariana : « Chimène demanda au roi qu'il fît punir le Cid selon les lois, ou qu'il le lui donnât pour époux, » suffisaient, dit Voltaire, pour justifier Corneille.

[2] Ni les chroniqueurs, ni les romances ne parlent de cet amour de Chimène pour le meurtrier de son père. C'est une hypothèse gratuite de l'historien : la poésie s'en est emparée et l'a fécondée, avec quelle puissance ! on le sait.

[3] « Peu de jours auparavant, Rodrigue avait eu une rencontre avec don Gomez, comte de Gormaz. Il le vainquit, et lui donna la mort. Le résultat de ce meurtre, fut qu'il épousa Chimène, fille et héritière de ce même comte. Ce fut elle qui requit le roi de le lui donner pour mari (déjà elle était fort éprise de son mérite) ou de le châtier selon les lois pour la mort qu'il avait donnée à son père. Le mariage se fit au gré de tous, et, par la grande dot de son épouse, qui s'ajouta aux biens qu'il avait de son père, Rodrigue accrut son pouvoir et ses richesses. »

deux circonstances : l'une, que Chimène ne pouvant s'empêcher de reconnaître et d'aimer les belles qualités qu'elle voyait en don Rodrigue, quoiqu'il eût tué son père (*estaba prendada de sus partes*), alla proposer elle-même au roi cette généreuse alternative, ou qu'il le lui donnât pour mari, ou qu'il le fît punir suivant les lois; l'autre, que ce mariage se fît au gré de tout le monde (*á todos estaba á cuento*). Deux chroniques du Cid ajoutent qu'il fut célébré par l'archevêque de Séville, en présence du roi et de toute sa cour; mais je me suis contenté du texte de l'historien, parce que toutes les deux ont quelque chose qui sent le roman, et peuvent ne persuader pas davantage que celles que nos Français ont faites de Charlemagne et de Roland. Ce que j'ai rapporté de Mariana suffit pour faire voir l'état qu'on fit de Chimène et de son mariage dans son siècle même, où elle vécut en un tel éclat, que les rois d'Aragon et de Navarre tinrent à honneur d'être ses gendres, en épousant ses deux filles. Quelques-uns ne l'ont pas si bien traitée dans le nôtre; et, sans parler de ce qu'on a dit de la Chimène du théâtre, celui qui a composé l'histoire d'Espagne en français l'a notée, dans son livre, de s'être tôt et aisément consolée de la mort de son père, et a voulu taxer de légèreté une action qui fut imputée à grandeur de courage par ceux qui en furent les témoins. Deux romances espagnoles, que je vous donnerai ensuite de cet avertissement, parlent encore plus en sa faveur. Ces sortes de petits poëmes sont comme des originaux décousus de leurs anciennes histoires; et je serais ingrat envers la mémoire de cette héroïne, si, après l'avoir fait connaître en France, et m'y être fait connaître par elle, je ne tâchais de la tirer de la honte qu'on lui a voulu faire, parce qu'elle a passé par mes mains. Je vous donne donc ces pièces justificatives de la réputation où elle a vécu, sans dessein de justifier la façon dont je l'ai fait parler français. Le temps l'a fait pour moi, et les traductions qu'on en a faites en toutes les langues qui servent aujourd'hui à la scène, et chez tous les peuples où l'on voit des théâtres, je veux dire en italien, flamand et anglais, sont d'assez glorieuses apologies contre tout ce qu'on en a dit. Je n'y ajouterai pour toute chose qu'environ une douzaine de vers espagnols qui semblent faits exprès pour la défendre. Ils sont du même auteur qui l'a traitée avant moi, don Guillem de Castro, qui, dans une autre comédie qu'il intitule *Engañarse engañando* [1], fait dire à une princesse de Béarn :

[2] A mirar
Bien el mundo, que el tener
Apetitos que vencer,
Y ocasiones que dejar.

Examinan el valor
En la mujer, yo dijera
Lo que siento, porqué fuera
Luzimiento de mi honor.

Pero malicias fundadas
En honras mal entendidas
De tentaciones vencidas
Hazen culpas declaradas :

Y así, la que el desear
Con el resistir apunta,
Vence dos vezes, si junta
Con el resistir el callar.

C'est, si je ne me trompe, comme agit Chimène dans mon ouvrage, en présence du roi et de l'infante. Je dis en présence du roi et de l'infante, parce que quand elle est seule, ou avec sa confidente, ou avec son amant, c'est une autre chose. Ses mœurs sont inégale-

[1] C'est notre proverbe ancien, cité par La Fontaine :
Tel, comme dit Merlin, cuide engeigner autrui,
Qui souvent s'engeigne lui-même.   (L. IV; f. XI.)

[2] « A bien voir le monde, il est plein de tentations à vaincre et d'occasions à éviter.
« On cherche à pénétrer le cœur des femmes ; pour moi, je dirais volontiers ma pensée, puisque ce serait un nouveau lustre pour mon honneur.
« Mais la malignité, s'autorisant de faux scrupules d'honneur, voit dans les tentations vaincues l'aveu d'autant de fautes
« Aussi celle dont le désir s'anime par la résistance, triomphe deux fois, si elle sait en même temps résister et se taire. »

ment égales, pour parler en termes de notre Aristote, et changent suivant les circonstances des lieux, des personnes, des temps et des occasions, en conservant toujours le même principe.

Au reste, je me sens obligé de désabuser le public de deux erreurs qui s'y sont glissées touchant cette tragédie, et qui semblent avoir été autorisées par mon silence. La première est que j'aie convenu de juges touchant son mérite, et m'en sois rapporté au sentiment de ceux qu'on a priés d'en juger. Je m'en tairais encore, si ce faux bruit n'avait été jusque chez M. de Balzac dans sa province, ou, pour me servir de ses paroles mêmes, dans son désert, et si je n'en avais vu depuis peu les marques dans cette admirable lettre qu'il a écrite sur ce sujet, et qui ne fait pas la moindre richesse des deux derniers trésors qu'il nous a donnés. Or, comme tout ce qui part de sa plume regarde toute la postérité, maintenant que mon nom est assuré de passer jusqu'à elle dans cette lettre incomparable, il me serait honteux qu'il y passât avec cette tache et qu'on pût à jamais me reprocher d'avoir compromis de ma réputation [1]. C'est une chose qui jusqu'à présent est sans exemple; et de tous ceux qui ont été attaqués comme moi, aucun que je sache n'a eu assez de faiblesse pour convenir d'arbitres avec ses censeurs; et s'ils ont laissé tout le monde dans la liberté publique d'en juger, ainsi que j'ai fait, ç'a été sans s'obliger, non plus que moi, à en croire personne. Outre que, dans la conjoncture où étaient lors les affaires du Cid, il ne fallait pas être grand devin pour prévoir ce que nous en avons vu arriver. A moins que d'être tout à fait stupide, on ne pouvait pas ignorer que, comme les questions de cette nature ne concernent ni la religion ni l'État, on en peut décider par les règles de la prudence humaine, aussi bien que par celles du théâtre, et tourner sans scrupule le sens du bon Aristote du côté de la politique. Ce n'est pas que je sache si ceux qui

---

[1] *Compromettre de*, faire un compromis touchant... transiger sur...

ont jugé du *Cid* en ont jugé suivant leur sentiment ou non, ni même que je veuille dire qu'ils en aient bien ou mal jugé, mais seulement que ce n'a jamais été de mon consentement qu'ils en ont jugé, et que peut-être je l'aurais justifié sans beaucoup de peine, si la même raison[1] qui les a fait parler ne m'avait obligé à me taire. Aristote ne s'est pas expliqué si clairement dans sa *Poétique*, que nous n'en puissions faire ainsi que les philosophes, qui le tirent chacun à leur parti dans leurs opinions contraires; et comme c'est un pays inconnu pour beaucoup de monde, les plus zélés partisans du *Cid* en ont cru ses censeurs sur leur parole, et se sont imaginé avoir pleinement satisfait à toutes leurs objections, quand ils ont soutenu qu'il importait peu qu'il fût selon les règles d'Aristote, et qu'Aristote en avait fait pour son siècle et pour des Grecs, et non pas pour le nôtre et pour des Français.

Cette seconde erreur, que mon silence a affermie, n'est pas moins injurieuse à Aristote qu'à moi. Ce grand homme a traité la poétique avec tant d'adresse et de jugement, que les préceptes qu'il nous en a laissés sont de tous les temps et de tous les peuples; et, bien loin de s'amuser au détail des bienséances et des agréments, qui peuvent être divers, selon que ces deux circonstances sont diverses, il a été droit aux mouvements de l'âme, dont la nature ne change point. Il a montré quelles passions la tragédie doit exciter dans celle de ses auditeurs; il a cherché quelles conditions sont nécessaires, et aux personnes qu'on introduit, et aux événements qu'on représente, pour les y faire naître; il en a laissé des moyens qui auraient produit leur effet partout dès la création du monde; et qui seront capables de le produire encore partout, tant qu'il y aura des théâtres et des acteurs; et pour le reste, que les lieux et les temps peuvent changer, il l'a négligé, et n'a pas même prescrit le nombre des actes, qui n'a été réglé que par Horace beaucoup après lui.

[1] Cette raison unique, qui a fait taire Corneille et parler l'Académie, c'est la volonté souveraine de Richelieu.

… Et certes, je serais le premier qui condamnerais le *Cid*, s'il péchait contre ces grandes et souveraines maximes que nous tenons de ce philosophe; mais, bien loin d'en demeurer d'accord, j'ose dire que cet heureux poëme n'a si extraordinairement réussi que parce qu'on y voit les deux maîtresses conditions (permettez-moi cette épithète) que demande ce grand maître aux excellentes tragédies, et qui se trouvent si rarement assemblées dans un même ouvrage, qu'un des plus doctes commentateurs de ce divin traité qu'il en a fait soutient que toute l'antiquité ne les a vues se rencontrer que dans le seul *OEdipe*. La première est que celui qui souffre et est persécuté ne soit ni tout méchant ni tout vertueux, mais un homme plus vertueux que méchant, qui, par quelque trait de faiblesse humaine qui ne soit pas un crime, tombe dans un malheur qu'il ne mérite pas : l'autre, que la persécution et le péril ne viennent point d'un ennemi, ni d'un indifférent, mais d'une personne qui doive aimer celui qui souffre, et en être aimée. Et voilà, pour en parler pleinement, la véritable et seule cause de tout le succès du *Cid*, en qui l'on ne peut méconnaître ces deux conditions, sans s'aveugler soi-même pour lui faire injustice. J'achève donc en m'acquittant de ma parole; et, après vous avoir dit en passant ces deux mots pour le Cid du théâtre, je vous donne, en faveur de la Chimène de l'histoire, les deux romances que je vous ai promises.

ROMANCE PRIMERO [1].

Delante el rey de Leon
Doña Ximena una tarde
Se pone á pedir justicia
Por la muerte de su padre:

Para contra el Cid la pide,
Don Rodrigo de Bivare,

---

[1] « Devant le roi de Léon dona Chimène vient un soir demander justice, touchant la mort de son père.

« Elle demande justice contre le Cid don Rodrigue de Bivar, qui la rendit orpheline lorsqu'elle était encore tout enfant.

Que huerfana la dejó,
Niña, y de muy poca edade.

« Si tengo razon, ó non,
Bien, rey, lo alcanzas y sabes,
Que los negocios de honra,
No pueden disimularse.

Cada dia que amanece.
Veo al lobo de mi sangre
Caballero en un caballo,
Por darme mayor pesare.

Mandale, buen rey, pues puedes,
Que no me ronde mi calle,
Que no se venga en mujeres
El hombre que mucho vale.

Si mi padre afrentó al suyo,
Bien ha vengado á su padre :
Que si honras pagaron muertes,
Para su disculpa basten.

Encomendada me tienes,
No consientas que me agravien,
Que él que á mí se fiziere,
A tu corona se faze.

— Calledes, doña Ximena,
Que me dades pena grande,
Que yo daré buen remedio
Para todos vuestros males.

« Si j'ai ou non raison, vous le savez de reste, ô roi Ferdinand;
« car les affaires d'honneur ne se peuvent cacher.
« Chaque jour qui luit je vois le cruel* qui a versé mon sang,
« chevauchant à cheval sous mes yeux pour ajouter à mon chagrin.
« Ordonnez-lui, bon roi, car vous le pouvez, qu'il ne rôde pas
« sans cesse dans ma rue ; car un homme de grande valeur ne doit
« pas se venger sur des femmes.
« Que si mon père outragea le sien, il a bien vengé son père, et
« il lui doit suffire qu'une mort ait payé son honneur.
« Je suis placée sous votre protection, ne souffrez pas que l'on
« m'insulte : car tout outrage que l'on me fait, on le fait à votre
« couronne.
« — Taisez-vous, dona Chimène ; car vous m'affligez grande-
« ment, et je trouverai un bon remède à tous vos maux.

« Littéralement, « le loup *el lobo*, de mon sang. »

Al Cid no le he de ofender,
Que es hombre que mucho vale,
Y me defiende mis reynos,
Y quiero que me los guarde.

Pero yo faré un partido
Con él, que no os esté male,
De tomalle la palabra
Para que con vos se case. »

Contenta quedó Ximena,
Con la merced que le faze,
Que quien huerfana la fizo
Aquese mismo la ampare.

ROMANCE SEGUNDO¹.

A Ximena, á Rodrigo
Prendió el rey palabra y mano,
De juntarlos para en uno
En presencia de Layn Calvo.

Las enemistades viejas
Con amor se conformaron,
Que donde preside el amor
Se olvidan muchos agravios.

. . . .

Llegaron juntos los novios,
Y al dar la mano, y abraço,
El Cid mirando á la novia,
Le dijó todo turbado :

« Je ne puis faire aucun tort au Cid, car il est un homme qui
« vaut beaucoup; il me défend mes royaumes, et je veux qu'il
« me les garde.

« Mais je ferai avec lui un arrangement qui ne vous sera pas
« mauvais; je lui demanderai sa parole pour qu'il se marie avec
« vous. »

« Chimène demeura contente de la grâce qui lui était accordée, et
que celui qui l'avait rendue orpheline devînt son soutien. »

1 De Rodrigue et de Chimène le roi prit la parole et la main, afin
de les unir tous deux en présence de Layn Calvo.

« Les anciennes inimitiés s'apaisèrent dans l'amour; car où préside l'amour, bien des injures s'oublient. Les fiancés arrivèrent ensemble ; et, au moment de donner à la mariée sa main et la baiser, le Cid, la regardant, lui dit tout ému :

« Maté á tu padre, Ximena,
Pero no á desaguisado,
Matéle de hombre á hombre,
Para vengar cierto agravio.

Maté hombre, y hombre doy,
Aquí estoy á tu mandado,
Y en lugar del muerto padre
Cobraste un marido honrado. »

A todos pareció bien,
Su discrecion alabaron,
Y así se hizieron las bodas
De Rodrigo el Castellano.

« J'ai tué ton père, Chimène, mais non en trahison ; je l'ai tué
« d'homme à homme pour venger une injure trop réelle.
« J'ai tué un homme et je te donne un homme : me voici à tes or-
« dres ; et, en place d'un père mort, tu as acquis un époux honoré. »
« Cela parut bien à tous : on loua son esprit, et ainsi se firent les
noces de Rodrigue le Castillan. »
La traduction de ces romances est de M. Damas-Hinard. (*Romancero général*, t. II, p. 24, 25-27, 28.)
Corneille, qui cite ces deux romances à la décharge de Chimène, aurait pu encore, pour sa propre défense, alléguer la romance qui sépare celles-ci dans le recueil général, et où Chimène, après la défaite des rois maures, vient ouvertement demander au roi de lui donner Rodrigue pour époux. Voici ses paroles, telles que M. Damas-Hinard les a traduites : « Je suis fille de don Gormaz qui avait un comté à Gormaz. Don Rodrigue de Bivar l'a tué avec vaillance. Je viens vous demander une grâce que vous me ferez en ce jour, et cela est que, ce don Rodrigue, je vous le demande pour mon mari. Je me tiendrai pour bien établie, et m'estimerai fort honorée. Car je suis sûre que son bien doit aller s'améliorant, et devenir le plus considérable qu'il y aura dans votre royaume. » (T. II, p. 26.)

PERSONNAGES.

Don FERNAND[1], premier roi de Castille.
Dona URRAQUE, infante de Castille.
Don DIÈGUE, père de don Rodrigue.
Don GOMEZ, comte de Gormas, père de Chimène.
Don RODRIGUE, amant de Chimène.
Don SANCHE, amoureux de Chimène.
Don ARIAS,
Don ALONSE, } gentilshommes castillans.
CHIMÈNE, fille de don Gomez.
LÉONOR, gouvernante de l'infante.
ELVIRE, gouvernante de Chimène.
Un page de l'infante.

La scène est à Séville[2].

---

[1] Ferdinand Ier, dit le Grand, mourut en 1065, après avoir régné trente ans en Castille, et vingt-huit dans le royaume de Léon.

[2] Séville ne fut reconquise sur les Maures que cent ans après l'époque du Cid. Corneille, dans l'*Examen* de sa tragédie, justifie ainsi cet anachronisme volontaire, que ses censeurs n'avaient pas remarqué : « J'ai placé le lieu de la scène dans Séville, bien que Fernand n'en ait jamais été le maître; et j'ai été obligé à cette falsification, pour former quelque vraisemblance à la descente des Maures, dont l'armée ne pouvait venir si vite par terre que par eau. »

LE CID.

ACTE PREMIER.

SCÈNE I[1].

CHIMÈNE, ELVIRE.

CHIMÈNE.
Elvire, m'as-tu fait un rapport bien sincère ?
Ne déguises-tu rien de ce qu'a dit mon père ?
ELVIRE.
Tous mes sens à moi-même en sont encor charmés,
Il estime Rodrigue autant que vous l'aimez,
Et si je ne m'abuse à lire dans son âme,
Il vous commandera de répondre à sa flamme.
CHIMÈNE.
Dis-moi donc, je te prie, une seconde fois
Ce qui te fait juger qu'il approuve mon choix,

---

[1] Corneille substitua cette scène à deux autres, dont nous rétablissons en note les fragments supprimés. Cette condescendance n'est pas sans inconvénient. La scène où paraissait le comte indiquait son caractère et faisait pressentir sa dispute avec don Diègue, dans ces vers qui ont disparu :

> Le roi doit à son fils donner un gouverneur,
> 'Ou plutôt m'élever à ce haut rang d'honneur.
> Ce que pour lui mon bras chaque jour exécute,
> Me défend de penser qu'aucun me le dispute.

Les comédiens ont osé davantage, et se sont permis, aidés en cela par J.-B. Rousseau, de supprimer les deux premières scènes et tout le rôle de l'infante. Le procédé est cavalièrement brutal. Il est vrai que l'infante intéresse peu, mais l'amour qu'elle éprouve relève Rodrigue ; et l'indifférence du jeune héros, qui ne remarque pas même cette passion de la fille du roi, est tout à l'honneur de Chimène. Corneille ne l'avait pas introduite et ne l'a pas conservée sans dessein.

Pour toutes les pièces comprises dans ce volume, nous suivons le texte donné par Corneille, aidé de son frère Thomas, en 1664. Toutefois, dans le *Cid*, nous avons dû rétablir quelques leçons antérieures, que Corneille a sacrifiées, au préjudice de la poésie, pour complaire à l'Académie, dont il était membre depuis 1647. Nous avons aussi conservé, autant que possible, la ponctuation qu'il a adoptée, pour marquer à son gré le vrai rapport des idées.

Apprends-moi de nouveau quel espoir j'en dois prendre;
Un si charmant discours ne se peut trop entendre,
Tu ne peux trop promettre aux feux de notre amour
La douce liberté de se montrer au jour.
Que t'a-t-il répondu sur la secrète brigue
Que font auprès de toi don Sanche et don Rodrigue?
N'as-tu point trop fait voir quelle inégalité
Entre ces deux amants me penche [1] d'un côté?

ELVIRE.

Non, j'ai peint votre cœur dans une indifférence
Qui n'enfle d'aucun d'eux, ni n'abat l'espérance,
Et sans les voir d'un œil trop sévère, ou trop doux,
Attend l'ordre d'un père à choisir un époux [2].
Ce respect l'a ravi, sa bouche et son visage
M'en ont donné sur l'heure un digne témoignage,
Et puisqu'il faut encor vous en faire un récit,
Voici d'eux et de vous ce qu'en hâte il m'a dit :
« Elle est dans le devoir ; tous deux sont dignes d'elle,
Tous deux formés d'un sang noble, vaillant, fidèle,
Jeunes, mais qui font lire aisément dans leurs yeux
L'éclatante vertu de leurs braves aïeux.
Don Rodrigue, surtout, n'a trait en son visage
Qui d'un homme de cœur ne soit la haute image [3],
Et sort d'une maison si féconde en guerriers,
Qu'ils y prennent naissance au milieu des lauriers.
La valeur de son père, en son temps sans pareille,
Tant qu'a duré sa force, a passé pour merveille;
Ses rides sur son front ont gravé ses exploits [4],
Et nous disent encor ce qu'il fut autrefois.
Je me promets du fils ce que j'ai vu du père,
Et ma fille, en un mot, peut l'aimer et me plaire. »
    Il allait au conseil, dont l'heure qui pressait
A tranché ce discours qu'à peine il commençait;

---

1 *Penche* a le sens d'incline, me fait pencher. L'Académie y voit un solécisme, et elle le fait remarquer à la fin de ses *Sentiments* (act. V, sc. IV), à propos de l'hémistiche :

De son côté me penche.

2 *A choisir*, pour choisir, *ad eligendum*. Cette scène fournit l'exemple d'une autre acception de la préposition *à* dans le cinquième vers : « Et si je ne m'abuse *à lire*, » en lisant.

3 L'Académie est bien rigoureuse contre ces deux vers; elle y voit une hyperbole excessive, elle blâme *haute* comme impropre; et elle ajoute que *surtout* est mal placé.

4 Ce vers fameux a été critiqué par l'Académie et parodié par Racine. Scudéri l'avait épargné. La parodie de Racine (*Plaid.*, act. I, sc. V) est fort plaisante. L'Académie, en disant que les rides marquent les années et ne gravent pas les exploits, défend implicitement aux poëtes d'avoir de l'imagination. Les rides sur le front d'un héros rappellent les travaux d'une vie glorieuse, et rien, sinon les scrupules d'un goût timoré, n'empêche de dire qu'elles y gravent ses exploits.

Mais à ce peu de mots je crois que sa pensée
Entre vos deux amants n'est pas fort balancée.
Le roi doit à son fils élire un gouverneur ;
Et c'est lui que regarde un tel degré d'honneur,
Ce choix n'est pas douteux, et sa rare vaillance
Ne peut souffrir qu'on craigne aucune concurrence.
Comme ses hauts exploits le rendent sans égal,
Dans un espoir si juste il sera sans rival ;
Et puisque don Rodrigue a résolu[1] son père
Au sortir du conseil à proposer l'affaire,
Je vous laisse à juger s'il prendra bien son temps,
Et si tous vos désirs seront bientôt contents.

CHIMÈNE.

Il semble toutefois que mon âme troublée
Refuse cette joie et s'en trouve accablée.
Un moment donne au sort des visages divers[2],
Et dans ce grand bonheur je crains un grand revers.

ELVIRE.

Vous verrez cette crainte heureusement déçue.

CHIMÈNE.

Allons, quoi qu'il en soit, en attendre l'issue[3].

1 Cette acception de *résoudre*, dans le sens de *faire prendre une résolution*, tend à tomber en désuétude. Il faut y prendre garde.

2 Il y a une certaine hardiesse à donner *des visages* au sort. Racine a dit dans le même sens (*Andr.*, act. I, sc. 1) :

    Ma fortune va prendre une face nouvelle.

3 Voici les vers des deux premières scènes qui n'ont pas trouvé place dans celle qui leur a été substituée :

LE COMTE, ELVIRE.

ELVIRE.

Entre tous ces amants dont la jeune ferveur *
Adore votre fille et brigue ma faveur,
Don Rodrigue et don Sanche à l'envi font paraître **
Le beau feu qu'en leurs cœurs ses beautés ont fait naître **
Ce n'est pas que Chimène écoute leurs soupirs,
Ou d'un regard propice anime leurs désirs *** ;
Au contraire, pour tous dedans l'indifférence,
Elle n'ôte à pas un ni donne **** l'espérance ;
Et sans les voir d'un œil trop sévère ou trop doux,
C'est de votre seul choix qu'elle attend un époux

LE COMTE.

Elle est dans le devoir, etc. . . . .
. . . .
   Va l'en entretenir ; mais dans cet entretien

* Scudéri critique l'épithète de *jeune*, que l'Académie approuve en blâmant *ferveur*, qui, dit-elle, est plus propre pour la dévotion que pour l'amour. *Ferveur* a un sens moins matériel qu'*ardeur*, et Corneille a raison de préférer une expression plus chaste, qui rend mieux son idée, sans blesser la langue.

** Il y a quelque affectation dans ce *beau feu* que font naître des *beautés*.

*** Scudéri voudrait ici, « *ni que* d'un regard *elle*, » etc. C'est regretter que Corneille ait fait des vers et non de la prose.

**** « Il fallait *ni ne donne*. » (*Académie*.) « Peut-être faudrait-il laisser plus de liberté à la poésie, à l'exemple de tous nos voisins. Ce vers serait fort beau :

    Je ne vous ai ravi ni donné la couronne.

Il est très-français : *ni n'ai donné* le gâterait. » (*Voltaire*.)

SCÈNE II.

L'INFANTE, LÉONOR, UN PAGE [1].

L'INFANTE.

Page, allez avertir Chimène de ma part
Qu'aujourd'hui pour me voir elle attend un peu tard,
Et que mon amitié se plaint de sa paresse.
(*Le page rentre.*)

LÉONOR.

Madame, chaque jour même désir vous presse,
Et dans son entretien je vous vois chaque jour
Demander en quel point se trouve son amour [2].

Cache mon sentiment et découvre le sien.
Je veux qu'à mon retour nous en parlions ensemble :
L'heure à présent m'appelle au conseil qui s'assemble ;
Le roi doit à son fils choisir un gouverneur,
Ou plutôt m'élever à ce haut rang d'honneur.
Ce que pour lui mon bras chaque jour exécute,
Me défend de penser qu'aucun me le dispute.

CHIMÈNE, ELVIRE.

ELVIRE.

Quelle douce nouvelle à ces jeunes amants !
Et que tout se dispose à leurs contentements !
CHIMÈNE.
Eh bien ! Elvire, enfin que faut-il que j'espère?
Que dois-je devenir, et que t'a dit mon père ?
ELVIRE.
Deux mots dont tous vos sens doivent être charmés*
Il estime Rodrigue autant que vous l'aimez.
CHIMÈNE.
L'excès de ce bonheur me met en défiance.
Puis-je à de tels discours donner quelque croyance?
ELVIRE.
Il passe bien plus outre, il approuve ses feux,
Et vous doit commander de répondre à ses vœux.
Jugez après cela, puisque tantôt son père
Au sortir du conseil doit proposer l'affaire,
S'il pouvait avoir lieu de mieux prendre son temps,
Et si tous vos désirs doivent être contents.

---

[1] « C'est ici un défaut intolérable pour nous. La scène reste vide, les scènes ne sont point liées, l'action est interrompue. Pourquoi les acteurs précédents s'en vont-ils? Pourquoi ces nouveaux acteurs viennent-ils? Comment l'un peut-il s'en aller et l'autre arriver sans se voir? Comment Chimène peut-elle voir l'infante sans la saluer? » (*Voltaire.*)

[2] « Qu'auraient dit les Grecs, du temps de Sophocle, à une telle

---

* « Il n'est point vrai, dit Scudéri, qu'une bonne nouvelle charme tous les sens, puisque la vue, l'odorat, le goût, ni l'attouchement, n'y peuvent avoir aucune part. » Scudéri est souvent bien ridicule et impertinent dans ses observations ; ici il se surpasse.

ACTE I, SCÈNE II.

L'INFANTE.

Ce n'est pas sans sujet, je l'ai presque forcée
A recevoir les traits dont son âme est blessée.
Elle aime don Rodrigue, et le tient de ma main,
Et par moi don Rodrigue a vaincu son dédain :
Ainsi de ces amants ayant formé les chaînes,
Je dois prendre intérêt à voir finir leurs peines.

LÉONOR.

Madame, toutefois parmi leurs bons succès
Vous montrez un chagrin qui va jusqu'à l'excès.
Cet amour, qui tous deux les comble d'allégresse,
Fait-il de ce grand cœur la profonde tristesse,
Et ce grand intérêt[1] que vous prenez pour eux
Vous rend-il malheureuse, alors qu'ils sont heureux ?
Mais je vais trop avant, et deviens indiscrète.

L'INFANTE.

Ma tristesse redouble à la tenir secrète[2].
Écoute, écoute enfin comme j'ai combattu,
Écoute quels assauts brave encor ma vertu[3].
L'amour est un tyran qui n'épargne personne ;
Ce jeune cavalier, cet amant que je donne,
Je l'aime.

LÉONOR.

Vous l'aimez !

L'INFANTE.

Mets la main sur mon cœur,
Et vois comme il se trouble au nom[4] de son vainqueur,
Comme il le reconnaît.

LÉONOR.

Pardonnez-moi, madame,
Si je sors du respect pour blâmer cette flamme.
Une grande princesse à ce point s'oublier,
Que d'admettre en son cœur un simple cavalier[5] !

---

demande ? » (*Voltaire.*) Il y avait ici deux vers justement critiqués :

> Et je vous vois pensive et triste chaque jour
> L'*informer* avec soin *comme va son amour.*

1 « *Grand* cœur, *grand* intérêt » sont trop rapprochés.
2 Remarquez ce tour vif et précis dont nous retrouverons plusieurs exemples qui doivent faire autorité. (Voy. p. 14, not. 2.)
3 (*Var.*) Et, plaignant ma faiblesse, admire ma vertu.
4 L'Académie observe que Rodrigue n'est pas nommé. O grammaire ! ô chicane ! ô vieillesse ! — Corneille ne se doutait guère qu'il avait été devancé pour l'expression de ce trouble de l'âme par un trouvère du XIIe siècle. Je lis dans l'excellente édition de *Parthenopeus de Blois*, publiée par M. G.-A. Crapelet, t. II, p. 160, v. 9711 :

> Dist Mélior : « Urrake suer,
> Motés vostre main sur mon ouer ;
> Sentés come il tressaut et tranble,
> Fors s'en violt issir, ce me samble. »

5 (*Var.*) Choisir pour votre amant un simple cavalier
Une grande princesse à ce point s'oublier !

Et que dirait le roi ? que dirait la Castille ?
Vous souvient-il encor de qui vous êtes fille ?
L'INFANTE.
Il m'en souvient[1] si bien que j'épandrai mon sang
Avant que je m'abaisse à démentir mon rang.
Je te répondrais bien que dans les belles âmes
Le seul mérite a droit de produire des flammes,
Et si ma passion cherchait à s'excuser,
Mille exemples fameux pourraient l'autoriser;
Mais je n'en veux point suivre où ma gloire s'engage[2]:
Si j'ai beaucoup d'amour, j'ai bien plus de courage,
Et je me dis toujours, qu'étant fille de roi,
Tout autre qu'un monarque est indigne de moi.
Quand je vis que mon cœur ne se pouvait défendre,
Moi-même je donnai ce que je n'osais prendre,
Je mis au lieu de moi Chimène en ses liens,
Et j'allumai leurs feux pour éteindre les miens.
Ne t'étonne donc plus si mon âme gênée[3]
Avec impatience attend leur hyménée,
Tu vois que mon repos en dépend aujourd'hui ;
Si l'amour vit d'espoir, il périt avec lui,
C'est un feu qui s'éteint faute de nourriture[4],
Et, malgré la rigueur de ma triste aventure,
Si Chimène a jamais Rodrigue pour mari,
Mon espérance est morte, et mon esprit guéri.
Je souffre cependant un tourment incroyable,
Jusques à cet hymen Rodrigue m'est aimable,
Je travaille à le perdre, et le perds à regret,
Et de là prend son cours mon déplaisir secret.
Je suis au désespoir que l'amour me contraigne
A pousser des soupirs pour ce que je dédaigne,
Je sens en deux partis mon esprit divisé,
Si mon courage est haut, mon cœur est embrasé,
Cet hymen m'est fatal, je le crains et souhaite,
Je n'ose en espérer qu'une joie imparfaite,
Ma gloire et mon amour ont pour moi tant d'appas[5],

> Et que dira le roi ? que dira la Castille ?
> Vous souvenez-vous bien de qui vous êtes fille ?
> L'INFANTE.
> Oui, oui, je m'en souviens, et j'épandrai mon sang.

[1] *Il m'en souvient*, « mihi subvenit, » est la vraie locution française. Ce n'est que par oubli de l'étymologie et abusivement qu'on a dit *je me souviens*. On lit ici dans plusieurs éditions, *vous souvenez-vous bien*, et *oui, oui, je m'en souviens, et...*, etc.

[2] *S'engage*, soit en péril.

[3] *Gênée*. La gêne, de *gehenne*, était le supplice de la torture. De là la force étymologique de ce mot.

[4] Voltaire a heureusement imité ce vers, lorsqu'il a dit :
> L'âme est un feu qu'il faut nourrir
> Et qui s'éteint s'il ne s'augmente.

Excellente leçon qui n'est pas seulement à l'adresse des écoliers:

[5] « Ce vers ne s'entend pas. » (*Académie*.) L'infante veut dire

ACTE I, SCÈNE II.

Que je meurs s'il s'achève, ou ne s'achève pas¹.
LÉONOR.
Madame, après cela je n'ai rien à vous dire,
Sinon que de vos maux avec vous je soupire :
Je vous blâmais tantôt, je vous plains à présent.
Mais puisque dans un mal si doux, et si cuisant,
Votre vertu combat, et son charme, et sa force,
En repousse l'assaut, en rejette l'amorce,
Elle rendra le calme à vos esprits flottants.
Espérez donc tout d'elle, et du secours du temps,
Espérez tout du ciel, il a trop de justice
Pour laisser la vertu dans un si long supplice.
L'INFANTE.
Ma plus douce espérance est de perdre l'espoir².
LE PAGE.
Par vos commandements Chimène vous vient voir.
L'INFANTE, à Léonor.
Allez l'entretenir en cette galerie.
LÉONOR.
Voulez-vous demeurer dedans la rêverie?
L'INFANTE.
Non, je veux seulement, malgré mon déplaisir,
Remettre mon visage un peu plus à loisir,
Je vous suis. — Juste ciel, d'où j'attends mon remède,
Mets enfin quelque borne au mal qui me possède,
Assure mon repos, assure mon honneur,
Dans le bonheur d'autrui je cherche mon bonheur :
Cet hyménée à trois également importe³ ;
Rends son effet plus prompt, ou mon âme plus forte :
D'un lien conjugal joindre ces deux amants,
C'est briser tous mes fers, et finir mes tourments.
Mais je tarde un peu trop, allons trouver Chimène,
Et par son entretien soulager notre peine.

---

et dit, à sa manière : Je tiens tellement à ma réputation et à mon amour...

1 Ellipse poétique de *s'il* devant *s'achève*, comme trois vers plus haut de *je le* devant *souhaite*.

2 Le point de départ de ces antithèses si fréquentes de l'espérance et du désespoir est dans Virgile :

« Una salus victis nullam sperare salutem. »

Vers admirable, parce que l'expression en est frappante et la pensée juste et naturelle. En effet, le désespoir donne des forces qui peuvent ramener la victoire. Le vers de Corneille est subtil et maniéré, dans le goût italien. C'est comme un acheminement à la pointe d'Oronte :

Belle Philis on désespère
Alors qu'on espère toujours.

3 Ce vers serait choquant si en le prononçant on ne transportait pas la césure du troisième pied au second : on aurait alors : *Cet hyménée à trois,* qui offre une idée comique.

SCÈNE III.

LE COMTE, D. DIÈGUE¹.

LE COMTE.
Enfin vous l'emportez, et la faveur du roi
Vous élève en un rang qui n'était dû qu'à moi²,
Il vous fait gouverneur du prince de Castille.
D. DIÈGUE.
Cette marque d'honneur qu'il met dans ma famille
Montre à tous qu'il est juste, et fait connaître assez
Qu'il sait récompenser les services passés.
LE COMTE.
Pour grands que soient les rois, ils sont ce que nous sommes³,
Ils peuvent se tromper comme les autres hommes,
Et ce choix sert de preuve à tous les courtisans
Qu'ils savent mal payer les services présents.
D. DIÈGUE.
Ne parlons plus d'un choix dont votre esprit s'irrite,
La faveur l'a pu faire autant que le mérite,
Mais on doit ce respect au pouvoir absolu
De n'examiner rien quand un roi l'a voulu⁴.
A l'honneur qu'il m'a fait ajoutez-en un autre,
Joignons d'un sacré nœud ma maison à la vôtre:
Vous n'avez qu'une fille, et moi je n'ai qu'un fils,
Leur hymen nous peut rendre à jamais plus qu'amis⁵,
Faites-nous cette grâce, et l'acceptez pour gendre.

---

1 « Aujourd'hui, quand les comédiens représentent cette pièce, ils commencent par cette scène. Il paraît qu'ils ont très-grand tort; car, peut-on s'intéresser à la querelle du comte et de don Diègue, si on n'est pas instruit des amours de leurs enfants? » (*Voltaire.*) Ajoutons qu'ils ne sont connus ni l'un ni l'autre.

2 Ce motif de la querelle entre Don Diègue Laynès et le comte Gomez de Gormas est une invention des poètes. On lit dans une vieille chronique rimée, récemment publiée par M. F. Michel, que le comte de Gormaz, ayant enlevé des troupeaux et maltraité les bergers de Don Diègue, celui-ci assembla ses vassaux pour en tirer vengeance, et que dans le combat le jeune Rodrigue tua le père de Chimène.

3 « Cette phrase a vieilli; elle était fort bonne alors; il est honteux pour l'esprit humain que la même expression soit bonne en un temps et mauvaise en un autre. On dirait aujourd'hui *tout grands que sont; quelque grands que soient les rois.* » (*Voltaire.*) On dirait moins bien.

4 Ce vers serait incorrect si *rien* (res) n'était pas un véritable substantif avec le sens positif de *chose.* C'est ce qui justifie le pronom « *l'*a voulu, » a voulu *ce rien, cette chose.*

5 On lit dans quelques éditions :

> Rodrigue aime Chimène, et ce digne sujet
> De nos affections est le plus cher objet ;
> Consentez-y, monsieur...

LE COMTE.

A des partis plus hauts ce beau-fils doit prétendre[1],
Et le nouvel éclat de votre dignité
Lui doit enfler le cœur d'une autre vanité.
Exercez-la, monsieur, et gouvernez le prince,
Montrez-lui comme il faut régir une province,
Faire trembler partout les peuples sous sa loi,
Remplir les bons d'amour, et les méchants d'effroi.
Joignez à ces vertus celles d'un capitaine,
Montrez-lui comme il faut s'endurcir à la peine,
Dans le métier de Mars se rendre sans égal,
Passer les jours entiers et les nuits à cheval,
Reposer tout armé, forcer une muraille,
Et ne devoir qu'à soi le gain d'une bataille.
Instruisez-le d'exemple, et rendez-le parfait,
Expliquant à ses yeux vos leçons par l'effet[2].

D. DIÈGUE.

Pour s'instruire d'exemple, en dépit de l'envie,
Il lira seulement l'histoire de ma vie.
Là, dans un long tissu de belles actions,
Il verra comme il faut dompter des nations,
Attaquer une place, et ranger une armée,
Et sur de grands exploits bâtir sa renommée[3].

---

[1] On a substitué plus tard *Rodrigue* à *ce beau-fils*, effaçant l'ironie par scrupule de dignité tragique.

[2] (*Var.*) Et vous ressouvenez
Qu'il faut faire à ses yeux ce que vous enseignez.

Ici Corneille imite Guillem de Castro :

« Y cuando al principe enseño
Lo que entre ejercicios varios
Debe hacer un caballero
En las plazas y en los campos,
¿ Podrá para darle ejemplo,
Como yo mil veces hago,
Hacer una lanza hastillas,
Desalentando un caballo ? »

« Et quand il devra enseigner au prince, parmi tant d'exercices, ce que doit faire un cavalier dans les carrousels et sur les champs de bataille, pourra-t-il l'instruire d'exemple, comme je le fais sans cesse en brisant une lance et harassant un cheval ? »

[3] Nouvelle imitation :

« Si ya me faltan las fuerzas
Para con piés y con brazos
Hacer de lanzas hastillas,
Y desalentar caballos :
De mis hazañas escritas
Daré al principe un traslado,
Y aprenderá en lo que hice,
Si no aprende en lo que hago. »

« Si les forces me manquent, si mes pieds et mes bras n'ont plus leur vigueur pour briser une lance ou pousser un cheval ; de mes exploits écrits je lui donnerai le récit ; et, à défaut du présent il s'instruira de mes exploits passés. »

Faltan las fuerzas se retrouve plus bas dans le vers

O Dieu ! *ma force usée* en ce besoin me laisse !

LE COMTE.
Les exemples vivants sont d'un autre pouvoir,
Un prince dans un livre apprend mal son devoir.
Et qu'a fait après tout ce grand nombre d'années,
Que ne puisse égaler une de mes journées?
Si vous fûtes vaillant, je le suis aujourd'hui,
Et ce bras du royaume est le plus ferme appui.
Grenade et l'Aragon tremblent quand ce fer brille,
Mon nom sert de rempart à toute la Castille [1],
Sans moi vous passeriez bientôt sous d'autres lois,
Et vous auriez bientôt vos ennemis pour rois.
Chaque jour, chaque instant, pour rehausser ma gloire,
Met lauriers sur lauriers, victoire sur victoire :
Le prince à mes côtés ferait dans les combats
L'essai de son courage à l'ombre de mon bras;
Il apprendrait à vaincre en me regardant faire,
Et, pour répondre en hâte à son grand caractère,
Il verrait [2]...

D. DIÈGUE.
Je le sais, vous servez bien le roi;
Je vous ai vu combattre et commander sous moi :
Quand l'âge dans mes nerfs a fait couler sa glace,
Votre rare valeur a bien rempli ma place;
Enfin, pour épargner des discours superflus,
Vous êtes aujourd'hui ce qu'autrefois je fus.
Vous voyez toutefois qu'en cette concurrence,
Un monarque entre nous met quelque différence.

LE COMTE.
Ce que je méritais, vous l'avez emporté [3].

D. DIÈGUE.
Qui l'a gagné sur vous l'avait mieux mérité.

LE COMTE.
Qui peut mieux l'exercer en est bien le plus digne.

D. DIÈGUE.
En être refusé n'en est pas un bon signe.

LE COMTE.
Vous l'avez eu par brigue étant vieux courtisan.

D. DIÈGUE.
L'éclat de mes hauts faits fut mon seul partisan.

---

[1] Ces vers sentent leur emphase espagnole. C'est que le comte est dans le vrai sens du mot, un *matamore*, un tueur de Mores.

[2] L'interruption vient à propos pour laisser dans le vague le vers précédent, dont le sens était difficile à préciser. Corneille a risqué ce vers obscur pour remplacer une ligne prosaïque. Il avait dit d'abord :

> *Loin des froides leçons qu'à mon bras on préfère,*
> Il apprendrait à vaincre en me regardant faire ;
> Il verrait.....

[3]   « Yo lo merezco... tambien
              Como tu, y mejor. »

« Je le mérite autant et plus que toi. »

ACTE I, SCÈNE III.

LE COMTE.
Parlons-en mieux, le roi fait honneur à votre âge.
D. DIÈGUE.
Le roi, quand il en fait, le mesure au courage.
LE COMTE.
Et par là cet honneur n'était dû qu'à mon bras.
D. DIÈGUE.
Qui n'a pu l'obtenir ne le méritait pas.
LE COMTE.
Ne le méritait pas! moi?
D. DIÈGUE.
Vous.
LE COMTE.
Ton impudence[1],
Téméraire vieillard, aura sa récompense.
(*Il lui donne un soufflet.*)
D. DIÈGUE, *l'épée à la main.*
Achève, et prends ma vie [2] après un tel affront,
Le premier dont ma race ait vu rougir son front.
LE COMTE.
Et que penses-tu faire avec tant de faiblesse?
D. DIÈGUE.
O Dieu! ma force usée en ce besoin me laisse!
LE COMTE.
Ton épée est à moi : mais tu serais trop vain
Si ce honteux trophée avait chargé ma main.
Adieu. Fais lire au prince, en dépit de l'envie,
Pour son instruction, l'histoire de ta vie,
D'un insolent discours ce juste châtiment
Ne lui servira pas d'un petit ornement [3].

1 « On ne donnerait pas aujourd'hui un soufflet sur la joue d'un héros. Les acteurs mêmes sont très-embarrassés à donner ce soufflet; ils font le semblant. » (*Voltaire.*)
2 Racine a parodié cet hémistiche (*Plaideurs*, act. II, sc. XIII) :

Achève, prends ce sac...

Scudéri n'approuve pas le *front d'une race*, et il se croit plaisant en ajoutant : « Il ne fallait plus que dire *les bras de ma lignée* et *les cuisses de ma postérité.* »
3 La scène continuait ainsi :

DON DIÈGUE
Épargnes-tu mon sang?
LE COMTE
Mon âme est satisfaite.
Et mes yeux à ma main reprochent ta défaite.
DON DIÈGUE.
Tu dédaignes ma vie!
LE COMTE.
En arrêter le cours
Ne ferait que hâter la Parque de trois jours.

Ce retranchement, opéré par Corneille lui-même, est une preuve de goût. Ces mépris après l'outrage abaissaient également l'offenseur et l'offensé. On ne savait trop qu'entendre par *ces reproches des yeux à la main*, méchant jeu d'esprit dans une telle situation.

SCÈNE IV.

D. DIÈGUE.

O rage! ô désespoir! ô vieillesse ennemie [1]!
N'ai-je donc tant vécu que pour cette infamie?
Et ne suis-je blanchi dans les travaux guerriers,
Que pour voir en un jour flétrir tant de lauriers?
Mon bras, qu'avec respect toute l'Espagne admire,
Mon bras qui tant de fois a sauvé cet empire,
Tant de fois affermi le trône de son roi,
Trahit donc ma querelle, et ne fait rien pour moi!
O cruel souvenir de ma gloire passée!
OEuvre de tant de jours en un jour effacée!
Nouvelle dignité fatale à mon bonheur!
Précipice élevé d'où tombe mon honneur!
Faut-il de votre éclat voir triompher le comte [2],
Et mourir sans vengeance, ou vivre dans la honte?
Comte, sois de mon prince à présent gouverneur,
Ce haut rang n'admet point un homme sans honneur [3];
Et ton jaloux orgueil par cet affront insigne,
Malgré le choix du roi m'en a su rendre indigne.
Et toi, de mes exploits glorieux instrument,
Mais d'un corps tout de glace inutile ornement,
Fer jadis tant à craindre, et qui dans cette offense
M'as servi de parade, et non pas de défense,
Va, quitte désormais le dernier des humains,
Passe pour me venger en de meilleures mains [4].

1 « ¡Hay! viejo desdichado! »

« Ah! malheureux vieillard! » Ce monologue a été parodié par Boileau dans le *Chapelain décoiffé*. Boileau n'est pas le seul coupable de cette mauvaise plaisanterie, recueillie dans ses œuvres, mais qui ne doit pas rester tout entière à sa charge: Furetière, Chapelle, et, ce qui est plus grave, Racine même, y mirent la main.

2 L'Académie ne veut pas qu'on puisse *triompher de l'éclat d'une dignité*, mais Voltaire y consent. Reste à justifier *l'éclat d'un précipice*.

3 « Llamadlo, llamad al conde,
Que venga á exercer el cargo,
De ayo de vuestro hijo;
Que podrá mas bien honrarlo,
Pues que yo sin honra quedo. »

« Appelez-le, appelez le comte, qu'il vienne remplir la charge de gouverneur de votre fils : il pourra mieux l'honorer, puisque je suis désormais sans honneur. »

4 Les quatre vers suivants ont été supprimés :

Si Rodrigue est mon fils, il faut que l'amour cède,
Et qu'une ardeur plus haute à ses flammes succède;
Mon honneur est le sien, et le mortel affront
Qui tombe sur mon chef rejaillit sur mon front.

SCÈNE V.

D. DIÈGUE, D. RODRIGUE.

D. DIÈGUE.

Rodrigue, as-tu du cœur [1] ?

D. RODRIGUE.
　　　　　　　　Tout autre que mon père [2]
L'éprouverait sur l'heure.

D. DIÈGUE.
　　　　　　　Agréable colère [3] !
Digne ressentiment à ma douleur bien doux !
Je reconnais mon sang à ce noble courroux,
Ma jeunesse revit en cette ardeur si prompte.
Viens, mon fils, viens, mon sang [4], viens réparer ma honte ;
Viens me venger.

[1] Dans les romances espagnoles qui ont servi de modèle à Guillem de Castro, don Diègue éprouve successivement le courage de ses fils en les serrant de forts liens qui arrachent à ces jeunes gens des cris et des pleurs. Le vieillard commence à désespérer du succès de cette épreuve, lorsqu'arrivé au plus jeune de ses fils, il trouve une résistance héroïque, une colère et des menaces qui lui annoncent qu'il a trouvé un vengeur dans sa famille. Dans la scène du *Cid* espagnol, le vieillard mord fortement la main de son fils, qui s'écrie :

« Padre, soltad en mal hora,
Soltad, padre, en hora mala,
Se non fuérades mi padro
Diéraos una bofetada. »

« Père, lâchez-moi à la malheure, à la malheure, père, lâchez-moi ; si vous n'étiez pas mon père, je vous aurais donné un *soufflet.* » — C'eût été le second de la journée.

[2] « Pour divertir le cardinal et contenter en même temps l'envie qu'il avait contre *le Cid*, Boisrobert le fit jouer devant lui au ridicule par les laquais et les marmitons ; entre autres choses, en cet endroit où Don Diègue dit à son fils : *Rodrigue, as-tu du cœur?* Rodrigue répondait : « *Je n'ai que du carreau.* » (Tallemant des Réaux, t. II, p. 155.)

[3]　　　　« Hijo de mi alma,
　　　　Ese sentimiento adoro,
　　　　Esa colera me agrada,
　　　　Esa braveza bendigo.
　　　　Esa sangre alborotada
　　　　Que ya en tus venas rebienta,
　　　　Que ya por tus ojos salta
　　　　Es la que me dió Castilla. »

« Fils de mon âme, j'adore ce ressentiment, cette colère m'agrée ; je bénis cette bravoure ; ce sang soulevé, qui déjà bouillonne dans tes veines, qui s'élance de tes yeux, c'est celui que la Castille m'a donné. »

[4] ′Viens, mon sang, viens, ma fille...
　　　　　　　(Racine, *Plaideurs*, act. II, sc. III.)

D. RODRIGUE.
De quoi?
D. DIÈGUE.
D'un affront si cruel
Qu'à l'honneur de tous deux il porte un coup mortel,
D'un soufflet. L'insolent en eût perdu la vie,
Mais mon âge a trompé ma généreuse envie,
Et ce fer, que mon bras ne peut plus soutenir,
Je le remets au tien pour venger et punir.
Va contre un arrogant éprouver ton courage,
Ce n'est que dans le sang [1] qu'on lave un tel outrage,
Meurs, ou tue. Au surplus, pour ne te point flatter,
Je te donne à combattre un homme à redouter,
Je l'ai vu tout sanglant, au milieu des batailles,
Se faire un beau rempart de mille funérailles [2].

D. RODRIGUE.
Son nom? c'est perdre temps en propos superflus.

D. DIÈGUE.
Donc pour te dire encor quelque chose de plus,
Plus que brave soldat, plus que grand capitaine,
C'est...

D. RODRIGUE.
De grâce, achevez.

D. DIÈGUE.
Le père de Chimène.

D. RODRIGUE.
Le...

D. DIÈGUE.
Ne réplique point, je connais ton amour;
Mais qui peut vivre infâme est indigne du jour;
Plus l'offenseur [3] est cher, et plus grande est l'offense :

---

[1]
« Hijo, esfuerza mi esperanza,
Y esta mancha de mi honor,
Que al tuyo se extiende, lava
Con sangre, que sangre sola
Quita semejantes manchas. »

« O mon fils! affermis mon espoir, et, cette tache à mon honneur qui s'étend jusqu'au tien, lave-la dans le sang, puisque seul le sang efface de semblables taches. »

[2] Ce beau mot de *funérailles* a été critiqué, parce qu'en effet la figure est d'une hardiesse extrême. Au reste, *funérailles* ne saurait se dire, même poétiquement, que pour ces guerriers qui, morts sur le champ de bataille, n'ont d'autre pompe funèbre que la gloire de leur chute. Quoi qu'il en soit, Corneille, cédant à la critique, a modifié ainsi tout ce passage :

Je l'ai vu, tout couvert de sang et de poussière,
Porter partout l'offroi dans une armée entière,
J'ai vu par sa valeur cent escadrons rompus,
Et pour te dire encor quelque chose de plus....

[3] *Offenseur.* Corneille a donné ce mot à la langue, en dépit de Scudéri.

ACTE I, SCÈNE V.

Enfin tu sais l'affront, et tu tiens la vengeance [1],
Je ne te dis plus rien, venge-moi, venge-toi,
Montre-toi digne fils d'un père tel que moi ;
Accablé des malheurs où le destin me range,
Je vais les déplorer. Va, cours, vole, et nous venge [2].

SCÈNE VI.

D. RODRIGUE.

Percé jusques au fond du cœur
D'une atteinte imprévue aussi bien que mortelle,
Misérable vengeur d'une juste querelle,
Et malheureux objet d'une injuste rigueur ;
Je demeure immobile, et mon âme abattue
    Cède au coup qui me tue.
  Si près de voir mon feu récompensé,
    O Dieu ! l'étrange peine !
  En cet affront mon père est l'offensé,
Et l'offenseur le père de Chimène [3] !

    Que je sens de rudes combats !
Contre mon propre honneur mon amour s'intéresse,
Il faut venger un père, et perdre une maîtresse,
L'un m'anime le cœur, l'autre retient mon bras.
Réduit au triste choix, ou de trahir ma flamme,
    Ou de vivre en infâme,
  Des deux côtés mon mal est infini.
    O Dieu ! l'étrange peine !
  Faut-il laisser un affront impuni ?
  Faut-il punir le père de Chimène ?

---

1 Admirable métonymie ! L'épée, instrument de vengeance, dans la main de Rodrigue, c'est déjà la vengeance elle-même.
L'original espagnol a aussi sa beauté :
    « Aqui la ofensa, y alli la spada,
    No tengo mas que decirte. »

« Voilà l'offense, voici l'épée, je n'ai plus rien à te dire. »

2   « Y voy á llorar afrentas
    Mientras tu tomas venganzas. »

« Je vais aller pleurer mon affront jusqu'à ce que tu en tires vengeance. » — Corneille imite en maître. La belle progression : *va, cours, vole et nous venge*, est une création en regard du modèle.

3   « ¿ Posible pudo ser que permitiese
    Tu inclemencia que fuese
    Mi padre el ofendido (¡ extraña pena !)
    Y el ofensor el padre de Ximena ? »

« O ciel ! faire se peut-il que ton inclémence ait permis que l'offensé fût mon père (étrange peine !) et l'offenseur le père de Chimène ? »

    Père, maîtresse, honneur, amour,
Noble et dure contrainte, aimable tyrannie,
Tous mes plaisirs sont morts, ou ma gloire ternie,
L'un me rend malheureux, l'autre indigne du jour
Cher et cruel espoir d'une âme généreuse,
   Mais ensemble amoureuse,
  Digne ennemi de mon plus grand bonheur,
   Fer, qui causes ma peine,
  M'es-tu donné pour venger mon honneur?
  M'es-tu donné pour perdre ma Chimène?

    Il vaut mieux courir au trépas;
Je dois¹ à ma maîtresse aussi bien qu'à mon père
J'attire en me vengeant sa haine et sa colère,
J'attire ses mépris en ne me vengeant pas.
A mon plus doux espoir l'un me rend infidèle,
   Et l'autre, indigne d'elle.
  Mon mal augmente à le vouloir guérir,
   Tout redouble ma peine,
  Allons, mon âme, et puisqu'il faut mourir,
  Mourons du moins sans offenser Chimène.

    Mourir sans tirer ma raison!
Rechercher un trépas si mortel à ma gloire!
Endurer que l'Espagne impute à ma mémoire
D'avoir mal soutenu l'honneur de ma maison!
Respecter un amour dont mon âme égarée
   Voit la perte assurée!
  N'écoutons plus ce penser suborneur
   Qui ne sert qu'à ma peine,
  Allons, mon bras, sauvons du moins l'honneur,
  Puisqu'après tout il faut perdre Chimène.

    Oui, mon esprit s'était déçu;
Je dois tout à mon père avant qu'à ma maîtresse :
Que je meure au combat, ou meure de tristesse,
Je rendrai mon sang pur, comme je l'ai reçu.
Je m'accuse déjà de trop de négligence,
   Courons à la vengeance,
  Et, tout honteux d'avoir tant balancé,
   Ne soyons plus en peine,
  Puisqu'aujourd'hui mon père est l'offensé,
  Si l'offenseur est père de Chimène².

---

1 *Je dois*, pris absolument avec le sens de *j'ai des devoirs à remplir*, est une expression nerveuse et concise.

2   « Habiendo sido
   Mi padre el ofendido,
  Poco importa que fuese (¡ amarga pena!)
  El ofensor el padre de Ximena »

« Mon père ayant été l'offensé, peu importe (peine amère!) que l'offenseur soit le père de Chimène. »

    FIN DU PREMIER ACTE.

ACTE DEUXIÈME.

SCÈNE I.

D. ARIAS, LE COMTE.

LE COMTE.
Je l'avoue[1], entre nous, quand je lui fis l'affront,
J'eus le sang un peu chaud et le bras un peu prompt[2];
Mais, puisque c'en est fait, le coup est sans remède.
D. ARIAS.
Qu'aux volontés du roi ce grand courage cède,
Il y prend grande part, et son cœur irrité
Agira contre vous de pleine autorité.
Aussi vous n'avez point de valable défense,
Le rang de l'offensé, la grandeur de l'offense,
Demandent des devoirs, et des soumissions[3]
Qui passent le commun des satisfactions.
LE COMTE.
Le roi peut à son gré disposer de ma vie.
D. ARIAS.
De trop d'emportement votre faute est suivie.
Le roi vous aime encore, apaisez son courroux

---

1. « Confieso que fué loourá,
Mas no la quiero enmendar. » (Guil. de Castro.)
« Je le confesse, j'ai commis une faute, mais je ne puis l'amender. »

2 Ces vers familiers avaient l'avantage d'une parfaite clarté; mais l'Académie censura *quand je fis*, prétendant qu'il fallait dire *quand je lui ai fait* : « Parce qu'il ne s'était point passé de nuit entre deux. » D'où il résulte qu'il faut que le soleil se couche et se lève pour donner place à l'aoriste. C'est bien subtil et bien rigoureux. Le malheur est que cette critique, fondée ou non, ait amené Corneille à faire ce vers :

Mon sang un peu trop chaud
S'est trop ému d'un mot et l'a porté trop haut;

qui manque d'harmonie et de clarté; ce qui, dit Voltaire, est bien pire qu'une faute contre la grammaire.

3 *Soumissions*, on lit *submissions* dans les éditions publiées par Corneille. C'est du pur latin. Quoique le mot fût nouveau, il valait mieux le tirer de *soumettre*, qui avait cours dans le français, que de transporter le mot latin tout crûment.

Il a dit : *Je le veux*, désobéirez-vous?
LE COMTE.

Monsieur, pour conserver ma gloire et mon estime [1],
Désobéir un peu n'est pas un si grand crime,
Et quelque grand qu'il soit, mes services présents
Pour le faire abolir sont plus que suffisants [2].
D. ARIAS.

Quoi qu'on fasse d'illustre et de considérable,
Jamais à son sujet un roi n'est redevable :
Vous vous flattez beaucoup, et vous devez savoir
Que qui sert bien son roi ne fait que son devoir.
Vous vous perdrez [3], monsieur, sur cette confiance.
LE COMTE.

Je ne vous en croirai qu'après l'expérience.
D. ARIAS.

Vous devez redouter la puissance d'un roi.
LE COMTE.

Un jour seul [4] ne perd pas un homme tel que moi.
Que toute sa grandeur s'arme pour mon supplice,

---

1 *Estime*, l'estime dont je jouis. On lit dans l'édition de 1664, *tout ce que j'ai d'estime*.

2 Il y avait ici :

> Les satisfactions n'apaisent point une âme,
> Qui les reçoit a tort, qui les fait se diffame ;
> Et de pareils accords l'effet le plus commun
> Est de déshonorer deux hommes au lieu d'un.

Cette maxime d'un faux point d'honneur, à l'usage des *raffinés*, était propre à entretenir la fureur des duels. Corneille la supprima. Il avait tiré ce passage de Guillem de Castro :

> « Satisfaccion
> Ni darla ni recibirla.
> . . . .
> El que la dé y la recibe
> Es muy cierto quedar mal,
> Porque el uno pierde honor,
> Y el otro no cobra nada ;
> El remitir á la espada
> Los agravios es mejor. »

« Ni donner ni recevoir de satisfaction... Celui qui la donne et celui qui la reçoit sont également certains d'avoir tort, car l'un perd l'honneur, et l'autre ne gagne rien. S'en remettre à l'épée pour les outrages, c'est le mieux. »

3 « Y con ella has de querer
Perderte. »

« Avec cela, vous cherchez votre perte. »

4 Racine a transporté ce mouvement dans *Phèdre*:

> Un seul jour ne fait pas d'un mortel vertueux, etc.

Ici, Corneille imite l'auteur espagnol :

> « Los hombres como yo
> Tienen mucho que perder. »

« Les hommes tels que moi* ne se perdent pas facilement. »

* Un soldat tel que moi . . . . . . (Voltaire, *Mérope*).

Tout l'État¹ périra, s'il faut que je périsse.
D. ARIAS.
Quoi! vous craignez si peu le pouvoir souverain...
LE COMTE.
D'un sceptre qui, sans moi, tomberait de sa main.
Il a trop d'intérêt lui-même en ma personne,
Et ma tête en tombant ferait choir sa couronne.
D. ARIAS.
Souffrez que la raison remette vos esprits.
Prenez un bon conseil.
LE COMTE.
Le conseil en est pris.
D. ARIAS.
Que lui dirai-je enfin? je lui dois rendre compte.
LE COMTE.
Que je ne puis du tout² consentir à ma honte.
D. ARIAS.
Mais songez que les rois veulent être absolus.
LE COMTE.
Le sort en est jeté, monsieur, n'en parlons plus.
D. ARIAS.
Adieu donc, puisqu'en vain je tâche à vous résoudre.
Avec tous vos lauriers craignez encor le foudre³.
LE COMTE.
Je l'attendrai sans peur.
D. ARIAS.
Mais non pas sans effet.
(*Il rentre.*)
LE COMTE.
Nous verrons donc par là don Diègue satisfait.
Qui ne craint point la mort ne craint point les menaces,
J'ai le cœur au-dessus des plus fières disgrâces,
Et l'on peut me réduire à vivre sans bonheur,
Mais non pas me résoudre à vivre sans honneur⁴.

1 « Ha de perderse Castilla
Antes que yo... »
« Il y va de la perte de la Castille avant la mienne. »
2 *Que je ne puis du tout. Du tout*, comme toutes nos prétendues négations, *rien, personne, aucun, pas, point*, etc., est positif, et signifie *tout à fait*; le sens négatif lui vient de *non*, seule véritable négation, exprimée ou sous-entendue.
3 On croyait que le laurier écartait la foudre. Ce qui est douteux du laurier réel, l'est encore plus des lauriers métaphoriques. Quoi qu'il en soit, Corneille a tiré un bel effet de cette idée dans *Horace*, act. V, sc. III :
Lauriers, sacrés rameaux qu'on veut réduire en poudre,
Vous qui mettez sa tête à couvert de la foudre,
L'abandonnerez-vous à l'infâme couteau
Qui fait choir les méchants sous la main d'un bourreau?
4 *Sans honneur*. Ces deux vers sont faibles; la répétition de *vivre* est languissante, et le rapport des sons *honneur, bonheur*, en contraste avec le sens, forme un jeu de mots disgracieux.

SCÈNE II[1]

LE COMTE, D. RODRIGUE.

D. RODRIGUE.
A moi, comte, deux mots.

[1] Cette belle scène est presque entièrement tirée de Guillem de Castro ; mais dans le poëte espagnol, la présence de don Diègue et de Chimène la rend plus dramatique. On voit aussi pourquoi Rodrigue dit au comte ce *Parlons bas*, qui n'est justifié dans Corneille que par la crainte d'être entendu des absents, précaution peu naturelle à la colère d'un jeune homme. Voici le texte espagnol :

DON RODRIGO.
¿ Conde ?
CONDE.
¿ Quién es ?
DON RODRIGO.
A esta parte
Quiero decirte quien soy.
CONDE.
¿ Qué me quieres ?
DON RODRIGO
Quiero hablarte.
Aquel viejo que está alli
¿ Sabes quién es ?
CONDE.
Ya lo sé.
¿ Porqué lo dices ?
DON RODRIGO
¿ Porqué ?
Habla bajo, escucha.
CONDE
Di.
DON RODRIGO
¿ No sabes que fué espejo
De honra ÿ valor ?
CONDE.
Si seria.
DON RODRIGO.
¿ Y que es sangre suya y mia
La que yo tengo en los ojos
Sabes ?
CONDE.
Y el saberlo (acorta
Razones) ¿ qué ha de importar ?
DON RODRIGO.
Si vamos á otro lugar
Sabras lo mucho que importa.

« ROD. Comte ? — LE COMTE. Qui es-tu ? — ROD. Ici près je te dirai qui je suis. — LE COMTE. Que me veux-tu ? — ROD. Je veux te parler. Ce vieillard que tu vois là sais-tu qui il est ? — LE COMTE. Je le sais, pourquoi le demandes-tu ? — ROD. Pourquoi[*] ? Parle bas, écoute. — LE COMTE. Parle. — ROD. Ne sais-tu pas qu'il fut un miroir d'honneur et de courage ? — LE COMTE. Eh bien ! —

[*] Racine paraît avoir imité ce passage (*Iphigénie*, act. IV, sc. VI) :

AGAMEMNON.
Pourquoi le demander, puisque vous le savez ?
ACHILLE.
Pourquoi je le demande ?...

LE COMTE.
    Parle.
        D. RODRIGUE.
                Ote-moi d'un doute.
Connais-tu bien don Diègue?
        LE COMTE.
            Oui.
        D. RODRIGUE.
                Parlons bas, écoute.
Sais-tu que ce vieillard fut la même vertu[1],
La vaillance et l'honneur de son temps? Le sais-tu?
        LE COMTE.
Peut-être.
        D. RODRIGUE.
            Cette ardeur que dans les yeux je porte,
Sais-tu que c'est son sang? Le sais-tu?
        LE COMTE.
                    Que m'importe?
        D. RODRIGUE.
A quatre pas d'ici je te le fais savoir.
        LE COMTE.
Jeune présomptueux!
        D. RODRIGUE.
            Parle sans t'émouvoir.
Je suis jeune, il est vrai, mais aux âmes bien nées
La valeur n'attend pas le nombre des années.
        LE COMTE.
Te mesurer à moi! Qui t'a rendu si vain?
Toi, qu'on n'a jamais vu les armes à la main?
        D. RODRIGUE.
Mes pareils à deux fois ne se font pas connaître,
Et pour leur coup d'essai veulent des coups de maître[2].
        LE COMTE.
Sais-tu bien qui je suis?

Rod. Et que c'est son sang et le mien que tu vois dans mes yeux; le sais-tu? — Le Comte. Et de le savoir (ménage tes paroles), qu'est-ce que cela importe? — Rod. Allons un peu plus loin, et tu sauras combien cela importe. »

1 *La même vertu* pour *la vertu même*; locution tombée en désuétude et commune alors au français et à l'espagnol. Guillem de Castro a dit dans le même sens, en parlant de Rodrigue :

    « Será la misma braveza. »

« Il sera la même bravoure. » Corneille emploie la même locution dans *Mélite*, act. 1, sc. 1 :

    L'argent dans le ménage a certaine splendeur
    Qui donne un teint d'éclat à la même laideur.

Remarquons en passant que Boileau a tiré de ce passage le vers si souvent cité :

    L'or même à la laideur donne un teint de beauté.

2 *Coups d'essai, coups de maître.* Voltaire trouve ces vers d'une familiarité au-dessous du tragique. C'est par de pareilles critiques qu'on pousse les poëtes au style noble et guindé qui rend mortellement ennuyeuses tant de tragédies.

D. RODRIGUE.
                    Oui, tout autre que moi
Au seul bruit de ton nom pourrait trembler d'effroi.
Les palmes dont je vois ta tête si couverte
Semblent porter écrit le destin de ma perte,
J'attaque en téméraire un bras toujours vainqueur;
Mais j'aurai trop de force ayant assez de cœur,
A qui venge son père il n'est rien impossible;
Ton bras est invaincu[2], mais non pas invincible.
LE COMTE.
Ce grand cœur qui paraît aux discours que tu tiens,
Par tes yeux[3] chaque jour se découvrait aux miens,
Et croyant voir en toi l'honneur de la Castille,
Mon âme avec plaisir te destinait ma fille.
Je sais ta passion, et suis ravi de voir
Que tous ses mouvements cèdent à ton devoir,
Qu'ils n'ont point affaibli cette ardeur magnanime,
Que ta haute vertu répond à mon estime,
Et que voulant pour gendre un chevalier parfait,
Je ne me trompais point au choix que j'avais fait.
Mais je sens que pour toi ma pitié s'intéresse,
J'admire ton courage, et je plains ta jeunesse.
Ne cherche point à faire un coup d'essai fatal,
Dispense ma valeur d'un combat inégal,
Trop peu d'honneur pour moi suivrait cette victoire,
A vaincre sans péril[4] on triomphe sans gloire,
On te croirait toujours abattu sans effort,
Et j'aurais seulement le regret de ta mort.
D. RODRIGUE.
D'une indigne pitié ton audace est suivie :
Qui m'ose ôter l'honneur craint de m'ôter la vie!
LE COMTE.
Retire-toi d'ici.
D. RODRIGUE.
            Marchons sans discourir.
LE COMTE.
Es-tu si las de vivre?

---

1 Racine paraît avoir imité ce vers, *Esth.*, act. I, sc. III :

    Au seul son de sa voix la mer fuit, le ciel tremble.

2 *Ton bras est invaincu.* Ce mot *invaincu*, que Corneille a répété dans Horace, n'est pas de son invention. Il n'a ni le mérite de la création, ni le tort du barbarisme. Le mot est bien fait. Il est nécessaire, et il doit rester; mais il faut le rendre à Ronsard, qui a dit, dans la prosopopée du duc François de Guise :

    Assemblez sur mon corps la France et l'Italie,
    Et toutes les cités qui sentirent les coups
    De ma dextre *invaincue*, et m'entorrez dessous.

3 « *Par les yeux*, se découvrent *aux miens*. » Ce rapprochement des yeux du comte et de ceux de Rodrigue est une pointe dans le goût italien.

4 Imité de Sénèque, *De Provid. III* : « Scit enim sine gloria vinci qui sine periculo vincitur. »

D. RODRIGUE.
As-tu peur de mourir?
LE COMTE.
Viens, tu fais ton devoir, et le fils dégénère
Qui survit un moment à l'honneur de son père.

SCÈNE III.

L'INFANTE, CHIMÈNE, LÉONOR.

L'INFANTE.
Apaise, ma Chimène, apaise ta douleur,
Fais agir ta constance en ce coup de malheur,
Tu reverras le calme après ce faible orage,
Ton bonheur n'est couvert que d'un peu de nuage,
Et tu n'as rien perdu pour le voir différer.
CHIMÈNE.
Mon cœur outré d'ennuis n'ose rien espérer.
Un orage si prompt qui trouble une bonace [1]
D'un naufrage certain nous porte la menace,
Je n'en saurais douter, je péris dans le port.
J'aimais, j'étais aimée, et nos pères d'accord,
Et je vous en contais la première nouvelle
Au malheureux moment que naissait leur querelle,
Dont le récit fatal, sitôt qu'on vous l'a fait [2],
D'une si douce attente a ruiné l'effet.
Maudite ambition, détestable manie,
Dont les plus généreux souffrent la tyrannie,
Honneur impitoyable [3] à mes plus chers désirs,
Que tu me vas coûter de pleurs, et de soupirs!
L'INFANTE.
Tu n'as dans leur querelle aucun sujet de craindre,
Un moment l'a fait naître, un moment va l'éteindre.
Elle a fait trop de bruit pour ne pas s'accorder,
Puisque déjà le roi les veut accommoder;
Et tu sais que mon âme à tes ennuis sensible,
Pour en tarir la source, y fera l'impossible.
CHIMÈNE.
Les accommodements ne font rien en ce point:

---

[1] *Bonace*, mot emprunté à la langue des marins pour une métaphore dont tous les termes *orage, naufrage, port* appartiennent au même ordre d'idées. Malgré tout, *bonace* nous paraît aujourd'hui médiocrement poétique. Malherbe s'en était servi dans l'ode.

[2] *Sitôt qu'on vous l'a fait*, n'ajoute rien au sens. C'est un hémistiche prosaïque destiné à remplir le vers et à rimer.

[3] *Impitoyable à mes désirs.* Expression hardie et heureuse. *sans pitié pour*, etc. Ce vers a été changé, et on lit dans plusieurs éditions :

Impitoyable honneur, mortel à mes plaisirs.

Les affronts à l'honneur ne se réparent point[1].
En vain on fait agir la force, ou la prudence,
Si l'on guérit le mal, ce n'est qu'en apparence,
La haine que les cœurs conservent au dedans
Nourrit des feux cachés, mais d'autant plus ardents.

L'INFANTE.
Le saint nœud qui joindra don Rodrigue et Chimène
Des pères ennemis dissipera la haine,
Et nous verrons bientôt votre amour le plus fort
Par un heureux hymen étouffer ce discord.

CHIMÈNE.
Je le souhaite ainsi, plus que je ne l'espère,
Don Diègue est trop altier, et je connais mon père,
Je sens couler des pleurs que je veux retenir,
Le passé me tourmente, et je crains l'avenir.

L'INFANTE.
Que crains-tu? d'un vieillard l'impuissante faiblesse?

CHIMÈNE.
Rodrigue a du courage.

L'INFANTE.
Il a trop de jeunesse.

CHIMÈNE.
Les hommes valeureux le sont du premier coup[2],

L'INFANTE.
Tu ne dois pas pourtant le redouter beaucoup;
Il est trop amoureux pour te vouloir déplaire,
Et deux mots de ta bouche arrêtent[3] sa colère.

CHIMÈNE.
S'il ne m'obéit point, quel comble à mon ennui!
Et s'il peut m'obéir, que dira-t-on de lui?
Étant né ce qu'il est, souffrir un tel outrage!
Soit qu'il cède ou résiste au feu qui me l'engage,
Mon esprit ne peut qu'être, ou honteux, ou confus
De son trop de respect, ou d'un juste refus.

---

1 Corneille a changé ce vers, et il a écrit :
De si mortels affronts ne se réparent point.

C'est que l'Académie avait prétendu qu'on « dit bien *faire affront à quelqu'un*, mais non pas *faire affront à l'honneur de quelqu'un*. »

2 Cette idée reparaît pour la troisième fois, et l'expression a toujours été en faiblissant :

Je suis jeune, il est vrai, mais aux âmes bien nées
La valeur n'attend pas le nombre des années.

vaut mieux que

Mes pareils à deux fois ne se font pas connaître,
Et pour des coups d'essai veulent des coups de maître,

vers bien supérieurs à celui-ci.

Les hommes généreux le sont du premier coup.

3 *Arrêtent* s'applique ici à un autre temps : c'est un présent par anticipation qui indique l'irrésistible puissance de la parole de Chimène.

L'INFANTE.

Chimène est généreuse, et, quoique intéressée[1],
Elle ne peut souffrir une lâche pensée :
Mais si jusques au jour de l'accommodement
Je fais mon prisonnier de ce parfait amant,
Et que j'empêche ainsi l'effet de son courage,
Ton esprit amoureux n'aura-t-il point d'ombrage ?

CHIMÈNE.

Ah, madame ! en ce cas, je n'ai plus de souci.

SCÈNE IV.

L'INFANTE, CHIMÈNE, LÉONOR, UN PAGE.

L'INFANTE.

Page, cherchez Rodrigue, et l'amenez ici.

LE PAGE.

Le comte de Gormas et lui...

CHIMÈNE.
     Bon Dieu ! je tremble.

L'INFANTE.

Parlez.

LE PAGE.

De ce palais ils sont sortis ensemble.

CHIMÈNE.

Seuls ?

LE PAGE.

Seuls, et qui semblaient tout bas se quereller.

CHIMÈNE.

Sans doute ils sont aux mains, il n'en faut plus parler.
Madame, pardonnez à cette promptitude.

SCÈNE V.

L'INFANTE, LÉONOR.

L'INFANTE.

Hélas ! que dans l'esprit je sens d'inquiétude !
Je pleure ses malheurs, son amant me ravit,
Mon repos m'abandonne, et ma flamme revit.
Ce qui va séparer Rodrigue de Chimène
Fait renaître à la fois mon espoir et ma peine,
Et leur division que je vois à regret

---

1 *Intéressée* a ici le sens d'*affligée*. Corneille donne la même acception au mot *intérêt* dans ce vers d'*Horace*, act. V, sc. II :

Et dans leur *intérêt* toute leur vertu cède.

Dans mon esprit charmé jette un plaisir secret.
LÉONOR.
Cette haute vertu qui règne dans votre ame
Se rend-elle sitôt à cette lâche flamme ?
L'INFANTE.
Ne la nomme point lâche, à présent que chez moi
Pompeuse et triomphante elle me fait la loi,
Porte-lui du respect puisqu'elle m'est si chère ;
Ma vertu la combat, mais malgré moi j'espère,
Et d'un si fol espoir mon cœur mal défendu
Vole après un amant que Chimène a perdu.
LÉONOR.
Vous laissez choir ainsi ce glorieux courage,
Et la raison chez vous perd ainsi son usage ?
L'INFANTE.
Ah ! qu'avec peu d'effet on entend la raison,
Quand le cœur est atteint d'un si charmant poison !
Et lorsque le malade aime sa maladie,
Qu'il a peine à souffrir que l'on y remédie !
LÉONOR.
Votre espoir vous séduit, votre mal vous est doux ;
Mais enfin ce Rodrigue est indigne de vous.
L'INFANTE.
Je ne le sais que trop ; mais si ma vertu cède,
Apprends comme l'amour flatte un cœur qu'il possède.
  Si Rodrigue une fois sort vainqueur du combat,
Si dessous sa valeur ce grand guerrier s'abat,
Je puis en faire cas, je puis l'aimer sans honte ;
Que ne fera-t-il point s'il peut vaincre le comte ?
J'ose m'imaginer qu'à ses moindres exploits
Les royaumes entiers tomberont sous ses lois,
Et mon amour flatteur déjà me persuade
Que je le vois assis au trône de Grenade,
Les Maures subjugués trembler en l'adorant,
L'Aragon recevoir ce nouveau conquérant,
Le Portugal se rendre, et ses nobles journées
Porter delà les mers ses hautes destinées,
Du sang des Africains arroser ses lauriers ;
Enfin, tout ce qu'on dit des plus fameux guerriers,
Je l'attends de Rodrigue après cette victoire,
Et fais de son amour un sujet de ma gloire [1].

[1] Ni Scudéri ni Voltaire n'ont remarqué que le germe de ce transport prophétique se trouve dans Guillem de Castro. L'infante, s'adressant à Rodrigue lui-même, s'écrie :

« Dios te guie, Dios te guarde,
Como te esfuerza y te anima,
Y en numero tus victorias
Con las estrellas compitan.
Por la redondez del mundo
Despues de ser infinitas
Con las plumas de la Fama
El mismo sol las escriba. »

« Dieu te guide, Dieu te garde comme il te fortifie et t'anime, et

ACTE II, SCÈNE V.

LÉONOR.
Mais, madame, voyez où vous portez son bras
En suite d'un combat qui peut-être n'est pas.
L'INFANTE.
Rodrigue est offensé, le comte a fait l'outrage,
Ils sont sortis ensemble, en faut-il davantage?
LÉONOR.
Eh bien, ils se battront, puisque vous le voulez,
Mais Rodrigue ira-t-il si loin que vous allez¹?
L'INFANTE.
Que veux-tu? Je suis folle, et mon esprit s'égare :
Mais c'est le moindre mal que l'amour me prépare².
Viens dans mon cabinet consoler mes ennuis,
Et ne me quitte point dans le trouble où je suis.

SCÈNE VI.

D. FERNAND, D. ARIAS, D. SANCHE, D. ALONSE.

D. FERNAND.
Le comte est donc si vain et si peu raisonnable!
Ose-t-il croire encor son crime pardonnable?
D. ARIAS.
Je l'ai de votre part longtemps entretenu;
J'ai fait mon pouvoir, sire, et n'ai rien obtenu.
D. FERNAND.
Justes cieux! Ainsi donc un sujet téméraire³
A si peu de respect et de soin de me plaire!
Il offense don Diègue et méprise son roi!
Au milieu de ma cour il me donne la loi!
Qu'il soit brave guerrier, qu'il soit grand capitaine,
Je saurai bien rabattre une humeur si hautaine :
Fût-il la valeur même et le dieu des combats,

qu'il égale le nombre de tes victoires à celui des étoiles. Et que ces victoires sans terme et sans nombre soient écrites par le soleil même sur toute la surface du globe avec les plumes de la Renommée. »

1 Corneille a substitué ces deux vers aux suivants :

Je veux que ce combat demeure pour certain;
Votre esprit va-t-il pas bien vite pour sa main?

2 Il y a ici quelque obscurité. L'Académie dit à ce propos : « Comment l'amour peut-il lui préparer un mal qu'elle sent déjà? » Corneille aurait évité ce reproche, s'il eût dit, pour rendre sa pensée :

C'est le moindre des maux que l'amour me prépare.

3   « Rey soy mal obedecido.
  Castigaré mis vasallos. » (Guillem de Castro.)

« Je suis un roi mal obéi. Je châtierai mes vassaux. »

Il verra ce que c'est que de n'obéir pas.
Quoi qu'ait pu mériter une telle insolence,
Je l'ai voulu d'abord traiter sans violence :
Mais puisqu'il en abuse, allez dès aujourd'hui,
Soit qu'il résiste, ou non, vous assurer de lui.

SCÈNE VII.

D. FERNAND, D. SANCHE, D. ARIAS.

D. SANCHE.
Peut-être un peu de temps le rendrait moins rebelle,
On l'a pris tout bouillant encor de sa querelle [1] ;
Sire, dans la chaleur d'un premier mouvement,
Un cœur si généreux se rend malaisément :
Il voit bien qu'il a tort, mais une âme si haute
N'est pas sitôt réduite à confesser sa faute.
D. FERNAND.
Don Sanche, taisez-vous, et soyez averti
Qu'on se rend criminel à prendre son parti.
D. SANCHE.
J'obéis, et me tais; mais, de grâce encor, sire,
Deux mots en sa défense.
D. FERNAND.
Et que pourrez-vous dire?
D. SANCHE.
Qu'une âme accoutumée aux grandes actions
Ne se peut abaisser à des soumissions.
Elle n'en conçoit point qui s'expliquent sans honte,
Et c'est à ce mot seul qu'a résisté le comte [2].
Il trouve en son devoir un peu trop de rigueur,
Et vous obéirait, s'il avait moins de cœur [3].
Commandez que son bras, nourri dans les alarmes [4],
Répare cette injure à la pointe des armes;
Il satisfera, sire, et vienne qui voudra,
Attendant qu'il l'ait su, voici qui répondra.
D. FERNAND.
Vous perdez le respect, mais je pardonne à l'âge,

[1] Expression juste et poétique, en dépit de l'Académie, qui ne veut pas qu'on puisse dire « *bouillant d'une querelle*, comme on dit *bouillant de colère.* »

[2] Il y avait d'abord « et c'est *contre* ce mot. » *Résister contre* est un latinisme; *obsistere contra.* (Lucrèce.) L'Académie regrette que le poëte n'ait pas dit : *s'abstenir sur un mot.*

[3] L'Académie trouve ce langage non-seulement irrévérencieux, mais invraisemblable; elle oublie que la féodalité n'était pas un régime de cour.

[4] *Bras nourri dans les alarmes.* Ici la métonymie est vicieuse : le poëte, dit judicieusement l'Académie, « a mal pris ici le tout pour la partie. »

ACTE II, SCÈNE VII.

Et j'excuse l'ardeur en un jeune courage.
Un roi dont la prudence a de meilleurs objets[1]
Est meilleur ménager du sang de ses sujets ;
Je veille pour les miens, mes soucis les conservent,
Comme le chef a soin des membres qui le servent.
Ainsi votre raison n'est pas raison pour moi :
Vous parlez en soldat, je dois agir en roi ;
Et quoi qu'on veuille dire, et quoi qu'il ose croire,
Le comte à m'obéir ne peut perdre sa gloire.
D'ailleurs l'affront me touche, il a perdu d'honneur
Celui que de mon fils j'ai fait le gouverneur.
S'attaquer à mon choix, c'est se prendre à moi-même,
Et faire un attentat sur le pouvoir suprême.
N'en parlons plus. Au reste, on a vu dix vaisseaux
De nos vieux ennemis arborer les drapeaux ;
Vers la bouche du fleuve ils ont osé paraître.

D. ARIAS.

Les Maures ont appris par force à vous connaître ;
Et tant de fois vaincus ils ont perdu le cœur
De se plus hasarder contre un si grand vainqueur.

D. FERNAND.

Ils ne verront jamais sans quelque jalousie
Mon sceptre en dépit d'eux régir l'Andalousie,
Et ce pays si beau qu'ils ont trop possédé
Avec un œil d'envie est toujours regardé.
C'est l'unique raison qui m'a fait dans Séville[2]
Placer depuis dix ans le trône de Castille,
Pour les voir de plus près, et d'un ordre plus prompt
Renverser aussitôt ce qu'ils entreprendront.

D. ARIAS.

Sire, ils ont trop appris, aux dépens de leurs têtes,
Combien votre présence assure vos conquêtes ;
Vous n'avez rien à craindre.

D. FERNAND.

    Et rien à négliger :
Le trop de confiance attire le danger ;
Et vous n'ignorez pas qu'avec fort peu de peine
Un flux de pleine mer jusqu'ici les amène[3].
Toutefois j'aurais tort de jeter dans les cœurs,
L'avis étant mal sûr, de paniques terreurs ;
L'effroi que produirait cette alarme inutile,
Dans la nuit qui survient, troublerait trop la ville.

---

1 Ce vers est faible ; qu'est-ce d'ailleurs qu'*une prudence qui a des objets?*

2 Séville n'a jamais appartenu au roi Ferdinand (voy. p. 12, not. 2). Corneille donne ailleurs ses motifs. Celui qu'il met dans la bouche du roi est bien imaginé. Ce que le poëte a hasardé pour la vraisemblance de sa pièce, le roi le rapporte à l'intérêt de son royaume.

3 (*Var.*) Et le même ennemi que l'on vient de détruire,
  S'il sait prendre son temps, est capable de nuire.

Faites doubler la garde aux murs, et sur le port ;
C'est assez pour ce soir [1].

SCÈNE VIII.

D. FERNAND, D. SANCHE, D. ARIAS, D. ALONSE.

D. ALONSE.
Sire, le comte est mort.
Don Diègue par son fils a vengé son offense.
D. FERNAND.
Dès que j'ai su l'affront, j'ai prévu la vengeance [2],
Et j'ai voulu dès lors prévenir ce malheur.
D. ALONSE.
Chimène à vos genoux apporte sa douleur ;
Elle vient tout en pleurs vous demander justice.
D. FERNAND.
Bien qu'à ses déplaisirs mon âme compatisse,
Ce que le comte a fait semble avoir mérité
Ce digne châtiment de sa témérité.
Quelque juste pourtant que puisse être sa peine,
Je ne puis sans regret perdre un tel capitaine.
Après un long service à mon État rendu,
Après son sang pour moi mille fois répandu,
A quelque sentiment que son orgueil m'oblige,
Sa perte m'affaiblit, et son trépas m'afflige [3].

SCÈNE IX.

D. FERNAND, D. DIÈGUE, CHIMÈNE, D. SANCHE, D. ARIAS, D. ALONSE.

CHIMÈNE.
Sire, sire, justice [4].
D. DIÈGUE.
Ah ! sire, écoutez-nous.

---

[1] On a trouvé que le roi Fernand se contentait de peu, et que la sûreté de Séville devait être un de ses *objets de prudence*

[2] « Como la ofensa sabía
Luego cal en la venganza. (Guillem de Castro.)
« Comme je connaissais l'outrage (il en a été témoin en son conseil au début de la pièce), j'en ai dès lors prévu la vengeance. »

[3] Pour voir à quelles misères peut descendre l'esprit de chicane travaillant par ordre, il faut lire le *sentiment* de l'Académie sur ces deux vers : « Toutes les parties de ce raisonnement sont mal rangées ; car il fallait dire : *à quelque ressentiment que son orgueil m'ait obligé, son trépas m'afflige*, à cause que *sa perte m'affaiblit*. »

[4] « Quelle beauté dans le poëte espagnol et dans son imitateur !

ACTE II, SCÉNE IX.

CHIMÈNE.

Je me jette à vos pieds.

D. DIÈGUE.

J'embrasse vos genoux.

CHIMÈNE.

Je demande justice.

D. DIÈGUE.

Entendez ma défense[1].

CHIMÈNE.

D'un jeune audacieux punissez l'insolence ;
Il a de votre sceptre abattu le soutien,
Il a tué mon père[2].

D. DIÈGUE.

Il a vengé le sien.

Le premier mot de Chimène est de demander justice contre un homme qu'elle adore : c'est peut-être la plus belle des situations. Quand, dans l'amour, il ne s'agit que de l'amour, cette passion n'est pas tragique. Monime aimerait-elle Xipharès ou Pharnace ? Antiochus épousera-t-il Bérénice ? Bien des gens répondent : *Que m'importe ?* Mais Chimène fera-t-elle couler le sang du Cid ? Qui l'emportera d'elle ou de don Diègue ? Tous les esprits sont en suspens, tous les cœurs sont émus. » (*Voltaire*.)

XIMENA.
« Justicia, justicia pido.
D. DIEGO.
Justa venganza he tomado
XIMENA.
Rey, á tus piés he llegado.
D. DIEGO
Rey, á tus piés he venido. »

« CHIMÈNE. Justice ! je demande justice ! — DON DIÈGUE. Juste est la vengeance que j'ai prise. — CHIMÈNE. Roi, je tombe à tes pieds. — DON DIÈGUE. Roi, à tes pieds je suis venu. »

1 J'hésite à croire, et cependant je soupçonne, tant la malice du jeune Racine était cruelle, qu'il songeait à cette lutte de don Diègue et de Chimène aux pieds de Fernand, lorsqu'il pousse (*Plaideurs*, act. II, sc. IV) Chicaneau et la Comtesse devant le grotesque tribunal de Dandin.

2   « Señor, á mi padre han muerto. »

« Seigneur, ils ont tué mon père. » Ce pluriel emphatique sied bien dans la bouche d'une fille. Un seul adversaire ne devait pas suffire à un tel père. L'hémistiche *il a vengé le sien* n'appartient qu'à Corneille. Dans Guillem de Castro, don Diègue répond :

« Señor, mato le mi hijo
Fué obligacion sin malicia. »

« Seigneur, c'est mon fils qui l'a tué, par devoir et sans crime. »
Ce début présente quelques différences dans la première édition, où on lit, après *entendez ma défense* :

CHIMÈNE.

Vengez-moi d'une mort...

DON DIÈGUE.
Qui punit l'insolence.

CHIMÈNE.

Rodrigue, sire...

CHIMÈNE.
Au sang de ses sujets un roi doit sa justice[1].
D. DIÈGUE.
Pour la juste vengeance il n'est point de supplice.
D. FERNAND.
Levez-vous l'un et l'autre, et parlez à loisir.
Chimène, je prends part à votre déplaisir,
D'une égale douleur je sens mon âme atteinte.
Vous parlerez après, ne troublez pas sa plainte.
CHIMÈNE.
Sire, mon père est mort; mes yeux ont vu son sang[2]
Couler à gros bouillons de son généreux flanc;
Ce sang qui tant de fois garantit vos murailles,
Ce sang qui tant de fois vous gagna des batailles,
Ce sang qui tout sorti fume encor de courroux[3]
De se voir répandu pour d'autres que pour vous,
Qu'au milieu des hasards n'osait verser la guerre,
Rodrigue en votre cour vient d'en couvrir la terre[4].

DON DIÈGUE.
A fait un coup d'homme de bien.
CHIMÈNE.
Il a tué mon père.

Ce changement, qu'aucun critique n'avait provoqué, est singulièrement heureux; en effet, la précipitation de don Diègue à interrompre Chimène pour compléter les phrases qu'elle commence par une contradiction, n'était ni d'un vieillard, ni d'un gentilhomme.

1   XIMENA.
« Habió en los reyes justicia. »
« Je compte sur la justice royale. »

2   « Yo vi con mis propios ojos
Teñido el luciente acero. »
« J'ai vu de mes propres yeux le brillant acier teint de sang. »

3 « Scuderi ne reprit point ces hyperboles poétiques, qui, n'étant point dans la nature, affaiblissent le pathétique de ce discours. C'est le poëte qui dit que *le sang fume de courroux*; ce n'est pas assurément Chimène; on ne parle pas ainsi d'un père mourant. Scudéri, beaucoup plus accoutumé que Corneille à ces figures outrées et puériles, ne remarqua pas même en autrui, tout éclairé qu'il était par l'envie, une faute qu'il ne sentait pas dans lui-même. » (*Voltaire.*) On peut admettre poétiquement le *courroux* du sang; mais, ce qui est intolérable, c'est d'abord la *fumée* donnée comme signe, et la réflexion attribuée au sang, de *se voir répandu pour d'autres que pour vous*. On voit que nous ne sommes pas bien éloignés du poignard de Pyrame, rougissant de la lâcheté avec laquelle il a tué son maître:

Le voilà, ce poignard qui du sang de son maître
S'est souillé lâchement; il en rougit, le traître!
(Théophile Viaud, *Pyrame et Thisbé*, act. V.)

Ce sang du comte ne se contente pas de sentir et de réfléchir; nous le voyons bientôt *écrire sur la poussière*, puis faire place à une valeur qui *parlera par une plaie*, laquelle devient ensuite *une bouche*.

4 Corneille a supprimé en cet endroit les quatre vers suivants:

ACTE II, SCÈNE IX.

J'ai couru sur le lieu sans force et sans couleur,
Je l'ai trouvé sans vie¹. Excusez ma douleur,
Sire, la voix me manque à ce récit funeste ;
Mes pleurs et mes soupirs vous diront mieux le reste.

D. FERNAND.

Prends courage, ma fille, et sache qu'aujourd'hui
Ton roi te veut servir de pè.e au lieu de lui.

CHIMÈNE.

Sire, de trop d'honneur ma misère est suivie.
Je vous l'ai déjà dit, je l'ai trouvé sans vie ;
Son flanc était ouvert, et pour mieux m'émouvoir,
Son sang sur la poussière écrivait mon devoir² ;
Ou plutôt sa valeur en cet état réduite
Me parlait par sa plaie³, et hâtait ma poursuite ;
Et, pour se faire entendre au plus juste des rois,
Par cette triste bouche elle empruntait ma voix.
Sire, ne souffrez pas que sous votre puissance
Règne devant vos yeux une telle licence,
Que les plus valeureux avec impunité
Soient exposés aux coups de la témérité,
Qu'un jeune audacieux triomphe de leur gloire,

  Et pour son coup d'essai, son indigne attentat
  D'un si ferme soutien a privé votre État,
  De vos meilleurs soldats abattu l'assurance,
  Et de vos ennemis relevé l'espérance.

1. « Ya llegué casi sin vida. »

« Bientôt j'arrivai presque sans vie. »

2. « Escribió en este papel
  Con sangre mi obligacion. »

« Il écrivait avec le sang mon devoir sur ce papier. »

3. « Mi padre, que me habló
  Por la boca de la herida. »

« Mon père, qui me parla par la bouche de sa blessure. » Le vers

  Par cette triste bouche elle empruntait ma voix,

est du galimatias simple. Corneille l'entendait. il voulait dire par là que la valeur du comte se servait de la bouche de sa blessure pour prier Chimène de parler pour lui, de lui *prêter* sa voix. Tel est le sens du mot *emprunter*. On voit au reste que *la plaie parlante et la bouche de la plaie* viennent de Guillem de Castro. Corneille aurait dû lui laisser ces odieuses métaphores. Il faut cependant lui savoir gré d'avoir supprimé le papier, et de n'avoir pas suivi son modèle, qui ajoute, après les mots *écrivait mon devoir* :

  « A tus ojos poner quiero
  Las letras que en mi alma están,
  Y en los mios como iman
  Sacan lágrimas de acero. »

« Sous tes yeux je veux mettre les lettres gravées dans mon âme, et qui, semblables à l'aimant, tirent des miens des larmes d'acier. » Corneille remplace ces misérables pointes par des vers qui ne sont qu'à lui, et tels que seul il en savait faire.

Se baigne dans leur sang, et brave leur mémoire.
Un si vaillant guerrier qu'on vient de vous ravir
Éteint, s'il n'est vengé, l'ardeur de vous servir.
Enfin mon père est mort, j'en demande vengeance,
Plus pour votre intérêt que pour mon allégeance;
Vous perdez en la mort d'un homme de son rang;
Vengez-la par une autre, et le sang par le sang:
Immolez, non à moi, mais à votre couronne,
Mais à votre grandeur, mais à votre personne,
Immolez, dis-je, sire, au bien de tout l'État
Tout ce qu'enorgueillit un si grand attentat[1].

D. FERNAND.

Don Diègue, répondez.

D. DIÈGUE.

Qu'on est digne d'envie,
Lorsqu'en perdant la force on perd aussi la vie;
Et qu'un long âge apprête aux hommes généreux,
Au bout de leur carrière, un destin malheureux!
Moi, dont les longs travaux ont acquis tant de gloire,
Moi, que jadis partout a suivi la victoire,
Je me vois aujourd'hui, pour avoir trop vécu,
Recevoir un affront, et demeurer vaincu.
Ce que n'a pu jamais combat, siége, embuscade
Ce que n'a pu jamais[2] Aragon, ni Grenade,
Ni tous vos ennemis, ni tous mes envieux,
Le comte en votre cour l'a fait presqu'à vos yeux,
Jaloux de votre choix, et fier de l'avantage
Que lui donnait sur moi l'impuissance de l'âge.
Sire, ainsi ces cheveux blanchis sous le harnois,
Ce sang pour vous servir prodigué tant de fois,
Ce bras jadis l'effroi d'une armée ennemie,
Descendaient au tombeau tous chargés d'infamie,

---

[1] Corneille avait d'abord expliqué plus clairement la pensée de Chimène; il avait dit:

> Sacrifiez don Diègue et toute sa famille,
> A vous, à votre peuple, à toute la Castille.
> Le soleil qui voit tout, ne voit rien sous les cieux
> Qui vous puisse payer un sang si précieux.

Le poëte a sagement atténué cette requête hyperbolique. Guillem de Castro l'y avait conduit par le mot de Chimène, « *ils ont tué mon père,* » et par cette autre hyperbole:

> « Costar tiene una cabeza
> Cada gota de esta sangre »

« Chaque goutte de ce sang doit coûter une tête. »

[2] Corneille, en écrivant ces beaux vers, lui qui ne lisait guère Virgile, pensait-il à ceux-ci:

> « Captique dolis, lacrymisque coactis,
> Quos neque Tydides nec Larissæus Achilles,
> Non anni domuere decem, non mille carinæ. » (*Æn.*, II, 196.)

« La ruse et de feintes larmes ont vaincu ceux que n'avaient pu réduire ni le fils de Tydée, ni le Thessalien Achille, ni dix années de combats, ni mille vaisseaux. »

Si je n'eusse produit un fils digne de moi,
Digne de son pays, et digne de son roi.
Il m'a prêté sa main[1], il a tué le comte,
Il m'a rendu l'honneur, il a lavé ma honte.
Si montrer du courage et du ressentiment,
Si venger un soufflet mérite un châtiment,
Sur moi seul doit tomber l'éclat de la tempête :
Quand le bras a failli, l'on en punit la tête[2].
Qu'on nomme crime ou non ce qui fait nos débats,
Sire, j'en suis la tête, il n'en est que le bras[3].
Si Chimène se plaint qu'il a tué son père,
Il ne l'eût jamais fait, si je l'eusse pu faire.
Immolez donc ce chef que les ans vont ravir,
Et conservez pour vous le bras qui peut servir;
Aux dépens de mon sang satisfaites Chimène[4],
Je n'y résiste point, je consens à ma peine;
Et, loin de murmurer d'un rigoureux décret,
Mourant sans déshonneur, je mourrai sans regret.

D. FERNAND.

L'affaire est d'importance, et, bien considérée,

1   « Yo fué el cruel
    Que quise buscar en él
    Las manos que no tenia. »

« Je fus le coupable qui allai chercher en lui les mains que je n'avais plus. »

2   « Es propio de tu alteza
    Castigar en la cabeza
    Los delitos de la mano. »

« Il appartient à ton altesse de punir sur la tête les fautes de la main. »

3   « Y solo fué mano mia
    Rodrigo... »

« Rodrigue ne fut que ma main. »
Corneille avait mis d'abord :

   Du crime glorieux qui cause nos débats,
   Sire, j'en suis la tête, il n'en est que le bras.

Sur quoi l'Académie fait cette judicieuse remarque : « On peut bien donner une tête et un bras à quelques corps figurés, comme, par exemple, à une armée, mais non pas à des actions, comme des crimes, qui ne peuvent avoir ni têtes ni bras. » Corneille, pensant échapper à cette faute, substitua au premier vers celui-ci :

   Qu'on nomme crime ou non ce qui fait nos débats,

et alors il tombe sous la férule de Voltaire, qui dit fort à propos : « Ce changement est vicieux, *ce qui fait nos débats* est très-faible. Il semble que don Diègue parle ici d'un procès de famille. » *In vitium ducit culpæ fuga.* (Hor.) Le pis est que Corneille n'évite pas même le mal « dont la peur le conduit dans un pire, » car la vague périphrase *ce qui fait nos débats* peut, moins encore que *crime glorieux*, recevoir, par métaphore, une tête et un bras.

4   « Con mi cabeza cortada
    Quede Ximena contenta. »

« Avec ma tête coupée, rendez Chimène contente. »

Mérite en plein conseil d'être délibérée.
  Don Sanche, remettez Chimène en sa maison;
Don Diègue aura ma cour et sa foi pour prison[1].
Qu'on me cherche son fils. Je vous ferai justice.
CHIMÈNE.
Il est juste, grand roi, qu'un meurtrier périsse.
D. FERNAND.
Prends du repos, ma fille, et calme tes douleurs[2].
CHIMÈNE.
M'ordonner du repos, c'est croître mes malheurs[3].

[1] Remarquez combien cette syllepse de pensée est hardie et naturelle. Il n'y a qu'un poëte qui puisse donner *la foi pour prison*, et il faut que ce rapprochement ait été préparé par *ma cour*. « Et nunc discite, discipuli ! »

[2] « Sosiegate, Ximena. »
« Calme-toi, Chimène. »

[3] « Mi llanto crece. »
« Ma douleur augmente. »
« *Croître* aujourd'hui n'est plus actif : on dit *accroître* ; mais il me semble qu'il est permis en vers de dire, croître *mes tourments*, *mes ennuis*, *mes douleurs*, *mes peines*. » (*Voltaire.*) Crecer a le même sens en espagnol : *Por no crecer su disgusto*. (Guillem de Castro.) « Pour ne pas augmenter son ennui. » Notre vieux français abonde en exemples de ce genre. En voici un entre mille :

De Deu aiés crieme (crainte) et péor,
Il vous *croistra* pris et honor.
(Parthenopeus de Blois, v. 1927-8.)

FIN DU SECOND ACTE.

ACTE TROISIÈME.

SCÈNE I.

D. RODRIGUE, ELVIRE.

ELVIRE.
Rodrigue, qu'as-tu fait[1]? Où viens-tu, misérable?
D. RODRIGUE.
Suivre le triste cours de mon sort déplorable.
ELVIRE.
Où prends-tu cette audace et ce nouvel orgueil
De paraître en des lieux que tu remplis de deuil?
Quoi viens-tu jusqu'ici braver l'ombre du comte?
Ne l'as-tu pas tué[2]?
D. RODRIGUE.
   Sa vie était ma honte;
Mon honneur[3] de ma main a voulu cet effort.
ELVIRE.
Mais chercher ton asile en la maison du mort[4]!
Jamais un meurtrier en fit-il son refuge?
D. RODRIGUE.
Et je n'y viens aussi que m'offrir à mon juge[5].

---

1   « ¿ Que has hecho, Rodrigo? »
« Qu'as-tu fait, Rodrigue? »
2   « ¿ No mataste al conde? »
« N'as-tu pas tué le comte? »
3   « Importabale á mi honor. »
« Il importait à mon honneur. »
4   « Pues, señor,
  ¿ Cuándo fué la casa del muerto
  Sagrado del matador? »
« Mais, seigneur, quand donc la maison du mort a-t-elle été l'asile du meurtrier? »
5 Corneille avait mis d'abord, pour plus de symétrie et de mouvement :
  Jamais un meurtrier s'offrit-il à son juge?
Mais ce tour présentait quelque obscurité, et on pouvait croire que

Ne me regarde plus d'un visage étonné,
Je cherche le trépas [1] après l'avoir donné.
Mon juge est mon amour, mon juge est ma Chimène,
Je mérite la mort de mériter sa haine [2],
Et j'en viens recevoir, comme un bien souverain,
Et l'arrêt de sa bouche, et le coup de sa main.

ELVIRE.

Fuis plutôt de ses yeux, fuis de sa violence,
A ses premiers transports dérobe ta présence;
Va, ne t'expose point aux premiers mouvements
Que poussera l'ardeur de ses ressentiments.

D. RODRIGUE.

Non, non, ce cher objet à qui j'ai pu déplaire,
Ne peut pour mon supplice avoir trop de colère [3];
Et d'un heur sans pareil je me verrai combler [4],
Si pour mourir plutôt je puis la redoubler.

Rodrigue continuait la pensée d'Elvire, et accusait sa propre démarche qu'il explique. La correction dissipe ce léger nuage.

1 « Yo busco la muerte
En su casa. »

« Je cherche la mort dans sa maison. »

2 « Y por ser justo,
Vengo á morir en sus manos,
Pues estoy muerto en su gusto. »

« Pour être juste, je viens mourir en ses mains, puisque je suis mort en son affection. » On peut voir avec quelle supériorité Corneille a imité ce passage, qui l'exposait à reproduire une froide antithèse.

3 « On n'a point de *colère pour un supplice;* c'est un barbarisme. » (*Voltaire.*) Il est probable que Voltaire, en signant cette dure sentence, ne comprenait pas le vers de Corneille; *pour* n'a pas ici le sens de *propter*, à cause; mais celui de *ad*. « Pour mon supplice, » signifie et exprime très-bien *pour me punir*. Palissot, qui ne se méprend pas sur le sens, a tort de dire que l'expression est vicieuse.

4 Corneille a substitué à ce vers :

Et j'évite cent morts qui me vont accabler.

Correction malheureuse, car elle renferme une pensée fausse vaguement exprimée. Rodrigue entend que s'il continue de vivre avec la haine de Chimène, il mourra cent fois, par métaphore, pour le fait, par métonymie, pour le nombre. N'est-il pas plus naturel de dire que le plus grand bonheur qui lui puisse arriver, c'est de mourir sans retard de la main de Chimène. Ce pauvre vers, fait après coup, a de plus l'inconvénient de rompre la chaîne des idées. En effet, on ne voit plus aussi clairement que le pronom *la* se rapporte à *colère*. Faut-il expliquer ce changement par un scrupule du poëte sur le mot *heur*, qui vieillissait, ou plutôt a-t-il voulu réserver son idée dans toute sa nouveauté pour la scène entre Chimène et Rodrigue, où celui-ci dira :

Le coup m'en sera doux...
Je mourrai trop heureux, mourant d'un coup si beau

ACTE III, SCÈNE I.   53

ELVIRE.
Chimène est au palais[1] de pleurs toute baignée,
Et n'en reviendra point que bien accompagnée.
Rodrigue, fuis de grâce, ôte-moi de souci :
Que ne dira-t-on point si l'on te voit ici ?
Veux-tu qu'un médisant, pour comble à sa misère,
L'accuse d'y souffrir l'assassin de son père ?
Elle va revenir... elle vient[2], je la voi ;
Du moins pour son honneur, Rodrigue, cache-toi[3].
(*Il se cache.*)

SCÈNE II.

D. SANCHE, CHIMÈNE, ELVIRE.

D. SANCHE.
Oui, madame, il vous faut de sanglantes victimes ;
Votre colère est juste, et vos pleurs légitimes,
Et je n'entreprends pas à force de parler
Ni de vous adoucir, ni de vous consoler ;
Mais si de vous servir je puis être capable,

1   « Chimena está
    Cerca palacio, y vendrá
    Acompañada. »
« Chimène est au palais, et reviendra accompagnée. »
2   « Ella vendrá, ya viene. »
« Elle viendra, elle vient. »
3   « A la puerta del retrete,
    Te cubre de su cortina. »
« A la porte du cabinet, cache-toi derrière le rideau. »
« Cette faute tant reprochée à Corneille d'avoir violé l'unité de lieu pour violer les lois de la bienséance, et d'avoir fait aller Rodrigue dans la maison même de Chimène, qu'il pouvait si aisément rencontrer au palais ; cette faute, dis-je, est de l'auteur espagnol : quelque répugnance qu'on ait à voir Rodrigue chez Chimène, on oublie presque où il est ; on n'est occupé que de la situation. Le mal est qu'il ne parle qu'à une confidente. » (*Voltaire.*) Cette demi-apologie de Corneille n'est pas exempte de perfidie. Rodrigue, il est vrai, pouvait rencontrer Chimène au palais, mais l'entretien n'était possible que dans sa maison. La faute est donc dramatiquement nécessaire, si faute il y a. Voltaire dit fort bien qu'on oublie où est Rodrigue, et cela prouve contre lui qu'on n'a pas de répugnance à le voir chez Chimène. Il ajoute : « Le mal est qu'il ne parle qu'à une confidente. » Or, ce mal est un bien. C'est un artifice d'une grande habileté qui prépare la rencontre des deux amants. Supposez que Rodrigue, arrivant à l'improviste, rencontre aussitôt Chimène, la secousse serait trop forte, et par conséquent pénible au spectateur, tandis qu'après ces préliminaires, la scène entre Chimène et Rodrigue, prévue et désirée, ne laisse plus d'autre attente que celle de leurs paroles. Que se diront-ils ? Comment le génie du poète soutiendra-t-il l'audace de sa conception ?

Employez mon épée à punir le coupable,
Employez mon amour à venger cette mort [1];
Sous vos commandements mon bras sera trop fort [2].
CHIMÈNE.
Malheureuse !
D. SANCHE.
De grâce, acceptez mon service.
CHIMÈNE.
J'offenserais le roi, qui m'a promis justice.
D. SANCHE.
Vous savez qu'elle marche avec tant de langueur
Qu'assez souvent le crime échappe à sa longueur;
Son cours lent et douteux fait trop perdre de larmes :
Souffrez qu'un chevalier vous venge par les armes;
La voie en est plus sûre et plus prompte à punir.
CHIMÈNE.
C'est le dernier remède, et s'il y faut venir,
Et que de mes malheurs cette pitié vous dure,
Vous serez libre alors de venger mon injure.
D. SANCHE.
C'est l'unique bonheur où mon âme prétend,
Et, pouvant l'espérer, je m'en vais trop content.

SCÈNE III.

CHIMÈNE, ELVIRE.

CHIMÈNE.
Enfin je me vois libre, et je puis sans contrainte
De mes vives douleurs te faire voir l'atteinte,
Je puis donner passage à mes tristes soupirs,
Je puis t'ouvrir mon âme, et tous mes déplaisirs.
Mon père est mort, Elvire, et la première épée
Dont s'est armé Rodrigue a sa trame coupée.
Pleurez, pleurez, mes yeux, et fondez-vous en eau,
La moitié de ma vie a mis l'autre au tombeau,

---

[1] « La bienséance, dit l'Académie, eût été mieux observée, s'il se fût mis en devoir de venger Chimène sans lui en demander la permission. » Voltaire répond fort pertinemment : « Point du tout; ce n'était pas l'usage de la chevalerie; il fallait qu'un champion fût avoué par sa dame; et, de plus, don Sanche ne devait pas s'exposer à déplaire à sa maîtresse, s'il était vainqueur d'un homme que Chimène eût encore aimé. »

[2] « Quelque insipidité qu'on ait trouvée dans le personnage de don Sanche, il me semble qu'il fait là un effet très-heureux en augmentant la douleur de Chimène; et ce mot *malheureuse*, qu'elle prononce sans presque l'écouter, est sublime. Lorsqu'un personnage qui n'est rien par lui-même sert à faire valoir le caractère principal, il n'est point de trop. » (*Voltaire.*)

Et m'oblige à venger après ce coup funeste
Celle que je n'ai plus sur celle qui me reste [1].
ELVIRE.
Reposez-vous [2], madame.
CHIMÈNE.
Ah! que mal à propos
Dans un malheur si grand tu parles de repos!
Par où sera jamais ma douleur apaisée,
Si je ne puis haïr la main qui l'a causée [3]?
Et que puis-je espérer qu'un tourment éternel,
Si je poursuis un crime, aimant le criminel?

[1]
XIMENA.
« La mitad de mi vida
Ha muerto la otra mitad.
ELVIRA.
¿ No es posible consolarte ?
XIMENA.
¿ Que consuelo he de tomar,
Si al vengar
De mi vida la una parte,
Sin las dos he de quedar ? »

« CHIMÈNE. La moitié de ma vie a tué l'autre moitié. — ELVIRE. Ne pouvez-vous vous consoler ? — CHIMÈNE. Le moyen de me consoler, quand il faut, pour venger une moitié de ma vie, que je renonce à toutes les deux ? »
Voici sur ces vers l'observation de Scudéri : « Ces quatre vers, qu'on a trouvés si beaux, ne sont pourtant qu'une happelourde. Car, premièrement, ces yeux fondus donnent une vilaine idée à tous les esprits délicats. On dit bien fondre en larmes, mais on ne dit point fondre les yeux. De plus, on appelle bien une maîtresse la moitié de sa vie, mais on ne nomme point un père ainsi; et puis, dire que la moitié d'une vie a tué l'autre moitié, et qu'on doit venger cette moitié sur l'autre moitié, et parler, et marcher avec cette troisième vie, après avoir perdu ces deux moitiés, tout cela n'est qu'une fausse lumière qui éblouit l'esprit de ceux qui se plaisent à la voir briller. » Scudéri se montre ici hargneux, goguenard et aveugle. En effet, si l'âme de Chimène est également partagée entre Rodrigue et son père, pourquoi l'un pourrait-il en être la moitié, et l'autre non? Chimène ne marche pas avec une troisième vie, puisque les deux moitiés dont elle parle n'en absorbent qu'une : ce serait donc tout au plus une seconde; mais si Chimène vivait tout entière en Rodrigue et en don Gormaz, tout ce qu'on peut dire, c'est que ce qui reste de Chimène périra avec Rodrigue. Or, c'est précisément là sa pensée, et c'est ce qui rend ces vers si touchants, malgré l'antithèse et une certaine confusion. Au reste, Scudéri ne compte pas trois moitiés, comme Voltaire l'a dit après l'Académie, mais quatre et même six.

[2] « Descansa. »
« Reposez-vous. »

[3] Corneille avait d'abord mis :
Par quoi sera jamais mon âme satisfaite,
Si je pleure ma perte et la main qui l'a faite?

Ce dernier vers est fort beau, malgré une double censure de l'Académie. *Je pleure la main* peut très-bien se dire par syllepse et elliptiquement après *je pleure ma perte*, et il n'y a point d'équivoque sur *faite*, qui ne peut se rapporter qu'à *ma perte*. La *main qui a fait ma perte* est très-clair et très-français.

LE CID.

ELVIRE.
Il vous prive d'un père, et vous l'aimez encore [1]?
CHIMÈNE.
C'est peu de dire aimer, Elvire, je l'adore [2],
Ma passion s'oppose à mon ressentiment,
Dedans [3] mon ennemi je trouve mon amant,
Et je sens qu'en dépit de toute ma colère
Rodrigue dans mon cœur combat encor mon père ;
Il l'attaque, il le presse, il cède, il se défend,
Tantôt fort, tantôt faible, et tantôt triomphant :
Mais en ce dur combat de colère et de flamme [4]
Il déchire mon cœur sans partager mon âme [5] ;
Et quoi que mon amour ait sur moi de pouvoir [6],
Je ne consulte point pour suivre mon devoir.
Je cours sans balancer où mon honneur m'oblige.
Rodrigue m'est bien cher, son intérêt m'afflige,
Mon cœur prend son parti, mais malgré son effort [7]
Je sais ce que je suis, et que mon père est mort.
ELVIRE.
Pensez-vous [8] le poursuivre ?
CHIMÈNE.
Ah ! cruelle pensée,
Et cruelle poursuite où je me vois forcée !
Je demande sa tête, et crains de l'obtenir ;
Ma mort suivra la sienne, et je le veux punir.
ELVIRE.
Quittez, quittez, madame, un dessein si tragique ;

1 « Siempre quieres á Rodrigo.
¡Que mató á tu padre mira! »
« Tu aimes toujours Rodrigue ; mais vois donc qu'il a tué ton père ! »
2 « Es mi adorado enemigo. »
« C'est mon adoré ennemi. »
Racine a imité le vers de Corneille, *Britan.*, act. II, sc. II :
J'aime, que dis-je aimer ? j'idolâtre Junie !
3 *Dedans* est aujourd'hui exclusivement adverbe, et ne s'emploie plus comme préposition.
4 Ce vers n'est pas irréprochable, mais ce n'est point parce que l'opposition est insuffisante, et qu'il y ait, comme prétend l'Académie, du feu dans la colère comme dans l'amour ; c'est que des deux termes opposés, l'un, *colère*, est pris au propre, et l'autre, *flamme*, est pris au figuré.
5 *Ame* n'est pas pris ici dans le sens de *cœur*, mais de *volonté*. Chimène ne veut qu'une chose, venger son père ; son *âme* n'est donc point *partagée*, mais son *cœur* est *déchiré*, parce qu'il faut venger son père sur son amant.
6 L'Académie pense qu'on est obligé de dire, *quelque soit le pouvoir que*, etc. Cela prouverait combien le tour ancien qu'emploie Corneille est regrettable. On ne peut pas réclamer trop vivement tout ce qui peut préserver le langage de *quelque... que*.
7 « C'est mal parler, dit l'Académie, que de dire *contre leur effort*, pour dire j'oppose à leur effort la considération que. » Nous disons, nous, que c'est parler poétiquement et avec précision.
8 « ¿Piensas perseguirle? »
« Pensez-vous le poursuivre? »

ACTE III, SCÈNE III.

Ne vous imposez point de loi si tyrannique.
CHIMÈNE.
Quoi! mon père étant mort et presque entre mes bras[1],
Son sang criera vengeance, et je ne l'orrai pas[2]!
Mon cœur, honteusement surpris par d'autres charmes,
Croira ne lui devoir que d'impuissantes larmes!
Et je pourrai souffrir qu'un amour suborneur
Sous un lâche silence[3] étouffe mon honneur!
ELVIRE.
Madame, croyez-moi, vous serez excusable
De conserver pour vous un homme incomparable,
Un amant si chéri : vous avez assez fait;
Vous avez vu le roi; n'en pressez point d'effet,
Ne vous obstinez point en cette humeur étrange.
CHIMÈNE.
Il y va de ma gloire, il faut que je me venge;
Et, de quoi que nous flatte un désir amoureux,
Toute excuse est honteuse aux esprits généreux.
ELVIRE.
Mais vous aimez Rodrigue, il ne vous peut déplaire.
CHIMÈNE.
Je l'avoue.
ELVIRE.
Après tout[4], que pensez-vous donc faire?
CHIMÈNE.
Pour conserver ma gloire et finir mon ennui,
Le poursuivre, le perdre, et mourir après lui[5].

---

1 Corneille avait écrit d'abord :
Quoi! j'aurai vu mourir mon père entre mes bras?
Mais il introduisit un *presque* par complaisance pour cette remarque de l'Académie : « Elle avait dit auparavant qu'il était mort quand elle arriva sur le lieu. »

2 Futur du verbe *ouïr*, tombé en désuétude. Il faisait équivoque avec le futur du verbe *avoir*. Plusieurs éditeurs s'y sont mépris, et ont donné *aurai*. On est exposé à la même méprise dans ces beaux vers de Malherbe (*Prière pour Henri le Grand, allant en Limousin*) :
Et le peuple, qui tremble aux frayeurs de la guerre,
Si ce n'est pour danser n'*orra* plus de tambours.

3 Corneille avait mis d'abord *dans un lâche silence*. Sous convient mieux avec *étouffer*, quoi qu'en dise Voltaire.

4 « Pues ¿cómo harás? »
« Eh bien, que feras-tu? »

5 « Tengo valor,
Y habré de matar muriendo.
Seguiréle hasta vengar me ».

« J'ai du courage, je ferai en sorte de le tuer et de mourir. Je le poursuivrai tant que je sois vengée. »
« Ce vers excellent renferme toute la pièce, et répond à toutes les critiques qu'on a faites sur le caractère de Chimène. » (*Voltaire*.)

SCÈNE IV[1].

D. RODRIGUE, CHIMÈNE, ELVIRE.

D. RODRIGUE.

Hé bien, sans vous donner la peine de poursuivre[2],
Assurez-vous l'honneur de m'empêcher de vivre[3].

CHIMÈNE.

Elvire, où sommes-nous? et qu'est-ce que je vois?
Rodrigue en ma maison[4]! Rodrigue devant moi!

D. RODRIGUE.

N'épargnez point mon sang, goûtez sans résistance
La douceur de ma perte et de votre vengeance.

CHIMÈNE.

Hélas!

D. RODRIGUE.

Écoute-moi.

CHIMÈNE.

Je me meurs[5].

D. RODRIGUE.

Un moment.

CHIMÈNE.

Va, laisse-moi mourir.

D. RODRIGUE.

Quatre mots[6] seulement,

---

1 Cette scène est une des plus belles qui soient au théâtre. La situation est admirable : « J'ai remarqué, dit Corneille (*Examen du Cid*), aux premières représentations, qu'alors que ce malheureux amant se présentait devant Chimène, il s'élevait un certain frémissement dans l'assemblée, qui marquait une curiosité merveilleuse, et un redoublement d'attention pour ce qu'ils avaient à se dire dans un état si pitoyable. » Il fallait tout le génie de Corneille pour satisfaire et dépasser une pareille attente.

2   « Mejor es que mi amor firme,
   Con rendirme,
   Te dé el gusto de matarme
   Sin la pena de seguirme. »

« Mieux vaut que mon ferme amour, en me livrant à toi, te donne le plaisir de me tuer sans la peine de me poursuivre. »

3 *M'empêcher de vivre*, pour « me donner la mort, » est faible.

4 « ¡Rodrigo! ¡Rodrigo en mi casa! »
« Rodrigue! Rodrigue en ma maison! »

5   DON RODRIGO.
 « Escucha.
   XIMENA.
  Muero. »

« RODRIGUE. Écoute. — CHIMÈNE. Je me meurs. »

6   « Solo quiero
  Que en oyendo lo que digo
  Respondas con este acero. »

« Je demande seulement qu'entendant ce que je dis tu me répondes avec cet acier. »

ACTE III, SCÈNE IV.

Après, ne me réponds qu'avecque cette épée.
CHIMÈNE.
Quoi! du sang de mon père encor toute trempée¹!
D. RODRIGUE.
Ma Chimène!
CHIMÈNE.
Ote-moi cet objet odieux,
Qui reproche ton crime et ta vie à mes yeux.
D. RODRIGUE.
Regarde-le plutôt pour exciter ta haine,
Pour croître ta colère, et pour hâter ma peine.
CHIMÈNE.
Il est teint de mon sang.
D. RODRIGUE.
Plonge-le dans le mien,
Et fais-lui perdre ainsi la teinture du tien².
CHIMÈNE.
Ah! quelle cruauté, qui tout en un jour tue
Le père par le fer, la fille par la vue!
Ote-moi cet objet, je ne le puis souffrir;
Tu veux que je t'écoute, et tu me fais mourir!
D. RODRIGUE.
Je fais ce que tu veux, mais sans quitter l'envie
De finir par tes mains ma déplorable vie;
Car enfin n'attends pas de mon affection
Un lâche repentir d'une bonne action.
L'irréparable effet d'une chaleur trop prompte
Déshonorait mon père et me couvrait de honte³,
Tu sais comme un soufflet touche un homme de cœur;
J'avais part à l'affront, j'en ai cherché l'auteur,
Je l'ai vu, j'ai vengé mon honneur, et mon père,
Je le ferais encor, si j'avais à le faire.
Ce n'est pas qu'en effet contre mon père et moi
Ma flamme assez longtemps n'ait combattu pour toi;
Juge de son pouvoir. Dans une telle offense

---

1 Chimène répète à peu près ce vers au cinquième acte, quand don Sanche lui apporte l'épée de Rodrigue :
Quoi! du sang de Rodrigue encor toute trempée!
Scudéri voit dans cette répétition un signe de *stérilité*.
Bienheureux Scudéri, dont la *fertile* plume...!

2 « Cela n'a point été repris par l'Académie; je doute que cette *teinture* réussît aujourd'hui. Le désespoir n'a point de réflexions si fines, et j'oserais ajouter si fausses : une épée est également rougie de quelque sang que ce soit; ce n'est point du tout une teinture différente. » (*Voltaire*.)

3 Corneille avait dit d'abord :
De la main de ton père un coup irréparable
Déshonorait du mien la vieillesse honorable.
Voltaire a eu tort de rétablir ces deux vers dans le texte; ils ne valent pas ceux que Corneille a préférés. L'antithèse du dernier est

J'ai pu douter encor si j'en prendrais vengeance [1],
Réduit à te déplaire, ou souffrir un affront,
J'ai retenu ma main, j'ai cru mon bras trop prompt [2];
Je me suis accusé de trop de violence :
Et ta beauté sans doute emportait la balance [3],
A moins que d'opposer à tes plus forts appas
Qu'un homme sans honneur ne te méritait pas;
Que malgré cette part que j'avais en ton âme,
Qui m'aima généreux, me haïrait infâme;
Qu'écouter ton amour, obéir à sa voix,
C'était m'en rendre indigne, et diffamer ton choix.
Je te le dis encore, et veux, tant que j'expire [4],
Sans cesse le penser, et sans cesse le dire ;
Je t'ai fait une offense, et j'ai dû m'y porter,

vulgaire. Les vers de ce genre produisent un grand effet, lorsque la négation est dans le second terme, comme, par exemple,

> Pour *réparer* des ans l'*irréparable* outrage.

L'idée est dans Guillem de Castro :

> « Tu padre el conde Lozano
> Puso en las caras del mio
> La atrevida injusta mano. »

« Ton père, le comte Lozano, a porté sur les joues du mien sa main injurieuse et téméraire. » *Lozano* est un surnom, et signifie le *fier*, le *superbe*.

1
> « Y aunque me vi sin honor
> Se malogró mi esperanza,
> En tal mudanza,
> Con tal fuerza, que tu amor
> Puso en duda mi venganza. »

« Et quoique je me visse sans honneur, il m'a été si difficile de renoncer à mon espoir en un tel changement, que ton amour mit en suspens ma vengeance. »

2 Corneille affaiblit plus tard ce vers en le modifiant ainsi :

> J'ai pensé qu'à son tour mon bras était trop prompt.

3
> « Y tu, señora, vencieras
> A no haber imaginado
> Que afrentado
> Por infame aborrecieras
> Quien quisiste por honrado. »

« Et tu aurais vaincu, si je ne m'étais pas représenté qu'étant déshonoré, tu haïrais comme infâme celui que tu avais aimé comme homme d'honneur. »

4 L'Académie, ayant déclaré que *tant que j'expire* n'était pas français, Corneille eut la faiblesse de sacrifier ces vers, et le malheur de les remplacer par ceux-ci :

> Et, quoique j'en soupire,
> Jusqu'au dernier soupir je veux bien le redire.

Quoique j'en soupire est languissant, et fait un mauvais jeu de mots et une détestable consonnance avec *soupir* du vers suivant ; *je veux bien* est à contre-sens. Il est heureux que l'Académie n'ait pas noté dans la même scène le même mot *tant que*, employé dans le même sens. Nous aurions sans doute à réclamer pour ce beau vers

> Je vais traîner une mourante vie
> *Tant que* par ta poursuite elle me soit ravie.

ACTE III, SCÈNE IV.

Pour effacer ma honte, et pour te mériter :
Mais quitte envers l'honneur[1], et quitte envers mon père,
C'est maintenant à toi que je viens satisfaire ;
C'est pour t'offrir mon sang qu'en ce lieu tu me vois :
J'ai fait ce que j'ai dû[2], je fais ce que je dois,
Je sais qu'un père mort t'arme contre mon crime,
Je ne t'ai pas voulu dérober ta victime :
Immole avec courage au sang qu'il a perdu
Celui qui met sa gloire à l'avoir répandu[3].

CHIMÈNE.

Ah, Rodrigue ! il est vrai, quoique ton ennemie,
Je ne te puis blâmer d'avoir fui l'infamie ;
Et de quelque façon qu'éclatent mes douleurs,
Je ne t'accuse point, je pleure mes malheurs[4].
Je sais ce que l'honneur après un tel outrage
Demandait à l'ardeur d'un généreux courage ;
Tu n'as fait le devoir que d'un homme de bien[5],
Mais aussi, le faisant, tu m'as appris le mien.
Ta funeste valeur m'instruit par ta victoire ;
Elle a vengé ton père, et soutenu ta gloire ;
Même soin me regarde, et j'ai pour m'affliger,
Ma gloire à soutenir, et mon père à venger[6].
Hélas ! ton intérêt ici me désespère[7] ;

1 « Cobré mi perdido honor ;
   Mas luego á tu amor rendido
   He venido. »

« J'ai recouvré mon honneur, mais aussitôt je suis venu me soumettre à ton amour. »

2 « Porque no llames rigor
   Lo que obligacion ha sido. »

« N'appelle donc pas crime ce qui fut un devoir. »

3 « Has con brio
   La venganza de tu padre
   Como hice la del mio. »

« Poursuis avec joie la vengeance de ton père comme j'ai fait celle du mien. »

4 « No te doy la culpa á tí
   De que desdichada soy. »

« Je ne t'impute pas la faute dont je suis malheureuse. »

5 « Como caballero hiciste. »

« Tu as agi en cavalier. »

6 Racine paraît avoir eu ce passage en mémoire, lorsqu'il a fait dire à Achille (*Iphigénie*, act. IV, sc. VI) :

J'ai votre fille ensemble et ma gloire à défendre.

7 Ce vers, qui sert de transition entre l'expression de la fierté de Chimène et la touchante explosion de sa tendresse, dépare un peu, je le crains, cet admirable morceau. Il est concis, mais obscur. Saisit-on bien nettement le sens de ce mot *Ton intérêt ?* Ce n'est pas l'intérêt que je te porte, mais la part que tu as dans mon malheur ; car si tu n'en étais pas la cause, tu en serais la consolation. Si *ton intérêt* faisait entendre tout cela clairement, ce serait une bien belle chose que ce mot.

Si quelque autre malheur m'avait ravi mon père,
Mon âme aurait trouvé dans le bien de te voir
L'unique allégement qu'elle eût pu recevoir ;
Et contre ma douleur j'aurais senti des charmes,[1]
Quand une main si chère eût essuyé mes larmes.
Mais il me faut te perdre après l'avoir perdu ;
Cet effort sur ma flamme à mon honneur est dû ,
Et cet affreux devoir dont l'ordre m'assassine
Me force à travailler moi-même à ta ruine.
Car enfin n'attends pas de mon affection
De lâches sentiments pour ta punition[2] :
De quoi qu'en ta faveur notre amour m'entretienne,
Ma générosité doit répondre à la tienne ;
Tu t'es en m'offensant montré digne de moi ,
Je me dois par ta mort montrer digne de toi.

D. RODRIGUE.

Ne diffère donc plus ce que l'honneur t'ordonne ,
Il demande ma tête, et je te l'abandonne[3] ;
Fais-en un sacrifice à ce noble intérêt ,
Le coup m'en sera doux aussi bien que l'arrêt.
Attendre après mon crime une lente justice ,
C'est reculer ta gloire autant que mon supplice ;
Je mourrai trop heureux mourant d'un coup si beau[4].

CHIMÈNE.

Va, je suis ta partie, et non pas ton bourreau[5].
Si tu m'offres ta tête, est-ce à moi de la prendre?
Je la dois attaquer, mais tu dois la défendre ;
C'est d'un autre que toi qu'il me faut l'obtenir ;
Et je dois te poursuivre, et non pas te punir.

D. RODRIGUE.

De quoi qu'en ma faveur notre amour t'entretienne,
Ta générosité doit répondre à la mienne[6],
Et pour venger un père emprunter d'autres bras,

---

1 *Charmes* a ici le sens de force magique. — Racine n'a rien de plus suave, de plus vrai, de plus passionné que ces vers.

2 Ces vers, identiques pour la forme à ceux de Rodrigue,

Car enfin, n'attends pas de mon affection
Un lâche repentir d'une bonne action,

en sont la contre-partie. Ce jeu d'esprit était alors dans les habitudes du théâtre. La ressemblance des mots donne plus de force à l'opposition des idées.

3 Vers imité par Voltaire, *Henr.*, ch. II :

Ma vie est peu de chose, et je vous l'abandonne.

4 Voy. plus haut, page 52, note 4.

5 « Mas soy parte
Para sola perseguirte
Pero non para matarte. »

« Je suis ta partie pour te poursuivre seule, mais non pour te tuer. »

6 Rodrigue reproduit à son tour des vers de Chimène pour la réfuter.

ACTE III, SCÈNE IV.

Ma Chimène, crois-moi, c'est n'y répondre pas.
Ma main seule du mien a su venger l'offense,
Ta main seule du tien doit prendre la vengeance.

CHIMÈNE.

Cruel, à quel propos sur ce point t'obstiner ?
Tu t'es vengé sans aide, et tu m'en veux donner !
Je suivrai ton exemple, et j'ai trop de courage
Pour souffrir qu'avec toi ma gloire se partage.
Mon père et mon honneur ne veulent rien devoir
Aux traits de ton amour, ni de ton désespoir.

D. RODRIGUE.

Rigoureux point d'honneur ! Hélas ! quoi que je fasse,
Ne pourrai-je à la fin obtenir cette grâce ?
Au nom d'un père mort, ou de notre amitié,
Punis-moi par vengeance, ou du moins par pitié ;
Ton malheureux amant aura bien moins de peine
A mourir par ta main, qu'à vivre avec ta haine[1].

CHIMÈNE.

Va, je ne te hais point.

D. RODRIGUE.

Tu le dois.

CHIMÈNE.

Je ne puis[2].

D. RODRIGUE.

Crains-tu si peu le blâme, et si peu les faux bruits ?
Quand on saura mon crime et que ta flamme dure,
Que ne publieront point l'envie et l'imposture ?
Force-les au silence, et sans plus discourir,
Sauve ta renommée en me faisant mourir.

CHIMÈNE.

Elle éclate bien mieux en te laissant la vie ;
Et je veux que la voix de la plus noire envie
Élève au ciel ma gloire, et plaigne mes ennuis,
Sachant que je t'adore, et que je te poursuis[3].
Va-t'en, ne montre plus à ma douleur extrême
Ce qu'il faut que je perde, encore que je l'aime ;

---

[1] « Considera
Que el dejarme es la venganza,
Que el matarme na lo fuera. »

« Considère que me laisser vivre est la vengeance, et que me tuer ne le serait pas. »

[2] DON RODRIGO.
« ¿ Me aborreces ?
XIMENA.
No es posible. »

« RODRIGUE. Me hais-tu ? — CHIMÈNE. Je ne le puis. »

[3] « Disculpará mi decoro
Con quien piensa que te adoro
El saber que te persigo. »

« Savoir que je te persécute en pensant que je t'adore, cela disculpera mon honneur. »

Dans l'ombre de la nuit cache bien ton départ[1].
Si l'on te voit sortir, mon honneur court hasard ;
La seule occasion qu'aura la médisance,
C'est de savoir qu'ici j'ai souffert ta présence ;
Ne lui donne point lieu d'attaquer ma vertu.

D. RODRIGUE.

Que je meure.

CHIMÈNE.

Va-t'en.

D. RODRIGUE.

A quoi te résous-tu[2] ?

CHIMÈNE.

Malgré des feux si beaux qui troublent ma colère[3],
Je ferai mon possible à bien venger mon père ;
Mais, malgré la rigueur d'un si cruel devoir,
Mon unique souhait est de ne rien pouvoir[4].

D. RODRIGUE.

O miracle d'amour !

CHIMÈNE.

O comble de misères !

D. RODRIGUE.

Que de maux et de pleurs nous coûteront nos pères !

CHIMÈNE.

Rodrigue, qui l'eût cru !...

D. RODRIGUE.

Chimène, qui l'eût dit !...

CHIMÈNE.

Que notre heur fût si proche, et sitôt se perdît[5] !...

---

[1] « Vate y mira á la salida
No te vean, si es razon
No quitarme la opinion
Quien me ha quitado la vida. »

« Va-t'en, et prends garde qu'on ne te voie sortir ; c'est raison de ne pas m'enlever l'honneur à celui qui m'a ravi la vie. »

[2] D. RODRIGO.
« Mata me.
XIMENA.
Deja me.
. . . .
D. RODRIGO.
¿Pues tu rigor qué hacer quere ? »

« RODRIGUE. Tue-moi. — CHIMÈNE. Laisse-moi..... — RODRIGUE. Eh bien ! que veut faire ta rigueur ? »

[3] Corneille avait dit qui *rompent* ma colère. On lui fit remarquer que des *feux* ne *rompent* pas ; mais l'objection subsiste contre *troublent*.

[4] « Por mi honor, aunque mujer,
He de hacer
Contra ti cuanto pudiere,
Deseando no poder. »

« Pour mon honneur, toute femme que je suis, je dois faire tout ce que je pourrai, en désirant ne rien pouvoir. »

[5] D. RODRIGO.
« ¡ Ay Ximena ! quién dijera...

ACTE III, SCÈNE IV.

D. RODRIGUE.

Et que si près du port, contre toute apparence,
Un orage si prompt brisât notre espérance !

CHIMÈNE.

Ah, mortelles douleurs !

D. RODRIGUE.

Ah, regrets superflus !

CHIMÈNE.

Va-t'en, encore un coup, je ne t'écoute plus.

D. RODRIGUE.

Adieu. Je vais traîner une mourante vie[1],
Tant que par ta poursuite elle me soit ravie.

CHIMÈNE.

Si j'en obtiens l'effet, je t'engage ma foi
De ne respirer pas un moment après toi.
Adieu. Sors ; et surtout garde bien qu'on te voie.

ELVIRE.

Madame, quelques maux que le ciel nous envoie...

CHIMÈNE.

Ne m'importune plus, laisse-moi soupirer ;
Je cherche le silence et la nuit pour pleurer.

SCÈNE V[2].

D. DIÈGUE, *seul.*

Jamais nous ne goûtons de parfaite allégresse,
Nos plus heureux succès sont mêlés de tristesse,

XIMENA.
« Ay Rodrigo quién pensara...
D. RODRIGO.
¿ Que mi dicha si acabara?
XIMENA.
¿ Que mi bien finiciera ? »

« RODRIGUE. Ah ! Chimène, qui eût dit... — CHIMÈNE. Ah ! Rodrigue qui eût pensé... — RODRIGUE : Que mon bonheur s'évanouirait ? — CHIMÈNE. Et que mon bien finirait ? »

1 « Quedate, iréme muriendo. »
La Fontaine a emprunté à Corneille la belle expression de *mourante vie* :

On n'en voyait point d'occupés
A chercher le soutien d'une mourante vie. (L. VII, f. 1.

Voy. p. 60, not. 4.

2 Cette scène du monologue de don Diègue ne se lie pas à la précédente. Le théâtre reste vide après la séparation de Chimène et de Rodrigue. Si le lieu ne change pas, comment se fait-il que le vieillard ne rencontre ou ne voie ni son fils ni Chimène, et comment Rodrigue revient-il un instant après à cette même place qu'il vient de quitter ? Il faut donc penser qu'il y a changement de lieu, aux dépens de l'unité, et sans que le spectateur en soit averti par un changement de décoration. Notons que la scène précédente se passait dans la maison de Chimène.

Il est fâcheux que le plan de Corneille ne lui ait pas permis d'in-

Toujours quelques soucis en ces événements
Troublent la pureté de nos contentements.
Au milieu du bonheur mon âme en sent l'atteinte,
Je nage dans la joie, et je tremble de crainte;
J'ai vu mort l'ennemi qui m'avait outragé,
Et je ne saurais voir la main qui m'a vengé.
En vain je m'y travaille, et d'un soin inutile,
Tout cassé que je suis, je cours toute la ville;
Ce peu que mes vieux ans m'ont laissé de vigueur
Se consume sans fruit à chercher ce vainqueur.
A toute heure, en tous lieux, dans une nuit si sombre,
Je pense l'embrasser, et n'embrasse qu'une ombre,
Et mon amour, déçu par cet objet trompeur,
Se forme des soupçons qui redoublent ma peur.
Je ne découvre point de marques de sa fuite,
Je crains du comte mort les amis et la suite;
Leur nombre m'épouvante et confond ma raison :
Rodrigue ne vit plus, ou respire en prison.
Justes cieux! me trompé-je encore à l'apparence,
Ou si je vois enfin mon unique espérance?
C'est lui, n'en doutons plus; mes vœux sont exaucés;
Ma crainte est dissipée, et mes ennuis cessés [1].

troduire dans son poëme la scène pathétique que donne une romance espagnole. Depuis son affront, le vieux don Diègue n'a pas quitté sa maison ; en larmes, toujours en larmes, il est assis devant une table, et il ne touche pas aux mets qui la couvrent. Rodrigue arrive silencieux et fier auprès de son père, tenant d'une main son épée, et de l'autre la tête de son ennemi. Sa présence tire le vieillard de son douloureux accablement; il croit rêver, mais enfin il comprend, sa joie éclate, il embrasse son fils, et le fait asseoir à sa table, à la place d'honneur. Cette donnée était dramatique; et, en supprimant la tête du comte apportée par Rodrigue, il était possible de la transporter au théâtre.

[1] Ce monologue de don Diègue, où Corneille n'emprunte rien à l'auteur espagnol, quoique Guillem de Castro présente une scène analogue, me paraît cependant offrir quelques traces d'imitation. Je m'arrête à cette conjecture d'autant plus volontiers qu'elle me fournit l'occasion de citer d'excellents vers d'un poëte antérieur à Corneille, d'un disciple de Malherbe, que Corneille, aussi bien que La Fontaine, ne séparait pas de son maître, mais qu'on néglige aujourd'hui, bien à tort. Je parle de Racan, dont notre fabuliste a dit, ép. VIII :

> Malherbe avec Racan, parmi les chœurs des anges,
> Là-haut de l'Éternel célébrant les louanges
> Ont emporté leur lyre.

Voici le passage que je crois devoir rapprocher du monologue de don Diègue : il commence la deuxième scène du cinquième acte des *Bergeries* :

> Je perds en vain mes pas en ces rochers déserts,
> Mes paroles en vain se perdent dans les airs,
> Je n'entends aucun bruit ; plus ce bois est paisible,
> Et plus la solitude à mes sens est horrible.
> Ces antres ténébreux ne sont point sans danger,
> Je ne vois dans ces champs ni troupeau, ni berger,
> J'ai perdu mon chemin je ne trouve personne

SCÈNE VI.

D. DIÈGUE, D. RODRIGUE.

D. DIÈGUE.
Rodrigue, enfin le ciel permet que je te voie [1] !
D. RODRIGUE.
Hélas!
D. DIÈGUE.
Ne mêle point de soupirs à ma joie ;
Laisse-moi prendre haleine, afin de te louer [2].
Ma valeur n'a point lieu de te désavouer [3],
Tu l'as bien imitée, et ton illustre audace
Fait bien revivre en toi les héros de ma race.
C'est d'eux que tu descends, c'est de moi que tu viens :
Ton premier coup d'épée égale tous les miens,
Et d'une belle ardeur ta jeunesse animée
Par cette grande épreuve atteint ma renommée.
Appui de ma vieillesse, et comble de mon heur,
Touche ces cheveux blancs à qui tu rends l'honneur ;
Viens baiser cette joue, et reconnais la place
Où fut empreint l'affront que ton courage efface [4].

> La frayeur me saisit, toute chose m'étonne,
> Mes yeux de tous côtés percent l'ombre des bois,
> Les rochers les plus durs répondent à ma voix ;
> Et si je ne vois rien, ni ne puis rien entendre,
> Mes pas irrésolus ne savent où se rendre,
> Je me confonds au choix de ces chemins divers,
> En cherchant Alidor moi-même je me perds.
> Mais j'entends, ce me semble, une voix désolée
> Que le vent me rapporte au fond de la vallée,
> Serait-ce point la sienne ?

1   « ¡ Es posible que me hallo
            Entre tus brazos !
« Est-il possible que je sois dans tes bras ? »

2   « Aliento tomo
        Para en tus alabanzas empleallo. »
« Je reprends haleine pour l'employer à tes louanges. »

3   « Bien mis pasados brios imitaste. »
« Tu as bien imité mes exploits passés. »

4   « Toca las blancas canas que me honraste
            Llega la tierna boca á la majilla
            Donde la mancha de mi honor quitaste. »
« Touche ces blancs cheveux que tu as honorés ; applique ta tendre bouche sur cette joue d'où tu as enlevé la tache de mon honneur. »

D. RODRIGUE.

L'honneur vous en est dû ; je ne pouvais pas moins,
Étant sorti de vous [1], et nourri par vos soins ;
Je m'en tiens trop heureux, et mon âme est ravie
Que mon coup d'essai plaise à qui je dois la vie :
Mais parmi vos plaisirs ne soyez point jaloux,
Si j'ose satisfaire à moi-même après vous.
Souffrez qu'en liberté mon désespoir éclate,
Assez et trop longtemps votre discours le flatte :
Je ne me repens point de vous avoir servi,
Mais rendez-moi le bien que ce coup m'a ravi.
Mon bras, pour vous venger, armé contre ma flamme,
Par ce coup glorieux m'a privé de mon âme ;
Ne me dites plus rien, pour vous j'ai tout perdu :
Ce que je vous devais, je vous l'ai bien rendu.

D. DIÈGUE.

Porte, porte plus haut le fruit de ta victoire.
Je t'ai donné la vie, et tu me rends ma gloire [2],
Et d'autant que l'honneur m'est plus cher que le jour,
D'autant plus maintenant je te dois de retour.
Mais d'un cœur magnanime éloigne ces faiblesses :
Nous n'avons qu'un honneur, il est tant de maîtresses !
L'amour n'est qu'un plaisir, l'honneur est un devoir [3].

D. RODRIGUE.

Ah ! que me dites-vous ?

D. DIÈGUE.

Ce que tu dois savoir.

D. RODRIGUE.

Mon honneur offensé sur moi-même se venge,
Et vous m'osez pousser à la honte du change [4] !

1
« Alza la cabeza
A quien como la causa se atribuya,
Si hay en mi algun valor y fortaleza. »

« Lève la tête, à laquelle il faut rapporter comme cause, si j'ai en moi quelque valeur et grandeur d'âme. »

Il y a ici dans les vers de Corneille une imitation de Malherbe, qui dit à Henri IV, en lui parlant de ses trois fils :

Votre gloire est si grande en la bouche de tous
Que toujours on dira qu'ils ne *pouvaient moins faire*,
Puisqu'ils avaient l'honneur *d'être sortis de vous*.

2
« Si yo te dé el ser naturalmente
Tu me lo has vuelto á pura fuerza tuya. »

« Si je t'ai donné la vie à l'aide de la nature, toi tu me l'as rendue par ton propre courage. »

3 On lit dans la première édition :

L'amour n'est qu'un plaisir et l'honneur un devoir.

Sur quoi l'Académie avait dit : « *N'est que* ici ne régit pas *un devoir*; autrement il semblerait, contre l'intention du poëte, qu'il les voulût mépriser l'un et l'autre. » Voltaire est plus indulgent. « Il y a peut-être, dit-il, un léger défaut de grammaire, mais la force, la vérité, la clarté du sens, font disparaître ce défaut. »

4 Ce vers est très-beau, en dépit de l'Académie, qui ne veut

L'infamie est pareille, et suit également
Le guerrier sans courage et le perfide amant.
A ma fidélité ne faites point d'injure,
Souffrez-moi généreux sans me rendre parjure :
Mes liens sont trop forts pour être ainsi rompus,
Ma foi m'engage encor si je n'espère plus,
Et, ne pouvant quitter ni posséder Chimène,
Le trépas que je cherche est ma plus douce peine.

D. DIÈGUE.

Il n'est pas temps encor de chercher le trépas ;
Ton prince et ton pays ont besoin de ton bras.
La flotte qu'on craignait dans ce grand fleuve entrée
Vient surprendre la ville, et piller la contrée ;
Les Maures vont descendre, et le flux et la nuit
Dans une heure à nos murs les amènent sans bruit.
La cour est en désordre, et le peuple en alarmes ;
On n'entend que des cris, on ne voit que des larmes.
Dans ce malheur public mon bonheur a permis
Que j'ai trouvé chez moi cinq cents de mes amis[1],
Qui sachant mon affront, poussés d'un même zèle,
Se venaient tous offrir à venger ma querelle :
Tu les as prévenus, mais leurs vaillantes mains
Se tremperont bien mieux au sang des Africains[2].
Va marcher à leur tête où l'honneur te demande
C'est toi que veut pour chef leur généreuse bande.
De ces vieux ennemis va soutenir l'abord ;
Là, si tu veux mourir, trouve une belle mort ;
Prends-en l'occasion, puisqu'elle t'est offerte ;

point qu'on puisse parler ainsi pour dire *vous me conseillez de changer*, et qui ajoute, on ne dit point *pousser à la honte*. On est bien timide *Change*, dans le sens de changement, est de la langue de Malherbe. Nous pouvons nous y tenir.

1 « Con quinientos hidalgos, deudos mios,
Sál en campaña á ejercitar tus brios. »

« Avec cinq cents gentilshommes, mes parents, entre en campagne pour donner matière à tes exploits. »

« Vous verrez, dans la critique de Scudéri, qu'il condamne l'assemblée de ces cinq cents gentilshommes, et que l'Académie l'approuve. C'est un trait fort ingénieux, inventé par l'auteur espagnol, de faire venir cette troupe pour une chose, et de l'employer pour une autre. » (*Voltaire.*) Voltaire commet deux inadvertances dans cette note : 1° il transporte de Corneille à Guillem de Castro l'heureuse idée d'employer à la défaite des Maures les amis rassemblés pour venger don Rodrigue. Dans le poëte espagnol, don Diègue a réuni ces gentilshommes de sa famille pour accompagner Rodrigue, exilé par ordre du roi, dans une expédition qu'il a préparée pour occuper noblement les loisirs de son fils. 2° Il oublie de rappeler que l'Académie a dit avant lui : « Une des beautés du poëme dramatique est que ce qui a été imaginé et introduit pour une chose serve à la fin pour une autre. »

2 Souvenir éloigné des vers d'Horace (l. I, od. II) :

« Audiet cives acuisse ferrum
Quo graves Persæ melius perirent. »

Fais devoir à ton roi son salut à ta perte.
Mais reviens-en plutôt les palmes sur le front,
Ne borne pas ta gloire à venger un affront[1],
Porte-la plus avant, force par ta vaillance
La justice au pardon, et Chimène au silence.
Si tu l'aimes, apprends que revenir vainqueur
C'est l'unique moyen de regagner son cœur.
Mais le temps est trop cher pour le perdre en paroles ;
Je t'arrête en discours, et je veux que tu voles :
Viens, suis-moi, va combattre, et montrer à ton roi
Que ce qu'il perd au comte il le recouvre en toi.

1 « No dirán que la mano te ha servido
Para vengar agravios solamente »

« Ils ne diront pas que ta main ne t'a servi qu'à venger seulement des affronts. »

FIN DU TROISIÈME ACTE.

ACTE QUATRIÈME.

SCÈNE I.

CHIMÈNE, ELVIRE.

CHIMÈNE.
N'est-ce point un faux bruit? Le sais-tu bien, Elvire¹?
ELVIRE.
Vous ne croiriez jamais comme chacun l'admire,
Et porte jusqu'au ciel d'une commune voix
De ce jeune héros les glorieux exploits.
Les Maures devant lui n'ont paru qu'à leur honte,
Leur abord fut bien prompt, leur fuite encor plus prompte;
Trois heures de combat laissent à nos guerriers
Une victoire entière, et deux rois prisonniers;
La valeur de leur chef ne trouvait point d'obstacles.
CHIMÈNE.
Et la main de Rodrigue a fait tous ces miracles²!
ELVIRE.
De ses nobles efforts ces deux rois sont le prix;
Sa main les a vaincus, et sa main les a pris.
CHIMÈNE.
De qui peux-tu savoir ces nouvelles étranges?
ELVIRE.
Du peuple, qui partout fait sonner ses louanges,
Le nomme de sa joie, et l'objet, et l'auteur,
Son ange tutélaire, et son libérateur.
CHIMÈNE.
Et le roi, de quel œil voit-il tant de vaillance?

---

1 « Ce combat n'est point étranger à la pièce; il fait, au contraire, une partie du nœud, et prépare le denoûment en affaiblissant nécessairement la poursuite de Chimène, et rendant Rodrigue digne d'elle. Il fait, si je ne me trompe, souhaiter au spectateur que Chimène oublie la mort de son père en faveur de sa patrie, et qu'elle puisse enfin se donner un jour à Rodrigue. » (*Voltaire.*)

2 Ce premier mot de Chimène est un cri du cœur. C'est là ce qui donne tant de charme à ce rôle si vrai dans ses touchantes contradictions. Chimène triomphe involontairement de ces exploits qui lui arrachent la vengeance; car, suivant l'admirable expression de Corneille, parlant de Rodrigue:

Les Maures en fuyant ont emporté son crime.

ELVIRE.
Rodrigue n'ose encor paraître en sa présence,
Mais don Diègue ravi lui présente enchaînés,
Au nom de ce vainqueur, ces captifs couronnés,
Et demande pour grâce à ce généreux prince
Qu'il daigne voir la main qui sauve la province.
CHIMÈNE.
Mais n'est-il point blessé ?
ELVIRE.
Je n'en ai rien appris.
Vous changez de couleur ! Reprenez vos esprits.
CHIMÈNE.
Reprenons donc aussi ma colère affaiblie :
Pour avoir soin de lui faut-il que je m'oublie ?
On le vante, on le loue, et mon cœur y consent !
Mon honneur est muet, mon devoir impuissant !
Silence, mon amour ! laisse agir ma colère,
S'il a vaincu deux rois, il a tué mon père ;
Ces tristes vêtements où je lis mon malheur
Sont les premiers effets qu'ait produits sa valeur,
Et quoi qu'on dise ailleurs d'un cœur si magnanime,
Ici tous les objets me parlent de son crime.
Vous, qui rendez la force à mes ressentiments,
Voiles, crêpes, habits, lugubres ornements,
Pompe où m'ensevelit sa première victoire [1],
Contre ma passion soutenez bien ma gloire,
Et lorsque mon amour prendra trop de pouvoir,
Parlez à mon esprit de mon triste devoir ;
Attaquez sans rien craindre une main triomphante.
ELVIRE.
Modérez ces transports, voici venir l'infante.

SCÈNE II.

L'INFANTE, CHIMÈNE, LÉONOR, ELVIRE.

L'INFANTE [2].
Je ne viens pas ici consoler tes douleurs ;
Je viens plutôt mêler mes soupirs à tes pleurs [3].

---

[1] Corneille a mis plus tard, *pompe que me prescrit*, et il a effacé cette image de deuil qui enveloppait Chimène comme d'un linceul. La critique ne doit pas consentir à ce sacrifice.

[2] « Pour toutes les scènes de l'infante, on convient unanimement de leur inutilité insipide ; et celle-ci est d'autant plus superflue, que Chimène y répète avec faiblesse ce qu'elle vient de dire avec force à sa confidente. » (*Voltaire.*) Voltaire n'a pas vu que ce rôle, inutile à l'action, donne du relief à Chimène et à Rodrigue.

[3]   « Como he sabido tu pena
          He venido. »

« Aussitôt que j'ai su ta peine, je suis venue. »

ACTE IV, SCÈNE II.

CHIMÈNE.
Prenez bien plutôt part à la commune joie,
Et goûtez le bonheur que le ciel vous envoie :
Madame, autre que moi n'a droit de soupirer ;
Le péril dont Rodrigue a su nous retirer,
Et le salut public que vous rendent ses armes,
A moi seule aujourd'hui permet encor les larmes.
Il a sauvé la ville, il a servi son roi,
Et son bras valeureux n'est funeste qu'à moi.

L'INFANTE.
Ma Chimène, il est vrai qu'il a fait des merveilles[1].

CHIMÈNE.
Déjà ce bruit fâcheux a frappé mes oreilles,
Et je l'entends partout publier hautement
Aussi brave guerrier que malheureux amant.

L'INFANTE.
Qu'a de fâcheux pour toi ce discours populaire ?
Ce jeune Mars qu'on loue a su jadis te plaire,
Il possédait ton âme, il vivait sous tes lois,
Et vanter sa valeur c'est honorer ton choix.

CHIMÈNE.
Chacun peut la vanter avec quelque justice,
Mais pour moi sa louange est un nouveau supplice
On aigrit ma douleur en l'élevant si haut ;
Je sens ce que je perds, quand je vois ce qu'il vaut.
Ah, cruels déplaisirs à l'esprit d'une amante !
Plus j'apprends son mérite, et plus mon feu s'augmente :
Cependant mon devoir est toujours le plus fort,
Et, malgré mon amour, va poursuivre sa mort.

L'INFANTE.
Hier[2] ce devoir te mit en une haute estime ;
L'effort que tu te fis parut si magnanime,
Si digne d'un grand cœur, que chacun à la cour
Admirait ton courage, et plaignait ton amour.
Mais croirais-tu l'avis d'une amitié fidèle ?

CHIMÈNE.
Ne vous obéir pas me rendrait criminelle[3].

L'INFANTE.
Ce qui fut juste alors ne l'est plus aujourd'hui[4].
Rodrigue maintenant est notre unique appui,

---

[1] Ce vers est un écho affaibli du cri de Chimène :

Et la main de Rodrigue a fait tous ces miracles!

Il est tout à l'honneur du Cid et à la décharge de Chimène. L'Infante n'a pas d'autre emploi dans la pièce, où elle n'est pas pour briller, mais pour relever celui qu'elle aime et celle qu'on lui préfère.

[2] *Hier* était alors un monosyllabe.

[3] Ce vers, faible en lui-même, a l'inconvénient de condamner Chimène, qui ne suivra pas les conseils de l'Infante. Elle pouvait être aussi polie et moins explicite.

[4]   Tout était juste alors.
                    (*Andromaque*, act. I, sc. II.)

L'espérance et l'amour d'un peuple qui l'adore,
Le soutien de Castille et la terreur du Maure ;
Le roi même est d'accord de cette vérité ;
Que ton père en lui seul se voit ressuscité¹ ;
Et si tu veux enfin qu'en deux mots je m'explique,
Tu poursuis en sa mort la ruine publique.
Quoi ! pour venger un père est-il jamais permis
De livrer sa patrie aux mains des ennemis ?
Contre nous ta poursuite est-elle légitime,
Et, pour être punis, avons-nous part au crime ?
Ce n'est pas qu'après tout tu doives épouser
Celui qu'un père mort t'obligeait d'accuser² ;
Je te voudrais moi-même en arracher l'envie :
Ote-lui ton amour, mais laisse-nous sa vie.

CHIMÈNE.

Ah ! ce n'est pas à moi d'avoir tant de bonté ;
Le devoir qui m'aigrit n'a rien de limité.
Quoique pour ce vainqueur mon âme s'intéresse,
Quoiqu'un peuple l'adore, et qu'un roi le caresse,
Qu'il soit environné des plus vaillants guerriers,
J'irai sous mes cyprès accabler ses lauriers³.

L'INFANTE.

C'est générosité, quand pour venger un père
Notre devoir attaque une tête si chère⁴ :
Mais c'en est une encor d'un plus illustre rang,
Quand on donne au public les intérêts du sang.
Non, crois-moi, c'est assez que d'éteindre ta flamme ;
Il sera trop puni s'il n'est plus dans ton âme
Que le bien du pays t'impose cette loi :

---

1 Nous retrouvons ici la pensée exprimée dans les vers qui terminent le troisième acte :

Et va montrer au roi
Que ce qu'il perd au comte, il le recouvre en toi.

2 L'Infante laisse percer son arrière-pensée, qui ne doit jamais éclater. Cette passion discrète et opiniâtre donne bien quelque relief à Rodrigue, mais comme elle ne crée aucun danger, elle n'a rien de dramatique.

3 Scudéri a marqué huit passages où Corneille parle de lauriers, et il lui en fait un crime. L'Académie ne trouve pas qu'il y ait excès. Ce mot rappelait peut-être à Scudéri, qu'ayant fait mettre au bas de son portrait pour devise :

Et poëte et guerrier
Il aura du laurier

On proposa comme variante :

Et rimeur et gascon
Il aura du bâton.

4 Racine a pris cet hémistiche à Corneille pour le transporter dans la *Phèdre*, act. I, sc. I :

J'ignore le destin d'une tête si chère.

L'expression vient d'Horace (od. I, l. XXIV) :

« Quis desiderio sit pudor aut modus
Tam cari capitis. »

Aussi bien, que crois-tu que t'accorde le roi ?
CHIMÈNE.
Il peut me refuser, mais je ne puis me taire.
L'INFANTE.
Pense bien, ma Chimène, à ce que tu veux faire.
Adieu. Tu pourras seule y songer à loisir.
CHIMÈNE.
Après mon père mort je n'ai point à choisir.

SCÈNE III.

D. FERNAND, D. DIÈGUE, D. ARIAS, D. RODRIGUE, D. SANCHE.

D. FERNAND.
Généreux héritier d'une illustre famille,
Qui fut toujours la gloire et l'appui de Castille,
Race[1] de tant d'aïeux en valeur signalés,
Que l'essai de la tienne a sitôt égalés,
Pour te récompenser ma force est trop petite,
Et j'ai moins de pouvoir que tu n'as de mérite.
Le pays délivré d'un si rude ennemi,
Mon sceptre dans ma main par la tienne affermi,
Et les Maures défaits, avant qu'en ces alarmes
J'eusse pu donner ordre à repousser leurs armes,
Ne sont point des exploits qui laissent à ton roi
Le moyen ni l'espoir de s'acquitter vers toi.
Mais les deux rois captifs feront ta récompense ;
Ils t'ont nommé tous deux leur Cid en ma présence :
Puisque Cid en leur langue est autant que seigneur,
Je ne t'envierai pas ce beau titre d'honneur.
Sois désormais le Cid[2], qu'à ce grand nom tout cède,

---

1 *Race*, qui signifie *racine*, s'applique par extension à tous les descendants d'un même père, comme dans ce vers de Berchoux :

Race d'Agamemnon qui ne finis jamais.

Je ne crois pas, malgré le silence des critiques, qu'il soit synonyme de rejeton, et qu'il se puisse dire absolument d'une seule personne. Rigoureusement, les aïeux sont *la race* de Rodrigue ; par extension, il est *de leur race*, mais il n'est pas *la race* de ses aïeux. Remarquons toutefois que, pour ce mot, Corneille s'appuie de la grave autorité de Malherbe, qui a dit :

Race de mille rois, adorable princesse.

2 Ces vers résument le passage d'une scène de Guillem de Castro, où l'un des rois prisonniers rend hommage à Rodrigue en présence de Fernand et de son fils don Sanche. Voici le texte espagnol :

REY MORO.
« Dame la mano, el mio Cide
SANCHE.
El mio Cid le ha llamado

Qu'il comble d'épouvante, et Grenade, et Tolède¹,
Et qu'il marque à tous ceux qui vivent sous mes lois,
Et ce que tu me vaux, et ce que je te dois.

D. RODRIGUE.

Que votre majesté, sire, épargne ma honte²;
D'un si faible service elle fait trop de compte,
Et me force à rougir devant un si grand roi
De mériter si peu l'honneur que j'en reçoi.
Je sais trop que je dois au bien de votre empire,
Et le sang qui m'anime, et l'air que je respire,
Et quand je les perdrai pour un si digne objet,
Je ferai seulement le devoir d'un sujet.

D. FERNAND.

Tous ceux que ce devoir à mon service engage
Ne s'en acquittent pas avec même courage,
Et lorsque la valeur ne va point dans l'excès³,
Elle ne produit point de si rares succès.
Souffre donc qu'on te loue, et de cette victoire
Apprends-moi plus au long la véritable histoire.

D. RODRIGUE.

Sire, vous avez su qu'en ce danger pressant
Qui jeta dans la ville un effroi si puissant,
Une troupe d'amis chez mon père assemblée
Sollicita⁴ mon âme encor toute troublée....
Mais, sire, pardonnez à ma témérité,
Si j'osai l'employer sans votre autorité;

> REY MORO.
> En mi lengua es mi señor.
> Pues lo ha de serlo el honor
> Merecido y alcanzado.
> REY.
> Ese nombre le está bien.
> REY MORO.
> Entre Moros le ha tenido
> REY.
> Pues allá le ha merecido
> En mis tierras se le den
> Llamarle el Cid es razon. »

« LE ROI MAURE : Donne-moi la main, mon Cid. — SANCHE : Il l'a appelé mon Cid. — LE ROI MAURE : En ma langue, c'est le nom de seigneur, et il a mérité et conquis l'honneur de l'être. — LE ROI : Ce nom lui sied bien. — LE ROI MAURE : Il l'a gagné chez les Maures. — LE ROI : Puisqu'il en est ainsi, qu'il le garde dans mon royaume. C'est raison de l'appeler le Cid. »

1 Corneille avait dit :
> Qu'il devienne l'effroi de Grenade et Tolède.

Mais l'Académie, ayant décidé qu'il fallait répéter la préposition *de*, le poëte s'est soumis. Il aurait dû persister, et maintenir une des franchises de l'ancien langage.

2 *Honte* est ici pour *pudeur*, comme *pudeur* remplace *honte* dans ce vers de La Fontaine. (L. VIII, f. XI.)
> Il vous épargne la pudeur
> De les lui découvrir vous-même.

3 Voltaire critique justement ce *ne va point dans l'excès*.

4 *Sollicita* n'a pas besoin de complément; la suspension est naturelle, et le sens est clair.

Le péril approchait, leur brigade¹ était prête,
Me montrant à la cour je hasardais ma tête²,
Et s'il fallait la perdre, il m'était bien plus doux
De sortir de la vie en combattant pour vous³,
D. FERNAND.
J'excuse ta chaleur à venger ton offense,
Et l'État défendu me parle en ta défense.
Crois que dorénavant Chimène a beau parler,
Je ne l'écoute plus que pour la consoler.
Mais poursuis.
D. RODRIGUE.
    Sous moi donc cette troupe s'avance,
Et porte sur le front une mâle assurance.
Nous partîmes cinq cents, mais par un prompt renfort,
Nous nous vîmes trois mille en arrivant au port,
Tant à nous voir marcher en si bon équipage
Les plus épouvantés reprenaient de courage !
J'en cache les deux tiers aussitôt qu'arrivés⁴
Dans le fond des vaisseaux qui lors furent trouvés ;
Le reste, dont le nombre augmentait à toute heure,
Brûlant d'impatience autour de moi demeure,
Se couche contre terre, et sans faire aucun bruit
Passe une bonne part d'une si belle nuit.
Par mon commandement la garde en fait de même,
Et se tenant cachée aide à mon stratagème,
Et je feins hardiment d'avoir reçu de vous
L'ordre qu'on me voit suivre et que je donne à tous.
 Cette obscure clarté qui tombe des étoiles⁵
Enfin avec le flux nous fait voir trente voiles ;
L'onde s'enfle dessous, et d'un commun effort

---

1 Scudéri ne veut pas de ce mot *brigade*, trop faible, dit-il, pour un corps de cinq cents hommes. Son observation, qui parut à l'Académie une misérable chicane, éclaire au moins l'histoire de ce mot qui, dans son sens actuel, paraîtrait trop fort pour ce même nombre de soldats.

2 *Var.* Et paraître à la cour eût hasardé ma tête.
L'Académie avait critiqué ce vers comme incorrect, parce que *paraître à la cour* formait, à son sens, un sujet irrégulier. Voltaire n'est pas de cet avis.

3 Coligny (*Henriade*, ch. II) reproduit à peu près ce vers, lorsqu'abandonnant sa vie aux meurtriers, il ajoute :
J'eusse aimé mieux la perdre en combattant pour vous.

4 « Cette manière de parler n'est pas française. » (*Académie.*) A ce compte, qu'est-ce donc que le français, si un tour vif et précis avec un sens parfaitement net n'est pas dans le génie de la langue ? L'Académie critique avec aussi peu de fondement le mot *équipage*, auquel elle préfère *ordre*. Corneille, qui a tenu bon contre la première de ces critiques, céda malheureusement sur la seconde, et mit dans l'édition de 1664, *avec un tel visage*.

5 Voilà un vers admirable, dont la peinture envie l'effet à la poésie. Cette *obscure clarté* rappelle, par voie de contraste, les *ténèbres visibles* si admirées dans Milton.

Les Maures et la mer montent jusques au port.
On les laisse passer, tout leur paraît tranquille;
Point de soldats au port, point aux murs de la ville :
Notre profond silence abusant leurs esprits,
Ils n'osent plus douter de nous avoir surpris,
Ils abordent sans peur, ils ancrent, ils descendent,
Et courent se livrer aux mains qui les attendent.
Nous nous levons alors [1], et tous en même temps
Poussons jusques au ciel mille cris éclatants.
Les nôtres à ces cris de nos vaisseaux répondent [2];
Ils paraissent armés, les Maures se confondent,
L'épouvante les prend à demi descendus,
Avant que de combattre ils s'estiment perdus.
Ils couraient au pillage, et rencontrent la guerre ;
Nous les pressons sur l'eau, nous les pressons sur terre,
Et nous faisons courir des ruisseaux de leur sang,
Avant qu'aucun résiste, ou reprenne son rang.
Mais bientôt, malgré nous, leurs princes les rallient,
Leur courage renaît, et leurs terreurs s'oublient;
La honte de mourir sans avoir combattu
Arrête leur désordre [3], et leur rend la vertu.
Contre nous de pied ferme ils tirent leurs alfanges [4],
De notre sang au leur font d'horribles mélanges,
Et la terre, et le fleuve, et leur flotte, et le port,
Sont des champs de carnage où triomphe la mort.
O combien d'actions [5], combien d'exploits célèbres
Sont demeurés sans gloire au milieu des ténèbres,
Où chacun, seul témoin des grands coups qu'il portait,

---

[1] Quoi de plus beau, de plus héroïque que ce mouvement ! On ne se lève ainsi que pour la victoire.

[2] L'Académie avait justement repris la construction obscure du vers primitif :

 Les autres au signal de nos vaisseaux répondent.

[3] *Rétablit* leur désordre, ainsi disait Corneille ; mais l'Académie s'y opposa, parce qu'habituellement on rétablit l'*ordre* et non le *désordre*. Il y avait excès de hardiesse et de poésie.

[4] *Alfanges*, mot arabe synonyme de cimeterre. Ces deux vers :

 Contre nous de pied ferme ils tirent leurs alfanges,
 De notre sang au leur font d'horribles mélanges.

sont admirables. Comment se fait-il que Corneille, dans l'édition de 1664 les ait remplacés par ceux-ci :

 Contre nous de pied ferme ils tirent leurs épées
 Des plus braves soldats les trames sont coupées.

Remarquons dans ce vers :

 De notre sang *au* leur font d'horribles mélanges.

l'heureux emploi de la préposition *à* dans le sens d'*avec*. Elle ne fait pas moins bon effet dans cet hémistiche (act. III, scène dernière) : ce qu'il perd *au comte*, pour *en la personne du comte*. Ces exemples abondent.

[5] Voltaire jette, au milieu d'un récit (*Henriade*, ch. II), la même exclamation :

 O combien de héros aux enfers descendirent.

ACTE IV, SCÈNE III.

Ne pouvait discerner où le sort inclinait !
J'allais de tous côtés encourager les nôtres,
Faire avancer les uns, et soutenir les autres,
Ranger ceux qui venaient, les pousser à leur tour,
Et ne l'ai pu savoir jusques au point du jour.
Mais enfin sa clarté montre notre avantage ;
Le Maure voit sa perte, et perd soudain courage,
Et voyant un renfort qui nous vient secourir,
L'ardeur de vaincre cède à la peur de mourir.
Ils gagnent leurs vaisseaux, ils en coupent les câbles
Nous laissent pour adieux des cris épouvantables [1],
Font retraite en tumulte, et sans considérer
Si leurs rois avec eux peuvent se retirer.
Ainsi leur devoir cède à la frayeur plus forte [2] ;
Le flux les apporta, le reflux les remporte,
Cependant que leurs rois engagés parmi nous [3],
Et quelque peu des leurs tous percés de nos coups,
Disputent vaillamment et vendent bien leur vie ;
A se rendre moi-même en vain je les convie ;
Le cimeterre au poing ils ne m'écoutent pas :
Mais voyant à leurs pieds tomber tous leurs soldats,
Et que seuls désormais en vain ils se défendent,
Ils demandent le chef, je me nomme, ils se rendent :
Je vous les envoyai tous deux en même temps,
Et le combat cessa, faute de combattants [4].
   C'est de cette façon que, pour votre service...

---

1 « On ne dit point *laisser un adieu*, ni *laisser des cris*, mais bien *dire adieu* et *jeter des cris*, outre que les vaincus ne disent jamais adieu aux vainqueurs. » (*Académie.*) Cette remarque est véritablement scandaleuse. C'est un crime de lèse-poésie au premier chef. On ne sait ce que l'on doit plus admirer ou l'aveuglement des juges ou la docilité de Corneille, qui sacrifia cet admirable vers pour le remplacer par
   Poussent jusques aux cieux des cris épouvantables.
correction d'autant plus malheureuse, qu'on trouve dans le même récit :
   Poussons jusques au ciel mille cris éclatants
Racine s'est emparé de cette image, qu'il affaiblit dans le vers suivant, *Bajazet*, act. IV, sc. v :
   Qu'il n'ait, en expirant, que ses cris pour adieux.

2 On lit dans presque toutes les éditions :
   Pour souffrir ce devoir leur frayeur est trop forte.
Ce vers ne valait rien, parce que *souffrir un devoir* n'est pas net, que ce *devoir* ne se lie pas facilement aux vers précédents, et qu'il y a une sorte de contradiction entre *trop forte* et *pour souffrir*. La correction introduite dans le texte, quel qu'en soit l'auteur, est heureuse.

3 *Cependant que* a plus de noblesse que *pendant que*. C'est ainsi que La Fontaine (l. I, f. XXII) a dit :
   Cependant que mon front au Caucase pareil.

4 Ce vers est devenu proverbe.

SCÈNE IV.

D. FERNAND, D. DIÈGUE, D. RODRIGUE, D. ARIAS, D. SANCHE, D. ALONSE.

D. ALONSE.
Sire, Chimène vient vous demander justice.
D. FERNAND.
La fâcheuse nouvelle, et l'importun devoir¹!
Va, je ne la veux pas obliger à te voir,
Pour tous remercîments il faut que je te chasse,
Mais avant que sortir, viens, que ton roi t'embrasse.
(D. Rodrigue rentre.)
D. DIÈGUE.
Chimène le poursuit, et voudrait le sauver.
D. FERNAND.
On m'a dit qu'elle l'aime, et je vais l'éprouver.
Montrez un œil plus triste².

SCÈNE V.

D. FERNAND, D. DIÈGUE, D. ARIAS, D. SANCHE, D. ALONSE, CHIMÈNE, ELVIRE.

D. FERNAND.
Enfin soyez contente,
Chimène, le succès répond à votre attente;
Si de³ nos ennemis Rodrigue a le dessus,
Il est mort à nos yeux des coups qu'il a reçus;
Rendez grâces au ciel qui vous en a vengée.
(A D. Diègue.)
Voyez comme déjà sa couleur est changée.
D. DIÈGUE.
Mais voyez qu'elle pâme, et d'un amour parfait
Dans cette pâmoison, Sire, admirez l'effet :
Sa douleur a trahi les secrets de son âme,
Et ne vous permet plus de douter de sa flamme.

---

1 « Dès ce moment, Rodrigue ne peut plus être puni ; toutes les poursuites de Chimène paraissent surabondantes. Elle est donc si loin de manquer aux bienséances, comme on le lui a reproché, qu'au contraire elle va au delà de son devoir en demandant la mort d'un homme devenu nécessaire à l'État. » (*Voltaire.*)

2 Il y avait d'abord :
    Contrefaites le triste.

3 En blâmant ce vers, on n'a pas remarqué que la préposition *de* n'a pas ici son sens vulgaire, mais qu'elle signifie *sur*.

CHIMÈNE.
Quoi ! Rodrigue est donc mort ?
D. FERNAND.
Non, non, il voit le jour,
Et te conserve encore un immuable amour :
Calme cette douleur qui pour lui s'intéresse.
CHIMÈNE.
Sire, on pâme de joie[1] ainsi que de tristesse,
Un excès de plaisir nous rend tous languissants,
Et quand il surprend l'âme, il accable les sens.
D. FERNAND.
Tu veux qu'en ta faveur nous croyions l'impossible,
Chimène, ta douleur a paru trop visible.
CHIMÈNE.
Hé bien ! Sire, ajoutez ce comble à mon malheur,
Nommez ma pâmoison l'effet de ma douleur,
Un juste déplaisir à ce point m'a réduite ;
Son trépas dérobait sa tête à ma poursuite.
S'il meurt des coups reçus pour le bien du pays,
Ma vengeance est perdue, et mes desseins trahis ;
 ne si belle fin m'est trop injurieuse ;
 e demande sa mort, mais non pas glorieuse,
 on pas dans un éclat qui l'élève si haut,
 on pas au lit d'honneur, mais sur un échafaud[2].
 u'il meure pour mon père, et non pour la patrie ;
 ue son nom soit taché, sa mémoire flétrie ;
 Mourir pour le pays n'est pas un triste sort,
 'est s'immortaliser par une belle mort.
 J'aime donc sa victoire, et je le puis sans crime ;
 lle assure l'État, et me rend ma victime,
 ais noble, mais fameuse entre tous les guerriers,
 e chef, au lieu de fleurs, couronné de lauriers,
 t pour dire en un mot ce que j'en considère,
 igne d'être immolée aux mânes de mon père.
 Hélas, à quel espoir me laissé-je emporter ?
 odrigue de ma part n'a rien à redouter.
 ue pourraient contre lui des larmes qu'on méprise ?
 'our lui tout votre empire est un lieu de franchise ;

1 Dans la dernière édition de son Dictionnaire, l'Académie re-
oit *pâmer* au sens neutre, comme Corneille l'emploie ici. Ce vers
st imité de l'espagnol :

« Tanto atribula un placer
Como conjoga un pesar. »

« Un plaisir ne cause pas moins de trouble qu'une douleur. »
2 Toute cette réponse de Chimène marque le trouble de son
me et les embarras de son esprit. Il n'y a de vrai que le dépit
'avoir été surprise par la ruse du roi. Elle devient sophiste en
herchant de faux prétextes à sa pâmoison, et pour donner crédit
u mensonge où on l'a réduite, elle simule une grande colère,
ont la feinte se trahit par l'exagération du langage. Chimène
nnait si peu la haine qu'elle la joue mal, et elle en outre . ex-
ression, parce qu'elle n'en a pas le sentiment.

Là, sous votre pouvoir, tout lui devient permis [1],
Il triomphe de moi comme des ennemis,
Dans leur sang répandu la justice étouffée
Aux crimes du vainqueur sert d'un nouveau trophée,
Nous en croissons la pompe, et le mépris des lois
Nous fait suivre son char au milieu de deux rois.

D. FERNAND.

Ma fille, ces transports ont trop de violence :
Quand on rend la justice, on met tout en balance.
On a tué ton père ; il était l'agresseur ;
Et la même équité [2] m'ordonne la douceur.
Avant que d'accuser ce que j'en fais paraître,
Consulte bien ton cœur, Rodrigue en est le maître,
Et ta flamme en secret rend grâces à ton roi
Dont la faveur conserve un tel amant pour toi [3].

CHIMÈNE.

Pour moi mon ennemi ! l'objet de ma colère !
L'auteur de mes malheurs ! l'assassin de mon père !
De ma juste poursuite on fait si peu de cas
Qu'on me croit obliger en ne m'écoutant pas !
Puisque vous refusez la justice à mes larmes,
Sire, permettez-moi de recourir aux armes ;
C'est par là seulement qu'il a su m'outrager,
Et c'est aussi par là que je me dois venger.
A tous vos cavaliers je demande sa tête ;
Oui, qu'un d'eux me l'apporte, et je suis sa conquête ;
Qu'ils le combattent, sire, et, le combat fini,
J'épouse le vainqueur, si Rodrigue est puni.
Sous votre autorité souffrez qu'on le publie [4].

D. FERNAND.

Cette vieille coutume en ces lieux établie,
Sous couleur de punir un injuste attentat,
Des meilleurs combattants affaiblit un Etat.
Souvent de cet abus le succès déplorable
Opprime l'innocent et soutient le coupable :
J'en dispense Rodrigue ; il m'est trop précieux

---

[1]   « Son tus ojos sus espias,
    Tu retrete su sagrado,
    Tu favor sus alas libras
    Y su libertad mis daños »

« Tes yeux sont ses espions, ton cabinet son asile, ta faveur l'essor de ses ailes, et sa liberté ma ruine. »

[2] *La même équité* comme *la même valeur*, pour l'équité même.

[3]   « Si he guardado á Rodrigo
    Queza para vos le guardo. »

« Si j'ai conservé Rodrigue, c'est à ton intention que je le garde. »
Guillem de Castro a emprunté ces deux vers à une ancienne romance. (Voy. le recueil de M. Damas-Hinard, t. II, p. 24.)

[4] Chimène soutient publiquement son rôle jusqu'au bout. Elle n'avait pas d'autre expédient pour couvrir sa retraite

ACTE IV, SCÈNE V.

Pour l'exposer aux coups d'un sort capricieux,
Et quoi qu'ait pu commettre un cœur si magnanime,
Les Maures en fuyant ont emporté son crime[1].

D. DIÈGUE.

Quoi, sire! pour lui seul, vous renversez des lois
Qu'a vu toute la cour observer tant de fois!
Que croira votre peuple? et que dira l'envie,
Si, sous votre défense, il ménage sa vie,
Et s'en fait un prétexte à ne paraître pas
Où tous les gens d'honneur cherchent un beau trépas?
De pareilles faveurs terniraient trop sa gloire :
Qu'il goûte sans rougir les fruits de sa victoire.
Le comte eut de l'audace, il l'en a su punir,
Il l'a fait en brave homme, et le doit maintenir.

D. FERNAND.

Puisque vous le voulez, j'accorde qu'il le fasse :
Mais d'un guerrier vaincu mille prendraient la place,
Et le prix que Chimène au vainqueur a promis
De tous mes cavaliers ferait ses ennemis.
L'opposer seul à tous serait trop d'injustice ;
Il suffit qu'une fois il entre dans la lice.
  Choisis qui tu voudras, Chimène, et choisis bien,
Mais après ce combat ne demande plus rien.

D. DIÈGUE.

N'excusez point par là ceux que son bras étonne;
Laissez un champ ouvert où n'entrera personne.
Après ce que Rodrigue a fait voir aujourd'hui,
Quel courage assez vain s'oserait prendre à lui?
Qui se hasarderait contre un tel adversaire?
Qui serait ce vaillant, ou bien ce téméraire?

D. SANCHE.

Faites ouvrir le champ, vous voyez l'assaillant ;
Je suis ce téméraire, ou plutôt ce vaillant.

A Chimène.)

Accordez cette grâce à l'ardeur qui me presse,
Madame, vous savez quelle est votre promesse.

D. FERNAND.

Chimène, remets-tu ta querelle en sa main?

CHIMÈNE.

Sire, je l'ai promis.

D. FERNAND.
          Soyez prêt à demain.

D. DIÈGUE.

Non, sire, il ne faut pas différer davantage;
On est toujours trop prêt quand on a du courage.

D. FERNAND.

Sortir d'une bataille et combattre à l'instant!

---

[1] Ce vers, d'une surprenante beauté, a quelque analogie avec ce passage de Florus : *Virtus parricidam abstulit*

D. DIÈGUE.
Rodrigue a pris haleine en vous la racontant[1].
D. FERNAND.
Du moins une heure ou deux je veux qu'il se délasse.
Mais de peur qu'en exemple un tel combat ne passe,
Pour témoigner à tous qu'à regret je permets
Un sanglant procédé qui ne me plut jamais,
De moi ni de ma cour il n'aura la présence.
(A don Arias.)
Vous seul des combattants jugerez la vaillance,
Ayez soin que tous deux fassent en gens de cœur,
Et le combat fini m'amenez le vainqueur.
Quel qu'il soit, même prix est acquis à sa peine,
Je le veux de ma main présenter à Chimène,
Et que pour récompense il reçoive sa foi.
CHIMÈNE.
Quoi, sire! m'imposer une si dure loi!
D. FERNAND.
Tu t'en plains; mais ton feu loin d'avouer ta plainte,
Si Rodrigue est vainqueur, l'accepte sans contrainte.
Cesse de murmurer contre un arrêt si doux :
Qui que ce soit des deux, j'en ferai ton époux.

1 Voilà encore un de ces vers héroïques, tels que Corneille seul en a su faire.

FIN DU QUATRIÈME ACTE.

ACTE CINQUIÈME.

SCÈNE I.

D. RODRIGUE, CHIMÈNE.

CHIMÈNE.

Quoi ! Rodrigue, en plein jour ! D'où te vient cette audace
Va, tu me perds d'honneur ; retire-toi de grâce.

RODRIGUE.

Je vais mourir, madame, et vous viens en ce lieu
Avant le coup mortel dire un dernier adieu.
Cet immuable amour qui sous vos lois m'engage
N'ose accepter ma mort sans vous en faire hommage [1].

CHIMÈNE.

Tu vas mourir !

D. RODRIGUE.

Je cours à ces heureux moments,
Qui vont livrer ma vie à vos ressentiments [2].

CHIMÈNE.

Tu vas mourir ! Don Sanche est-il si redoutable
Qu'il donne l'épouvante à ce cœur indomptable ?
Qui t'a rendu si faible, ou qui le rend si fort ?
Rodrigue va combattre, et se croit déjà mort !
Celui qui n'a pas craint les Maures ni mon père
Va combattre don Sanche, et déjà désespère [3] ?
Ainsi donc au besoin ton courage s'abat [4] !

D. RODRIGUE.

Je cours à mon supplice, et non pas au combat ;

---

[1] Corneille avait mis d'abord :
> Mon amour vous le doit, mon cœur qui soupire
> N'ose sans votre aveu sortir de votre empire.

« Cette expression, disait judicieusement l'Académie, est imparfaite ; il fallait dire qui soupire pour vous : et par le second vers, il semble qu'il demande plutôt permission de changer d'amour que de mourir. »

[2] Ces vers ont été, par une correction heureuse, substitués à ceux-ci :
> J'y cours, et le comte est vengé
> Aussitôt que de vous j'en aurai le congé.

[3] *Désespère* n'a pas besoin de complément. L'Académie est trop scrupuleuse.

[4] *Besoin* a ici le sens de *péril*, et *du* la force de *dans le*. *Au besoin* est une expression consacrée.
> Sa parole se lasse, et le quitte *au besoin*. (Malherbe,)

et Racine, *Athalie*, act. II, sc. VII :
> Dieu laissa-t-il jamais ses enfants *au besoin*

Et ma fidèle ardeur sait bien m'ôter l'envie,
Quand vous cherchez ma mort, de défendre ma vie.
   J'ai toujours même cœur, mais je n'ai point de bras
Quand il faut conserver ce qui ne vous plaît pas ;
Et déjà cette nuit m'aurait été mortelle,
Si j'eusse combattu pour ma seule querelle :
Mais défendant mon roi, son peuple, et mon pays,
A me défendre mal[1] je les aurais trahis.
Mon esprit généreux ne hait pas tant la vie
Qu'il en veuille sortir par une perfidie.
Maintenant qu'il s'agit de mon seul intérêt,
Vous demandez ma mort, j'en accepte l'arrêt ;
Votre ressentiment choisit la main d'un autre,
Je ne méritais pas de mourir de la vôtre :
On ne me verra point en[2] repousser les coups ;
Je dois plus de respect à qui combat pour vous,
Et ravi de penser que c'est de vous qu'ils viennent,
Puisque c'est votre honneur que ses armes soutiennent,
Je vais lui présenter mon estomac ouvert,
Adorant en sa main la vôtre qui me perd.

CHIMÈNE.

Si d'un triste devoir la juste violence,
Qui me fait, malgré moi, poursuivre ta vaillance,
Prescrit à ton amour une si forte loi,
Qu'il te rend sans défense à qui combat pour moi,
En cet aveuglement ne perds pas la mémoire,
Qu'ainsi que de ta vie, il y va de ta gloire,
Et que dans quelque éclat que Rodrigue ait vécu,
Quand on le saura mort on le croira vaincu.
   Ton honneur t'est plus cher que je ne te suis chère,
Puisqu'il trempe tes mains dans le sang de mon père,
Et te fait renoncer malgré ta passion
A l'espoir le plus doux de ma possession :
Je t'en vois cependant faire si peu de compte,
Que sans rendre combat[3] tu veux qu'on te surmonte !
Quelle inégalité ravale ta vertu ?
Pourquoi ne l'as-tu plus, ou pourquoi l'avais-tu ?
Quoi ! n'es-tu généreux que pour me faire outrage ?
S'il ne faut m'offenser n'as-tu point de courage,
Et traites-tu mon père avec tant de rigueur,
Qu'après l'avoir vaincu tu souffres un vainqueur ?

---

  1 Remarquez combien ce tour a plus de force et d'élégance que *en me défendant mal*.

  2 *En* se rapporte grammaticalement à la main de Chimène, mais le sens le renvoie à celle de don Sanche.

  3 *Rendre combat* appartient à Corneille. Racine s'en est servi (*Iph.*, act. IV, sc. IV) :

     Où sont-ils ces combats que vous avez rendus ?

  Nous retrouvons cette expression dans *Nicomède*, act. III, sc. IV :

     Je n'avais contre Attale aucun combat à rendre.

Va, sans vouloir mourir laisse-moi te poursuivre,
Et défends ton honneur, si tu ne veux plus vivre.
D. RODRIGUE.
Après la mort du comte, et les Maures défaits,
Faudrait-il à ma gloire encor d'autres effets?
Elle peut dédaigner le soin de me défendre;
On sait que mon courage ose tout entreprendre,
Que ma valeur peut tout, et que dessous les cieux
Auprès de mon honneur[1] rien ne m'est précieux.
Non, non, en ce combat, quoi que vous veuillez croire
Rodrigue peut mourir sans hasarder sa gloire,
Sans qu'on l'ose accuser d'avoir manqué de cœur,
Sans passer pour vaincu, sans souffrir un vainqueur.
On dira seulement : « Il adorait Chimène;
Il n'a pas voulu vivre, et mériter sa haine;
Il a cédé lui-même à la rigueur du sort
Qui forçait sa maîtresse à poursuivre sa mort;
Elle voulait sa tête, et son cœur magnanime,
S'il l'en eût refusée[2], eût pensé faire un crime.
Pour venger son honneur il perdit son amour,
Pour venger sa maîtresse il a quitté le jour,
Préférant, quelque espoir qu'eût son âme asservie,
Son honneur à Chimène, et Chimène à sa vie. »
Ainsi donc vous verrez ma mort en ce combat,
Loin d'obscurcir ma gloire, en rehausser l'éclat;
Et cet honneur suivra mon trépas volontaire,
Que tout autre que moi n'eût pu vous satisfaire[3].
CHIMÈNE.
Puisque, pour t'empêcher de courir au trépas,
Ta vie et ton honneur sont de faibles appas,
Si jamais je t'aimai, cher Rodrigue, en revanche,
Défends-toi maintenant pour m'ôter à don Sanche;
Combats pour m'affranchir d'une condition
Qui me livre à l'objet de mon aversion.
Te dirai-je encor plus? va, songe à ta défense,
Pour forcer mon devoir, pour m'imposer silence;
Et si tu sens pour moi ton cœur encore épris,
Sors vainqueur d'un combat dont Chimène est le prix[4].
Adieu. Ce mot lâché me fait rougir de honte.

---

1 *Auprès de mon honneur* vaut mieux que *quand mon honneur y va*, solécisme relevé par l'Académie.

2 *S'il l'en eût refusée* est d'un bel effet. *Refuser quelqu'un d'une chose* est un archaïsme dont la poésie peut encore tirer parti.

3 *Satisfaire* est ici l'équivalent de donner satisfaction, venger votre offense.

4 « Ce vers, blâmé par Scudéri, est peut-être le plus beau de la pièce. » (*Voltaire.*) La suprême beauté de ce vers tient à ce qu'il va au delà de la pensée de Chimène. Mais il ne fallait pas moins que cet appât pour sauver Rodrigue. Chimène ne veut pas qu'il l'épouse, mais qu'il vive. Rodrigue doit s'y méprendre aussi bien que le spectateur, et de là la honte de Chimène et sa fuite après ce *mot lâché*.

SCÈNE II.

D. RODRIGUE, seul

Est-il quelque ennemi qu'à présent je ne dompte?
Paraissez, Navarrois [1], Maures, et Castillans,
Et tout ce que l'Espagne a nourri de vaillants;
Unissez-vous ensemble, et faites une armée
Pour combattre une main de la sorte animée;
Joignez tous vos efforts contre un espoir si doux,
Pour en venir à bout c'est trop peu que de vous.

SCÈNE III.

L'INFANTE.

T'écouterai-je [2] encor, respect de ma naissance,
    Qui fais un crime de mes feux?
T'écouterai-je, amour, dont la douce puissance
Contre ce fier tyran fait révolter mes vœux?
    Pauvre princesse, auquel des deux
    Dois-tu prêter obéissance?
Rodrigue, ta valeur te rend digne de moi;
Mais pour être [3] vaillant, tu n'es pas fils de roi.

Impitoyable sort, dont la rigueur sépare
    Ma gloire d'avec mes désirs!
Est-il dit que le choix d'une vertu si rare
Coûte [4] à ma passion de si grands déplaisirs?
    O ciel! à combien de soupirs
    Faut-il que mon cœur se prépare,
Si jamais il n'obtient sur un si long tourment [5]
Ni d'éteindre l'amour, ni d'accepter l'amant?

---

1 « Je ne sais pourquoi on supprime ce morceau dans les représentations. *Paraissez, Navarrois*, était passé en proverbe, et c'est pour cela même qu'il faut réciter ces vers. Cet enthousiasme de valeur et d'espérance messied-il au Cid encouragé par sa maîtresse? » (*Voltaire.*)

2 *T'écouterai-je.* L'infante peut écouter ce que bon lui semble, mais pour elle, au point où en est l'action, on ne l'écoutera guères.

3 *Pour être, parce que tu es.* Corneille dira dans le même sens, *Cinna,* act. III, sc. IV.

    Pour être plus qu'un roi, tu te crois quelque chose

4 *Coûte* est au subjonctif.

5 *Obtenir sur;* obtenir *de :* s'il ne tire d'un si long tourment l'avantage de, etc.

Mais c'est trop de scrupule, et ma raison s'étonne
 Du mépris d'un si digne choix :
Bien qu'aux monarques seuls ma naissance me donne,
Rodrigue, avec honneur je vivrai sous tes lois ;
 Après avoir vaincu deux rois,
 Pourrais-tu manquer de couronne?
Et ce grand nom de Cid que tu viens de gagner
Ne fait-il pas trop voir sur qui tu dois régner?

Il est digne de moi, mais il est à Chimène ;
 Le don que j'en ai fait le nuit.
Entre eux la mort d'un père a si peu mis de haine,
Que le devoir du sang à regret le poursuit :
 Ainsi n'espérons aucun fruit
 De son crime, ni de ma peine,
Puisque, pour me punir, le destin a permis
Que l'amour dure même entre deux ennemis [1].

SCÈNE IV.

L'INFANTE, LÉONOR.

L'INFANTE.

Où viens-tu, Léonor ?
   LÉONOR.
    Vous applaudir, madame,
Sur le repos qu'enfin a retrouvé votre âme.
   L'INFANTE.
D'où viendrait ce repos dans un comble d'ennui?
   LÉONOR.
Si l'amour vit d'espoir, et s'il meurt avec lui,
Rodrigue ne peut plus charmer votre courage [2] :

---

[1] Ces stances sont faiblement écrites, et le rhythme manque d'harmonie : qu'on les compare avec celles de Rodrigue au premier acte. Quelle différence!

[2] *Courage* est pris ici dans le sens de cœur, qu'il a longtemps conservé. Corneille l'emploie souvent ainsi, comme, par exemple, dans la *Suivante*, act. III, sc. IV :
   L'air de votre visage
 Témoigne un déplaisir caché dans le courage.

Et encore dans *Polyeucte* :
  Vous pouvez espérer qu'il change de courage.

Ainsi La Fontaine (liv. IX, f. II) :
   Au moins que les travaux,
  Les dangers, les soins du voyage,
  Changent un peu votre courage.

Et Voltaire (*Épître à Desmahis*) :
   Je vous en dirais davantage
   Contre ce mal de la raison
   Que je hais d'un si bon courage.

Vous savez le combat où Chimène l'engage ;
Puisqu'il faut qu'il y meure, ou qu'il soit son mari,
Votre espérance est morte, et votre esprit guéri.
L'INFANTE.
Ah, qu'il s'en faut encor !
LÉONOR.
Que pouvez-vous prétendre ?
L'INFANTE.
Mais plutôt quel espoir me pourrais-tu défendre ?
Si Rodrigue combat sous ces conditions,
Pour en rompre l'effet j'ai trop d'inventions ;
L'amour, ce doux auteur de mes cruels supplices,
Aux esprits des amants apprend trop d'artifices.
LÉONOR.
Pourrez-vous quelque chose après qu'un père mort
N'a pu dans leurs esprits allumer de discord ?
Car Chimène aisément montre par sa conduite
Que la haine aujourd'hui ne fait pas sa poursuite.
Elle obtient un combat, et pour son combattant,
C'est le premier offert qu'elle accepte à l'instant.
Elle n'a point recours à ces mains généreuses
Que tant d'exploits fameux rendent si glorieuses ;
Don Sanche lui suffit, et mérite son choix,
Parce qu'il va s'armer pour la première fois :
Elle aime en ce duel son peu d'expérience,
Comme il est sans renom, elle est sans défiance :
Et sa facilité vous doit bien faire voir ¹
Qu'elle cherche un combat qui force son devoir,
Qui livre à son Rodrigue une victoire aisée,
Et l'autorise enfin à paraître apaisée.
L'INFANTE.
Je le remarque assez ; et toutefois mon cœur
A l'envi de Chimène adore ce vainqueur.
A quoi me résoudrai-je, amante infortunée ?
LÉONOR.
A vous mieux souvenir de qui vous êtes née ;
Le ciel vous doit un roi, vous aimez un sujet.
L'INFANTE.
Mon inclination a bien changé d'objet.
Je n'aime plus Rodrigue un simple gentilhomme,
Non, ce n'est plus ainsi que mon amour le nomme :
Si j'aime, c'est l'auteur de tant de beaux exploits,
C'est le valeureux Cid, le maître de deux rois.
  Je me vaincrai pourtant, non de peur d'aucun blâme
Mais pour ne troubler pas une si belle flamme ;
Et quand pour m'obliger on l'aurait couronné,
Je ne veux point reprendre un bien que j'ai donné.
Puisqu'en un tel combat sa victoire est certaine,
Allons encore un coup le donner à Chimène.

1 *Var*, Un tel choix et si prompt, vous doit bien faire voix.

Et toi, qui vois les traits dont mon cœur est percé,
Viens me voir achever comme j'ai commencé.

SCÈNE V.
CHIMÈNE, ELVIRE.

CHIMÈNE.

Elvire, que je souffre! et que je suis à plaindre.
Je ne sais qu'espérer, et je vois tout à craindre.
Aucun vœu ne m'échappe où[1] j'ose consentir,
Je ne souhaite rien sans un prompt repentir;
A deux rivaux pour moi je fais prendre les armes,
Le plus heureux succès me coûtera des larmes,
Et quoi qu'en ma faveur en ordonne le sort,
Mon père est sans vengeance, ou mon amant est mort.

ELVIRE.

D'un et d'autre côté je vous vois soulagée;
Ou vous avez Rodrigue, ou vous êtes vengée :
Et quoi que le destin puisse ordonner de vous,
Il soutient votre gloire, et vous donne un époux.

CHIMÈNE.

Quoi! l'objet de ma haine, ou bien de ma colère!
L'assassin de Rodrigue, ou celui de mon père!
De tous les deux côtés on me donne un mari
Encor tout teint du sang que j'ai le plus chéri.
De tous les deux côtés mon âme se rebelle,
Je crains plus que la mort la fin de ma querelle;
Allez vengeance, amour, qui troublez mes esprits,
Vous n'avez point pour moi de douceurs à ce prix.
Et toi, puissant moteur du destin qui m'outrage,
Termine ce combat sans aucun avantage,
Sans faire aucun des deux ni vaincu, ni vainqueur.

ELVIRE.

Ce serait vous traiter avec trop de rigueur.
Ce combat pour votre âme est un nouveau supplice,
S'il vous laisse obligée à demander justice,
A témoigner toujours ce haut ressentiment,
Et poursuivre toujours la mort de votre amant.
Madame, il vaut bien mieux que sa rare vaillance
Lui couronnant le front, vous impose silence,
Que la loi du combat étouffe vos soupirs,
Et que le roi vous force à suivre vos désirs.

---

[1] *Où*, auquel. *Où*, qui n'est plus dans l'usage habituel qu'un adverbe de lieu, est dans Corneille, Molière et Racine adverbe pronominal. Voltaire en offre quelques exemples. On y revient de nos jours. Nos anciens n'avaient sur ce point aucun scrupule, et Malherbe dit sans hésiter et sans crainte de n'être pas compris : « Caliste, *où* pensez-vous? » pour : *à quoi* pensez-vous?

CHIMÈNE.
Quand il sera vainqueur, crois-tu que je me rende?
Mon devoir est trop fort, et ma perte trop grande
Et ce n'est pas assez pour leur faire la loi
Que celle du combat, et le vouloir du roi.
Il peut vaincre don Sanche avec fort peu de peine,
Mais non pas avec lui la gloire[1] de Chimène,
Et, quoi qu'à sa victoire un monarque ait promis,
Mon honneur lui fera mille autres ennemis[2].

ELVIRE.
Gardez, pour vous punir de cet orgueil étrange,
Que le ciel à la fin ne souffre qu'on vous venge.
Quoi! vous voulez encor refuser le bonheur
De pouvoir maintenant vous taire avec honneur!
Que prétend ce devoir, et qu'est-ce qu'il espère?
La mort de votre amant vous rendra-t-elle un père?
Est-ce trop peu pour vous que d'un coup de malheur?
Faut-il perte sur perte, et douleur sur douleur?
Allez, dans le caprice où votre humeur s'obstine,
Vous ne méritez pas l'amant qu'on vous destine,
Et nous verrons du ciel l'équitable courroux
Vous laisser par sa mort don Sanche pour époux.

CHIMÈNE.
Elvire, c'est assez des peines que j'endure,
Ne les redouble point par ce funeste augure :
Je veux, si je le puis, les éviter tous deux,
Sinon en ce combat Rodrigue a tous mes vœux.
Non qu'une folle ardeur de son côté me penche[3];
Mais, s'il était vaincu, je serais à don Sanche :
Cette appréhension fait naître mon souhait.
Que vois-je? malheureuse! Elvire, c'en est fait.

SCÈNE VI.

D. SANCHE, CHIMÈNE, ELVIRE.

D. SANCHE.
Madame, à vos genoux j'apporte cette épée....
CHIMÈNE.
Quoi! du sang de Rodrigue encor toute trempée[4]!
Perfide, oses-tu bien te montrer à mes yeux,

---

1 *Gloire* dans le sens de fierté.
2 Ainsi Chimène ne promettait pas sincèrement ce que le vers fameux
Sors vainqueur d'un combat où Chimène est le prix
semblait promettre.
3 *Pencher* est pris dans le sens actif, et devient l'équivalent de *me fait pencher*.
4 Vers répété. Il se trouve déjà act. III, sc. IV, p. 59.

Après m'avoir ôté ce que j'aimais le mieux ?
Éclate, mon amour, tu n'as plus rien à craindre,
Mon père est satisfait, cesse de te contraindre.
Un même coup a mis ma gloire en sûreté,
Mon âme au désespoir, ma flamme en liberté.

D. SANCHE.

D'un esprit plus rassis...

CHIMÈNE.

Tu me parles encore,
Exécrable assassin d'un héros que j'adore !
Va, tu l'as pris en traître[1] ; un guerrier si vaillant
N'eût jamais succombé sous un tel assaillant.
N'espère rien de moi, tu ne m'as point servie ;
En croyant me venger, tu m'as ôté la vie.

D. SANCHE.

Étrange impression, qui, loin de m'écouter...

CHIMÈNE.

Veux-tu que de sa mort je t'écoute vanter ?
Que j'entende à loisir avec quelle insolence
Tu peindras son malheur, mon crime et ta vaillance[2] ?

SCÈNE VII.

D. FERNAND, D. DIÈGUE, D. ARIAS, D. SANCHE,
D. ALONSE, CHIMÈNE, ELVIRE.

CHIMÈNE.

Sire, il n'est plus besoin de vous dissimuler
Ce que tous mes efforts ne vous ont pu céler.

---

1 Cet hémistiche est d'une grande beauté.
2 Après ces vers se trouvaient, dans la première édition, les suivants que Corneille a supprimés, parce qu'ils prolongent outre mesure la méprise de Chimène :

ELVIRE.
Mais, madame, écoutez.
CHIMÈNE.
Que veux-tu que j'écoute ?
Après ce que je vois, puis-je être encore en doute ?
J'obtiens, pour mon malheur, ce que j'ai demandé
Et ma juste poursuite a trop bien succédé.
Pardonne, cher amant, à sa rigueur sanglante
Songe que je suis fille aussi bien comme amante
Si j'ai vengé mon père aux dépens de ton sang,
Du mien, pour te venger, j'épuiserai mon flanc.
Mon âme désormais n'a rien qui la retienne ;
Elle ira recevoir ce pardon de la tienne.
Et toi, qui me prétends acquérir par sa mort,
Ministre déloyal de mon rigoureux sort,
N'espère rien de moi.

La scène se terminait d'abord par les quatre vers suivants, qui ne se trouvent que dans les premières éditions :

Qu'à tes yeux ce récit tranche mes tristes jours !
Va, va, je mourrai bien sans ce cruel secours.
Abandonne mon âme au mal qui la possède
Pour venger mon amant je ne veux point qu'on m'aide.

J'aimais, vous l'avez su, mais pour venger mon père
j'ai bien voulu proscrire une tête si chère :
Votre majesté, sire, elle-même a pu voir
Comme j'ai fait céder mon amour au devoir:
Enfin Rodrigue est mort, et sa mort m'a changée
D'implacable ennemie en amante affligée :
J'ai dû cette vengeance à qui m'a mise au jour;
Et je dois maintenant ces pleurs à mon amour.
Don Sanche m'a perdue en prenant ma défense,
Et du bras qui me perd je suis la récompense !
　Sire, si la pitié peut émouvoir un roi,
De grâce, révoquez une si dure loi ;
Pour prix d'une victoire où je perds ce que j'aime,
Je lui laisse mon bien, qu'il me laisse à moi-même,
Qu'en un cloître sacré je pleure incessamment
Jusqu'au dernier soupir mon père et mon amant[1].

　　　　　　D. DIÈGUE.
Enfin elle aime, sire, et ne croit plus un crime
D'avouer par sa bouche un amour légitime.

　　　　　　D. FERNAND.
Chimène, sors d'erreur, ton amant n'est pas mort,
Et don Sanche vaincu t'a fait un faux rapport.

　　　　　　D. SANCHE.
Sire, un peu trop d'ardeur malgré moi l'a déçue ;
Je venais du combat lui raconter l'issue.
Ce généreux guerrier dont son cœur est charmé,
« Ne crains rien, m'a-t-il dit quand il m'a désarmé ;
Je laisserais plutôt la victoire incertaine,
Que de répandre un sang hasardé pour Chimène :
Mais puisque mon devoir m'appelle auprès du roi[2],
Va de notre combat l'entretenir pour moi,
De la part du vainqueur lui porter ton épée. »
Sire, j'y suis venu cet objet l'a trompée
Elle m'a cru vainqueur me voyant de retour,
Et soudain sa colère a trahi son amour,
Avec tant de transport et tant d'impatience,
Que je n'ai pu gagner un moment d'audience.
Pour moi, bien que vaincu, je me répute heureux ;
Et, malgré l'intérêt de mon cœur amoureux,
Perdant infiniment, j'aime encore ma défaite,
Qui fait le beau succès d'une amour si parfaite.

　　　　　　D. FERNAND.
Ma fille, il ne faut point rougir d'un si beau feu,

---

[1] 　　« Contentose con mi hacienda,
　　　Que mi persona, señor.
　　　Llevorala á un monasterio. »

« Qu'il se contente de mon bien, et que ma personne, seigneur, je puisse l'enfermer dans un cloître. »

[2] Quel était ce devoir, et, s'il était si pressant, pourquoi Rodrigue n'est-il pas encore auprès du roi, et n'arrive-t-il qu'à la scène suivante ? On voit trop l'artifice du poëte pour ménager une surprise qui achève de montrer toute la passion de Chimène.

Ni chercher les moyens d'en faire un désaveu ;
Une louable honte en vain t'en sollicite ;
Ta gloire est dégagée, et ton devoir est quitte ;
Ton père est satisfait ; et c'était le venger
Que mettre tant de fois ton Rodrigue en danger.
Tu vois comme le ciel autrement en dispose ;
Ayant tant fait pour lui, fais pour toi quelque chose,
Et ne sois point rebelle à mon commandement,
Qui te donne un époux aimé si chèrement.

SCÈNE VIII.

D. FERNAND, D. DIÈGUE, D. ARIAS, D. RODRIGUE,
D. ALONSE, D. SANCHE, L'INFANTE, CHIMÈNE,
LÉONOR, ELVIRE.

L'INFANTE.
Sèche tes pleurs, Chimène, et reçois sans tristesse
Ce généreux vainqueur des mains de ta princesse [1].

D. RODRIGUE.
Ne vous offensez point, sire, si devant vous
Un respect amoureux me jette à ses genoux.
Je ne viens point ici demander ma conquête ;
Je viens tout de nouveau vous apporter ma tête [2],
Madame ; mon amour n'emploiera point pour moi
Ni la loi du combat, ni le vouloir du roi.
Si tout ce qui s'est fait est trop peu pour un père,
Dites par quels moyens il vous faut satisfaire.
Faut-il combattre encor mille et mille rivaux,
Aux deux bouts de la terre étendre mes travaux,
Forcer moi seul un camp, mettre en fuite une armée,
Des héros fabuleux passer la renommée ?
Si mon crime par là se peut enfin laver,
J'ose tout entreprendre, et puis tout achever [3].
Mais si ce fier honneur toujours inexorable
Ne se peut apaiser sans la mort du coupable,
N'armez plus contre moi le pouvoir des humains,
Ma tête est à vos pieds, vengez-vous par vos mains.
Vos mains seules ont droit de vaincre un invincible [4] ;

1 L'infante fait, comme don Sanche, de nécessité vertu.

2 Voltaire remarque avec raison que cette tête de Rodrigue est trop souvent offerte. Ici l'offre touche au comique. Chimène a perdu le droit de la prendre, et le roi n'en a jamais eu l'envie.

3 Ce passage est hyperbolique. La grandeur se fausse par l'excès. Corneille avait touché la limite héroïque dans *Paraissez, Navarrois* ; ici il la dépasse.

4 Racine a affaibli cette belle antithèse dans le passage suivant de *Britannicus* : act. III, sc. VI :

Pour exciter Néron par la gloire pénible
De vaincre une fierté jusqu'alors invincible.

Prenez une vengeance à tout autre impossible.
Mais, du moins, que ma mort suffise à me punir ;
Ne me bannissez point de votre souvenir ;
Et, puisque mon trépas conserve votre gloire,
Pour vous en revancher conservez ma mémoire,
Et dites quelquefois, en déplorant mon sort :
« S'il ne m'avait aimée, il ne serait pas mort [1]. »

CHIMENE.

Relève-toi, Rodrigue. Il faut l'avouer, sire,
Je vous en ai trop dit pour m'en pouvoir dédire ;
Rodrigue a des vertus que je ne puis haïr ;
Et quand un roi commande, on lui doit obéir.
Mais à quoi que déjà vous m'ayez condamnée,
Pourrez-vous à vos yeux souffrir cet hyménée [2] ?
Et quand de mon devoir vous voulez cet effort,
Toute votre justice en est-elle d'accord ?
Si Rodrigue à l'État devient si nécessaire,
De ce qu'il fait pour vous dois-je être le salaire,
Et me livrer moi-même au reproche éternel
D'avoir trempé mes mains dans le sang paternel [3] ?

D. FERNAND.

Le temps assez souvent a rendu légitime
Ce qui semblait d'abord ne se pouvoir sans crime.
Rodrigue t'a gagnée, et tu dois être à lui ;
Mais quoique sa valeur t'ait conquise aujourd'hui,
Il faudrait que je fusse ennemi de ta gloire
Pour lui donner sitôt le prix de sa victoire.
Cet hymen différé ne rompt point une loi
Qui, sans marquer de temps, lui destine ta foi :
Prends un an, si tu veux, pour essuyer tes larmes.
  Rodrigue, cependant il faut prendre les armes.
Après avoir vaincu les Maures sur nos bords,

---

  1 Cette fin est bien langoureuse. Ce sont des vers de *Pastor Fido* après des vers de Capitan.

  2 Ces vers sont une correction. Corneille les a substitués à ceux-ci :

> Sire, quelle apparence à ce triste hyménée,
> Qu'un même jour commence et finisse mon deuil,
> Mette en mon lit Rodrigue et mon père au cercueil.
> C'est trop d'intelligence avec son homicide,
> Vers ses mânes sacrés, c'est me rendre perfide,
> Et souiller mon honneur du reproche éternel
> D'avoir trempé mes mains dans le sang paternel.

Ces vers sont beaux, mais ils présentaient avec trop de force les arguments qui devaient écarter, non pas pour quelque temps, mais pour toujours l'alliance de Chimène et de Rodrigue. On peut remarquer, ici comme ailleurs, que les changements auxquels Corneille s'est décidé de son propre mouvement sont plus heureux que les corrections qui lui ont été suggérées.

  3 « Il semble que ces derniers beaux vers que dit Chimène la justifient entièrement. Elle n'épouse pas le Cid, elle fait même des remontrances au roi. J'avoue que je ne conçois pas comment on a pu l'accuser d'indécence, au lieu de la plaindre et de l'admirer. » (*Voltaire.*)

Renversé leurs desseins, repoussé leurs efforts,
Va jusqu'en leur pays leur reporter la guerre,
Commander mon armée, et ravager leur terre.
A ce seul nom de Cid ils trembleront d'effroi,
Ils t'ont nommé seigneur, et te voudront pour roi.
Mais parmi tes hauts faits sois-lui toujours fidèle ;
Reviens-en, s'il se peut, encor plus digne d'elle ;
Et par tes grands exploits fais-toi si bien priser,
Qu'il lui soit glorieux alors de t'épouser.

D. RODRIGUE.

Pour posséder Chimène, et pour votre service,
Que peut-on m'ordonner que mon bras n'accomplisse ?
Quoi qu'absent de ses yeux il me faille endurer,
Sire, ce m'est trop d'heur de pouvoir espérer.

D. FERNAND.

Espère en ton courage, espère en ma promesse ;
Et, possédant déjà le cœur de ta maîtresse,
Pour vaincre un point d'honneur qui combat contre toi,
Laisse faire le temps, ta vaillance et ton roi[1].

---

[1] « Ce dernier vers, à mon avis, sert à justifier Corneille. Comment pouvait-on dire que Chimène était une fille dénaturée, quand le roi lui-même n'espère rien, pour Rodrigue, que du temps, de sa protection et de la valeur de ce héros. » (*Voltaire*.)

FIN.

EXAMEN DU CID.

Ce poëme a tant d'avantages du côté du sujet et des pensées brillantes dont il est semé, que la plupart de ses auditeurs n'ont pas voulu voir les défauts de sa conduite, et ont laissé enlever leurs suffrages au plaisir que leur a donné sa représentation. Bien que ce soit celui de tous mes ouvrages réguliers où je me suis permis le plus de licence, il passe encore pour le plus beau auprès de ceux qui ne s'attachent pas à la dernière sévérité des règles; et, depuis cinquante ans qu'il tient sa place sur nos théâtres, l'histoire ni l'effort de l'imagination n'y ont rien fait voir qui en ait effacé l'éclat. Aussi a-t-il les deux grandes conditions que demande Aristote aux tragédies parfaites, et dont l'assemblage se rencontre si rarement chez les anciens et chez les modernes; il les assemble même plus fortement et plus noblement que les espèces que pose ce philosophe. Une maîtresse que son devoir force à poursuivre la mort de son amant, qu'elle tremble d'obtenir, a les passions plus vives et plus allumées que tout ce qui peut se passer entre un mari et sa femme, une mère et son fils, un frère et sa sœur; et la haute vertu dans un naturel sensible à ces passions, qu'elle dompte sans les affaiblir, et à qui elle laisse toute leur force pour en triompher plus glorieusement, a quelque chose de plus touchant, de plus élevé et de plus aimable que cette médiocre bonté, capable d'une faiblesse, et même d'un crime, où nos anciens étaient contraints d'arrêter le caractère le plus parfait des rois et des princes dont ils faisaient leurs héros, afin que ces taches et ces forfaits, défigurant ce qu'ils leur laissaient de vertu, s'accommodât[1] au goût et aux souhaits de leurs spectateurs, et

[1] « Sans chercher à justifier l'emploi de ces verbes au singulier, nous ferons remarquer que nous donnons la phrase de Corneille telle qu'elle se trouve dans toutes les éditions publiées de son

fortifiât l'horreur qu'ils avaient conçue de leur domination et de la monarchie.

Rodrigue suit ici son devoir sans rien relâcher de sa passion : Chimène fait la même chose à son tour, sans laisser ébranler son dessein par la douleur où elle se voit abîmée par là ; et si la présence de son amant lui fait faire quelque faux pas, c'est une glissade dont elle se relève à l'heure même : et non-seulement elle connaît si bien sa faute, qu'elle nous en avertit ; mais elle fait un prompt désaveu de tout ce qu'une vue si chère lui a pu arracher. Il n'est point besoin qu'on lui reproche qu'il lui est honteux de souffrir l'entretien de son amant après qu'il a tué son son père, elle avoue que c'est la seule prise que la médisance aura sur elle. Si elle s'emporte jusqu'à lui dire qu'elle veut bien qu'on sache qu'elle l'adore et le poursuit, ce n'est point une résolution si ferme, qu'elle l'empêche de cacher son amour de tout son possible lorsqu'elle est en la présence du roi. S'il lui échappe de l'encourager au combat contre Don Sanche par ces paroles,

Sors vainqueur d'un combat dont Chimène est le prix,

elle ne se contente pas de s'enfuir de honte au même moment ; mais sitôt qu'elle est avec Elvire, à qui elle ne déguise rien de ce qui se passe dans son âme, et que la vue de ce cher objet ne lui fait plus de violence, elle forme un souhait plus raisonnable, qui satisfait sa vertu et son amour tout ensemble, et demande au ciel que ce combat se termine

Sans faire aucun des deux ni vaincu ni vainqueur.

Si elle ne dissimule point qu'elle penche du côté de Rodrigue, de peur d'être à Don Sanche, pour qui elle a de l'aversion, cela ne détruit point la protestation

---

vivant. » (*Aimé-Martin.*) Voltaire a mis ces verbes au pluriel pensant faire une heureuse correction. Il est plus vraisemblable que le trouble de cette phrase tient à l'omission du pronom *elle* qui devait se trouver devant *s'accommodât*, tout en se rapportant à *médiocre bonté*. Cette restitution ne laisse plus subsister qu'un certain enchevêtrement des membres de la période qui n'est pas incompatible avec les habitudes de la prose de Corneille.

qu'elle a faite un peu auparavant que, malgré la loi de ce combat, et les promesses que le roi a faites à Rodrigue, elle lui fera mille autres ennemis, s'il en sort victorieux. Ce grand éclat même qu'elle laisse faire à son amour après qu'elle le croit mort, est suivi d'une opposition vigoureuse à l'exécution de cette loi qui la donne à son amant; et elle ne se tait qu'après que le roi l'a différée, et lui a laissé lieu d'espérer qu'avec le temps il y pourra survenir quelque obstacle. Je sais bien que le silence passe d'ordinaire pour une marque de consentement; mais quand les rois parlent, c'en est une de contradiction : on ne manque jamais à leur applaudir quand on entre dans leurs sentiments; et le seul moyen de leur contredire avec le respect qui leur est dû, c'est de se taire, quand leurs ordres ne sont pas si pressants qu'on ne puisse remettre à s'excuser de leur obéir lorsque le temps en sera venu, et conserver cependant une espérance légitime d'un empêchement qu'on ne peut encore déterminément prévoir.

Il est vrai que, dans ce sujet, il faut se contenter de tirer Rodrigue de péril, sans le pousser jusqu'à son mariage avec Chimène. Il est historique, et a plu en son temps; mais bien sûrement il déplairait au nôtre; et j'ai peine à voir que Chimène y consente chez l'auteur espagnol, bien qu'il donne plus de trois ans de durée à la comédie qu'il en a faite. Pour ne pas contredire l'histoire, j'ai cru ne me pouvoir dispenser d'en jeter quelque idée, mais avec incertitude de l'effet : et ce n'était que par là que je pouvais accorder la bienséance du théâtre avec la vérité de l'événement.

Les deux visites que Rodrigue fait à sa maîtresse ont quelque chose qui choque cette bienséance de la part de celle qui les souffre; la rigueur du devoir voulait qu'elle refusât de lui parler, et s'enfermât dans son cabinet au lieu de l'écouter : mais permettez-moi de dire, avec un des premiers esprits de notre siècle : « Que leur conversation est remplie de si beaux sentiments, que plusieurs n'ont pas connu ce défaut, et que ceux qui l'ont connu l'ont toléré. » J'irai plus outre, et dirai que presque tous ont souhaité que ces entretiens se fissent; et j'ai remarqué aux premières représentations qu'alors que ce malheureux amant se présentait devant elle, il s'élevait un certain frémissement dans l'assemblée, qui marquait une curiosité merveilleuse, et un redoublement d'attention pour ce qu'ils avaient à se dire dans un état si pitoyable. Aristote dit « qu'il y a des absurdités qu'il faut laisser dans un poëme, quand on peut espérer qu'elles seront bien reçues; et il est du devoir du poëte, en ce cas, de les couvrir de tant de brillants, qu'elles puissent éblouir. » Je laisse au jugement de mes auditeurs si je me suis assez bien acquitté de ce devoir pour justifier par là ces deux scènes. Les pensées de la première des deux sont quelquefois trop spirituelles pour partir de personnes fort affligées; mais, outre que je n'ai fait que la paraphraser de l'espagnol, si nous ne nous permettions quelque chose de plus ingénieux que le cours ordinaire de la passion, nos poëmes ramperaient souvent, et les grandes douleurs ne mettraient dans la bouche de nos acteurs que des exclamations et des hélas. Pour ne déguiser rien, cette offre que fait Rodrigue de son épée à Chimène, et cette protestation de se laisser tuer par Don Sanche, ne me plairaient pas maintenant. Ces beautés étaient de mise en ce temps-là, et ne le seraient plus en celui-ci. La première est dans l'original espagnol, et l'autre est tirée sur ce modèle. Toutes les deux ont fait leur effet en ma faveur; mais je ferais scrupule d'en étaler de pareilles à l'avenir sur notre théâtre.

J'ai dit ailleurs ma pensée touchant l'infante et le roi; il reste néanmoins quelque chose à examiner sur la manière dont ce dernier agit, qui ne paraît pas assez vigoureuse, en ce qu'il ne fait pas arrêter le comte après le soufflet donné, et n'envoie pas des gardes à Don Diègue et à son fils. Sur quoi on peut considérer que Don Fernand étant le premier roi de Castille, et ceux qui en avaient été maîtres auparavant lui n'ayant eu titre que de comtes, il n'était peut-être pas assez absolu sur les grands seigneurs de son royaume pour le pouvoir faire. Chez Don Guillem de Castro, qui a traité ce sujet avant moi, et qui devait connaître mieux que moi quelle était l'autorité de ce premier monarque de son pays, le soufflet se donne en sa présence et en celle de deux ministres d'État, qui lui conseillent, après que le comte s'est retiré fièrement et avec bravade, et que Don Diègue a fait la même chose en soupirant, de ne le pousser point à bout, parce qu'il a quantité d'amis dans les Asturies qui se pourraient révolter, et prendre parti avec les Maures dont son État est environné : ainsi il se résout d'accommoder l'affaire sans bruit, et recommande le secret à ces deux ministres, qui ont été seuls témoins de l'action. C'est sur cet exemple que je me suis cru bien fondé à le faire agir plus mollement qu'on ne ferait en ce temps-ci, où l'autorité royale est plus absolue. Je ne pense pas non plus qu'il fasse une faute bien grande de ne jeter point l'alarme, de nuit, dans sa ville, sur l'avis incertain qu'il a du dessein des Maures, puisqu'on faisait bonne garde sur les murs et sur le port; mais il est inexcusable de n'y donner aucun ordre après leur arrivée, et de laisser tout faire à Rodrigue. La loi du combat, qu'il propose à Chimène avant que de le permettre à Don Sanche contre Rodrigue, n'est pas si injuste que quelques-uns ont voulu le dire, parce qu'elle est plutôt une menace pour la faire dédire de la demande de ce combat, qu'un arrêt qu'il lui veuille faire exécuter. Cela paraît en ce qu'après la victoire de Rodrigue il n'en exige pas précisément l'effet de sa parole, et la laisse en état d'espérer que cette condition n'aura point de lieu.

Je ne puis dénier que la règle des vingt et quatre heures presse trop les incidents de cette pièce. La mort du comte et l'arrivée des Maures s'y pouvaient entre-suivre d'aussi près qu'elles font, parce que cette arrivée est une surprise qui n'a point de communication, ni de mesures à prendre avec le reste ; mais il n'en va pas ainsi du combat de Don Sanche, dont le roi était le maître, et pouvait lui choisir un autre temps que deux heures après la fuite des Maures. Leur défaite avait assez fatigué Rodrigue toute la nuit pour mériter deux ou trois jours de repos; et même il y avait quelque apparence qu'il n'en était pas échappé sans blessures, quoique je n'en aie rien dit, parce qu'elles n'auraient fait que nuire à la conclusion de l'action.

Cette même règle presse aussi trop Chimène de demander justice au roi la seconde fois. Elle l'avait fait le soir d'auparavant, et n'avait aucun sujet d'y retourner le lendemain matin pour en importuner le roi, dont elle n'avait encore aucun lieu de se plaindre, puisqu'elle ne pouvait encore dire qu'il lui eût manqué de promesse. Le roman lui aurait donné sept ou huit jours de patience avant que de l'en presser de nouveau ; mais les vingt et quatre heures ne l'ont pas permis : c'est l'incommodité de la règle. Passons à celle de l'unité de lieu, qui ne m'a pas donné moins de gêne en cette pièce.

Je l'ai placé dans Séville, bien que Don Fernand n'en ait jamais été le maître ; et j'ai été obligé à cette falsification, pour former quelque vraisemblance à la descente des Maures, dont l'armée ne pouvait venir si vite par terre que par eau. Je ne voudrais pas assurer toutefois que le flux de la mer monte effectivement jusque-là ; mais, comme dans notre Seine, il fait encore plus de chemin qu'il lui en faut faire sur le Gudalquivir pour battre les murailles de cette ville, cela peut suffire à fonder quelque brobabilité parmi nous, pour ceux qui n'ont point été sur le lieu même.

Cette arrivée des Maures ne laisse pas d'avoir ce défaut que j'ai remarqué ailleurs, qu'ils se présentent d'eux-mêmes, sans être appelés dans la pièce directement ni indirectement par aucun acteur du premier acte. Ils ont plus de justesse dans l'irrégularité de l'auteur espagnol. Rodrigue, n'osant plus se montrer à la cour, les va combattre sur la frontière, et ainsi le premier acteur les va chercher, et leur donne place dans le poëme ; au contraire de ce qui arrive ici, où ils semblent se venir faire de fête exprès pour en être battus, et lui donner moyen de rendre à son roi un service d'importance qui lui fasse obtenir sa grâce. C'est une seconde incommodité de la règle dans cette tragédie.

Tout s'y passe donc dans Séville, et garde ainsi quelque espèce d'unité de lieu en général ; mais le lieu particulier change de scène, et tantôt c'est le palais du roi, tantôt l'appartement de l'infante, tantôt la maison de Chimène, et tantôt une rue ou place publique. On le détermine aisément pour les scènes détachées; mais pour celles qui ont leur liaison ensemble, comme les quatre dernières du premier acte, il est malaisé d'en choisir un qui convienne à toutes. Le comte et Don Diègue se querellent au sortir du palais; cela se peut passer dans une rue; mais, après le soufflet reçu, Don Diègue ne peut pas demeurer en cette rue à faire ses plaintes, attendant que son fils survienne, qu'il ne soit tout aussitôt environné de peuple, et ne reçoive l'offre de quelques amis. Ainsi il serait plus à propos qu'il se plaignît dans sa maison, où le met l'espagnol, pour laisser aller ses sentiments en liberté; mais, en ce cas, il faudrait délier les chaînes comme il a fait. En l'état où elles sont ici, on peut dire qu'il faut quelquefois aider au théâtre, et suppléer favorablement ce qui ne s'y peut représenter. Deux personnes s'y arrêtent pour parler, et quelquefois il faut présumer qu'ils marchent; ce qu'on ne peut exposer sensiblement à la vue, parce qu'ils échapperaient aux yeux avant que d'avoir pu dire ce qu'il est nécessaire qu'ils fassent savoir à l'auditeur. Ainsi, par une fiction de théâtre, on peut s'imaginer que Don Diègue et le comte, sortant du palais du roi, avancent toujours en se querellant, et sont arrivés devant la maison de ce premier lorsqu'il reçoit le soufflet qui l'oblige à y entrer pour y chercher du secours. Si cette fiction poétique ne vous satisfait point, laissons-le dans la place publique, et disons que le concours du peuple autour de lui après cette offense, et les offres de service que lui font les premiers amis qui s'y rencontrent, sont des circonstances que le roman ne doit pas oublier; mais que ces menues actions ne servant de rien à la principale, il n'est pas besoin que le poëte s'en embarrasse sur la scène. Horace l'en dispense par ces vers :

Hoc amet, hoc spernat promissi carminis auctor;
Pleraque negligat.

Et ailleurs,

Semper ad eventum festinat.

C'est ce qui m'a fait négliger, au troisième acte, de donner à Don Diègue, pour aide à chercher son fils, aucun des cinq cents amis qu'il avait chez lui. Il y a grande apparence que quelques-uns d'eux l'y accompagnaient, et même que quelques autres le cherchaient pour lui d'un autre côté ; mais ces accompagnements inutiles de personnes qui n'ont rien à dire, puisque celui qu'ils accompagnent a seul tout l'intérêt à l'action, ces sortes d'accompagnements, dis-je, ont toujours mauvaise grâce au théâtre, et d'autant plus que les comédiens n'emploient à ces personnages muets que leurs moucheurs de chandelles et leurs valets, qui ne savent quelle posture tenir.

Les funérailles du comte étaient encore une chose fort embarrassante, soit qu'elles se soient faites avant la fin de la pièce, soit que le corps ait demeuré en présence dans son hôtel, attendant qu'on y donnât ordre. Le moindre mot que j'en eusse laissé dire, pour en prendre soin, eût rompu toute la chaleur de l'attention, et rempli l'auditeur d'une fâcheuse idée. J'ai cru plus à propos de les dérober à son imagination par mon silence, aussi bien que le lieu précis de ces quatre scènes du premier acte dont je viens de parler ; et je m'assure que cet artifice m'a si bien réussi, que peu de personnes ont pris garde à l'un ni à l'autre, et que la plupart des spectateurs, laissant emporter leurs esprits à ce qu'ils ont vu et entendu de pathétique en ce poëme, ne se sont point avisés de réfléchir sur ces deux considérations.

J'achève par une remarque sur ce que dit Horace, que ce qu'on expose à la vue touche bien plus que ce qu'on n'apprend que par un récit[1].

C'est sur quoi je me suis fondé pour faire voir le soufflet que reçoit Don Diègue, et cacher aux yeux la

---

[1] *Segnius irritant animos demissa per aurem,*
Quam quæ sunt oculis subjecta fidelibus.
De Arte poetica, v. 180.

mort du comte, afin d'acquérir et conserver à mon premier acteur l'amitié des auditeurs, si nécessaire pour réussir au théâtre. L'indignité d'un affront fait à un vieillard chargé d'années et de victoires, les jette aisément dans le parti de l'offensé; et cette mort, qu'on vient dire au roi tout simplement sans aucune narration touchante, n'excite point en eux la commisération qu'y eût fait naître le spectacle de son sang, et ne leur donne aucune aversion pour ce malheureux amant, qu'ils ont vu forcé, par ce qu'il devait à son honneur, d'en venir à cette extrémité, malgré l'intérêt et la tendresse de son amour.

FIN DE L'EXAMEN DU CID.

HORACE

TRAGÉDIE

1639

A MONSEIGNEUR

LE CARDINAL DUC DE RICHELIEU.

Monseigneur,

Je n'aurais jamais eu la témérité de présenter à votre Éminence ce mauvais portrait d'Horace, si je n'eusse considéré qu'après tant de bienfaits que j'ai reçus d'elle, le silence où mon respect m'a retenu jusqu'à présent passerait pour ingratitude, et que, quelque juste défiance que j'aie de mon travail, je dois avoir encore plus de confiance en votre bonté [1]. C'est d'elle que je tiens tout ce que je suis, et ce n'est pas sans rougir que, pour toute reconnaissance, je vous fais un présent si peu digne de vous, et si peu proportionné à ce que je vous dois. Mais, dans cette confusion, qui m'est commune avec tous ceux qui écrivent, j'ai cet avantage qu'on ne peut, sans quelque injustice, condamner mon choix, et que ce généreux Romain, que je mets aux pieds de votre Éminence, eût pu paraître devant elle avec moins de honte, si les forces de l'artisan eussent répondu à la dignité de la matière : j'en ai

---

1 Richelieu, quoiqu'il se fût ligué avec les mauvais poëtes détracteurs du *Cid*, n'en payait pas moins à Corneille une pension de cinq cents écus, dont celui-ci lui savait gré. Toutefois, ses remerciements hyperboliques ne sont pas complétement sincères. Sa préface du *Cid* laisse percer les ressentiments du poëte, et le sonnet qu'on lira un peu plus loin prouve que ces ressentiments survécurent à la mort du ministre.

pour garant l'auteur dont je l'ai tirée [1], qui commence à décrire cette fameuse histoire par ce glorieux éloge, « qu'il n'y a presque aucune chose plus noble dans l'antiquité. » Je voudrais que ce qu'il a dit de l'action se pût dire de la peinture que j'en ai faite, non pour en tirer plus de vanité, mais seulement pour vous offrir quelque chose un peu moins indigne de vous être offert. Le sujet était capable de plus de grâces, s'il eût été traité d'une main plus savante; mais du moins il a reçu de la mienne toutes celles qu'elle était capable de lui donner, et qu'on pouvait raisonnablement attendre d'une muse de province [2] qui, n'étant pas assez heureuse pour jouir souvent des regards de votre Éminence, n'a pas les mêmes lumières à se conduire qu'ont celles qui en sont continuellement éclairées. Et certes, monseigneur, ce changement visible qu'on remarque en mes ouvrages depuis que j'ai l'honneur d'être à votre Éminence, qu'est-ce autre chose qu'un effet des grandes idées qu'elle m'inspire quand elle daigne souffrir que je lui rende mes devoirs; et à quoi peut-on attribuer ce qui s'y mêle de mauvais, qu'aux teintures grossières que je reprends quand je demeure abandonné à ma propre faiblesse? Il faut, monseigneur, que tous ceux qui donnent leurs veilles au théâtre publient hautement avec moi que nous vous avons deux obligations très-signalées : l'une, d'avoir ennobli le but de l'art; l'autre, de nous en avoir facilité les connaissances. Vous avez ennobli le but de l'art, puisque, au

---

[1] Tite Live, l. I, ch. xxiii et suivants. Nous donnons, page 113, ce passage de l'historien.

[2] Corneille habitait ordinairement la ville de Rouen, sa patrie.

lieu de plaire au peuple que nous prescrivent nos maîtres, et dont les deux plus honnêtes gens de leur siècle, Scipion et Lælie, ont autrefois protesté de se contenter¹, vous nous avez donné celui de vous plaire et de vous divertir; et qu'ainsi nous ne rendons pas un petit service à l'État, puisque, contribuant à vos divertissements, nous contribuons à l'entretien d'une santé qui lui est si précieuse et si nécessaire². Vous nous en avez facilité les connaissances, puisque nous n'avons plus besoin d'autre étude pour les acquérir que d'attacher nos yeux sur votre Éminence quand elle honore de sa présence et de son attention le récit de nos poëmes. C'est là que, lisant sur son visage ce qui lui plaît et ce qui ne lui plaît pas, nous nous instruisons avec certitude de ce qui est bon et de ce qui est mauvais, et tirons des règles infaillibles de ce qu'il faut suivre et de ce qu'il faut éviter ; c'est là que j'ai souvent appris en deux heures ce que mes livres n'eussent pu m'apprendre en dix ans; c'est là que j'ai puisé ce qui m'a valu l'applaudissement du public ; et c'est là qu'avec votre faveur j'espère puiser assez pour être un jour une œuvre digne de vos mains. Ne trouvez donc pas mauvais, monseigneur, que, pour vous remercier de ce que j'ai de réputation, dont je vous suis entiè-

---

1 Allusion aux premiers vers du prologue de l'*Andrienne*.

« Poeta, quum primum animum ad scribendum adpulit
Id sibi negoti credidit solum dari,
Populo ut placerent quas fecisset fabulas. »

Corneille exagère ici l'opinion déjà problématique, qui fait de Scipion et de Lælius les collaborateurs de Térence. Sans doute il veut flatter le cardinal-ministre en dépouillant l'affranchi Térence au profit des deux patriciens, ses protecteurs.

2 Richelieu ne s'en portait pas mieux: déjà même il était attaqué de la maladie de langueur, dont il mourut deux ans après la représentation d'*Horace*.

ÉPITRE.

rement redevable, j'emprunte quatre vers d'un autre Horace[1] que celui que je vous présente, et que je vous exprime par eux les plus véritables sentiments de mon ame :

« Totum muneris hoc tui est,
Quod monstror digito prætereuntium
Scenæ non levis artifex :
Quod spiro et placeo, si placeo, tuum est. »

Je n'ajouterai qu'une vérité à celle-ci en vous suppliant de croire que je suis et serai toute ma vie très-passionnément [2],

Monseigneur,

De votre Éminence,

Le très-humble, très-obéissant
et très-fidèle serviteur.

CORNEILLE.

1 Il y a maladresse et faux goût dans ce rapprochement de noms. Le poëte poli du siècle d'Auguste et le héros barbare contemporain de Tullus Hostilius sont bien étonnés de se rencontrer ici.

2 Cette épitre, si elle était sincère, aurait encore l'inconvénient de passer les bornes de la flatterie. Le malheur des temps du despotisme est de pousser à la dissimulation les plus fermes esprits. Ajoutons qu'en 1643, à la mort de Louis XIII, qui ne survécut que six mois à son ministre, le poëte, par une nouvelle et moins excusable faiblesse, fit connaitre ses sentiments véritables en composant le sonnet suivant :

Sous ce marbre repose un monarque sans vice,
Dont la seule bonté déplut aux bons François ;
Ses erreurs, ses écarts, vinrent d'un mauvais choix,
Dont il fut trop longtemps innocemment complice.

L'ambition, l'orgueil, la haine, l'avarice,
Armés de son pouvoir, nous donnèrent des lois ;
Et, bien qu'il fût en soi le plus juste des rois,
Son règne fut toujours celui de l'injustice.

Fier vainqueur au dehors, vil esclave en sa cour,
Son tyran et le nôtre à peine perd le jour,
Que jusque dans sa tombe il le force à le suivre.

Et, par cet ascendant, ses projets confondus,
Après trente-trois ans sur le trône perdus,
Commençant à régner, il a cessé de vivre.

EXTRAIT DE TITE LIVE.

Titus Livius, lib. I, cap. xxiii *et seqq.*

Bellum utrinque summa ope parabatur, civili simillimum bello, prope inter parentes natosque, Trojanam utramque prolem, quum Lavinium ab Troja, ab Lavinio Alba, ab Albanorum stirpe regum oriundi Romani essent. Eventus tamen belli minus miserabilem dimicationem fecit, quod nec acie certatum est, et tectis modo dirutis alterius urbis, duo populi in unum confusi sunt. Albani priores ingenti exercitu in agrum Romanum impetum fecere : castra ab urbe haud plus quinque millia passuum locant, fossa circumdant. Fossa Cluilia ab nomine ducis per aliquot secula appellata est, donec cum re nomen quoque vetustate abolevit. In his castris Cluilius Albanus rex moritur. Dictatorem Albani Metium Suffetium creant. Interim Tullus ferox præcipue morte regis magnumque deorum numen ab ipso capite orsum, in omne nomen Albanum expetiturum pœnas ob bellum impium dictitans, nocte præteritis hostium castris, infesto exercitu in agrum Albanum pergit. Ea res ab stativis excivit Metium; is ducit exercitum quam proxime ad hostem potest, inde legatum præmissum nunciare Tullo jubet, priusquam dimicent, opus esse colloquio : si secum congressus sit, satis scire ea se allaturum, quæ nihilo minus ad rem Romanam, quam ad Albanam pertineant. Haud aspernatus Tullus, tametsi vana afferrentur, suos in aciem ducit ; exeunt contra et Albani. Postquam instructi utrinque stabant, cum paucis procerum in medium duces procedunt. Ibi infit Albanus : « Injurias, et non redditas res ex fœdere quæ repetitæ sunt; et, ego regem nostrum Cluilium causam hujusce esse belli audisse videor, **nec te** dubito, Tulle, eadem præ te ferre. Sed si vera potius quam dictu speciosa dicenda sunt, cupido imperii duos cognatos vicinosque populos ad arma stimulat; neque recte an perperam interpretor, fuerit ista ejus deliberatio qui bellum suscepit : me Albani gerendo bello ducem creavere. Illud te, Tulle, monitum velim : Etrusca res quanta circa nos teque maxime sit, quo propior es Volscis, hoc magis scis : multum illi terra, plurimum mari pollent. Memor esto, jam quum signum pugnæ dabis, has duas acies spectaculo fore, ut fessos confectosque, simul victorem ac victum aggrediantur. Itaque, si nos dii amant, quoniam non contenti libertate certa, in dubiam imperii servitiique aleam imus, ineamus aliquam viam, qua utri utris imperent, sine magna clade, sine multo sanguine utriusque populi decerni possit. » Haud displicet res Tullo, quamquam tum indole animi, tum spe victoriæ ferocior erat. Quærentibus utrinque ratio initur, cui et fortuna ipsa præbuit materiam.

Forte in duobus tum exercitibus erant tergemini fratres, nec ætate, nec viribus dispares. Horatios Curiatiosque fuisse satis constat, NEC FERME RES ANTIQUA ALIA EST NOBILIOR; tamen in re tam clara nominum error manet, utrius populi Horatii, utrius Curiatii fuerint. Auctores utroque trahunt : plures tamen invenio, qui Romanos Horatios vocent : hos ut sequar, inclinat animus. Cum tergeminis agunt reges, ut pro sua quisque patria dimicet ferro ibi imperium fore, unde victoria fuerit. Nihil recusatur, tempus et locus convenit. Priusquam dimicarent, fœdus ictum inter Romanos et Albanos est his legibus : Ut cujus populi cives eo certamine vicissent, is alteri populo cum bona pace imperitaret...

Fœdere icto, tergemini (sicut convenerat) arma capiunt. Quum sui utrosque adhortarentur, deos patrios, patriam ac parentes, quicquid civium domi, quicquid in exercitu sit, illorum tunc arma, illorum intueri manus, feroces et suopte ingenio, et pleni adhortantium vocibus, in medium inter duas acies procedunt. Considerant utrinque pro castris duo exercitus, periculi magis præsentis, quam curæ expertes : quippe imperium agebatur, in tam paucorum virtute atque fortuna positum. Itaque erecti suspensique in minime gratum spectaculum animo intenduntur. Datur signum : infestisque armis, velut acies, terni juvenes magnorum exercituum animos gerentes concurrunt. Nec his, nec illis periculum suum sed publicum imperium, servitiumque observatur animo, futuraque ea deinde patriæ fortuna, quam ipsi fecissent. Ut primo statim concursu increpuere arma, micantesque fulsere gladii, horror ingens spectantes perstringit, et neutro inclinata spe, torpebat vox spiritusque. Consertis deinde manibus, quum jam non motus tantum corporum, agitatioque anceps telorum armorumque, sed vulnera quoque et sanguis spectaculo essent, duo Romani, super alium alius, vulneratis tribus Albanis, expirantes corruerunt. Ad quorum casum quum clamasset gaudio Albanus exercitus, Romanas legiones jam spes tota, nondum tamen cura deseruerat, exanimes vice unius, quem tres Curiatii circumsteterant. Forte is integer fuit, ut universis solus nequaquam par, sic adversus singulos ferox. Ergo ut segregaret pugnam eorum, capescit fugam, ita ratus secuturos, ut quemque vulnere affectum corpus sineret. Jam aliquantum spatii ex eo loco, ubi pugnatum est, aufugerat, quum respiciens videt magnis intervallis, sequentes, unum haud procul ab sese abesse, in eum magno impetu rediit. Et dum Albanus exercitus inclamat Curiatiis, uti opem ferant fratri, jam Horatius cæso hoste, victor secundam pugnam petebat. Tunc clamore (qualis ex insperato faventium solet) Romani adjuvant militem suum : et ille defungi prælio festinat. Prius itaque quam alter, qui nec procul aberat, consequi posset, et alterum Curiatium conficit. Jamque æquato Marte singuli supererant, sed nec spe, nec viribus pares : alterum intactum ferro corpus, et geminata victoria ferocem in certamen tertium dabant, alter fessum vulnere, fessum cursu trahens corpus, victusque fratrum ante se strage, victori objicitur hosti. Nec illud prælium fuit. Romanus exsultans, « Duos, inquit, fratrum manibus dedi, tertium causæ belli hujusce, ut Romanus Albano imperet, dabo. » Male sustinenti arma gladium superne jugulo defigit, jacentem spoliat. Romani ovantes ac gratulantes Horatium accipiunt : eo majore cum gaudio, quo propius metum res fuerat. Ad sepulturam inde suorum nequaquam paribus animis vertuntur : quippe imperio alteri aucti, alteri ditionis alienæ facti. Sepulcra exstant, quo quisque loco cecidit : duo Romana uno loco propius Albam, tria Albana, Romam versus ; sed distantia locis, et ut pugnatum est.

Priusquam inde digrederentur, roganti Metio ex fœdere icto, quid imperaret, imperat Tullus, uti juventutem in armis habeat, usurum se eorum opera, si bellum cum Vejentibus foret. Ita exercitus inde domos abducti. Princeps Horatius ibat tergemina spolia præ se gerens, cui soror virgo, quæ desponsata uni ex Curiatiis fuerat, obviam ante portam Capenam fuit; cognitoque super humeros fratris paludamento sponsi, quod ipsa confecerat, solvit crines, et flebiliter nomine sponsum mortuum appellat. Movet feroci juveni animum comploratio sororis in victoria sua, tantoque gaudio publico. Stricto itaque gladio, simul verbis increpans, transfigit puellam. « Abi hinc cum immaturo amore ad sponsum, inquit, oblita fratrum mortuorum, vivique, oblita patriæ. Sic eat, quæcumque Romana lugebit hostem. » Atrox visum id facinus patribus, plebique, sed recens meritum facto obstabat : tamen raptus in jus ad regem. Rex, ne ipse tam tristis ingratique ad vulgus judicii, aut secundum judicium supplicii auctor esset, concilio populi advocato : « Duumviros, inquit, qui Horatio perduellionem judicent secundum legem, facio. Lex horrendi carminis erat : « duumviri perduellionem judicent. Si a duumviris provocarit, provocatione certato : si vincent, caput obnubito, infelici arbori reste suspendito, verberato, vel intra pomœrium, vel extra pomœrium. » Hac lege duumviri creati, qui se absolvere non rebantur ea lege ne innoxium quidem posse Quum condemnassent, tum alter ex his, « P. Horatii, tibi perduellionem judico, inquit : I, lictor, colliga manus. » Accesserat lictor, injiciebatque laqueum : tum Horatius, auctore Tullo, clemente legis interprete : Provoco, inquit. Ita de provocatione certatum ad populum est. Moti homines sunt in eo judicio, maxime P. Horatio patre proclamante se filiam jure cæsam judicare; ni ita esset, patrio jure in filium animadversurum fuisse. Orabat deinde, ne se, quem paulo ante cum egregia stirpe conspexissent, orbum liberis facerent. Inter hæc senex juvenem amplexus, spolia Curiatiorum fixa eo loco, qui nunc Pila Horatia appellatur, ostentans : « Hunccine, aiebat, quem modo decoratum, ovantemque victoria, incedentem vidistis, Quirites, eum sub furca vinctum inter verbera et cruciatus videre potestis? quod vix Albanorum oculi tam deforme spectaculum ferre possent. I, lictor, colliga manus, quæ paulo ante armatæ, imperium populo Romano pepererunt. I, caput obnube liberatoris urbis hujus : arbori infelici suspende : verbera, vel intra pomœrium, modo inter illa pila et spolia hostium : vel extra pomœrium, modo inter sepulcra Curiatiorum. Quo enim ducere hunc juvenem potestis, ubi non sua decora eum a tanta fœditate supplicii vindicent? » Non tulit populus nec patris lacrymas, nec ipsius parem in omni periculo animum : absolveruntque admiratione magis virtutis, quam jure causæ. Itaque ut cædes manifesta aliquo tamen piaculo lueretur, imperatum patri, ut filium expiaret pecunia publica. Is quibusdam piacularibus sacrificiis factis, quæ deinde genti Horatiæ tradita sunt, transmisso per viam tigillo, capite adoperto, velut sub jugum misit juvenem. Id hodie publice quoque semper refectum manet : sororium tigillum vocant. Horatiæ sepulcrum, quo loco corruerat icta, constructum est saxo quadrato.

PERSONNAGES.

TULLE, roi de Rome.
LE VIEL HORACE, chevalier romain.
HORACE, son fils.
CURIACE, gentilhomme d'Albe, amant de Camille.
VALÈRE, chevalier romain, amoureux de Camille.
SABINE, femme d'Horace et sœur de Curiace.
CAMILLE, amante de Curiace et sœur d'Horace.
JULIE, dame romaine, confidente de Sabine et de Camille.
FLAVIAN, soldat de l'armée d'Albe.
PROCULE, soldat de l'armée de Rome.

La scène est à Rome, dans une salle de la maison d'Horace.

HORACE.

ACTE PREMIER.

SCÈNE I.

SABINE [1], JULIE.

SABINE.

Approuvez ma faiblesse, et souffrez ma douleur ;
Elle n'est que trop juste en un si grand malheur
Si près de voir sur soi fondre de tels orages,
L'ébranlement sied bien aux plus fermes courages ;
Et l'esprit le plus mâle et le moins abattu
Ne saurait sans désordre exercer sa vertu.
Quoique le mien s'étonne à ces rudes alarmes,
Le trouble de mon cœur ne peut rien sur mes larmes [2] ;
Et, parmi les soupirs qu'il pousse vers les cieux,
Ma constance du moins règne encor sur mes yeux.
Quand on arrête là [3] les déplaisirs d'une âme,
Si l'on fait moins qu'un homme, on fait plus qu'une femme.
Commander à ses pleurs en cette extrémité,
C'est montrer pour le sexe assez de fermeté.

---

1 « Corneille, dans l'examen d'*Horace*, dit que le personnage de Sabine est heureusement inventé, mais qu'il ne sert pas plus à l'action que l'*Infante* à celle du *Cid*. Il est vrai que ce rôle n'est pas nécessaire à la pièce, mais j'ose ici être moins sévère que Corneille ; ce rôle est du moins incorporé à la tragédie : c'est une femme qui tremble pour son mari et pour ses frères. Elle ne cause aucun événement, il est vrai : c'est un défaut sur un théâtre aussi perfectionné que le nôtre ; mais elle prend part à tous les événements, et c'est beaucoup pour un temps où l'art commençait à naître. Observez que ce personnage débite souvent de très-beaux vers, et qu'il fait l'exposition du sujet d'une manière très-intéressante et très-noble. » (*Voltaire*.)

2 *Ne peut rien sur mes larmes.* Ne peut me forcer à pleurer.

3 *Quand on arrête là* n'est pas, comme le prétend Voltaire, une expression de comédie ; elle est simple, et non sans noblesse.

JULIE.
C'en est peut-être assez pour une âme commune
Qui du moindre péril se fait une infortune ;
Mais de cette faiblesse un grand cœur est honteux ;
Il ose espérer tout dans un succès douteux.
Les deux camps sont rangés au pied de nos murailles ;
Mais Rome ignore encor comme on perd des batailles.
Loin de trembler pour elle, il lui faut applaudir ;
Puisqu'elle va combattre, elle va s'agrandir.
Bannissez, bannissez une frayeur si vaine,
Et concevez des vœux dignes d'une Romaine.

SABINE.
Je suis Romaine, hélas ! puisqu'Horace est Romain [1] ;
J'en ai reçu le titre en recevant sa main ;
Mais ce nœud me tiendrait en esclave enchaînée,
S'il m'empêchait de voir en quels lieux je suis née.
Albe, où j'ai commencé de respirer le jour [2],
Albe, mon cher pays et mon premier amour [3],
Lorsqu'entre nous et toi je vois la guerre ouverte,
Je crains notre victoire autant que notre perte.
Rome, si tu te plains que c'est là te trahir,
Fais-toi des ennemis que je puisse haïr [4].
Quand je vois de tes murs leur armée et la nôtre,
Mes trois frères dans l'une, et mon mari dans l'autre,
Puis-je former des vœux, et, sans impiété,
Importuner le ciel pour ta félicité ?
Je sais que ton État, encore en sa naissance,
Ne saurait sans la guerre affermir sa puissance ;
Je sais qu'il doit s'accroître, et que les grands destins
Ne le borneront pas chez les peuples latins ;

---

[1] Correction heureuse d'un vers dont le souvemr a été conservé par le ridicule. Il y avait primitivement :

Je suis Romaine, hélas ! puisque *mon époux l'est*.
L'hymen me fait de Rome embrasser l'intérêt.

[2] *Respirer le jour* est une figure hasardée dont la hardiesse disparaît dans le subit enthousiasme qui saisit l'âme de Sabine au souvenir de sa patrie. On l'approuve sans la remarquer. Racine l'a reproduite deux fois sans la passion qui la justifie, 1° *Britannicus*, act. I, sc. I.

Quoi ! vous à qui Néron doit le jour qu'il respire

2° dans *Iphigénie*, act. II, sc. I :

Je reçus et je vois le jour que je respire.

Et alors on la remarque sans l'approuver.

[3] « Voyez comme ces vers sont supérieurs à ceux du commencement : c'est ici un sentiment vrai ; il n'y a point là de lieux communs, point de vaines sentences, rien de recherché, ni dans les idées, ni dans les expressions. *Albe, mon cher pays*, est la nature seule qui parle : cette comparaison de Corneille avec lui-même formera mieux le goût que toutes les dissertations et les poétiques. » (*Voltaire*.)

[4] « Ce vers est resté en proverbe. » (*Voltaire*.)

ACTE I, SCÈNE I.

Que les dieux t'ont promis l'empire de la terre [1],
Et que tu n'en peux voir l'effet que par la guerre.
Bien loin de m'opposer à cette noble ardeur,
Qui suit l'arrêt des dieux, et court à ta grandeur,
Je voudrais déjà voir tes troupes couronnées
D'un pas victorieux franchir les Pyrénées.
Va jusqu'en l'orient pousser tes bataillons,
Va sur les bords du Rhin planter tes pavillons,
Fais trembler sous tes pas les colonnes d'Hercule,
Mais respecte une ville à qui tu dois Romule [2] :
Ingrate, souviens-toi que du sang de ses rois
Tu tiens ton nom, tes murs, et tes premières lois.
Albe est ton origine ; arrête, et considère
Que tu portes le fer dans le sein de ta mère.
Tourne ailleurs les efforts de tes bras triomphants,
Sa joie éclatera dans l'heur de ses enfants [3] ;
Et, se laissant ravir à l'amour maternelle [4],
Ses vœux seront pour toi, si tu n'es plus contre elle.

JULIE.

Ce discours me surprend, vu que [5], depuis le temps
Qu'on a contre son peuple armé nos combattants,
Je vous ai vu pour elle autant d'indifférence
Que si d'un sang romain vous aviez pris naissance.
J'admirais la vertu qui réduisait en vous
Vos plus chers intérêts à ceux de votre époux ;
Et je vous consolais au milieu de vos plaintes,
Comme si notre Rome eût fait toutes vos craintes.

---

1 Corneille ne lisait pas seulement Lucain : il y a dans ces beaux vers quelque souvenir de Virgile.

« Imperium Oceano famam qui *terminet* astris. »
(*Æn.*, l. I, v. 287.)

a inspiré

Ne le *borneront* pas chez les peuples latins.

Et « l'empire de la terre » procède de

« Imperium sine fine dedi. » (T. I, v. 278.)

2 Pourquoi faut-il que ce beau vers ait suggéré à Legouvé (*Mérite des femmes*) cette parodie sentimentale :

Tombe aux pieds de ce sexe à qui tu dois ta mère.

3 « Ce mot *heur*, qui favorisait la versification, et qui ne choque point l'oreille, est aujourd'hui banni de notre langue. Il serait à souhaiter que la plupart des formes dont Corneille s'est servi fussent en usage : son nom devrait consacrer ceux qui ne sont pas rebutants. » (*Voltaire*.)

4 Il est fâcheux de trouver, après cette judicieuse observation, la critique suivante : « Cette phrase est équivoque : Le mot de *ravir*, quand il signifie *joie*, ne prend point un datif : on n'est point ravi à quelque chose ; c'est un solécisme de phrase. » (*Voltaire*.) Ravir *à* n'est point un solécisme. *A* équivaut à *par*, et vaut mieux. C'est ainsi que Racine a dit :

Je me laissai conduire *à* (par) cet aimable guide.
Iphigénie, act. II, sc. I.

5 *Vu que* est prosaïque.

SABINE.

Tant qu'on ne s'est choqué qu'en de légers combats,
Trop faibles pour jeter un des partis à bas [1],
Tant qu'un espoir de paix a pu flatter ma peine,
Oui, j'ai fait vanité d'être toute Romaine.
Si j'ai vu Rome heureuse avec quelque regret,
Soudain j'ai condamné ce mouvement secret;
Et si j'ai ressenti, dans ses destins contraires,
Quelque maligne joie en faveur de mes frères [2],
Soudain, pour l'étouffer, rappelant ma raison,
J'ai pleuré quand la gloire entrait dans leur maison.
Mais aujourd'hui qu'il faut que l'une ou l'autre tombe,
Qu'Albe devienne esclave, ou que Rome succombe,
Et qu'après la bataille il ne demeure plus
Ni d'obstacle aux vainqueurs, ni d'espoir aux vaincus,
J'aurais pour mon pays une cruelle haine,
Si je pouvais encore être toute Romaine,
Et si je demandais votre triomphe aux dieux
Au prix de tant de sang qui m'est si précieux [3].
Je m'attache un peu moins aux intérêts d'un homme,
Je ne suis point pour Albe, et ne suis plus pour Rome;
Je crains pour l'une et l'autre en ce dernier effort,
Et serai du parti qu'affligera le sort.
Égale à tous les deux jusques à la victoire [4],
Je prendrai part aux maux, sans en prendre à la gloire,
Et je garde, au milieu de tant d'âpres rigueurs,
Mes larmes aux vaincus, et ma haine aux vainqueurs [5].

JULIE.

Qu'on voit naître souvent, de pareilles traverses [6],
En des esprits divers, des passions diverses!

1 « *Jeter à bas* est une expression familière qui ne serait pas même admise dans la prose. Corneille n'ayant aucun rival, qui écrivît avec noblesse, se permettait ces négligences dans les petites choses, et s'abandonnait à son génie dans les grandes. » (*Voltaire*.)

2 « La joie des succès de sa patrie et d'un frère peut-elle être appelée *maligne*. » (*Voltaire*.) Non, si Sabine n'était que sœur et Albaine; oui, puisqu'elle est épouse et Romaine.

3 « Ce n'est pas ce *tant* qui est précieux, c'est le *sang*. C'est au prix d'un sang qui m'est si précieux. Le *tant* est inutile et corrompt un peu la pureté de la phrase et la beauté du vers. C'est une très-petite faute. » (*Voltaire*.)

4 « *Égale à* n'est pas français en ce sens. L'auteur veut dire *juste envers tous les deux*; car Sabine doit être juste, et non pas indifférente. » (*Voltaire*.) Le sens que Corneille donne à ce mot étant alors généralement admis.

5 « Elle ne doit pas haïr son mari, ses enfants, s'ils sont victorieux; ce sentiment n'est pas permis: elle devrait plutôt dire *sans haïr les vainqueurs.* » (*Voltaire*.)

6 « Le lecteur se sent arrêter à ces deux vers: *ces de des* embarrassent l'esprit. *Traverses* n'est point le mot propre: les passions ici ne sont point *diverses*. Sabine et Camille se trouvent dans une situation à peu près semblable. » (*Voltaire*.) La remarque de Voltaire manque de justesse. En effet, Camille et Sabine, *traversées*

Et qu'à nos yeux Camille agit bien autrement !
Son frère est votre époux, le vôtre est son amant ;
Mais elle voit d'un œil bien différent du vôtre
Son sang dans une armée, et son amour dans l'autre.
Lorsque vous conserviez un esprit tout romain,
Le sien irrésolu, le sien tout incertain,
De la moindre mêlée appréhendait l'orage,
De tous les deux partis détestait l'avantage,
Au malheur des vaincus donnait toujours ses pleurs,
Et nourrissait ainsi d'éternelles douleurs.
Mais hier, quand elle sut qu'on avait pris journée [1],
Et qu'enfin la bataille allait être donnée,
Une soudaine joie, éclatant sur son front...

SABINE.

Ah, que je crains, Julie, un changement si prompt !
Hier, dans sa belle humeur, elle entretint Valère :
Pour ce rival, sans doute, elle quitte mon frère ;
Son esprit, ébranlé par les objets présents [3],
Ne trouve point d'absent aimable après deux ans.
Mais excusez l'ardeur d'une amour fraternelle,
Le soin que j'ai de lui me fait craindre tout d'elle :
Je forme des soupçons d'un trop léger sujet [4] ;
Près d'un jour si funeste on change peu d'objet ;
Les âmes rarement sont de nouveau blessées ;
Et dans un si grand trouble on a d'autres pensées :
Mais on n'a pas aussi de si doux entretiens,
Ni de contentements qui soient pareils aux siens [5].

JULIE.

Les causes, comme à vous, m'en semblent fort obscures
Je ne me satisfais d'aucunes conjectures.

---

dans leurs pensées par les mêmes événements en éprouvent des sentiments divers. L'idée est juste et le sens clair.

1 « On prend *jour*, et on ne prend point *journée*, parce que *jour* signifie *temps*, et que *journée* signifie *bataille*. La journée d'Ivry, la journée de Fontenoy. » (*Voltaire.*) Ici le *jour* doit devenir une *journée*, et la nuance s'efface.

2 « *Hier*, est toujours aujourd'hui de deux syllabes : la prononciation serait trop gênée en le faisant d'une seule, comme s'il y avait *her*. *Belle humeur* ne peut se dire que dans la comédie. » (*Voltaire.*)

3 « Ces deux vers appartiennent plutôt au genre de la comédie qu'à la tragédie. » (*Voltaire.*)

4 « Ces mots font voir que l'auteur sentait que Sabine a tort ; mais il valait mieux supprimer ces soupçons de Sabine que vouloir les justifier, puisque en effet Sabine semble se contredire en prétendant que Camille a sans doute quitté son frère, et en disant ensuite que les âmes sont rarement blessées de nouveau. Tout cet examen du sujet de la joie de Camille n'est nullement héroïque. » (*Voltaire.*)

5 « Mais on n'a pas aussi de si doux entretiens,
Ni de contentements qui soient pareils aux siens,

sont de la comédie de ce temps-là. L'art de dire noblement les petites choses n'était pas encore trouvé. » (*Voltaire.*)

C'est assez de constance, en un si grand danger,
Que de le voir, l'attendre, et ne point s'affliger ;
Mais certes c'en est trop d'aller jusqu'à la joie.
SABINE.
Voyez qu'un bon génie à propos nous l'envoie [1].
Essayez sur ce point à la faire parler ;
Elle vous aime assez pour ne vous rien céler :
Je vous laisse. Ma sœur, entretenez Julie [2] ;
J'ai honte de montrer tant de mélancolie ;
Et mon cœur, accablé de mille déplaisirs,
Cherche la solitude à cacher ses soupirs [3].

SCÈNE II.

CAMILLE, JULIE.

CAMILLE.
Qu'elle a tort de vouloir que je vous entretienne [4]
Croit-elle ma douleur moins vive que la sienne ;
Et que, plus insensible à de si grands malheurs,
A mes tristes discours je mêle moins de pleurs ?
De pareilles frayeurs mon âme est alarmée ;
Comme elle je perdrai dans l'une et l'autre armée.
Je verrai mon amant, mon plus unique bien [5],
Mourir pour son pays, ou détruire le mien ;

---

[1] « Ce tour a vieilli : c'est un malheur pour la langue ; il est vif et naturel, et mérite, je crois, d'être imité. » (*Voltaire.*)

[2] « . . . . . Ma sœur, entretenez Julie,
est encore de la comédie ; mais il y a ici un plus grand défaut, c'est qu'il semble que Camille vienne sans aucun intérêt, et seulement pour faire conversation. La tragédie ne permet pas qu'un personnage paraisse sans une raison importante. On est fort dégoûté aujourd'hui de toutes les longues conversations, qui ne sont amenées que pour remplir le vide de l'action, et qui ne le remplissent pas. D'ailleurs pourquoi s'en aller quand un bon génie lui envoie Camille, et qu'elle peut s'éclaircir ? » (*Voltaire.*)

[3] « Cela n'est pas français : on cherche la solitude pour cacher ses soupirs, et une solitude propre à les cacher. Du temps de Corneille, presque personne ne s'étudiait à parler purement. » (*Voltaire.*) *A cacher* signifie *pour cacher* ; c'est un latinisme, *ad celandum*. Voltaire a tort de s'unir aux grammairiens pour bannir une locution élégante, qui s'appuie de l'étymologie et de l'autorité du bon vieux langage.

[4] « Cette formule de conversation ne doit jamais entrer dans la tragédie, où les personnages doivent, pour ainsi dire, parler malgré eux, emportés par la passion qui les anime. » (*Voltaire.*)

[5] « *Plus unique* ne peut se dire ; *unique* n'admet ni de plus, ni de moins. » (*Voltaire.*) *Unique* se prenant dans le sens de *cher* peut avoir des degrés. Pourquoi appauvrir notre langue par ces chicanes ? Voltaire oublie qu'il l'a appelée « une gueuse fière à qui il faut faire l'aumône malgré elle. »

ACTE I, SCÈNE II.

Et cet objet d'amour devenir, pour ma peine,
Digne de mes soupirs, ou digne de ma haine.
Hélas !

JULIE.
Elle est pourtant plus à plaindre que vous :
On peut changer d'amant, mais non changer d'époux [1].
Oubliez Curiace, et recevez Valère,
Vous ne tremblerez plus pour le parti contraire,
Vous serez toute nôtre [2] ; et votre esprit remis
N'aura plus rien à perdre au camp des ennemis.

CAMILLE.
Donnez-moi des conseils qui soient plus légitimes,
Et plaignez mes malheurs sans m'ordonner des crimes.
Quoiqu'à peine à mes maux je puisse résister,
J'aime mieux les souffrir que de les mériter.

JULIE.
Quoi ! vous appelez crime un change raisonnable ?

CAMILLE.
Quoi ! le manque de foi vous semble pardonnable ?

JULIE.
Envers un ennemi qui peut nous obliger ?

CAMILLE.
D'un serment solennel qui peut nous dégager ?

JULIE.
Vous déguisez en vain une chose trop claire ;
Je vous vis encore hier entretenir Valère ;
Et l'accueil gracieux qu'il recevait de vous
Lui permet de nourrir un espoir assez doux.

CAMILLE.
Si je l'entretins hier et lui fis bon visage [3],
N'en imaginez rien qu'à son désavantage [4] ;
De mon contentement un autre était l'objet :
Mais, pour sortir d'erreur, sachez-en le sujet.
Je garde à Curiace une amitié trop pure
Pour souffrir plus longtemps qu'on m'estime parjure.
Il vous souvient qu'à peine on voyait de sa sœur
Par un heureux hymen mon frère possesseur,
Quand, pour comble de joie, il obtint de mon père
Que de ses chastes feux je serais le salaire.
Ce jour nous fut propice et funeste à la fois ;
Unissant nos maisons, il désunit nos rois ;
Un même instant conclut notre hymen et la guerre,

---

1 « Ce vers porte entièrement le caractère de la comédie » (*Voltaire.*)

2 « Vous serez toute nôtre,
n'est pas du style noble. Ces familiarités étaient encore d'usage. » (*Voltaire.*)

3 « *Faire bon visage* est du discours le plus familier. » (*Voltaire.*)

4 « Tout cela est d'un style un peu trop bourgeois, qui était admis alors. » (*Voltaire.*)

Fit naître notre espoir, et le jeta par terre [1],
Nous ôta tout sitôt qu'il nous eut tout promis,
Et, nous faisant amants, il nous fit ennemis.
Combien nos déplaisirs parurent lors extrêmes !
Combien contre le ciel il vomit de blasphèmes !
Et combien de ruisseaux coulèrent de mes yeux !
Je ne vous le dis point ; vous vîtes nos adieux.
Vous avez vu depuis les troubles de mon âme;
Vous savez pour la paix quels vœux a faits ma flamme,
Et quels pleurs j'ai versés à chaque événement,
Tantôt pour mon pays, tantôt pour mon amant.
Enfin mon désespoir, parmi ces longs obstacles,
M'a fait avoir recours à la voix des oracles ;
Écoutez si celui qui me fut hier rendu
Eut droit de rassurer mon esprit éperdu.
Ce Grec si renommé, qui, depuis tant d'années,
Au pied de l'Aventin prédit nos destinées ;
Lui, qu'Apollon jamais n'a fait parler à faux,
Me promit par ces vers la fin de mes travaux :
« Albe et Rome demain prendront une autre face :
Tes vœux sont exaucés ; elles auront la paix ;
Et tu seras unie avec ton Curiace,
Sans qu'aucun mauvais sort t'en sépare jamais. »
Je pris sur cet oracle une entière assurance ;
Et, comme le succès passait mon espérance,
J'abandonnai mon âme à des ravissements
Qui passaient les transports des plus heureux amants.
Jugez de leur excès : je rencontrai Valère ;
Et, contre sa coutume, il ne put me déplaire.
Il me parla d'amour sans me donner d'ennui :
Je ne m'aperçus pas que je parlais à lui;
Je ne lui pus montrer de mépris ni de glace ;
Tout ce que je voyais me semblait Curiace [2],
Tout ce qu'on me disait me parlait de ses feux,
Tout ce que je disais l'assurait de mes vœux.
Le combat général aujourd'hui se hasarde,
J'en sus hier la nouvelle, et je n'y pris pas garde ;
Mon esprit rejetait ces funestes objets,
Charmé des doux pensers d'hymen et de la paix.
La nuit a dissipé des erreurs si charmantes ;
Mille songes affreux, mille images sanglantes,
Ou plutôt mille amas de carnage et d'horreur,

---

1 « Non-seulement un *espoir jeté par terre* est une expression vicieuse, mais la même est exprimée ici en quatre façons différentes ; ce qui est un vice plus grand. Il faut, autant qu'on le peut, éviter ces pléonasmes ; c'est une abondance stérile : je ne crois pas qu'il y en ait un seul exemple dans Racine. » (*Voltaire*.)

2 S'il y a quelque subtilité dans les vers précédents, comme le pense Voltaire, ce cri du cœur

Tout ce que je voyais me semblait Curiace

est d'une telle beauté qu'il couvre tout.

M'ont arraché ma joie et rendu ma terreur :
J'ai vu du sang, des morts, et n'ai rien vu de suite [1];
Un spectre, en paraissant, prenait soudain la fuite;
Ils s'effaçaient l'un l'autre; et chaque illusion
Redoublait mon effroi par sa confusion.
JULIE.
C'est en contraire sens qu'un songe s'interprète.
CAMILLE.
Je le dois croire ainsi, puisque je le souhaite :
Mais je me trouve enfin, malgré tous mes souhaits,
Au jour d'une bataille, et non pas d'une paix.
JULIE.
Par là finit la guerre, et la paix lui succède.
CAMILLE.
Dure à jamais le mal s'il y faut ce remède !
Soit que Rome y succombe, ou qu'Albe ait le dessous,
Cher amant, n'attends plus d'être un jour mon époux,
Jamais, jamais ce nom ne sera pour un homme
Qui soit ou le vainqueur, ou l'esclave de Rome.
 Mais quel objet nouveau se présente en ces lieux ?
Est-ce toi, Curiace ? en croirai-je mes yeux [2] ?

SCÈNE III.

CURIACE, CAMILLE, JULIE.

CURIACE.
N'en doutez point, Camille ; et revoyez un homme
Qui n'est ni le vainqueur ni l'esclave de Rome.
Cessez d'appréhender de voir rougir mes mains
Du poids honteux des fers, ou du sang des Romains.
J'ai cru que vous aimiez assez Rome et la gloire
Pour mépriser ma chaîne et haïr ma victoire ;
Et comme également, en cette extrémité,
Je craignais la victoire et la captivité...
CAMILLE.
Curiace, il suffit ; je devine le reste :
Tu fuis une bataille à tes vœux si funeste ;
Et ton cœur tout à moi, pour ne me perdre pas,

---

1 « Ce songe est beau, en ce qu'il alarme un esprit rassuré par un oracle. Je remarquerai ici qu'en général un songe, ainsi qu'un oracle doit servir au nœud de la pièce; tel est le songe admirable d'Athalie : elle voit un enfant en songe, elle trouve ce même enfant dans le temple ; c'est là que l'art est poussé à sa perfection. » (*Voltaire.*)
2 Voltaire avait transporté ce vers dans son *OEdipe*, qui, dans l'édition de 1719 commençait ainsi :
 Est-ce vous, Philoctète, en croirai-je mes yeux ?

Dérobe à ton pays le secours de ton bras[1].
Qu'un autre considère ici ta renommée,
Et te blâme, s'il veut, de m'avoir trop aimée;
Ce n'est point à Camille à t'en mésestimer;
Plus ton amour paraît, plus elle doit t'aimer;
Et si tu dois beaucoup aux lieux qui t'ont vu naître,
Plus tu quittes pour moi, plus tu le fais paraître.
Mais as-tu vu mon père? et peut-il endurer
Qu'ainsi dans sa maison tu t'oses retirer?
Ne préfère-t-il point l'État à sa famille?
Ne regarde-t-il point Rome plus que sa fille?
Enfin notre bonheur est-il bien affermi?
T'a-t-il vu comme gendre, ou bien comme ennemi?

CURIACE.

Il m'a vu comme gendre, avec une tendresse
Qui témoignait assez une entière allégresse;
Mais il ne m'a point vu, par une trahison,
Indigne de l'honneur d'entrer dans sa maison.
Je n'abandonne point l'intérêt de ma ville;
J'aime encor mon honneur en adorant Camille :
Tant qu'a duré la guerre, on m'a vu constamment
Aussi bon citoyen que véritable amant;
D'Albe avec mon amour j'accordais la querelle;
Je soupirais pour vous en combattant pour elle;
Et s'il fallait encor que l'on en vînt aux coups,
Je combattrais pour elle en soupirant pour vous :
Oui, malgré les désirs de mon âme charmée,
Si la guerre durait, je serais dans l'armée.
C'est la paix qui chez vous me donne un libre accès,
La paix à qui nos feux doivent ce beau succès.

CAMILLE.

La paix! et le moyen de croire un tel miracle!

JULIE.

Camille, pour le moins, croyez-en votre oracle;
Et sachons pleinement par quels heureux effets
L'heure d'une bataille a produit cette paix.

CURIACE.

L'aurait-on jamais cru? déjà les deux armées,
D'une égale chaleur au combat animées,
Se menaçaient des yeux, et, marchant fièrement,
N'attendaient, pour donner, que le commandement;
Quand notre dictateur devant les rangs s'avance,
Demande à votre prince un moment de silence;
Et l'ayant obtenu : « Que faisons-nous, Romains?

---

[1] Ce sentiment n'est pas naturel à celle qui vient de dire :

> Jamais, jamais ce nom ne sera pour un homme
> Qui soit ou le vainqueur ou l'esclave de Rome.

Un transfuge, même par amour, est bien méprisable, et si la passion de Camille est assez forte pour l'aveugler à ce point, elle cesse d'être intéressante.

ACTE I, SCÈNE III.

Dit-il, et quel démon nous fait venir aux mains¹?
Souffrons que la raison éclaire enfin nos âmes.
Nous sommes vos voisins, nos filles sont vos femmes;
Et l'hymen nous a joints par tant et tant de nœuds
Qu'il est peu de nos fils qui ne soient vos neveux.
Nous ne sommes qu'un sang et qu'un peuple en deux villes
Pourquoi nous déchirer par des guerres civiles,
Où la mort des vaincus affaiblit les vainqueurs,
Et le plus beau triomphe est arrosé de pleurs?
Nos ennemis communs attendent avec joie
Qu'un des partis défait leur donne l'autre en proie,
Lassé, demi-rompu, vainqueur, mais, pour tout fruit,
Dénué d'un secours par lui-même détruit.
Ils ont assez longtemps joui de nos divorces²;
Contre eux dorénavant joignons toutes nos forces,
Et noyons dans l'oubli ces petits différends
Qui de si bons guerriers font de mauvais parents.
Que si l'ambition de commander aux autres
Fait marcher aujourd'hui vos troupes et les nôtres,
Pourvu qu'à moins de sang nous voulions l'apaiser,
Elle nous unira, loin de nous diviser.
Nommons des combattants pour la cause commune,
Que chaque peuple aux siens attache sa fortune;
Et, suivant ce que d'eux ordonnera le sort,
Que le parti plus faible obéisse au plus fort;
Mais sans indignité pour des guerriers si braves;
Qu'ils deviennent sujets sans devenir esclaves,
Sans honte, sans tribut, et sans autre rigueur
Que de suivre en tous lieux les drapeaux du vainqueur :
Ainsi nos deux États ne feront qu'un empire. »
Il semble qu'à ces mots notre discorde expire :
Chacun, jetant les yeux dans un rang ennemi,
Reconnaît un beau-frère, un cousin, un ami.
Ils s'étonnent comment leurs mains de sang avides
Volaient, sans y penser, à tant de parricides,
Et font paraître un front couvert tout à la fois
D'horreur pour la bataille, et d'ardeur pour ce choix.
Enfin l'offre s'accepte, et la paix désirée
Sous ces conditions est aussitôt jurée;
Trois combattront pour tous : mais, pour les mieux choisir,

---

1 « J'ose dire que, dans ce discours imité de Tite Live, l'auteur français est au-dessus du Romain, plus nerveux, plus touchant; et quand on songe qu'il était gêné par la rime, et par une langue embarrassée d'articles, et qui souffre si peu d'inversions, qu'il a surmonté toutes ces difficultés, qu'il n'a employé le secours d'aucune épithète, que rien n'arrête l'éloquente rapidité de son discours, c'est là qu'on reconnaît le grand Corneille. Il n'y a que *tant et tant de nœuds* à reprendre. » (*Voltaire.*)

2 « Ce mot de *divorces*, s'il ne signifiait que des querelles, serait impropre : mais ici il dénote les querelles des deux peuples unis; et par là il est juste, nouveau, et excellent. » (*Voltaire.*)

Nos chefs ont voulu prendre un peu de loisir ;
Le vôtre est au sénat, le nôtre dans sa tente.

CAMILLE.

O dieux, que ce discours rend mon âme contente !

CURIACE.

Dans deux heures au plus, par un commun accord,
Le sort de nos guerriers réglera notre sort.
Cependant tout est libre attendant qu'on les nomme.
Rome est dans notre camp, et notre camp dans Rome.
D'un et d'autre côté l'accès étant permis,
Chacun va renouer avec ses vieux amis.
Pour moi, ma passion m'a fait suivre vos frères :
Et mes désirs ont eu des succès si prospères,
Que l'auteur de vos jours m'a promis à demain [1]
Le bonheur sans pareil de vous donner la main [2].
Vous ne deviendrez pas rebelle à sa puissance ?

CAMILLE.

Le devoir d'une fille est dans l'obéissance.

CURIACE.

Venez donc recevoir ce doux commandement [3],
Qui doit mettre le comble à mon contentement.

CAMILLE.

Je vais suivre vos pas, mais pour revoir mes frères,
Et savoir d'eux encor la fin de nos misères [4].

JULIE.

Allez, et cependant au pied de nos autels
J'irai rendre pour vous grâces aux immortels.

---

[1] « *A demain* est trop du style de la comédie. Je fais souvent cette observation, c'était un des vices du temps. La *Sophonisbe* de Mairet est tout entière dans ce style ; et Corneille s'y livrait quand les grandes images ne le soutenaient pas. » (*Voltaire.*)

[2] « *Le bonheur sans pareil* n'était pas si ridicule qu'aujourd'hui. Ce fut Boileau qui proscrivit toutes ces expressions communes de *sans pareil, sans seconde, à nul autre pareil, à nulle autre seconde.* » (*Voltaire.*)

[3] « Ce vers et le précédent sont de pure comédie : aussi les retrouve-t-on mot à mot dans la comédie du *Menteur* : mais l'auteur aurait dû les retrancher de la tragédie des *Horaces*. » (*Voltaire.*)

[4] « Il n'est pas inutile de dire aux étrangers que *misère* est, en poésie, un terme noble, qui signifie *calamité*, et non pas *indigence*.

    Hécube près d'Ulysse acheva sa *misère*. . . . .

    Peut-être je devrais, plus humble en ma *misère*. »   (Racine.)

(*Voltaire.*)

FIN DU PREMIER ACTE.

ACTE DEUXIÈME.

SCÈNE I.

HORACE, CURIACE.

CURIACE.
Ainsi Rome n'a point séparé son estime;
Elle eût cru faire ailleurs un choix illégitime.
Cette superbe ville en vos frères et vous
Trouve les trois guerriers qu'elle préfère à tous,
Et, ne nous opposant d'autres bras que les vôtres,
D'une seule maison brave toutes les nôtres [1].
Nous croirons, à la voir tout entière en vos mains,
Que, hors les fils d'Horace, il n'est point de Romains.
Ce choix pouvait combler trois familles de gloire,
Consacrer hautement leurs noms à la mémoire [2]
Oui, l'honneur que reçoit la vôtre par ce choix
En pouvait à bon titre immortaliser trois ;
Et, puisque c'est chez vous que mon heur et ma flamme
M'ont fait placer ma sœur, et choisir une femme,
Ce que je vais vous être, et ce que je vous suis,
Me font y prendre part autant que je le puis.
Mais un autre intérêt tient ma joie en contrainte,
Et parmi ses douceurs mêle beaucoup de crainte :
La guerre en tel éclat a mis votre valeur,
Que je tremble pour Albe, et prévois son malheur.
Puisque vous combattez, sa perte est assurée ;
En vous faisant nommer, le destin l'a jurée :
Je vois trop dans ce choix ses funestes projets,
Et me compte déjà pour un de vos sujets.

HORACE.
Loin de trembler pour Albe, il vous faut plaindre Rome,
Voyant ceux qu'elle oublie, et les trois qu'elle nomme.
C'est un aveuglement pour elle bien fatal
D'avoir tant à choisir et de choisir si mal.

---

[1] Remarquez l'énergie et la concision de ce vers, grâce à l'emploi de la préposition *de* dans le sens de *par*, à *l'aide de*, *d'une seule maison*, *par une seule*, etc. Voltaire dit que l'expression n'est pas heureuse, mais il avoue que le sens est fort beau.

[2] *Hautement* fait languir le vers, parce que ce mot est inutile.

Mille de ses enfants, beaucoup plus dignes d'elle,
Pouvaient bien mieux que nous soutenir sa querelle.
Mais quoique ce combat me promette un cercueil,
La gloire de ce choix m'enfle d'un juste orgueil;
Mon esprit en conçoit une mâle assurance :
J'ose espérer beaucoup de mon peu de vaillance;
Et du sort envieux quels que soient les projets,
Je ne me compte point pour un de vos sujets.
Rome a trop cru de moi; mais mon âme ravie
Remplira son attente, ou quittera la vie.
Qui veut mourir, ou vaincre, est vaincu rarement :
Ce noble désespoir périt malaisément.
Rome, quoi qu'il en soit, ne sera point sujette,
Que mes derniers soupirs n'assurent ma défaite.

CURIACE.

Hélas, c'est bien ici que je dois être plaint!
Ce que veut mon pays, mon amitié le craint.
Dures extrémités de voir Albe asservie,
Ou sa victoire au prix d'une si chère vie;
Et que l'unique bien où tendent ses désirs
S'achète seulement par vos derniers soupirs!
Quels vœux puis-je former, et quel bonheur attendre?
De tous les deux côtés j'ai des pleurs à répandre;
De tous les deux côtés mes désirs sont trahis.

HORACE.

Quoi! vous me pleureriez mourant pour mon pays¹!
Pour un cœur généreux ce trépas a des charmes,
La gloire qui le suit ne souffre point de larmes;
Et je le recevrais en bénissant mon sort,
Si Rome et tout l'Etat perdaient moins à ma mort.

CURIACE.

A vos amis pourtant permettez de le craindre;
Dans un si beau trépas ils sont les seuls à plaindre :
La gloire en est pour vous, et la perte pour eux;
Il vous fait immortel, et les rend malheureux :
On perd tout quand on perd un ami si fidèle.
Mais Flavian m'apporte ici quelque nouvelle.

SCÈNE II.

HORACE, CURIACE, FLAVIAN.

CURIACE.

Albe de trois guerriers a-t-elle fait le choix

---

1 C'est le même sentiment qui a inspiré les vers du *Cid* :

Mourir pour son pays n'est pas un triste sort,
C'est s'immortaliser par une belle mort.

Ici ce n'est plus un apophthegme, mais un élan de l'âme, ce qui vaut mieux poétiquement.

FLAVIAN.
Je viens pour vous l'apprendre.
CURIACE.
Eh bien! qui sont les trois?
FLAVIAN.
Vos deux frères et vous.
CURIACE.
Qui?
FLAVIAN.
Vous et vos deux frères[1].
Mais pourquoi ce front triste et ces regards sévères?
Ce choix vous déplaît-il?
CURIACE.
Non, mais il me surprend;
Je m'estimais trop peu pour un honneur si grand.
FLAVIAN.
Dirai-je au dictateur, dont l'ordre ici m'envoie,
Que vous le recevez avec si peu de joie?
Ce morne et froid accueil me surprend à mon tour.
CURIACE.
Dis-lui que l'amitié, l'alliance et l'amour,
Ne pourront empêcher que les trois Curiaces
Ne servent leur pays contre les trois Horaces.
FLAVIAN.
Contre eux! Ah! c'est beaucoup me dire en peu de mots.
CURIACE.
Porte-lui ma réponse, et nous laisse en repos.

SCÈNE III.

HORACE, CURIACE.

CURIACE.
Que désormais le ciel, les enfers et la terre
Unissent leurs fureurs à nous faire la guerre;
Que les hommes, les dieux, les démons et le sort
Préparent contre nous un général effort;
Je mets à faire pis, en l'état où nous sommes,
Le sort et les démons, et les dieux et les hommes[2].
Ce qu'ils ont de cruel, et d'horrible, et d'affreux,
L'est bien moins que l'honneur qu'on nous fait à tous deux.

---

1 « Ce n'est pas ici une battologie; cette répétition, *vous et vos deux frères*, est sublime par la situation. Voilà la première scène au théâtre où un simple messager ait fait un effet tragique, en croyant apporter des nouvelles ordinaires. J'ose croire que c'est la perfection de l'art. » (*Voltaire.*)
2 Ce transport de Curiace a quelque analogie avec le début de

HORACE.
Le sort, qui de l'honneur nous ouvre la barrière,
Offre à notre constance une illustre matière.
Il épuise sa force à former un malheur
Pour mieux se mesurer avec notre valeur,
Et comme il voit en nous des âmes peu communes,
Hors de l'ordre commun il nous fait des fortunes[2].
　Combattre un ennemi pour le salut de tous,
Et contre un inconnu s'exposer seul aux coups,
D'une simple vertu c'est l'effet ordinaire,
Mille déjà l'ont fait, mille pourraient le faire.
Mourir pour le pays est un si digne sort
Qu'on briguerait en foule une si belle mort[3].
Mais vouloir au public immoler ce qu'on aime,
S'attacher au combat contre un autre soi-même,
Attaquer un parti qui prend pour défenseur
Le frère d'une femme et l'amant d'une sœur ;
Et, rompant tous ces nœuds, s'armer pour la patrie
Contre un sang qu'on voudrait racheter de sa vie;
Une telle vertu n'appartenait qu'à nous.
L'éclat de son grand nom[4] lui fait peu de jaloux,
Et peu d'hommes au cœur l'ont assez imprimée
Pour oser aspirer à tant de renommée.

CURIACE.
Il est vrai que nos noms ne sauraient plus périr ;
L'occasion est belle, il nous la faut chérir,
Nous serons les miroirs d'une vertu bien rare :
Mais votre fermeté tient un peu du barbare.

l'imprécation contre l'Angleterre, par J. Du Bellay. En voici les premiers vers :

> Mânes, ombres, esprits, et si l'antiquité
> A donné d'autres noms à votre déité,
> Érèbe, Phlégeton, Styx, Achéron, Cocyte,
> Le chaos et la nuit, et tout ce qui habite
> A la gueule d'enfer, la rage, la fureur, etc.

Voltaire trouve cet entassement et ce retour des mêmes mots condamnable dans Corneille.

1 « *Le sort qui veut se mesurer avec la valeur* paraît recherché et peu naturel ; mais que ce qui suit est admirable ! » (*Voltaire*.)

2 « Hors de l'ordre commun il nous fait des fortunes.

n'est pas une expression propre. Ce mot de *fortunes* au pluriel ne doit jamais être employé sans épithète : *bonnes* et *mauvaises fortunes*, *fortunes diverses*, mais jamais *des fortunes*. Cependant le sens est si beau, et la poésie a tant de privilèges, que je ne crois pas qu'on puisse condamner ce vers. » (*Voltaire*.) Le tour de ces vers rappelle cette phrase de Montaigne (l. III, ch. v) : « Il fault à Horace des mots et des figures oultre l'ordinaire, comme sa conception est oultre l'ordinaire. »

3 Corneille avait déjà fait dire à Chimène (*Cid*, act. IV, sc. v) :
> Mourir pour le pays n'est pas un triste sort ;
> C'est s'immortaliser par une belle mort.

4 C'est le *grand nom* de la vertu.

ACTE II, SCÉNE III.

Peu, même des grands cœurs, tireraient vanité
D'aller par ce chemin à l'immortalité :
A quelque prix qu'on mette une telle fumée,
L'obscurité vaut mieux que tant de renommée.
  Pour moi, je l'ose dire, et vous l'avez pu voir,
Je n'ai point consulté pour suivre mon devoir;
Notre longue amitié, l'amour, ni l'alliance,
N'ont pu mettre un moment mon esprit en balance;
Et puisque, par ce choix, Albe montre en effet
Qu'elle m'estime autant que Rome vous a fait [1],
Je crois faire pour elle autant que vous pour Rome;
J'ai le cœur aussi bon, mais enfin je suis homme :
Je vois que votre honneur demande tout mon sang,
Que tout le mien consiste à vous percer le flanc,
Prêt d'épouser la sœur, qu'il faut tuer le frère,
Et que pour mon pays j'ai le sort si contraire.
Encor qu'à mon devoir je coure sans terreur,
Mon cœur s'en effarouche, et j'en frémis d'horreur;
J'ai pitié de moi-même, et jette un œil d'envie
Sur ceux dont notre guerre a consumé la vie [2].
Sans souhait toutefois de pouvoir reculer,
Ce triste et fier honneur m'émeut sans m'ébranler;
J'aime ce qu'il me donne, et je plains ce qu'il m'ôte;
Et si Rome demande une vertu plus haute,
Je rends grâces aux dieux de n'être pas Romain,
Pour conserver encor quelque chose d'humain [3].

HORACE.

Si vous n'êtes Romain, soyez digne de l'être;

---

[1] « . . . . Albe montre en effet
    Qu'elle m'estime autant que Rome vous a fait,

n'est pas français. On peut dire en prose, et non en vers : *J'ai dû vous estimer autant que je fais,* et *autant que je le fais :* mais non pas *autant que je vous fais ;* et le mot *faire*, qui revient immédiatement après, est encore une faute : mais ce sont des fautes légères qui ne peuvent gâter une si belle scène. » (*Voltaire.*) Cet emploi du mot *faire*, pris dans l'acception du verbe qui précède, et qu'il faudrait répéter, est un idiotisme excellent. C'est ainsi que Molière a dit (*Tartufe*, act. I, sc. II) :

  'Il l'appelle son frère, et l'aime, dans son âme,
  Cent fois plus qu'il ne *fait* mère, fils, fille et femme.

Montaigne (l. I, ch. XXXV) : « Il ne sait pas ablatif, conjunctif, substantif, ny la grammaire; ne le *fait* pas son laquais, etc. » Un commentateur propose ici *ne le sait pas,* comme si la leçon était fautive ; c'est le commentateur qui est en défaut. Et voilà comment se dissipe le trésor de notre vieille langue, faute d'étude !

[2] Virgile met le même sentiment dans la bouche de son héros (*En.*, l. I, v, 94) :

  « . . . . O terque quaterque beati !
  « Quîs ante ora patrum, Trojæ sub mœnibus altis
  « Contigit oppetere... ! »

[3] « Cette tirade fit un effet surprenant sur tout le public, et les deux derniers vers sont devenus un proverbe, ou plutôt une maxime admirable. » (*Voltaire.*)

Et si vous m'égalez, faites-le mieux paraître.
　　La solide vertu dont je fais vanité [1]
N'admet point de faiblesse avec sa fermeté;
Et c'est mal de l'honneur entrer dans la carrière [2],
Que dès le premier pas regarder en arrière.
Notre malheur est grand, il est au plus haut point,
Je l'envisage entier, mais je n'en frémis point.
Contre qui que ce soit que mon pays m'emploie,
J'accepte aveuglément cette gloire avec joie.
Celle de recevoir de tels commandements
Doit étouffer en nous tous autres sentiments;
Qui, près de le servir, considère autre chose,
A faire ce qu'il doit lâchement se dispose;
Ce droit saint et sacré rompt tout autre lien.
Rome a choisi mon bras, je n'examine rien.
Avec une allégresse aussi pleine et sincère
Que j'épousai la sœur, je combattrai le frère,
Et pour trancher enfin ces discours superflus,
Albe vous a nommé, je ne vous connais plus [3].

CURIACE.

Je vous connais encore, et c'est ce qui me tue;
Mais cette âpre vertu ne m'était pas connue;
Comme notre malheur elle est au plus haut point,
Souffrez que je l'admire et ne l'imite point.

HORACE.

Non, non, n'embrassez pas de vertu par contrainte [4];
Et, puisque vous trouvez plus de charme à la plainte,
En toute liberté goûtez un bien si doux.
Voici venir ma sœur pour se plaindre avec vous [5]
Je vais revoir la vôtre et résoudre son âme
A se bien souvenir qu'elle est toujours ma femme,

---

[1] *Faire vanité* était une expression consacrée. On en trouve beaucoup d'exemples :

　　Ce style figuré dont on fait vanité.
　　　　　　　　　　　　Molière, *Misant.*, act. I, sc. II

[2] Inversion forcée.

[3] « A ces mots, *je ne vous connais plus,—je vous connais encore*: on se récria d'admiration; on n'avait jamais rien vu de si sublime, il n'y a pas dans Longin un seul exemple d'une pareille grandeur. Ce sont ces traits qui ont mérité à Corneille le nom de grand, non-seulement pour le distinguer de son frère, mais du reste des hommes. Une telle scène fait pardonner mille défauts. » (*Voltaire.*)

[4] Vauvenargues trouvait dans ces vers un outrage odieux qu'Horace ne devait pas faire à son beau-frère. Voltaire blâme aussi l'amertume et l'ironie de cette réponse. Corneille a raison contre eux si le langage d'un personnage doit être en rapport avec ses actions et son caractère. Horace n'est un modèle ni d'humanité ni de politesse.

[5] Voltaire prétend que *voici venir* ne se dit plus, et fait un mauvais effet. Il en cherche les raisons. Il eût mieux valu protester contre la désuétude, et faire remarquer que l'infinitif est très-régulier après *voici*, qui enferme le verbe *voir*, qui appelle naturellement *venir*. Les langues s'appauvrissent et se faussent par l'oubli de l'étymologie.

ACTE II, SCÈNE III.

A vous aimer encor si je meurs par vos mains,
Et prendre en son malheur des sentiments romains.

SCÈNE IV.

HORACE, CURIACE, CAMILLE.

HORACE.
Avez-vous su l'état¹ qu'on fait de Curiace,
Ma sœur?
CAMILLE.
Hélas! mon sort a bien changé de face.
HORACE.
Armez-vous de constance, et montrez-vous ma sœur
Et si par mon trépas il retourne vainqueur,
Ne le recevez point en meurtrier d'un frère,
Mais en homme d'honneur qui fait ce qu'il doit faire,
Qui sert bien son pays, et sait montrer à tous
Par sa haute vertu qu'il est digne de vous.
Comme si je vivais, achevez l'hyménée.
Mais si ce fer aussi tranche sa destinée,
Faites à ma victoire un pareil traitement,
Ne me reprochez point la mort de votre amant².
Vos larmes vont couler, et votre cœur se presse³;
Consumez avec lui toute cette faiblesse,
Querellez ciel et terre, et maudissez le sort,
Mais après le combat ne pensez plus au mort.
(*A Curiace.*)
Je ne vous laisserai qu'un moment avec elle,
Puis nous irons ensemble où l'honneur nous appelle.

SCÈNE V.

CURIACE, CAMILLE.

CAMILLE.
Iras-tu, Curiace⁴? et ce funeste honneur

1 « *L'état* ne se dit plus, et je voudrais qu'on le dît; notre langue n'est pas assez riche pour bannir tant de termes dont Corneille s'est servi heureusement. » (*Voltaire.*)

2 Ce vers contient une menace qui amènera la catastrophe. Il parait avoir inspiré le vers également prophétique d'*Iphigénie* (act. V, sc. III):
Ne reprochez jamais mon trépas à mon père.

3 *Se presse,* se resserre.

4 Corneille avait dit d'abord : *Iras-tu, ma chère âme?* et il aurait dû laisser cette expression de tendresse, pleine de naturel et de charme.

Te plaît-il aux dépens de tout notre bonheur?
CURIACE.
Hélas! je vois trop bien qu'il faut, quoi que je fasse,
Mourir, ou de douleur, ou de la main d'Horace.
Je vais comme au supplice à cet illustre emploi,
Je maudis mille fois l'état qu'on fait de moi,
Je hais cette valeur qui fait qu'Albe m'estime,
Ma flamme au désespoir passe jusques au crime,
Elle se prend au ciel, et l'ose quereller;
Je vous plains, je me plains; mais il y faut aller.
CAMILLE.
Non; je te connais mieux, tu veux que je te prie,
Et qu'ainsi mon pouvoir t'excuse à ta patrie [1].
Tu n'es que trop fameux par tes autres exploits;
Albe a reçu par eux tout ce que tu lui dois;
Autre n'a mieux que toi soutenu cette guerre,
Autre de plus de morts n'a couvert notre terre [2];
Ton nom ne peut plus croître, il ne lui manque rien,
Souffre qu'un autre ici puisse ennoblir le sien.
CURIACE.
Que je souffre à mes yeux qu'on ceigne une autre tête
Des lauriers immortels que la gloire m'apprête,
Ou que tout mon pays reproche à ma vertu
Qu'il aurait triomphé si j'avais combattu,
Et que sous mon amour ma valeur endormie [3]
Couronne tant d'exploits d'une telle infamie!
Non, Albe, après l'honneur que j'ai reçu de toi,
Tu ne succomberas, ni vaincras que par moi.
Tu m'as commis ton sort, je t'en rendrai bon compte :
Je vivrai sans reproche, ou périrai sans honte.
CAMILLE.
Quoi! tu ne veux pas voir qu'ainsi tu me trahis!
CURIACE.
Avant que d'être à vous je suis à mon pays.
CAMILLE.
Mais te priver pour lui toi-même d'un beau-frère,
Ta sœur de son mari!
CURIACE.
Telle est notre misère.
Le choix d'Albe et de Rome ôte toute douceur

---

[1] « .... Mon pouvoir t'excuse à ta patrie,

n'est pas français; il faut *envers ta patrie, auprès de la patrie.* »
(*Voltaire.*)

[2] « Ces *autre* ne seraient plus soufferts. Telle est la tyrannie de l'usage; *nul autre* donne peut-être moins de rapidité et de force au discours. » (*Voltaire.*)

[3] Ce beau vers est peut-être un peu trop poétique. La valeur peut sommeiller et même s'endormir, la métaphore est juste; mais en plaçant la valeur endormie sous l'amour, le poëte trace un tableau qui conviendrait mieux à l'épopée ou à l'ode. Cyrano (*Agrippine*, act. I, sc. IV) a dit dans le même style :

Pour un temps sur sa haine elle endort sa mémoire.

ACTE II, SCÈNE V.

Aux noms jadis si doux de beau-frère et de sœur.

CAMILLE.

Tu pourras donc, cruel, me présenter sa tête,
Et demander ma main pour prix de ta conquête[1] !

CURIACE.

Il n'y faut plus penser : en l'état où je suis,
Vous aimer sans espoir, c'est tout ce que je puis.
Vous en pleurez, Camille[2] ?

CAMILLE.

Il faut bien que je pleure :
Mon insensible amant ordonne que je meure,
Et quand l'hymen pour nous allume son flambeau,
Il l'éteint de sa main pour m'ouvrir le tombeau.
Ce cœur impitoyable à ma perte s'obstine,
Et dit qu'il m'aime encore alors qu'il m'assassine.

CURIACE.

Que les pleurs d'une amante ont de puissants discours[3],
Et qu'un bel œil est fort avec un tel secours[4] !
Que mon cœur s'attendrit à cette triste vue !
Ma constance contre elle à regret s'évertue.
N'attaquez plus ma gloire avec tant de douleurs,
Et laissez-moi sauver ma vertu de vos pleurs.
Je sens qu'elle chancelle, et défend mal la place ;
Plus je suis votre amant, moins je suis Curiace :
Faible d'avoir déjà combattu l'amitié,
Vaincrait-elle à la fois l'amour et la pitié ?
Allez, ne m'aimez plus, ne versez plus de larmes,
Ou j'oppose l'offense à de si fortes armes ;

---

1 L'autre tout dégoûtant du meurtre de son père,
Et sa tête à la main demandant son salaire.
Cinna, act. I, sc. III.

2 Ce mot touchant n'a pas tout le pathétique du trait célèbre d'Orosmane : *Zaïre, vous pleurez*. C'est que dans *Zaïre* la situation est plus forte et la surprise plus vive. La même exclamation dans Racine (*Bajazet*, act. III, sc. IV) : « Qu'avez-vous ? vous pleurez ! » produit peu d'effet.

3 « Remarquez qu'on peut dire *le langage des pleurs*, comme on dit *le langage des yeux* ; pourquoi ? parce que les regards et les pleurs expriment le sentiment : mais on ne peut pas dire *le discours des pleurs*, parce que ce mot *discours* tient au raisonnement. Les pleurs n'ont point de discours : et, de plus, *avoir des discours* est un barbarisme. » (*Voltaire*.)

4 « Ces réflexions générales font rarement un bon effet ; on sent que c'est le poëte qui parle : c'est à la passion du personnage à parler. Un *bel œil* n'est ni noble ni convenable : il n'est pas question ici de savoir si Camille a un *bel œil*, et si un bel œil est fort ; il s'agit de perdre une femme qu'on adore, et qu'on va épouser. Retranchez ces quatre premiers vers, le discours en devient plus rapide et plus pathétique. » (*Voltaire*.) Corneille a reproduit ce *bel œil* dans *Polyeucte* :

Sur nos paroles un *bel œil* est bien fort.

Il en avait usé et abusé dans ses premières comédies.

Je me défendrai mieux contre votre courroux,
Et pour le mériter, je n'ai plus d'yeux pour vous.
Vengez-vous d'un ingrat, punissez un volage¹.
Vous ne vous montrez point sensible à cet outrage !
Je n'ai plus d'yeux pour vous, vous en avez pour moi !
En faut-il plus encore ? je renonce à ma foi.
  Rigoureuse vertu dont je suis la victime,
Ne peux-tu résister sans le secours d'un crime ?

CAMILLE.

Ne fais point d'autre crime, et j'atteste les dieux
Qu'au lieu de t'en haïr, je t'en aimerai mieux,
Oui, je te chérirai, tout ingrat et perfide,
Et cesse d'aspirer au nom de fratricide.
Pourquoi suis-je Romaine, ou que n'es-tu Romain ?
Je te préparerais des lauriers de ma main,
Je t'encouragerais au lieu de te distraire,
Et je te traiterais comme j'ai fait² mon frère.
Hélas ! j'étais aveugle en mes vœux aujourd'hui,
J'en ai fait contre toi quand j'en ai fait pour lui.
  Il revient : quel malheur, si l'amour de sa femme
Ne peut non plus sur lui que le mien sur ton âme³ !

SCÈNE VI.

HORACE, SABINE, CURIACE, CAMILLE.

CURIACE.

Dieux ! Sabine le suit ! Pour ébranler mon cœur,
Est-ce peu de Camille ? y joignez-vous ma sœur ?
Et, laissant à ses pleurs vaincre ce grand courage⁴,
L'amenez-vous ici chercher même avantage ?

---

   1 « J'ose penser qu'il y a ici plus d'artifice et de subtilité que de naturel. On sent trop que Curiace ne parle pas sérieusement. Ce trait de rhéteur refroidit ; mais Camille répond avec des sentiments si vrais, qu'elle couvre tout d'un coup ce petit défaut. » (*Voltaire.*)
   2 Voy. plus haut, p. 135, not. 1.
   3 « . . . Quel malheur, si l'amour de sa femme
      Ne peut non plus sur lui que le mien sur ton âme ! »
n'est pas français ; la grammaire demande, *ne peut pas plus sur lui*. Ces deux vers ne sont pas bien faits. Il ne faut pas s'attendre à trouver dans Corneille la pureté, la correction, l'élégance du style : ce mérite ne fut connu que dans les beaux jours du siècle de Louis XIV. C'est une réflexion que les lecteurs doivent faire souvent pour justifier Corneille, et pour excuser la multitude des notes du commentateur. » (*Voltaire.*)
   4 Racine a dit :
      Laisse aux pleurs d'une amante attendrir sa victoire.
Dans ces deux exemples la proposition *à* équivaut à *par*; vaincre *par*, attendrir *par*.

ACTE II, SCÈNE VI.

SABINE.

Non, non, mon frère, non ; je ne viens en ce lieu
Que pour vous embrasser et pour vous dire adieu.
Votre sang est trop bon, n'en craignez rien de lâche,
Rien dont la fermeté de ces grands cœurs se fâche [1] ;
Si ce malheur illustre ébranlait l'un de vous,
Je le désavouerais pour frère ou pour époux.
Pourrai-je toutefois vous faire une prière
Digne d'un tel époux et digne d'un tel frère ?
Je veux d'un coup si noble ôter l'impiété,
A l'honneur qui l'attend rendre sa pureté,
La mettre en son éclat sans mélange de crimes,
Enfin je vous veux faire ennemis légitimes.
 Du saint nœud qui vous joint je suis le seul lien ;
Quand je ne serai plus, vous ne vous serez rien.
Brisez votre alliance, et rompez-en la chaîne ;
Et, puisque votre honneur veut des effets de haine,
Achetez par ma mort le droit de vous haïr :
Albe le veut et Rome, il faut leur obéir :
Qu'un de vous deux me tue et que l'autre me venge [2] ;
Alors votre combat n'aura plus rien d'étrange,
Et du moins l'un des deux sera juste agresseur,
Ou pour venger sa femme, ou pour venger sa sœur.
Mais quoi ! vous souilleriez une gloire si belle,
Si vous vous animiez par quelque autre querelle :
Le zèle du pays vous défend de tels soins ;
Vous feriez peu pour lui si vous vous étiez moins [3] ;
Il lui faut, et sans haine, immoler un beau-frère.
Ne différez donc plus ce que vous devez faire ;
Commencez par sa sœur à répandre son sang ;
Commencez par sa femme à lui percer le flanc ;
Commencez par Sabine à faire de vos vies
Un digne sacrifice à vos chères patries :
Vous êtes ennemis en ce combat fameux,
Vous d'Albe, vous de Rome, et moi de toutes deux.
Quoi ! me réservez-vous à voir une victoire
Où, pour haut appareil d'une pompeuse gloire [4],
Je verrai les lauriers d'un frère ou d'un mari
Fumer encor d'un sang que j'aurai tant chéri ?

---

1 « *Se fâche* est trop faible, trop du style familier. » (*Voltaire.*) Le poëte délaie ici en deux vers le sens du proverbe populaire : « Bon sang ne peut mentir. »

2 « Quand Sabine vient proposer à son frère et à son mari de lui donner la mort, on sait trop qu'ils ne le feront ni l'un ni l'autre. Ce n'est donc qu'une vaine déclamation ; car Sabine ne doit pas plus le demander qu'ils ne doivent le faire ; c'est un remplissage amené par des sentiments peu naturels. » (*La Harpe.*)

3 « Ce *peu* et ce *moins* font un mauvais effet, et *vous vous étiez moins* est prosaïque et familier. » (*Voltaire.*)

4 « Ces vers échappent quelquefois au génie, dans le feu de la composition. Ils ne disent rien, mais ils accompagnent des vers qui disent beaucoup. » (*Voltaire.*)

Pourrai-je entre vous deux régler alors mon âme ?
Satisfaire aux devoirs et de sœur et de femme,
Embrasser le vainqueur en pleurant le vaincu ?
Non, non : avant ce coup Sabine aura vécu ;
Ma mort le préviendra, de qui que je l'obtienne ;
Le refus de vos mains y condamne la mienne.
Sus donc, qui vous retient ? Allez, cœurs inhumains,
J'aurai trop de moyens pour y forcer vos mains ;
Vous ne les aurez point au combat occupées,
Que ce corps au milieu n'arrête vos épées ;
Et, malgré vos refus, il faudra que leurs coups
Se fassent jour ici pour aller jusqu'à vous [1].

HORACE.

O ma femme !

CURIACE.

O ma sœur !

CAMILLE.

Courage ! ils s'amollissent.

SABINE.

Vous poussez des soupirs, vos visages pâlissent !
Quelle peur vous saisit ? sont-ce là ces grands cœurs,
Ces héros qu'Albe et Rome ont pris pour défenseurs ?

HORACE.

Que t'ai-je fait, Sabine [2] ? et quelle est mon offense,
Qui t'oblige à chercher une telle vengeance ?
Que t'a fait mon honneur ? et par quel droit viens-tu
Avec toute ta force attaquer ma vertu ?
Du moins contente-toi de l'avoir étonnée,
Et me laisse achever cette grande journée.
Tu me viens de réduire en un étrange point ;
Aime assez ton mari pour n'en triompher point [3] :
Va-t'en, et ne rends plus la victoire douteuse ;
La dispute déjà m'en est assez honteuse ;
Souffre qu'avec honneur je termine mes jours.

SABINE.

Va, cesse de me craindre ; on vient à ton secours.

---

1 Racine paraît avoir imité ces deux vers, lorsqu'il a dit dans
Iphigénie, act. III. sc. v :

> Ou si je ne vous puis dérober à leurs coups,
> Ma fille, ils pourront bien m'immoler avant vous.

Et encore ; act. IV, sc. vi :

> Pour aller jusqu'au cœur que vous voulez percer,
> Voilà par quel chemin vos coups doivent passer.

2 Corneille avait dit : « Femme, que t'ai-je fait ? » et il a substitué à cette forme naïve et rude le tour plus poli : « Que t'ai-je fait, Sabine ? » Nous avons déjà remarqué, p. 137, l'effet d'un scrupule semblable. Le goût du naturel faisait insensiblement place au sentiment exagéré de la dignité théâtrale.

3 « Notre malheureuse rime arrache quelquefois de ces mauvais vers : ils passent à la faveur des bons ; mais ils feraient tomber un ouvrage médiocre dans lequel ils seraient en grand nombre. » (*Voltaire*.)

SCÈNE VII.

Le vieil HORACE, HORACE, CURIACE, SABINE, CAMILLE.

LE VIEIL HORACE.
Qu'est-ce-ci, mes enfants? Écoutez-vous vos flammes [1]?
Et perdez-vous encor le temps avec des femmes [2]?
Prêts à verser du sang, regardez-vous des pleurs [3]?
Fuyez, et laissez-les déplorer leurs malheurs.
Leurs plaintes ont pour vous trop d'art et de tendresse
Elles vous feraient part enfin de leur faiblesse :
Et ce n'est qu'en fuyant qu'on pare de tels coups [4].

SABINE.
N'appréhendez rien d'eux, ils sont dignes de vous :
Malgré tous nos efforts, vous en devez attendre
Ce que vous souhaitez et d'un fils et d'un gendre ;
Et si notre faiblesse ébranlait leur honneur,
Nous vous laissons ici pour leur rendre du cœur.

Allons, ma sœur, allons, ne perdons plus de larmes ;
Contre tant de vertus ce sont de faibles armes.
Ce n'est qu'au désespoir qu'il nous faut recourir.
Tigres [5], allez combattre ; et nous, allons mourir.

SCÈNE VIII.

Le vieil HORACE, HORACE, CURIACE.

HORACE.
Mon père, retenez des femmes qui s'emportent,

---

1 « *Qu'est-ce-ci* ne se dit plus aujourd'hui que dans le discours familier. » (*Voltaire.*)

2 « *Avec des femmes* serait comique en toute autre occasion; mais je ne sais si cette expression commune ne va pas ici jusqu'à la noblesse, tant elle peint bien le vieil Horace. » (*Voltaire.*)

3 L'antithèse du *sang* et des *pleurs* est ici d'une grande beauté. Corneille n'avait pas été aussi heureux en rapprochant ces deux mots dans son *Clitandre*. Il est curieux de rappeler ce souvenir pour mesurer l'espace que le génie de Corneille avait franchi en peu d'années. Dans cette pièce, le traître Pymante, à qui la perfide Dorise vient de crever l'œil d'un coup d'aiguille, s'écrie :

> Coule, coule mon *sang* ; en de si grands malheurs
> Tu dois avec raison me tenir lieu de *pleurs*.

Et il ajoute :

> Miraculeux effet! pour traître que je sois,
> Mon *sang* l'est encor plus, et sert tout à la fois
> De *pleurs* à ma douleur, d'indices à ma prise,
> De peine à mon forfait, de vengeance à Dorise.

4 « Effugere est triumphus. » (Hor.)

5 Le mot est un peu rude pour un mari et un frère. Mais la colère d'une faible femme est volontiers hyperbolique.

Et, de grâce, empêchez surtout qu'elles ne sortent ;
Leur amour importun viendrait avec éclat
Par des cris et des pleurs troubler notre combat[1] ;
Et ce qu'elles nous sont ferait qu'avec justice
On nous imputerait ce mauvais artifice ;
L'honneur d'un si beau choix serait trop acheté,
Si l'on nous soupçonnait de quelque lâcheté.

LE VIEIL HORACE.

J'en aurai soin. Allez, vos frères vous attendent ;
Ne pensez qu'aux devoirs que vos pays demandent[2].

CURIACE.

Quel adieu vous dirai-je? et par quels compliments...

LE VIEIL HORACE.

Ah! n'attendrissez point ici mes sentiments ;
Pour vous encourager ma voix manque de termes ;
Mon cœur ne forme point de pensers assez fermes :
Moi-même en cet adieu j'ai les larmes aux yeux[3].
Faites votre devoir, et laissez faire aux dieux[4].

---

[1] Souvenir de l'intervention des Sabines dans le premier combat que les Romains eurent à soutenir.

[2] « Des pays ne demandent point *des devoirs*; la patrie impose *des devoirs*; elle en demande l'accomplissement. » (*Voltaire.*)

[3] « Cette larme paternelle qui tombe des yeux de l'inflexible vieillard touche cent fois plus que les plaintes superflues des deux femmes. On reconnaît ici la vérité de ce qu'a dit Voltaire, que l'amour n'est point fait pour la seconde place. » (*La Harpe.*)

[4] « J'ai cherché dans tous les anciens et dans tous les théâtres étrangers une situation pareille, un pareil mélange de grandeur d'âme, de douleur, de bienséance, et je ne l'ai point trouvé : je remarquerai surtout que chez les Grecs il n'y a rien dans ce goût. » (*Voltaire.*)

FIN DU SECOND ACTE.

ACTE TROISIÈME.

SCÈNE I[1].

SABINE.

Prenons parti, mon âme, en de telles disgrâces,
Soyons femme d'Horace, ou sœur des Curiaces.
Cessons de partager nos inutiles soins,
Souhaitons quelque chose, et craignons un peu moins.
Mais las! quel parti prendre en un sort si contraire?
Quel ennemi choisir d'un époux, ou d'un frère?
La nature ou l'amour parle pour chacun d'eux,
Et la loi du devoir m'attache à tous les deux.
Sur leurs hauts sentiments réglons plutôt les nôtres;
Soyons femme de l'un ensemble, et sœur des autres,
Regardons leur honneur comme un souverain bien,
Imitons leur constance, et ne craignons plus rien.
La mort qui les menace est une mort si belle,
Qu'il en faut sans frayeur attendre la nouvelle.
N'appelons point alors les destins inhumains[2];
Songeons pour quelle cause, et non par quelles mains;
Revoyons les vainqueurs, sans penser qu'à la gloire
Que toute leur maison reçoit de leur victoire,
Et sans considérer aux dépens de quel sang
Leur vertu les élève en cet illustre rang[3],

---

1 « Ce monologue de Sabine est absolument inutile, et fait languir la pièce. Les comédiens voulaient alors des monologues. La déclamation approchait du chant, surtout celle des femmes; les auteurs avaient cette complaisance pour elles. Sabine s'adresse sa pensée, la retourne, répète ce qu'elle a dit, oppose parole à parole.

En l'une je suis femme, en l'autre je suis fille.
En l'une je suis fille, en l'autre je suis femme.
Songeons pour quelle cause, et non par quelles mains.
Je songe par quels bras, et non pour quelle cause.

Les quatre derniers vers sont plus dans la passion. » (*Voltaire.*)

2 N'est-ce pas ici une réminiscence de Virgile :

« Atque deos, atque *astra vocat crudelia* mater. »
Ecl. v, v. 24.

3 « Il ne s'agit point ici de rang : l'auteur a voulu rimer à *sang*. La plus grande difficulté de la poésie française et son plus grand mérite est que la rime ne doit jamais empêcher d'employer le mot propre. » (*Voltaire.*)

Faisons nos intérêts de ceux de leur famille :
En l'une je suis femme, en l'autre je suis fille,
Et tiens à toutes deux par de si forts liens,
Qu'on ne peut triompher que par les bras des miens.
Fortune, quelques maux que ta rigueur m'envoie,
J'ai trouvé les moyens d'en tirer de la joie,
Et puis voir aujourd'hui le combat sans terreur,
Les morts sans désespoir, les vainqueurs sans horreur.
　Flatteuse illusion, erreur douce et grossière,
Vain effort de mon âme, impuissante lumière
De qui le faux brillant prend droit de m'éblouir,
Que tu sais peu durer, et tôt t'évanouir !
Pareille à ces éclairs qui, dans le fort des ombres,
Poussent un jour qui fuit, et rend les nuits plus sombres[1],
Tu n'as frappé mes yeux d'un moment de clarté
Que pour les abîmer dans plus d'obscurité.
Tu charmais trop ma peine, et le ciel qui s'en fâche
Me vend déjà bien cher ce moment de relâche.
Je sens mon triste cœur percé de tous les coups
Qui m'ôtent maintenant un frère, ou mon époux :
Quand je songe à leur mort, quoi que je me propose,
Je songe par quels bras, et non pour quelle cause,
Et ne vois les vainqueurs en leur illustre rang,
Que pour considérer aux dépens de quel sang.
La maison des vaincus touche seule mon âme,
En l'une je suis fille, en l'autre je suis femme,
Et tiens à toutes deux par de si forts liens,
Qu'on ne peut triompher que par la mort des miens[2].
C'est là donc cette paix que j'ai tant souhaitée ?
Trop favorables dieux, vous m'avez écoutée !
Quels foudres lancez-vous quand vous vous irritez,
Si même vos faveurs ont tant de cruautés ?
Et de quelle façon punissez-vous l'offense,
Si vous traitez ainsi les vœux de l'innocence ?

SCÈNE II.

SABINE, JULIE.

SABINE.

En est-ce fait, Julie ? et que m'apportez-vous[3] ?

---

1 « La tragédie admet les métaphores, mais non pas les comparaisons. Pourquoi ? parce que la métaphore, quand elle est naturelle, appartient à la passion ; les comparaisons n'appartiennent qu'à l'esprit. » (*Voltaire.*) Ici la comparaison est si juste, si courte et si poétique, que Corneille n'a pas besoin d'excuse. Il en est de même dans *Rodogune*, act. II, sc. I.
2 Voici encore de ces vers en refrain dont le retour charmait singulièrement les contemporains de Corneille.
3 « Autant la première scène a refroidi les esprits, autant cette

Est-ce la mort d'un frère, ou celle d'un époux?
Le funeste succès de leurs armes impies
De tous les combattants fait-il autant d'hosties [1],
Et m'enviant l'horreur que j'aurais des vainqueurs,
Pour tous tant qu'ils étaient demande-t-il mes pleurs?
JULIE.
Quoi! ce qui s'est passé, vous l'ignorez encore?
SABINE.
Vous faut-il étonner de ce que je l'ignore?
Et ne savez-vous pas que de cette maison
Pour Camille et pour moi l'on fait une prison?
Julie, on nous renferme, on a peur de nos larmes:
Sans cela nous serions au milieu de leurs armes,
Et par les désespoirs [2] d'une chaste amitié
Nous aurions des deux camps tiré quelque pitié.
JULIE.
Il n'était pas besoin d'un si tendre spectacle;
Leur vue à leur combat apporte assez d'obstacle.

Sitôt qu'ils ont paru prêts à se mesurer,
On a dans les deux camps entendu murmurer:
A voir de tels amis, des personnes si proches,
Venir pour leur patrie aux mortelles approches,
L'un s'émeut de pitié, l'autre est saisi d'horreur,
L'autre d'un si grand zèle admire la fureur,
Tel porte jusqu'aux cieux leur vertu sans égale,
Et tel l'ose nommer sacrilége et brutale.
Ces divers sentiments n'ont pourtant qu'une voix;
Tous accusent leurs chefs, tous détestent leur choix,
Et ne pouvant souffrir un combat si barbare,
On s'écrie, on s'avance, enfin on les sépare.
SABINE.
Que je vous dois d'encens, grands dieux, qui m'exaucez!
JULIE.
Vous n'êtes pas, Sabine, encore où vous pensez:

seconde les échauffe; pourquoi? c'est qu'on y apprend quelque chose de nouveau et d'intéressant: il n'y a point de vaine déclamation, et c'est là le grand art de la tragédie, fondé sur la connaissance du cœur humain, qui veut toujours être remué. » (*Voltaire*.)

1 « *Hostie*, ne se dit plus, et c'est dommage; il ne reste plus que le mot de *victime*. Plus on a de termes pour exprimer la même chose, plus la poésie est variée. » (*Voltaire*.) Ce mot tendait dès lors à se restreindre au sens unique qu'il a conservé de nos jours s'il est vrai qu'à la représentation de l'*Agrippine* de Cyrano de Bergerac, le mot des conjurés, « Allons frapper l'hostie, » ait paru une impiété pour les spectateurs. La plupart des éditions présentent une variante pour ce vers. On y lit:

De tous les combattants a-t-il fait des hosties?

2 « On n'emploie plus aujourd'hui *désespoir* au pluriel; il fait pourtant un très-bel effet. *Mes déplaisirs, mes craintes, mes douleurs, mes ennuis*, disent plus que mon *déplaisir, ma crainte*, etc. Pourquoi ne pourrait-on pas dire *mes désespoirs*, comme on dit *mes espérances*? Ne peut-on pas désespérer de plusieurs choses,

Vous pouvez espérer, vous avez moins à craindre ;
Mais il vous reste encore assez de quoi vous plaindre.
  En vain d'un sort si triste on les veut garantir,
Ces cruels généreux n'y peuvent consentir [1].
La gloire de ce choix leur est si précieuse,
Et charme tellement leur âme ambitieuse,
Qu'alors qu'on les déplore ils s'estiment heureux,
Et prennent pour affront la pitié qu'on a d'eux.
Le trouble des deux camps souille leur renommée ;
Ils combattront plutôt et l'une et l'autre armée,
Et mourront par les mains qui leur font d'autres lois,
Que pas un d'eux renonce aux honneurs d'un tel choix [2].

SABINE.

Quoi ! dans leur dureté ces cœurs d'acier s'obstinent !

JULIE.

Ils le font, mais d'ailleurs les deux camps se mutinent [3],
Et leurs cris des deux parts poussés en même temps
Demandent la bataille, ou d'autres combattants.
La présence des chefs à peine est respectée,
Leur pouvoir est douteux, leur voix mal écoutée ;
Le roi même s'étonne, et pour dernier effort :
« Puisque chacun, dit-il, s'échauffe en ce discord [4],
Consultons des grands dieux la majesté sacrée,
Et voyons si ce change à leurs bontés agrée.
Quel impie osera se prendre à leur vouloir,
Lorsqu'en un sacrifice ils nous l'auront fait voir ? »
Il se tait, et ces mots semblent être des charmes ;
Même aux six combattants ils arrachent les armes,
Et ce désir d'honneur qui leur ferme les yeux,
Tout aveugle qu'il est, respecte encor les dieux.
Leur plus bouillante ardeur cède à l'avis de Tulle ;
Et soit par déférence, ou par un prompt scrupule,
Dans l'une et l'autre armée on s'en fait une loi,

---

comme on peut en espérer plusieurs ? » (*Voltaire.*) Il y a ici un souvenir des Sabines.

1 Remarquons une double hardiesse. Non-seulement le poëte emploie substantivement un adjectif, comme dans *le Cid* à ce vers :

  Et tout ce que l'Espagne a produit *de vaillants*

Mais il y ajoute une épithète d'autant plus saisissante, qu'elle fait antithèse : ces *cruels* généreux.

2 La construction n'est pas régulière, puisque le signe de la comparaison *plutôt* ne se trouve qu'une fois, et que le dernier vers *que pas un d'eux* est le complément des deux propositions qui précèdent. Il y a ellipse pour la seconde.

3 Variante :

  Oui, mais d'autre côté les deux camps se mutinent.

4 « *En ce discord* ne se dit plus, mais il est à regretter. » (*Voltaire.*) Nous sommes un peu moins timorés que Voltaire. Non-seulement *discord* nous paraît à regretter, mais à ressaisir, en dépit des scrupuleux.

Comme si toutes deux le connaissaient pour roi¹.
Le reste s'apprendra par la mort des victimes.
SABINE.
Les dieux n'avoueront point un combat plein de crimes :
J'en espère beaucoup, puisqu'il est différé,
Et je commence à voir ce que j'ai désiré.

SCÈNE III.

SABINE, CAMILLE, JULIE.

SABINE.
Ma sœur, que je vous die une bonne nouvelle²
CAMILLE.
Je pense la savoir, s'il faut la nommer telle;
On l'a dite à mon père, et j'étais avec lui :
Mais je n'en conçois rien qui flatte mon ennui.
Ce délai de nos maux rendra leurs coups plus rudes;
Ce n'est qu'un plus long terme à nos inquiétudes,
Et tout l'allégement qu'il en faut espérer,
C'est de pleurer plus tard ceux qu'il faudra pleurer.
SABINE.
Les dieux n'ont pas en vain inspiré ce tumulte³.
CAMILLE.
Disons plutôt, ma sœur, qu'en vain on les consulte :
Ces mêmes dieux à Tulle ont inspiré ce choix,
Et la voix du public n'est pas toujours leur voix.
Ils descendent bien moins dans de si bas étages⁴,

---

1 « C'est une petite faute : le sens est, *comme si toutes deux voyaient en lui leur roi. Connaître un homme pour roi* ne signifie pas le reconnaître pour son souverain. On peut connaître un homme pour roi d'un autre pays : *connaître* ne veut pas dire reconnaître. » (*Voltaire.*)

2 « Au lieu de *die*, on a imprimé *dise* dans les éditions suivantes. *Die* n'est plus qu'une licence; on ne l'emploie que pour la rime. *Une bonne nouvelle* est du style de la comédie : ce n'est là qu'une très-légère inattention. Il était très-aisé à Corneille de mettre : *Ah! ma sœur, apprenez une heureuse nouvelle*, et d'exprimer ce petit détail autrement : mais alors ces expressions familières étaient tolérées; elles ne sont devenues des fautes que quand la langue s'est perfectionnée; et c'est à Corneille même qu'elle doit en partie cette perfection. On fit bientôt une étude sérieuse d'une langue dans laquelle il avait écrit de si belles choses. » (*Voltaire.*)
La correction que propose Voltaire montre combien le style a perdu à la recherche de cette noblesse fausse et guindée qui a prévalu dans la tragédie. Le subjonctif *die* n'est pas une licence, mais un archaïsme.

3   Les dieux auront en vain ordonné son trépas.
                Racine, *Iphig.*, act. III, sc VII.

4 « *Bas étage* est bien bas, et la pensée n'est que poétique. Cette

Que dans l'âme des rois, leurs vivantes images,
De qui l'indépendante et sainte autorité
Est un rayon secret de leur divinité.

JULIE.

C'est vouloir sans raison vous former des obstacles,
Que de chercher leur voix ailleurs qu'en leurs oracles,
Et vous ne vous pouvez figurer tout perdu,
Sans démentir celui qui vous fut hier rendu.

CAMILLE.

Un oracle jamais ne se laisse comprendre [1];
On l'entend d'autant moins que plus on croit l'entendre,
Et loin de s'assurer sur un pareil arrêt,
Qui n'y voit rien d'obscur, doit croire que tout l'est [2].

SABINE.

Sur ce qu'il fait pour nous prenons plus d'assurance,
Et souffrons les douceurs d'une juste espérance.
Quand la faveur du ciel ouvre à demi ses bras,
Qui ne s'en promet rien ne la mérite pas;
Il empêche souvent qu'elle ne se déploie,
Et lorsqu'elle descend son refus la renvoie.

CAMILLE.

Le ciel agit sans nous en ces événements
Et ne les règle point dessus nos sentiments.

JULIE.

Il ne vous a fait peur que pour vous faire grâce :
Adieu, je vais savoir comme enfin tout se passe [3].
Modérez vos frayeurs, j'espère à mon retour,
Ne vous entretenir que de propos d'amour [4],
Et que nous n'emploierons la fin de la journée
Qu'aux doux préparatifs d'un heureux hyménée.

SABINE.

J'ose encor l'espérer.

contestation de Sabine et de Camille paraît froide, dans un moment où l'on est si impatient de savoir ce qui se passe. Ce discours de Camille semble avoir un autre défaut : ce n'est point à une amante à dire que les *dieux inspirent toujours les rois, qu'ils sont des rayons de la Divinité* : c'est là de la déclamation d'un rhéteur dans un panégyrique. Ces contestations de Camille et de Sabine sont, à la vérité, des jeux d'esprit un peu froids; c'est un grand malheur que le peu de matière que fournit la pièce ait obligé l'auteur à y mêler ces scènes, qui, par leur inutilité, sont toujours languissantes. » (*Voltaire.*) Corneille a l'âme républicaine et l'esprit monarchique. Il combat ici le proverbe : *Vox populi, vox Dei.*

1. Un oracle toujours se plaît à se cacher.
Racine, *Iphigénie*, act. II, sc. 1.

2. « *Tout l'est* n'est guère plus euphonique que *mon époux l'est*, qui a été retranché, act. I, sc. 1. Voy. p. 120, n. 1.

3. « Ce vers de comédie démontre l'inutilité de la scène. La nécessité de savoir comme tout se passe condamne tout ce froid dialogue. » (*Voltaire.*)

4. « Ce discours de Julie est trop d'une soubrette de comédie. » (*Voltaire.*)

CAMILLE.
Moi, je n'espère rien.
JULIE.
L'effet vous fera voir que nous en jugeons bien.

SCÈNE IV[1].

SABINE, CAMILLE.

SABINE.
Parmi nos déplaisirs souffrez que je vous blâme;
Je ne puis approuver tant de trouble en votre âme.
Que feriez-vous, ma sœur, au point où je me vois,
Si vous aviez à craindre autant que je le dois,
Et si vous attendiez de leurs armes fatales
Des maux pareils aux miens et des pertes égales?
CAMILLE.
Parlez plus sainement de vos maux et des miens:
Chacun voit ceux d'autrui d'un autre œil que les siens[2];
Mais à bien regarder ceux où le ciel me plonge,
Les vôtres auprès d'eux vous sembleront un songe.
    La seule mort d'Horace est à craindre pour vous.
Des frères ne sont rien à l'égal d'un époux[3];
L'hymen qui nous attache en une autre famille[4]

[1] « Cette scène est encore froide. On sent trop que Sabine et Camille ne sont là que pour amuser le peuple en attendant qu'il arrive un événement intéressant; elles répètent ce qu'elles ont déjà dit. Corneille manque à la grande règle, *semper ad eventum festinat*; mais quel homme l'a toujours observée? J'avouerai que Shakspeare est, de tous les auteurs tragiques, celui où l'on trouve le moins de ces scènes de pure conversation : il y a presque toujours quelque chose de nouveau dans chacune de ses scènes; c'est, à la vérité, aux dépens des règles, de la bienséance et de la vraisemblance; c'est en entassant vingt années d'événements les uns sur les autres; c'est en mêlant le grotesque au terrible; c'est en passant d'un cabaret à un champ de bataille, et d'un cimetière à un trône; mais enfin il attache. L'art serait d'attacher et de surprendre toujours, sans aucun de ces moyens irréguliers et burlesques tant employés sur les théâtres espagnols et anglais. » (*Voltaire*.)

[2]   On se voit d'un autre œil qu'on ne voit son prochain.
                                    La Fontaine, I 1, f. VII.
Corneille dit plus loin, act. V, sc. I:
    Je te vois d'un autre œil que tu ne te regardes

[3] *Ne sont rien à l'égal d'un époux* n'est plus français, à cause du sens négatif que l'habitude attache au mot *rien*. Une chose n'est rien au prix d'une autre, en comparaison d'une autre, et non pas à *l'égal*. Mais si on revient au sens étymologique (*rien*, chose, de *res*), la phrase est alors correcte, car elle peut se traduire ainsi :
« Un frère n'est pas *chose* qui égalo un époux. »

[4] « Il faut *attache à une autre famille*: d'ailleurs ces vers sont trop familiers. » (Voltaire.)

Nous détache de celle où l'on a vécu fille;
On voit d'un œil divers des nœuds si différents,
Et pour suivre un mari l'on quitte ses parents.
Mais si près d'un hymen l'amant que donne un père
Nous est moins qu'un époux, et non pas moins qu'un frère,
Nos sentiments entre eux demeurent suspendus,
Notre choix impossible, et nos vœux confondus.
Ainsi, ma sœur, du moins vous avez dans vos plaintes,
Où porter vos souhaits, et terminer vos craintes;
Mais si le ciel s'obstine à nous persécuter,
Pour moi, j'ai tout à craindre, et rien à souhaiter.

SABINE.

Quand il faut que l'un meure, et par les mains de l'autre,
C'est un raisonnement bien mauvais que le vôtre [1].
Quoique ma sœur, des nœuds bien différents,
C'est sans les oublier qu'on quitte ses parents,
L'hymen n'efface point ces profonds caractères,
Pour aimer un mari l'on ne hait pas ses frères,
La nature en tout temps garde ses premiers droits,
Aux dépens de leur vie on ne fait point de choix,
Aussi bien qu'un époux ils sont d'autres nous-mêmes,
Et tous maux sont pareils alors qu'ils sont extrêmes [2].
Mais l'amant qui vous charme et pour qui vous brûlez,
Ne vous est, après tout, que ce que vous voulez;
Une mauvaise humeur, un peu de jalousie,
En fait assez souvent passer la fantaisie.
Ce que peut le caprice, osez-le par raison,
Et laissez votre sang hors de comparaison.
C'est crime qu'opposer des liens volontaires
A ceux que la naissance a rendus nécessaires.
Si donc le ciel s'obstine à nous persécuter,
Seule j'ai tout à craindre, et rien à souhaiter :
Mais, pour vous le devoir vous donne dans vos plaintes
Où porter vos souhaits et terminer vos craintes.

CAMILLE.

Je le vois bien, ma sœur, vous n'aimâtes jamais,
Vous ne connaissez point, ni l'amour, ni ses traits [3].

---

[1] « Ce seul mot de *raisonnement* est la condamnation de cette scène et de toutes celles qui lui ressemblent. Tout doit être action dans une tragédie; non que chaque scène doive être un événement, mais chaque scène doit servir à nouer ou à dénouer l'intrigue; chaque discours doit être préparation ou obstacle. C'est en vain qu'on cherche à mettre des contrastes entre les caractères dans ces scènes inutiles, si ces contrastes ne produisent rien. » (*Voltaire.*)

[2] « Ce beau vers est d'une grande vérité; mais les quatre qui suivent sont des vers comiques qui gâteraient la plus belle tirade. » (*Voltaire.*)

[3] « Ce *point* est de trop; il faut: *Vous ne connaissez ni l'amour ni ses traits.* » (*Voltaire.*) Le critique ne remarque point que ce tour régulier dans nos vieux auteurs donne plus d'énergie à la négation.

ACTE III, SCÈNE IV.

On peut lui résister quand il commence à naître [1],
Mais non pas le bannir quand il s'est rendu maître [2],
Et que l'aveu d'un père, engageant notre foi,
A fait de ce tyran un légitime roi.
Il entre avec douceur, mais il règne par force,
Et quand l'âme une fois a goûté son amorce,
Vouloir ne plus aimer c'est ce qu'elle ne peut,
Puisqu'elle ne peut plus vouloir que ce qu'il veut [3] :
Ses chaînes sont pour nous aussi fortes que belles [4].

SCÈNE V.

Le vieil HORACE, SABINE, CAMILLE.

LE VIEIL HORACE.

Je viens vous apporter de fâcheuses nouvelles [5],
Mes filles ; mais en vain je voudrais vous céler
Ce qu'on ne vous saurait longtemps dissimuler :
Vos frères sont aux mains, les dieux ainsi l'ordonnent.

SABINE.

Je veux bien l'avouer, ces nouvelles m'étonnent,
Et je m'imaginais dans la divinité
Beaucoup moins d'injustice, et bien plus de bonté.
Ne nous consolez point ; contre tant d'infortune
La pitié parle en vain, la raison importune.
Nous avons en nos mains la fin de nos douleurs,
Et qui veut bien mourir peut braver les malheurs.
Nous pourrions aisément faire en votre présence
De notre désespoir une fausse constance ;
Mais quand on peut sans honte être sans fermeté,

---

1 « Principiis obsta : sero medicina paratur
    Quum mala per longas invaluere moras. »   (Ovide.)

2 « Ces maximes détachées, qui sont un défaut quand la passion doit parler, avaient alors le mérite de la nouveauté ; on s'écriait : *C'est connaître le cœur humain!* Mais c'est le connaître bien mieux que de faire dire en sentiment ce qu'on n'exprimait guère alors qu'en sentences, défaut éblouissant que les auteurs imitaient de Sénèque. » (*Voltaire.*)

3 « Ces deux *peut*, ces syllabes dures, ces monosyllabes *veut* et *peut*, et cette idée de vouloir ce que l'amour veut, comme s'il était question ici du dieu d'amour, tout cela constitue deux des plus mauvais vers qu'on pût faire ; et c'était de tels vers qu'il fallait corriger. » (*Voltaire.*)

4 « Toute cette scène est ce qu'on appelle du remplissage ; défaut insupportable, mais devenu presque nécessaire dans nos tragédies, qui sont toutes trop longues, à l'exception d'un très-petit nombre. » (*Voltaire.*)

5 « Comme l'arrivée du vieil Horace rend la vie au théâtre qui languissait ! quel moment et quelle noble simplicité ! » (*Voltaire.*)

L'affecter au dehors, c'est une lâcheté [1]:
L'usage d'un tel art nous le laissons aux hommes,
Et ne voulons passer que pour ce que nous sommes.
    Nous ne demandons point qu'un courage si fort
S'abaisse, à notre exemple, à se plaindre du sort :
Recevez sans frémir ces mortelles alarmes ;
Voyez couler nos pleurs sans y mêler vos larmes ;
Enfin, pour toute grâce, en de tels déplaisirs,
Gardez votre constance et souffrez nos soupirs.

LE VIEIL HORACE.

Loin de blâmer les pleurs que je vous vois répandre,
Je crois faire beaucoup de m'en pouvoir défendre [2],
Et céderais peut-être à de si rudes coups,
Si je prenais ici même intérêt que vous.
Non qu'Albe par son choix m'ait fait haïr vos frères,
Tous trois me sont encor des personnes bien chères ;
Mais enfin l'amitié n'est pas du même rang,
Et n'a point les effets de l'amour, ni du sang ;
Je ne sens point pour eux la douleur qui tourmente
Sabine comme sœur, Camille comme amante :
Je puis les regarder comme nos ennemis,
Et donne sans regret mes souhaits à mes fils.
Ils sont, grâces aux dieux, dignes de leur patrie ;
Aucun étonnement n'a leur gloire flétrie,
Et j'ai vu leur honneur croître de la moitié,
Quand ils ont des deux camps refusé la pitié.
Si par quelque faiblesse ils l'avaient mendiée,
Si leur haute vertu ne l'eût répudiée,
Ma main bientôt sur eux m'eût vengé hautement [3]
De l'affront que m'eût fait ce mol consentement.
Mais lorsqu'en dépit d'eux on en a voulu d'autres,
Je ne le cèle point, j'ai joint mes vœux aux vôtres ;
Si le ciel pitoyable eût écouté ma voix,
Albe serait réduite à faire un autre choix ;
Nous pourrions voir tantôt triompher les Horaces
Sans voir leurs bras souillés du sang des Curiaces,
Et de l'événement d'un combat plus humain
Dépendrait maintenant l'honneur du nom romain :
La prudence des dieux autrement en dispose ;
Sur leur ordre éternel mon esprit se repose :

---

1. « Ces sentences et ces raisonnements sont bien mal placés dans un moment si douloureux ; c'est là le poëte qui parle et qui raisonne. » (*Voltaire.*)

2. Imité par Racine, *Iphigénie*, act. I, sc. V :
    Mon cœur se met sans peine à la place du vôtre,
    Et frémissant du coup qui vous fait soupirer,
    Loin de blâmer vos pleurs, je suis près de pleurer.

3. « Ce discours du vieil Horace est plein d'un art d'autant plus beau, qu'il ne paraît pas : on ne voit que la hauteur d'un Romain, et la chaleur d'un vieillard qui préfère l'honneur à la nature. Mais cela même prépare tout ce qu'il dit dans la scène suivante ; c'est là qu'est le vrai génie. » (*Voltaire.*)

Il s'arme en ce besoin de générosité,
Et du bonheur public fait sa félicité:
Tâchez d'en faire autant pour soulager vos peines,
Et songez toutes deux que vous êtes Romaines :
Vous l'êtes devenue, et vous l'êtes encor.;
Un si glorieux titre est un digne trésor.
Un jour, un jour viendra que par toute la terre
Rome se fera craindre à l'égal du tonnerre,
Et que, tout l'univers tremblant dessous ses lois,
Ce grand nom deviendra l'ambition des rois :
Les dieux à notre Énée ont promis cette gloire[1].

SCÈNE VI.

Le vieil HORACE, SABINE, CAMILLE, JULIE.

LE VIEIL HORACE.
Nous venez-vous, Julie, apprendre la victoire?
JULIE.
Mais plutôt du combat les funestes effets.
Rome est sujette d'Albe, et vos fils sont défaits;
Des trois les deux sont morts, son époux seul vous reste.
LE VIEIL HORACE.
O d'un triste combat effet vraiment funeste!
Rome est sujette d'Albe! et, pour l'en garantir
Il n'a pas employé jusqu'au dernier soupir!
Non, non, cela n'est point, on vous trompe, Julie ;
Rome n'est pas sujette, ou mon fils est sans vie:
Je connais mieux mon sang, il sait mieux son devoir.
JULIE.
Mille de nos remparts comme moi l'ont pu voir:
Il s'est fait admirer tant qu'ont duré ses frères;
Mais, comme il s'est vu seul contre trois adversaires,
Près d'être enfermé d'eux, sa fuite l'a sauvé.
LE VIEIL HORACE.
Et nos soldats trahis ne l'ont point achevé!
Dans leurs rangs à ce lâche ils ont donné retraite!
JULIE.
Je n'ai rien voulu voir après cette défaite.
CAMILLE.
O mes frères !

---

1 Cette prédiction remplit le discours de Jupiter à Vénus dans le premier livre de l'*Enéide*. Elle y est exprimée en termes magnifiques par les vers suivants :

« His ego nec metas rerum nec tempora pono :
« Imperium sine fine dedi.....
« Romanos rerum dominos gentemque togatam.....
« Imperium oceano, famam qui terminet astris. »

LE VIEIL HORACE.

　　　　Tout beau, ne les pleurez pas tous;
Deux jouissent d'un sort dont leur père est jaloux.
Que des plus nobles fleurs leur tombe soit couverte;
La gloire de leur mort m'a payé de leur perte :
Ce bonheur a suivi leur courage invaincu [1],
Qu'ils ont vu Rome libre autant qu'ils ont vécu,
Et ne l'auront point vue obéir qu'à son prince [2],
Ni d'un État voisin devenir la province.
Pleurez l'autre, pleurez l'irréparable affront
Que sa fuite honteuse imprime à notre front;
Pleurez le déshonneur de toute notre race,
Et l'opprobre éternel qu'il laisse au nom d'Horace.

JULIE.

Que vouliez-vous qu'il fît contre trois?

LE VIEIL HORACE.

　　　　　　　　　　　　　　Qu'il mourût [3]!
Ou qu'un beau désespoir alors le secourût.
N'eût-il que d'un moment reculé sa défaite,
Rome eût été du moins un peu plus tard sujette;

---

1 « Ce mot *invaincu* n'a été employé que par Corneille, et devrait l'être, je crois, par tous nos poëtes. Une expression si bien mise à sa place dans *le Cid* et dans cette admirable scène ne doit jamais vieillir. » (*Voltaire*.) Ce mot avait été employé par Ronsard, comme nous l'avons dit plus haut, p. 34, not. 1.

2 « Ce *point* est ici un solécisme; il faut, *et ne l'auront vue obéir qu'à.* » (*Voltaire*.) Voy. ci-dessus, p. 152, not. 3.

3 « Voilà ce fameux *qu'il mourût*, ce trait du plus grand sublime, ce mot auquel il n'en est aucun de comparable dans toute l'antiquité. Tout l'auditoire fut si transporté, qu'on n'entendit jamais le vers faible qui suit : et le morceau, *n'eût-il que d'un moment retardé sa défaite*, étant plein de chaleur, augmente encore la force du *qu'il mourût*. Que de beautés! et d'où naissent-elles? d'une simple méprise très-naturelle, sans complication d'événements, sans aucune intrigue recherchée, sans aucun effort. Il y a d'autres beautés tragiques; mais celle-ci est au premier rang. » (*Voltaire*). Après cet élan d'admiration, Voltaire se ravise, et il ajoute :

« Il est vrai que le vieil Horace, qui était présent quand les Horaces et les Curiaces ont refusé qu'on nommât d'autres champions, a dû être présent à leur combat. Cela gâte jusqu'au *qu'il mourût*. » Palissot réfute judicieusement la critique de Voltaire par la remarque suivante :

« Non, le *qu'il mourût* n'est point gâté, et ne saurait l'être. Quoi qu'en dise Voltaire, il n'est point prouvé que le vieil Horace dût être présent au combat. Il est Romain, le *qu'il mourût* l'atteste assez; mais il est père, et lui-même a dit, dans l'autre scène, à Camille et à Sabine :

　　　Loin de blâmer des pleurs que je vous vois répandre,
　　　Je crois faire beaucoup de m'en pouvoir défendre.

Il ne pardonnerait pas à ses fils de s'être déshonorés par une lâcheté; mais il ne veut être le témoin ni de leur mort, ni de celle des Curiaces. Corneille nous paraît avoir admirablement assorti toutes les parties de ce grand caractère. M. de La Harpe, dans son

Il eût avec honneur laissé mes cheveux gris,
Et c'était de sa vie un assez digne prix.
Il est de tout son sang comptable à sa patrie,
Chaque goutte épargnée a sa gloire flétrie[1],
Chaque instant de sa vie, après ce lâche tour[2],
Met d'autant plus ma honte avec la sienne au jour.
J'en romprai bien le cours[3], et ma juste colère,
Contre un indigne fils usant des droits d'un père[4],
Saura bien faire voir, dans sa punition,
L'éclatant désaveu d'une telle action.

SABINE.

Écoutez un peu moins ces ardeurs généreuses,
Et ne nous rendez point tout à fait malheureuses.

LE VIEIL HORACE.

Sabine, votre cœur se console aisément,
Nos malheurs jusqu'ici vous touchent faiblement.
Vous n'avez point encor de part à nos misères,
Le ciel vous a sauvé votre époux et vos frères,
Si nous sommes sujets, c'est de votre pays :
Vos frères sont vainqueurs quand nous sommes trahis ;
Et voyant le haut point où leur gloire se monte,
Vous regardez fort peu ce qui nous vient de honte.

Cours de littérature, a développé longuement ce que nous ne pourrions qu'effleurer dans cette note, et ce qui n'a jamais été douteux pour les hommes qui savent juger. »

La Harpe résume ainsi des considérations pleines de goût sur le même passage :

« C'est Rome qui a prononcé *qu'il mourût* ; c'est la nature qui, ne renonçant jamais à l'espérance, a dit tout de suite :

Ou qu'un beau désespoir alors le secourût.

« Je veux bien que Rome soit ici plus sublime que la nature : cela doit être. Mais la nature n'est pas *faible* quand elle dit ce qu'elle doit dire. »

Champfort, pour soutenir le sublime du *qu'il mourût*, affaibli, disait-on, par le vers suivant, avait imaginé d'y substituer celui-ci :

JULIE.
Mais il est votre fils !
LE VIEIL HORACE.
Lui mon fils ! il le fut.

L'esprit, lorsqu'il veut corriger le génie, risque fort de l'affaiblir.

1 « Il faut, dans la rigueur, *a flétri sa gloire* : mais *a sa gloire flétrie* est plus beau, plus poétique, plus éloigné du langage ordinaire, sans causer d'obscurité. » (*Voltaire*.)

2 « *Après ce lâche tour* est une expression trop triviale. » (*Voltaire*.)

3 « Ces derniers mots se rapportent naturellement à la honte ; mais on ne rompt point le cours d'une honte : il faut donc qu'ils tombent sur *chaque instant de sa vie*, qui est plus haut, mais *je romprai bien le cours de chaque instant de sa vie*, ne peut se dire. *Bien* signifie, dans ces occasions, *fortement* ou *aisément* : je le punirai *bien*, je l'empêcherai *bien*. » (*Voltaire*.)

4 L'autorité paternelle allait chez les Romains jusqu'à disposer de la vie d'un fils.

Mais votre trop d'amour pour cet infâme époux
Vous donnera bientôt à plaindre [1] comme à nous.
Vos pleurs en sa faveur sont de faibles défenses.
J'atteste des grands dieux les suprêmes puissances,
Qu'avant ce jour fini, ces mains, ces propres mains
Laveront dans mon sang la honte des Romains.

SABINE.

Suivons-le promptement, la colère l'emporte.
Dieux ! verrons-nous toujours des malheurs de la sorte [2] ?
Nous faudra-t-il toujours en craindre de plus grands,
Et toujours redouter la main de nos parents [3] ?

1 *Plaindre* ne se dit pas d'une manière absolue et demande un complément. Il faudrait *gémir*. Il est vrai que dans la phrase « nous sommes à plaindre, » plaindre se présente sans régime, mais alors ou le régime est sous-entendu ou le sens est passif. En effet, on peut la résoudre de deux manières, ou « nous sommes dignes d'*être plaints*, » ou « il convient qu'on *nous* plaigne. »

2 « Ce *de la sorte* est une expression qui n'est pas française. Il faudrait *de cette sorte*, ou *de telle sorte*. » (*Voltaire*.)

3 « Ce dernier vers est de la plus grande beauté : non-seulement il dit ce dont il s'agit, mais il prépare ce qui doit suivre. » (*Voltaire*.)

FIN DU TROISIÈME ACTE.

ACTE QUATRIÈME.

SCÈNE I.

LE VIEIL HORACE, CAMILLE.

LE VIEIL HORACE.
Ne me parlez jamais en faveur d'un infâme ;
Qu'il me fuie à l'égal des frères de sa femme :
Pour conserver un sang qu'il tient si précieux,
Il n'a rien fait encor s'il n'évite mes yeux.
Sabine y peut mettre ordre, ou derechef j'atteste
Le souverain pouvoir de la troupe céleste...
CAMILLE.
Ah! mon père, prenez un plus doux sentiment :
Vous verrez Rome même en user autrement,
Et de quelque malheur que le ciel l'ait comblée,
Excuser la vertu sous le nombre accablée.
LE VIEIL HORACE.
Le jugement de Rome est peu pour mon regard[1],
Camille ; je suis père, et j'ai mes droits à part.
Je sais trop comme agit la vertu véritable :
C'est sans en triompher que le nombre l'accable,
Et sa mâle vigueur, toujours en même point,
Succombe sous la force, et ne lui cède point.
Taisez-vous, et sachons ce que nous veut Valère.

SCÈNE II.

LE VIEIL HORACE, VALÈRE, CAMILLE.

VALÈRE.
Envoyé par le roi pour consoler un père
Et pour lui témoigner...
LE VIEIL HORACE.
N'en prenez aucun soin :

---

[1] « *Pour mon regard* est suranné et hors d'usage, c'est pourtant une expression nécessaire. » (*Voltaire.*)

C'est un soulagement dont je n'ai pas besoin ;
Et j'aime mieux voir morts que couverts d'infamie
Ceux que vient de m'ôter une main ennemie.
Tous deux pour leur pays sont morts en gens d'honneur ;
Il me suffit.

VALÈRE.

Mais l'autre est un rare bonheur ;
De tous les trois chez vous il doit tenir la place.

LE VIEIL HORACE.

Que n'a-t-on vu périr en lui le nom d'Horace !

VALÈRE.

Seul vous le maltraitez après ce qu'il a fait.

LE VIEIL HORACE.

C'est à moi seul aussi de punir son forfait.

VALÈRE.

Quel forfait trouvez-vous en sa bonne conduite.

LE VIEIL HORACE.

Quel éclat de vertu trouvez-vous en sa fuite ?

VALÈRE.

La fuite est glorieuse en cette occasion.

LE VIEIL HORACE.

Vous redoublez ma honte et ma confusion.
Certes l'exemple est rare, et digne de mémoire,
De trouver dans la fuite un chemin à la gloire.

VALÈRE.

Quelle confusion, et quelle honte à vous
D'avoir produit un fils qui nous conserve tous,
Qui fait triompher Rome, et lui gagne un empire ?
A quels plus grands honneurs faut-il qu'un père aspire ?

LE VIEIL HORACE.

Quels honneurs, quel triomphe, et quel empire enfin,
Lorsque Albe sous ses lois range notre destin ?

VALÈRE.

Que parlez-vous ici d'Albe et de sa victoire ?
Ignorez-vous encor la moitié de l'histoire ?

LE VIEIL HORACE.

Je sais que par sa fuite il a trahi l'Etat.

VALÈRE.

Oui, s'il eût en fuyant terminé le combat ;
Mais on a bientôt vu qu'il ne fuyait qu'en homme
Qui savait ménager l'avantage de Rome.

LE VIEIL HORACE.

Quoi ! Rome donc triomphe[1] ?

HORACE.

Apprenez, apprenez
La valeur de ce fils qu'à tort vous condamnez.
Resté seul contre trois, mais en cette aventure,
Tous trois étant blessés, et lui seul sans blessure,
Trop faible pour eux tous, trop fort pour chacun d'eux,

---

[1] « Que ce mot est pathétique ! comme il sort des entrailles d'un vieux Romain ! » (*Voltaire.*)

ACTE IV, SCÈNE II.

Il sait bien se tirer d'un pas si hasardeux;
Il fuit pour mieux combattre, et cette prompte ruse
Divise adroitement trois frères qu'elle abuse.
Chacun le suit d'un pas ou plus ou moins pressé,
Selon qu'il se rencontre ou plus ou moins blessé;
Leur ardeur est égale à poursuivre sa fuite,
Mais leurs coups¹ inégaux séparent leur poursuite.
  Horace les voyant l'un de l'autre écartés,
Se retourne, et déjà les croit demi-domptés:
Il attend le premier, et c'était votre gendre.
L'autre, tout indigné qu'il ait osé l'attendre,
En vain en l'attaquant fait paraître un grand cœur,
Le sang qu'il a perdu ralentit sa vigueur.
Albe à son tour commence à craindre un sort contraire;
Elle crie au second qu'il secoure son frère:
Il se hâte et s'épuise en efforts superflus,
Il trouve en les joignant que son frère n'est plus.

CAMILLE.
Hélas!

VALÈRE.
  Tout hors d'haleine il prend pourtant sa place
Et redouble bientôt la victoire d'Horace:
Son courage sans force est un débile appui;
Voulant venger son frère, il tombe auprès de lui.
L'air résonne des cris qu'au ciel chacun envoie;
Albe en jette d'angoisse, et les Romains de joie².
  Comme notre héros se voit près d'achever,
C'est peu pour lui de vaincre, il veut encore braver³:
« J'en viens d'immoler deux aux mânes de mes frères;
Rome aura le dernier de mes trois adversaires;
C'est à ses intérêts que je vais l'immoler, »
Dit-il, et tout d'un temps on le voit y voler.
La victoire entre eux deux n'était pas incertaine;
L'Albain, percé de coups, ne se traînait qu'à peine,
Et, comme une victime aux marches de l'autel,
Il semblait présenter sa gorge au coup mortel:
Aussi le reçoit-il, peu s'en faut, sans défense;
Et son trépas de Rome établit la puissance⁴.

LE VIEIL HORACE.
O mon fils! ô ma joie! ô l'honneur de nos jours!
O d'un Etat penchant l'inespéré secours!
Vertu digne de Rome, et sang digne d'Horace!

---

1 Les coups qu'ils ont reçus, leurs blessures.
2 « On ne dit plus guère *angoisse*, et pourquoi? quel mot lui a-t-on substitué? *Douleur, horreur, peine, affliction,* ne sont pas des équivalents; *angoisse* exprime la douleur pressante et la crainte à la fois. » (*Voltaire.*)
3 « *Braver* est un verbe actif qui demande toujours un régime; de plus ce n'est pas ici une bravade, c'est un sentiment généreux d'un citoyen qui venge ses frères et sa patrie. » (*Voltaire.*)
4 Voy. le récit de Tite Live, que Corneille surpasse, bien qu'il écrive en vers.

Appui de ton pays, et gloire de ta race!
Quand pourrai-je étouffer dans tes embrassements
L'erreur dont j'ai formé de si faux sentiments?
Quand pourra mon amour baigner avec tendresse
Ton front victorieux de larmes d'allégresse¹?

VALÈRE.

Vos caresses bientôt pourront se déployer ;
Le roi dans un moment vous le va renvoyer,
Et remet à demain la pompe qu'il prépare
D'un sacrifice aux dieux pour un bonheur si rare;
Aujourd'hui seulement on s'acquitte vers eux
Par des chants de victoire et par de simples vœux.
C'est où le roi le mène²; et tandis³ il m'envoie
Faire office vers vous de douleur et de joie⁴;
Mais cet office encor n'est pas assez pour lui;
Il y viendra lui-même et peut-être aujourd'hui :
Il croit mal reconnaître une vertu si pure
Si de sa propre bouche il ne vous en assure,
S'il ne vous dit chez vous combien vous doit l'État.

LE VIEIL HORACE.

De tels remerciments ont pour moi trop d'éclat;
Et je me tiens déjà trop payé par les vôtres
Du service d'un fils et du sang des deux autres.

VALÈRE.

Le roi ne sait que c'est d'honorer à demi⁵;
Et son sceptre arraché des mains de l'ennemi
Fait qu'il tient cet honneur qu'il lui plaît de vous faire
Au-dessous du mérite, et du fils, et du père.
Je vais lui témoigner quels nobles sentiments
La vertu vous inspire en tous vos mouvements,
Et combien vous montrez d'ardeur pour son service.

LE VIEIL HORACE.

Je vous devrai beaucoup pour un si bon office.

1 C'est pour ces beaux endroits où notre poëte est incomparable, que madame de Sévigné, malgré le charme des vers de Racine, s'écriait : « Vive notre vieux Corneille! »

2 « *Mener à des chants et à des vœux*, n'est ni noble ni juste; mais le récit de Valère a été si beau, qu'on pardonne aisément ces petites fautes. « (*Voltaire.*)

3 *Tandis* a le sens de *cependant*, *pendant ce temps* : c'est un archaïsme regrettable. Marot dit fort élégamment : «Tandis la perdrix vire.» Corneille a souvent employé adverbialement le mot *tandis* dans ses premières pièces. Il suffira d'en rapporter un exemple :

FLORIDAN.
Tandis, tu peux donc vivre en d'éternels supplices.

CLITANDRE.
Tandis, ce m'est assez, qu'un rival préféré
N'obtient, non plus que moi, le succès espéré.
Clitandre, act. II. sc. v.

4 « *Faire office de douleur* n'est plus français, et je ne sais s'il l'a jamais été: on dit familièrement, *faire office d'ami*, *office de serviteur*, *office d'homme intéressé*; mais non *office de douleur et de joie.* » (*Voltaire.*)

5 Corneille a sacrifié ce latinisme, *le roi ne sait que c'est*, pour

SCÈNE III

LE VIEIL HORACE, CAMILLE.

LE VIEIL HORACE.

Ma fille, il n'est plus temps de répandre des pleurs,
Il sied mal d'en verser où l'on voit tant d'honneurs :
On pleure injustement des pertes domestiques,
Quand on en voit sortir des victoires publiques.
Rome triomphe d'Albe, et c'est assez pour nous ;
Tous nos maux à ce prix doivent nous être doux.
En la mort d'un amant vous ne perdrez qu'un homme
Dont la perte est aisée à réparer dans Rome ;
Après cette victoire, il n'est point de Romain
Qui ne soit glorieux de vous donner la main.
Il me faut à Sabine en porter la nouvelle :
Ce coup sera sans doute assez rude pour elle,
Et ses trois frères morts par la main d'un époux
Lui donneront des pleurs bien plus justes qu'à vous[1] ;
Mais j'espère aisément en dissiper l'orage,
Et qu'un peu de prudence aidant son grand courage
Fera bientôt régner sur un si noble cœur
Le généreux amour qu'elle doit au vainqueur.
Cependant étouffez cette lâche tristesse ;
Recevez-le, s'il vient, avec moins de faiblesse,
Faites-vous voir sa sœur, et qu'en un même flanc
Le ciel vous a tous deux formés d'un même sang[2].

y substituer *il ne sait ce que c'est*. Le vers n'y a pas gagné. — « Ici la pièce est finie, l'action est complétement terminée. Il s'agissait de la victoire, et elle est remportée ; du destin de Rome, et il est décidé. » (*Voltaire.*)

Le sujet de la pièce n'est pas, comme le prétend Voltaire, la victoire de Rome ; c'est la peinture de l'esprit romain. La tragédie pèche, il est vrai, contre l'unité d'action, puisque celle qui va suivre et fournir la matière de deux actes est accidentelle, mais il y a unité de mœurs et d'impression. Le héros véritable n'est pas le vainqueur des Curiaces, mais le vieil Horace. Le principal intérêt se concentre sur cet héroïque vieillard, et se trouve exprimé dans ces vers qu'il prononce au cinquième acte, sc. III :

> Rome aujourd'hui m'a vu père de quatre enfants ;
> Trois en ce même jour sont morts pour sa querelle :
> Il m'en reste encore un ; conservez-le pour elle

[1] « *Lui donneront des pleurs justes* n'est pas français. C'est Sabine qui donnera des pleurs ; ce ne sont pas ses frères morts qui lui en donneront. Un accident fait couler des pleurs, et ne les donne pas. » (*Voltaire.*)

[2] « *Faites-vous voir..., et qu'en...* est un solécisme, parce que *faites-vous voir* signifie *montrez-vous, soyez sa sœur, montrez-vous, soyez, paraissez*, ne peut régir un *que*. » (*Voltaire.*) L'accord des deux propositions est sylleptique, *faites-vous voir sa sœur* équivaut à *montrez que vous êtes sa sœur*, et appelle ainsi le *que* critiqué grammaticalement par Voltaire.

SCÈNE IV.

CAMILLE.

Oui, je lui ferai voir par d'infaillibles marques
Qu'un véritable amour brave la main des Parques[1],
Et ne prend point de lois de ces cruels tyrans
Qu'un astre injurieux nous donne pour parents.
Tu blâmes ma douleur, tu l'oses nommer lâche,
Je l'aime d'autant plus que plus elle te fâche,
Impitoyable père, et par un juste effort
Je la veux rendre égale aux rigueurs de mon sort[2].
  En vit-on jamais un dont les rudes traverses
Prissent en moins de rien tant de faces diverses[3]?
Qui fût doux tant de fois, et tant de fois cruel,
Et portât tant de coups avant le coup mortel?
Vit-on jamais une âme en un jour plus atteinte
De joie et de douleur, d'espérance et de crainte,
Asservie en esclave à plus d'événements,
Et le piteux jouet de plus de changements?
Un oracle m'assure[4]; un songe me travaille,
La paix calme l'effroi que me fait la bataille :
Mon hymen se prépare; et, presque en un moment,
Pour combattre mon frère on choisit mon amant[5];
Ce choix me désespère, et tous le désavouent,
La partie est rompue, et les dieux la renouent;

---

[1] « Voici Camille qui s'échauffe tout d'un coup, et comme de propos délibéré ; elle débute par une sentence poétique. La vraie douleur ne raisonne point tant, ne récapitule point; elle ne dit pas qu'on bâtit en l'air *sur le malheur d'autrui*, et que son père *triomphe*, comme son frère, de ce malheur; elle ne s'excuse point *à braver la colère*, à essayer de déplaire; tous ces vains efforts sont froids ; et pourquoi? c'est qu'au fond le sujet manque à l'auteur. » (*Voltaire.*)

[2] « Elle dit ici qu'elle veut rendre sa douleur *égale, par un juste effort aux rigueurs de son sort*. Quand on fait ainsi des efforts pour proportionner sa douleur à son état, on n'est pas même poétiquement affligé. » (*Voltaire.*)

[3] Même mouvement et idée analogue dans ce vers de La Fontaine :

    En est-il un plus pauvre en la machine ronde. (Liv. I, f. xvi.)

[4] « *M'assure* ne signifie pas *me rassure* : et c'est *me rassure* que l'auteur entend. » (*Voltaire.*) *M'assure* ne signifie pas *me rassure*. *Assurer* veut dire donner de la sûreté, de la confiance, et *rassurer*, rendre de la confiance, faire cesser des craintes. Ce mot au XVIIe siècle n'avait pas seulement le sens d'*affermir* et d'*affirmer*, qu'il a conservés. Mais, outre l'acception qu'il a dans ce passage, on disait encore je *m'assure* pour *je suis certain*.

[5] « Cette récapitulation de la pièce précédente n'est pas un signe de véritable douleur. *Curæ leves loquuntur.* » (*Voltaire.*)

ACTE IV, SCÈNE IV.

Rome semble vaincue, et seul des trois Albains
Curiace en mon sang n'a point trempé ses mains.
O dieux! sentais-je alors des douleurs trop légères
Pour le malheur de Rome et la mort de deux frères?
Et me flattais-je trop quand je croyais pouvoir
L'aimer encor sans crime et nourrir quelque espoir?
Sa mort m'en punit bien, et la façon cruelle
Dont mon âme éperdue en reçoit la nouvelle;
Son rival me l'apprend, et faisant à mes yeux
D'un si triste succès le récit odieux,
Il porte sur le front une allégresse ouverte,
Que le bonheur public fait bien moins que ma perte,
Et bâtissant en l'air [1] sur le malheur d'autrui,
Aussi bien que mon frère il triomphe de lui.
Mais ce n'est rien encore au prix de ce qui reste :
On demande ma joie en un jour si funeste ;
Il me faut applaudir aux exploits du vainqueur,
Et baiser une main qui me perce le cœur.
En un sujet de pleurs si grand, si légitime,
Se plaindre est une honte, et soupirer, un crime :
Leur brutale vertu veut qu'on s'estime heureux,
Et si l'on n'est barbare on n'est point généreux.

Dégénérons, mon cœur, d'un si vertueux père [2];
Soyons indigne sœur d'un si généreux frère :
C'est gloire de passer pour un cœur abattu,
Quand la brutalité fait la haute vertu.
Éclatez, mes douleurs; à quoi bon vous contraindre?
Quand on a tout perdu, que saurait-on plus craindre?
Pour ce cruel vainqueur n'ayez point de respect,
Loin d'éviter ses yeux, croissez à son aspect,
Offensez sa victoire, irritez sa colère,
Et prenez, s'il se peut, plaisir à lui déplaire.
Il vient, préparons-nous à montrer constamment
Ce que doit une amante à la mort d'un amant.

---

1 *Bâtir en l'air* a positivement le sens de faire des châteaux en Espagne, imaginer des chimères. On cherche vainement l'étymologie de ce proverbe. *Bâtir en l'air* ne nous met-il pas sur la voie? Châteaux en l'air, châteaux dans l'espace; et, par une méprise facile à comprendre, à cause de l'ancienne prononciation (voy. Genin, *Variations du langage français*), qui effaçait les syllabes finales, la confusion d'espace et d'Espagne. Voici deux vers de Jodelle (OEuv. de Jod., p. 56), qui montrent au moins l'identité des *châteaux en l'air* et des *châteaux en Espagne* :

    Cent beaux *châteaux en l'air* s'est jà bâti celuy
    Qui sa pauvre chambrette empruntait aujourd'huy.

2 « Ce *dégénérons, mon cœur*, cette résolution de se mettre en colère, ce long discours, cette nouvelle sentence mal exprimée, que *c'est gloire de passer pour un cœur abattu*, enfin tout refroidit, tout glace le lecteur, qui ne souhaite plus rien C'est, encore une fois, la faute du sujet. L'aventure des Horaces et des Curiaces, et de Camille, est plus propre en effet pour l'histoire que pour le théâtre. On ne peut trop honorer Corneille, qui a senti ce défaut, et qui en parle dans son Examen avec la candeur d'un grand homme. » (*Voltaire.*)

SCÈNE V.

HORACE, CAMILLE; PROCULE, *portant en main les trois épées des Curiaces.*

HORACE.
Ma sœur, voici le bras qui venge nos deux frères,
Le bras qui rompt le cours de nos destins contraires,
Qui nous rend maîtres d'Albe, enfin voici le bras
Qui seul fait aujourd'hui le sort de deux Etats.
Vois ces marques d'honneur, ces témoins de ma gloire,
Et rends ce que tu dois à l'heur de ma victoire.

CAMILLE.
Recevez donc mes pleurs; c'est ce que je lui dois.

HORACE.
Rome n'en veut point voir après de tels exploits,
Et nos deux frères morts dans le malheur des armes
Sont trop payés de sang pour exiger des larmes :
Quand la perte est vengée, on n'a plus rien perdu.

CAMILLE.
Puisqu'ils sont satisfaits par le sang épandu,
Je cesserai pour eux de paraître affligée,
Et j'oublierai leur mort que vous avez vengée.
Mais qui me vengera de celle d'un amant,
Pour me faire oublier sa perte en un moment?

HORACE.
Que dis-tu, malheureuse?

CAMILLE.
O mon cher Curiace!

HORACE.
O d'une indigne sœur insupportable audace [1]!
D'un ennemi public dont je reviens vainqueur,
Le nom est dans ta bouche, et l'amour dans ton cœur [2]!
Ton ardeur criminelle à la vengeance aspire,
Ta bouche la demande, et ton cœur la respire [3]!
Suis moins ta passion, règle mieux tes désirs,
Ne me fais plus rougir d'entendre tes soupirs :

---

[1] « Observez que la colère du vieil Horace contre son fils était très-intéressante, et que celle de son fils contre sa sœur est révoltante, et sans aucun intérêt. C'est que la colère du vieil Horace supposait le malheur de Rome; au lieu que le jeune Horace ne se met en colère que contre une femme qui pleure et qui crie, et qu'il faut laisser crier et pleurer. » (*Voltaire.*)

[2] « Le reproche est évidemment injuste. Horace lui-même devait plaindre Curiace, c'est son beau-frère; il n'y a plus d'ennemis, les deux peuples n'en font plus qu'un. » (*Voltaire.*)

[3] Racine a fait passer ce vers presque entier dans sa comédie (*Plaid.*, act. III, sc. IV) :

Sa fille le veut bien, son amant le respire.

ACTE IV, SCÈNE V.

Tes flammes désormais doivent être étouffées,
Bannis-les de ton âme, et songe à mes trophées;
Qu'ils soient dorénavant ton unique entretien.

CAMILLE.

Donne-moi donc, barbare, un cœur comme le tien :
Et, si tu veux enfin que je t'ouvre mon âme,
Rends-moi mon Curiace, ou laisse agir ma flamme.
Ma joie et mes douleurs dépendaient de son sort,
Je l'adorais vivant, et je le pleure mort.
  Ne cherche plus ta sœur où tu l'avais laissée,
Tu ne revois en moi qu'une amante offensée,
Qui comme une furie attachée à tes pas
Te veut incessamment reprocher son trépas.
Tigre altéré de sang, qui me défends les larmes [1],
Qui veux que dans sa mort je trouve encor des charmes,
Et que jusques au ciel élevant tes exploits
Moi-même je le tue une seconde fois !
Puissent tant de malheurs accompagner ta vie,
Que tu tombes au point de me porter envie !
Et toi bientôt souiller par quelque lâcheté
Cette gloire si chère à ta brutalité !

HORACE.

O ciel ! qui vit jamais une pareille rage [2] !
Crois-tu donc que je sois insensible à l'outrage,
Que je souffre en mon sang ce mortel déshonneur?
Aime, aime cette mort qui fait notre bonheur;
Et préfère du moins au souvenir d'un homme
Ce que doit ta naissance aux intérêts de Rome.

CAMILLE.

Rome, l'unique objet de mon ressentiment [3] !
Rome, à qui vient ton bras d'immoler mon amant!
Rome qui t'a vu naître, et que ton cœur adore!
Rome enfin que je hais parce qu'elle t'honore!
Puissent tous ses voisins ensemble conjurés
Saper ses fondements encor mal assurés !
Et, si ce n'est assez de toute l'Italie,
Que l'Orient contre elle à l'Occident s'allie;
Que cent peuples unis des bouts de l'univers
Passent pour la détruire et les monts et les mers !

---

1   Tigre à qui la pitié ne peut se faire entendre ?
                    J. B. Rousseau, liv. IV, od VIII.

2 Mouvement imité par Racine, *Iphig.*, act. IV, sc. VI :
         O ciel ! le puis-je croire
   Qu'on ose des fureurs avouer la plus noire !

3 « Ces imprécations de Camille ont toujours été un beau morceau de déclamation, et ont fait valoir toutes les actrices qui ont joué ce rôle. Il y a une observation à faire, c'est que jamais les douleurs de Camille, ni sa mort, n'ont fait répandre une larme.
      Pour m'arracher des pleurs, il faut que vous pleuriez.
Mais Camille n'est que furieuse. » (*Voltaire.*)

Qu'elle-même sur soi renverse ses murailles,
Et de ses propres mains déchire ses entrailles ;
Que le courroux du ciel allumé par mes vœux
Fasse pleuvoir sur elle un déluge de feux !
Puissé-je de mes yeux y voir tomber ce foudre,
Voir ses maisons en cendre, et tes lauriers en poudre,
Voir le dernier Romain à son dernier soupir,
Moi seule en être cause, et mourir de plaisir !

   HORACE, *mettant l'épée à la main, et poursuivant
     sa sœur qui s'enfuit.*
C'est trop, ma patience à la raison fait place.
Va dedans les enfers plaindre ton Curiace [1] !

   CAMILLE, *blessée, derrière le théâtre.*
Ah ! traître !

   HORACE, *revenant sur le théâtre.*
   Ainsi reçoive un châtiment soudain
Quiconque ose pleurer un ennemi romain [2] !

SCÈNE VI.

HORACE, PROCULE.

PROCULE.
Que venez-vous de faire ?

HORACE.
   Un acte de justice.
Un semblable forfait veut un pareil supplice.

PROCULE.
Vous deviez la traiter avec moins de rigueur.

HORACE.
Ne me dis point qu'elle est et mon sang et ma sœur.
Mon père ne peut plus l'avouer pour sa fille :
Qui maudit son pays renonce à sa famille ;
Des noms si pleins d'amour ne lui sont plus permis ;
De ses plus chers parents il fait ses ennemis ;
Le sang même les arme en haine de son crime.
La plus prompte vengeance en est plus légitime ;
Et ce souhait impie, encore qu'impuissant,
Est un monstre qu'il faut étouffer en naissant.

---

1 *Dedans* ne s'emploie plus qu'adverbialement ; au temps de Corneille il était indifféremment adverbe ou préposition.

2 « Cette scène a toujours paru dure et révoltante. Aristote remarque que la plus froide des catastrophes est celle dans laquelle on commet de sang-froid une action atroce qu'on a voulu commettre. » (*Voltaire.*) En effet, Horace commet ce meurtre *par raison* :
   Ma patience à la raison fait place.

SCÈNE VII.

SABINE, HORACE, PROCULE.

SABINE.

A quoi s'arrête ici ton illustre colère [1] ?
Viens voir mourir ta sœur dans les bras de ton père,
Viens repaître tes yeux d'un spectacle si doux :
Ou si tu n'es point las de ces généreux coups,
Immole au cher pays des vertueux Horaces
Ce reste malheureux du sang des Curiaces.
Si prodigue du tien, n'épargne pas le leur,
Joins Sabine à Camille, et ta femme à ta sœur.
Nos crimes sont pareils ainsi que nos misères,
Je soupire comme elle, et déplore mes frères,
Plus coupable en ce point contre tes dures lois,
Qu'elle n'en pleurait qu'un, et que j'en pleure trois :
Qu'après son châtiment ma faute continue.

HORACE.

Sèche tes pleurs, Sabine, ou les cache à ma vue,
Rends-toi digne du nom de ma chaste moitié,
Et ne m'accable point d'une indigne pitié.
Si l'absolu pouvoir d'une pudique flamme
Ne nous laisse à tous deux qu'un penser et qu'une âme,
C'est à toi d'élever tes sentiments aux miens,
Non à moi de descendre à la honte des tiens.
Je t'aime, et je connais la douleur qui te presse ;
Embrasse ma vertu pour vaincre ta faiblesse,
Participe à ma gloire au lieu de la souiller,
Tâche à t'en revêtir, non à m'en dépouiller.
Es-tu de mon honneur si mortelle ennemie,
Que je te plaise mieux couvert d'une infamie ?
Sois plus femme que sœur, et te réglant sur moi
Fais-toi de mon exemple une immuable loi.

SABINE.

Cherche pour t'imiter des âmes plus parfaites :
Je ne t'impute point les pertes que j'ai faites,
J'en ai les sentiments que je dois en avoir,
Et je m'en prends au sort plutôt qu'à ton devoir.

---

1 « *L'illustre colère et les généreux coups* sont une déclamation ironique. Racine a pourtant imité ce vers dans *Andromaque*, act. IV, sc. v :

Que peut-on refuser à ces généroux coups ? »

(*Voltaire.*)

Mais enfin je renonce à la vertu romaine [1],
Si pour la posséder je dois être inhumaine,
Et ne puis voir en moi la femme du vainqueur
Sans y voir des vaincus la déplorable sœur.
   Prenons part en public aux victoires publiques,
Pleurons dans la maison nos malheurs domestiques,
Et ne regardons point des biens communs à tous,
Quand nous voyons des maux qui ne sont que pour nous.
Pourquoi veux-tu, cruel, agir d'une autre sorte?
Laisse en entrant ici tes lauriers à la porte,
Mêle tes pleurs aux miens. Quoi! ces lâches discours
N'arment point ta vertu contre mes tristes jours?
Mon crime redoublé n'émeut point ta colère?
Que Camille est heureuse! elle a pu te déplaire;
Elle a reçu de toi ce qu'elle a prétendu,
Et recouvre là-bas tout ce qu'elle a perdu.
Cher époux, cher auteur du tourment qui me presse [2],
Ecoute la pitié, si ta colère cesse,
Exerce l'une ou l'autre après de tels malheurs
A punir ma faiblesse, ou finir mes douleurs:
Je demande la mort pour grâce, ou pour supplice,
Qu'elle soit un effet d'amour, ou de justice,
N'importe, tous ses traits n'auront rien que de doux
Si je les vois partir de la main d'un époux.

           HORACE.
Quelle injustice aux dieux d'abandonner aux femmes
Un empire si grand sur les plus belles âmes,
Et de se plaire à voir de si faibles vainqueurs
Régner si puissamment sur les plus nobles cœurs!
A quel point ma vertu devient-elle réduite [3]!
Rien ne la saurait plus garantir que la fuite [4].
Adieu, ne me suis point, ou retiens tes soupirs.

           SABINE, *seule.*
O colère, ô pitié! sourdes à mes désirs
Vous négligez mon crime, et ma douleur vous lasse,
Et je n'obtiens de vous ni supplice ni grâce.
Allons-y par nos pleurs faire encore un effort;
Et n'employons après que nous à notre mort.

---

1 Corneille affaiblit ici, en la reproduisant, l'idée exprimée par Curiace, act. II, sc. III. Voy, p. 135.

2   Cruel auteur des troubles de mon âme,
       Que la pitié retarde un peu tes pas.
                    J. B. Rousseau, *Cantate de Circé.*

3 « *Devient réduite* n'est pas français. On devient faible, malheureux, hardi, timide, etc.; mais on ne devient pas *forcé à, réduit à.* »(*Voltaire.*)

4 Corneille a déjà dit, act. II, sc. VII:
       Et ce n'est qu'en fuyant qu'on pare de tels coups.

FIN DU QUATRIÈME ACTE.

ACTE CINQUIÈME[1].

SCÈNE I.

LE VIEIL HORACE, HORACE.

LE VIEIL HORACE.
Retirons nos regards de cet objet funeste
Pour admirer ici le jugement céleste.
  Quand la gloire nous enfle, il sait bien comme il faut
Confondre notre orgueil qui s'élève trop haut :
Nos plaisirs les plus doux ne vont pas sans tristesse [2] ;
Il mêle à nos vertus des marques de faiblesse,
Et rarement accorde à notre ambition
L'entier et pur honneur d'une bonne action.
Je ne plains point Camille, elle était criminelle,
Je me tiens plus à plaindre, et je te plains plus qu'elle :
Moi, d'avoir mis au jour un cœur si peu romain,
Toi, d'avoir par sa mort déshonoré ta main.
Je ne la trouve point injuste, ni trop prompte,
Mais tu pouvais, mon fils, t'en épargner la honte :
Son crime, quoique énorme et digne du trépas,
Etait mieux impuni que puni par ton bras.

---

1 « Corneille, dans son jugement sur *Horace*, s'exprime ainsi : *Tout ce cinquième acte est encore une des causes du peu de satisfaction que laisse cette tragédie; il est tout en plaidoyers*, etc. Après un si noble aveu, il ne faut parler de la pièce que pour rendre hommage au génie d'un homme assez grand pour se condamner lui-même. Si j'ose ajouter quelque chose, c'est qu'on trouvera de beaux détails dans ces plaidoyers. Il est vrai que cette pièce n'est pas régulière, qu'il y a en effet trois tragédies absolument distinctes : la victoire d'Horace, la mort de Camille, et le procès d'Horace. C'est imiter, en quelque façon, le défaut qu'on reproche à la scène anglaise et à l'espagnole ; mais les scènes d'Horace, de Curiace, et du vieil Horace, sont d'une si grande beauté, qu'on reverra toujours ce poëme avec plaisir, quand il se trouvera des acteurs qui auront assez de talent pour faire sentir ce qu'il y a d'excellent, et faire pardonner ce qu'il y a de défectueux. » (*Voltaire.*)

2 Voltaire critique ce vers, et prétend que des plaisirs ne vont point. La Fontaine pensait différemment, et il a emprunté à ses souvenirs de Corneille ce vers charmant (liv. VI, f. XXI) :

    La perte d'un époux ne va pas sans soupirs.

HORACE.
Disposez de mon sang, les lois vous en font maître,
J'ai cru devoir le sien aux lieux qui m'ont vu naître :
Si dans vos sentiments mon zèle est criminel,
S'il m'en faut recevoir un reproche éternel,
Si ma main en devient honteuse et profanée¹,
Vous pouvez d'un seul mot trancher ma destinée.
Reprenez tout ce sang de qui ma lâcheté
A si brutalement souillé la pureté;
Ma main n'a pu souffrir de crime en votre race,
Ne souffrez point de tache en la maison d'Horace.
C'est en ces actions dont l'honneur est blessé²
Qu'un père tel que vous se montre intéressé :
Son amour doit se taire où toute excuse est nulle,
Lui-même il y prend part lorsqu'il les dissimule,
Et de sa propre gloire il fait trop peu de cas
Quand il ne punit point ce qu'il n'approuve pas.
LE VIEIL HORACE.
Il n'use pas toujours d'une rigueur extrême,
Il épargne ses fils bien souvent pour soi-même,
Sa vieillesse sur eux aime à se soutenir,
Et ne les punit point, de peur de se punir.
Je te vois d'un autre œil que tu ne te regardes³,
Je sais... Mais le roi vient, je vois entrer ses gardes.

SCÈNE II.

TULLE, VALÈRE, LE VIEIL HORACE, HORACE,
TROUPE DE GARDES.

LE VIEIL HORACE.
Ah ! sire, un tel honneur a trop d'excès pour moi,
Ce n'est point en ce lieu que je dois voir mon roi,
Permettez qu'à genoux...
TULLE.
Non, levez-vous, mon père,
Je fais ce qu'en ma place un bon prince doit faire.
Un si rare service, et si fort important
Veut l'honneur le plus rare et le plus éclatant :
(Montrant Valère.)
Vous en aviez déjà sa parole pour gage,
Je ne l'ai pas voulu différer davantage.
J'ai su par son rapport, et je n'en doutais pas,

---

1 « Une action est honteuse, mais la main ne l'est pas; elle est souillée, coupable. » (*Voltaire.*) Chicane antipoétique.
2 *Dont* par lesquelles. *Intéressé*, voy. page suiv. not. 2.
3 Imité par La Fontaine (liv. I, f. VII) :
    On se voit d'un autre œil qu'on ne voit son prochain.

ACTE V, SCENE II.

Comme de vos deux fils vous portez le trépas[1],
Et que déjà votre âme étant trop résolue,
Ma consolation vous serait superflue :
Mais je viens de savoir quel étrange malheur
D'un fils victorieux a suivi la valeur,
Et que son trop d'amour pour la cause publique,
Par ses mains à son père ôte une fille unique.
Ce coup est un peu rude à l'esprit le plus fort,
Et je doute comment vous portez cette mort.

LE VIEIL HORACE.
Sire, avec déplaisir, mais avec patience.

TULLE.
C'est l'effet vertueux de votre expérience.
Beaucoup par un long âge ont appris comme vous
Que le malheur succède au bonheur le plus doux :
Peu savent comme vous s'appliquer ce remède,
Et dans leur intérêt[2] toute leur vertu cède.
Si vous pouvez trouver dans ma compassion
Quelque soulagement pour votre affliction,
Ainsi que votre mal sachez qu'elle est extrême,
Et que je vous en plains autant que je vous aime.

VALÈRE.
Sire, puisque le ciel entre la main des rois
Dépose sa justice et la force des lois,
Et que l'État demande aux princes légitimes
Des prix pour les vertus, des peines pour les crimes,
Souffrez qu'un bon sujet vous fasse souvenir
Que vous plaignez beaucoup ce qu'il vous faut punir[3],
Souffrez...

LE VIEIL HORACE.
Quoi ! qu'on envoie un vainqueur au supplice ?

TULLE.
Permettez qu'il achève, et je ferai justice :
J'aime à la rendre à tous, à toute heure, en tout lieu,
C'est par elle qu'un roi se fait un demi-dieu,
Et c'est dont je vous plains[4], qu'après un tel service

---

1 En rapprochant ce vers de celui qui termine la tirade,

Et je doute comment vous portez cette mort,

on voit que dans la langue de Corneille, *comme et comment* avaient tous deux le sens de *quomodo*, et que *porter* valait autant que *souffrir et supporter*,

2 *Dans leur intérêt* ne signifie pas *à leur profit*, mais dans *leur affliction*. C'est dans le même sens qu'il faut comprendre ces deux vers du *Cid*, act. II, sc. III :

Chimène est généreuse ; et, quoique intéressée,
Elle ne peut souffrir une basse pensée.

3 « Il faut avouer que ce Valère fait là un fort mauvais personnage. » (*Voltaire*.) Oui, mais sa poursuite amène une admirable scène.

4 Même ellipse que dans *le roi ne sait que c'est*. (Act. IV, sc. II, p. 162.)   A.

On puisse contre lui me demander justice¹.
VALÈRE.
Souffrez donc, ô grand roi, le plus juste des rois,
Que tous les gens de bien vous parlent par ma voix.
Non que nos cœurs jaloux de ses honneurs s'irritent,
S'il en reçoit beaucoup, ses hauts faits les méritent,
Ajoutez-y plutôt que d'en diminuer.
Nous sommes tous encor prêts d'y contribuer :
Mais puisque d'un tel crime il s'est montré capable,
Qu'il triomphe en vainqueur et périsse en coupable.
Arrêtez sa fureur, et sauvez de ses mains,
Si vous voulez régner, le reste des Romains :
Il y va de la perte, ou du salut du reste².
  La guerre avait un cours si sanglant, si funeste,
Et les nœuds de l'hymen durant nos bons destins
Ont tant de fois uni des peuples si voisins,
Qu'il est peu de Romains que le parti contraire
N'intéresse en la mort d'un gendre, ou d'un beau-frère,
Et qui ne soient forcés de donner quelques pleurs
Dans le bonheur public à leurs propres malheurs.
Si c'est offenser Rome, et que l'heur de ses armes
L'autorise à punir ce crime de nos larmes,
Quel sang épargnera ce barbare vainqueur,
Qui ne pardonne pas à celui de sa sœur,
Et ne peut excuser cette douleur pressante
Que la mort d'un amant jette au cœur d'une amante,
Quand, près d'être éclairés du nuptial flambeau,
Elle voit avec lui son espoir au tombeau?
Faisant triompher Rome, il se l'est asservie,
Il a sur nous un droit, et de mort, et de vie,
Et nos jours criminels ne pourront plus durer
Qu'autant qu'à sa clémence il plaira l'endurer.
  Je pourrais ajouter aux intérêts de Rome
Combien un pareil coup est indigne d'un homme;
Je pourrais demander qu'on mît devant vos yeux
Ce grand et rare exploit d'un bras victorieux.
Vous verriez un beau sang, pour accuser sa rage,
D'un frère si cruel rejaillir au visage³;
Vous verriez des horreurs qu'on ne peut concevoir;
Son âge et sa beauté vous pourraient émouvoir :
Mais je hais ces moyens qui sentent l'artifice.
Vous avez à demain remis le sacrifice,

---

1 « C'est la loi de l'unité de lieu qui force ici l'auteur à suivre le procès d'Horace dans sa propre maison ; ce qui n'est ni convenable, ni vraisemblable. » (*Voltaire*.)

2 Voici l'exemple d'un de ces sophismes si familiers à la passion qui conclut toujours du particulier au général. Le vieil Horace le réfutera victorieusement en disant :

  On craint qu'après sa sœur il n'en maltraite d'autres.
  Sire, nous n'avons part qu'à la honte des nôtres, etc.

3 Inversion forcée.

Pensez-vous que les dieux, vengeurs des innocents,
D'une main parricide acceptent de l'encens?
Sur vous ce sacrilége attirerait sa peine,
Ne le considérez qu'en objet de leur haine,
Et croyez avec nous qu'en tous ces trois combats
Le bon destin de Rome a plus fait que son bras,
Puisque ces mêmes dieux auteurs de sa victoire
Ont permis qu'aussitôt il en souillât la gloire,
Et qu'un si grand courage après ce noble effort
Fût digne en même jour de triomphe et de mort.
Sire, c'est ce qu'il faut que votre arrêt décide. :
En ce lieu Rome a vu le premier parricide [1],
La suite en est à craindre, et la haine des cieux.
Sauvez-nous de sa main, et redoutez les dieux.

TULLE.

Défendez-vous, Horace.

HORACE.

A quoi bon me défendre?
Vous savez l'action, vous la venez d'entendre,
Ce que vous en croyez me doit être une loi.
 Sire, on se défend mal contre l'avis d'un roi,
Et le plus innocent devient souvent coupable
Quand aux yeux de son prince il paraît condamnable.
C'est crime qu'envers lui se vouloir excuser,
Notre sang est son bien, il en peut disposer,
Et c'est à nous de croire alors qu'il en dispose
Qu'il ne s'en prive point sans une juste cause.
Sire, prononcez donc, je suis prêt d'obéir:
D'autres aiment la vie, et je la dois haïr.
Je ne reproche point à l'ardeur de Valère
Qu'en amant de la sœur il accuse le frère :
Mes vœux avec les siens conspirent aujourd'hui;
Il demande ma mort, je la veux comme lui.
Un seul point entre nous met cette différence,
Que mon honneur par là cherche son assurance,
Et qu'à ce même but nous voulons arriver,
Lui, pour flétrir ma gloire, et moi, pour la sauver.
 Sire, c'est rarement qu'il s'offre une matière
A montrer d'un grand cœur la vertu tout entière [2];
Suivant l'occasion elle agit plus ou moins,
Et paraît forte, ou faible, aux yeux de ses témoins.
Le peuple qui voit tout seulement par l'écorce
S'attache à son effet pour juger de sa force,
il veut que ses dehors gardent un même cours,

---

1 Valère oublie le meurtre de Rémus par Romulus, que Tulle rappelle fort à propos :

> Que Rome dissimule
> Ce que, dès sa naissance, elle vit en Romule,
> Elle peut bien souffrir en son libérateur
> Ce qu'elle a bien souffert en son premier auteur.

2 « Ces vers sont beaux parce qu'ils sont vrais et bien écrits. » (*Voltaire.*)

Qu'ayant fait un miracle, elle en fasse toujours.
Après une action pleine, haute, éclatante,
Tout ce qui brille moins remplit mal son attente :
Il veut qu'on soit égal en tout temps, en tous lieux,
Il n'examine point si lors on pouvait mieux,
Ni que s'il ne voit pas sans cesse une merveille,
L'occasion est moindre, et la vertu pareille :
Son injustice accable et détruit les grands noms,
L'honneur des premiers faits se perd par les seconds,
Et quand la renommée a passé l'ordinaire,
Si l'on n'en veut déchoir il faut ne plus rien faire.
 Je ne vanterai point les exploits de mon bras;
Votre majesté, sire, a vu mes trois combats,
Il est bien malaisé qu'un pareil les seconde,
Qu'une autre occasion à celle-ci réponde,
Et que tout mon courage, après de si grands coups,
Parvienne à des succès qui n'aillent au-dessous;
Si bien que, pour laisser une illustre mémoire,
La mort seule aujourd'hui peut conserver ma gloire.
Encor la fallait-il sitôt que j'eus vaincu,
Puisque pour mon honneur j'ai déjà trop vécu.
Un homme tel que moi voit sa gloire ternie,
Quand il tombe en péril de quelque ignominie :
Et ma main aurait su déjà m'en garantir:
Mais sans votre congé, mon sang n'ose sortir[1]
Comme il vous appartient, votre aveu doit se prendre,
C'est vous le dérober qu'autrement le répandre.
Rome ne manque point de généreux guerriers,
Assez d'autres sans moi soutiendront vos lauriers[2],
Que votre majesté désormais m'en dispense:
Et si ce que j'ai fait vaut quelque récompense,
Permettez, ô grand roi, que de ce bras vainqueur
Je m'immole à ma gloire, et non pas à ma sœur.

SCÈNE III.

TULLE, VALÈRE, LE VIEIL HORACE, HORACE.
SABINE.

SABINE.

Sire, écoutez Sabine, et voyez dans son âme
Les douleurs d'une sœur, et celles d'une femme,
Qui toute désolée à vos sacrés genoux
Pleure pour sa famille, et craint pour son époux.
Ce n'est pas que je veuille avec cet artifice

---

[1] *Congé*, permission. Le sens de ce mot s'est restreint à certaines permissions, et s'est étendu à certains ordres; d'où *congédier*.

[2] Assez d'autres viendront à mes ordres soumis
 Se couvrir des lauriers qui vous furent promis.
     Racine, *Iphig.*, act. IV, sc. VI.

ACTE V, SCÈNE III.

Dérober un coupable au bras de la justice,
Quoi qu'il ait fait pour vous, traitez-le comme tel,
Et punissez en moi ce noble criminel ;
De mon sang malheureux expiez tout son crime,
Vous ne changerez point pour cela de victime,
Ce n'en sera point prendre une injuste pitié,
Mais en sacrifier la plus chère moitié.
Les nœuds de l'hyménée et son amour extrême
Font qu'il vit plus en moi qu'il ne vit en lui-même;
Et si vous m'accordez de mourir aujourd'hui,
Il mourra plus en moi, qu'il ne mourrait en lui [1].
La mort que je demande, et qu'il faut que j'obtienne,
Augmentera sa peine, et finira la mienne.
Sire, voyez l'excès de mes tristes ennuis,
Et l'effroyable état où mes jours sont réduits.
Quelle horreur d'embrasser un homme dont l'épée
De toute ma famille a la trame coupée !
Et quelle impiété de haïr un époux
Pour avoir bien servi les siens, l'État, et vous !
Aimer un bras souillé du sang de tous mes frères !
N'aimer pas un mari qui finit nos misères !
Sire, délivrez-moi, par un heureux trépas,
Des crimes de l'aimer, et de ne l'aimer pas.
J'en nommerai l'arrêt une faveur bien grande :
Ma main peut me donner ce que je vous demande,
Mais ce trépas enfin me sera bien plus doux,
Si je puis de sa honte affranchir mon époux,
Si je puis par mon sang apaiser la colère
Des dieux qu'à pu fâcher sa vertu trop sévère,
Satisfaire en mourant aux mânes de sa sœur [2],
Et conserver à Rome un si bon défenseur.

LE VIEIL HORACE.

Sire, c'est donc à moi de répondre à Valère :
Mes enfants avec lui conspirent contre un père,
Tous trois veulent me perdre, et s'arment sans raison
Contre si peu de sang qui reste en ma maison.
(A Sabine.)
Toi, qui, par des douleurs à ton devoir contraires,
Veux quitter un mari pour rejoindre tes frères,
Va plutôt consulter leurs mânes généreux ;
Ils sont morts, mais pour Albe, et s'en tiennent heureux.

---

1 « Ces subtilités de Sabine jettent beaucoup de froid sur cette scène. On est las de voir une femme qui a toujours eu une douleur étudiée, qui a proposé à Horace de la tuer afin que Curiace la vengeât, et qui maintenant veut qu'on la fasse mourir pour Horace, parce que *Horace vit en elle.* » (*Voltaire.*)

2 Voltaire a transporté ce vers dans la *Mort de César* :

Satisfaire en tombant aux mânes de Crassus.

Et l'abbé du Jarry l'avait imitée dans une ode, en parlant *des chênes élevés* qui

Satisfa... en tombant aux vents qu'ils ont bravés.

Puisque le ciel voulait qu'elle fût asservie,
Si quelque sentiment demeure après la vie,
Ce malheur semble moindre, et moins rudes ses coups,
Voyant que tout l'honneur en retombe sur nous.
Tous trois désavoueront la douleur qui te touche,
Les larmes de tes yeux, les soupirs de ta bouche,
L'horreur que tu fais voir d'un mari vertueux [1].
Sabine, sois leur sœur, suis ton devoir comme eux.
　　(*Au roi.*)
　Contre ce cher époux Valère en vain s'anime :
Un premier mouvement ne fut jamais un crime,
Et la louange est due au lieu du châtiment
Quand la vertu produit ce premier mouvement.
Aimer nos ennemis avec idolâtrie,
De rage en leur trépas maudire la patrie,
Souhaiter à l'Etat un malheur infini,
C'est ce qu'on nomme crime, et ce qu'il a puni.
Le seul amour de Rome a sa main animée,
Il serait innocent s'il l'avait moins aimée.
Qu'ai-je dit, sire? il l'est, et ce bras paternel
L'aurait déjà puni s'il était criminel,
J'aurais su mieux user de l'entière puissance
Que me donnent sur lui les droits de la naissance [2],
J'aime trop l'honneur, sire, et ne suis point de rang
A souffrir ni d'affront, ni de crime en mon sang.
C'est dont [3] je ne veux point de témoin que Valère,
Il a vu quel accueil lui gardait ma colère,
Lorsque ignorant encor la moitié du combat
Je croyais que sa fuite avait trahi l'Etat.
Qui le fait se charger des soins de ma famille?
Qui le fait, malgré moi, vouloir venger ma fille [4]?
Et par quelle raison dans son juste trépas
Prend-il un intérêt qu'un père ne prend pas?
On craint qu'après sa sœur il n'en maltraite d'autres!
Sire, nous n'avons part qu'à la honte des nôtres,
Et, de quelque façon qu'un autre puisse agir,
Qui ne nous touche point ne nous fait point rougir.
　　(*A Valère.*)
Tu peux pleurer, Valère, et même aux yeux d'Horace,
Il ne prend intérêt qu'aux crimes de sa race :
Qui n'est point de son sang ne peut faire d'affront
Aux lauriers immortels qui lui ceignent le front.
Lauriers, sacrés rameaux qu'on veut réduire en poudre,

---

　1 « Cela n'est pas vrai. Sabine, qui veut mourir pour Horace, n'a point montré d'horreur pour lui. » (*Voltaire.*)
　2 Telle était, en effet, à Rome, l'autorité du père de famille.
　3 Voy. p. 175, not. 4.
　4 Racine a surpassé ces vers en les imitant, *Iphigénie*, act. IV, sc. VI.
　　　　Eh qui vous a chargé du soin de ma famille?
　　　　Ne pourrai-je sans vous disposer de ma fille?

Vous qui mettez sa tête à couvert de la foudre[1],
L'abandonnerez-vous à l'infâme couteau
Qui fait choir les méchants sous la main d'un bourreau?
Romains, souffrirez-vous qu'on vous immole un homme
Sans qui Rome aujourd'hui cesserait d'être Rome,
Et qu'un Romain s'efforce à tacher le renom
D'un guerrier à qui tous doivent un si beau nom?
Dis, Valère, dis-nous, si tu veux qu'il périsse,
Où tu penses choisir un lieu pour son supplice :
Sera-ce entre ces murs que mille et mille voix
Font résonner encor du bruit de ses exploits?
Sera-ce hors des murs, au milieu de ces places
Qu'on voit fumer encor du sang des Curiaces;
Entre leurs trois tombeaux, et dans ce champ d'honneur,
Témoin de sa vaillance et de notre bonheur?
Tu ne saurais cacher sa peine à sa victoire :
Dans les murs, hors des murs, tout parle de sa gloire;
Tout s'oppose à l'effort de ton injuste amour,
Qui veut d'un si beau sang souiller un si beau jour.
Albe ne pourra pas souffrir un tel spectacle,
Et Rome par ses pleurs y mettra trop d'obstacle[2].

   Vous les préviendrez, sire; et par un juste arrêt
Vous saurez embrasser bien mieux son intérêt.
Ce qu'il a fait pour elle il peut encor le faire;
Il peut la garantir encor d'un sort contraire.
Sire, ne donnez rien à mes débiles ans :
Rome aujourd'hui m'a vu père de quatre enfants;
Trois en ce même jour sont morts pour sa querelle
Il m'en reste encore un; conservez-le pour elle[3] :
N'ôtez pas à ses murs un si puissant appui,
Et souffrez, pour finir, que je m'adresse à lui.

   Horace, ne crois pas que le peuple stupide
Soit le maître absolu d'un renom bien solide.
Sa voix tumultueuse assez souvent fait bruit :
Mais un moment l'élève, un moment le détruit;
Et ce qu'il contribue à notre renommée
Toujours en moins de rien se dissipe en fumée.

---

1 Corneille a déjà fait allusion à ce préjugé des anciens dans ce vers du *Cid* (act. II, sc. I, p. 33) :

    Avec tous vos lauriers, craignez encor le foudre;

et il y est revenu dans *Sophonisbe*, act. III, sc. IV, où il dit :

    Afin que vos lauriers me sauvent du tonnerre,
    Allez aux dieux du ciel, joindre ceux de la terre

2 Il n'y a ni en français, ni en aucune langue, de plus beaux vers que toute cette tirade. Disons, avec madame de Sévigné : « Vive donc notre vieux Corneille! »

3 Voy. sur ces vers la note, pag. 163. — « Quoiqu'en effet tout ce cinquième acte ne soit qu'un plaidoyer hors d'œuvre, et dans lequel personne ne craint pour l'accusé, cependant il y a de temps en temps des maximes profondes, nobles, justes, qu'on écoutait autrefois avec grand plaisir. » (*Voltaire.*)

C'est aux rois, c'est aux grands, c'est aux esprits bien faits[1],
A voir la vertu pleine en ses moindres effets ;
C'est d'eux seuls qu'on reçoit la véritable gloire,
Eux seuls des vrais héros assurent la mémoire.
Vis toujours en Horace ; et toujours auprès d'eux
Ton nom demeurera grand, illustre, fameux,
Bien que l'occasion moins haute ou moins brillante
D'un vulgaire ignorant trompe l'injuste attente.
Ne hais donc plus la vie, et du moins vis pour moi,
Et pour servir encor ton pays et ton roi.
　　Sire, j'en ai trop dit : mais l'affaire vous touche ;
Et Rome tout entière a parlé par ma bouche.

　　　　　　　　　　VALÈRE.
Sire, permettez-moi...
　　　　　　　　TULLE.
　　　　　　　　　Valère, c'est assez ;
Vos discours par les leurs ne sont pas effacés ;
J'en garde en mon esprit les forces plus pressantes[2],
Et toutes vos raisons me sont encor présentes.
Cette énorme action faite presque à nos yeux
Outrage la nature, et blesse jusqu'aux dieux.
Un premier mouvement qui produit un tel crime
Ne saurait lui servir d'excuse légitime :
Les moins sévères lois en ce point sont d'accord ;
Et si nous les suivons, il est digne de mort.
Si d'ailleurs nous voulons regarder le coupable,
Ce crime, quoique grand, énorme, inexcusable,
Vient de la même épée, et part du même bras
Qui me fait aujourd'hui maître de deux États.
Deux sceptres en ma main, Albe à Rome asservie,
Parlent bien hautement en faveur de sa vie[3] :
Sans lui j'obéirais où je donne la loi,
Et je serais sujet où je suis deux fois roi.
Assez de bons sujets dans toutes les provinces
Par des vœux impuissants s'acquittent vers leurs princes ;
Tous les peuvent aimer : mais tous ne peuvent pas
Par d'illustres effets assurer leurs États ;
Et l'art et le pouvoir d'affermir des couronnes

---

　　1 Pascal avait noté ce passage qui se trouve dans ses Pensées :
« Il faut plaire aux esprits bien faits. »
　　2 « *Force* s'emploie au pluriel pour les forces du corps, pour
celles d'un État, mais non pour un discours. *Plus* est une faute. »
(*Voltaire.*) *Plus* n'est pas une faute. Nos anciens avaient le droit
d'exprimer ainsi le superlatif, et Racine a pu dire dans *Bajazet*,
act. III, sc. II.

　　　Chargeant de mon débris les reliques plus chères,

pour les *plus chères reliques*.
　　3 Ces vers valent mieux que ceux de Nicomède (act. I, sc. I) :

　　　Trois sceptres à son trône attachés par mon bras
　　　Parleront au lieu d'elle, *et ne se tairont pas*

Sont des dons que le ciel fait à peu de personnes.
De pareils serviteurs sont les forces des rois,
Et de pareils aussi sont au-dessus des lois.
Qu'elles se taisent donc ; que Rome dissimule
Ce que dès sa naissance elle vit en Romule² ;
Elle peut bien souffrir en son libérateur
Ce qu'elle a bien souffert en son premier auteur.
Vis donc, Horace, vis, guerrier trop magnanime ;
Ta vertu met ta gloire au-dessus de ton crime³ :
Sa chaleur généreuse a produit ton forfait ;
D'une cause si belle il faut souffrir l'effet.
Vis pour servir l'Etat, vis, mais aime Valère :
Qu'il ne reste entre vous ni haine ni colère ;
Et, soit qu'il ait suivi l'amour ou le devoir,
Sans aucun sentiment⁴ résous-toi de le voir.
Sabine, écoutez moins la douleur qui vous presse ;
Chassez de ce grand cœur ces marques de faiblesse :
C'est en séchant vos pleurs que vous vous montrerez
La véritable sœur de ceux que vous pleurez.

Mais nous devons aux dieux demain un sacrifice ;
Et nous aurions le ciel à nos vœux mal propice⁵
Si nos prêtres, avant que de sacrifier,
Ne trouvaient les moyens de le purifier⁶.

1 Ici Corneille suit tout le mouvement, et reproduit quelques expressions d'une admirable strophe de Malherbe dans son *Ode à Marie de Médicis* :

>Apollon à portes ouvertes
>Laisse indifféremment cueillir
>Les belles feuilles toujours vertes
>Qui gardent les noms de vieillir ;
>Mais l'art d'en faire des couronnes
>N'est pas su de toutes personnes ;
>Et trois ou quatre seulement,
>Au nombre desquels on me range
>Peuvent donner une louange
>Qui demeure éternellement.

2 Tulle réfute ici un des arguments de Valère, qui avait dit, dans son plaidoyer :

>En ce lieu Rome a vu le premier parricide,
>La suite en est à craindre, etc.

Voy. plus haut, p. 174, not. 1.

3 Souvenir de l'historien Florus : « *Virtus parricidam abstulit et scelus intra gloriam fuit.* » — La valeur emporta le parricide et la gloire voila le crime.

4 Il faudrait, dit Palissot, *ressentiment*, mais dans la langue de Corneille, *ressentiment* n'impliquait pas l'idée de colère, et s'appliquait au souvenir du bienfait comme de l'injure.

5 Voltaire, dans le commentaire de *Polyeucte* (act. I, sc. IV), à propos de ce vers :

>Le destin aux grands cœurs si souvent *mal propice*,

critique cette expression, et dit à tort qu'il faudrait *peu propice*. *Mal propice* est synonyme de *contraire*.

6 Ce vers, obscur à la lecture, est fort clair au théâtre, où l'auteur, en prononçant le mot *le*, désigne du geste Horace, auquel il s'applique.

Son père en prendra soin : il lui sera facile
D'apaiser tout d'un temps les mânes de Camille.
Je la plains ; et pour rendre à son sort rigoureux
Ce que peut souhaiter son esprit amoureux,
Puisqu'en un même jour l'ardeur d'un même zèle
Achève le destin de son amant et d'elle,
Je veux qu'un même jour, témoin de leurs deux morts,
En un même tombeau voie enfermer leurs corps.

SCÈNE IV[1].

JULIE, *seule*.

Camille, ainsi le ciel t'avait bien avertie
Des tragiques succès[2] qu'il t'avait préparés ;
Mais toujours du secret il cache une partie
Aux esprits les plus nets et les plus éclairés.

Il semblait nous parler de ton proche hyménée,
Il semblait tout promettre à tes vœux innocents ;
Et nous cachant ainsi ta mort inopinée,
Sa voix n'est que trop vraie en trompant notre sens.

« Albe et Rome aujourd'hui prennent une autre face.
Tes vœux sont exaucés ; elles goûtent la paix ;
Et tu vas être unie avec ton Curiace,
Sans qu'aucun mauvais sort t'en sépare jamais. »

---

1 Corneille a retranché ce monologue qui ramenait inutilement la pensée sur Camille, déjà oubliée du spectateur.

2 *Succès* a ici le sens primitif de *résultat*. Ce n'est que plus tard que le sens de ce mot a été limité à celui de *réussite*.

FIN D'HORACE.

EXAMEN D'HORACE.

C'est une croyance assez générale que cette pièce pourrait passer pour la plus belle des miennes, si les derniers actes répondaient aux premiers. Tous veulent que la mort de Camille en gâte la fin, et j'en demeure d'accord ; mais je ne sais si tous en savent la raison. On l'attribue communément à ce qu'on voit cette mort sur la scène ; ce qui serait plutôt la faute de l'actrice que la mienne, parce que, quand elle voit son frère mettre l'épée à la main, la frayeur, si naturelle au sexe, lui doit faire prendre la fuite, et recevoir le coup derrière le théâtre, comme je le marque dans cette impression. D'ailleurs, si c'est une règle de ne le point ensanglanter, elle n'est pas du temps d'Aristote, qui nous apprend que pour émouvoir puissamment il faut de grands déplaisirs, des blessures et des morts en spectacle. Horace ne veut pas que nous y hasardions les événements trop dénaturés, comme de Médée qui tue ses enfans ; mais je ne vois pas qu'il en fasse une règle générale pour toutes sortes de morts, ni que l'emportement d'un homme passionné pour sa patrie contre une sœur qui la maudit en sa présence avec des imprécations horribles, soit de même nature que la cruauté de cette mère. Sénèque l'expose aux yeux du peuple, en dépit d'Horace ; et, chez Sophocle, Ajax ne se cache point aux spectateurs lorsqu'il se tue. L'adoucissement que j'apporte dans le second de ces discours[1]

---

[1] Corneille parle ici des trois discours, *sur le poëme dramatique*, *sur la tragédie*, *sur les trois unités*, dans lesquels il se montre critique supérieur. Voici le passage auquel il fait allusion : « Pour rectifier ce sujet à notre mode, il faudrait qu'Oreste n'eût dessein que contre Égysthe ; qu'un reste de tendresse respectueuse pour sa mère lui en fît remettre la punition aux dieux ; que cette reine s'opiniâtrât à la protection de son adultère, et qu'elle se mît

pour rectifier la mort de Clytemnestre ne peut être propre ici à celle de Camille. Quand elle s'enferrerait d'elle-même par désespoir en voyant son frère l'épée à la main, ce frère ne laisserait pas d'être criminel de l'avoir tirée contre elle, puisqu'il n'y a point de troisième personne sur le théâtre à qui il pût adresser le coup qu'elle recevrait, comme peut faire Oreste à Ægisthe. D'ailleurs, l'histoire est trop connue pour retrancher le péril qu'il court d'une mort infâme après l'avoir tuée ; et la défense que lui prête son père pour obtenir sa grâce n'aurait plus de lieu, s'il demeurait innocent. Quoi qu'il en soit, voyons si cette action n'a pu causer la chute de ce poëme [1] que par là, et si elle n'a point d'autre irrégularité que de blesser les yeux.

Comme je n'ai point accoutumé de dissimuler mes défauts, j'en trouve ici deux ou trois assez considérables. Le premier est que cette action, qui devient la principale de la pièce, est momentanée, et n'a point cette juste grandeur que lui demande Aristote, et qui consiste en un commencement, un milieu, et une fin. Elle surprend tout d'un coup ; et toute la préparation que j'y ai donnée par la peinture de la vertu farouche d'Horace, et par la défense qu'il fait à sa sœur de regretter qui que ce soit de lui ou de son amant [2] qui meure au combat, n'est point suffisante pour faire attendre un emportement si extraordinaire, et servir de commencement à cette action.

Le second défaut est que cette mort fait une action double par le second péril où tombe Horace après être sorti du premier. L'unité de péril d'un héros dans la tragédie fait l'unité d'action ; et quand il en est garanti, la pièce est finie, si ce n'est que la sortie même de ce

entre son fils et lui, si malheureusement, qu'elle reçût le coup que ce prince voudrait porter à cet assassin de son père ; ainsi elle mourrait de la main de son fils sans que la barbarie d'Oreste nous fît horreur. » — Voltaire a mis ce conseil à profit pour sa tragédie d'*Oreste*.

[1] Combien de poëmes voudraient être tombés comme *Horace*. Corneille seul pouvait employer ce mot en parlant d'un chef-d'œuvre.

[2] Ne me reprochez point la mort de votre amant.
Act. II, sc. IV

péril l'engage si nécessairement dans un autre, que la liaison et la continuité des deux n'en fasse qu'une action ; ce qui n'arrive point ici, où Horace revient triomphant sans aucun besoin de tuer sa sœur, ni même de parler à elle ; et l'action serait suffisamment terminée à sa victoire. Cette chute d'un péril en l'autre, sans nécessité, fait ici un effet d'autant plus mauvais, que d'un péril public, où il y va de tout l'État, il tombe en un péril particulier, où il n'y va que de sa vie ; et, pour dire encore plus, d'un péril illustre, où il ne peut succomber que glorieusement, en un péril infâme, dont il ne peut sortir sans tache. Ajoutez, pour troisième imperfection, que Camille, qui ne tient que le second rang dans les trois premiers actes, et y laisse le premier à Sabine, prend le premier en ces deux derniers, où cette Sabine n'est plus considérable ; et qu'ainsi s'il y a égalité dans les mœurs, il n'y en a point dans la dignité des personnages, où se doit étendre ce précepte d'Horace :

Servetur ad imum
Qualis ab incepto processerit, et sibi constet.

Ce défaut en Rodelinde a été une des principales causes du mauvais succès de *Pertharite*[1], et je n'ai point encore vu sur nos théâtres cette inégalité de rang en un même acteur, qui n'ait produit un très-méchant effet. Il serait bon d'en établir une règle inviolable.

Du côté du temps, l'action n'est point trop pressée, et n'a rien qui ne me semble vraisemblable. Pour le lieu, bien que l'unité y soit exacte, elle n'est pas sans quelque contrainte. Il est constant qu'Horace et Curiace n'ont point de raison de se séparer du reste de la famille pour commencer le second acte ; et c'est une adresse de théâtre de n'en donner aucune, quand on n'en peut donner de bonnes. L'attachement de l'auteur à l'action présente souvent ne lui permet pas de descendre à l'examen sévère de cette justesse, et ce n'est pas un

---

[1] Il y en a bien d'autres, hélas ! et qui ne justifient que trop la chute de ce *Pertharite*, dont Corneille fut inconsolable.

crime que de s'en prévaloir pour l'éblouir, quand il est malaisé de le satisfaire.

Le personnage de Sabine est assez heureusement inventé, et trouve sa vraisemblance aisée dans le rapport à l'histoire, qui marque assez d'amitié et d'égalité entre les deux familles pour avoir pu faire cette double alliance.

Elle ne sert pas davantage à l'action que l'infante à celle du *Cid*, et ne fait que se laisser toucher diversement, comme elle, à la diversité des événemens. Néanmoins on a généralement approuvé celle-ci, et condamné l'autre. J'en ai cherché la raison, et j'en ai trouvé deux : l'une est la liaison des scènes, qui semble, s'il m'est permis de parler ainsi, incorporer Sabine dans cette pièce; au lieu que, dans le *Cid*, toutes celles de l'infante sont détachées, et paraissent hors d'œuvre :

Tantum series juncturaque pollet.

L'autre, qu'ayant une fois posé Sabine pour femme d'Horace, il est nécessaire que tous les incidents de ce poëme lui donnent les sentiments qu'elle en témoigne avoir, par l'obligation qu'elle a de prendre intérêt à ce qui regarde son mari et ses frères ; mais l'infante n'est point obligée d'en prendre aucun en ce qui touche le Cid; et si elle a quelque inclination secrète pour lui, il n'est point besoin qu'elle en fasse rien paraître, puisqu'elle ne produit aucun effet [1].

L'oracle qui est proposé au premier acte trouve son vrai sens à la conclusion du cinquième. Il semble clair d'abord, et porte l'imagination à un sens contraire; et je les aimerais mieux de cette sorte sur nos théâtres, que ceux qu'on fait entièrement obscurs, parce que la surprise de leur véritable effet en est plus belle. J'en ai usé ainsi encore dans l'*Andromède* et dans l'*Œdipe*. Je ne dis pas la même chose des songes, qui peuvent faire encore un grand ornement dans la protase, pourvu

---

[1] Corneille oublie que l'amour de l'Infante donne du relief à Rodrigue, et sert d'excuse à Chimène.

qu'on ne s'en serve pas souvent. Je voudrais qu'ils eussent l'idée de la fin véritable de la pièce, mais avec quelque confusion qui n'en permît pas l'intelligence entière. C'est ainsi que je m'en suis servi deux fois, ici et dans *Polyeucte*, mais avec plus d'éclat et d'artifice dans ce dernier poëme, où il marque toutes les particularités de l'événement, qu'en celui-ci, où il ne fait qu'exprimer une ébauche tout à fait informe de ce qui doit arriver de funeste.

Il passe pour constant que le second acte est un des plus pathétiques qui soient sur la scène, et le troisième un des plus artificieux. Il est soutenu de la seule narration de la moitié du combat des trois frères, qui est coupée très-heureusement pour laisser Horace le père dans la colère et le déplaisir, et lui donner ensuite un beau retour à la joie dans le quatrième. Il a été à propos, pour le jeter dans cette erreur, de se servir de l'impatience d'une femme qui suit brusquement sa première idée, et présume le combat achevé, parce qu'elle a vu deux Horaces par terre, et le troisième en fuite. Un homme, qui doit être plus posé et plus judicieux, n'eût pas été propre à donner cette fausse alarme; il eût dû prendre plus de patience, afin d'avoir plus de certitude de l'événement, et n'eût pas été excusable de se laisser emporter si légèrement, par les apparences, à présumer le mauvais succès d'un combat dont il n'eût pas vu la fin.

Bien que le roi n'y paraisse qu'au cinquième, il y est mieux dans sa dignité que dans le *Cid*, parce qu'il a intérêt pour tout son État dans le reste de la pièce; et, bien qu'il n'y parle point, il ne laisse pas d'y agir comme roi. Il vient aussi dans ce cinquième comme roi qui veut honorer par cette visite un père dont les fils lui ont conservé sa couronne, et acquis celle d'Albe au prix de leur sang. S'il y fait l'office de juge, ce n'est que par accident; et il le fait dans ce logis même d'Horace, par la seule contrainte qu'impose la règle de l'unité de lieu. Tout ce cinquième est encore une des causes du peu de satisfaction que laisse cette tragédie: il est tout en plaidoyers; et ce n'est pas là la place des harangues ni des longs discours : ils peuvent être supportés en un commencement de pièce, où l'action n'est pas encore échauffée; mais le cinquième acte doit plus agir que discourir. L'attention de l'auditeur, déjà lassée, se rebute de ces conclusions qui traînent et tirent la fin en longueur.

Quelques-uns ne veulent pas que Valère y soit un digne accusateur d'Horace, parce que, dans la pièce, il n'a pas fait voir assez de passion pour Camille; à quoi je réponds que ce n'est pas à dire qu'il n'en eût une très-forte, mais qu'un amant mal voulu ne pouvait se montrer de bonne grâce à sa maîtresse dans le jour qui la rejoignait à un amant aimé. Il n'y avait point de place pour lui au premier acte, et encore moins au second : il fallait qu'il tînt son rang à l'armée pendant le troisième; et il se montre au quatrième, sitôt que la mort de son rival fait quelque ouverture à son espérance : il tâche à gagner les bonnes grâces du père par la commission qu'il prend du roi de lui apporter les glorieuses nouvelles de l'honneur que ce prince lui veut faire; et, par occasion, il lui apprend la victoire de son fils, qu'il ignorait. Il ne manque pas d'amour durant les trois premiers actes, mais d'un temps propre à le témoigner; et, dès la première scène de la pièce, il paraît bien qu'il rendait assez de soins à Camille, puisque Sabine s'en alarme pour son frère. S'il ne prend pas le procédé de France, il faut considérer qu'il est Romain, et dans Rome, où il n'aurait pu entreprendre un duel contre un autre Romain sans faire un crime d'État, et que j'en aurais fait un de théâtre, si j'avais habillé un Romain à la française.

FIN.

CINNA

ou

LA CLÉMENCE D'AUGUSTE

TRAGÉDIE

1639

A
MONSIEUR DE MONTORON[1].

Monsieur,

Je vous présente un tableau d'une des plus belles actions d'Auguste. Ce monarque était tout généreux, et sa générosité n'a jamais paru avec tant d'éclat que dans les effets de sa clémence et de sa libéralité. Ces deux rares vertus lui étaient si naturelles, et si inséparables en lui, qu'il semble qu'en cette histoire que j'ai mise sur notre théâtre, elles se soient tour à tour entre-produites dans son âme. Il avait été si libéral envers Cinna, que sa conjuration ayant fait voir une

---

[1] Pierre Du Puget, seigneur de Montoron, receveur général de la province de Guienne, suivit d'abord la carrière militaire dans le régiment des gardes. Il ne paraît pas qu'il y soit demeuré longtemps, ni qu'il s'y soit illustré. Devenu financier, il s'éleva rapidement à l'opulence. Le faste et le désordre finirent par déranger ses affaires. Il y avait dans cet homme, que Corneille compare à Auguste, un mélange de Turcaret et de Mécène. Il est certain qu'il paya fort généreusement la dédicace de *Cinna*, et que cette libéralité vint fort à propos pour le poëte récemment marié. Avouons que Corneille ne mit aucune mesure dans l'expression de sa reconnaissance. Condamné à chatouiller les sens grossiers et blasés du bienfaiteur, inhabile d'ailleurs dans l'art de flatter, parce qu'il n'en avait ni le goût ni l'habitude, il s'est exécuté en conscience, mais gauchement. Le plus grand malheur de cette dédicace tient à l'usage alors général d'établir un rapprochement quelconque entre le héros de la pièce et la personne qui en reçoit l'hommage. Montoron aurait eu quelque chose de commun avec Rodrigue ou Horace, si *Horace* et *le Cid* lui eussent été dédiés. C'est ainsi que la dédicace de *Pompée* fait du cardinal de Mazarin un rival de Pompée et de César. Scarron a déploré la déconfiture de Montoron dans les vers suivants :

> Ce n'est que maroquin perdu
> Que les livres que l'on dédie
> Depuis que Montoron *mendie*,
> Montoron dont le quart d'écu
> Se prenait si bien à la glu
> De l'ode et de la comédie.

ingratitude extraordinaire, il eut besoin d'un extraordinaire effort de clémence pour lui pardonner; et le pardon qu'il lui donna fut la source des nouveaux bienfaits dont il lui fut prodigue, pour vaincre tout à fait cet esprit qui n'avait pu être gagné par les premiers; de sorte qu'il est vrai de dire qu'il eût été moins clément envers lui s'il eût été moins libéral, et qu'il eût été moins libéral s'il eût été moins clément. Cela étant, à qui pourrais-je plus justement donner le portrait de l'une de ces héroïques vertus, qu'à celui qui possède l'autre en un si haut degré, puisque, dans cette action, ce grand prince les a si bien attachées, et comme unies l'une à l'autre, qu'elles ont été tout ensemble et la cause et l'effet l'une de l'autre? Vous avez des richesses, mais vous savez en jouir, et vous en jouissez d'une façon si noble, si relevée, et tellement illustre, que vous forcez la voix publique d'avouer que la fortune a consulté la raison quand elle a répandu ses faveurs sur vous, et qu'on a plus de sujet de vous en souhaiter le redoublement que de vous en envier l'abondance. J'ai vécu si éloigné de la flatterie, que je pense être en possession de me faire croire quand je dis du bien de quelqu'un; et lorsque je donne des louanges, ce qui m'arrive assez rarement, c'est avec tant de retenue[1], que je supprime toujours quantité de glorieuses vérités, pour ne me rendre pas suspect d'étaler de ces mensonges obligeants que beaucoup de nos modernes savent débiter de si bonne grâce. Aussi je ne dirai rien des avantages de votre naissance, ni de votre courage qui l'a si dignement soutenue dans la profession des armes à qui[2] vous avez donné vos premières années; ce sont des choses trop connues de tout le monde. Je ne dirai rien de ce prompt et puissant secours que reçoivent chaque jour de votre main tant de bonnes familles ruinées par les désordres de nos guerres; ce sont des choses que vous voulez tenir cachées. Je dirai seulement un mot de ce que vous avez particulièrement de commun

---

[1] Quelle retenue!
[2] Montoron avait d'abord servi dans le régiment des gardes du roi. Voy. la note de la page précédente.

avec Auguste : c'est que cette générosité qui compose la meilleure partie de votre âme et règne sur l'autre, et qu'à juste titre on peut nommer l'âme de votre âme, puisqu'elle en fait mouvoir toutes les puissances ; c'est, dis-je, que cette générosité, à l'exemple de ce grand empereur, prend plaisir à s'étendre sur les gens de lettres, en un temps où beaucoup pensent avoir trop récompensé leurs travaux quand ils les ont honorés d'une louange stérile. Et certes, vous avez traité quelques-unes de nos muses avec tant de magnanimité, qu'en elles vous avez obligé toutes les autres, et qu'il n'en est point qui ne vous en doive un remerciement. Trouvez donc bon, Monsieur, que je m'acquitte de celui que je reconnais vous en devoir, par le présent que je vous fais de ce poëme, que j'ai choisi comme le plus durable des miens, pour apprendre plus longtemps à ceux qui le liront que le généreux M. de Montoron, par une libéralité inouïe en ce siècle, s'est rendu toutes les muses redevables, et que je prends tant de part aux bienfaits dont vous avez surpris quelques-unes d'elles, que je m'en dirai toute ma vie,

MONSIEUR,

Votre très-humble et très-obligé serviteur,

CORNEILLE.

CINNA

ou

LA CLÉMENCE D'AUGUSTE.

SENECA.

Lib. I, De clementia, cap. ix [1].

Divus Augustus mitis fuit princeps, si quis illum a principatu suo æstimare incipiat : in communi quidem republica gladium movit. Duodevicesimum egressus annum, jam pugiones in sinu amicorum absconderat, jam insidiis M. Antonii consulis latus petierat, jam fuerat collega proscriptionis : sed quum annum quadragesimum transisset, et in Gallia moraretur, delatum est ad eum indicium, L. Cinnam, stolidi ingenii virum, insidias ei struere. Dictum est et ubi, et quando, et quemadmodum aggredi vellet. Unus ex consciis deferebat. Constituit se ab eo vindicare : consilium amicorum advocari jussit.

Nox illi inquieta erat, quum cogitaret adolescentem nobilem, hoc detracto integrum, Cn. Pompeii nepotem damnandum. Jam unum hominem occidere non

---

3 « L'aventure de Cinna laisse quelque doute. Il se peut que ce soit une fiction de Sénèque, ou du moins qu'il ait ajouté beaucoup à l'histoire, pour mieux faire valoir son chapitre *De la clémence*. C'est une chose bien étonnante que Suétone, qui entre dans tous les détails de la vie d'Auguste, passe sous silence un acte de clémence qui ferait tant d'honneur à cet empereur, et qui serait la plus mémorable de ses actions. Sénèque suppose la scène en Gaule. Dion Cassius, qui rapporte cette anecdote longtemps après Sénèque, au milieu de iiie siècle de notre ère vulgaire, dit que la chose arriva dans Rome. J'avoue que je croirai difficilement qu'Auguste ait nommé sur-le-champ premier consul un homme convaincu d'avoir voulu l'assassiner. Mais, vraie ou fausse, cette clémence d'Auguste est un des plus nobles sujets de tragédie, **une des plus belles instructions pour les princes.** C'est une grande leçon de mœurs; c'est, à mon avis, le chef-d'œuvre de Corneille, **malgré quelques défauts.** » (*Voltaire.*)

poterat, quum M. Antonio proscriptionis edictum inter cœnam dictarat. Gemens subinde voces emittebat varias, et inter se contrarias : « Quid ergo! ego percus-
« sorem meum securum ambulare patiar, me sollicito?
« Ergo non dabit pœnas qui tot civilibus bellis frustra
« petitum caput, tot navalibus, tot pedestribus præliis
« incolume, postquam terra marique pax parta est,
« non occidere constituat, sed immolare? » (Nam sacrificantem placuerat adoriri.) Rursus silentio interposito, majore multo voce sibi quam Cinnæ irascebatur : « Quid vivis, si perire te tam multorum in-
« terest? Quis finis erit suppliciorum? quis sanguinis?
« Ego sum nobilibus adolescentulis expositum caput,
« in quod mucrones acuant. Non est tanti vita, si, ut
« ego non peream, tam multa perdenda sunt. » Interpellavit tandem illum Livia uxor : « Et admittis, inquit,
« muliebre consilium. Fac quod medici solent : ubi
« usitata remedia non procedunt, tentant contraria.
« Severitate nihil adhuc profecisti : Salvidienum Le-
« pidus secutus est, Lepidum Muræna, Murænam Cæ-
« pio, Cæpionem Egnatius, ut alios taceam quos tan-
« tum ausos pudet : nunc tenta quomodo tibi cedat
« clementia. Ignosce L. Cinnæ; deprehensus est; jam
« nocere tibi non potest, prodesse famæ tuæ potest. »

Gavisus sibi quod advocatum invenerat, uxori quidem gratias egit : renuntiari autem extemplo amicis quos in consilium rogaverat imperavit, et Cinnam unum ad se accersit, dimissisque omnibus e cubiculo, quum alteram poni Cinnæ cathedram jussisset, « Hoc, inquit,
« primum a te peto ne me loquentem interpelles, ne
« medio sermone meo proclames; dabitur tibi loquendi
« liberum tempus. Ego te, Cinna, quum in hostium
« castris invenissem, non tantum factum mihi inimi-
« cum, sed natum servavi, patrimonium tibi omne
« concessi. Hodie tam felix es et tam dives, ut victo
« victores invideant. Sacerdotium tibi petenti, præ-
« teritis compluribus quorum parentes mecum milita-
« verant, dedi. Quum sic de te meruerim, occidere
« me constituisti! »

Quum ad hanc vocem exclamasset Cinna; procul

hanc ab se abesse dementiam : « Non præstas, inquit, « fidem, Cinna; convenerat ne interloquereris. Occi- « dere, inquam, me paras. » Adjecit locum, socios, diem, ordinem insidiarum, cui commissum esset ferrum. Et quum defixum videret, nec ex conventione jam, sed ex conscientia tacentem : « Quo, inquit, hoc « animo facis? Ut ipse sis princeps? Male, mehercule, « cum republica agitur, si tibi ad imperandum nihil « præter me obstat. Domum tuam tueri non potes; « nuper libertini hominis gratia in privato judicio su- « peratus es. Adeo nihil facilius putas quam contra « Cæsarem advocare. Cedo, si spes tuas solus impedio. « Paulusne te et Fabius Maximus et Cossi et Servilii « ferent, tantumque agmen nobilium, non inania no- « mina præferentium, sed eorum qui imaginibus suis « decori sunt? » Ne totam ejus orationem repetendo magnam partem voluminis occupem, diutius enim quam duabus horis locutum esse constat, quum hanc pœnam qua sola erat contentus futurus, extenderet: « Vitam tibi, inquit, Cinna, iterum do, prius hosti, « nunc insidiatori ac parricidæ. Ex hodierno die inter « nos amicitia incipiat. Contendamus, utrum ego me- « liore fide vitam tibi dederim, an tu debeas. » Post hæc detulit ultro consulatum, questus quod non auderet petere, amicissimum, fidelissimumque habuit, hæres solus fuit illi, nullis amplius insidiis ab ullo petitus est.

MONTAIGNE.

Liv. I de ses essais, chap. XXIII[1].

L'empereur Auguste, estant en la Gaule, receut certain advertissement d'une coniuration que luy brassoit L. Cinna : il delibera de s'en venger, et manda pour cet effect au lendemain le conseil de ses amis. Mais la nuict d'entre deux, il la passa avecques grande inquiétude, considerant qu'il avoit à faire mourir un ieune homme de bonne maison et nepveu du grand Pompeius, et produisoit en se plaignant plusieurs divers discours : « Quoy « doncques, disoit-il, sera il vray que ie demeureray en « crainte et en alarme, et que ie lairray mon meurtrier « se promener ce pendant à son ayse? S'en ira il quitte, « ayant assailly ma teste, que i'ay sauvee de tant de « guerres civiles, de tant de batailles par mer et par « terre, et aprez avoir establi la paix universelle du « monde? sera il absoult, ayant deliberé non de me « meurtrir seulement, mais de me sacrifier? » (car la coniuration estoit faicte de le tuer comme il feroit quelque sacrifice.) Aprez cela, s'estant tenu coy quelque espace de temps, il recommenceoit d'une voix plus forte, et s'en prenoit à soy mesme : « Pourquoi vis tu, « s'il importe à tant de gents que tu meures? n'y aura « il point de fin à tes vengeances et à tes cruautez? Ta « vie vault elle que tant de dommage se face pour la « conserver? » Livia, sa femme, le sentant en ces angoisses : « Et les conseils des femmes y seront ils « receus? luy dict elle : fay ce que font les medecins ; « quand les receptes accoustumees ne peuvent servir, « ils en essayent de contraires. Par severité, tu n'as « iusques à cette heure rien proufité, Lepidus a suyvi « Salvidienus; Murena, Lepidus; Caepio, Murena;

---

1 Nous rétablissons ici cet extrait de Montaigne qui se trouve dans la première édition de *Cinna*, à la suite du passage de Sénèque, auquel il peut servir de traduction.

« Egnatius, Caepio : commence à experimenter comment
« te succederont la doulceur et la clemence. Cinna est
« convaincu ; pardonne luy : de te nuire desormais, il
« ne pourra, et proufitera à ta gloire. » Auguste feut
bien ayse d'avoir trouvé un advocat de son humeur ;
et, ayant remercié sa femme, et contremandé ses amis
qu'il avoit assignez au conseil, commanda qu'on feist
venir à luy Cinna tout seul : et ayant faict sortir tout
le monde de sa chambre, et faict donner un siege à
Cinna, il luy parla en ceste maniere : « En premier lieu,
« ie te demande, Cinna, paisible audience : n'interromps
« pas mon parler ; ie te donneray temps et loisir d'y res-
« pondre. Tu sçais, Cinna, que t'ayant prins au camp
« de mes ennemis, non seulement t'estant faict mon
« ennemy, mais estant nay tel, ie te sauvay, ie te meis
« entre mains touts tes biens, et t'ai enfin rendu si ac-
« commodé et si aysé, que les victorieux sont envieux
« de la condition du vaincu : l'office du sacerdoce que
« tu me demandas, ie te l'octroyay, l'ayant refusé à
« d'aultres, desquels les peres avoient tousiours com-
« battu avecques moy. T'ayant si fort obligé, tu as en-
« treprins de me tuer. » A quoy Cinna s'estant escrié
qu'il estoit bien esloingné d'une si meschante pensee :
« Tu ne me tiens pas, Cinna, ce que tu m'avois pro-
« mis, suyvit Auguste ; tu m'avois asseuré que ie ne
« seroy pas interrompu. Ouy, tu as entreprins de me
« tuer en tel lieu, tel iour, en telle compaignie, et de
« telle façon. » En le voyant transi de ces nouvelles,
et en silence, non plus pour tenir le marché de se taire,
mais de la presse de sa conscience : « Pourquoy, ad-
« iousta il, le fais tu ? Est-ce pour estre empereur ?
« Vrayement il va bien mal à la chose publique, s'il
« n'y a que moy qui t'empesche d'arriver à l'empire.
« Tu ne peulx pas seulement deffendre ta maison, et
« perdis dernièrement un procez par la faveur d'un
« simple libertin[1]. Quoy ! n'as tu moyen ny pouvoir en
« aultre chose qu'à entreprendre Cesar ? Ie le quitte,
« s'il n'y a que moy qui empesche tes esperances.
« Penses tu que Paulus, que Fabius, que les Cosseens

---

[1] Un *affranchi* ; du mot latin *libertinus*.

« et Serviliens te souffrent, et une si grande troupe de
« nobles, non seulement nobles de nom, mais qui par
« leur vertu honnorent leur noblesse? » Aprez plusieurs aultres propos (car il parla à luy plus de deux heures entières) : « Or va, luy dict il, ie te donne,
« Cinna, la vie à traistre et à parricide, que ie te donnay aultrefois à ennemy : que l'amitié commence de
« ce iourd'huy entre nous : essayons qui de nous deux
« de meilleure foy, moy t'aye donné ta vie, ou tu
« l'ayes receue. » Et se despartit d'avecques luy en cette maniere. Quelque temps aprez il luy donna le consulat, se plaignant de quoy il ne le luy avoit osé demander. Il l'eut depuis pour fort amy, et feut seul faict par luy heritier de ses biens. Or depuis cet accident, qui adveint à Auguste au quaranticsme an de son aage, il n'y eut iamais de coniuration ny d'entreprinse contre luy, et receut une iuste recompense de cette sienne clemence.

PERSONNAGES.

OCTAVE-CÉSAR-AUGUSTE, empereur de Rome.
LIVIE, impératrice.
CINNA, fils d'une fille de Pompée, chef de la conjuration contre Auguste.
MAXIME, autre chef de la conjuration.
ÆMILIE, fille de C. Toranius, tuteur d'Auguste, et proscrit par lui durant le triumvirat.
FULVIE, confidente d'Æmilie.
POLYCLÈTE, affranchi d'Auguste.
ÉVANDRE, affranchi de Cinna.
EUPHORBE, affranchi de Maxime.

La scène est à Rome.

CINNA

ou

LA CLÉMENCE D'AUGUSTE.

ACTE PREMIER.

SCÈNE I[1].

ÆMILIE.

Impatients désirs d'une illustre vengeance [2]
Dont la mort de mon père a formé la naissance,
Enfants impétueux de mon ressentiment,
Que ma douleur séduite embrasse aveuglément,
Vous prenez sur mon âme un trop puissant empire;
Durant quelques moments souffrez que je respire,
Et que je considère, en l'état où je suis,
Et ce que je hasarde, et ce que je poursuis.
Quand je regarde Auguste au milieu de sa gloire,
Et que vous reprochez à ma triste mémoire
Que par sa propre main mon père massacré
Du trône où je le vois fait le premier degré[3];

---

1 « Plusieurs actrices ont supprimé ce monologue dans les représentations. Le public même paraissait souhaiter ce retranchement : on y trouvait de l'amplification. Cependant j'étais si touché des beautés répandues dans cette première scène, que j'engageai l'actrice qui jouait Émilie à la remettre au théâtre; et elle fut très-bien reçue. » (*Voltaire.*)

2 « Boileau trouvait dans ces *impatients désirs, enfants du ressentiment, embrassés par la douleur,* une espèce de famille : il prétendait que les grands intérêts et les grandes passions s'expriment plus naturellement; il trouvait que le poëte parait trop ici, et le personnage trop peu. » (*Voltaire.*)

3 « Ces désirs rappellent à Émilie le meurtre de son père, et ne le lui reprochent pas. Il fallait dire, *vous me reprochez de ne l'avoir pas encore vengé*, et non pas, *vous me reprochez sa proscription* ; car elle n'est certainement pas cause de cette mort. » (*Voltaire.*) — Le reproche se mêle au souvenir, puisque la grandeur d'Auguste dure si longtemps après un tel crime.

Quand vous me présentez cette sanglante image,
La cause de ma haine, et l'effet de sa rage,
Je m'abandonne toute à vos ardents transports,
Et crois, pour une mort, lui devoir mille morts.
Au milieu toutefois d'une fureur si juste,
J'aime encor plus Cinna que je ne hais Auguste [1],
Et je sens refroidir ce bouillant mouvement,
Quand il faut, pour le suivre, exposer mon amant.
Oui, Cinna, contre moi moi-même je m'irrite,
Quand je songe aux dangers où je te précipite.
Quoique pour me servir tu n'appréhendes rien,
Te demander du sang, c'est exposer le tien :
D'une si haute place on n'abat point de têtes
Sans attirer sur soi mille et mille tempêtes ;
L'issue en est douteuse, et le péril certain :
Un ami déloyal peut trahir ton dessein ;
L'ordre mal concerté, l'occasion mal prise,
Peuvent sur son auteur renverser l'entreprise,
Tourner sur toi les coups dont tu le veux frapper ;
Dans sa ruine même il peut t'envelopper ;
Et, quoi qu'en ma faveur ton amour exécute,
Il te peut, en tombant, écraser sous sa chute.
Ah ! cesse de courir à ce mortel danger ;
Te perdre en me vengeant, ce n'est pas me venger.
Un cœur est trop cruel quand il trouve des charmes,
Aux douceurs que corrompt l'amertume des larmes [2] ;
Et l'on doit mettre au rang des plus cuisants malheurs
La mort d'un ennemi qui coûte tant de pleurs.

Mais peut-on en verser alors qu'on venge un père ?
Est-il perte à ce prix qui me semble légère ?
Et, quand son assassin tombe sous notre effort,
Doit-on considérer ce que coûte sa mort ?
Cessez, vaines frayeurs, cessez, lâches tendresses,
De jeter dans mon cœur vos indignes faiblesses !
Et toi qui les produis par tes soins superflus,

---

[1] « De bons critiques, qui connaissent l'art et le cœur humain, n'aiment pas qu'on annonce ainsi de sang-froid les sentiments de son cœur : ils veulent que les sentiments échappent à la passion. Ils trouvent mauvais qu'on dise: *J'aime plus celui-ci que je ne hais celui-là ; je sens refroidir mon mouvement bouillant ; je m'irrite contre moi-même, j'ai de la fureur :* ils veulent que cette fureur, cet amour, cette haine, ces bouillants mouvements, éclatent sans que le personnage vous en avertisse. C'est le grand art de Racine. Ni Phèdre, ni Iphigénie, ni Agrippine, ni Roxane, ni Monime, ne débutent par venir étaler leurs sentiments secrets dans un monologue, et par raisonner sur les intérêts de leurs passions : mais il faut toujours se souvenir que c'est Corneille qui a débrouillé l'art, et que si ces amplifications de rhétorique sont un défaut aux yeux des connaisseurs, ce défaut est réparé par de très-grandes beautés. » (*Voltaire*.)

[2] Voltaire s'est souvenu de ce vers dans sa *Henriade* :
    Que ne corrompt jamais l'amertume des mers.

Amour, sers mon devoir, et ne le combats plus [1]!
Lui céder, c'est ta gloire; et le vaincre, ta honte :
Montre-toi généreux, souffrant qu'il te surmonte ;
Plus tu lui donneras, plus il te va donner,
Et ne triomphera que pour te couronner.

SCÈNE II.

ÆMILIE, FULVIE.

ÆMILIE.

Je l'ai juré, Fulvie, et je le jure encore,
Quoique j'aime Cinna, quoique mon cœur l'adore,
S'il me veut posséder, Auguste doit périr ;
Sa tête est le seul prix dont [2] il peut m'acquérir.
Je lui prescris la loi que mon devoir m'impose.

FULVIE.

Elle a pour la blâmer une trop juste cause [3];
Par un si grand dessein vous vous faites juger
Digne sang de celui que vous voulez venger :
Mais, encore une fois, souffrez que je vous die
Qu'une si juste ardeur devrait être attiédie.
Auguste chaque jour, à force de bienfaits,
Semble assez réparer les maux qu'il vous a faits ;
Sa faveur envers vous paraît si déclarée,
Que vous êtes chez lui la plus considérée,
Et de ses courtisans souvent les plus heureux
Vous pressent à genoux de lui parler pour eux.

ÆMILIE.

Toute cette faveur ne me rend pas mon père ;
Et, de quelque façon que l'on me considère,
Abondante en richesse, ou puissante en crédit,
Je demeure toujours la fille d'un proscrit.
Les bienfaits ne font pas toujours ce que tu penses ;

---

[1] « Il semble que le monologue devrait finir là. Les quatre derniers vers ne sont-ils pas surabondants? les pensées n'en sont-elles pas recherchées et hors de la nature?

« Mais les vers précédents paraissent dignes de Corneille : et j'ose croire qu'au théâtre il faudrait réciter ce monologue, en retranchant seulement ces quatre derniers vers, qui ne sont pas dignes du reste. » (*Voltaire.*)

[2] *Dont*, par lequel. Corneille emploie le même tour, et non moins heureusement, quoique Voltaire l'ait blâmé, dans la scène première du second acte :

    Et vous devez aux dieux compte de tout le sang
    Dont vous l'avez vengé pour monter à son rang.

[3] *Elle a pour la blâmer* ne présente pas un sens net. *Elle* se rapporte à *loi*, et *pour la blâmer* signifie pour *qu'on la blâme*.

D'une main odieuse ils tiennent lieu d'offenses¹:
Plus nous en prodiguons à qui nous peut haïr,
Plus d'armes nous donnons à qui nous veut trahir.
Il m'en fait chaque jour sans changer mon courage²;
Je suis ce que j'étais, et je puis davantage.
Et des mêmes présents qu'il verse dans mes mains
J'achète contre lui les esprits des Romains;
Je recevrais de lui la place de Livie
Comme un moyen plus sûr d'attenter à sa vie³.
Pour qui venge son père il n'est point de forfaits,
Et c'est vendre son sang que se rendre aux bienfaits.

FULVIE.

Quel besoin toutefois de passer pour ingrate?
Ne pouvez-vous haïr sans que la haine éclate?
Assez d'autres sans vous⁴ n'ont pas mis en oubli
Par quelles cruautés son trône est établi;
Tant de braves Romains, tant d'illustres victimes,
Qu'à son ambition ont immolés ses crimes,
Laissent à leurs enfants d'assez vives douleurs
Pour venger votre perte en vengeant leurs malheurs.
Beaucoup l'ont entrepris, mille autres vont les suivre:
Qui vit haï de tous ne saurait longtemps vivre:
Remettez à leurs bras les communs intérêts,
Et n'aidez leurs desseins que par des vœux secrets.

ÆMILIE.

Quoi! je le haïrai sans tâcher de lui nuire?
J'attendrai du hasard qu'il ose le détruire?
Et je satisferai des devoirs si pressants
Par une haine obscure et des vœux impuissants?
Sa perte, que je veux, me deviendrait amère,
Si quelqu'un l'immolait à d'autres qu'à mon père;
Et tu verrais mes pleurs couler pour son trépas,
Qui, le faisant périr, ne me vengerait pas⁵.
C'est une lâcheté que de remettre à d'autres
Les intérêts publics qui s'attachent aux nôtres.
Joignons à la douceur de venger nos parents
La gloire qu'on remporte à punir les tyrans,
Et faisons publier par toute l'Italie:
« La liberté de Rome est l'œuvre d'Æmilie;

---

1 Un *bienfait* reproché *tient* toujours *lieu d'offense.*
  Racine, *Iphigénie*, act. IV, sc. VI

2 *Courage*, les sentiments de mon cœur.

3 « Ce sentiment furieux est, à mon gré, une raison pour ne pas supprimer le monologue qui prépare cette férocité. » (*Voltaire*.)

4 *Assez d'autres* viendront à mes ordres soumis.
  Racine, *Iphigénie*, act. IV, sc. VI.

5 « Ce sentiment atroce et ces beaux vers, dit Voltaire, ont été imités par Racine dans *Andromaque* (act. IV, sc. IV.)
Ma vengeance est perdue,
S'il ignore en mourant que c'est moi qui le tue.

ACTE I, SCÈNE II.

On a touché son âme, et son cœur s'est épris ;
Mais elle n'a donné son amour qu'à ce prix.

FULVIE.

Votre amour à ce prix n'est qu'un présent funeste
Qui porte à votre amant sa perte manifeste.
Pensez mieux, Æmilie, à quoi vous l'exposez,
Combien à cet écueil se sont déjà brisés ;
Ne vous aveuglez point quand sa mort est visible.

ÆMILIE.

Ah ! tu sais me frapper par où je suis sensible.
Quand je songe aux dangers que je lui fais courir,
La crainte de sa mort me fait déjà mourir ;
Mon esprit en désordre à soi-même s'oppose ;
Je veux et ne veux pas, je m'emporte et je n'ose ;
Et mon devoir confus, languissant, étonné,
Cède aux rébellions de mon cœur mutiné.
    Tout beau, ma passion, deviens un peu moins forte[1] ;
Tu vois bien des hasards, ils sont grands, mais n'importe :
Cinna n'est pas perdu pour être hasardé.
De quelques légions qu'Auguste soit gardé,
Quelque soin qu'il se donne et quelque ordre qu'il tienne,
Qui méprise la vie est maître de la sienne.
Plus le péril est grand, plus doux en est le fruit ;
La vertu nous y jette, et la gloire le suit :
Quoi qu'il en soit, qu'Auguste ou que Cinna périsse,
Aux mânes paternels je dois ce sacrifice[2] ;
Cinna me l'a promis en recevant ma foi :
Et ce coup seul aussi le rend digne de moi.
Il est tard, après tout, de m'en vouloir dédire.
Aujourd'hui l'on s'assemble, aujourd'hui l'on conspire,
L'heure, le lieu, le bras se choisit aujourd'hui[3] ;
Et c'est à faire enfin à mourir après lui[4].

---

[1] « *Tout beau* revient au *pian piano* des Italiens. Ce mot familier est banni du discours sérieux, à plus forte raison de la poésie ; et l'apostrophe à sa passion sort du ton du dialogue et de la vérité : c'est un tour de rhéteur qu'on se permettait encore. » (*Voltaire.*) — Cet idiotisme *tout beau*, qui se trouve déjà dans *Horace*, et que Corneille a encore employé dans *Polyeucte*, act. IV, sc. III :

> Tout beau, Pauline, il entend vos paroles.

est une proposition elliptique qui a passé à l'état d'interjection.

[2] « Il semble, par ces expressions, qu'elle doive le sacrifice de Cinna. » (*Voltaire.*)

[3] Accord irrégulier, mais poétique, dont les exemples sont fréquents dans Racine :

> Ses menaces, sa voix, un ordre m'a troublée.
> *Bajazet*, act. V, sc. I.
> Mais le fer, le bandeau, la flamme est toute prête.
> *Iphigénie*, act III, sc. V

[4] « *Et c'est à faire* est encore une expression hors d'usage, même aujourd'hui chez le peuple. Remarquez que dans cette scène il n'y a presque que ces deux mots à reprendre, et que la pièce est faite depuis six-vingt ans : ce n'est qu'une scène avec une confidente, et elle est sublime. » (*Voltaire.*) — Voltaire a raison de dire

SCÈNE III.

CINNA, ÆMILIE, FULVIE.

ÆMILIE.
Mais le voici qui vient. Cinna, votre assemblée
Par l'effroi du péril n'est-elle point troublée?
Et reconnaissez-vous au front[1] de vos amis
Qu'ils soient prêts à tenir ce qu'ils vous ont promis?
CINNA.
Jamais contre un tyran entreprise conçue
Ne permit d'espérer une si belle issue :
Jamais de telle ardeur on n'en jura la mort,
Et jamais conjurés ne furent mieux d'accord;
Tous s'y montrent portés avec tant d'allégresse,
Qu'ils semblent, comme moi, servir une maîtresse
Et tous font éclater un si puissant courroux,
Qu'ils semblent tous venger un père, comme vous.
ÆMILIE.
Je l'avais bien prévu, que pour un tel ouvrage
Cinna saurait choisir des hommes de courage,
Et ne remettrait pas en de mauvaises mains
L'intérêt d'Æmilie et celui des Romains.
CINNA.
Plût aux dieux que vous-même eussiez vu de quel zèle
Cette troupe entreprend une action si belle[2] !
Au seul nom de César, d'Auguste, et d'empereur,
Vous eussiez vu leurs yeux s'enflammer de fureur,
Et dans un même instant, par un effet contraire,
Leur front pâlir d'horreur et rougir de colère.
« Amis, leur ai-je dit, voici le jour heureux
Qui doit conclure enfin nos desseins généreux[3];
Le ciel entre nos mains a mis le sort de Rome,

---

que cette locution est bannie du style noble, mais elle a place dans le langage familier.

1 *Au front*, sur le front. Ainsi La Fontaine, *Philémon et Baucis* :

> Il lit *au front* de ceux qu'un vain luxe environne
> Que la Fortune vend ce qu'on croit qu'elle donne.

2 « Ce discours de Cinna est un des plus beaux morceaux d'éloquence que nous ayons dans notre langue. » (*Voltaire*).

3 « Le mot *dessein* ne convient pas à *conclure* : il me semble qu'on conclut une affaire, un traité un marché ; que l'on consomme un dessein, qu'on l'exécute, qu'on l'effectue. Peut-être que le verbe *remplir* eût été plus juste et plus poétique que *conclure*. » (*Voltaire*.) — *Conclure* est un latinisme, *concludere*, et veut dire *achever*. « *Concludere carmen* (Horace.) achever, terminer un poëme. »

ACTE I. SCÈNE III.

Et son salut dépend de la perte d'un homme,
Si l'on doit le nom d'homme à qui n'a rien d'humain,
A ce tigre altéré de tout le sang romain.
Combien pour le répandre a-t-il formé de brigues!
Combien de fois changé de partis et de ligues,
Tantôt ami d'Antoine, et tantôt ennemi,
Et jamais insolent ni cruel à demi! »
Là, par un long récit de toutes les misères
Que durant notre enfance ont enduré nos pères [1],
Renouvelant leur haine avec leur souvenir,
Je redouble en leurs cœurs l'ardeur de le punir.
Je leur fais des tableaux de ces tristes batailles
Où Rome par ses mains déchirait ses entrailles,
Où l'aigle abattait l'aigle [2], et de chaque côté
Nos légions s'armaient contre leur liberté;
Où les meilleurs soldats et les chefs les plus braves
Mettaient toute leur gloire à devenir esclaves;
Où, pour mieux assurer la honte de leurs fers,
Tous voulaient à leur chaîne attacher l'univers,
Et l'exécrable honneur de lui donner un maître
Faisant aimer à tous l'infâme nom de traître,
Romains contre Romains, parents contre parents,
Combattaient seulement pour le choix des tyrans.
J'ajoute à ces tableaux la peinture effroyable
De leur concorde impie, affreuse, inexorable,
Funeste aux gens de bien, aux riches, au sénat,
Et, pour tout dire enfin, de leur triumvirat;
Mais je ne trouve point de couleurs assez noires
Pour en représenter les tragiques histoires.
Je les peins dans le meurtre à l'envi triomphants,
Rome entière noyée au sang [3] de ses enfants :
Les uns assassinés dans les places publiques,
Les autres dans le sein de leurs dieux domestiques;
Le méchant par le prix au crime encouragé,
Le mari par sa femme en son lit égorgé,
Le fils tout dégouttant du meurtre de son père,
Et, sa tête à la main, demandant son salaire [4],

---

[1] « *Durant* et *enduré*, dans le même vers, ne sont qu'une inadvertance : il était aisé de mettre *pendant notre enfance*; mais *ont enduré* paraît une faute aux grammairiens; ils voudraient, *les misères qu'ont endurées nos pères*. Je ne suis point du tout de leur avis; il serait ridicule de dire, *les misères qu'ont souffertes nos pères*, quoiqu'il faille dire, *les misères que nos pères ont souffertes*. S'il n'est pas permis à un poëte de se servir, en ce cas du participe absolu, il faut renoncer à faire des vers. » (*Voltaire.*)

[2] Souvenir de Lucain, *Phars.*, ch. I, v. 7 :

« Adversisque obvia signis
Signa, pares aquilas et pila minantia pilis. »

[3] Heureux emploi de la préposition *à*. *Au sang*, pour *dans le sang*.

[4] « Peinture énergique des sanglantes proscriptions et des

Sans pouvoir exprimer par tant d'horribles traits
Qu'un crayon imparfait de leur sanglante paix.
 Vous dirai-je les noms de ces grands personnages
Dont j'ai dépeint les morts pour aigrir les courages,
De ces fameux proscrits, ces demi-dieux mortels,
Qu'on a sacrifiés jusque sur les autels ?
Mais pourrais-je vous dire à quelle impatience,
A quels frémissements, à quelle violence,
Ces indignes trépas, quoique mal figurés,
Ont porté les esprits de tous nos conjurés ?
Je n'ai point perdu temps, et voyant leur colère
Au point de ne rien craindre, en état de tout faire,
J'ajoute en peu de mots : « Toutes ces cruautés,
La perte de nos biens et de nos libertés,
Le ravage des champs, le pillage des villes,
Et les proscriptions, et les guerres civiles
Sont les degrés sanglants dont Auguste a fait choix
Pour monter sur le trône et nous donner des lois.
Mais nous pouvons changer un destin si funeste,
Puisque de trois tyrans c'est le seul qui nous reste,
Et que, juste une fois, il s'est privé d'appui,
Perdant, pour régner seul, deux méchants comme lui :
Lui mort, nous n'avons point de vengeur ni de maître [1];
Avec la liberté Rome s'en va renaître [2];
Et nous mériterons le nom de vrais Romains,
Si le joug qui l'accable est brisé par nos mains.
Prenons l'occasion tandis qu'elle est propice :
Demain au Capitole il fait un sacrifice ;
Qu'il en soit la victime, et faisons en ces lieux
Justice à tout le monde, à la face des dieux :
Là, presque pour sa suite il n'a que notre troupe ;
C'est de ma main qu'il prend et l'encens et la coupe ;
Et je veux pour signal que cette même main
Lui donne, au lieu d'encens, d'un poignard dans le sein.
Ainsi d'un coup mortel la victime frappée
Fera voir si je suis du sang du grand Pompée ;
Faites voir, après moi, si vous vous souvenez

crimes du triumvirat, cet effrayant tableau met dans le parti de Cinna les spectateurs, qui ne voient dans son entreprise que le dessein toujours imposant de rendre la liberté à Rome, et de punir un tyran qui a été barbare. » (*La Harpe.*)

 1 « Il veut dire :

  Mort, il est sans vengeur, et nous sommes sans maître. »

(*Voltaire.*) — Corneille prend *vengeur* non dans le sens de nous venger, mais de se venger sur nous. C'est une hardiesse poétique.

 2 « *S'en va renaître.* Cette expression n'est point fautive en poésie ; au contraire, voyez dans l'*Iphigénie* de Racine :

  Et ce triomphe heureux qui s'en va devenir
  L'éternel entretien des siècles à venir.

Cet exemple est un de ceux qui peuvent servir à distinguer le langage de la poésie de celui de la prose. » (*Voltaire.*)

ACTE I, SCÈNE III.

Des illustres aïeux de qui vous êtes nés. »
A peine ai-je achevé que chacun renouvelle,
Par un noble serment, le vœu d'être fidèle.
L'occasion leur plaît, mais chacun veut pour soi
L'honneur du premier coup que j'ai choisi pour moi.
La raison règle enfin l'ardeur qui les emporte :
Maxime et la moitié s'assurent de la porte;
L'autre moitié me suit et doit l'environner,
Prête au premier signal que je voudrai donner.
 Voilà, belle Æmilie, à quel point nous en sommes.
Demain j'attends la haine ou la faveur des hommes,
Le nom de parricide ou de libérateur,
César celui de prince ou d'un usurpateur.
Du succès[1] qu'on obtient contre la tyrannie
Dépend ou notre gloire ou notre ignominie ;
Et le peuple inégal à l'endroit des tyrans[2],
S'il les déteste morts, les adore vivants.
Pour moi, soit que le ciel me soit dur ou propice,
Qu'il m'élève à la gloire ou me livre au supplice,
Que Rome se déclare ou pour ou contre nous,
Mourant pour vous servir, tout me semblera doux.

ÆMILIE.

Ne crains point de succès qui souille ta mémoire :
Le bon et le mauvais sont égaux pour ta gloire;
Et, dans un tel dessein, le manque de bonheur
Met en péril ta vie, et non pas ton honneur[3].
Regarde le malheur de Brute et de Cassie :
La splendeur de leurs noms en est-elle obscurcie ?
Sont-ils morts tout entiers avec leurs grands desseins[4]?
Ne les compte-t-on plus pour les derniers Romains ?
Leur mémoire dans Rome est encor précieuse,
Autant que de César la vie est odieuse ;
Si leur vainqueur y règne, ils y sont regrettés,
Et par les vœux de tous leurs pareils souhaités.
 Va marcher sur leurs pas où l'honneur te convie[5].

---

1 Ces vers marquent bien le sens de succès, *quod succedit*, ce qui arrive après. La réponse d'Émilie en est le commentaire :

> Ne crains point de succès qui souille ta mémoire,
> Le *bon* et le *mauvais* sont égaux pour ta gloire.

2 « Ce terme *à l'endroit* n'est plus d'usage dans le style noble. » (*Voltaire*.)

3 Ce dessein n'est pas de ceux dont Racine a dit, *Mithridate*, act. I, sc. III.
> Et pour être approuvés
> De semblables desseins veulent être achevés

4 « Cette expression sublime, *mourir tout entier*, est prise du latin d'Horace, *non omnis moriar* ; Racine l'a imitée dans sa belle pièce d'*Iphigénie* ·
> Ne laisser aucun nom, et mourir tout entier. »

(*Voltaire*.)

5 « Il faudrait, *va, marche*; on ne dit pas plus *allons marcher*, qu'*allons aller*. » (*Voltaire*.) — On dit bien *va courir*, et rien n'empêche de dire *va marcher*. — « *Convie* est une très-belle ex-

210 CINNA.

Mais ne perds pas le soin de conserver ta vie ;
Souviens-toi du beau feu dont nous sommes épris,
Qu'aussi bien que la gloire Æmilie est ton prix ;
Que tu me dois ton cœur, que mes faveurs t'attendent[1],
Que tes jours me sont chers, que les miens en dépendent.
Mais quelle occasion mène Évandre vers nous ?

SCÈNE IV.

CINNA, ÆMILIE, ÉVANDRE, FULVIE.

ÉVANDRE.
Seigneur, César vous mande, et Maxime avec vous[2].
CINNA.
Et Maxime avec moi ! Le sais-tu bien, Évandre ?
ÉVANDRE.
Polyclète est encor chez vous à vous attendre,
Et fût venu lui-même avec moi vous chercher,
Si ma dextérité n'eût su l'en empêcher.
Je vous en donne avis, de peur d'une surprise.
Il presse fort.
ÆMILIE.
Mander les chefs de l'entreprise !
Tous deux ! en même temps ! Vous êtes découverts.
CINNA.
Espérons mieux, de grâce.
ÆMILIE.
Ah ! Cinna, je te perds !
Et les dieux, obstinés à nous donner un maître,
Parmi tes vrais amis ont mêlé quelque traître.
Il n'en faut point douter, Auguste a tout appris.
Quoi, tous deux ! et sitôt que le conseil est pris !
CINNA.
Je ne vous puis celer que son ordre m'étonne ;

pression ; elle était très-usitée dans le grand siècle de Louis XIV. Il est à souhaiter que ce mot continue d'être en usage. » (*Voltaire.*)

1 Racine ne parle jamais de faveurs.

2 « L'intrigue est nouée dès le premier acte ; le plus grand intérêt et le plus grand péril s'y manifestent : c'est un coup de théâtre. Remarquez que l'on s'intéresse d'abord beaucoup au succès de la conspiration de Cinna et d'Émilie : 1° parce que c'est une conspiration ; 2° parce que l'amant et la maîtresse sont en danger ; 3° parce que Cinna a peint Auguste avec toutes les couleurs que les proscriptions méritent, et que dans son récit il a rendu Auguste *exécrable* ; 4° parce qu'il n'y a point de spectateur qui ne prenne dans son cœur le parti de la liberté. Il est important de faire voir, que, dans ce premier acte, Cinna et Émilie s'emparent de tout l'intérêt ; on tremble qu'ils ne soient découverts. Vous verrez qu'ensuite cet intérêt change, et vous jugerez si c'est un défaut ou non. » (*Voltaire.*)

ACTE I, SCÈNE IV.

Mais souvent il m'appelle auprès de sa personne :
Maxime est comme moi de ses plus confidents,
Et nous nous alarmons peut-être en imprudents.

ÉMILIE.

Sois moins ingénieux à te tromper toi-même [1],
Cinna; ne porte point mes maux jusqu'à l'extrême ;
Et puisque désormais tu ne peux me venger,
Dérobe au moins ta tête à ce mortel danger;
Fuis d'Auguste irrité l'implacable colère.
Je verse assez de pleurs pour la mort de mon père :
N'aigris point ma douleur par un nouveau tourment,
Et ne me réduis point à pleurer mon amant.

CINNA.

Quoi! sur l'illusion d'une terreur panique,
Trahir vos intérêts et la cause publique!
Par cette lâcheté moi-même m'accuser,
Et tout abandonner quand il faut tout oser!
Que feront nos amis si vous êtes déçue [2]?

ÉMILIE.

Mais que deviendras-tu si l'entreprise est sue ?

CINNA.

S'il est pour me trahir des esprits assez bas,
Ma vertu pour le moins ne me trahira pas ;
Vous la verrez, brillante au bord des précipices,
Se couronner de gloire en bravant les supplices,
Rendre Auguste jaloux du sang qu'il répandra,
Et le faire trembler alors qu'il me perdra.
Je deviendrais suspect à tarder davantage.
Adieu. Raffermissez ce généreux courage.
S'il faut subir le coup d'un destin rigoureux,
Je mourrai tout ensemble heureux et malheureux [3] :
Heureux pour vous servir de perdre ainsi la vie,
Malheureux de mourir sans vous avoir servie.

ÉMILIE.

Oui, va, n'écoute plus ma voix qui te retient ;
Mon trouble se dissipe, et ma raison revient.
Pardonne à mon amour cette indigne faiblesse.
Tu voudrais fuir en vain, Cinna, je le confesse;
Si tout est découvert, Auguste a su pourvoir
A ne te laisser pas ta fuite en ton pouvoir.
Porte, porte chez lui cette mâle assurance,

---

1 Ah! que nous nous plaisons à nous tromper tous deux
            Racine, *Bérénice*, act III, sc. II.

2 *Si vous êtes déçue* paraît amené ici par la tyrannie de la rime. C'est l'abandon de Cinna qui compromet les conjurés, et non la *déception* d'Émilie.

3 « Boileau reprenait cet *heureux et malheureux* : il y trouvait trop de recherche, et je ne sais quoi d'alambiqué. On peut dire *heureux dans mon malheur*, l'exact et l'élégant Racine l'a dit; mais être à la fois heureux et malheureux, expliquer et retourner cette antithèse, cette énigme, cela n'est pas de la véritable éloquence. » (*Voltaire.*)

Digne de notre amour, digne de ta naissance ;
Meurs, s'il y faut mourir, en citoyen romain,
Et par un beau trépas couronne un beau dessein.
Ne crains pas qu'après toi rien ici me retienne ;
Ta mort emportera mon âme vers la tienne ;
Et mon cœur aussitôt, percé des mêmes coups...

CINNA.

Ah ! souffrez que tout mort je vive encore en vous ;
Et du moins en mourant permettez que j'espère
Que vous saurez venger l'amant avec le père.
Rien n'est pour vous à craindre : aucun de nos amis
Ne sait ni vos desseins, ni ce qui m'est promis ;
Et leur parlant tantôt des misères romaines,
Je leur ai tu la mort qui fait naître nos haines,
De peur que mon ardeur, touchant vos intérêts,
D'un si parfait amour ne trahît les secrets ;
Il n'est su que d'Évandre et de votre Fulvie.

ÆMILIE.

Avec moins de frayeur je vais donc chez Livie,
Puisque dans ton péril il me reste un moyen
De faire agir pour toi son crédit et le mien :
Mais si mon amitié par là ne te délivre,
N'espère pas qu'enfin je veuille te survivre.
Je fais de ton destin des règles à mon sort,
Et j'obtiendrai ta vie, ou je suivrai ta mort[1].

CINNA.

Soyez en ma faveur moins cruelle à vous-même.

ÆMILIE.

Va-t'en, et souviens-toi seulement que je t'aime[2].

---

1 « *Je suivrai ta mort* n'exprime pas ce que l'auteur veut dire, *je mourrai après toi.* » (*Voltaire.*) — Il s'exprime fort bien, mais poétiquement, et il n'y a pas moyen de s'y méprendre quand Émilie a déjà dit :

Ta mort emportera mon âme vers la tienne.

2 « *Seulement* fait là un mauvais effet ; car Cinna doit se souvenir de son entreprise et de ses amis. » (*Voltaire.*) — La remarque tombe à faux, puisque, dans l'esprit de Cinna, son entreprise s'enchaîne à l'amour d'Émilie.

FIN DU PREMIER ACTE.

ACTE DEUXIÈME.

SCÈNE I [1].

AUGUSTE, CINNA, MAXIME, TROUPE DE COURTISANS.

AUGUSTE.

Que chacun se retire, et qu'aucun n'entre ici.
Vous, Cinna, demeurez, et vous, Maxime, aussi.
(*Tous se retirent, à la réserve de Cinna et de Maxime.*)
Cet empire absolu sur la terre et sur l'onde,
Ce pouvoir souverain que j'ai sur tout le monde,
Cette grandeur sans borne, et cet illustre rang
Qui m'a jadis coûté tant de peine et de sang [2],

---

[1] « Corneille, dans son examen de *Cinna*, semble se condamner d'avoir manqué à l'unité de lieu. *Le premier acte*, dit-il, *se passe dans l'appartement d'Émilie, le second dans celui d'Auguste;* mais il fait aussi réflexion que l'unité s'étend à tout le palais ; il est impossible que cette unité soit plus rigoureusement observée. C'est une chose admirable sans doute d'avoir supposé cette délibération d'Auguste avec ceux mêmes qui viennent de faire serment de l'assassiner : sans cela, cette scène serait plutôt un beau morceau de déclamation qu'une belle scène de tragédie. » (*Voltaire.*)

[2] « *Cet empire absolu, ce pouvoir souverain, la terre et l'onde, tout le monde, et cet illustre rang*, sont une redondance, un pléonasme, une petite faute.

« Fénelon, dans sa lettre à l'Académie sur l'éloquence, dit : « Il « me semble qu'on a donné souvent aux Romains un discours trop « fastueux ; je ne trouve point de proportion entre l'emphase avec « laquelle Auguste parle dans la tragédie de Cinna, et la modeste « simplicité avec laquelle Suétone la dépeint. » Il est vrai : mais ne faut-il pas quelque chose de plus relevé sur le théâtre que dans Suétone ? Il y a un milieu à garder entre l'enflure et la simplicité. Il faut avouer que Corneille a quelquefois passé les bornes.

« L'archevêque de Cambrai avait d'autant plus raison de reprendre cette enflure vicieuse, que de son temps les comédiens chargeaient encore ce défaut par la plus ridicule affectation dans l'habillement, dans la déclamation, et dans les gestes. On voyait Auguste arriver avec la démarche d'un matamore, coiffé d'une perruque carrée qui descendait par-devant jusqu'à la ceinture ; cette perruque était farcie de feuilles de laurier, et surmontée d'un large chapeau avec deux rangs de plumes rouges. Auguste, ainsi défiguré par des bateleurs gaulois sur un théâtre de marionnettes, était quelque chose de bien étrange ; il se plaçait sur un énorme fauteuil à deux gradins, et Maxime et Cinna étoient sur deux petits tabourets. La déclamation ampoulée répondait parfaitement à cet étalage ; et surtout Auguste ne manquait pas de regarder Cinna et

Enfin tout ce qu'adore en ma haute fortune
D'un courtisan flatteur la présence importune,
N'est que de ces beautés dont l'éclat éblouit,
Et qu'on cesse d'aimer sitôt qu'on en jouit.
L'ambition déplaît quand elle est assouvie[1],
D'une contraire ardeur son ardeur est suivie ;
Et comme notre esprit, jusqu'au dernier soupir,
Toujours vers quelque objet pousse quelque désir,
Il se ramène en soi, n'ayant plus où se prendre,
Et, monté sur le faîte, il aspire à descendre[2].

Maxime du haut en bas avec un noble dédain, en prononçant ces vers :

> Enfin tout ce qu'adore en ma haute fortune
> D'un courtisan flatteur la présence importune.

« Il faisait bien sentir que c'était eux qu'il regardait comme des courtisans flatteurs. En effet, il n'y a rien dans le commencement de cette scène qui empêche que ces vers ne puissent être joués ainsi. Auguste n'a point encore parlé avec bonté, avec amitié à Cinna et à Maxime ; il ne leur a encore parlé que de son pouvoir absolu sur la terre et sur l'onde : on est même un peu surpris qu'il leur propose tout d'un coup son abdication de l'empire, et qu'il les ait demandés avec tant d'empressement pour écouter une résolution si soudaine, sans aucune préparation, sans aucun sujet, sans aucune raison prise de l'état présent des choses.

« Lorsque Auguste examinait avec Agrippa et avec Mécène s'il devait conserver ou abdiquer sa puissance, c'était dans des occasions critiques qui amenaient naturellement cette délibération, c'était dans l'intimité de la conversation, c'était dans des effusions de cœur. Peut-être cette scène eût-elle été plus vraisemblable, plus théâtrale, plus intéressante, si Auguste avait commencé par traiter Cinna et Maxime avec amitié, s'il leur avait parlé de son abdication comme d'une idée qui leur était déjà connue ; alors la scène ne paraîtrait plus amenée comme par force, uniquement pour faire un contraste avec la conspiration. Mais, malgré toutes ces observations, ce morceau sera toujours un chef-d'œuvre par la beauté des vers, par les détails, par la force du raisonnement, et par l'intérêt même qui doit en résulter ; car est-il rien de plus intéressant que de voir Auguste rendre ses propres assassins arbitres de sa destinée ? Il serait mieux, j'en conviens, que cette scène eût pu être préparée ; mais le fond est toujours le même, et les beautés de détail, qui seules peuvent faire les succès des poëtes, sont d'un genre sublime. » (*Voltaire*)

1 « Ces maximes générales sont rarement convenables au théâtre (comme nous le remarquons plusieurs fois), surtout quand leur longueur dégénère en dissertation ; mais ici elles sont à leur place. La passion et le danger n'admettent point les maximes : Auguste n'a point de passion, et n'éprouve point ici de dangers ; c'est un homme qui réfléchit, et ses réflexions mêmes servent encore à justifier le projet de renoncer à l'empire. Ce qui ne serait pas permis dans une scène vive et passionnée est ici admirable. » (*Voltaire*).

2 « Racine admirait surtout ce vers, et le faisait admirer par ses enfants. (Voy. les Mém. de L. Racine.) En effet, ce mot *aspire*, qui d'ordinaire s'emploie avec *s'élever*, devient une beauté frappante quand on le joint à *descendre* : c'est cet heureux emploi des mots qui fait la belle poésie, et qui fait passer un ouvrage à la postérité. » (*Voltaire*)

J'ai souhaité l'empire, et j'y suis parvenu ;
Mais, en le souhaitant, je ne l'ai pas connu :
Dans sa possession j'ai trouvé pour tous charmes
D'effroyables soucis, d'éternelles alarmes,
Mille ennemis secrets, la mort à tous propos,
Point de plaisir sans trouble, et jamais de repos.
Sylla m'a précédé dans ce pouvoir suprême :
Le grand César mon père en a joui de même ;
D'un œil si différent tous deux l'ont regardé,
Que l'un s'en est démis, et l'autre l'a gardé :
Mais l'un, cruel, barbare, est mort aimé, tranquille,
Comme un bon citoyen dans le sein de sa ville ;
L'autre, tout débonnaire, au milieu du sénat
A vu trancher ses jours par un assassinat.
Ces exemples récents suffiraient pour m'instruire,
Si par l'exemple seul on se devait conduire :
L'un m'invite à le suivre, et l'autre me fait peur ;
Mais l'exemple souvent n'est qu'un miroir trompeur,
Et l'ordre du destin qui gêne nos pensées
N'est pas toujours écrit dans les choses passées :
Quelquefois l'un se brise où l'autre s'est sauvé,
Et par où l'un périt un autre est conservé.
Voilà, mes chers amis, ce qui me met en peine.
Vous, qui me tenez lieu d'Agrippe et de Mécène [2],
Pour résoudre ce point avec eux débattu,
Prenez sur mon esprit le pouvoir qu'ils ont eu :
Ne considérez point cette grandeur suprême,
Odieuse aux Romains, et pesante à moi-même ;

---

1 « *La mort à tous propos* est trop familier. Si ces légers défauts se trouvaient dans une tirade faible, ils l'affaibliraient encore; mais ces négligences ne choquent personne dans un morceau si supérieurement écrit : ce sont de petites pierres entourées de diamants; elles en reçoivent de l'éclat, et n'en ôtent point. » (*Voltaire.*) — Le vers suivant

Point de plaisir sans trouble, et jamais de repos.

a été trouvé de bonne prise par La Fontaine, qui fait dire à son *Bûcheron* (l. I, f. xvi) :

Point de pain quelquefois, et jamais de repos.

2 « Auguste eut en effet, à ce qu'on dit, cette conversation avec Agrippa et Mécénas : Dion Cassius les fait parler tous deux; mais qu'il est faible et stérile en comparaison de Corneille!

« Dion Cassius fait ainsi parler Mécénas : *Consultez plutôt les besoins de la patrie que la voix du peuple, qui, semblable aux enfants, ignore ce qui lui est profitable ou nuisible. La république est comme un vaisseau battu de la tempête*, etc. Comparez ces discours à ceux de Corneille, dans lesquels il avait la difficulté de la rime à surmonter.

« Cette scène est un traité du droit des gens. La différence que Corneille établit entre l'usurpation et la tyrannie était une chose toute nouvelle; et jamais écrivain n'avait étalé des idées politiques en prose aussi fortement que Corneille les approfondit en vers. »(*Voltaire.*)

Traitez-moi comme ami, non comme souverain ;
Rome, Auguste, l'État, tout est en votre main :
Vous mettrez et l'Europe, et l'Asie, et l'Afrique,
Sous les lois d'un monarque, ou d'une république ;
Votre avis est ma règle, et par ce seul moyen
Je veux être empereur, ou simple citoyen.

CINNA.

Malgré notre surprise, et mon insuffisance,
Je vous obéirai, seigneur, sans complaisance,
Et mets bas le respect qui pourrait m'empêcher
De combattre un avis où vous semblez pencher ;
Souffrez-le d'un esprit jaloux de votre gloire,
Que vous allez souiller d'une tache trop noire,
Si vous ouvrez votre âme à ces impressions
Jusques à condamner toutes vos actions.
On ne renonce point aux grandeurs légitimes ;
On garde sans remords ce qu'on acquiert sans crimes ;
Et plus le bien qu'on quitte est noble, grand, exquis,
Plus qui l'ose quitter le juge mal acquis.
N'imprimez pas, seigneur, cette honteuse marque
A ces rares vertus qui vous ont fait monarque ;
Vous l'êtes justement, et c'est sans attentat
Que vous avez changé la forme de l'État.
Rome est dessous vos lois par le droit de la guerre [1],
Qui sous les lois de Rome a mis toute la terre ;
Vos armes l'ont conquise, et tous les conquérants
Pour être usurpateurs ne sont pas des tyrans ;
Quand ils ont sous leurs lois asservi des provinces,
Gouvernant justement, ils s'en font justes princes :
C'est ce que fit César ; il vous faut aujourd'hui
Condamner sa mémoire, ou faire comme lui.
Si le pouvoir suprême est blâmé par Auguste,
César fut un tyran, et son trépas fut juste,
Et vous devez aux dieux compte de tout le sang
Dont vous l'avez vengé pour monter à son rang [2].
N'en craignez point, seigneur, les tristes destinées ;
Un plus puissant démon veille sur vos années :
On a dix fois sur vous attenté sans effet,
Et qui l'a voulu perdre au même instant l'a fait.
On entreprend assez, mais aucun n'exécute ;
Il est des assassins, mais il n'est plus de Brute :
Enfin, s'il faut attendre un semblable revers,
Il est beau de mourir maître de l'univers.

---

[1] « Comme il faut des remarques grammaticales, surtout pour les étrangers, on est obligé d'avertir que *dessous* est adverbe, et n'est point préposition : *Est-il dessus ? est-il dessous ? il est sous vous ; il est sous lui.* » (*Voltaire.*) — Il faut ajouter, que cette distinction n'avait pas été introduite par les grammairiens.

[2] Voltaire critique à tort ce *dont*. La préposition *de* avait alors et doit reprendre, surtout en poésie, le sens de *par*. Voy. ci-dessus, p. 203, not. 2.

ACTE II, SCÈNE I.

C'est ce qu'en peu de mots j'ose dire et j'estime
Que ce peu que j'ai dit est l'avis de Maxime.

MAXIME.

Oui, j'accorde qu'Auguste a droit de conserver
L'empire où sa vertu l'a fait seule arriver,
Et qu'au prix de son sang, au péril de sa tête,
Il a fait de l'État une juste conquête :
Mais que, sans se noircir, il ne puisse quitter
Le fardeau que sa main est lasse de porter,
Qu'il accuse par là César de tyrannie,
Qu'il approuve sa mort, c'est ce que je dénie.

Rome est à vous, seigneur, l'empire est votre bien ;
Chacun en liberté peut disposer du sien ;
Il le peut à son choix garder, ou s'en défaire :
Vous seul ne pourriez pas ce que peut le vulgaire,
Et seriez devenu, pour avoir tout dompté,
Esclave des grandeurs où vous êtes monté !
Possédez-les, seigneur, sans qu'elles vous possèdent[1].
Loin de vous captiver, souffrez qu'elles vous cèdent ;
Et faites hautement connaître enfin à tous
Que tout ce qu'elles ont est au-dessous de vous.
Votre Rome autrefois vous donna la naissance[2] ;
Vous lui voulez donner votre toute-puissance ;
Et Cinna vous impute à crime capital
La libéralité vers le pays natal !
Il appelle remords l'amour de la patrie !
Par la haute vertu la gloire est donc flétrie,
Et ce n'est qu'un objet digne de nos mépris,
Si de ses pleins effets l'infamie est le prix[3] !
Je veux bien avouer qu'une action si belle
Donne à Rome bien plus que vous ne tenez d'elle ;
Mais commet-on un crime indigne de pardon,
Quand la reconnaissance est au-dessus du don ?
Suivez, suivez, seigneur, le ciel qui vous inspire :
Votre gloire redouble à mépriser l'empire ;
Et vous serez fameux chez la postérité,
Moins pour l'avoir conquis que pour l'avoir quitté.
Le bonheur peut conduire à la grandeur suprême,
Mais pour y renoncer il faut la vertu même ;
Et peu de généreux[4] vont jusqu'à dédaigner,

---

1 C'est le mot d'Aristippe.

2 « La tyrannie du vers amène très-mal à propos ce mot oiseux *autrefois*. » (*Voltaire*.)

3 « Cette phrase n'a pas la clarté, l'élégance, la justesse nécessaires. La vertu est donc un objet digne de nos mépris, si l'infamie est le prix de ses pleins effets. Remarquez de plus qu'*infamie* n'est pas le mot propre : il n'y a point d'infamie à renoncer à l'empire. » (*Voltaire*.) — Maxime, répondant à Cinna, peut se servir de ce mot d'*infamie*, puisque telle est la pensée de celui qu'il réfute.

4 Corneille transforme souvent avec beaucoup de bonheur les adjectifs en substantifs.

Après un sceptre acquis, la douceur de régner[1].
    Considérez d'ailleurs que vous régnez dans Rome,
Où, de quelque façon que votre cour vous nomme,
On hait la monarchie; et le nom d'empereur,
Cachant celui de roi, ne fait pas moins d'horreur.
Ils passent pour tyran quiconque s'y fait maître,
Qui le sert, pour esclave, et qui l'aime, pour traître:
Qui le souffre a le cœur lâche, mol, abattu,
Et pour s'en affranchir tout s'appelle vertu.
Vous en avez, seigneur, des preuves trop certaines :
On a fait contre vous dix entreprises vaines;
Peut-être que l'onzième est prête d'éclater[2],
Et que ce mouvement qui vous vient d'agiter
N'est qu'un avis secret que le ciel vous envoie,
Qui pour vous conserver n'a plus que cette voie [3].
Ne vous exposez plus à ces fameux revers ;
Il est beau de mourir maître de l'univers;
Mais la plus belle mort souille notre mémoire,
Quand nous avons pu vivre et croître notre gloire[4].

CINNA.

Si l'amour du pays doit ici prévaloir,
C'est son bien seulement que vous devez vouloir;
Et cette liberté, qui lui semble si chère,
N'est pour Rome, seigneur, qu'un bien imaginaire,
Plus nuisible qu'utile, et qui n'approche pas
De celui qu'un bon prince apporte à ses États :
Avec ordre et raison les honneurs il dispense,
Avec discernement punit et récompense,
Et dispose de tout en juste possesseur,
Sans rien précipiter, de peur d'un successeur.
Mais quand le peuple est maître, on n'agit qu'en tumulte ;
La voix de la raison jamais ne se consulte;
Les honneurs sont vendus aux plus ambitieux,
L'autorité livrée aux plus séditieux.
Ces petits souverains qu'il fait pour une année,
Voyant d'un temps si court leur puissance bornée
Des plus heureux desseins font avorter le fruit,
De peur de le laisser à celui qui les suit;
Comme ils ont peu de part aux biens dont ils ordonnent,

---

1 « *Après un sceptre acquis ;* cet hémistiche n'est pas heureux, et ces deux vers sont de trop après celui-ci :

Mais pour y renoncer il faut la vertu même.

C'est toujours gâter une belle pensée que de vouloir y ajouter; c'est une abondance vicieuse. » (*Voltaire.*)

2 *Prête d'éclater.* On disait indifféremment *prêt de* et *prêt à.* En prose on dirait *près de*, *sur le point de*, mais la poésie anime et personnifie l'entreprise, qui est là comme un guerrier en embuscade attendant l'occasion.

3   « Quod si non aliam... fata..
    Invenere viam. » *Lucain*. Phars. v 83.

4 *Croître* au sens actif d'*augmenter*.

Dans le champ du public largement ils moissonnent,
Assurés que chacun leur pardonne aisément,
Espérant à son tour un pareil traitement.
Le pire des États, c'est l'État populaire [1].

AUGUSTE.

Et toutefois le seul qui dans Rome peut plaire.
Cette haine des rois qui depuis cinq cents ans
Avec le premier lait sucent tous ses enfants,
Pour l'arracher des cœurs, est trop enracinée.

MAXIME.

Oui, seigneur, dans son mal Rome est trop obstinée;
Son peuple, qui s'y plaît, en fuit la guérison :
Sa coutume l'emporte, et non pas la raison;
Et cette vieille erreur, que Cinna veut abattre,
Est une heureuse erreur dont il est idolâtre,
Par qui le monde entier, asservi sous ses lois,
L'a vu cent fois marcher sur la tête des rois,
Son épargne s'enfler du sac de leurs provinces.
Que lui pouvaient de plus donner les meilleurs princes?
J'ose dire, seigneur, que par tous les climats
Ne sont pas bien reçus toutes sortes d'États,
Chaque peuple a le sien conforme à sa nature,
Qu'on ne saurait changer sans lui faire une injure :
Telle est la loi du ciel, dont la sage équité
Sème dans l'univers cette diversité.
Les Macédoniens aiment le monarchique,
Et le reste des Grecs la liberté publique :
Les Parthes, les Persans veulent de souverains;
Et le seul consulat est bon pour les Romains.

CINNA.

Il est vrai que du ciel la prudence infinie
Départ à chaque peuple un différent génie;
Mais il n'est pas moins vrai que cet ordre des cieux
Change selon les temps comme selon les lieux.
Rome a reçu des rois ses murs et sa naissance;
Elle tient des consuls sa gloire et sa puissance,
Et reçoit maintenant de vos rares bontés
Le comble souverain de ses prospérités.
Sous vous, l'État n'est plus en pillage aux armées;
Les portes de Janus par vos mains sont fermées,
Ce que sous ses consuls on n'a vu qu'une fois,
Et qu'a fait voir comme eux le second de ses rois.

---

1 « Quelle prodigieuse supériorité de la belle poésie sur la prose! Tous les écrivains politiques ont délayé ces pensées; aucun -t-il approché de la force . de la profondeur, de la netteté, de la précision de ces discours de Cinna et de Maxime? » (*Voltaire.*) Buffon, qui n'était que prosateur, aurait dit de ces vers qu'ils étaient beaux comme de la prose. Il ne savait pas de plus bel éloge. Voltaire se tourne du côté des poëtes, quoiqu'il y ait moins d'intérêt qu'il ne croyait, car il n'est vraiment écrivain supérieur que dans sa prose si limpide, si agile et si nette.

MAXIME.
Les changements d'État que fait l'ordre céleste
Ne coûtent point de sang, n'ont rien qui soit funeste [1].
CINNA.
C'est un ordre des dieux qui jamais ne se rompt,
De nous vendre un peu cher les grands biens qu'ils nous font.
L'exil des Tarquins même ensanglanta nos terres,
Et nos premiers consuls nous ont coûté des guerres.
MAXIME.
Donc votre aïeul Pompée au ciel a résisté
Quand il a combattu pour notre liberté [2]?
CINNA.
Si le ciel n'eût voulu que Rome l'eût perdue,
Par les mains de Pompée il l'aurait défendue [3] :
Il a choisi sa mort pour servir dignement
D'une marque éternelle à ce grand changement,
Et devait cette gloire aux mânes d'un tel homme,
D'emporter avec eux la liberté de Rome.
Ce nom depuis longtemps ne sert qu'à l'éblouir,
Et sa propre grandeur l'empêche d'en jouir.
Depuis qu'elle se voit la maîtresse du monde,
Depuis que la richesse entre ses murs abonde,
Et que son sein, fécond en glorieux exploits,
Produit des citoyens plus puissants que des rois,
Les grands, pour s'affermir achetant des suffrages,
Tiennent pompeusement leurs maîtres à leurs gages [4],
Qui, par des fers dorés se laissant enchaîner,
Reçoivent d'eux les lois qu'ils pensent leur donner,
Envieux l'un de l'autre, ils mènent tout par brigues,
Que leur ambition tourne en sanglantes ligues.
Ainsi de Marius Sylla devint jaloux;
César, de mon aïeul; Marc-Antoine, de vous :
Ainsi la liberté ne peut plus être utile
Qu'à former les fureurs d'une guerre civile,
Lorsque, par un désordre à l'univers fatal,
L'un ne veut point de maître, et l'autre point d'égal [5].
Seigneur, pour sauver Rome, il faut qu'elle s'unisse

---

[1] « J'ai peur que ces raisonnements ne soient pas de la force des autres : ce que dit Maxime est faux; la plupart des révolutions ont coûté du sang, et d'ailleurs tout se fait par l'ordre céleste. » (*Voltaire*.)

[2] « L'objection de *votre aïeul Pompée* est pressante; mais Cinna n'y répond que par un trait d'esprit. Voilà un singulier honneur fait aux mânes de Pompée, d'asservir Rome pour laquelle il combattait. Pourquoi le ciel devait-il cet honneur à Pompée? Au contraire, s'il lui devait quelque chose, c'était de soutenir son parti, qui était le plus juste. » (*Voltaire*.)

[3]   « Si Pergama dextra
   Defendi possent etiam hac defensa fuissent. »
            Virg. Æn., liv. II, v. 291.

[4] Belle antithèse et alliance de mots aussi heureuse que hardie.

[5] « Nec quemquam jam ferro potest, Cæsarve priorem,
   Pompeiusve, parem. »   Lucain. Phars, liv. I, v. 125.

ACTE II, SCÈNE 1.

En la main d'un bon chef à qui tout obéisse.
Si vous aimez encore à la favoriser,
Otez-lui les moyens de se plus diviser.
Sylla, quittant la place enfin bien usurpée[1],
N'a fait qu'ouvrir le champ à César et Pompée,
Que le malheur des temps ne nous eût pas fait voir[2],
S'il eût dans sa famille assuré son pouvoir.
Qu'a fait du grand César le cruel parricide,
Qu'élever contre vous Antoine avec Lépide,
Qui n'eussent pas détruit Rome par les Romains,
Si César eût laissé l'empire entre vos mains?
Vous la replongerez, en quittant cet empire,
Dans les maux dont à peine encore elle respire;
Et de ce peu, seigneur, qui lui reste de sang,
Une guerre nouvelle épuisera son flanc.
    Que l'amour du pays, que la pitié vous touche;
Votre Rome à genoux vous parle par ma bouche[3].
Considérez le prix que vous avez coûté,
Non pas qu'elle vous croie avoir trop acheté,
Des maux qu'elle a soufferts elle est trop bien payée,
Mais une juste peur tient son âme effrayée.
Si jaloux de son heur et las de commander,
Vous lui rendez un bien qu'elle ne peut garder,
S'il lui faut à ce prix en acheter un autre,
Si vous ne préférez son intérêt au vôtre,
Si ce funeste don la met au désespoir,
Je n'ose dire ici ce que j'ose prévoir.
Conservez-vous, seigneur, en lui laissant un maître
Sous qui son vrai bonheur commence de renaître;
Et pour mieux assurer le bien commun de tous,
Donnez un successeur qui soit digne de vous.

AUGUSTE.

N'en délibérons plus, cette pitié l'emporte.
Mon repos m'est bien cher, mais Rome est la plus forte,
Et quelque grand malheur qui m'en puisse arriver,
Je consens à me perdre afin de la sauver.
Pour ma tranquillité mon cœur en vain soupire:

---

1 « Cet *enfin* gâte la phrase. » (*Voltaire.*)
2 « Il semble que le malheur des temps ne nous eût pas fait voir César et Pompée. La phrase est louche et obscure. Il veut dire: *Le malheur des temps ne nous eût pas fait voir le champ ouvert à César et à Pompée.* » (*Voltaire.*)
3 « Ici, Cinna embrasse les genoux d'Auguste, et semble déshonorer les belles choses qu'il a dites par une perfidie bien lâche qui l'avilit. Cette basse perfidie même semble contraire aux remords qu'il aura. On pourrait croire que c'est à Maxime, représenté comme un vil scélérat, à faire le personnage de Cinna, et que Cinna devait dire ce que dit Maxime. Cinna, que l'auteur veut et doit ennoblir, devait-il conjurer Auguste à genoux de garder l'empire, pour avoir un prétexte de l'assassiner? On est fâché que Maxime joue ici le rôle d'un digne Romain, et Cinna celui d'un fourbe qui emploie le raffinement le plus noir pour empêcher Auguste de faire une action qui doit même désarmer Emilie. » (*Voltaire.*)

Cinna, par vos conseils je retiendrai l'empire,
Mais je le retiendrai pour vous en faire part.
Je vois trop que vos cœurs n'ont point pour moi de fard,
Et que chacun de vous, dans l'avis qu'il me donne,
Regarde seulement l'État et ma personne.
Votre amour en tous deux fait ce combat d'esprits,
Et vous allez tous deux en recevoir le prix.
Maxime, je vous fais gouverneur de Sicile ;
Allez donner mes lois à ce terroir fertile :
Songez que c'est pour moi que vous gouvernerez,
Et que je répondrai de ce que vous ferez.
Pour épouse, Cinna, je vous donne Æmilie [1] ;
Vous savez qu'elle tient la place de Julie,
Et que si nos malheurs et la nécessité
M'ont fait traiter son père avec sévérité,
Mon épargne depuis en sa faveur ouverte [2]
Doit avoir adouci l'aigreur de cette perte.
Voyez-la de ma part, tâchez de la gagner :
Vous n'êtes point pour elle un homme à dédaigner ;
De l'offre de vos vœux elle sera ravie [3].
Adieu : j'en veux porter la nouvelle à Livie.

SCÈNE II.

CINNA, MAXIME

MAXIME.
Quel est votre dessein après ces beaux discours?
CINNA.
Le même que j'avais, et que j'aurai toujours.
MAXIME.
Un chef de conjurés flatte la tyrannie!
CINNA.
Un chef de conjurés la veut voir impunie!

---

[1] « Tout lecteur voit dans ce vers la perfection de l'art. Auguste donne à Cinna sa fille adoptive, que Cinna veut obtenir par l'assassinat d'Auguste. Le mérite de ce vers ne peut échapper à personne. » (*Voltaire.*)

[2] « *Épargne* signifiait *trésor royal*, et la cassette du roi s'appelait *chatouille*. Les mots changent; mais ce qui ne doit pas changer, c'est la noblesse des idées. Il est trop bas de faire dire à Auguste qu'il a donné de l'argent à Émilie; et il est bien plus bas à Émilie de l'avoir reçu, et de conspirer contre lui. » (*Voltaire.*)

[3] « En général, cette scène est d'un genre dont il n'y avait aucun exemple chez les anciens ni chez les modernes : détachez-la de la pièce, c'est un chef-d'œuvre d'éloquence ; incorporée à la pièce, c'est un chef-d'œuvre encore plus grand. Il est vrai que ces beautés n'excitent ni terreur, ni pitié, ni grands mouvements; mais ces mouvements, cette pitié, cette terreur, ne sont pas nécessaires dans le commencement d'un second acte. » (*Voltaire.*)

ACTE II, SCÈNE II.

MAXIME.
Je veux voir Rome libre.
CINNA.
Et vous pouvez juger
Que je veux l'affranchir ensemble et la venger.
Octave aura donc vu ses fureurs assouvies,
Pillé jusqu'aux autels, sacrifié nos vies,
Rempli les champs d'horreur, comblé Rome de morts,
Et sera quitte après pour l'effet d'un remords !
Quand le ciel par nos mains à le punir s'apprête,
Un lâche repentir garantira sa tête !
C'est trop semer d'appâts, et c'est trop inviter
Par son impunité quelque autre à l'imiter.
Vengeons nos citoyens, et que sa peine étonne
Quiconque après sa mort aspire à la couronne.
Que le peuple aux tyrans ne soit plus exposé :
S'il eût puni Sylla, César eût moins osé.
MAXIME.
Mais la mort de César, que vous trouvez si juste,
A servi de prétexte aux cruautés d'Auguste :
Voulant nous affranchir, Brute s'est abusé ;
S'il n'eût puni César, Auguste eût moins osé.
CINNA.
La faute de Cassie, et ses terreurs paniques,
Ont fait rentrer l'État sous des lois tyranniques ;
Mais nous ne verrons point de pareils accidents,
Lorsque Rome suivra des chefs moins imprudents.
MAXIME.
Nous sommes encor loin de mettre en évidence
Si nous nous conduirons avec plus de prudence ;
Cependant c'en est peu que de n'accepter pas
Le bonheur qu'on recherche au péril du trépas.
CINNA.
C'en est encor bien moins alors qu'on s'imagine
Guérir un mal si grand sans couper la racine ;
Employer la douceur à cette guérison,
C'est, en fermant la plaie, y verser du poison.
MAXIME.
Vous la voulez sanglante, et la rendez douteuse.
CINNA.
Vous la voulez sans peine, et la rendez honteuse.
MAXIME.
Pour sortir de ses fers jamais on ne rougit.
CINNA.
On en sort lâchement, si la vertu n'agit.
MAXIME.
Jamais la liberté ne cesse d'être aimable ;
Et c'est toujours pour Rome un bien inestimable.
CINNA.
Ce ne peut être un bien qu'elle daigne estimer,
Quand il vient d'une main lasse de l'opprimer :
Elle a le cœur trop bon pour se voir avec joie

Le rebut du tyran dont elle fut la proie ;
Et tout ce que la gloire a de vrais partisans
Le hait trop puissamment pour aimer ses présents.

MAXIME.
Donc pour vous Æmilie est un objet de haine ?

CINNA.
La recevoir de lui me serait une gêne ;
Mais quand j'aurai vengé Rome des maux soufferts [1],
Je saurai le braver jusque dans les enfers.
Oui, quand par son trépas je l'aurai méritée,
Je veux joindre à sa main ma main ensanglantée ;
L'épouser sur sa cendre, et qu'après notre effort
Les présents du tyran soient le prix de sa mort [2].

MAXIME.
Mais l'apparence, ami, que vous puissiez lui plaire
Teint du sang de celui qu'elle aime comme un père ?
Car vous n'êtes pas homme à la violenter.

CINNA.
Ami, dans ce palais on peut nous écouter,
Et nous parlons peut-être avec trop d'imprudence
Dans un lieu si mal propre à notre confidence :
Sortons ; qu'en sûreté j'examine avec vous,
Pour en venir à bout, les moyens les plus doux [3].

---

[1] « L'esprit de notre langue ne permet guère ces participes, nous ne pouvons dire *des maux soufferts*, comme on dit *des maux passés*. *Soufferts* suppose par quelqu'un ; *les maux qu'elle a soufferts* ; il serait à souhaiter que cet exemple de Corneille eût fait une règle ; la langue y gagnerait une marche plus rapide. » (*Voltaire*.)

[2] « Cet affermissement de Cinna dans son crime, cette fureur d'épouser Émilie sur le tombeau d'Auguste, cette persévérance dans la fourberie avec laquelle il a persuadé Auguste de ne point abdiquer, ne font espérer aucun remords ; il était naturel qu'il en eût quand Auguste lui a dit qu'il partagerait l'empire avec lui. Le cœur humain est ainsi fait, il se laisse toucher par le sentiment présent des bienfaits ; et le spectateur n'attend pas d'un homme qui s'endurcit, lorsqu'il devrait être attendri, qu'il s'attendrira après cet endurcissement. » (*Voltaire*.)

[3] « Ici l'intérêt change. On détestait Auguste, on s'intéressait beaucoup à Cinna : maintenant c'est Cinna qu'on hait ; c'est en faveur d'Auguste que le cœur se déclare. » (*Voltaire*.)

FIN DU DEUXIÈME ACTE.

ACTE TROISIÈME.

SCÈNE I.

MAXIME, EUPHORBE.

MAXIME.
Lui-même il m'a tout dit ; leur flamme est mutuelle ;
Il adore Æmilie, il est adoré d'elle ;
Mais sans venger son père il n'y peut aspirer,
Et c'est pour l'acquérir qu'il nous fait conspirer.
EUPHORBE.
Je ne m'étonne plus de cette violence
Dont il contraint Auguste à garder sa puissance[1] ;
La ligue se romprait s'il s'en était démis,
Et tous vos conjurés deviendraient ses amis.
MAXIME.
Ils servent à l'envi la passion d'un homme
Qui n'agit que pour soi, feignant d'agir pour Rome ;
Et moi, par un malheur qui n'eut jamais d'égal,
Je pense servir Rome, et je sers mon rival !
EUPHORBE.
Vous êtes son rival ?
MAXIME.
Oui, j'aime sa maîtresse,
Et l'ai caché toujours avec assez d'adresse[2] ;
Mon ardeur inconnue, avant que d'éclater,

---

1 *Dont* est ici pour *par laquelle*. C'est un précieux archaïsme que Voltaire critique à tort dans *Horace*. Je lis dans un vieux poëme, *les Enfances Vivien* :
> Bonne est la fuite dont (*par laquelle*) le corps est sauvé.

Racine n'a pas renoncé à ce privilége de la langue poétique, car il a dit (*Bajazet*, act. V, sc. XI) :
> Il nous a déployé l'ordre dont (*par lequel*) Amurat
> Autorise ce monstre à ce double attentat.

2 « Ces vers de comédie, et cette manière froide d'exprimer qu'il est rival de Cinna, ne contribuent pas peu à l'avilissement de ce personnage. L'amour qui n'est pas une grande passion n'est pas théâtral. J'ai toujours remarqué que cette scène est froide au théâtre ; la raison en est que l'amour de Maxime est insipide : on apprend au troisième acte que ce Maxime est amoureux. Si Oreste, dans *Andromaque*, n'était rival de Pyrrhus qu'au troisième acte, la pièce serait froide. L'amour de Maxime ne fait aucun effet, et tout son rôle n'est que celui d'un lâche, sans aucune passion théâtrale. » (*Voltaire.*)

Par quelque grand exploit la voulait mériter :
Cependant par mes mains je vois qu'il me l'enlève;
Son dessein fait ma perte, et c'est moi qui l'achève;
J'avance des succès dont j'attends le trépas,
Et pour m'assassiner je lui prête mon bras.
Que l'amitié me plonge en un malheur extrême!

EUPHORBE.
L'issue en est aisée, agissez pour vous-même;
D'un dessein qui vous perd rompez le coup fatal,
Gagnez une maîtresse, accusant un rival[1].
Auguste, à qui par là vous sauverez la vie,
Ne vous pourra jamais refuser Æmilie.

MAXIME.
Quoi! trahir mon ami!

EUPHORBE.
L'amour rend tout permis;
Un véritable amant ne connaît point d'amis[2];
Et même avec justice on peut trahir un traître
Qui pour une maîtresse ose trahir son maître.
Oubliez l'amitié, comme lui les bienfaits.

MAXIME.
C'est un exemple à fuir que celui des forfaits.

EUPHORBE.
Contre un si noir dessein tout devient légitime;
On n'est point criminel quand on punit un crime.

MAXIME.
Un crime par qui Rome obtient sa liberté!

EUPHORBE.
Craignez tout d'un esprit si plein de lâcheté.
L'intérêt du pays n'est point ce qui l'engage;
Le sien, et non la gloire, anime son courage.
Il aimerait César, s'il n'était amoureux,
Et n'est enfin qu'ingrat, et non pas généreux.
Pensez-vous avoir lu jusqu'au fond de son âme?
Sous la cause publique il vous cachait sa flamme,
Et peut cacher encor sous cette passion
Les détestables feux de son ambition.
Peut-être qu'il prétend, après la mort d'Octave,
Au lieu d'affranchir Rome, en faire son esclave;
Qu'il vous compte déjà pour un de ses sujets,
Ou que sur votre perte il fonde ses projets.

---

[1] « Il semble, par la construction, que ce soit Emilie qui accuse : il fallait *en accusant*, pour lever l'équivoque; légère inadvertance qui ne fait aucun tort. » (*Voltaire.*)

[2] « Porjuria ridet amantum
Jupiter. » TIBULLE.

« En général, ces maximes et ce terme de *véritable amant* sont tirés des romans de ce temps-là, et surtout de l'*Astrée*, où l'on examine sérieusement ce qui constitue le véritable amant. Vous ne trouverez jamais ni ces maximes, ni ces mots, *véritables amants*, *vrais amants*, dans Racine. » (*Voltaire.*)

ACTE III, SCÈNE I.

MAXIME.

Mais comment l'accuser sans nommer tout le reste?
A tous nos conjurés l'avis serait funeste,
Et par là nous verrions indignement trahis
Ceux qu'engage avec nous le seul bien du pays.
D'un si lâche dessein mon âme est incapable :
Il perd trop d'innocents pour punir un coupable.
J'ose tout contre lui, mais je crains tout pour eux.

EUPHORBE.

Auguste s'est lassé d'être si rigoureux :
En ces occasions, ennuyé de supplices,
Ayant puni les chefs, il pardonne aux complices.
Si toutefois pour eux vous craignez son courroux,
Quand vous lui parlerez, parlez au nom de tous.

MAXIME.

Nous disputons en vain, et ce n'est que folie [1]
De vouloir par sa perte acquérir Æmilie ;
Ce n'est pas le moyen de plaire à ses beaux yeux
Que de priver du jour ce qu'elle aime le mieux.
Pour moi, j'estime peu qu'Auguste me la donne ;
Je veux gagner son cœur plutôt que sa personne [2],
Et ne fais point d'état de sa possession,
Si je n'ai point de part à son affection.
Puis-je la mériter par une triple offense?
Je trahis son amant, je détruis sa vengeance ;
Je conserve le sang qu'elle veut voir périr [3] ;
Et j'aurais quelque espoir qu'elle me pût chérir!

EUPHORBE.

C'est ce qu'à dire vrai je vois fort difficile [4]
L'artifice pourtant vous y peut être utile ;
Il en faut trouver un qui la puisse abuser,
Et du reste le temps en pourra disposer.

MAXIME.

Mais si pour s'excuser il nomme sa complice,
S'il arrive qu'Auguste avec lui la punisse,
Puis-je lui demander, pour prix de mon rapport,
Celle qui nous oblige à conspirer sa mort?

---

[1] « *Ce n'est que folie*, vers comique, indigne de la tragédie. *Plaire à ses beaux yeux*, expression fade. *Ce qu'elle aime le mieux*, encore pire. » (*Voltaire*.)

[2] « Remarquez qu'on ne s'intéresse jamais à un amant qu'on est sûr qui sera rebuté. Pourquoi Oreste intéresse-t-il dans *Andromaque*? c'est que Racine a eu le grand art de faire espérer qu'Oreste serait aimé. Un amant toujours rebuté par sa maîtresse l'est toujours aussi par le spectateur, à moins qu'il ne respire la fureur de la vengeance. Point de vraies tragédies sans grandes passions. » (*Voltaire*.)

[3] « *Périr un sang* est un barbarisme. Ces fautes sont d'autant plus senties que la scène est froide. » (*Voltaire*.)

[4] « Cette manière de répondre à une objection pressante sent un peu plus le valet de comédie que le confident tragique. » (*Voltaire*.)

EUPHORBE.

Vous pourriez m'opposer tant et de tels obstacles,
Que pour les surmonter il faudrait des miracles ;
J'espère, toutefois, qu'à force d'y rêver...

MAXIME.

Éloigne-toi ; dans peu j'irai te retrouver :
Cinna vient, et je veux en tirer quelque chose [1],
Pour mieux résoudre après ce que je me propose.

SCÈNE II.

CINNA, MAXIME.

MAXIME.

Vous me semblez pensif.

CINNA.

Ce n'est pas sans sujet.

MAXIME.

Puis-je d'un tel chagrin savoir quel est l'objet ?

CINNA.

Æmilie et César ; l'un et l'autre me gêne [2] ;
L'un me semble trop bon, l'autre trop inhumaine.
Plût aux dieux que César employât mieux ses soins,
Et s'en fît plus aimer, ou m'aimât un peu moins ;
Que sa bonté touchât la beauté qui me charme,
Et la pût adoucir comme elle me désarme !
Je sens au fond du cœur mille remords cuisants
Qui rendent à mes yeux tous ses bienfaits présents ;
Cette faveur si pleine, et si mal reconnue,
Par un mortel reproche à tous moments me tue.
Il me semble surtout incessamment le voir
Déposer en nos mains son absolu pouvoir,
Écouter nos avis, m'applaudir, et me dire :
« Cinna, par vos conseils je retiendrai l'empire,
Mais je le retiendrai pour vous en faire part. »
Et je puis dans son sein enfoncer un poignard !

---

[1] « On ne voit pas ce qu'il veut *tirer* de Cinna ; s'il veut être instruit que Cinna est son rival, il le sait déjà. » (*Voltaire.*)

[2] « C'est là peut-être ce que Cinna devait dire immédiatement après la conférence d'Auguste. Pourquoi a-t-il à présent des remords ? s'est-il passé quelque chose de nouveau qui ait pu lui en donner ? Je demande toujours pourquoi il n'en a point senti quand les bienfaits et la tendresse d'Auguste devaient faire sur son cœur une si forte impression. Il a été perfide ; il s'est obstiné dans sa perfidie. Les remords sont le partage naturel de ceux que l'emportement des passions entraîne au crime, mais non pas des fourbes consommés. C'est sur quoi les lecteurs qui connaissent le cœur humain doivent prononcer. Je suis bien loin de porter un jugement. » (*Voltaire.*)

ACTE III, SCÈNE II.

Ah plutôt... Mais, hélas! j'idolâtre Æmilie,
Un serment exécrable à sa haine me lie,
L'horreur qu'elle a de lui me le rend odieux.
Des deux côtés j'offense et ma gloire et les dieux[1],
Je deviens sacrilége, ou je suis parricide,
Et vers l'un ou vers l'autre il faut être perfide.

MAXIME.

Vous n'aviez point tantôt ces agitations[2],
Vous paraissiez plus ferme en vos intentions,
Vous ne sentiez au cœur ni remords ni reproche.

CINNA.

On ne les sent aussi que quand le coup approche[3],
Et l'on ne reconnaît de semblables forfaits
Que quand la main s'apprête à venir aux effets.
L'âme de son dessein jusque-là possédée,
S'attache aveuglément à sa première idée;
Mais alors quel esprit n'en devient point troublé?
Ou plutôt quel esprit n'en est point accablé?
Je crois que Brute même, à tel point qu'on le prise,
Voulut plus d'une fois rompre son entreprise,
Qu'avant que de frapper elle lui fit sentir
Plus d'un remords en l'âme, et plus d'un repentir.

MAXIME.

Il eut trop de vertu pour tant d'inquiétude;
Il ne soupçonna point sa main d'ingratitude,
Et fut contre un tyran d'autant plus animé
Qu'il en reçut de biens et qu'il s'en vit aimé[3].
Comme vous l'imitez, faites la même chose,
Et formez vos remords d'une plus juste cause[5],

---

1 « Pourquoi les dieux? est-ce parce qu'il a fait serment à sa maîtresse? Il est utile d'observer ici que dans beaucoup de tragédies modernes on met ainsi les dieux à la fin du vers, à cause de la rime. » (*Voltaire.*) — On peut abuser de ce mot pour la rime, comme le prétend Voltaire, mais ici les dieux sont à leur place, puisque Cinna s'accuse de *sacrilége*.

2 « Vous voyez que Corneille a bien senti l'objection. Maxime demande à Cinna ce que tout le monde lui demanderait: *Pourquoi avez-vous des remords si tard? qu'est-il survenu qui vous oblige à changer ainsi?* » (*Voltaire.*)

3 « Shakspeare, soixante ans auparavant, exprimait le même sentiment dans la même occasion. C'est Brutus prêt à assassiner César:

« Between the acting of a dreadful thing
And the first motion. all the interim is
Like a fantasma, or a hideous dream, » etc.

« Entre le dessein et l'exécution d'une chose si terrible, tout l'in-
« tervalle n'est qu'un rêve affreux. Le génie de Rome et les instru-
« ments mortels de sa ruine semblent tenir conseil dans notre âme
« bouleversée : cet état funeste de l'âme tient de l'horreur de nos
« guerres civiles. » (*Voltaire.*)

4 Il semble que la rigueur grammaticale demande ici au lieu de *de biens* ou *plus de biens* ou *des biens*.

5 « Voilà la plus forte critique du rôle qu'a joué Cinna dans la conférence avec Auguste: aussi Cinna n'y répond-il point. » (*Voltaire.*)

De vos lâches conseils, qui seuls ont arrêté
Le bonheur renaissant de notre liberté.
C'est vous seul aujourd'hui qui nous l'avez ôtée,
De la main de César Brute l'eût acceptée,
Et n'eût jamais souffert qu'un intérêt léger
De vengeance ou d'amour l'eût remise en danger.
N'écoutez plus la voix d'un tyran qui vous aime,
Et vous veut faire part de son pouvoir suprême ;
Mais entendez crier Rome à votre côté :
« Rends-moi, rends-moi, Cinna, ce que tu m'as ôté ;
Et, si tu m'as tantôt préféré ta maîtresse,
Ne me préfère pas le tyran qui m'oppresse ! »

CINNA.

Ami, n'accable plus un esprit malheureux
Qui ne forme qu'en lâche un desscin généreux.
Envers nos citoyens je sais quelle est ma faute,
Et leur rendrai bientôt tout ce que je leur ôte ;
Mais pardonne aux abois d'une vieille amitié [1]
Qui ne peut expirer sans me faire pitié,
Et laisse-moi, de grâce, attendant Æmilie,
Donner un libre cours à ma mélancolie :
Mon chagrin t'importune, et le trouble où je suis
Veut de la solitude à calmer tant d'ennuis [2].

MAXIME.

Vous voulez rendre compte à l'objet qui vous blesse
De la bonté d'Octave, et de votre faiblesse ;
L'entretien des amants veut un entier secret.
Adieu. Je me retire en confident discret [3].

SCÈNE III.

CINNA.

Donne un plus digne nom au glorieux empire [4]
Du noble sentiment que la vertu m'inspire,
Et que l'honneur oppose au coup précipité
De mon ingratitude et de ma lâcheté ;
Mais plutôt continue à le nommer faiblesse,

---

[1] *Cette vieille amitié* est celle de Cinna pour Auguste, il l'aimait donc? Il n'y a guère paru jusqu'à présent. »

[2] *A calmer*, latinisme, « ad pacandum. »

[3] « L'auteur a entièrement sacrifié ce rôle de Maxime : il ne faut le regarder que comme un personnage qui sert à faire valoir les autres. » (*Voltaire.*)

[4] « Voici le cas où un monologue est convenable : un homme dans une situation violente peut examiner avec lui-même le danger de son entreprise, l'horreur du crime qu'il va commettre, écouter ou combattre ses remords ; mais il fallait que ce monologue fût placé après qu'Auguste l'a comblé d'amitié et de bienfaits, et non pas après une scène froide avec Maxime. » (*Voltaire.*)

Puisqu'il devient si faible auprès d'une maîtresse,
Qu'il respecte un amour qu'il devrait étouffer,
Ou que, s'il le combat, il n'ose en triompher.
En ces extrémités quel conseil dois-je prendre?
De quel côté pencher? à quel parti me rendre?
  Qu'une âme généreuse a de peine à faillir!
Quelque fruit que par là j'espère de cueillir,
Les douceurs de l'amour, celles de la vengeance,
La gloire d'affranchir le lieu de ma naissance,
N'ont point assez d'appas pour flatter ma raison,
S'il les faut acquérir par une trahison,
S'il faut percer le flanc d'un prince magnanime
Qui du peu que je suis fait une telle estime,
Qui me comble d'honneurs, qui m'accable de biens,
Qui ne prend pour régner de conseils que les miens.
Ô coup! ô trahison trop indigne d'un homme!
Dure, dure à jamais l'esclavage de Rome!
Périsse mon amour, périsse mon espoir,
Plutôt que de ma main parte un crime si noir!
Quoi! ne m'offre-t-il pas tout ce que je souhaite,
Et qu'au prix de son sang ma passion achète!
Pour jouir de ses dons faut-il l'assassiner?
Et faut-il lui ravir ce qu'il me veut donner?
  Mais je dépends de vous, ô serment téméraire!
O haine d'Æmilie! ô souvenir d'un père!
Ma foi, mon cœur, mon bras, tout vous est engagé,
Et je ne puis plus rien que par votre congé :
C'est à vous à régler ce qu'il faut que je fasse;
C'est à vous, Æmilie, à lui donner sa grâce;
Vos seules volontés président à son sort,
Et tiennent en mes mains et sa vie et sa mort.
O dieux, qui comme vous la rendez adorable,
Rendez-la, comme vous, à mes vœux exorable[1];
Et, puisque de ses lois je ne puis m'affranchir,
Faites qu'à mes désirs je la puisse fléchir.
Mais voici de retour cette aimable inhumaine[2].

SCÈNE IV.

ÆMILIE, CINNA, FULVIE.

ÆMILIE.

Grâces aux dieux, Cinna, ma frayeur était vaine;
Aucun de tes amis ne t'a manqué de foi,

---

1 « *Exorable* devrait se dire; c'est un terme sonore, intelligible, nécessaire, et digne des beaux vers que débite Cinna. Il est bien étrange qu'on dise *implacable*, et non *placable*; *âme inaltérable*, et non pas *âme altérable*; *héros indomptable*, et non *héros domptable*, » etc. (*Voltaire*.)

2 « *Aimable inhumaine* fait quelque peine, à cause de tant de

Et je n'ai point eu lieu de m'employer pour toi.
Octave en ma présence a tout dit à Livie,
Et par cette nouvelle il m'a rendu la vie.

CINNA.

Le désavouerez-vous? et du don qu'il me fait
Voudrez-vous retarder le bienheureux effet?

ÆMILIE.

L'effet est en ta main.

CINNA.

Mais plutôt en la vôtre.

ÆMILIE.

Je suis toujours moi-même, et mon cœur n'est point autre;
Me donner à Cinna, c'est ne lui donner rien,
C'est seulement lui faire un présent de son bien.

CINNA.

Vous pouvez toutefois... ô ciel! l'osé-je dire?

ÆMILIE.

Que puis-je? et que crains-tu?

CINNA.

Je tremble, je soupire,
Et vois que, si nos cœurs avaient mêmes désirs,
Je n'aurais pas besoin d'expliquer mes soupirs.
Ainsi je suis trop sûr que je vais vous déplaire;
Mais je n'ose parler, et je ne puis me taire.

ÆMILIE.

C'est trop me gêner, parle.

CINNA.

Il faut vous obéir.
Je vais donc vous déplaire, et vous m'allez haïr.
Je vous aime, Æmilie, et le ciel me foudroie
Si cette passion ne fait toute ma joie [1],
Et si je ne vous aime avec toute l'ardeur
Que peut un digne objet attendre d'un grand cœur!
Mais voyez à quel prix vous me donnez votre âme :
En me rendant heureux vous me rendez infâme :
Cette bonté d'Auguste...

ÆMILIE.

Il suffit, je t'entends,
Je vois ton repentir et tes vœux inconstants :
Les faveurs du tyran emportent tes promesses;
Tes feux et tes serments cèdent à ses caresses;
Et ton esprit crédule ose s'imaginer
Qu'Auguste, pouvant tout, peut aussi me donner;

fades vers de galanterie où cette expression commune se trouve. »
(*Voltaire.*)

1. « Je vous aime, Æmilie; et le ciel me foudroie
    Si cette passion ne fait toute ma joie,

fait toujours un peu rire. Avec *toute l'ardeur qu'un digne objet*
peut attendre d'un grand cœur, est du style de Scudéri. Ce n'est
que depuis Racine qu'on a proscrit ces fades lieux communs. »
(*Voltaire.*)

Tu me veux de sa main plutôt que de la mienne;
Mais ne crois pas qu'ainsi jamais je t'appartienne :
Il peut faire trembler la terre sous ses pas [1],
Mettre un roi hors du trône, et donner ses États,
De ses proscriptions rougir la terre et l'onde,
Et changer à son gré l'ordre de tout le monde;
Mais le cœur d'Æmilie est hors de son pouvoir [2].

CINNA.

Aussi n'est-ce qu'à vous que je veux le devoir.
Je suis toujours moi-même, et ma foi toujours pure;
La pitié que je sens ne me rend point parjure;
J'obéis sans réserve à tous vos sentiments,
Et prends vos intérêts par delà mes serments [3].
J'ai pu, vous le savez, sans parjure et sans crime,
Vous laisser échapper cette illustre victime :
César se dépouillant du pouvoir souverain
Nous ôtait tout prétexte à lui percer le sein;
La conjuration s'en allait dissipée,
Vos desseins avortés, votre haine trompée;
Moi seul j'ai raffermi son esprit étonné,
Et pour vous l'immoler ma main l'a couronné.

ÆMILIE.

Pour me l'immoler, traître! et tu veux que moi-même
Je retienne ta main! qu'il vive, et que je l'aime!
Que je sois le butin de qui l'ose épargner,
Et le prix du conseil qui le force à régner!

CINNA.

Ne me condamnez point quand je vous ai servie :
Sans moi, vous n'auriez plus de pouvoir sur sa vie;
Et, malgré ses bienfaits, je rends tout à l'amour,
Quand je veux qu'il périsse ou vous doive le jour [4].
Avec les premiers vœux de mon obéissance

---

1 J. B. Rousseau a transporté ce vers dans la cantate de Circé :

   Tu peux faire trembler la terre sous tes pas,
   Des enfers déchaînés allumer la colère,
       Mais tes fureurs ne feront pas
       Ce que tes attraits n'ont pu faire.

2 « Voilà une imitation admirable de ces beaux vers d'Horace :

   « Et cuncta terrarum subacta,
       Præter atrocem animam Catonis. »

Cette imitation est d'autant plus belle, qu'elle est en sentiment. Plusieurs s'étonnent qu'Émilie, affectant de penser comme Caton, ait cependant reçu pendant quinze ans les bienfaits et l'argent d'Auguste, dont *l'épargne lui a été ouverte*. Cette conduite ne semble pas s'accorder avec cette inflexibilité héroïque dont elle fait parade. » (*Voltaire*.)

3 « *Par delà mes serments* : expression dont je ne trouve que cet exemple; et cet exemple me paraît mériter d'être suivi. » (*Voltaire*)

4 « La scène se refroidit par ces arguments de Cinna; il veut prouver qu'il a satisfait à l'amour, parce qu'il veut que le sort d'Auguste dépende de sa maîtresse. Toute cette tirade paraît un peu obscure. » (*Voltaire*.)

Souffrez ce faible effort de ma reconnaissance,
Que je tâche de vaincre un indigne courroux,
Et vous donner pour lui l'amour qu'il a pour vous.
Une âme généreuse, et que la vertu guide,
Fuit la honte des noms d'ingrate et de perfide;
Elle en hait l'infamie attachée au bonheur [1],
Et n'accepte aucun bien aux dépens de l'honneur.

ÆMILIE.

Je fais gloire, pour moi, de cette ignominie:
La perfidie est noble envers la tyrannie;
Et quand on rompt le cours d'un sort si malheureux,
Les cœurs les plus ingrats sont les plus généreux.

CINNA.

Vous faites des vertus au gré de votre haine.

ÆMILIE.

Je me fais des vertus dignes d'une Romaine [2].

CINNA.

Un cœur vraiment romain...

ÆMILIE.

    Ose tout pour ravir
Une odieuse vie à qui le fait servir;
Il fuit plus que la mort la honte d'être esclave.

CINNA.

C'est l'être avec honneur que de l'être d'Octave;
Et nous voyons souvent des rois à nos genoux
Demander pour appui tels esclaves que nous;
Il abaisse à nos pieds l'orgueil des diadèmes,
Il nous fait souverains sur leurs grandeurs suprêmes [3];
Il prend d'eux les tributs dont il nous enrichit,
Et leur impose un joug dont il nous affranchit.

ÆMILIE.

L'indigne ambition que ton cœur se propose!
Pour être plus qu'un roi, tu te crois quelque chose!

---

[1] *Attaché au bonheur*, qui la suit même dans le succès.

[2] « Ce vers est beau, et ces sentiments d'Émilie ne se démentent jamais. Plusieurs demandent encore pourquoi cette Émilie ne touche point; pourquoi ce personnage ne fait pas au théâtre la grande impression qu'y fait Hermione. Elle est l'âme de toute la pièce, et cependant elle inspire peu d'intérêt. N'est-ce point parce que les sentiments d'un Brutus, d'un Cassius conviennent peu à une fille? n'est-ce point parce que sa facilité à recevoir l'argent d'Auguste dément la grandeur d'âme qu'elle affecte? n'est-ce point parce que ce rôle n'est pas tout à fait dans la nature? Cette fille, que Balzac appelle une *adorable furie*, est-elle si adorable? C'est Émilie que Racine avait en vue, lorsqu'il dit, dans une de ses préfaces, qu'il ne veut pas mettre sur le théâtre de ces femmes qui font des leçons d'héroïsme aux hommes. Malgré tout cela, le rôle d'Émilie est plein de choses sublimes; et quand on compare ce qu'on faisait alors à ce seul rôle d'Emilie, on est étonné, on admire. » (*Voltaire.*)

[3] « Il faut remarquer les plus légères fautes de langage. On est *souverain de*, on n'est pas *souverain sur*, encore moins *souverain sur une grandeur*. » (*Voltaire.*)

ACTE III, SCÈNE IV.

Aux deux bouts de la terre en est-il un si vain
Qu'il prétende égaler un citoyen romain?
Antoine sur sa tête attira notre haine
En se déshonorant par l'amour d'une reine;
Attale, ce grand roi, dans la pourpre blanchi,
Qui du peuple romain se nommait l'affranchi,
Quand de toute l'Asie il se fût vu l'arbitre,
Eût encore moins prisé son trône que ce titre [1].
Souviens-toi de ton nom, soutiens sa dignité,
Et prenant d'un Romain la générosité,
Sache qu'il n'en est point que le ciel n'ait fait naître
Pour commander aux rois, et pour vivre sans maître.

CINNA.
Le ciel a trop fait voir en de tels attentats
Qu'il hait les assassins et punit les ingrats;
Et quoi qu'on entreprenne, et quoi qu'on exécute,
Quand il élève un trône, il en venge la chute;
Il se met du parti de ceux qu'il fait régner;
Le coup dont on les tue est longtemps à saigner;
Et quand à les punir il a pu se résoudre,
De pareils châtiments n'appartiennent qu'au foudre.

ÉMILIE.
Dis que de leur parti toi-même tu te rends,
De te remettre au foudre à punir les tyrans [2].
   Je ne t'en parle plus, va, sers la tyrannie;
Abandonne ton âme à son lâche génie,

---

1 « La beauté de ces vers et ces traits tirés de l'histoire romaine font un très-grand plaisir au lecteur, quoique au théâtre ils refroidissent un peu la scène. » (*Voltaire.*)

2 « Cela n'est ni français, ni clairement exprimé; et ces dissertations sur la foudre ne sont plus tolérées. » (*Voltaire.*) — Cette critique de Voltaire sur l'emploi de la préposition *à*, n'est pas fondée. Nos poëtes tirent du sens multiple de cette particule les plus heureux effets de force et de concision. Voici un certain nombre d'exemples fournis seulement par les premiers actes du *Cid* :

Et si je ne m'abuse *a lire* (en lisant) dans ton cœur. (Act. I, sc. I.)
Attend l'ordre d'un père *à* (pour) choisir un époux. (*Ibid.*)
Ma tristesse redouble *à la tenir* (en la tenant) secrète. (Act. I, sc. II.)
Mon mal augmente *à le vouloir* (en le voulant) guérir. (Act. I, sc. VI.)
Adieu donc puisqu'en vain je *tâche à* (de) *vous résoudre*.
                     Act. II, sc. I.
Je suis jeune, il est vrai, mais *aux* (dans les) âmes bien nées
La valeur n'attend pas le nombre des années. (Act. III, sc. II.)
Je ne me trompais point *au* (dans le) choix que j'avais fait. (*Ibid.*)
On se rend criminel *à prendre* (en prenant) son parti.
                     Act. II, sc. VII.
Je ferai mon possible *à* (pour) bien venger mon père.
                     Act. III, sc. IV.
Se venaient tous offrir *à* (pour) venger ma querelle. (Act. III, sc. VI.)
Viens montrer à ton roi
Que ce qu'il perd *au* (dans le) comte il le retrouve en toi.
                     Act. III, sc. VI.
Mais leurs vaillantes mains
Se tremperont bien mieux *au* (dans le) sang des Africains
                     Act. III, sc. VI.
De notre sang *au* (avec le) leur font d'horribles mélanges.
                     Act. IV, sc. III.

Et pour rendre le calme à ton esprit flottant,
Oublie et ta naissance et le prix qui t'attend.
Sans emprunter ta main pour servir ma colère [1],
Je saurai bien venger mon pays et mon père.
J'aurais déjà l'honneur d'un si fameux trépas,
Si l'amour jusqu'ici n'eût arrêté mon bras;
C'est lui qui, sous tes lois me tenant asservie,
M'a fait en ta faveur prendre soin de ma vie;
Seule contre un tyran, en le faisant périr,
Par les mains de sa garde il me fallait mourir.
Je t'eusse par ma mort dérobé ta captive;
Et comme pour toi seul l'amour veut que je vive,
J'ai voulu, mais en vain, me conserver pour toi,
Et te donner moyen d'être digne de moi.
    Pardonnez-moi, grands dieux, si je me suis trompée
Quand j'ai pensé chérir un neveu de Pompée,
Et si d'un faux semblant mon esprit abusé
A fait choix d'un esclave en son lieu supposé!
Je t'aime toutefois, quel que tu puisses être;
Et si pour me gagner il faut trahir ton maître,
Mille autres à l'envi recevraient cette loi [2],
S'ils pouvaient m'acquérir à même prix que toi.
Mais n'appréhende pas qu'un autre ainsi m'obtienne;
Vis pour ton cher tyran, tandis que je meurs tienne:
Mes jours avec les siens se vont précipiter,
Puisque ta lâcheté n'ose me mériter.
Viens me voir, dans son sang et dans le mien baignée,
De ma seule vertu mourir accompagnée,
Et te dire en mourant, d'un esprit satisfait:
« N'accuse point mon sort, c'est toi seul qui l'as fait:
Je descends dans la tombe où tu m'as condamnée,

---

[1] « Le mot de *ressentiment* serait plus propre; mais, en poésie, *colère* peut signifier *indignation, ressentiment, souvenir des injures, désir de vengeance.* » (*Voltaire.*)

[2] « Émilie a déjà dit au premier acte qu'on publiera dans toute l'Italie qu'on n'a pu la mériter qu'en tuant Auguste; elle a dit à Cinna: *Songe que mes faveurs t'attendent.* Ici elle dit que *mille Romains tueraient Auguste pour mériter ses bonnes grâces.* Quelle femme a jamais parlé ainsi? Quelle différence entre elle et Hermione, qui dit, dans une situation à peu près semblable

> Quoi! sans qu'elle employât une seule prière,
> Ma mère en sa faveur arma la Grèce entière!
> Ses yeux, pour leur querelle, en dix ans de combats,
> Virent périr vingt rois qu'ils ne connaissaient pas;
> Et moi, je ne prétends que la mort d'un parjure,
> Et je charge un amant du soin de mon injure;
> Il peut me conquérir à ce prix sans danger,
> Je me livre moi-même, et ne puis me venger!

C'est ainsi que s'exprime le goût perfectionné; et le génie, dénué de ce goût sûr, bronche quelquefois. On ne prétend pas, encore une fois, rien diminuer de l'extrême mérite de Corneille; mais il faut qu'un commentateur n'ait en vue que la vérité et l'utilité publique. Au reste, la fin de cette tirade est fort belle. » (*Voltaire.*)

Où la gloire me suit qui t'était destinée :
Je meurs en détruisant un pouvoir absolu;
Mais je vivrais à toi si tu l'avais voulu. »
            CINNA.
Eh bien! vous le voulez, il faut vous satisfaire.
Il faut affranchir Rome, il faut venger un père,
Il faut sur un tyran porter de justes coups;
Mais apprenez qu'Auguste est moins tyran que vous.
S'il nous ôte à son gré nos biens, nos jours, nos femmes,
Il n'a point jusqu'ici tyrannisé nos âmes;
Mais l'empire inhumain qu'exercent vos beautés
Force jusqu'aux esprits et jusqu'aux volontés [1].
Vous me faites priser ce qui me déshonore [2];
Vous me faites haïr ce que mon âme adore;
Vous me faites répandre un sang pour qui je dois
Exposer tout le mien et mille et mille fois.
Vous le voulez, j'y cours, ma parole est donnée;
Mais ma main, aussitôt contre mon sein tournée,
Aux mânes d'un tel prince immolant votre amant,
A mon crime forcé joindra mon châtiment [3],
Et par cette action dans l'autre confondue,
Recouvrera ma gloire aussitôt que perdue [4].
Adieu.

[1] « C'est ici une idée poétique, ou plutôt une subtilité : *Vos beautés sont plus inhumaines qu'Auguste !* ce n'est pas ainsi que la vraie passion parle. Oreste, dans une circonstance semblable, dit à Hermione :

Non, je vous priverai d'un plaisir si funeste,
Madame; il ne mourra que de la main d'Oreste.

Il ne s'amuse point à dire que les beautés inhumaines d'Hermione sont des tyrans; il le fait sentir en se déterminant malgré lui à un crime : ce n'est pas le poëte qui parle, c'est le personnage. » (*Voltaire.*) — La partialité de Voltaire en faveur de Racine et contre Corneille est bien sensible ici, puis que Racine, dans cette même *Andromaque*, n'a pas évité un rapprochement analogue, et plus hyperbolique encore. Témoins les vers suivants (act. II, sc. II) :

Madame, c'est à vous de prendre une victime
Que les Scythes auraient dérobée à vos coups
Si j'en avais trouvé d'aussi cruels que vous.

[2] « *Priser* n'est plus d'usage. Cinna ne prise point ici son action, puisqu'il la condamne; il dit qu'il adore Auguste, cela est beaucoup trop fort : il n'adore point Auguste; *il devrait*, dit-il, *donner son sang mille et mille fois*. Il devrait donc être très touché au moment que ce même Auguste lui donnait Émilie. Il lui a conseillé de garder l'empire pour l'assassiner, et il voudrait donner mille vies pour lui par réflexion. » (*Voltaire.*)

[3] « Ces derniers vers réconcilient Cinna avec le spectateur : c'est un très-grand art. Racine a imité ce morceau dans l'*Andromaque* :

Et mes mains aussitôt contre mon sein tournées, » etc. (*Voltaire.*)

[4] *Aussitôt que perdue* est une ellipse d'une très-grande hardiesse.

SCÈNE V.

ÆMILIE, FULVIE.

FULVIE.
Vous avez mis son âme au désespoir.
ÆMILIE.
Qu'il cesse de m'aimer, ou suive son devoir.
FULVIE.
Il va vous obéir aux dépens de sa vie :
Vous en pleurez !
ÆMILIE.
Hélas ! cours après lui, Fulvie ;
Et, si ton amitié daigne me secourir,
Arrache-lui du cœur ce dessein de mourir ;
Dis-lui...
FULVIE.
Qu'en sa faveur vous laissez vivre Auguste ?
ÆMILIE.
Ah ! c'est faire à ma haine une loi trop injuste.
FULVIE.
Et quoi donc ?
ÆMILIE.
Qu'il achève, et dégage sa foi,
Et qu'il choisisse après de la mort, ou de moi[1].

---

[1] « Ce sont là de ces traits qui portaient Balzac à nommer Émilie *adorable furie*. On ne peut guère finir un acte d'une manière plus grande ou plus tragique. » (*Voltaire.*)

FIN DU TROISIÈME ACTE.

ACTE QUATRIÈME.

SCÈNE I.

AUGUSTE, EUPHORBE, POLYCLÈTE, GARDES.

AUGUSTE.
Tout ce que tu me dis, Euphorbe, est incroyable.
EUPHORBE.
Seigneur, le récit même en paraît effroyable :
On ne conçoit qu'à peine une telle fureur,
Et la seule pensée en fait frémir d'horreur.
AUGUSTE.
Quoi ! mes plus chers amis ! quoi ! Cinna ! quoi ! Maxime !
Les deux que j'honorais d'une si haute estime,
A qui j'ouvrais mon cœur, et dont j'avais fait choix
Pour les plus importants et plus nobles emplois !
Après qu'entre leurs mains j'ai remis mon empire,
Pour m'arracher le jour l'un et l'autre conspire !
Maxime a vu sa faute, il m'en fait avertir,
Et montre un cœur touché d'un juste repentir ;
Mais Cinna !
EUPHORBE.
Cinna seul dans sa rage s'obstine,
Et contre vos bontés d'autant plus se mutine[1] ;
Lui seul combat encor les vertueux efforts
Que sur les conjurés fait ce juste remords,
Et, malgré les frayeurs à leurs regrets mêlées,
Il tâche à raffermir leurs âmes ébranlées.
AUGUSTE.
Lui seul les encourage, et lui seul les séduit !
O le plus déloyal que la terre ait produit !
O trahison conçue au sein d'une furie !
O trop sensible coup d'une main si chérie !
Cinna, tu me trahis ! Polyclète, écoutez.
(Il lui parle à l'oreille.)
POLYCLÈTE.
Tous vos ordres, seigneur, seront exécutés.

---

1 « Ce mot *mutine*, employé avec art, peut faire un très-bel effet. Racine a dit :
　　Enchaîner un captif de ses fers étonné,
　　Contre un joug qui lui plaît vainement mutiné.

D'autant plus exige un *que* ; c'est une phrase qui n'est pas achevée. (*Voltaire.*)

AUGUSTE.

Qu'Éraste en même temps aille dire à Maxime
Qu'il vienne recevoir le pardon de son crime.

EUPHORBE.

Il l'a jugé trop grand pour ne pas s'en punir¹.
A peine du palais il a pu revenir,
Que, les yeux égarés, et le regard farouche,
Le cœur gros de soupirs, les sanglots à la bouche,
Il déteste sa vie et ce complot maudit,
M'en apprend l'ordre entier tel que je vous l'ai dit;
Et m'ayant commandé que je vous avertisse,
Il ajoute : « Dis-lui que je me fais justice,
« Que je n'ignore point ce que j'ai mérité. »
Puis soudain dans le Tibre il s'est précipité :
Et l'eau grosse et rapide, et la nuit assez noire,
M'ont dérobé la fin de sa tragique histoire.

AUGUSTE.

Sous ce pressant remords il a trop succombé,
Et s'est à mes bontés lui-même dérobé;
Il n'est crime envers moi qu'un repentir n'efface;
Mais puisqu'il a voulu renoncer à ma grâce,
Allez pourvoir au reste, et faites qu'on ait soin
De tenir en lieu sûr ce fidèle témoin.

SCÈNE II.

AUGUSTE.

Ciel, à qui voulez-vous désormais que je fie²
Les secrets de mon âme et le soin de ma vie?
Reprenez le pouvoir que vous m'avez commis,
Si donnant des sujets il ôte les amis,
Si tel est le destin des grandeurs souveraines
Que leurs plus grands bienfaits n'attirent que des haines,
Et si votre rigueur les condamne à chérir
Ceux que vous animez à les faire périr.
Pour elles rien n'est sûr; qui peut tout doit tout craindre.
 Rentre en toi-même, Octave, et cesse de te plaindre.
Quoi! tu veux qu'on t'épargne, et n'as rien épargné!
Songe aux fleuves de sang où ton bras s'est baigné,

---

1 « On ne peut nier que ce lâche et inutile mensonge d'Euphorbe ne soit indigne de la tragédie. Mais, dira-t-on, on a le même reproche à faire à OEnone dans *Phèdre*. Point du tout; elle est criminelle, elle calomnie Hippolyte, mais elle ne dit pas une fausse nouvelle : c'est cela qui est petit et bas. » (*Voltaire.*)

2 « Voilà encore une occasion où un monologue est bien placé; la situation d'Auguste est une excuse légitime: d'ailleurs il est bien écrit, les vers en sont beaux, les réflexions sont justes, intéressantes; ce morceau est digne du grand Corneille. » (*Voltaire.*)

ACTE IV. SCÈNE II.

De combien ont rougi les champs de Macédoine [1],
Combien en a versé la défaite d'Antoine,
Combien celle de Sexte, et revois tout d'un temps
Pérouse au sien noyée, et tous ses habitants;
Remets dans ton esprit, après tant de carnages,
De tes proscriptions les sanglantes images,
Où toi-même, des tiens devenu le bourreau,
Au sein de ton tuteur enfonças le couteau,
Et puis ose accuser le destin d'injustice
Quand tu vois que les tiens s'arment pour ton supplice,
Et que par ton exemple à ta perte guidés,
Ils violent des droits que tu n'as pas gardés!
Leur trahison est juste, et le ciel l'autorise:
Quitte ta dignité comme tu l'as acquise;
Rends un sang infidèle à l'infidélité [2],
Et souffre des ingrats après l'avoir été.
　Mais que mon jugement au besoin m'abandonne!
Quelle fureur, Cinna, m'accuse et te pardonne?
Toi, dont la trahison me force à retenir
Ce pouvoir souverain dont tu me veux punir,
Me traite en criminel, et fait seule mon crime,
Relève pour l'abattre un trône illégitime,
Et d'un zèle effronté couvrant son attentat,
S'oppose, pour me perdre, au bonheur de l'État?
Donc jusqu'à l'oublier je pourrais me contraindre!
Tu vivrais en repos après m'avoir fait craindre!
Non, non, je me trahis moi-même d'y penser:
Qui pardonne aisément invite à l'offenser;
Punissons l'assassin, proscrivons les complices.
　Mais quoi! toujours du sang, et toujours des supplices!
Ma cruauté se lasse, et ne peut s'arrêter;
Je veux me faire craindre, et ne fais qu'irriter.
Rome a pour ma ruine une hydre trop fertile,
Une tête coupée en fait renaître mille,
Et le sang répandu de mille conjurés
Rend mes jours plus maudits, et non plus assurés.
Octave, n'attends plus le coup d'un nouveau Brute;
Meurs, et dérobe-lui la gloire de ta chute,
Meurs, tu ferais pour vivre un lâche et vain effort,
Si tant de gens de cœur font des vœux pour ta mort,
Et si tout ce que Rome a d'illustre jeunesse
Pour te faire périr tour à tour s'intéresse:

---

1 « Il fallait, *quels flots j'en ai versés aux champs de Macédoine*, ou quelque chose de semblable.» (*Voltaire.*)—L'ellipse de *sang* est naturelle. Le vers de Corneille est clair et plus énergique que la variante proposée par Voltaire. D'ailleurs en l'admettant il faudrait changer le vers suivant.

1 Malherbe avait dit dans les *larmes de saint Pierre*:

　Fais de tous les assauts que la rage peut faire
　Une fidèle preuve à l'infidélité.

Corneille aurait dû lui laisser tout l'honneur de ce jeu de mots.

Meurs, puisque c'est un mal que tu ne peux guérir
Meurs enfin puisqu'il faut, ou tout perdre, ou mourir.
La vie est peu de chose, et le peu qui t'en reste
Ne vaut pas l'acheter par un prix si funeste¹.
Meurs. Mais quitte du moins la vie avec éclat,
Éteins-en le flambeau dans le sang de l'ingrat,
A toi-même en mourant immole ce perfide,
Contentant ses désirs, punis son parricide,
Fais un tourment pour lui de ton propre trépas,
En faisant qu'il le voie et n'en jouisse pas.
Mais jouissons plutôt nous-même de sa peine² ;
Et si Rome nous hait, triomphons de sa haine.
  O Romains! O vengeance! O pouvoir absolu!
O rigoureux combat d'un cœur irrésolu
Qui fuit en même temps tout ce qu'il se propose!
D'un prince malheureux ordonnez quelque chose.
Qui des deux dois-je suivre, et duquel m'éloigner?
Ou laissez-moi périr, ou laissez-moi régner³.

SCÈNE III⁴.

AUGUSTE, LIVIE.

AUGUSTE.

Madame, on me trahit, et la main qui me tue
Rend sous mes déplaisirs ma constance abattue.
Cinna, Cinna le traître...

LIVIE.
           Euphorbe m'a tout dit,

---

1 « *Ne vaut pas l'acheter par un prix si funeste.* C'est ici le tour de phrase italien. On dirait bien *non vale il comprar; c'est* un trope dont Corneille enrichissait notre langue. » (*Voltaire.*) Il l'a souvent employé et notamment dans ses premières comédies. Le tour qu'on y a substitué fait souvent languir la phrase.

2 « *Peine* ici veut dire *supplice.* » (*Voltaire.*)

3 Il n'y a pas d'autre tache dans cet admirable monologue que le vers signalé plus haut

  Rends un sang infidèle à l'infidélité.

C'est un des plus étonnants morceaux de notre poésie.

4 « On a retranché toute cette scène au théâtre depuis environ trente ans. Le conseil que Livie donne à Auguste est rapporté dans l'histoire; mais il fait un très-mauvais effet dans la tragédie; il ôte à Auguste la gloire de prendre de lui-même un parti généreux. Auguste répond à Livie : *Vous m'aviez bien promis des conseils d'une femme, vous me tenez parole ;* et après ces vers comiques il suit ces mêmes conseils. On a donc eu raison de retrancher tout le rôle de Livie, comme celui de l'infante dans le *Cid*. Pardonnons ces fautes au commencement de l'art, et surtout au sublime, dont Corneille a donné beaucoup plus d'exemples qu'il n'en a donné de faiblesse dans ses belles tragédies. » (*Voltaire.*)

Seigneur, et j'ai pâli cent fois à ce récit.
Mais écouteriez-vous les conseils d'une femme?
AUGUSTE.
Hélas! de quel conseil est capable mon âme?
LIVIE.
Votre sévérité sans produire aucun fruit,
Seigneur, jusqu'à présent a fait beaucoup de bruit,
Par les peines d'un autre aucun ne s'intimide,
Salvidien à bas a soulevé Lépide,
Murène a succédé, Cépion l'a suivi,
Le jour à tous les deux dans les tourments ravi
N'a point mêlé de crainte à la fureur d'Égnace,
Dont Cinna maintenant ose prendre la place,
Et dans les plus bas rangs les noms les plus abjects
Ont voulu s'ennoblir par de si hauts projets.
Après avoir en vain puni leur insolence,
Essayez sur Cinna ce que peut la clémence;
Faites son châtiment de sa confusion,
Cherchez le plus utile en cette occasion.
Sa peine peut aigrir une ville animée,
Son pardon peut servir à votre renommée,
Et ceux que vos rigueurs ne font qu'effaroucher
Peut-être à vos bontés se laisseront toucher.
AUGUSTE.
Gagnons-les tout à fait en quittant cet empire
Qui nous rend odieux, contre qui l'on conspire.
J'ai trop par vos avis consulté là-dessus,
Ne m'en parlez jamais, je ne consulte plus.
  Cesse de soupirer, Rome, pour ta franchise,
Si je t'ai mise aux fers, moi-même je les brise,
Et te rends ton État, après l'avoir conquis,
Plus paisible et plus grand que je ne te l'ai pris.
Si tu veux me haïr, hais-moi sans plus rien feindre,
Si tu me veux aimer, aime-moi sans me craindre :
De tout ce qu'eut Sylla de puissance et d'honneur,
Lassé comme il en fut, j'aspire à son bonheur.
LIVIE.
Assez et trop longtemps son exemple vous flatte;
Mais gardez que sur vous le contraire n'éclate :
Ce bonheur sans pareil qui conserva ses jours
Ne serait pas bonheur, s'il arrivait toujours.
AUGUSTE.
Eh bien! s'il est trop grand, si j'ai tort d'y prétendre,
J'abandonne mon sang à qui voudra l'épandre.
Après un long orage il faut trouver un port,
Et je n'en vois que deux, le repos, ou la mort.
LIVIE.
Quoi! vous voulez quitter le fruit de tant de peines!
AUGUSTE.
Quoi! vous voulez garder l'objet de tant de haines!
LIVIE.
Seigneur, vous emporter à cette extrémité,

C'est plutôt désespoir que générosité.
AUGUSTE.
Régner et caresser une main si traîtresse,
Au lieu de sa vertu, c'est montrer sa faiblesse.
LIVIE.
C'est régner sur vous-même, et, par un noble choix,
Pratiquer la vertu la plus digne des rois.
AUGUSTE.
Vous m'aviez bien promis des conseils d'une femme [1];
Vous me tenez parole, et c'en sont là, madame.
  Après tant d'ennemis à mes pieds abattus,
Depuis vingt ans je règne, et j'en sais les vertus [2];
Je sais leurs divers ordres, et de quelle nature
Sont les devoirs d'un prince en cette conjoncture :
Tout son peuple est blessé par un tel attentat,
Et la seule pensée est un crime d'État,
Une offense qu'on fait à toute sa province,
Dont il faut qu'il la venge, ou cesse d'être prince [3].
LIVIE.
Donnez moins de croyance à votre passion.
AUGUSTE.
Ayez moins de faiblesse, ou moins d'ambition.
LIVIE.
Ne traitez plus si mal un conseil salutaire.
AUGUSTE.
Le ciel m'inspirera ce qu'ici je dois faire.
Adieu : nous perdons temps.
LIVIE.
            Je ne vous quitte point,
Seigneur, que mon amour n'aye [4] obtenu ce point.
AUGUSTE.
C'est l'amour des grandeurs qui vous rend importune [5].
LIVIE.
J'aime votre personne, et non votre fortune.
   (*Elle est seule.*)
Il m'échappe, suivons, et forçons-le de voir

---

  [1] « Ce que Corneille fait dire à Auguste est contraire à l'histoire : *Uxori gratias egit*, dit Sénèque le philosophe, dont le sujet de *Cinna* est tiré. » (*Voltaire.*)

  [2] « On peut dire, *les vertus des rois, des capitaines, des magistrats*, mais non *les vertus de régner, de combattre, de juger.* » (*Voltaire.*)

  [3] « La rime de *prince* n'a que celle de *province* en substantif : cette indigence est ce qui contribue davantage à rendre souvent la versification française faible, languissante et forcée. Corneille est obligé de mettre *toute sa province*, pour rimer à *prince* ; et *toute sa province* est une expression bien faible, surtout quand il s'agit de l'empire romain. » (*Voltaire.*)

  [4] Ancienne forme du subjonctif, on dirait aujourd'hui *ait*.

  [5] « C'est l'amour des grandeurs qui vous rend importune, augmente encore la faute qui consiste à faire rejeter par Auguste un très-bon conseil, qu'en effet il accepte. » (*Voltaire.*)

ACTE IV, SCÈNE III.

Qu'il peut, en faisant grâce, affermir son pouvoir,
Et qu'enfin la clémence est la plus belle marque
Qui fasse à l'univers connaître un vrai monarque.

SCÈNE IV [1].

ÆMILIE, FULVIE.

ÆMILIE.

D'où me vient cette joie, et que mal à propos
Mon esprit malgré moi goûte un entier repos [2]!
César mande Cinna sans me donner d'alarmes!
Mon cœur est sans soupirs, mes yeux n'ont point de larmes,
Comme si j'apprenais d'un secret mouvement
Que tout doit succéder à mon contentement!
Ai-je bien entendu? me l'as-tu dit, Fulvie?

FULVIE.

J'avais gagné sur lui qu'il aimerait la vie,
Et je vous l'amenais, plus traitable et plus doux,
Faire un second effort contre votre courroux;
Je m'en applaudissais, quand soudain Polyclète,
Des volontés d'Auguste ordinaire interprète,
Est venu l'aborder et sans suite et sans bruit,
Et de sa part sur l'heure au palais l'a conduit.
Auguste est fort troublé, l'on ignore la cause;
Chacun diversement soupçonne quelque chose;
Tous présumant qu'il aye [3] un grand sujet d'ennui,
Et qu'il mande Cinna pour prendre avis de lui.
Mais ce qui m'embarrasse, et que je viens d'apprendre,
C'est que deux inconnus se sont saisis d'Évandre,
Qu'Euphorbe est arrêté sans qu'on sache pourquoi,
Que même de son maître on dit je ne sais quoi:
On lui veut imputer un désespoir funeste,
On parle d'eaux, de Tibre, et l'on se tait du reste.

---

1 « La scène reste vide; c'est un grand défaut aujourd'hui, et dans lequel même les plus médiocres auteurs ne tombent pas. Mais Corneille est le premier qui ait pratiqué cette règle si belle et si nécessaire de lier les scènes, de ne faire paraître sur le théâtre aucun personnage sans une raison évidente. Si le législateur manque ici à la loi qu'il a introduite, il est assurément bien excusable. Il n'est pas vraisemblable qu'Émilie arrive avec sa confidente pour parler de la conspiration dans la même chambre dont Auguste sort; ainsi elle est supposée parler dans un autre appartement. » (*Voltaire.*)

2 « On ne voit pas trop d'où lui vient cette prétendue joie; c'était au contraire le moment des plus terribles inquiétudes. » (*Voltaire.*)
— Aussi le reconnaît-elle plus bas en disant:

Et je suis insensible alors qu'il faut trembler.

3 Voy. ci-dessus p. 244, not. 4.

ÆMILIE.

Que de sujets de craindre et de désespérer,
Sans que mon triste cœur en daigne murmurer!
A chaque occasion le ciel y fait descendre
Un sentiment contraire à celui qu'il doit prendre :
Une vaine frayeur tantôt m'a pu troubler,
Et je suis insensible alors qu'il faut trembler.
Je vous entends, grands dieux! vos bontés que j'adore
Ne peuvent consentir que je me déshonore,
Et ne me permettant soupirs, sanglots, ni pleurs,
Soutiennent ma vertu contre de tels malheurs.
Vous voulez que je meure avec ce grand courage
Qui m'a fait entreprendre un si fameux ouvrage,
Et je veux bien périr comme vous l'ordonnez,
Et dans la même assiette où vous me retenez.
O liberté de Rome! ô mânes de mon père!
J'ai fait de mon côté tout ce que j'ai pu faire :
Contre votre tyran j'ai ligué ses amis,
Et plus osé pour vous qu'il ne m'était permis.
Si l'effet a manqué, ma gloire n'est pas moindre,
N'ayant pu vous venger, je vous irai rejoindre,
Mais si fumante encor d'un généreux courroux,
Par un trépas si noble et si digne de vous,
Qu'il vous fera sur l'heure aisément reconnaître
Le sang des grands héros dont vous m'avez fait naître.

SCÈNE V.

MAXIME, ÆMILIE, FULVIE.

ÆMILIE.

Mais je vous vois, Maxime, et l'on vous faisait mort[1]!

MAXIME.

Euphorbe trompe Auguste avec ce faux rapport,
Se voyant arrêté, la trame découverte,
Il a feint ce trépas pour empêcher ma perte.

ÆMILIE.

Que dit-on de Cinna?

MAXIME.

Que son plus grand regret
C'est de voir que César sait tout votre secret;
En vain il le dénie et le veut méconnaître,
Évandre a tout conté pour excuser son maître,

---

[1] « Ne dissimulons rien, cette résurrection de Maxime n'est pas une invention heureuse. Corneille n'a pas prétendu faire un coup de théâtre, mais il pouvait éviter cette apparition inattendue d'un homme qu'on croit mort, et dont on ne désire point du tout la vie; il était fort inutile à la pièce que son esclave Euphorbe eût feint que son maître s'était noyé. » (*Voltaire.*)

ACTE IV, SCÈNE V.

Et par l'ordre d'Auguste on vient vous arrêter.

ÆMILIE.

Celui qui l'a reçu tarde à l'exécuter ;
Je suis prête à le suivre, et lasse de l'attendre.

MAXIME.

Il vous attend chez moi.

ÆMILIE.

Chez vous?

MAXIME.

C'est vous surprendre :
Mais apprenez le soin que le ciel a de vous ;
C'est un des conjurés qui va fuir avec nous.
Prenons notre avantage avant qu'on nous poursuive ;
Nous avons pour partir un vaisseau sur la rive.

ÆMILIE.

Me connais-tu, Maxime, et sais-tu qui je suis ?

MAXIME.

En faveur de Cinna je fais ce que je puis [1],
Et tâche à garantir de ce malheur extrême
La plus belle moitié qui reste de lui-même.
Sauvons-nous, Æmilie, et conservons le jour,
Afin de le venger par un heureux retour.

ÆMILIE.

Cinna dans son malheur est de ceux qu'il faut suivre,
Qu'il ne faut pas venger, de peur de leur survivre [2] :
Quiconque après sa perte aspire à se sauver
Est indigne du jour qu'il tâche à conserver.

MAXIME.

Quel désespoir aveugle à ces fureurs vous porte?
O dieux ! que de faiblesse en une âme si forte!
Ce cœur si généreux rend si peu de combat,
Et du premier revers la fortune l'abat!
Rappelez, rappelez cette vertu sublime,
Ouvrez enfin les yeux, et connaissez Maxime :
C'est un autre Cinna qu'en lui vous regardez ;
Le ciel vous rend en lui l'amant que vous perdez ;
Et puisque l'amitié n'en faisait plus qu'une âme [3],
Aimez en cet ami l'objet de votre flamme ;
Avec la même ardeur il saura vous chérir,
Que...

ÆMILIE.

Tu m'oses aimer, et tu n'oses mourir [4] !

---

1 « Maxime joue le rôle d'un misérable ; pourquoi l'auteur, pouvant l'ennoblir, l'a-t-il rendu si bas? apparemment il cherchait un contraste ; mais de tels contrastes ne peuvent guère réussir que dans la comédie. » (*Voltaire.*)

2 *De peur de leur survivre* fait entendre qu'il serait honteux de leur survivre.

3 L'auteur veut dire : *Cinna et Maxime n'avaient qu'une âme.*

4 « Tu m'oses aimer, et tu n'oses mourir !
est sublime. » (*Voltaire.*)

Tu prétends un peu trop, mais quoi que tu prétendes
Rends-toi digne du moins de ce que tu demandes;
Cesse de fuir en lâche un glorieux trépas,
Ou de m'offrir un cœur que tu fais voir si bas;
Fais que je porte envie à ta vertu parfaite,
Ne te pouvant aimer, fais que je te regrette,
Montre d'un vrai Romain la dernière vigueur,
Et mérite mes pleurs au défaut de mon cœur.
Quoi! si ton amitié pour Cinna s'intéresse,
Crois-tu qu'elle consiste à flatter sa maîtresse?
Apprends, apprends de moi quel en est le devoir,
Et donne-m'en l'exemple, ou viens le recevoir.

MAXIME.
Votre juste douleur est trop impétueuse.

ÆMILIE.
La tienne en ta faveur est trop ingénieuse.
Tu me parles déjà d'un bienheureux retour,
Et dans tes déplaisirs tu conçois de l'amour!

MAXIME.
Cet amour en naissant est toutefois extrême.
C'est votre amant en vous, c'est mon ami que j'aime;
Et des mêmes ardeurs dont il fut embrasé...

ÆMILIE.
Maxime, en voilà trop pour un homme avisé[1].
Ma perte m'a surprise, et ne m'a point troublée,
Mon noble désespoir ne m'a point aveuglée,
Ma vertu tout entière agit sans s'émouvoir,
Et je vois malgré moi plus que je ne veux voir.

MAXIME.
Quoi! vous suis-je suspect de quelque perfidie?

ÆMILIE.
Oui, tu l'es, puisque enfin tu veux que je le die.
L'ordre de notre fuite est trop bien concerté
Pour ne te soupçonner d'aucune lâcheté:
Les dieux seraient pour nous prodigues en miracles,
S'ils en avaient sans toi levé tous les obstacles.
Fuis sans moi, tes amours sont ici superflus.

MAXIME.
Ah! vous m'en dites trop.

ÆMILIE.
                         J'en présume encor plus.
Ne crains pas toutefois que j'éclate en injures,
Mais n'espère non plus m'éblouir de parjures.
Si c'est te faire tort que de m'en défier,
Viens mourir avec moi pour te justifier.

MAXIME.
Vivez, belle Æmilie, et souffrez qu'un esclave...

---

[1] « *Avisé* n'est pas le mot propre; il semble qu'au contraire Maxime a été trop peu avisé: il paraît trop évidemment perfide: Émilie l'a déjà appelé lâche. » (*Voltaire.*)

ACTE IV, SCÈNE V.

ÆMILIE.

Je ne t'écoute plus qu'en présence d'Octave.
Allons, Fulvie, allons.

SCÈNE VI[1].

MAXIME.

     Désespéré, confus,
Et digne, s'il se peut, d'un plus cruel refus,
Que résous-tu, Maxime ? et quel est le supplice
Que ta vertu prépare à ton vain artifice[2] ?
Aucune illusion ne te doit plus flatter,
Æmilie en mourant va tout faire éclater,
Sur un même échafaud la perte de sa vie
Étalera sa gloire et ton ignominie,
Et sa mort va laisser à la postérité
L'infâme souvenir de ta déloyauté.
Un même jour t'a vu par une fausse adresse,
Trahir ton souverain, ton ami, ta maitresse,
Sans que de tant de droits en un jour violés,
Sans que de deux amants au tyran immolés,
Il te reste aucun fruit que la honte et la rage
Qu'un remords inutile allume en ton courage[3].
 Euphorbe, c'est l'effet de tes lâches conseils;
Mais que peut-on attendre enfin de tes pareils?
Jamais un affranchi n'est qu'un esclave infâme[4];

---

1 « Jamais un monologue ne fait un bel effet que quand on s'intéresse à celui qui parle, que quand ses passions, ses vertus, ses malheurs, ses faiblesses font dans son âme un combat si noble, si attachant, si animé, que vous lui pardonnez de parler trop longtemps à soi-même. » (*Voltaire.*)

2 « Ce mot de *vertu* dans la bouche de Maxime est déplacé. » (*Voltaire*)

3 *Courage* est pris ici au sens de *cœur*. C'est l'acception primitive de ce mot devenu plus tard synonyme de bravoure. Les exemples abondent, en voici quelques-uns :

    L'air de votre visage
 Témoigne un déplaisir caché dans le courage.
      Corneille, *la Suivante*, act. III, sc. IV.

    Au moins que les travaux
 Les dangers, les soins du voyage,
 Changent un peu votre courage.
      Lafontaine (liv. IX, f. II.)

 Je vous eu dirais davantage
 Contre ce mal de la raison,
 Que je hais d'un si bon courage
      Voltaire, ép. à Desmahis

4 Aussi le nom latin d'affranchi, *libertinus*, a-t-il passé dans notre langue avec une acception injurieuse

Bien qu'il change d'état, il ne change point d'âme ;
La tienne, encor servile, avec la liberté
N'a pu prendre un rayon de générosité.
Tu m'as fait relever une injuste puissance,
Tu m'as fait démentir l'honneur de ma naissance,
Mon cœur te résistait, et tu l'as combattu
Jusqu'à ce que ta fourbe ait¹ souillé sa vertu :
Il m'en coûte la vie, il m'en coûte la gloire,
Et j'ai tout mérité pour t'avoir voulu croire.
Mais les dieux permettront à mes ressentiments
De te sacrifier aux yeux des deux amants²,
Et j'ose m'assurer qu'en dépit de mon crime
Mon sang leur servira d'assez pure victime,
Si dans le tien mon bras justement irrité
Peut laver le forfait de t'avoir écouté.

1 *Ait*, la grammaire voudrait ici l'imparfait *eût* après le parfait *tu l'as combattu* ; mais le poëte obéit à sa pensée qui lui montre la souillure présente, et il emploie le temps qui exprime sa pensée.

2 « On se soucie fort peu que cet esclave Euphorbe soit mis en croix ou non. Cet acte est un peu défectueux dans toutes ses parties ; la difficulté d'en faire cinq est si grande, l'art était alors si peu connu, qu'il serait injuste de condamner Corneille. » (*Voltaire.*)

3 « On ne peut pas dire *en dépit de mon crime* comme on dit *malgré mon crime, quel qu'ait été mon crime*, parce qu'un crime n'a point de dépit. On dit bien *en dépit de ma haine, de mon amour*, parce que les passions se personnifient. » (*Voltaire.*)—Cette critique est excessive, la poésie qui personnifie les passions peut aussi personnifier l'effet des passions. Au reste, *malgré mon crime* que propose Voltaire a le même sens *qu'en dépit de mon crime*. Pour savoir mauvais gré ou pour éprouver du dépit, il faut également être doué de sentiment et d'intelligence. Ajoutons que ces subtilités métaphysiques sont ici hors de propos, puisque ces termes *en dépit* et *malgré* sont devenus tellement familiers qu'ils n'ont plus qu'un sens abstrait et qu'on oublie la figure qu'ils renferment.

FIN DU QUATRIÈME ACTE.

ACTE CINQUIÈME.

SCÈNE I.

AUGUSTE, CINNA.

AUGUSTE.

Prends un siége, Cinna, prends, et sur toute chose[1]
Observe exactement la loi que je t'impose,
Prête, sans me troubler l'oreille à mes discours
D'aucun mot, d'aucun cri n'en interromps le cours,
Tiens ta langue captive, et si ce grand silence
A ton émotion fait quelque violence,
Tu pourras me répondre après tout à loisir :
Sur ce point seulement contente mon désir.

CINNA.

Je vous obéirai, seigneur.

AUGUSTE.

Qu'il te souvienne
De garder ta parole, et je tiendrai la mienne.
Tu vois le jour, Cinna; mais ceux dont tu le tiens
Furent les ennemis de mon père, et les miens :
Au milieu de leur camp tu reçus la naissance,
Et lorsque après leur mort tu vins en ma puissance,
Leur haine enracinée au milieu de ton sein
T'avait mis contre moi les armes à la main,
Tu fus mon ennemi même avant que de naître,
Et tu le fus encor quand tu me pus connaître,
Et l'inclination jamais n'a démenti

---

1 « Sede, inquit, Cinna; hoc primum a te peto ne loquentem interpelles. Toute cette scène est de Sénèque le philosophe. Par quel prodige de l'art Corneille a-t-il surpassé Sénèque, comme dans les *Horaces* il a été plus nerveux que Tite-Live? C'est là le privilége de la belle poésie, et un de ces exemples qui condamnent bien fortement ces deux auteurs, d'Aubignac et Lamotte, qui ont voulu faire des tragédies en prose : d'Aubignac, homme sans talents, qui, pour avoir mal étudié le théâtre, croyait pouvoir faire une bonne tragédie dans la prose la plus plate; Lamotte, homme d'esprit et de génie, qui, ayant trop négligé le style et la langue dans la poésie, pour laquelle il avait beaucoup de talent, voulut faire des tragédies en prose, parce que la prose est plus aisée que la poésie. » (*Voltaire.*) — Voltaire va un peu loin, en accordant à Lamotte du génie et beaucoup de talent pour la poésie. Lamotte était un bel esprit que son originalité poussait au paradoxe; mais il manquait de la force qui caractérise le génie, et de l'imagination, sans laquelle il n'y a point de vrai talent poétique. Mais Voltaire lui sut toujours gré d'avoir été l'ennemi de J. B. Rousseau, et d'avoir annoncé dans le privilége d'*OEdipe* que le jeune Arouet serait le digne successeur de Corneille et de Racine.

Ce sang qui t'avait fait du contraire parti.
Autant que tu l'as pu les effets l'ont suivie,
Je ne m'en suis vengé qu'en te donnant la vie;
Je te fis prisonnier pour te combler de biens,
Ma cour fut ta prison, mes faveurs tes liens[1];
Je te restituai d'abord ton patrimoine,
Je t'enrichis après des dépouilles d'Antoine,
Et tu sais que depuis, à chaque occasion,
Je suis tombé pour toi dans la profusion.
Toutes les dignités que tu m'as demandées,
Je te les ai sur l'heure et sans peine accordées;
Je t'ai préféré même à ceux dont les parents
Ont jadis dans mon camp tenu les premiers rangs,
A ceux qui de leur sang m'ont acheté l'empire[2],
Et qui m'ont conservé le jour que je respire;
De la façon enfin qu'avec toi j'ai vécu,
Les vainqueurs sont jaloux du bonheur du vaincu.
Quand le ciel me voulut, en rappelant Mécène,
Après tant de faveur montrer un peu de haine,
Je te donnai sa place en ce triste accident,
Et te fis, après lui, mon plus cher confident;
Aujourd'hui même encor, mon âme irrésolue
Me pressant de quitter ma puissance absolue,
De Maxime et de toi j'ai pris les seuls avis,
Et ce sont, malgré lui, les tiens que j'ai suivis :
Bien plus, ce même jour je te donne Æmilie,
Le digne objet des vœux de toute l'Italie,
Et qu'ont mise si haut mon amour et mes soins,
Qu'en te couronnant roi[3] je t'aurai donné moins.
Tu t'en souviens, Cinna, tant d'heur et tant de gloire
Ne peuvent pas si tôt sortir de ta mémoire;
Mais ce qu'on ne pourrait jamais s'imaginer,
Cinna, tu t'en souviens, et veux m'assassiner.

CINNA.
Moi, seigneur! moi, que j'eusse une âme si traîtresse!
Qu'un si lâche dessein...

AUGUSTE.
Tu tiens mal ta promesse :

1 Il est probable que Corneille, en écrivant ce vers, avait présent à la mémoire ce passage de Guillen de Castro :

  Tu retrete su sagrado,
  Tu favor sus alas libras.

Voy. *Cid*, p. 82, not. 1.

2 La beauté du sens éclaire les paroles de ce vers, qui se prête grammaticalement à une double interprétation, *m'ont acheté* signifiant également ont acheté *de* moi ou *pour* moi.

3 Auguste oublie que le titre de roi aurait été un triste présent, et que ce nom était demeuré tellement odieux aux Romains, même après la liberté perdue, qu'il n'a pas osé le prendre avec le pouvoir. D'ailleurs Émilie n'a-t-elle pas dit (act. III, sc. II,) à ce même Cinna :

  Pour être plus qu'un roi, tu te crois quelque chose!

ACTE V, SCÈNE I.

Sieds-toi, je n'ai pas dit encor ce que je veux ;
Tu te justifieras après, si tu le peux.
Écoute cependant, et tiens mieux ta parole.
 Tu veux m'assassiner, demain, au Capitole,
Pendant le sacrifice, et ta main pour signal
Me doit, au lieu d'encens, donner le coup fatal;
La moitié de tes gens doit occuper la porte,
L'autre moitié te suivre et te prêter main-forte.
Ai-je de bons avis, ou de mauvais soupçons?
De tous ces meurtriers te dirai-je les noms?
Procule, Glabrion, Virginian, Rutile,
Marcel, Plaute, Lénas, Pompone, Albin, Icile,
Maxime, qu'après toi j'avais le plus aimé :
Le reste ne vaut pas l'honneur d'être nommé [1];
Un tas d'hommes perdus de dettes et de crimes [2],
Que pressent de mes lois les ordres légitimes,
Et qui, désespérant de les plus éviter,
Si tout n'est renversé, ne sauraient subsister.
 Tu te tais maintenant, et gardes le silence,
Plus par confusion que par obéissance.
Quel était ton dessein, et que prétendais-tu
Après m'avoir au temple à tes pieds abattu?
Affranchir ton pays d'un pouvoir monarchique?
Si j'ai bien entendu tantôt ta politique,
Son salut désormais dépend d'un souverain,
Qui pour tout conserver tienne tout en sa main ;
Et si sa liberté te faisait entreprendre [3],
Tu ne m'eusses jamais empêché de la rendre ;
Tu l'aurais acceptée au nom de tout l'État,
Sans vouloir l'acquérir par un assassinat.
Quel était donc ton but? d'y régner en ma place ?
D'un étrange malheur son destin le menace,
Si pour monter au trône et lui donner la loi
Tu ne trouves dans Rome autre obstacle que moi,
Si jusques à ce point son sort est déplorable,
Que tu sois après moi le plus considérable,
Et que ce grand fardeau de l'empire romain
Ne puisse après ma mort tomber mieux qu'en ta main [4].

---

1 Ce vers est devenu proverbe, et trouve de fréquentes applications.
2 Il convient de placer ici un passage de Salluste sur les complices de Catilina : « Quicumque impudicus, adulter, ganeo, « manu, ventre, pene, bona patria laceraverat, quique alienum « æs grande conflaverat... convicti judiciis aut pro factis judicium « timentes, etc. » *Catil.*, ch. XIV.
3 Remarquez ce mot *entreprendre*, sans complément et signifiant *tonter une entreprise.*
4 Racine a exprimé la même pensée dans ces deux vers (*Alexandre*, act. II, sc. II) :

> Si le monde penchant n'a plus que cet appui
> Je le plains, et vous plains vous-même autant que lui

Apprends à te connaître, et descends en toi-même :
On t'honore dans Rome, on te courtise, on t'aime,
Chacun tremble sous toi, chacun t'offre des vœux,
Ta fortune est bien haut, tu peux ce que tu veux :
Mais tu ferais pitié même à ceux qu'elle irrite,
Si je t'abandonnais à ton peu de mérite [1].
Ose me démentir, dis-moi ce que tu vaux ;
Conte-moi tes vertus, tes glorieux travaux,
Les rares qualités par où tu m'as dû plaire,
Et tout ce qui t'élève au-dessus du vulgaire.
Ma faveur fait ta gloire, et ton pouvoir en vient,
Elle seule t'élève, et seule te soutient,
C'est elle qu'on adore, et non pas ta personne,
Tu n'as crédit ni rang qu'autant qu'elle t'en donne,
Et pour te faire choir je n'aurais aujourd'hui
Qu'à retirer la main qui seule est ton appui.
J'aime mieux toutefois céder à ton envie :
Règne, si tu le peux, aux dépens de ma vie ;
Mais oses-tu penser que les Serviliens,
Les Cosses, les Métels, les Pauls, les Fabiens,
Et tant d'autres enfin de qui les grands courages
Des héros de leur sang sont les vives images,
Quittent le noble orgueil d'un sang si généreux
Jusqu'à pouvoir souffrir que tu règnes sur eux ?
Parle, parle, il est temps.

CINNA.

Je demeure stupide,
Non que votre colère ou la mort m'intimide,
Je vois qu'on m'a trahi, vous m'y voyez rêver,
Et j'en cherche l'auteur sans le pouvoir trouver.
Mais c'est trop y tenir toute l'âme occupée.
Seigneur, je suis Romain, et du sang de Pompée :
Le père et les deux fils, lâchement égorgés,
Par la mort de César étaient trop peu vengés.
C'est là d'un beau dessein l'illustre et seule cause,
Et puisqu'à vos rigueurs la trahison m'expose,
N'attendez pas de moi d'infâmes repentirs,
D'inutiles regrets, ni de honteux soupirs ;
Le sort vous est propice autant qu'il m'est contraire ;

---

[1] Ces vers et les suivants occasionnèrent un jour une saillie singulière. Le dernier maréchal de La Feuillade, étant sur le théâtre, dit tout haut à Auguste : « Ah ! tu me gâtes le *Soyons amis, Cinna.* » Le vieux comédien qui jouait Auguste se déconcerta, et crut avoir mal joué. Le maréchal, après la pièce, lui dit : « Ce n'est pas vous qui m'avez déplu, c'est Auguste qui dit à Cinna « qu'il n'a aucun mérite, qu'il n'est propre à rien, qu'il fait pitié, « et qui ensuite lui dit : *Soyons amis.* Si le roi m'en disait autant, « je le remercierais de son amitié. » Il y a un grand sens et beaucoup de finesse dans cette plaisanterie. Cela n'empêche pas que le discours d'Auguste ne soit un des plus beaux que nous ayons dans notre langue. » (*Voltaire.*)

Je sais ce que j'ai fait, et ce qu'il vous faut faire.
Vous devez un exemple à la postérité,
Et mon trépas importe à votre sûreté.
####### AUGUSTE.
Tu me braves, Cinna, tu fais le magnanime,
Et, loin de t'excuser, tu couronnes ton crime.
Voyons si ta constance ira jusques au bout.
Tu sais ce qui t'est dû, tu vois que je sais tout;
Fais ton arrêt toi-même, et choisis tes supplices.

SCÈNE II.

LIVIE, AUGUSTE, CINNA, ÆMILIE, FULVIE.

####### LIVIE.
Vous ne connaissez pas encor tous les complices;
Votre Æmilie en est, seigneur, et la voici [1].
####### CINNA.
C'est elle-même, ô dieux!
####### AUGUSTE.
Et toi, ma fille, aussi [2]!
####### ÆMILIE.
Oui, tout ce qu'il a fait, il l'a fait pour me plaire,
Et j'en étais, seigneur, la cause et le salaire.
####### AUGUSTE.
Quoi! l'amour qu'en ton cœur j'ai fait naître aujourd'hui
T'emporte-t-il déjà jusqu'à mourir pour lui!
Ton âme à ces transports un peu trop s'abandonne,
Et c'est trop tôt aimer l'amant que je te donne [3].
####### ÆMILIE.
Cet amour qui m'expose à vos ressentiments
N'est point le prompt effet de vos commandements.
Ces flammes dans nos cœurs sans votre ordre étaient nées
Et ce sont des secrets de plus de quatre années.
Mais quoique je l'aimasse, et qu'il brulât pour moi,
Une haine plus forte à tous deux fit la loi;
Je ne voulus jamais lui donner d'espérance,
Qu'il ne m'eût de mon père assuré la vengeance.

---

[1] « Les acteurs ont été obligés de retrancher Livie, qui venait dire seulement ces deux vers. On les fait prononcer par Émilie. » (*Voltaire*.)

[2] C'est le mot de César mourant à Brutus :

Et toi, Brutus, aussi!

Il est moins touchant dans la bouche d'Auguste.

[3] « Cette petite ironie est-elle bien placée dans ce moment tragique? est-ce ainsi qu'Auguste doit parler? » (*Voltaire*.)

Je la lui fis jurer, il chercha des amis :
Le ciel rompt le succès que je m'étais promis,
Et je vous viens, seigneur, offrir une victime ;
Non pour sauver sa vie en me chargeant du crime,
Son trépas est trop juste après son attentat,
Et toute excuse est vaine en un crime d'État :
Mourir en sa présence, et rejoindre mon père,
C'est tout ce qui m'amène, et tout ce que j'espère.

AUGUSTE.

Jusques à quand, ô ciel, et par quelle raison
Prendrez-vous contre moi des traits dans ma maison ?
Pour ses débordements j'en ai chassé Julie,
Mon amour en sa place a fait choix d'Æmilie,
Et je la vois comme elle indigne de ce rang.
L'une m'ôtait l'honneur, l'autre a soif de mon sang,
Et prenant toutes deux leur passion pour guide,
L'une fut impudique, et l'autre est parricide [1].
O ma fille ! est-ce là le prix de mes bienfaits ?

ÆMILIE.

Ceux de mon père en vous firent mêmes effets.

AUGUSTE.

Songe avec quel amour j'élevai ta jeunesse.

ÆMILIE.

Il éleva la vôtre avec même tendresse,
Il fut votre tuteur, et vous son assassin,
Et vous m'avez au crime enseigné le chemin.
Le mien d'avec le vôtre en ce point seul diffère,
Que votre ambition s'est immolé mon père,
Et qu'un juste courroux dont je me sens brûler
A son sang innocent voulait vous immoler.

LIVIE [2].

C'en est trop, Æmilie, arrête, et considère
Qu'il t'a trop bien payé les bienfaits de ton père [3] :
Sa mort, dont la mémoire allume ta fureur,
Fut un crime d'Octave, et non de l'empereur.
Tous ces crimes d'État qu'on fait pour la couronne,
Le ciel nous en absout alors qu'il nous la donne,
Et, dans le sacré rang où sa faveur l'a mis [4],

---

1 « Il est ici question de Julie et d'Émilie. Les gens instruits savent qu'Émilie ne fut jamais adoptée par Auguste; elle ne l'est que dans cette pièce. » (*Voltaire*.)

2 « Les comédiens ont retranché tout le couplet de Livie, qui ne vient que pour débiter une maxime aussi fausse qu'horrible, qu'il est permis d'assassiner pour une couronne, et qu'on est absous de tous les crimes quand on règne. » (*Voltaire*.)

3 Sabine a déjà dit dans *Horace*, act. I, sc. I :

Arrête et considère
Que tu portes le fer dans le sein de ta mère

4 Voilà une syllepse bien hardie. On ne sait à quoi rapporter ce pronom *l'a*, qui ne représente aucun des mots de la proposition qui précède. La pensée l'applique à l'usurpateur qui a réussi.

Le passé devient juste et l'avenir permis.
Qui peut y parvenir ne peut être coupable;
Quoi qu'il ait fait ou fasse, il est inviolable :
Nous lui devons nos biens, nos jours sont en sa main;
Et jamais on n'a droit sur ceux du souverain.

ÆMILIE.

Aussi, dans le discours que vous venez d'entendre,
Je parlais pour l'aigrir, et non pour me défendre.
  Punissez donc, seigneur, ces criminels appas
Qui de vos favoris font d'illustres ingrats,
Tranchez mes tristes jours pour assurer les vôtres,
Si j'ai séduit Cinna, j'en séduirai bien d'autres,
Et je suis plus à craindre, et vous plus en danger,
Si j'ai l'amour ensemble et le sang à venger[1].

CINNA.

Que vous m'ayez séduit, et que je souffre encore
D'être déshonoré par celle que j'adore[2]!
  Seigneur, la vérité doit ici s'exprimer,
J'avais fait ce dessein avant que de l'aimer.
A mes plus saints désirs la trouvant inflexible,
Je crus qu'à d'autres soins elle serait sensible,
Je parlai de son père et de votre rigueur,
Et l'offre de mon bras suivit celle du cœur.
Que la vengeance est douce à l'esprit d'une femme!
Je l'attaquai par là, par là je pris son âme,
Dans mon peu de mérite elle me négligeait,
Et ne put négliger le bras qui la vengeait,
Elle n'a conspiré que par mon artifice,
J'en suis le seul auteur, elle n'est que complice.

ÆMILIE.

Cinna, qu'oses-tu dire? est-ce là me chérir,
Que de m'ôter l'honneur quand il me faut mourir?

CINNA.

Mourez, mais en mourant ne souillez point ma gloire.

ÆMILIE.

La mienne se flétrit, si César te veut croire.

CINNA.

Et la mienne se perd, si vous tirez à vous

Dans le vers suivant, *l'avenir permis* est obscur : cependant on devine que Livie entend qu'on doit laisser vivre celui que le sort a favorisé. Elle déclare, en effet, qu'il est inviolable. Ici le raisonnement n'est pas plus juste que les principes. Il est faux que le ciel absolve les crimes heureux. Cette doctrine est impie, et elle absoudra également le conspirateur qui aura réussi plus tard à tuer le tyran.

1 J'ai votre fille ensemble et ma gloire à défendre.
        Racine, *Iphigénie*, act. IV, sc. VI.

2 Cette exclamation elliptique ne se rattache par aucun lien grammatical, ni à ce qui précède, ni à ce qui suit.

Toute celle qui suit de si généreux coups¹.
ÆMILIE.
Eh bien! prends-en ta part, et me laisse la mienne,
Ce serait l'affaiblir que d'affaiblir la tienne,
La gloire et le plaisir, la honte et les tourments,
Tout doit être commun entre de vrais amants.
   Nos deux âmes, seigneur, sont deux âmes romaines,
Unissant nos désirs, nous unîmes nos haines.
De nos parents perdus le vif ressentiment
Nous apprit nos devoirs en un même moment,
En ce noble dessein nos cœurs se rencontrèrent;
Nos esprits généreux ensemble le formèrent,
Ensemble nous cherchons l'honneur d'un beau trépas,
Vous vouliez nous unir, ne nous séparez pas.
AUGUSTE.
Oui, je vous unirai, couple ingrat et perfide,
Et plus mon ennemi qu'Antoine ni Lépide,
Oui, je vous unirai, puisque vous le voulez:
Il faut bien satisfaire aux feux dont vous brûlez,
Et que tout l'univers, sachant ce qui m'anime,
S'étonne du supplice aussi bien que du crime.

SCÈNE III.

AUGUSTE, LIVIE, CINNA, MAXIME, ÆMILIE, FULVIE.

AUGUSTE.
Mais enfin le ciel m'aime, et ses bienfaits nouveaux
Ont enlevé Maxime à la fureur des eaux².
Approche, seul ami que j'éprouve fidèle.
MAXIME.
Honorez moins, seigneur, une âme criminelle.
AUGUSTE.
Ne parlons plus de crime après ton repentir,
Après que du péril tu m'as su garantir,
C'est à toi que je dois et le jour et l'empire.
MAXIME.
De tous vos ennemis connaissez mieux le pire.
Si vous régnez encor, seigneur, si vous vivez,
C'est ma jalouse rage à qui vous le devez.
   Un vertueux remords n'a point touché mon âme,

---

1 « *Tirez à vous* est une expression trop peu noble. *Généreux coups* ne peut se dire d'une entreprise qui n'a pas eu d'effet. » (*Voltaire.*) — Il suffit qu'on ait voulu porter des coups pour en parler.

2 « Maxime vient ici faire un personnage aussi inutile que Livie. On ne s'intéresse qu'au sort de Cinna et d'Émilie, et la grâce de Maxime ne touche personne. » (*Voltaire.*)

ACTE V, SCÈNE III.

Pour perdre mon rival, j'ai découvert sa trame ;
Euphorbe vous a feint que je m'étais noyé¹
De crainte qu'après moi vous n'eussiez envoyé.
Je voulais avoir lieu d'abuser Æmilie,
Effrayer son esprit, la tirer d'Italie,
Et pensais la résoudre à cet enlèvement
Sous l'espoir du retour pour venger son amant²;
Mais, au lieu de goûter ces grossières amorces,
Sa vertu combattue a redoublé ses forces,
Elle a lu dans mon cœur. Vous savez le surplus,
Et je vous en ferais des récits superflus.
Vous voyez le succès de mon lâche artifice :
Si pourtant quelque grâce est due à mon indice³,
Faites périr Euphorbe au milieu des tourments,
Et souffrez que je meure aux yeux de ces amants.
J'ai trahi mon ami, ma maîtresse, mon maître,
Ma gloire, mon pays, par l'avis de ce traître ;
Et croirai toutefois mon bonheur infini,
Si je puis m'en punir après l'avoir puni.

AUGUSTE.

En est-ce assez, ô ciel ! et le sort pour me nuire,
A-t-il quelqu'un des miens qu'il veuille encore séduire ?
Qu'il joigne à ses efforts le secours des enfers,
Je suis maître de moi comme de l'univers :
Je le suis, je veux l'être. O siècles ! ô mémoire !
Conservez à jamais ma dernière victoire,
Je triomphe aujourd'hui du plus juste courroux
De qui le souvenir puisse aller jusqu'à vous.
Soyons amis, Cinna, c'est moi qui t'en convie⁴ :

---

1 « *Feindre* ne peut gouverner le datif; on ne peut dire *feindre à quelqu'un.* » (*Voltaire.*) — Voltaire oublie que Racine a dit :

Il *lui feint* qu'en un lieu que vous seul connaissez
Vous cachez des trésors par David amassés.
Athalie, act. I, sc. I.

Cette locution n'est pas incorrecte, et elle a l'avantage d'être concise.

2 « *Sous l'espoir du retour pour venger*, expression vicieuse. » (*Voltaire.*) — Pourquoi ? Voilà une décision arbitraire.

3 « *Indice* est là pour rimer à *artifice*: le mot propre est *aveu*. (*Voltaire.*) — La critique serait juste si Maxime s'était contenté d'avouer son crime, mais délateur de Cinna et de ses complices, il a donné des indices.

4 « Ce que dit Auguste est admirable; c'est là ce qui fit verser des larmes au grand Condé, larmes qui n'appartiennent qu'à de belles âmes.

« De toutes les tragédies de Corneille, celle-ci fit le plus grand effet à la cour, et on peut lui appliquer ces vers du vieil Horace :

C'est aux rois, c'est aux grands, c'est aux esprits bien faits...
. . . .
C'est d'eux seuls qu'on attend la véritable gloire.

« De plus, on était alors dans un temps où les esprits, animés par les factions qui avaient agité le règne de Louis XIII, ou

Comme à mon ennemi je t'ai donné la vie,
Et malgré la fureur de ton lâche dessein,
Je te la donne encor comme à mon assassin.
Commençons un combat qui montre par l'issue
Qui l'aura mieux de nous ou donnée ou reçue.
Tu trahis mes bienfaits, je les veux redoubler,
Je t'en avais comblé, je t'en veux accabler.
Avec cette beauté que je t'avais donnée
Reçois le consulat pour la prochaine année.
    Aime Cinna, ma fille, en cet illustre rang,
Préfère-s-en la pourpre à celle de mon sang¹;
Apprends sur mon exemple à vaincre ta colère :
Te rendant un époux, je te rends plus qu'un père.

ÆMILIE.

Et je me rends, seigneur, à ces hautes bontés,
Je recouvre la vue auprès de leurs clartés,
Je connais mon forfait qui me semblait justice;
Et, ce que n'avait pu la terreur du supplice,
Je sens naître en mon âme un repentir puissant,
Et mon cœur en secret me dit qu'il y consent.
    Le ciel a résolu votre grandeur suprême;
Et pour preuve, seigneur, je n'en veux que moi-même :
J'ose avec vanité me donner cet éclat,
Puisqu'il change mon cœur, qu'il veut changer l'État.
Ma haine va mourir que j'ai crue immortelle,
Elle est morte, et ce cœur devient sujet fidèle,
Et prenant désormais cette haine en horreur,
L'ardeur de vous servir succède à sa fureur.

CINNA.

Seigneur, que vous dirais-je après que nos offenses
Au lieu de châtiments trouvent des récompenses?
O vertu sans exemple! ô clémence, qui rend
Votre pouvoir plus juste, et mon crime plus grand!

AUGUSTE.

Cesse d'en retarder un oubli magnanime;
Et tous deux avec moi faites grâce à Maxime :
Il nous a trahis tous; mais ce qu'il a commis
Vous conserve innocents, et me rend mes amis.

---

plutôt du cardinal de Richelieu, étaient plus propres à recevoir les sentiments qui règnent dans cette pièce. Les premiers spectateurs furent ceux qui combattirent à la Marfée, et qui firent la guerre de la Fronde. Il y a d'ailleurs dans cette pièce un vrai continuel, un développement de la constitution de l'empire romain qui plaît extrêmement aux hommes d'État; et alors chacun voulait l'être.

« J'observerai ici que, dans toutes les tragédies grecques faites pour un peuple si amoureux de sa liberté, on ne trouve pas un trait qui regarde cette liberté, et que Corneille, né Français, en est rempli. » (*Voltaire*.)

1 « *La pourpre d'un rang* est intolérable; cette pourpre, comparée au sang parce qu'il est rouge, est puérile. » (*Voltaire*.)

ACTE V, SCÈNE III.

(*A Maxime.*)
Reprends auprès de moi ta place accoutumée,
Rentre dans ton crédit et dans ta renommée ;
Qu'Euphorbe de tous trois ait sa grâce à son tour,
Et que demain l'hymen couronne leur amour.
Si tu l'aimes encor, ce sera ton supplice.

MAXIME.
Je n'en murmure point, il a trop de justice,
Et je suis plus confus, seigneur, de vos bontés
Que je ne suis jaloux du bien que vous m'ôtez [1].

CINNA.
Souffrez que ma vertu dans mon cœur rappelée
Vous consacre une foi lâchement violée,
Mais si ferme à présent, si loin de chanceler,
Que la chute du ciel ne pourrait l'ébranler [2].
Puisse le grand moteur des belles destinées,
Pour prolonger vos jours, retrancher nos années [3];
Et moi, par un bonheur dont chacun soit jaloux,
Perdre pour vous cent fois ce que je tiens de vous!

LIVIE.
Ce n'est pas tout, seigneur ; une céleste flamme
D'un rayon prophétique illumine mon âme [4].
Oyez ce que les dieux vous font savoir par moi ;
De votre heureux destin c'est l'immuable loi.
Après cette action vous n'avez rien à craindre ;
On portera le joug désormais sans se plaindre ;
Et les plus indomptés renversant leurs projets,
Mettront toute leur gloire à mourir vos sujets.
Aucun lâche dessein, aucune ingrate envie
N'attaquera le cours d'une si belle vie ;
Jamais plus d'assassins, ni de conspirateurs.
Vous avez trouvé l'art d'être maître des cœurs.
Rome avec une joie, et sensible, et profonde,
Se démet en vos mains de l'empire du monde ;
Vos royales vertus lui vont trop enseigner
Que son bonheur consiste à vous faire régner.
D'une si longue erreur pleinement affranchie,

---

1 Ce dernier trait achève de peindre Maxime, traître à son parti, à son ami, à sa maîtresse.

2   Si fractus illabatur orbis
   Impavidum ferient ruinæ.   (HORACE.)

3 J. B. Rousseau a introduit cette idée, et quelques-unes des expressions de Corneille, dans une strophe de l'ode au comte du Luc. (Liv. III, od. 1) :

   Ne délibérez plus, tranchez mes destinées,
   Et renouez leur fil à celui des années
    Que vous lui réservez.

4 « On retranche aux représentations ce dernier couplet de Livie comme les autres, par la raison que tout acteur qui n'est pas nécessaire gâte les plus grandes beautés. » (*Voltaire*)

Elle n'a plus de vœux que pour la monarchie;
Vous prépare déjà des temples, des autels,
Et le ciel une place entre les immortels;
Et la postérité, dans toutes les provinces,
Donnera votre exemple aux plus généreux princes.

AUGUSTE.

J'en accepte l'augure et j'ose l'espérer :
Ainsi toujours les dieux vous daignent inspirer !
Qu'on redouble demain les heureux sacrifices
Que nous leur offrirons sous de meilleurs auspices;
Et que vos conjurés entendent publier
Qu'Auguste a tout appris, et veut tout oublier [2].

1 Racine nous offre dans *Britannicus* (act. I, sc. VI), l'antithèse de cette prophétie :

    Et ton nom paraîtra, dans la race future,
    Aux plus cruels tyrans une cruelle injure.

2 « Ce n'est pas ici une pièce telle que les *Horaces*. On voit bien le même pinceau, mais l'ordonnance du tableau est très-supérieure. Il n'y a point de double action : ce ne sont point des intérêts indépendants les uns des autres, des actes ajoutés à des actes; c'est toujours la même intrigue. Les trois unités sont aussi parfaitement observées qu'elles puissent l'être, sans que l'action soit gênée, sans que l'auteur paraisse faire le moindre effort. Il y a toujours de l'art; et l'art s'y montre rarement à découvert. » (*Voltaire.*)

FIN.

EXAMEN DE CINNA.

Ce poëme a tant d'illustres suffrages qui lui donnent le premier rang parmi les miens, que je me ferais trop d'importants ennemis si j'en disais du mal : je ne le suis pas assez de moi-même pour chercher des défauts [1] où ils n'en ont point voulu voir, et accuser le jugement qu'ils en ont fait, pour obscurcir la gloire qu'ils m'en ont donnée. Cette approbation si forte et si générale

---

1. « Quoique j'aie osé y trouver des défauts, j'oserais dire ici à Corneille : Je souscris à l'avis de ceux qui mettent cette pièce au-dessus de tous vos autres ouvrages; je suis frappé de la noblesse, des sentiments vrais, de la force, de l'éloquence, des grands traits de cette tragédie. Il y a peu de cette emphase et de cette enflure qui n'est qu'une grandeur fausse. Le récit que fait Cinna au premier acte, la délibération d'Auguste, plusieurs traits d'Émilie, et enfin la dernière scène, sont des beautés de tous les temps, et des beautés supérieures. Quand je vous compare surtout aux contemporains qui osaient alors produire leurs ouvrages à côté des vôtres, je lève les épaules, et je vous admire comme un être à part. Qui étaient ces hommes qui voulaient courir la même carrière que vous ? Tristan, la Case, Grenaille, Rosiers, Boyer, Colletet, Gaulmin, Gillet, Provais, la Ménardière, Magnon, Picou, de Brosse. J'en nommerais cinquante, dont pas un n'est connu, ou dont les noms ne se prononcent qu'en riant. C'est au milieu de cette foule que vous vous éleviez au delà des bornes connues de l'art. Vous deviez avoir autant d'ennemis qu'il y avait de mauvais d'écrivains; et tous les bons esprits devaient être vos admirateurs. Si j'ai trouvé des taches dans *Cinna*, ces défauts mêmes auraient été de très-grandes beautés dans les écrits de vos pitoyables adversaires. Je n'ai remarqué ces défauts que pour la perfection d'un art dont je vous regarde comme le créateur. Je ne veux ni ajouter ni ôter rien à votre gloire: mon seul but est de faire des remarques utiles aux étrangers qui apprennent votre langue, aux jeunes auteurs qui veulent vous imiter, aux lecteurs qui veulent s'instruire. » (*Voltaire*.)

vient sans doute de ce que la vraisemblance s'y trouve si heureusement conservée aux endroits où la vérité lui manque, qu'il n'a jamais besoin de recourir au nécessaire. Rien n'y contredit l'histoire, bien que beaucoup de choses y soient ajoutées ; rien n'y est violenté par les incommodités de la représentation, ni par l'unité de jour, ni par celle de lieu.

Il est vrai qu'il s'y rencontre une duplicité de lieu particulier. La moitié de la pièce se passe chez Æmilie, et l'autre dans le cabinet d'Auguste. J'aurais été ridicule si j'avais prétendu que cet empereur délibérât avec Maxime et Cinna s'il quitterait l'empire ou non, précisément dans la même place où ce dernier vient de rendre compte à Æmilie de la conspiration qu'il a formée contre lui. C'est ce qui m'a fait rompre la liaison des scènes au quatrième acte, n'ayant pu me résoudre à faire que Maxime vînt donner l'alarme à Æmilie de la conjuration découverte au lieu même où Auguste en venait de recevoir l'avis par son ordre, et dont il ne faisait que de sortir avec tant d'inquiétude et d'irrésolution. C'eût été une impudence extraordinaire, et tout à fait hors du vraisemblable, de se présenter dans son cabinet un moment après qu'il lui avait fait révéler le secret de cette entreprise, dont il était un des chefs, et porter la nouvelle de sa fausse mort. Bien loin de pouvoir surprendre Æmilie par la peur de se voir arrêtée, c'eût été se faire arrêter lui-même, et se précipiter dans un obstacle invincible au dessein qu'il voulait exécuter. Æmilie ne parle donc pas où parle Auguste, à la réserve du cinquième acte ; mais cela n'empêche pas qu'à considérer tout le poëme ensemble, il n'ait son unité de lieu, puisque tout s'y peut passer, non-seulement dans Rome ou dans un quartier de Rome, mais dans le seul palais d'Auguste, pourvu que vous y vouliez donner un appartement à Æmilie qui soit éloigné du sien.

Le compte que Cinna lui rend de sa conspiration justifie ce que j'ai dit ailleurs, que, pour faire souffrir une narration ornée, il faut que celui qui la fait et celui qui l'écoute aient l'esprit assez tranquille, et s'y plaisent assez pour lui prêter toute la patience qui lui est nécessaire. Æmilie a de la joie d'apprendre de la bouche de son amant avec quelle chaleur il a suivi ses intentions ; et Cinna n'en a pas moins de lui pouvoir donner de si belles espérances de l'effet qu'elle en souhaite : c'est pourquoi, quelque longue que soit cette narration, sans interruption aucune, elle n'ennuie point. Les ornements de rhétorique dont j'ai tâché de l'enrichir ne la font point condamner de trop d'artifice, et la diversité de ses figures ne fait point regretter le temps que j'y perds ; mais si j'avais attendu à la commencer qu'Évandre eût troublé ces deux amants par la nouvelle qu'il leur apporte, Cinna eût été obligé de s'en taire ou de la conclure en six vers, et Æmilie n'en eût pu supporter davantage.

Comme les vers de ma tragédie d'*Horace* ont quelque chose de plus net et de moins guindé pour les pensées que ceux du *Cid,* on peut dire que ceux de cette pièce ont quelque chose de plus achevé que ceux d'*Horace,* et qu'enfin la facilité de concevoir le sujet, qui n'est ni trop chargé d'incidents, ni trop embarrassé des récits de ce qui s'est passé avant le commencement de la pièce, est une des causes sans doute de la grande approbation qu'il a reçue. L'auteur aime ainsi à s'abandonner à l'action présente, et à n'être point obligé, pour l'intelligence de ce qu'il voit, de réfléchir sur ce qu'il a déjà vu, et de fixer sa mémoire sur les premiers actes, pendant que les derniers sont devant ses yeux. C'est l'incommodité des pièces embarrassées, qu'en termes de l'art on nomme *implexes,* par un mot emprunté du latin, telles que sont *Rodogune* et *Héraclius.* Elle ne se rencontre pas dans les simples ; mais comme celles-là ont sans doute besoin de plus d'esprit pour les imaginer, et de plus d'art pour les conduire, celles-ci, n'ayant pas le même secours du côté du sujet, demandent plus de force de vers, de raisonnement, et de sentiments pour les soutenir.[1].

« On peut conclure de ces derniers mots que les pièces simples ont beaucoup plus d'art et de beauté que les pièces implexes. Rien n'est plus simple que l'*OEdipe* et l'*Electre* de Sophocle; et ne sont, avec leurs défauts, les deux plus belles pièces de l'antiquité. *Cinna* et *Athalie*, parmi les modernes, sont, je crois, fort au-dessus d'*Electre* et d'*OEdipe*. Il en est de même dans l'épique. Qu'y a-t-il de plus simple que le quatrième livre de Virgile? Nos romans, au contraire, sont chargés d'incidents et d'intrigues. » (*Voltaire*).

POLYEUCTE

MARTYR

TRAGÉDIE CHRÉTIENNE

1640

A LA REINE RÉGENTE.

Madame,

Quelque connoissance que j'aie de ma foiblesse, quelque profond respect qu'imprime Votre Majesté dans les âmes de ceux qui l'approchent, j'avoue que je me jette à ses pieds sans timidité et sans défiance, et que je me tiens assuré de lui plaire, parce que je suis assuré de lui parler de ce qu'elle aime le mieux. Ce n'est qu'une pièce de théâtre que je lui présente, mais qui l'entretiendra de Dieu : la dignité de la matière est si haute, que l'impuissance de l'artisan ne la peut ravaler ; et votre âme royale se plaît trop à cette sorte d'entretien pour s'offenser des défauts d'un ouvrage où elle rencontrera les délices de son cœur. C'est par là, madame, que j'espère obtenir de Votre Majesté le pardon du long temps que j'ai attendu à lui rendre cette sorte d'hommage. Toutes les fois que j'ai mis sur notre scène des vertus morales ou politiques, j'en ai toujours cru les tableaux trop peu dignes de paroître devant elle, quand j'ai considéré qu'avec quelque soin que je les pusse choisir dans l'histoire, et quelques ornements dont l'artifice les pût enrichir, elle en voyoit de plus grands exemples dans elle-même. Pour rendre les choses proportionnées, il falloit aller à la plus haute espèce, et n'entreprendre pas de rien offrir de cette nature à une reine très-chrétienne, et qui l'est beaucoup plus encore par ses actions que par son titre, à moins que de lui offrir un portrait des vertus chrétiennes dont l'amour et la gloire de Dieu formassent les plus beaux traits, et qui rendît les plaisirs qu'elle y pourra prendre aussi propres à exercer sa piété qu'à délasser son esprit. C'est à cette extraordinaire et admirable piété, madame, que la France est redevable des bénédictions qu'elle voit tomber sur les premières armes de son roi ; les heureux succès qu'elles ont obtenus en sont les rétributions éclatantes, et des coups du ciel qui répand abondamment sur tout le royaume les récompenses et les grâces que Votre Majesté a méritées. Notre perte sembloit infaillible après celle de notre grand monarque; toute l'Europe avoit déjà pitié de nous, et s'imaginait que nous nous allions précipiter dans un extrême désordre, parce qu'elle nous voyait dans une extrême désolation : cependant la prudence et les soins de Votre Majesté, les bons conseils qu'elle a pris, les grands courages qu'elle a choisis pour les exécuter, ont agi si puissamment dans tous les besoins de l'État, que cette première année de sa régence a non-seulement égalé les plus glorieuses de l'autre règne, mais a même effacé, par la prise de Thionville, le souvenir du malheur qui, devant ses murs, avoit interrompu une si longue suite de victoires. Permettez que je me laisse emporter au ravissement que me donne cette pensée, et que je m'écrie dans ce transport :

Que vos soins[1], grande reine, enfantent de miracles !
Bruxelles et Madrid en sont tout interdits ;
Et si notre Apollon me les avait prédits,
J'aurais moi-même osé douter de ses oracles.

[1] « Corneille n'était pas fait pour les sonnets et pour les madrigaux. Il aurait mieux fait de ne se point *écrier dans son transport*. Les vers que Voiture fit cette année-là même pour la reine en sa présence sont dans un autre goût et un peu meilleurs.

. . . .
Mais que vous étiez plus heureuse
Lorsque vous étiez autrefois,
Je ne veux pas dire amoureuse,
La rime le dit toutefois !

C'est un assez plaisant contraste que Voiture loue la reine d'avoir été un peu galante, et que Corneille fasse l'éloge de sa dévotion. » (*Voltaire*) La pièce d'où Voltaire extrait ces vers n'était connue que par un fragment inséré dans les Mémoires de madame de Motteville. M. Monmerqué l'a publiée intégralement en 1833 dans une brochure tirée à un petit nombre d'exemplaires et devenue fort rare. Puisque l'occasion nous en est offerte par la citation de Voltaire, nous reproduisons ici textuellement cette curieuse et spirituelle improvisation.

« Anne d'Autriche ayant rencontré Voiture sous les ombrages de Ruel, et, le voyant plongé dans une rêverie profonde, lui de-

Sous vos commandements on force tous obstacles;
On porte l'épouvante aux cœurs les plus hardis,
Et par des coups d'essai vos États agrandis
Des drapeaux ennemis font d'illustres spectacles.

manda à quoi il pensait. Peu de moments après, Voiture remit à la reine les vers suivants :

>   Je pensois que la destinée,
>   Après tant d'injustes malheurs,
>   Vous a justement couronnée
>   De gloire, d'éclat et d'honneurs;
>   Mais que vous étiez plus heureuse
>   Lorsqu'on vous voyoit autrefois,
>   Je ne veux pas dire amoureuse,
>   La rime le veut toutefois.
>   Je pensois que ce pauvre Amour,
>   Qui vous prêta jadis ses armes,
>   Est banni loin de votre cour,
>   Lui, son arc, ses traits et ses charmes,
>   Et ce que je puis profiter,
>   En passant près de vous ma vie,
>   Si vous pouvez si mal traiter
>   Un qui vous a si bien servie.
>   Je pensois, car nous autres poètes
>   Nous pensons extravagamment,
>   Ce que dans l'état où vous êtes
>   Vous feriez, si dans ce moment
>   Vous avisiez en cette place
>   Venir le duc de Buckingham,
>   Et lequel serait en disgrâce
>   De lui ou du père Vincent [1].
>
>   Je pensois si le cardinal,
>   J'entends celui de La Valette,
>   Pouvoit voir l'éclat sans égal
>   Dans lequel maintenant vous êtes,
>   J'entends celui de la beauté,
>   Car auprès je n'estime guère,
>   Cela soit dit sans vous déplaire,
>   Tout celui de la majesté;
>   Que tant de charmes et d'appas,
>   Qui naissent partout sous vos pas,
>   Le feroient pour vous soupirer;
>   Et que madame la princesse [2]
>   Aurait beau s'en désespérer.
>
>   Je pensois à la plus aimable
>   Qui fut jamais dessous les cieux,
>   A l'âme la plus admirable
>   Que jamais formèrent les dieux;
>   A la ravissante merveille
>   D'une bouche ici sans pareille,
>   La plus belle qui fut jamais;
>   A deux pieds gentils et bien faits,
>   Où le temple d'Amour se fonde,
>   A deux incomparables mains,
>   A qui les Dieux et les Destins
>   Ont promis l'empire du monde,
>   A cent appas, à cent attraits,
>   A dix mille charmes secrets;
>   A deux beaux yeux remplis de flamme,
>   Qui rangent tout dessous leurs lois:
>   Devinez sur cela, madame,
>   Et dites à qui je pensois. »

[1] « Vincent de Paul, confesseur de la reine. » (M. Monmerqué.)
[2] « Charlotte de Montmorency, princesse de Condé, morte en 1650. Il manque ici une rime correspondante. » (Id.)

La victoire elle-même accourant à mon roi,
Et mettant à ses pieds Thionville et Rocroi,
Fait retentir ces vers sur les bords de la Seine.

France, attends tout d'un règne ouvert en triomphant,
Puisque tu vois déjà les ordres de ta reine
Faire un foudre en tes mains des armes d'un enfant.

Il ne faut point douter que des commencements si merveilleux ne soient soutenus par des progrès encore plus étonnants. Dieu ne laisse point ses ouvrages imparfaits ; il les achèvera, madame, et rendra non-seulement la régence de Votre Majesté, mais encore toute sa vie, un enchaînement continuel de prospérités. Ce sont les vœux de toute la France, et ce sont ceux que fait avec le plus de zèle,

    Madame,

        De votre majesté,

            Le très-humble, très-obéissant
            et très-fidèle serviteur,

                  P. Corneille.

ABRÉGÉ

DU

MARTYRE DE SAINT POLYEUCTE

ÉCRIT PAR SIMÉON MÉTAPHRASTE,

RAPPORTÉ PAR SURIUS.

———

L'ingénieuse tissure des fictions avec la vérité, où consiste le plus beau secret de la poésie, produit d'ordinaire deux sortes d'effets, selon la diversité des esprits qui la voient. Les uns se laissent si bien persuader à cet enchaînement, qu'aussitôt qu'ils ont remarqué quelques événements véritables, ils s'imaginent la même chose des motifs qui les font naître et des circonstances qui les accompagnent; les autres, mieux avertis de notre artifice, soupçonnent de fausseté tout ce qui n'est pas de leur connaissance; si bien que quand nous traitons quelque histoire écartée dont ils ne trouvent rien dans leur souvenir, ils l'attribuent tout entière à l'effort de notre imagination, et la prennent pour une aventure de roman.

L'un et l'autre de ces effets serait dangereux en cette rencontre : il y va de la gloire de Dieu, qui se plaît dans celle de ses saints, dont la mort si précieuse devant ses yeux ne doit pas passer pour fabuleuse devant ceux des hommes. Au lieu de sanctifier notre théâtre par sa représentation, nous y profanerions la sainteté de leurs souffrances, si nous permettions que la crédulité des uns et la défiance des autres, également abusées par ce mélange, se méprissent également en la vénération qui leur est due, et que les premiers la rendissent mal à propos à ceux qui ne la méritent pas, pendant que les autres la dénieraient à ceux à qui elle appartient.

Saint Polyeucte est un martyr dont, s'il m'est permis de parler ainsi, beaucoup ont plutôt appris le nom à la comédie qu'à l'église. Le *Martyrologe romain* en fait mention sur le 13 de février, mais en deux mots, suivant sa coutume; Baronius, dans ses *Annales,* n'en dit qu'une ligne; le seul Surius, ou plutôt Mosander, qui l'a augmenté dans les dernières impressions, en rapporte la mort assez au long sur le neuvième de janvier : et j'ai cru qu'il était de mon devoir d'en mettre ici l'abrégé. Comme il a été à propos d'en rendre la représentation agréable, afin que le plaisir pût insinuer plus doucement l'utilité, et lui servir comme de véhicule pour la porter dans l'âme du peuple, il est juste aussi de lui donner cette lumière pour démêler la vérité d'avec ses ornements, et lui faire reconnaître ce qui lui doit imprimer du respect comme saint, et ce qui le doit seulement divertir comme industrieux. Voici donc ce que ce dernier nous apprend :

Polyeucte et Néarque étaient deux cavaliers étroitement ensemble d'amitié; ils vivaient en l'an 250, sous l'empire de Décius; leur demeure était dans Mélitène, capitale d'Arménie; leur religion différente, Néarque étant chrétien, et Polyeucte suivant encore la secte des gentils, mais ayant toutes les qualités dignes d'un chrétien, et une grande inclination à le devenir. L'empereur ayant fait publier un édit très-rigoureux contre les chrétiens, cette publication donna un grand trouble à Néarque, non pour la crainte des supplices dont il était menacé, mais pour l'appréhension qu'il eut que leur amitié ne souffrît quelque séparation ou refroidissement par cet édit, vu les peines qui y étaient proposées à ceux de sa religion, et les honneurs promis à ceux du parti contraire; il en conçut un si profond déplaisir, que son ami s'en aperçut; et l'ayant obligé de lui en dire la cause, il prit de là occasion de lui ouvrir son cœur : « Ne craignez point, lui dit-il, que l'édit de l'empereur ne nous désunisse; j'ai vu cette nuit le Christ que vous adorez; il m'a dépouillé d'une robe sale pour me revêtir d'une autre toute lumineuse, et m'a fait monter sur un cheval ailé pour le suivre : cette vision m'a résolu entièrement à faire ce qu'il y a longtemps que je médite; le seul nom de chrétien me manque; et vous-même, toutes les fois que vous m'avez parlé de votre grand Messie, vous avez pu remarquer que je vous ai toujours écouté avec respect; et quand vous m'avez lu sa vie et ses enseignements, j'ai toujours admiré la sainteté de ses actions et de ses discours. O Néarque! si je ne me croyais pas indigne d'aller à lui sans être initié de ses mystères et avoir reçu la grâce de ses sacrements, que vous verriez éclater l'ardeur que j'ai de mourir pour sa gloire et le soutien de ses éternelles vérités! » Néarque l'ayant éclairci sur l'illusion du scrupule où il était par l'exemple du bon larron, qui en un moment mérita le ciel, bien qu'il n'eût pas reçu le baptême; aussitôt notre martyr, plein d'une sainte ferveur, prend l'édit de l'empereur, crache dessus, et le déchire en morceaux qu'il jette au vent; et, voyant des idoles que le peuple portait sur les autels pour les adorer, il les arrache à ceux qui les portaient, les brise contre terre, et les foule aux pieds, étonnant tout le monde et son ami même par la chaleur de ce zèle, qu'il n'avait pas espéré.

Son beau-père Félix, qui avait la commission de l'empereur pour persécuter les chrétiens, ayant vu lui-même ce qu'avait fait son gendre, saisi de douleur de voir l'espoir et l'appui de sa famille perdus, tâche d'ébranler sa constance, premièrement par de belles paroles, ensuite par des menaces, enfin par des coups qu'il lui fait donner par ses bourreaux sur tout le visage : mais n'en ayant pu venir à bout, pour dernier effort il lui envoie sa fille Pauline, afin de voir si ses larmes n'auraient point plus de pouvoir sur l'esprit d'un mari que n'avaient eu ses artifices et ses rigueurs. Il n'avance rien davantage par là; au contraire, voyant que sa fermeté convertissait beaucoup de païens, il le condamne à perdre la tête. Cet arrêt fut exécuté sur l'heure; et le saint martyr, sans autre baptême que de son sang, s'en alla prendre possession de la gloire que Dieu a promise à ceux qui renonceraient à eux-mêmes pour l'amour de lui.

Voilà en peu de mots ce qu'en dit Surius : le songe de Pauline, l'amour de Sévère, le baptême effectif de Polyeucte, le sacrifice pour la victoire de l'empereur, la dignité de Félix, que je fais gouverneur d'Arménie, la mort de Néarque, la conversion de Félix et de Pauline, sont des inventions et des embellissements de théâtre. La seule victoire de l'empereur contre les Perses a quelque fondement dans l'histoire; et, sans chercher d'autres auteurs, elle est rapportée par

M. Coeffeteau, dans son *Histoire romaine;* mais il ne dit pas, ni qu'il leur imposa tribut, ni qu'il envoya faire de remercîment en Arménie.

Si j'ai ajouté ces incidents et ces particularités selon l'art, ou non, les savants en jugeront; mon but ici n'est pas de justifier, mais seulement d'avertir le lecteur de ce qu'il en peut croire.

PERSONNAGES.

FÉLIX, sénateur romain, gouverneur d'Arménie.
POLYEUCTE, seigneur arménien, gendre de Félix.
SÉVÈRE, chevalier romain, favori de l'empereur Décie.
NÉARQUE, seigneur arménien, ami de Polyeucte.
PAULINE, fille de Félix, et femme de Polyeucte.
STRATONICE, confidente de Pauline.
ALBIN, confident de Félix.
FABIAN, confident de Sévère.
CLÉON, domestique de Félix.
    ROIS GARDES.

La scène est à Mélitène, capitale d'Arménie, dans le palais de Félix.

POLYEUCTE[1],
MARTYR.

ACTE PREMIER.

SCÈNE I.

POLYEUCTE, NÉARQUE.

NÉARQUE.
Quoi! vous vous arrêtez aux songes d'une femme!
De si faibles sujets troublent cette grande âme!
Et ce cœur tant de fois dans la guerre éprouvé
S'alarme d'un péril qu'une femme a rêvé[2]!

---

[1] « Quand on passe de *Cinna* à *Polyeucte*, on se trouve dans un monde tout différent : mais les grands poëtes, ainsi que les grands peintres, savent traiter tous les sujets. C'est une chose assez connue, que Corneille ayant lu sa tragédie de *Polyeucte* chez madame de Rambouillet, où se rassemblaient alors les esprits les plus cultivés, cette pièce y fut condamnée d'une voix unanime, malgré l'intérêt qu'on prenait à l'auteur dans cette maison: Voiture fut député de toute l'assemblée pour engager Corneille à ne pas faire représenter cet ouvrage. Il est difficile de démêler ce qui put porter les hommes du royaume qui avaient le plus de goût et de lumières à juger si singulièrement : furent-ils persuadés qu'un martyr ne pouvait jamais réussir sur le théâtre? c'était ne pas connaître le peuple : croyaient-ils que leurs défauts que leur sagacité leur faisait remarquer révolteraient le public? c'était tomber dans la même erreur qui avait trompé les censeurs du *Cid* : ils examinaient le *Cid* par l'exacte raison, et ils ne voyaient pas qu'au spectacle on juge par sentiment. Pouvaient-ils ne pas sentir les beautés singulières des rôles de Sévère et de Pauline? Ces beautés d'un genre si neuf et si délicat les alarmèrent peut-être : ils purent craindre qu'une femme qui aimait à la fois son amant et son mari n'intéressât pas ; et c'est précisément ce qui fit le succès de la pièce. » (*Voltaire*.)

[2] « Le mot de *rêver* est devenu familier, peut-être ne l'était-il pas du temps de Corneille. Il faut observer qu'il avait déjà l'art de varier son style; il nous avertit même dans ses examens qu'il l'a proportionné à ses sujets. Toutes les pièces des autres auteurs paraissent jetées dans le même moule. Il faut convenir pourtant

POLYEUCTE.
Je sais ce qu'est un songe, et le peu de croyance
Qu'un homme doit donner à son extravagance,
Qui d'un amas confus des vapeurs de la nuit
Forme de vains objets que le réveil détruit;
Mais vous ne savez pas ce que c'est qu'une femme;
Vous ignorez quels droits elle a sur toute l'âme [1]
Quand, après un long temps qu'elle a su nous charmer,
Les flambeaux de l'hymen viennent de s'allumer.
Pauline sans raison dans la douleur plongée,
Craint et croit déjà voir ma mort qu'elle a songée;
Elle oppose ses pleurs au dessein que je fais,
Et tâche à m'empêcher de sortir du palais.
Je méprise sa crainte, et je cède à ses larmes,
Elle me fait pitié sans me donner d'alarmes,
Et mon cœur attendri sans être intimidé
N'ose déplaire aux yeux dont il est possédé [2].
L'occasion, Néarque, est-elle si pressante
Qu'il faille être insensible aux soupirs d'une amante?
Remettons ce dessein qui l'accable d'ennui,
Nous le pourrons demain aussi bien qu'aujourd'hui [3].

NÉARQUE.
Avez-vous cependant une pleine assurance

qu'un connaisseur reconnaîtra toujours le même fond de style dans les pièces de Corneille qui paraissent le plus diversement écrites : c'est en effet le même tour dans les phrases, toujours un peu de raisonnement dans la passion, toujours des maximes détachées, toujours des pensées retournées en plus d'une manière. C'est le style de Rotrou, avec plus de force, d'élégance et de richesse. La manière du peintre est visible, quelque sujet que traite son pinceau. » (*Voltaire*.)

[1] « Ce mot *toute* est inutile, et fait languir le vers; une vaine épithète affaiblit toujours la diction et la pensée. » (*Voltaire*.) — Ici l'épithète n'est pas vaine : puisque l'âme peut se partager, il importe lorsqu'elle se concentre dans un sentiment unique de le faire comprendre.

[2] « Expression impropre; on ne peut dire, *être possédé des yeux*. » (*Voltaire*.) — Si les yeux exercent un empire, on peut en être possédé. La métaphore est donc juste. Grammaticalement, *possédé de* dans le sens de *par* est régulier. Il est d'ailleurs consacré dans la langue théologique, où on dit *possédé du démon*. L'amour tient de ce genre de *possession*.

[3] « Corneille, dans les éditions postérieures, remplaça ces deux vers par ceux-ci :

> Par un peu de remise épargnons son ennui,
> Pour faire en plein repos ce qu'il trouble aujourd'hui.

Apparemment on avait critiqué *remettre un dessein*, parce qu'on remet à un autre jour l'accomplissement, l'exécution, et non pas le dessein. On avait pu blâmer aussi, *nous le pourrons demain*, parce que ce *le* se rapporte à *dessein*, et que *pouvoir un dessein* n'est pas français. Mais en général il vaut mieux pêcher un peu contre l'exactitude de la syntaxe, que de faire des vers obscurs et mal tournés. La première manière vaut mieux que la seconde. Tout cela prouve que la versification française est d'une difficulté presque insurmontable. » (*Voltaire*.)

ACTE I, SCÈNE I. 281

D'avoir assez de vie ou de persévérance ?
Et Dieu, qui tient votre âme et vos jours dans sa main,
Promet-il à vos vœux de le pouvoir demain ?
Il est toujours tout juste et tout bon ; mais sa grâce
Ne descend pas toujours avec même efficace ;
Après certains moments que perdent nos longueurs,
Elle quitte ces traits qui pénètrent les cœurs ;
Le nôtre s'endurcit, la repousse, l'égare :
Le bras qui la versait en devient plus avare,
Et cette sainte ardeur qui doit porter au bien
Tombe plus rarement, ou n'opère plus rien.
Celle qui vous pressait de courir au baptême,
Languissante déjà, cesse d'être la même,
Et, pour quelques soupirs qu'on vous a fait ouïr
Sa flamme se dissipe, et va s'évanouir.

POLYEUCTE.

Vous me connaissez mal : la même ardeur me brûle,
Et le désir s'accroît quand l'effet se recule.
Ces pleurs, que je regarde avec un œil d'époux,
Me laissent dans le cœur aussi chrétien que vous ;
Mais, pour en recevoir le sacré caractère
Qui lave nos forfaits dans une eau salutaire,
Et qui, purgeant notre âme et dessillant nos yeux,
Nous rend le premier droit que nous avions aux cieux,
Bien que je le préfère aux grandeurs d'un empire,
Comme le bien suprême et le seul où j'aspire,
Je crois, pour satisfaire un juste et saint amour,
Pouvoir un peu remettre, et différer d'un jour.

NÉARQUE.

Ainsi du genre humain l'ennemi vous abuse [1] :
Ce qu'il ne peut de force, il l'entreprend de ruse.
Jaloux des bons desseins qu'il tâche d'ébranler,
Quand il ne les peut rompre, il pousse à reculer ;
D'obstacle sur obstacle il va troubler le vôtre,
Aujourd'hui par des pleurs, chaque jour par quelque autre [2] ;
Et ce songe rempli de noires visions

---

1 « Remarquez que cette périphrase, *l'ennemi du genre humain*, est noble, et que le nom propre eût été ridicule : le vulgaire se représente le diable avec des cornes et une longue queue ; *l'ennemi du genre humain* donne l'idée d'un être terrible qui combat contre Dieu même. Toutes les fois qu'un mot présente une image, ou basse ou dégoûtante, ou comique, ennoblissez-la par des images accessoires ; mais aussi ne vous piquez pas de vouloir ajouter une grandeur vaine à ce qui est imposant par soi-même. Si vous voulez exprimer que le roi vient, dites *le roi vient* ; et n'imitez pas le poëte qui, trouvant ces mots trop communs, dit :
    Ce grand roi roule ici ses pas impérieux. »   (*Voltaire.*)

2 « Après *par des pleurs* il fallait spécifier un autre obstacle. *Chaque jour par quelque autre* : il semble que ce soit par quelque autre pleur. Le sens est clair, à la vérité, mais la phrase ne l'est pas. Ces petites négligences se font plus sentir à la lecture qu'au théâtre ; rien ne doit échapper aux lecteurs qui veulent s'instruire. » (*Voltaire.*)

N'est que le coup d'essai de ses illusions.
Il met tout en usage, et prière et menace,
Il attaque toujours, et jamais ne se lasse,
Il croit pouvoir enfin ce qu'encore il n'a pu,
Et que ce qu'on diffère est à demi rompu.
  Rompez ses premiers coups; laissez pleurer Pauline.
Dieu ne veut point d'un cœur où le monde domine,
Qui regarde en arrière, et douteux en son choix,
Lorsque sa voix l'appelle, écoute une autre voix.

POLYEUCTE.

Pour se donner à lui faut-il n'aimer personne?

NÉARQUE.

Nous pouvons tout aimer, il le souffre, il l'ordonne;
Mais, à vous dire tout, ce Seigneur des seigneurs
Veut le premier amour et les premiers honneurs.
Comme rien n'est égal à sa grandeur suprême,
Il faut ne rien aimer qu'après lui, qu'en lui-même,
Négliger pour lui plaire, et femme, et biens, et rang,
Exposer pour sa gloire et verser tout son sang.
Mais que vous êtes loin de cette ardeur parfaite
Qui vous est nécessaire, et que je vous souhaite!
Je ne puis vous parler que les larmes aux yeux.
Polyeucte, aujourd'hui qu'on nous hait en tous lieux,
Qu'on croit servir l'État quand on nous persécute,
Qu'aux plus âpres tourments un chrétien est en butte,
Comment en pourrez-vous surmonter les douleurs,
Si vous ne pouvez pas résister à des pleurs?

POLYEUCTE.

Vous ne m'étonnez point; la pitié qui me blesse
Sied bien aux plus grands cœurs, et n'a point de faiblesse.
Sur mes pareils, Néarque, un bel œil est bien fort[1]:
Tel craint de le fâcher qui ne craint pas la mort,
Et s'il faut affronter les plus cruels supplices,
Y trouver des appas, en faire mes délices,
Votre Dieu, que je n'ose encor nommer le mien,
M'en donnera la force en me faisant chrétien.

NÉARQUE.

Hâtez-vous donc de l'être.

POLYEUCTE.

                    Oui, j'y cours, cher Néarque;
Je brûle d'en porter la glorieuse marque[2].
Mais Pauline s'afflige, et ne peut consentir,

---

1 « On ne dirait plus aujourd'hui, sur mes pareils, ni un bel œil. Ce terme de pareil, dont Corneille et Rotrou se sont toujours servis, n'a jamais été employé par Racine. Un bel œil est ridicule, et plus dans un mari que dans un amant. Fâcher un bel œil est encore pis. » (Voltaire.) Corneille a employé très-noblement le mot de pareils dans le Cid:

  Mes pareils à deux fois ne se font pas connaître.

2 Le nom de Néarque permet cette fois à Corneille de ne pas faire rimer marque avec monarque. Ailleurs il n'y manque pas.

ACTE I, SCENE I.

Tant ce songe la trouble, à me laisser sortir.

NÉARQUE.

Votre retour pour elle en aura plus de charmes,
Dans une heure au plus tard vous essuierez ses larmes,
Et l'heur de vous revoir lui semblera plus doux,
Plus elle aura pleuré pour un si cher époux.
Allons, on nous attend.

POLYEUCTE.

Apaisez donc sa crainte,
Et calmez la douleur dont son âme est atteinte.
Elle revient.

NÉARQUE.

Fuyez.

POLYEUCTE.

Je ne puis.

NÉARQUE.

Il le faut,
Fuyez un ennemi qui sait votre défaut,
Qui le trouve aisément, qui blesse par la vue,
Et dont le coup mortel vous plaît quand il vous tue.

SCÈNE II.

POLYEUCTE, NÉARQUE, PAULINE, STRATONICE.

POLYEUCTE.

Fuyons, puisqu'il le faut. Adieu, Pauline, adieu.
Dans une heure au plus tard je reviens en ce lieu.

PAULINE.

Quel sujet si pressant à sortir vous convie?
Y va-t-il de l'honneur? y va-t-il de la vie?

POLYEUCTE.

Il y va de bien plus.

PAULINE.

Quel est donc ce secret?

POLYEUCTE.

Vous le saurez un jour, je vous quitte à regret,
Mais enfin il le faut¹.

PAULINE.

Vous m'aimez?

POLYEUCTE.

Je vous aime,
Le ciel m'en est témoin, cent fois plus que moi-même;
Mais...

---

1 « Voilà trois fois de suite *il le faut*. Cette inadvertance n'ôte rien à l'intérêt qui commence à naître dès la première scène. » (*Voltaire.*)

PAULINE.
Mais mon déplaisir ne vous peut émouvoir!
Vous avez des secrets que je ne puis savoir!
Quelle preuve d'amour! Au nom de l'hyménée,
Donnez à mes soupirs cette seule journée.
POLYEUCTE.
Un songe vous fait peur?
PAULINE.
Ses présages sont vains,
Je le sais, mais enfin je vous aime, et je crains.
POLYEUCTE.
Ne craignez rien de mal pour une heure d'absence,
Adieu : vos pleurs sur moi prennent trop de puissance;
Je sens déjà mon cœur prêt à se révolter,
Et ce n'est qu'en fuyant que j'y puis résister.

SCÈNE III.

PAULINE, STRATONICE.

PAULINE.
Va, néglige mes pleurs, cours, et te précipite
Au-devant de la mort que les dieux m'ont prédite,
Suis cet agent fatal de tes mauvais destins,
Qui peut-être te livre aux mains des assassins.
Tu vois, ma Stratonice, en quel siècle nous sommes :
Voilà notre pouvoir sur les esprits des hommes [1],
Voilà ce qui nous reste, et l'ordinaire effet
De l'amour qu'on nous offre, et des vœux qu'on nous fait.
Tant qu'ils ne sont qu'amants nous sommes souveraines,
Et jusqu'à la conquête ils nous traitent de reines,
Mais après l'hyménée ils sont rois à leur tour [2].
STRATONICE.
Polyeucte pour vous ne manque point d'amour.

---

[1] « Ces deux vers sentent la comédie. Le peu de rimes de notre langue fait que, pour rimer à *hommes*, on fait venir comme on peut *le siècle où nous sommes*, *l'état où nous sommes*, *tous tant que nous sommes*. Cette gêne ne se fait que trop sentir en mille occasions, et c'est une des preuves de la prodigieuse supériorité des langues grecque et latine sur les langues modernes. La seule ressource est d'éviter, si l'on peut, ces malheureuses rimes et de chercher un autre tour; la difficulté est prodigieuse, mais il faut la vaincre. » (*Voltaire.*). — Voltaire ne l'a pas toujours vaincue, et notamment dans ces deux vers :

Exterminez, grand Dieu! de la terre où nous sommes
Quiconque avec plaisir répand le sang des hommes.

[2] « Ce vers a passé en proverbe. Il n'est pas, à la vérité, de la haute tragédie, mais cette naïveté ne peut déplaire.

Et tragicus plerumque dolet sermone pedestri. » (*Voltaire.*)

S'il ne vous traite ici d'entière confidence [1],
S'il part malgré vos pleurs, c'est un trait de prudence [2] ;
Sans vous en affliger, présumez avec moi
Qu'il est plus à propos qu'il vous cèle pourquoi [3] ;
Assurez-vous sur lui qu'il en a juste cause.
Il est bon qu'un mari nous cache quelque chose [4],
Qu'il soit quelquefois libre, et ne s'abaisse pas
A nous rendre toujours compte de tous ses pas :
On n'a tous deux qu'un cœur qui sent mêmes traverses ;
Mais ce cœur a pourtant ses fonctions diverses,
Et la loi de l'hymen qui vous tient assemblés [5]
N'ordonne pas qu'il tremble alors que vous tremblez.
Ce qui fait vos frayeurs ne peut le mettre en peine,
Il est Arménien, et vous êtes Romaine,
Et vous pouvez savoir que nos deux nations
N'ont pas sur ce sujet mêmes impressions.
Un songe en notre esprit passe pour ridicule,
Il ne nous laisse espoir, ni crainte, ni scrupule ;
Mais il passe dans Rome avec autorité
Pour fidèle miroir de la fatalité.

PAULINE.
Quelque peu de crédit que chez vous il obtienne,
Je crois que ta frayeur égalerait la mienne,
Si de telles horreurs t'avaient frappé l'esprit,
Si je t'en avais fait seulement le récit.

STRATONICE.
A raconter ses maux souvent on les soulage.

PAULINE.
Écoute ; mais il faut te dire davantage,
Et que pour mieux comprendre un si triste discours,
Tu saches ma faiblesse et mes autres amours.

---

1 « Cela n'est pas français, c'est un barbarisme de phrase. » (*Voltaire.*)

2 « Expression de la haute comédie, mais que la tragédie peut souffrir. » (*Voltaire.*)

3 « C'est une règle assez générale qu'un vers héroïque ne doit guère finir par un adverbe, à moins que cet adverbe se fasse à peine remarquer comme adverbe : je ne verrai *plus*, je ne l'aimerai *jamais*. *Pourquoi* pourrait être employé à la fin d'un vers quand le sens est suspendu :

> Eh ! comment et pourquoi
> Voulez-vous que je vive,
> Quand vous ne vivez pas pour moi !
> 							QUINAULT.

Mais alors ce *pourquoi* lie la phrase. Vous ne trouverez jamais dans le style noble, *il m'a dit pourquoi* ; *je sais pourquoi* : la nuance du simple et du familier est délicate, il faut la saisir. » (*Voltaire.*)

4 « Ce vers est absolument comique. » (*Voltaire.*)

5 « Le mot propre est *unis* ; on ne peut se servir de celui d'*assembler* que pour plusieurs personnes. » (*Voltaire.*) — *Assemblés* équivaut à *unis ensemble*, et peut se dire de Polyeucte et de Pauline étroitement liés par le mariage.

Une femme d'honneur peut avouer sans honte
Ces surprises des sens que la raison surmonte;
Ce n'est qu'en ces assauts qu'éclate la vertu,
Et l'on doute d'un cœur qui n'a point combattu.
　　Dans Rome, où je naquis, ce malheureux visage
D'un chevalier romain captiva le courage,
Il s'appelait Sévère. Excuse les soupirs
Qu'arrache encore un nom trop cher à mes désirs.

STRATONICE.

Est-ce lui qui naguère aux dépens de sa vie
Sauva des ennemis votre empereur Décie,
Qui leur tira mourant la victoire des mains[1],
Et fit tourner le sort des Perses aux Romains?
Lui, qu'entre tant de morts immolés à son maître,
On ne put rencontrer, ou du moins reconnaître,
A qui Décie enfin, pour des exploits si beaux,
Fit si pompeusement dresser de vains tombeaux?

PAULINE.

Hélas! c'était lui-même, et jamais notre Rome
N'a produit plus grand cœur, ni vu plus honnête homme.
Puisque tu le connais, je ne t'en dirai rien.
Je l'aimai, Stratonice; il le méritait bien.
Mais que sert le mérite où manque la fortune?
L'un était grand en lui, l'autre faible et commune;
Trop invincible obstacle, et dont trop rarement
Triomphe auprès d'un père un vertueux amant!

STRATONICE.

La digne occasion d'une rare constance[2]!

PAULINE.

Dis plutôt d'une indigne et folle résistance.
Quelque fruit qu'une fille en puisse recueillir,
Ce n'est une vertu que pour qui veut faillir.
　　Parmi ce grand amour que j'avais pour Sévère[3],
J'attendais un époux de la main de mon père;
Toujours prête à le prendre, et jamais ma raison
N'avoua de mes yeux l'aimable trahison.
Il possédait mon cœur, mes désirs, ma pensée,
Je ne lui cachais point combien j'étais blessée,
Nous soupirions ensemble et pleurions nos malheurs;
Mais au lieu d'espérance il n'avait que des pleurs,

---

1 « *Tirer la victoire des mains*, expression impropre et un peu basse aujourd'hui; peut-être ne l'était-elle pas alors. » (*Voltaire.*) — Elle n'est ni impropre, ni basse, et le vers est beau, malgré Voltaire.

2 « Stratonice pourrait parler ainsi avant le mariage, mais non après. » (*Voltaire.*)

3 « *Parmi* demande toujours un pluriel ou un nom collectif. » (*Voltaire.*) — L'usage a fait une règle de ce scrupule de grammaire, mais les bons écrivains du xviie siècle ne s'en étaient pas doutés; et, fidèles à l'étymologie (*parmi*; *per medium*), ils employaient indifféremment *parmi* et *au milieu*; *parmi* ma joie, *au milieu* de ma joie.

Et malgré des soupirs si doux, si favorables,
Mon père et mon devoir étaient inexorables.
Enfin je quittai Rome et ce parfait amant,
Pour suivre ici mon père en son gouvernement;
Et lui, désespéré, s'en alla dans l'armée
Chercher d'un beau trépas l'illustre renommée.
Le reste, tu le sais. Mon abord en ces lieux
Me fit voir Polyeucte, et je plus à ses yeux;
Et comme il est ici le chef de la noblesse,
Mon père fut ravi qu'il me prît pour maîtresse,
Et par son alliance il se crut assuré
D'être plus redoutable et plus considéré.
Il approuva sa flamme, et conclut l'hyménée,
Et moi, comme à son lit je me vis destinée,
Je donnai par devoir à son affection
Tout ce que l'autre avait par inclination [1] :
Si tu peux en douter, juge-le par la crainte [2]
Dont en ce triste jour tu me vois l'âme atteinte.

STRATONICE.

Elle fait assez voir à quel point vous l'aimez :
Mais quel songe, après tout, tient vos sens alarmés?

PAULINE.

Je l'ai vu cette nuit ce malheureux Sévère,
La vengeance à la main, l'œil ardent de colère :
Il n'était point couvert de ces tristes lambeaux
Qu'une ombre désolée emporte des tombeaux;
Il n'était point percé de ces coups pleins de gloire
Qui, retranchant sa vie, assurent sa mémoire;
Il semblait triomphant, et tel que sur son char
Victorieux dans Rome entre notre César.
Après un peu d'effroi que m'a donné sa vue,
« Porte à qui tu voudras la faveur qui m'est due,
Ingrate, m'a-t-il dit, et, ce jour expiré,
Pleure à loisir l'époux que tu m'as préféré. »
A ces mots j'ai frémi, mon âme s'est troublée;
Ensuite des chrétiens une impie assemblée,
Pour avancer l'effet de ce discours fatal,
A jeté Polyeucte aux pieds de son rival.
Soudain à son secours j'ai réclamé mon père;
Hélas! c'est de tout point ce qui me désespère,
J'ai vu mon père même, un poignard à la main,
Entrer le bras levé pour lui percer le sein :

1 « Rien ne paraît plus neuf, plus singulier et d'une nuance plus délicate. Quoi qu'on en dise, ce sentiment peut-être très-naturel dans une femme sensible et honnête. Ceux qui ont dit qu'ils ne voudraient de Pauline ni pour femme ni pour maîtresse, ont dit un bon mot qui ne dérobe rien à la beauté extraordinaire du caractère de Pauline. Il serait à souhaiter que ces vers fussent auss. délicats par l'expression que par le sentiment. *Affection, inclination*, ne terminent pas un vers heureusement. » (*Voltaire*.)

2 « Il faut éviter ces *le* après les verbes. *Juges-en* ne serait pas moins dur. » (*Voltaire*.)

Là, ma douleur trop forte a brouillé ces images;
Le sang de Polyeucte a satisfait leurs rages[1].
Je ne sais ni comment ni quand ils l'ont tué,
Mais je sais qu'à sa mort tous ont contribué.
Voilà quel est mon songe [2].

STRATONICE.

Il est vrai qu'il est triste[3];
Mais il faut que votre âme à ces frayeurs résiste,
La vision, de soi, peut faire quelque horreur,
Mais non pas vous donner une juste terreur.
Pouvez-vous craindre un mort, pouvez-vous craindre un père
Qui chérit votre époux, que votre époux révère,
Et dont le juste choix vous a donnée à lui
Pour s'en faire en ces lieux un ferme et sûr appui?

PAULINE.

Il m'en a dit autant, et rit de mes alarmes;
Mais je crains des chrétiens les complots et les charmes,
Et que sur mon époux leur troupeau ramassé
Ne venge tant de sang que mon père a versé.

STRATONICE.

Leur secte est insensée, impie, et sacrilége,
Et dans son sacrifice use de sortilége;
Mais sa fureur ne va qu'à briser nos autels,
Elle n'en veut qu'aux dieux, et non pas aux mortels.
Quelque sévérité que sur eux on déploie,
Ils souffrent sans murmure, et meurent avec joie,
Et depuis qu'on les traite en criminels d'État,
On ne peut les charger d'aucun assassinat.

PAULINE.

Tais-toi, mon père vient.

---

1 « *De tout point, brouiller des images*, sont des termes bannis du tragique. *Rages* ne se dit plus au pluriel, je ne sais pourquoi, car il faisait un très-bel effet dans Malherbe et dans Corneille. Craignons d'appauvrir notre langue. (*Voltaire*.)

2 « On pourrait peut-être reprocher à ce songe qu'il ne sert de rien dans la pièce ; ce n'est qu'un morceau de déclamation. Il n'en est pas ainsi du songe d'Athalie, envoyé exprès par le Dieu des Juifs; il fait entrer Athalie dans le temple pour lui faire rencontrer ce même enfant qui lui est apparu pendant la nuit, et pour amener l'enfant même, le nœud et le dénoûment de la pièce ; un pareil songe est à la fois sublime, vraisemblable, intéressant et nécessaire: celui de Pauline est à la vérité un peu hors-d'œuvre, la pièce peut s'en passer. L'ouvrage serait sans doute meilleur s'il y avait le même art que dans *Athalie*; mais ce songe de Pauline est une moindre beauté, ce n'est point du tout un défaut choquant; il y a de l'intérêt et du pathétique. On fait souvent des critiques judicieuses qui subsistent, mais l'ouvrage qu'elles attaquent subsiste aussi. Je ne sais qui a dit que ce songe est envoyé par le diable. » (*Voltaire*.)

3 « Cette naïveté fait toujours rire le parterre ; je n'en ai jamais trop connu la raison : on pouvait s'exprimer avec un tour plus noble ; mais la simplicité n'est-elle pas permise dans une confidente? ses expressions ici ne sont point comiques. » (*Voltaire*).

SCÈNE IV.

FÉLIX, ALBIN, PAULINE, STRATONICE.

FÉLIX.
Ma fille, que ton songe
En d'étranges frayeurs ainsi que toi me plonge!
Que j'en crains les effets, qui semblent s'approcher!
PAULINE.
Quelle subite alarme ainsi vous peut toucher?
FÉLIX.
Sévère n'est point mort.
PAULINE.
Quel mal nous fait sa vie [1]?
FÉLIX.
Il est le favori de l'empereur Décie.
PAULINE.
Après l'avoir sauvé des mains des ennemis,
L'espoir d'un si haut rang lui devenait permis;
Le destin aux grands cœurs si souvent mal propice [2],
Se résout quelquefois à leur faire justice.
FÉLIX.
Il vient ici lui-même.
PAULINE.
Il vient!
FÉLIX.
Tu le vas voir.
PAULINE.
C'en est trop. Mais comment le pouvez-vous savoir?
FÉLIX.
Albin l'a rencontré dans la proche campagne;
Un gros de courtisans en foule l'accompagne,
Et montre assez quel est son rang et son crédit.
Mais, Albin, redis-lui ce que ses gens t'ont dit.
ALBIN.
Vous savez quelle fut cette grande journée

---

[1] « *Sévère n'est point mort...* Ce mot seul fait un beau coup de théâtre. Et combien la réponse de Pauline est intéressante! Que le lecteur me pardonne de remarquer quelquefois ces beautés, qu'il sent assez, sans qu'on les lui indique. » (*Voltaire*.)

[2] « Il n'y a que ce mot *mal propice* qui gâte cette belle et naturelle réflexion de Pauline. *Mal* détruit *propice*: il faut *peu propice*. » (*Voltaire*.) — Il ne faut point *peu propice*, puisque Corneille veut dire *contraire*, *ennemi*. *Mal* ne détruit point *propice*; il le nie comme il nie *aisé*, *content*, dans *malaisé*, *malcontent*, et dans une foule de mots composés. Remarquons en passant que *mal* ne se conserve pas toujours, et devient *mé*, comme dans *mépris méconnaissance*, etc.

Que sa perte pour nous rendit si fortunée,
Où l'empereur captif, par sa main dégagé,
Rassura son parti déjà découragé,
Tandis que sa vertu succomba sous le nombre;
Vous savez les honneurs qu'on fit faire à son ombre [1],
Après qu'entre les morts on ne put les trouver :
Le roi de Perse aussi l'avait fait enlever. [2]
Témoin de ses hauts faits et de son grand courage,
Ce monarque en voulut connaître le visage [3],
On le mit dans sa tente, où tout percé de coups,
Tout mort qu'il paraissait, il fit mille jaloux;
Là, bientôt il montra quelque signe de vie :
Ce prince généreux en eut l'âme ravie,
Et sa joie, en dépit de son dernier malheur,
Du bras qui le causait honora la valeur;
Il en fit prendre soin, la cure en fut secrète;
Et comme au bout d'un mois sa santé fut parfaite [4],
Il offrit dignités, alliance, trésors,
Et pour gagner Sévère il fit cent vains efforts [5].
Après avoir comblé ses refus de louanges,
Il envoie à Décie en [6] proposer l'échange,
Et soudain l'empereur, transporté de plaisir,
Offre au Perse son frère, et cent chefs à choisir.
Ainsi revint au camp le valeureux Sévère
De sa haute vertu recevoir le salaire ;
La faveur de Décie en fut le digne prix.
De nouveau l'on combat, et nous sommes surpris,
Ce malheur toutefois sert à croître sa gloire [7] :
Lui seul rétablit l'ordre, et gagne la victoire,
Mais si belle, et si pleine, et par tant de beaux faits,
Qu'on nous offre tribut, et nous faisons la paix.
L'empereur, qui lui montre une amour infinie,
Après ce grand succès l'envoie en Arménie;
Il vient en apporter la nouvelle en ces lieux,
Et par un sacrifice en rendre hommage aux dieux.

FÉLIX.
O ciel! en quel état ma fortune est réduite!

ALBIN.
Voilà ce que j'ai su d'un homme de sa suite,
Et j'ai couru, seigneur, pour vous y disposer [8].

---

1 « Il faudrait, *qu'on rendit.* » (*Voltaire.*)

2 « Ce récit est trop dans la forme d'une relation; c'est dans ces détails qu'il faut déployer les richesses et les ressources de la langue. » (*Voltaire.*)

3 *En,* de Sévère, est-ce suffisamment clair et correct?

4 *Sa santé fut parfaite* est du style épistolaire.

5 *Cent vains* n'est pas harmonieux, et il semble en outre que l'épithète soit encore un nom de nombre.

6 *En,* toujours « de Sévère. »

7 *Croître,* augmenter.

8 « Ce *disposer* ne se rapporte à rien; il veut dire, *pour vous disposer à le recevoir.* » (*Voltaire.*)

ACTE I, SCÈNE IV.

FÉLIX.
Ah! sans doute, ma fille, il vient pour t'épouser;
L'ordre d'un sacrifice est pour lui peu de chose,
C'est un prétexte faux dont l'amour est la cause.

PAULINE.
Cela pourrait bien être, il m'aimait chèrement.

FÉLIX.
Que ne permettra-t-il à son ressentiment?
Et jusques à quel point ne porte sa vengeance
Une juste colère avec tant de puissance?
Il nous perdra, ma fille.

PAULINE.
Il est trop généreux.

FÉLIX.
Tu veux flatter en vain un père malheureux;
Il nous perdra, ma fille. Ah! regret qui me tue
De n'avoir pas aimé la vertu toute nue!
Ah, Pauline! en effet, tu m'as trop obéi,
Ton courage était bon, ton devoir l'a trahi [1]:
Que ta rébellion m'eût été favorable!
Qu'elle m'eût garanti d'un état déplorable!
Si quelque espoir me reste, il n'est plus aujourd'hui
Qu'en l'absolu pouvoir qu'il te donnait sur lui;
Ménage en ma faveur l'amour qui le possède,
Et d'où provient mon mal fais sortir le remède [2].

PAULINE.
Moi! moi! que je revoie un si puissant vainqueur,
Et m'expose à des yeux qui me percent le cœur!
Mon père, je suis femme, et je sais ma faiblesse [3]:
Je sens déjà mon cœur qui pour lui s'intéresse,
Et poussera sans doute, en dépit de ma foi,
Quelque soupir indigne et de vous et de moi.
Je ne le verrai point.

FÉLIX.
Rassure un peu ton âme.

PAULINE.
Il est toujours aimable, et je suis toujours femme;
Dans le pouvoir sur moi que ses regards ont eu,
Je n'ose m'assurer de toute ma vertu.
Je ne le verrai point.

---

1 *Ton courage*, ce que tu avais dans le cœur, ta pensée, ton dessein.

2 « Félix devait-il craindre qu'un courtisan poli d'un empereur juste vînt persécuter le père et la fille, parce qu'il n'a pas épousé Pauline? » (*Voltaire.*)

3 Racine exprime non moins heureusement le même sentiment par la bouche de Monime parlant à Xipharès. (*Mithrid.*, act. II, sc. VI.)

> De mes faibles efforts ma vertu se défie.
> Je sais qu'en vous voyant un tendre souvenir
> Peut m'arracher du cœur quelque indigne soupir

FÉLIX.
Il faut le voir, ma fille;
Ou tu trahis ton père et toute ta famille.
PAULINE.
C'est à moi d'obéir, puisque vous commandez
Mais voyez les périls où vous me hasardez.
FÉLIX.
Ta vertu m'est connue.
PAULINE.
Elle vaincra sans doute;
Ce n'est pas le succès¹ que mon âme redoute :
Je crains ce dur combat et ces troubles puissants
Que fait déjà chez moi la révolte des sens ;
Mais, puisqu'il faut combattre un ennemi que j'aime,
Souffrez que je me puisse armer contre moi-même,
Et qu'un peu de loisir me prépare à le voir.
FÉLIX.
Jusqu'au-devant des murs je vais le recevoir² :
Rappelle cependant tes forces étonnées,
Et songe qu'en tes mains tu tiens nos destinées.
PAULINE.
Oui, je vais de nouveau dompter mes sentiments,
Pour servir de victime à vos commandements.

1 *Le succès*, l'issue, le résultat.
2 « On va au-devant de quelqu'un, mais non au-devant des murs on va le recevoir hors des murs, au delà des murs. » (*Voltaire.*)

FIN DU PREMIER ACTE.

ACTE DEUXIÈME.

SCÈNE I.

SÉVÈRE, FABIAN.

SÉVÈRE[1].

Cependant que Félix donne ordre au sacrifice[2],
Pourrai-je prendre un temps à mes vœux si propice,
Pourrai-je voir Pauline, et rendre à ses beaux yeux
L'hommage souverain que l'on va rendre aux dieux?
Je ne t'ai point celé que c'est ce qui m'amène,
Le reste est un prétexte à soulager ma peine,
Je viens sacrifier, mais c'est à ses beautés
Que je viens immoler toutes mes volontés.
                    FABIAN.
Vous la verrez, seigneur.
                    SÉVÈRE.
                         Ah, quel comble de joie!
Cette chère beauté consent que je la voie!
Mais ai-je sur son âme encor quelque pouvoir?
Quelque reste d'amour s'y fait-il encor voir?
Quel trouble, quel transport lui cause ma venue?
Puis-je tout espérer de cette heureuse vue?
Car je voudrais mourir plutôt que d'abuser
Des lettres de faveur que j'ai pour l'épouser;
Elles sont pour Félix, non pour triompher d'elle,
Jamais à ses désirs mon cœur ne fut rebelle,
Et si mon mauvais sort avait changé le sien,
Je me vaincrais moi-même, et ne prétendrais rien[3].
                    FABIAN.
Vous la verrez, c'est tout ce que je vous puis dire.

---

1 L'intérêt dramatique demandait que Sévère ne fût pas instruit du mariage de Pauline, mais cette ignorance n'est pas vraisemblable. Sévère de son côté est arrivé quand on le croyait mort.
2 *Cependant que*, pendant que.
3 *Prétendre* une chose, y aspirer. Nous dirions moins élégamment *prétendre à*. Cet archaïsme doit être maintenu, au moins dans la langue poétique. Racine en offre beaucoup d'exemples:

Sans vous demander rien, sans oser rien prétendre
                              Bajazet, Act. I, sc. II.

SÉVÈRE.
D'où vient que tu frémis, et que ton cœur soupire?
Ne m'aime-t-elle plus? éclaircis-moi ce point.

FABIAN.
M'en croirez-vous, seigneur? ne la revoyez point,
Portez en lieu plus haut l'honneur de vos caresses,
Vous trouverez à Rome assez d'autres maîtresses [1],
Et dans ce haut degré de puissance, et d'honneur,
Les plus grands y tiendront votre amour à bonheur.

SÉVÈRE.
Qu'à des pensers si bas mon âme se ravale!
Que je tienne Pauline à mon sort inégale!
Elle en a mieux usé, je la dois imiter;
Je n'aime mon bonheur que pour la mériter.
Voyons-la, Fabian, ton discours m'importune,
Allons mettre à ses pieds cette haute fortune.
Je l'ai dans les combats trouvée heureusement,
En cherchant une mort digne de son amant;
Ainsi ce rang est sien, cette faveur est sienne [2],
Et je n'ai rien enfin que d'elle je ne tienne.

FABIAN.
Non, mais encore un coup ne la revoyez point.

SÉVÈRE.
Ah! c'en est trop, enfin éclaircis-moi ce point.
As-tu vu des froideurs quand tu l'en as priée?

FABIAN.
Je tremble à vous le dire; elle est...

SÉVÈRE.
Quoi?

FABIAN.
Mariée [3].

---

1 Ce vers est-il de la dignité de la tragédie? Corneille retourne ici la pensée du vieil Horace:

..... Vous ne perdez qu'un homme
Dont la perte est aisée à réparer dans Rome;

et reproduit celle de don Diègue: *Il est tant de maîtresses!*

2 « Voyez avec quelle noble élégance Titus, dans Racine, dit qu'il doit tout à Bérénice.

Bérénice me plut. Que ne fait point un cœur
Pour plaire à ce qu'il aime et gagner son vainqueur?
Je prodiguai mon sang, tout fit place à mes armes:
Je revins triomphant Mais le sang et les larmes
Ne me suffisaient pas pour mériter ses vœux;
J'entrepris le bonheur de mille malheureux;
On vit de toutes parts mes bontés se répandre;
Heureux et plus heureux que tu ne peux comprendre,
Quand je pouvais paraître à ses yeux satisfaits
Chargé de mille cœurs conquis par mes bienfaits!
Je lui dois tout, Paulin. . . . .

Cette élégance est absolue, nécessaire pour constituer un ouvrage parfait. Je ne prétends pas dépriser Corneille; mon commentaire n'est ni un panégyrique, ni une censure, mais un examen impartial. La perfection de l'art est mon seul objet. » (*Voltaire*.)

3 « Ce *quoi* n'est là que pour faire dire à Fabian, *mariée*, et Sé-

ACTE II, SCÈNE I.

SÉVÈRE.

Soutiens-moi, Fabian, ce coup de foudre est grand,
Et frappe d'autant plus, que plus il me surprend [1].

FABIAN.

Seigneur, qu'est devenu ce généreux courage?

SÉVÈRE.

La constance est ici d'un difficile usage,
De pareils déplaisirs accablent un grand cœur,
La vertu la plus mâle en perd toute vigueur,
Et quand d'un feu si beau les âmes sont éprises,
La mort les trouble moins que de telles surprises [2].
Je ne suis plus à moi quand j'entends ce discours.
Pauline est mariée!

FABIAN.

Oui, depuis quinze jours,
Polyeucte, un seigneur des premiers d'Arménie,
Goûte de son hymen la douceur infinie.

SÉVÈRE.

Je ne la puis du moins blâmer d'un mauvais choix;
Polyeucte a du nom, et sort du sang des rois,
Faibles soulagements d'un malheur sans remède!
Pauline, je verrai qu'un autre vous possède [3]!
O ciel, qui malgré moi me renvoyez au jour,
O sort, qui redonniez l'espoir à mon amour,
Reprenez la faveur que vous m'avez prêtée,
Et rendez-moi la mort que vous m'avez ôtée!
Voyons-la toutefois, et dans ce triste lieu
Achevons de mourir en lui disant adieu,
Que mon cœur chez les morts emportant son image,
De son dernier soupir puisse lui faire hommage.

FABIAN.

Seigneur, considérez...

SÉVÈRE.

Tout est considéré.
Quel désordre peut craindre un cœur désespéré?
N'y consent-elle pas?

vère devait le savoir tout aussi bien que Fabian. Remarquez toutefois que, malgré tous ces défauts contre la vraisemblance, il règne dans cette scène un très-grand intérêt; et c'est là ce qui fait le succès des tragédies. » (*Voltaire*.)

1 « Quand l'expression est trop forte pour la situation, elle devient comique. Et comment un coup de foudre *frappe-t-il d'autant plus qu'il surprend?* Il faut que la métaphore soit juste. » (*Voltaire*.) — La métaphore est juste, car il est d'expérience que la surprise ajoute à la force du coup dont on est frappé.

2 « Ces quatre vers refroidissent. C'est l'auteur qui parle, et non pas le personnage. On ne débite pas des lieux communs quand on est profondément affligé. » (*Voltaire*.)

3 Racine a imité ce passage (*Mithridate*, act. II, sc. VI).

Et cependant un autre
Possédera ce cœur dont j'attirais les vœux.

FABIAN.
Oui, seigneur, mais...
SÉVÈRE.
N'importe.
FABIAN.
Cette vive douleur en deviendra plus forte.
SÉVÈRE.
Et ce n'est pas un mal que je veuille guérir,
Je ne veux que la voir, soupirer, et mourir.
FABIAN.
Vous vous échapperez sans doute en sa présence [1] :
Un amant qui perd tout n'a plus de complaisance,
Dans un tel entretien il suit sa passion,
Et ne pousse qu'injure et qu'imprécation [2].
SÉVÈRE.
Juge autrement de moi, mon respect dure encore :
Tout violent qu'il est, mon désespoir l'adore.
Quels reproches aussi peuvent m'être permis?
De quoi puis-je accuser qui ne m'a rien promis?
Elle n'est point parjure, elle n'est point légère,
Son devoir m'a trahi, mon malheur, et son père [3].
Mais son devoir fut juste, et son père eut raison;
J'impute à mon malheur toute la trahison [4];
Un peu moins de fortune, et plus tôt arrivée,
Eût gagné l'un par l'autre, et me l'eût conservée [5];
Trop heureux, mais trop tard, je n'ai pu l'acquérir,
Laisse-la-moi donc voir, soupirer, et mourir [6].

[1] « Expression bourgeoise. » (*Voltaire.*)
[2] « Cela n'est ni noble ni français. » (*Voltaire.*)
[3] « Voilà où il est beau de s'élever au-dessus des règles de la grammaire. L'exactitude demanderait *son devoir, et son père, et mon malheur m'ont trahi*; mais la passion rend ce désordre de paroles très-beau : on peut dire seulement que *trahi* n'est pas le mot propre. » (*Voltaire.*)
[4] « Un devoir ne peut être ni juste ni injuste : mais la justice consiste à faire son devoir. Il n'y a point eu là de trahison. » (*Voltaire.*) — Pure chicane, Voltaire défend par là d'animer les abstractions, et, par conséquent, de parler poétiquement.
[5] « *L'un par l'autre* ne se rapporte à rien : *on devine* seulement qu'il eût gagné Felix par Pauline. Il faut éviter en poésie ces termes : *celui-ci, celui-là, l'un, l'autre, le premier, le second*, tous termes de discussion, tous d'une prose rampante, qui ne peuvent être employés qu'avec une extrême circonspection. » (*Voltaire.*) — Il ne faut pas grand effort pour *deviner* le sens de ce vers, et Voltaire moins que personne y a été embarrassé.
[6] « Un général d'armée qui vient en Arménie *soupirer et mourir*, en rondeau, paraît très-ridicule aux gens sensés de l'Europe. Cette imitation des héros de la chevalerie infectait déjà notre théâtre dans sa naissance, c'est ce que Boileau appelle *mourir par métaphore*; l'écuyer Fabian, qui parle des *vrais amants*, est encore un écuyer de roman. Tout cela est vrai; et il n'est pas moins vrai que l'amour de Sévère intéresse, parce que tous ses sentiments sont nobles. On n'insiste pas ici sur *la douceur infinie de*

ACTE II, SCÈNE I.

FABIAN.

Oui, je vais l'assurer qu'en ce malheur extrême
Vous êtes assez fort pour vous vaincre vous-même.
Elle a craint comme moi ces premiers mouvements
Qu'une perte imprévue arrache aux vrais amants,
Et dont la violence excite assez de trouble,
Sans que l'objet présent l'irrite et le redouble.

SÉVÈRE.

Fabian, je la vois.

FABIAN.

Seigneur, souvenez-vous...

SÉVÈRE.

Hélas! elle aime un autre, un autre est son époux.

SCÈNE II.

SÉVÈRE, PAULINE, STRATONICE, FABIAN.

PAULINE.

Oui, je l'aime, Sévère, et n'en fais point d'excuse;
Que tout autre que moi vous flatte et vous abuse,
Pauline a l'âme noble, et parle à cœur ouvert.
　　Le bruit de votre mort n'est point ce qui vous perd.
Si le ciel en mon choix eût mis mon hyménée,
A vos seules vertus je me serais donnée,
Et toute la rigueur de votre premier sort
Contre votre mérite eût fait un vain effort;
Je découvrais en vous d'assez illustres marques
Pour vous préférer même aux plus heureux monarques[1].
Mais puisque mon devoir m'imposait d'autres lois,
De quelque amant pour moi que mon père eût fait choix,
Quand à ce grand pouvoir que la valeur vous donne
Vous auriez ajouté l'éclat d'une couronne,
Quand je vous aurais vu, quand je l'aurais haï,
J'en aurais soupiré, mais j'aurais obéi,
Et sur mes passions ma raison souveraine
Eût blâmé mes soupirs et dissipé ma haine.

SÉVÈRE.

Que vous êtes heureuse! et qu'un peu de soupirs
Fait un aisé remède à tous vos déplaisirs!
Ainsi de vos désirs toujours reine absolue,
Les plus grands changements vous trouvent résolue

---

l'hymen, sur ces expressions : *eclaircis-moi ce point; vous vous échapperez; ne pousse qu'injure; et les premiers mouvements des vrais amants.* Il est peut-être un peu étrange que Pauline ait parlé de ces premiers mouvements à l'écuyer Fabian; mais enfin tout cela n'ôte rien à l'intérêt théâtral. » (*Voltaire.*)

1 Voy. p. 282, not. 2.

De la plus forte ardeur vous portez vos esprits.
Jusqu'à l'indifférence, et peut-être au mépris,
Et votre fermeté fait succéder sans peine
La faveur au dédain, et l'amour à la haine.
  Qu'un peu de votre humeur ou de votre vertu
Soulagerait les maux de ce cœur abattu!
Un soupir, une larme à regret épandue
M'aurait déjà guéri de vous avoir perdue,
Ma raison pourrait tout sur l'amour affaibli,
Et de l'indifférence irait jusqu'à l'oubli,
Et mon feu désormais se réglant sur la vôtre,
Je me tiendrais heureux entre les bras d'une autre¹.
O trop aimable objet, qui m'avez trop charmé,
Est-ce là comme on aime, et m'avez-vous aimé?

PAULINE.

Je vous l'ai trop fait voir, seigneur, et si mon âme
Pouvait bien étouffer les restes de sa flamme,
Dieux, que j'éviterais de rigoureux tourments!
Ma raison, il est vrai, dompte mes sentiments,
Mais quelque autorité que sur eux elle ait prise,
Elle n'y règne pas, elle les tyrannise;
Et quoique le dehors soit sans émotion,
Le dedans n'est que trouble et que sédition.
Un je ne sais quel charme encor vers vous m'emporte,
Votre mérite est grand, si ma raison est forte;
Je le vois encor tel qu'il alluma mes feux
D'autant plus puissamment solliciter mes vœux,
Qu'il est environné de puissance et de gloire,
Qu'en tous lieux après vous il traîne la victoire,
Que j'en sais mieux le prix, et qu'il n'a point déçu
Le généreux espoir que j'en avais conçu.
Mais ce même devoir qui le vainquit dans Rome²,
Et qui me range ici dessous les lois d'un homme,
Repousse encor si bien l'effort de tant d'appas,
Qu'il déchire mon âme et ne l'ébranle pas.
C'est cette vertu même à nos désirs cruelle
Que vous louiez alors en blasphémant contre elle³.

---

1 Je ne crois pas que Racine ait jamais offert cette image si fréquente dans Corneille. Voltaire a remarqué que l'auteur de *Phèdre*, le peintre le plus profond et le plus délicat de l'amour, ne parle jamais des sens.

2 « On a substitué *me* à *le* dans quelques éditions. » (*Voltaire*.) — « Ce *le* ne se rapporte point à *espoir* ainsi que l'a prétendu Voltaire; il se rapporte à ce *charme* qui entraînait Pauline vers Sévère, à ce mérite qu'elle voit encore en lui, comme elle le voyait lorsqu'elle pouvait se flatter de l'obtenir pour époux. » (*Palissot.*)

3 « *Louiez, louer, blasphémer,* termes qu'on eût dû corriger; car *louiez* est désagréable à l'oreille: *blasphémer* n'est point convenable. *Vous blasphémiez contre ma vertu*; cela ne peut se dire ni en vers ni en prose: une femme doit faire sentir qu'elle est vertueuse, et ne jamais dire *ma vertu*. Voyez si Monime, dont

ACTE II, SCÈNE II.

Plaignez-vous en encor; mais louez sa rigueur
Qui triomphe à la fois de vous et de mon cœur,
Et voyez qu'un devoir moins ferme et moins sincère¹
N'aurait pas mérité l'amour du grand Sévère.

SÉVÈRE.

Ah! madame, excusez une aveugle douleur
Qui ne connaît plus rien que l'excès du malheur;
Je nommais inconstance, et prenais pour un crime
De ce juste devoir l'effort le plus sublime.
De grâce, montrez moins à mes sens désolés
La grandeur de ma perte, et ce que vous valez,
Et cachant par pitié cette vertu si rare,
Qui redouble mes feux lorsqu'elle nous sépare,
Faites voir des défauts qui puissent à leur tour
Affaiblir ma douleur avecque mon amour.

PAULINE.

Hélas! cette vertu, quoique enfin invincible,
Ne laisse que trop voir une âme trop sensible.
Ces pleurs en sont témoins², et ces lâches soupirs
Qu'arrachent de nos feux les cruels souvenirs,
Trop rigoureux effets d'une aimable présence³
Contre qui mon devoir a trop peu de défense.
Mais si vous estimez ce vertueux devoir,
Conservez-m'en la gloire, et cessez de me voir.
Épargnez-moi des pleurs qui coulent à ma honte;
Épargnez-moi des feux qu'à regret je surmonte;
Enfin épargnez-moi ces tristes entretiens,
Qui ne font qu'irriter vos tourments et les miens.⁴

Mithridate voulut faire sa concubine, et qui est attaquée par les deux enfants de ce prince, dit jamais *ma vertu.* » (*Voltaire.*)

1 « *Un devoir* ne peut être ni *ferme* ni *faible* ; c'est le cœur qui l'est. Mais le sens est si clair, que le sentiment ne peut être affaibli. » (*Voltaire.*) — *Devoir* est employé dans le sens figuré pour la personne même attachée à son devoir. Ces métonymies sont l'essence même du style poétique. Voltaire part, dans ses critiques, de l'idée complétement fausse que des vers, pour être bons, doivent, étant décomposés, donner de la prose. C'était l'erreur de ses contemporains, qui ont fait tant de vers et si peu de poésie.

2 « Ils en sont la preuve. Sévère est *témoin* ; mais *témoin* peut signifier *preuve*. » (*Voltaire.*) — C'est ainsi que Racine a pu dire excellemment :

Songez combien de fois vous m'avez reproché
Un silence *témoin* de mon amour caché.
Bajazet; act. V, sc. IV.

3 « *D'une aimable présence* est une expression d'idylle. Monime, en exprimant le même sentiment, dit:

Je verrais en secret mon âme déchirée
Revoler vers le bien dont elle est séparée.

Plus une situation est délicate, plus l'expression doit l'être. » (*Voltaire.*)

4 Racine a exprimé les mêmes idées avec un charme infini *Mithridate*, act II, sc. VI). C'est Monime qui parle :

Enfin, je me connais, il y va de ma vie,

SÉVÈRE.
Que je me prive ainsi du seul bien qui me reste!
PAULINE.
Sauvez-vous d'une vue à tous les deux funeste.
SÉVÈRE.
Quel prix de mon amour! quel fruit de mes travaux!
PAULINE.
C'est le remède seul qui peut guérir nos maux.
SÉVÈRE.
Je veux mourir des miens, aimez-en la mémoire.
PAULINE.
Je veux guérir des miens, ils souilleraient ma gloire.
SÉVÈRE.
Ah! puisque votre gloire en prononce l'arrêt,
Il faut que ma douleur cède à son intérêt.
Est-il rien que sur moi cette gloire n'obtienne?
Elle me rend les soins que je dois à la mienne.
Adieu: je vais chercher au milieu des combats
Cette immortalité que donne un beau trépas,
Et remplir dignement, par une mort pompeuse,
De mes premiers exploits l'attente avantageuse[1],
Si toutefois, après ce coup mortel du sort,
J'ai de la vie assez pour chercher une mort[2].
PAULINE.
Et moi dont votre vue augmente le supplice,
Je l'éviterai même en votre sacrifice,
Et seule dans ma chambre enfermant mes regrets,
Je vais pour vous aux dieux faire des vœux secrets.
SÉVÈRE.
Puisse le juste ciel, content de ma ruine,
Combler d'heur et de jours Polyeucte et Pauline!
PAULINE.
Puisse trouver Sévère, après tant de malheur,

> De mes faibles efforts ma vertu se défie,
> Je sais qu'en vous voyant un tendre souvenir,
> Peut m'arracher du cœur quelque indigne soupir
> Que je verrais mon âme en secret déchirée
> Revoler vers le bien dont je suis séparée;
> Mais je sais bien aussi que s'il dépend de vous
> De me faire chérir un souvenir si doux,
> Vous n'empêcherez pas que ma gloire offensée
> N'en punisse aussitôt la coupable pensée;
> Que ma main dans mon cœur ne vous aille chercher
> Pour y laver ma honte et vous en arracher.
> Que dis-je? en ce moment le dernier qui nous reste,
> Je me sens arrêter par un plaisir funeste;
> Plus je vous parle et plus, trop faible que je suis,
> Je cherche à prolonger le péril que je fuis.
> Il faut, il faut pourtant se faire violence,
> Et sans perdre en adieux un reste de constance,
> Je fuis. Souvenez-vous, prince, de m'éviter,
> Et méritez les pleurs que vous m'allez coûter.

1 « *Rendons les soins, mort pompeuse*, etc., tous mots impropres. » (*Voltaire.*)

2 « Ces pensées affectées, ces idées plus recherchées que naturelles, étaient les vices du temps. » (*Voltaire.*)

Une félicité digne de sa valeur!
SÉVÈRE.
Il la trouvait en vous.
PAULINE.
Je dépendais d'un père[1].
SÉVÈRE.
O devoir qui me perd et qui me désespère[2]!
Adieu, trop vertueux objet, et trop charmant.
PAULINE.
Adieu, trop malheureux et trop parfait amant[3].

SCÈNE III.

PAULINE, STRATONICE.

STRATONICE.
Je vous ai plaints tous deux, j'en verse encor des larmes;
Mais du moins votre esprit est hors de ses alarmes[4],
Vous voyez clairement que votre songe est vain;
Sévère ne vient pas la vengeance à la main.
PAULINE.
Laisse-moi respirer du moins si tu m'as plainte,
Au fort de ma douleur tu rappelles ma crainte,
Souffre un peu de relâche à mes esprits troublés,
Et ne m'accable point par des maux redoublés.

1 « Ces sentiments sont touchants; ce dernier vers convient aussi bien à la tragédie qu'à la comédie, parce qu'il est noble autant que simple; il y a tendresse et précision. » (*Voltaire.*)

2 *Perd* et *désespère*, placés l'un à la fin de l'hémistiche, l'autre à la fin du vers, forment une consonnance qui blesse l'oreille.

3 « Ces vers-ci sont un peu de l'églogue : cette scène ne contribue en rien au nœud de la pièce; mais elle est intéressante par elle-même. Corneille sentait bien que l'entrevue de deux personnes qui s'aiment et qui ne doivent pas s'aimer ferait un très-grand effet; et l'hôtel de Rambouillet ne sentit pas ce mérite. Jusqu'ici on ne voit à la vérité dans Pauline qu'une femme qui n'a point épousé son amant, qui l'aime encore, et qui le lui dit quinze jours après ses noces; mais c'est une préparation à ce qui doit suivre, au péril de son mari, à la fermeté que montrera Pauline en parlant à Sévère pour ce mari même, à la grandeur d'âme de Sévère : voilà ce qui rend l'amour de Pauline infiniment théâtral et digne de la tragédie. » (*Voltaire.*)

4 « On dit *hors d'alarmes*, *hors de crainte*, *hors de danger*; mais non *hors de ses alarmes*, *de sa crainte*, *de son danger*, parce qu'on n'est pas hors de quelque chose qu'on a; il est *hors de mesure*, et non *hors de sa mesure* ; ce mot *hors* bien employé peut devenir noble :

Mais le cœur d'Émilie est hors de son pouvoir. »

(*Voltaire.*) — Si l'esprit peut avoir ses alarmes, il peut s'en débarrasser et poétiquement en sortir. La raison qui motive la critique de Voltaire est plus subtile que juste.

STRATONICE.

Quoi ! vous craignez encor ?

PAULINE.

Je tremble, Stratonice,
Et bien que je m'effraie avec peu de justice,
Cette injuste frayeur sans cesse reproduit
L'image des malheurs que j'ai vus cette nuit.

STRATONICE.

Sévère est généreux.

PAULINE.

Malgré sa retenue[1],
Polyeucte sanglant frappe toujours ma vue.

STRATONICE.

Vous voyez ce rival faire des vœux pour lui.

PAULINE.

Je crois même au besoin qu'il serait son appui :
Mais, soit cette croyance ou fausse, ou véritable,
Son séjour en ce lieu m'est toujours redoutable ;
A quoi que sa vertu puisse le disposer,
Il est puissant, il m'aime, et vient pour m'épouser[2].

SCÈNE IV.

POLYEUCTE, NÉARQUE, PAULINE, STRATONICE.

POLYEUCTE.

C'est trop verser de pleurs, il est temps qu'ils tarissent[3],
Que votre douleur cesse, et vos craintes finissent ;
Malgré les faux avis par vos dieux envoyés,
Je suis vivant, madame, et vous me revoyez.

PAULINE.

Le jour est encor long, et ce qui plus m'effraie
La moitié de l'avis se trouve déjà vraie,
J'ai cru Sévère mort, et je le vois ici.

POLYEUCTE.

Je le sais, mais enfin j'en prends peu de souci.
Je suis dans Mélitène ; et, quel que soit Sévère,
Votre père y commande, et l'on m'y considère,
Et je ne pense pas qu'on puisse avec raison

---

1 *Retenue* n'est pas le mot propre ; il semble que la rime l'amène ici au lieu de *générosité*.

2 *Vient*, ou plutôt *il venait*.

3 « Si Pauline verse des pleurs c'est son amour pour Sévère et le combat de cet amour et de son devoir qui la font pleurer. » (*Voltaire*) — Cette remarque est parfaitement juste, mais Voltaire ajoute que cette méprise peut jeter un peu d'avilissement sur le rôle de Polyeucte. Le mot d'avilissement, même avec restriction, est bien dur. Voltaire ne pardonne pas à Polyeucte sa conversion.

ACTE II, SCÈNE IV.   303

D un cœur tel que le sien craindre une trahison.
On m'avait assuré qu'il vous faisait visite [1],
Et je venais lui rendre un honneur qu'il mérite.
                    PAULINE.
Il vient de me quitter assez triste et confus,
Mais j'ai gagné sur lui qu'il ne me verra plus.
                    POLYEUCTE.
Quoi! vous me soupçonnez déjà de quelque ombrage?
                    PAULINE.
Je ferais à tous trois un trop sensible outrage [2].
J'assure mon repos, que troublent ses regards,
La vertu la plus ferme évite les hasards,
Qui s'expose au péril veut bien trouver sa perte :
Et pour vous en parler avec une âme ouverte,
Depuis qu'un vrai mérite a pu nous enflammer,
Sa présence toujours a droit de nous charmer.
Outre qu'on doit rougir de s'en laisser surprendre,
On souffre à résister, on souffre à s'en défendre,
Et bien que la vertu triomphe de ces feux,
La victoire est pénible, et le combat honteux.
                    POLYEUCTE.
O vertu trop parfaite, et devoir trop sincère [3],
Que vous devez coûter de regrets à Sévère!
Qu'aux dépens d'un beau feu vous me rendez heureux,
Et que vous êtes doux à mon cœur amoureux!
Plus je vois mes défauts et plus je vous contemple,
Plus j'admire...

1 « Discours trop familier. Polyeucte, à la vérité, joue un rôle un peu désagréable, et n'intéresse encore en rien : revenir pour dire qu'*il n'est pas mort*, cela n'est pas tragique; et il est bien étrange que Polyeucte ait appris que Sévère faisait visite à sa femme avant d'avoir vu ni Polyeucte ni Félix : cela n'est ni décent ni vraisemblable; une telle conduite est révoltante dans un homme comme Sévère; Félix aurait dû aller au-devant de lui, ou Sévère aurait dû rendre visite à Félix, et demander du moins à voir Polyeucte. » (*Voltaire.*) — Cette note est malveillante et tracassière. Le grand tort de Polyeucte, aux yeux de Voltaire, est d'être chrétien. Son retour est dramatique, puisque le songe de Pauline et son abjuration faisaient craindre qu'il ne revînt pas. Sévère a vu Félix qui est allé à sa rencontre hors des murs, et il n'avait pas à s'inquiéter de Polyeucte, qu'il ne connaît pas, et qu'il ne savait pas marié à Pauline. Voltaire paraît l'oublier, ou voudrait-il que Sévère eût renoncé brusquement à voir Pauline pour courir après son mari et faire ses politesses ?

2   « Je ferais à tous trois un trop sensible outrage.

Ce vers est admirable. » (*Voltaire.*)

3 « Un devoir n'est ni *sincère* ni *dissimulé*. » (*Voltaire.*) — Soit, mais la sincérité de Pauline est grande, et si Polyeucte n'avait pas déjà toute l'humilité et la charité d'un chrétien, il serait moins sensible à la perfection d'une vertu qui éclate par l'aveu d'un amour qui n'est pas pour lui. Voltaire n'était pas préparé à sentir ce genre de beautés, et son goût habituellement si juste se fausse devant l'héroïsme chrétien.

SCÈNE V.

POLYEUCTE, PAULINE, NÉARQUE, STRATONICE, CLÉON.

CLÉON.
Seigneur, Félix vous mande au temple;
La victime est choisie, et le peuple à genoux,
Et pour sacrifier on n'attend plus que vous.
POLYEUCTE.
Va, nous allons te suivre. Y venez-vous, madame?
PAULINE.
Sévère craint ma vue, elle irrite sa flamme,
Je lui tiendrai parole, et ne veux plus le voir.
Adieu, vous l'y verrez, pensez à son pouvoir,
Et ressouvenez-vous que sa valeur est grande.
POLYEUCTE.
Allez, tout son crédit n'a rien que j'appréhende,
Et comme je connais sa générosité,
Nous ne nous combattrons que de civilité[1].

SCÈNE VI.

POLYEUCTE, NÉARQUE.

NÉARQUE.
Où pensez-vous aller?
POLYEUCTE.
Au temple, où l'on m'appelle.
NÉARQUE.
Quoi! vous mêler aux vœux d'une troupe infidèle!
Oubliez-vous déjà que vous êtes chrétien?
POLYEUCTE.
Vous par qui je le suis, vous en souvient-il bien?
NÉARQUE.
J'abhorre les faux dieux.
POLYEUCTE.
Et moi, je les déteste.
NÉARQUE.
Je tiens leur culte impie.
POLYEUCTE.
Et je le tiens funeste.

---

[1] « Vers de comédie. » (*Voltaire.*)

NÉARQUE.

Fuyez donc leurs autels.

POLYEUCTE.

Je les veux renverser[1],
Et mourir dans leur temple, ou les y terrasser.
Allons, mon cher Néarque, allons aux yeux des hommes
Braver l'idolâtrie, et montrer qui nous sommes :
C'est l'attente du ciel, il nous la faut remplir,
Je viens de le promettre, et je vais l'accomplir.
Je rends grâces au Dieu que tu m'as fait connaître
De cette occasion qu'il a sitôt fait naître,
Où déjà sa bonté, prête à me couronner,
Daigne éprouver la foi qu'il vient de me donner.

NÉARQUE.

Ce zèle est trop ardent, souffrez qu'il se modère.

POLYEUCTE.

On n'en peut avoir trop pour le Dieu qu'on révère.

NÉARQUE.

Vous trouverez la mort.

POLYEUCTE.

Je la cherche pour lui.

NÉARQUE.

Et si ce cœur s'ébranle ?

POLYEUCTE.

Il sera mon appui.

NÉARQUE.

Il ne commande point que l'on s'y précipite.

POLYEUCTE.

Plus elle est volontaire, et plus elle mérite.

NÉARQUE.

Il suffit, sans chercher, d'attendre et de souffrir.

POLYEUCTE.

On souffre avec regret quand on n'ose s'offrir.

NÉARQUE.

Mais dans ce temple enfin la mort est assurée.

POLYEUCTE.

Mais dans le ciel déjà la palme est préparée.

---

1 « C'est une tradition reçue que tout l'hôtel de Rambouillet, et particulièrement l'évêque de Vence, Godeau, condamnèrent cette entreprise de Polyeucte : on disait que plusieurs évêques et plusieurs conciles avaient expressément défendu les attentats contre l'ordre et contre les lois... Ces réflexions me paraissent judicieuses, mais il me paraît aussi que le spectateur pardonne à Polyeucte son imprudence, comme celle d'un jeune homme pénétré d'un zèle ardent que le baptême fortifie en lui. Au théâtre, on se prête toujours aux sentiments naturels des personnages ; on devient enthousiaste avec Polyeucte, insensible avec Horace, tendre avec Chimène ; le dialogue est vif et il entraîne. » (Voltaire.) — Le spectateur ne se contente pas de pardonner à Polyeucte, il s'associe à son zèle, et il l'admire. Polyeucte ne frappe que des idoles inanimées, et il donne sa vie en échange d'un acte de foi. Il laisse l'office de tueurs d'hommes à ses bourreaux.

NÉARQUE.
Par une sainte vie il faut la mériter.
POLYEUCTE.
Mes crimes en vivant me la pourraient ôter.
Pourquoi mettre au hasard ce que la mort assure?
Quand elle ouvre le ciel, peut-elle sembler dure?
Je suis chrétien, Néarque, et le suis tout à fait,
La foi que j'ai reçue aspire à son effet,
Qui fuit croit lâchement, et n'a qu'une foi morte.
NÉARQUE.
Ménagez votre vie, à Dieu même elle importe,
Vivez pour protéger les chrétiens en ces lieux.
POLYEUCTE.
L'exemple de ma mort les fortifiera mieux.
NÉARQUE.
Vous voulez donc mourir?
POLYEUCTE.
Vous aimez donc à vivre?
NÉARQUE.
Je ne puis déguiser que j'ai peine à vous suivre.
Sous l'horreur des tourments je crains de succomber.
POLYEUCTE.
Qui marche assurément[1] n'a point peur de tomber:
Dieu fait part au besoin de sa force infinie,
Qui craint de le nier, dans son âme le nie,
Il croit le pouvoir faire, et doute de sa foi.
NÉARQUE.
Qui n'appréhende rien présume trop de soi.
POLYEUCTE.
J'attends tout de sa grâce, et rien de ma faiblesse.
Mais loin de me presser, il faut que je vous presse!
D'où vient cette froideur?
NÉARQUE.
Dieu même a craint la mort.
POLYEUCTE.
Il s'est offert pourtant, suivons ce saint effort,
Dressons-lui des autels sur des monceaux d'idoles.
Il faut (je me souviens encor de vos paroles)
Négliger, pour lui plaire, et femme, et biens, et rang,
Exposer pour sa gloire et verser tout son sang.
Hélas! qu'avez-vous fait de cette amour parfaite
Que vous me souhaitiez, et que je vous souhaite?
S'il vous en reste encor, n'êtes-vous point jaloux
Qu'à grand peine[2] chrétien j'en montre plus que vous?

[1] *Assurément* conserve ici son sens primitif et signifie *avec assurance*, et non *certainement*, suivant l'usage qui a prévalu. Mathurin Régnier a dit de même:

Il marque *assurément* la terre de ses pas.

[2] On imprime à tort *grand'peine*, il ne faut point d'apostrophe, car il n'y a pas de syncope. Ce mot atteste une règle de l'ancien langage tombée en désuétude. Cette règle la voici: les adjectifs dérivés de mots latins n'ayant qu'une seule forme pour le masculin

ACTE II, SCÈNE VI.   307
NÉARQUE.
Vous sortez du baptême, et ce qui vous anime
C'est sa grâce qu'en vous n'affaiblit aucun crime;
Comme encor tout entière, elle agit pleinement,
Et tout semble possible à son feu véhément.
Mais cette même grâce en moi diminuée,
Et par mille péchés sans cesse exténuée,
Agit aux grands effets avec tant de langueur,
Que tout semble impossible à son peu de vigueur.
Cette indigne mollesse et ces lâches défenses
Sont des punitions qu'attirent mes offenses;
Mais Dieu, dont on ne doit jamais se défier,
Me donne votre exemple à me fortifier[1].

et le féminin, demeuraient communs en français. *Grand*, de *grandis*; *royal*, de *regalis*. C'est pour cela qu'on disait ce qu'on dit encore, *grand messe*, *grand mère*, ou *mère grand*, *lettres royaux*, quoique *mère* et *lettres* soient des mots féminins. Cette apparente anomalie est un archaïsme.

1 « Il fallait *pour me fortifier*. » (*Voltaire*.) — Cette locution, très-française, est familière à Corneille, et nous en avons un exemple dans la première scène de cet acte même où Sévère dit :

    Le reste est un prétexte à soulager ma peine.

Voltaire ne manque jamais de la critiquer quand elle se présente. C'est dans son commentaire une redite fastidieuse et erronée. Il fallait noter cet emploi de la préposition *à*, plus élégante que *pour*, et le revendiquer. Je pourrais recueillir ici une masse d'exemples pour écraser sous le nombre des faits une censure qui tend en abrogeant une loi du vieux langage, à créer dans nos grands écrivains une foule de solécismes. Contentons-nous de quelques passages pris au hasard :

    Il faut si peu que rien à toucher son courage.
                Mélite, act. II, sc. II.
    O le honteux motif à changer de maîtresse !
                Ibid., sc. VII.
    De sorte qu'un second sans me faire une offense
    Ne peut se présenter à prendre ma défense.
                Clitandre, act. I, sc. II.
        Toute la chasse prête
    N'attend que ma présence à relancer la bête.
                Ibid., act. II, sc. VI.
    Ces mains, ces faibles mains que vont armer les dieux
    N'auront que trop de force à t'arracher les yeux.
                Ibid., act. III, sc. V.
    Et même je lui laisse abandonner ce lieu
    Sans trouver de parole à lui dire un adieu.
                La Suivante, act. IV, sc. V.
        L'invention est belle
    Et le chemin bien court à les mettre d'accord,
                Ibid, act. V, sc. I.

Ces exemples qu'il serait si facile de multiplier prouvent surabondamment que la préposition *à* dans le sens de *pour* et correspondant à l'*ad* des Latins est dans le génie et l'usage de notre langue. C'est ainsi que Molière a dit dans *l'École des Maris*

    Cette place est heureuse à vous y rencontrer,

et dans *l'Étourdi* :

    Cherchons une maison à vous mettre en repos.

Corneille l'emploie aussi dans la prose, d'où l'on peut conclure

Allons, cher Polyeucte, allons aux yeux des hommes
Braver l'idolâtrie, et montrer qui nous sommes ;
Puissé-je vous donner l'exemple de souffrir,
Comme vous me donnez celui de vous offrir !

POLYEUCTE.

A cet heureux transport que le ciel vous envoie,
Je reconnais Néarque, et j'en pleure de joie.
 Ne perdons plus de temps, le sacrifice est prêt,
Allons-y du vrai Dieu soutenir l'intérêt ;
Allons fouler aux pieds ce foudre ridicule [1]
Dont arme un bois pourri ce peuple trop crédule ;
Allons en éclairer l'aveuglement fatal [2],
Allons briser ces dieux de pierre et de métal,
Abandonnons nos jours à cette ardeur céleste,
Faisons triompher Dieu : qu'il dispose du reste [3].

NÉARQUE.

Allons faire éclater sa gloire aux yeux de tous,
Et répondre avez zèle à ce qu'il veut de nous.

---

que ce n'est pas le besoin de la mesure qui le détermine. Nous en avons un témoignage dans l'examen de *Cinna*, p. 265 : « Mais si j'avais attendu à la commencer qu'Évandre, etc. »

[1] « Voilà un exemple d'un mot bas noblement employé. » (*Voltaire.*) — Le vers suivant offre un exemple à noter de l'inversion qui est familière et essentielle au style poétique. Il ne faut pas oublier ce principe : autre est la construction de la prose, autre celle des vers. Corneille et Racine le savaient bien ; Voltaire et son école l'ont trop souvent oublié.

[2] « *En éclairer* est dur à l'oreille. Il faut éviter ces cacophonies ; de plus, on éclaire des yeux ; on n'éclaire point un aveuglement on le dissipe, on le guérit. » (*Voltaire.*) — *En* se rapporte au *peuple*, et il est plus dur à l'esprit qu'à l'oreille. En général, ce pronom adverbial doit représenter des noms abstraits.

[3] Au fond, le sens de ce vers est identique à celui du vieil Horace, (act. II, sc. VII) :

Faites votre devoir et laissez faire aux dieux.

FIN DU DEUXIÈME ACTE.

ACTE TROISIÈME.

SCÈNE I.

PAULINE.

Que de soucis flottants, que de confus nuages
Présentent à mes yeux d'inconstantes images!
Douce tranquillité que je n'ose espérer,
Que ton divin rayon tarde à les éclairer!
Mille agitations, que mes troubles produisent,
Dans mon cœur ébranlé tour à tour se détruisent;
Aucun espoir n'y coule où j'ose persister,
Aucun effroi n'y règne où j'ose m'arrêter;
Mon esprit embrassant tout ce qu'il s'imagine
Voit tantôt mon bonheur, et tantôt ma ruine,
Et suit leur vaine idée avec si peu d'effet,
Qu'il ne peut espérer ni craindre tout à fait.
Sévère incessamment brouille ma fantaisie
J'espère en sa vertu, je crains sa jalousie;
Et je n'ose penser que d'un œil bien égal
Polyeucte en ces lieux puisse voir son rival.
Comme entre deux rivaux la haine est naturelle,
L'entrevue aisément se termine en querelle;
L'un voit aux mains d'autrui ce qu'il croit mériter,
L'autre un désespéré qui peut trop attenter;
Quelque haute raison qui règle leur courage,
L'un conçoit de l'envie, et l'autre de l'ombrage,
La honte d'un affront que chacun d'eux croit voir
Ou de nouveau reçue, ou prête à recevoir [1],
Consumant dès l'abord toute leur patience,
Forme de la colère et de la défiance,
Et saisissant ensemble et l'époux et l'amant,
En dépit d'eux les livre à leur ressentiment [2].
  Mais que je me figure une étrange chimère!
Et que je traite mal Polyeucte et Sévère,
Comme si la vertu de ces fameux rivaux

---

[1] *A recevoir* est ici pour *à être reçu*.
[2] Cette étude psychologique paraît un peu froide et alambiquée.

Ne pouvait s'affranchir de ces communs défauts!
Leurs âmes à tous deux d'elles-mêmes maîtresses[1]
Sont d'un ordre trop haut pour de telles bassesses :
Ils se verront au temple en hommes généreux.
Mais las! ils se verront, et c'est beaucoup pour eux[2].
Que sert à mon époux d'être dans Mélitène,
Si contre lui Sévère arme l'aigle romaine,
Si mon père y commande, et craint ce favori,
Et se repent déjà du choix de mon mari[3]?
Si peu que j'ai d'espoir ne luit qu'avec contrainte[4]
En naissant il avorte, et fait place à la crainte,
Ce qui doit l'affermir sert à le dissiper.
Dieux! faites que ma peur puisse enfin se tromper!

SCÈNE II.

PAULINE, STRATONICE.

PAULINE.
Mais sachons-en l'issue[5]. Eh bien, ma Stratonice,
Comment s'est terminé ce pompeux sacrifice?
Ces rivaux généreux au temple se sont vus?

STRATONICE.
Ah, Pauline!

PAULINE.
　　　　Mes vœux ont-ils été déçus?
J'en vois sur ton visage une mauvaise marque.
Se sont-ils querellés?

STRATONICE.
　　　　Polyeucte, Néarque,
Les chrétiens...

PAULINE.
　　　　Parle donc : les chrétiens...
STRATONICE.
　　　　　　　　Je ne puis.
PAULINE.
Tu prépares mon âme à d'étranges ennuis.
STRATONICE.
Vous n'en sauriez avoir une plus juste cause.

---

[1] « *Leurs âmes à tous deux*; cette expression n'est pas française. » (*Voltaire.*) — Eh! pourquoi? La décision est bien tranchante, elle n'en est pas moins hasardée.
[2] Ici l'auteur veut dire, *il est dangereux qu'ils se voient.*
[3] « Vers de comédie. » (*Voltaire.*)
[4] « Cela n'est pas français; il faut *le peu*. » (*Voltaire.*)
[5] « Cette issue se rapporte à *peur* : une peur n'a point d'issue. » (*Voltaire.*) — L'hémistiche de Corneille signifie tout simplement sachons ce qui est arrivé

ACTE III, SCÈNE II.

PAULINE.

L'ont-ils assassiné?

STRATONICE.
Ce serait peu de chose.
Tout votre songe est vrai, Polyeucte n'est plus.

PAULINE.
Il est mort!

STRATONICE.
Non, il vit; mais, ô pleurs superflus!
Ce courage si grand, cette âme si divine,
N'est plus digne du jour, ni digne de Pauline.
Ce n'est plus cet époux si charmant à vos yeux,
C'est l'ennemi commun de l'État et des dieux,
Un méchant, un infâme, un rebelle, un perfide,
Un traître, un scélérat, un lâche, un parricide,
Une peste exécrable à tous les gens de bien,
Un sacrilége impie, en un mot un chrétien.

PAULINE.
Ce mot aurait suffi sans ce torrent d'injures[1].

STRATONICE.
Ces titres aux chrétiens sont-ce des impostures?

PAULINE.
Il est ce que tu dis, s'il embrasse leur foi,
Mais il est mon époux, et tu parles à moi.

STRATONICE.
Ne considérez plus que ce Dieu qu'il adore.

PAULINE.
Je l'aimai par devoir, ce devoir dure encore.

STRATONICE.
Il vous donne à présent sujet de le haïr;
Qui trahit tous nos dieux aurait pu vous trahir

PAULINE.
Je l'aimerais encor, quand il m'aurait trahie;
Et si de tant d'amour tu peux être ébahie[2],
Apprends que mon devoir ne dépend point du sien :
Qu'il y manque, s'il veut, je dois faire le mien.
Quoi! s'il aimait ailleurs, serais-je dispensée[3]
A suivre, à son exemple, une ardeur insensée?
Quelque chrétien qu'il soit, je n'en ai point d'horreur,

---

1 « La réponse de Pauline est belle, et répare incontinent le ridicule produit par cet entassement d'injures. » (*Voltaire.*) — Cet entassement est l'expression de la haine qu'inspirait au vulgaire le nom chrétien. C'est le commentaire du mot de Tacite : *Convicti odio generis humani.*

2 « *Ébahie* ne s'emploie que dans le bas comique; je crois qu'on a mis à la place :

Je l'aimerais encor, m'eût-il abandonnée,
Et si de tant d'amour tu parais étonnée. » (*Voltaire.*)

3 *Dispensée* signifiait *autorisée à*, et *dispense* avait le sens de *permission*; depuis *dispense* a celui de *permission de ne pas faire une chose* (Voy. p. 378. not. 4).

Je chéris sa personne, et je hais son erreur.
Mais quel ressentiment en témoigne mon père ?
STRATONICE.
Une secrète rage, un excès de colère,
Malgré qui toutefois un reste d'amitié
Montre pour Polyeucte encor quelque pitié.
Il ne veut point sur lui faire agir sa justice [1],
Que du traître Néarque il n'ait vu le supplice.
PAULINE.
Quoi ! Néarque en est donc ?
STRATONICE.
Néarque l'a séduit ;
De leur vieille amitié c'est là l'indigne fruit.
Ce perfide tantôt, en dépit de lui-même,
L'arrachant de vos bras, le traînait au baptême.
Voilà ce grand secret et si mystérieux
Que n'en pouvait tirer votre amour curieux.
PAULINE.
Tu me blâmais alors d'être trop importune.
STRATONICE.
Je ne prévoyais pas une telle infortune.
PAULINE.
Avant qu'abandonner mon âme à mes douleurs,
Il me faut essayer la force de mes pleurs [2];
En qualité de femme ou de fille, j'espère
Qu'ils vaincront un époux, ou fléchiront un père.
Que si sur l'un et l'autre ils manquent de pouvoir,
Je ne prendrai conseil que de mon désespoir.
Apprends-moi cependant ce qu'ils ont fait au temple.
STRATONICE.
C'est une impiété qui n'eut jamais d'exemple.
Je ne puis y penser sans frémir à l'instant,
Et crains de faire un crime en vous la racontant.
Apprenez en deux mots leur brutale insolence.
   Le prêtre avait à peine obtenu du silence,
Et devers l'orient assuré son aspect,
Qu'ils ont fait éclater leur manque de respect.
A chaque occasion de la cérémonie,
A l'envi l'un et l'autre étalait sa manie,
Des mystères sacrés hautement se moquait,
Et traitait de mépris [3] les dieux qu'on invoquait.
Tout le peuple en murmure, et Félix s'en offense;
Mais tous deux s'emportant à plus d'irrévérence :
« Quoi ! lui dit Polyeucte en élevant sa voix,
« Adorez-vous des dieux ou de pierre ou de bois ? »

---

1 « Cela n'est pas français ; il faut *agir contre lui*, ou *déployer sur lui*. » (*Voltaire.*)

2 « Il faut *le pouvoir*. » (*Voltaire.*) — Pourquoi pas la force ?

3 *De mépris*, avec *mépris*, nouvel exemple de l'étendue d'acception de la préposition *de* dans notre vieux langage.

ACTE III, SCÈNE II.

Ici dispensez-moi du récit des blasphèmes [1]
Qu'ils ont vomis tous deux contre Jupiter mêmes [2] :
L'adultère et l'inceste en étaient les plus doux.
« Oyez, dit-il ensuite, oyez, peuple, oyez tous [3] :
Le Dieu de Polyeucte et celui de Néarque
De la terre et du ciel est l'absolu monarque,
Seul être indépendant, seul maître du destin,
Seul principe éternel, et souveraine fin.
C'est ce Dieu des chrétiens qu'il faut qu'on remercie
Des victoires qu'il donne à l'empereur Décie,
Lui seul tient en sa main le succès des combats,
Il le peut élever, il le peut mettre bas,
Sa bonté, son pouvoir, sa justice est immense ;
C'est lui seul qui punit, lui seul qui récompense :
Vous adorez en vain des monstres impuissants [4]. »
Se jetant à ces mots sur le vin et l'encens,
Après en avoir mis les saints vases par terre,
Sans crainte de Félix, sans crainte du tonnerre,
D'une fureur pareille ils courent à l'autel.
Cieux ! a-t-on vu jamais, a-t-on rien vu de tel !
Du plus puissant des dieux nous voyons la statue
Par une main impie à leurs pieds abattue,
Les mystères troublés, le temple profané,
La fuite et les clameurs d'un peuple mutiné [5]
Qui craint d'être accablé sous le courroux céleste,
Félix... Mais le voici qui vous dira le reste [6].

PAULINE.

Que son visage est sombre et plein d'émotion !
Qu'il montre de tristesse et d'indignation !

---

1 « Je ne répondrai point à cette fausse opinion où l'on est que les Romains adoraient du bois et de la pierre. Il est bien sûr que leur *Deus optimus, maximus*, que *Deum sator atque hominum rex* (Virgile), n'étaient point une statue. Polyeucte parle comme il doit parler, conformément aux préjugés. La poésie n'est pas de la philosophie ; ou plutôt la philosophie consiste à faire dire ce que les caractères des personnes comportent. » (*Voltaire.*) — Polyeucte flétrit l'erreur des idolâtres, et il ne l'exagère pas ; il parle de la foule, et non des sages.

2 « Corneille emploie indifféremment cet adverbe *même* avec un *s* et sans *s*. Les poëtes, tant gênés d'ailleurs, peuvent avoir la liberté d'ôter et d'ajouter un *s* à ce mot. » (*Voltaire.*)

3 « *Oyez* n'est plus employé qu'au barreau : on a conservé ce mot en Angleterre ; les huissiers disent *oiss* sans savoir ce qu'ils disent. Nous n'avons gardé de ce verbe que l'infinitif *ouïr ;* et nous disions autrefois *oyer*. Les sessions de l'échiquier de Normandie s'appelaient *oyer et terminer*. » (*Voltaire.*)

À Joas, dans *Athalie*, fait la même distinction :

Il faut craindre le mien,
Lui seul est Dieu, madame, et le vôtre n'est rien.

5 On ne *voit* pas des *clameurs*, mais le mot passe à la faveur de l'énumération.

6 « Il y a là un grand intérêt : c'est là, encore une fois, ce qui fait le succès des pièces de théâtre. » (*Voltaire.*)

SCÈNE III.

FÉLIX, PAULINE, STRATONICE.

FÉLIX.
Une telle insolence avoir osé paraître !
En public ! à ma vue ! Il en mourra, le traître.
PAULINE.
Souffrez que votre fille embrasse vos genoux.
FÉLIX.
Je parle de Néarque, et non de votre époux.
Quelque indigne qu'il soit de ce doux nom de gendre,
Mon âme lui conserve un sentiment plus tendre :
La grandeur de son crime et de mon déplaisir
N'a pas éteint l'amour qui me l'a fait choisir.
PAULINE.
Je n'attendais pas moins de la bonté d'un père¹.
FÉLIX.
Je pouvais l'immoler à ma juste colère,
Car vous n'ignorez pas à quel comble d'horreur
De son audace impie a monté la fureur ;
Vous l'avez pu savoir du moins de Stratonice.
PAULINE.
Je sais que de Néarque il doit voir le supplice.
FÉLIX.
Du conseil qu'il doit prendre il sera mieux instruit²,
Quand il verra punir celui qui l'a séduit.
Au spectacle sanglant d'un ami qu'il faut suivre,
La crainte de mourir et le désir de vivre
Ressaisissent une âme avec tant de pouvoir,
Que qui voit le trépas cesse de le vouloir³.
L'exemple touche plus que ne fait la menace :
Cette indiscrète ardeur tourne bientôt en glace,
Et nous verrons bientôt son cœur inquiété
Me demander pardon de tant d'impiété.
PAULINE.
Vous pouvez espérer qu'il change de courage⁴ ?
FÉLIX.
Aux dépens de Néarque il doit se rendre sage.

---

1. J'ai le prix de mes soins.
Et du sang des Bourbons je n'attendais pas moins.
(Voltaire, *Adélaïde du Guesclin*.)

2 On dit bien *prendre conseil* de quelqu'un, mais ici le mot serait *parti* au lieu de *conseil*, ou *suivre* au lieu de *prendre*.

3 « Voilà où les maximes générales sont bien placées ; elles ne sont point ici dans la bouche d'un homme passionné qui doit parler avec sentiment, et éviter les sentences et les lieux communs ; c'est un juge qui parle, et qui dit des raisons prises dans la connaissance du cœur humain. » (*Voltaire*.)

4 *Courage* dans la vieille acception de *sentiment*

PAULINE.
Il le doit, mais, hélas! où me renvoyez-vous,
Et quels tristes hasards ne court point mon époux,
Si de son inconstance il faut qu'enfin j'espère
Le bien que j'espérais de la bonté d'un père?
FÉLIX.
Je vous en fais trop voir, Pauline, à consentir
Qu'il évite la mort par un prompt repentir.
Je devais même peine à des crimes semblables,
Et mettant différence entre ces deux coupables,
J'ai trahi la justice à l'amour paternel¹;
Je me suis fait pour lui moi-même criminel,
Et j'attendais de vous, au milieu de vos craintes,
Plus de remercîments que je n'entends de plaintes.
PAULINE.
De quoi remercier qui ne me donne rien?
Je sais quel est l'humeur et l'esprit d'un chrétien.
Dans l'obstination jusqu'au bout il demeure :
Vouloir son repentir, c'est ordonner qu'il meure.
FÉLIX.
Sa grâce est en sa main, c'est à lui d'y rêver.
PAULINE.
Faites-la tout entière.
FÉLIX.
Il la peut achever.
PAULINE.
Ne l'abandonnez pas aux fureurs de sa secte.
FÉLIX.
Je l'abandonne aux lois, qu'il faut que je respecte.
PAULINE.
Est-ce ainsi que d'un gendre un beau-père est l'appui?
FÉLIX.
Qu'il fasse autant pour soi comme je fais pour lui².

---

1 « Cette suppression des articles n'est plus permise. *Trahir la justice à l'amour paternel* n'est pas français. » (*Voltaire*.) — C'est le sens étymologique du mot *trahir*, qui veut dire *livrer*, *sacrifier*, du latin *tradere*; *traditor* a donné *traistre*, d'où s'est formé *trahir*.

2 « Ce vers est un barbarisme : on dit *autant que*, et non pas *autant comme*. Soi ne se dit qu'à l'indéfini ; il faut faire quelque chose pour soi, il travaille pour lui. » (*Voltaire*.) — « Cette loi n'est pas sans exception. » (*Palissot*:) — La loi est mauvaise. Le vers que Voltaire critique prouve en faveur de l'usage que suivait Corneille, « *je fais pour lui, qu'il fasse pour soi.* » Les Latins avaient donné l'exemple, nos devanciers l'ont suivi, et nous avons tort de nous en écarter. Je ne saurais mieux faire que de reproduire ici un article de l'excellent dictionnaire de M. Génin :
« *Soi*, où l'usage moderne emploie *lui*, *elles*, *eux* :

Bien que de vous mon cœur ne prenne point de loi,
Et ne doive en ces lieux aucun compte qu'à soi...
(*D. Garcie*, act. II, sc. v.)

C'est une fille à nous, que, sous un don de foi

PAULINE.

Mais il est aveuglé.

FÉLIX.

Mais il se plaît à l'être.
Qui chérit son erreur ne la veut pas connaître.

PAULINE.

Mon père, au nom des dieux.....

FÉLIX.

Ne les réclamez pas,

>Un Valère a séduite et fait entrer chez *soi*.
>(*Éc. des mar.*, act. III, sc. v.)

« *Apud se*, et non *apud illum*.
« Agnès, dit Horace,

>N'a plus voulu songer à retourner chez *soi*,
>Et de tout son destin s'est commise à ma foi.
>(*Éc. des fem.*, act. V, sc. II.)
>Je vous dis que mon fils n'a rien fait de plus sage
>Qu'en recueillant chez *soi* ce dévot personnage.
>(*Tart.*, act. I, sc. I.)
>Toi, Sosie ? — Oui, Sosie ; et si quelqu'un s'y joue,
>Il peut bien prendre garde à *soi*.
>(*Amph.*, act. I, sc. II.)

« Ne voyez-vous pas qu'il tire à *soi* toute la nourriture, et qu'il
« empêche ce côté-là de profiter ? » (*Mal. im.*, act. III, sc. XIV.)

>Cet indolent état de confiance extrême,
>Qui le rend en tout temps si content de *soi-même*.
>(*Fem. sav.*, act. I, sc. III.)
>Ce sont choses, *de soi*, qui sont belles et bonnes.
>(*Ibid.*, act. IV, sc. III.)
>Le savoir garde *en soi* son mérite éminent. (*Ibid.*)
>Il n'est pour le vrai sage aucun revers funeste,
>Et, perdant toute chose, à *soi-même* il se reste.
>(*Ibid.*, act. V, sc. IV.)

« Tout le XVIIe siècle a ainsi parlé. Les grammairiens se sont perdus en distinctions et en subtilités pour régler quand il fallait *soi*, et quand *lui*. Tout cela est chimérique. Les grands écrivains du temps de Louis XIV se sont guidés bien plus sûrement sur un seul point : partout où le latin mettrait *se*, ils ont mis *soi* :

>Qu'il fasse autant pour *soi* comme je fais pour lui.
>(Corneille, *Polyeucte*, act. III, sc. VIII.)

« *Pro se ipso*, et non *pro illo*.

>Mais il se craint, dit-il, *soi-même* plus que tous.
>(Racine, *Androm.*, act. V, sc. II.)

« *Timet se ipsum*.

>Charmant, jeune, traînant tous les cœurs après *soi*. (Id., *Phèdre*.)

« *Post se*, et non *post illum*.

>Mais souvent un auteur, qui se flatte et qui s'aime,
>Méconnaît ses défauts et s'ignore *soi-même*. (Boileau.)

« Il n'ouvre la bouche que pour répondre...... il crache presque
« sur *soi*. » (La Bruyère.)

« Idoménée, revenant *à soi*, remercia ses amis. » (Fénelon.)

« Tant de profanations que les armes traînent après *soi* ! » (Massillon.)

« Dieux immortels, dit-elle en *soi-même*, est-ce donc ainsi que
« sont faits les monstres ? » (La Fontaine, *Psyché*, I.)

« On voit qu'il n'est pas besoin de tant raffiner à la suite de Vau-
« gelas, d'Olivet et les modernes. » *Lexique comparé*, p. 377.

Ces dieux dont l'intérêt demande son trépas.
PAULINE.
Ils écoutent nos vœux.
FÉLIX.
Eh bien ! qu'il leur en fasse ¹.
PAULINE.
Au nom de l'empereur dont vous tenez la place...
FÉLIX.
J'ai son pouvoir en main, mais, s'il me l'a commis,
C'est pour le déployer contre ses ennemis.
PAULINE.
Polyeucte l'est-il ?
FÉLIX.
Tous chrétiens sont rebelles.
PAULINE.
N'écoutez point pour lui ces maximes cruelles,
En épousant Pauline il s'est fait votre sang.
FÉLIX.
Je regarde sa faute, et ne vois plus son rang.
Quand le crime d'État se mêle au sacrilége,
Le sang ni l'amitié n'ont plus de privilége.
PAULINE.
Quel excès de rigueur !
FÉLIX.
Moindre que son forfait.
PAULINE.
O de mon songe affreux trop véritable effet !
Voyez-vous qu'avec lui vous perdez votre fille ?
FÉLIX.
Les dieux et l'empereur sont plus que ma famille.
PAULINE.
La perte de tous deux ne vous peut arrêter !
FÉLIX.
J'ai les dieux et Décie ensemble à redouter.
Mais nous n'avons encore à craindre rien de triste :
Dans son aveuglement pensez-vous qu'il persiste ?
S'il nous semblait tantôt courir à son malheur,
C'est d'un nouveau chrétien la première chaleur.
PAULINE.
Si vous l'aimez encor, quittez cette espérance
Que deux fois en un jour il change de croyance :
Outre que les chrétiens ont plus de dureté ²,
Vous attendez de lui trop de légèreté.

---

1 « Le lecteur voit sans doute combien tout ce dialogue est vif, pressé, naturel, intéressant; c'est un chef-d'œuvre. » (*Voltaire*.)
2 « *Outre que* expression qui ne doit jamais entrer dans la poésie. *Plus de dureté*, ce *plus* ne se rapporte à rien. On peut demander pourquoi elle dit que Polyeucte sera inébranlable, quand elle espère le fléchir par ses pleurs ? Cette scène d'ailleurs est supérieurement dialoguée. » (*Voltaire.*—*Plus de dureté* se rapporte par la pensée au vers qui précède, *changer deux fois*. Pauline n'es père pas fléchir Polyeucte, mais son père.

Ce n'est point une erreur avec le lait sucée,
Que sans l'examiner son âme ait embrassée :
Polyeucte est chrétien parce qu'il l'a voulu,
Et vous portait au temple un esprit résolu.
Vous devez présumer de lui comme du reste.
Le trépas n'est pour eux ni honteux ni funeste,
Ils cherchent de la gloire à mépriser nos dieux,
Aveugles pour la terre, ils aspirent aux cieux,
Et croyant que la mort leur en ouvre la porte,
Tourmentés, déchirés, assassinés, n'importe,
Les supplices leur sont ce qu'à nous les plaisirs,
Et les mènent au but où tendent leurs désirs ;
La mort la plus infâme ils l'appellent martyre.

FÉLIX.
Eh bien donc ! Polyeucte aura ce qu'il désire :
N'en parlons plus.

PAULINE.
Mon père....

SCÈNE IV.

FÉLIX, ALBIN, PAULINE, STRATONICE.

FÉLIX.
Albin, en est-ce fait ?
ALBIN.
Oui, seigneur, et Néarque a payé son forfait.
FÉLIX.
Et notre Polyeucte a vu trancher sa vie ?
ALBIN.
Il l'a vu, mais, hélas ! avec un œil d'envie.
Il brûle de le suivre, au lieu de reculer,
Et son cœur s'affermit, au lieu de s'ébranler.
PAULINE.
Je vous le disais bien. Encore un coup, mon père,
Si jamais mon respect a pu vous satisfaire,
Si vous l'avez prisé, si vous l'avez chéri...
FÉLIX.
Vous aimez trop, Pauline, un indigne mari.
PAULINE.
Je l'ai de votre main, mon amour est sans crime[1] ;
Il est de votre choix la glorieuse estime ;
Et j'ai, pour l'accepter, éteint le plus beau feu
Qui d'une âme bien née ait mérité l'aveu.
Au nom de cette aveugle et prompte obéissance
Que j'ai toujours rendue aux lois de la naissance,
Si vous avez pu tout sur moi, sur mon amour,

---

1 « *Je l'ai de votre main* est admirable. Dans le vers qui suit, *la glorieuse estime de votre choix* est un barbarisme. » (*Voltaire.*)

ACTE III, SCÈNE IV.

Que je puisse sur vous quelque chose à mon tour !
Par ce juste pouvoir à présent trop à craindre,
Par ces beaux sentiments qu'il m'a fallu contraindre,
Ne m'ôtez pas vos dons ; ils sont chers à mes yeux,
Et m'ont assez coûté pour m'être précieux.

FÉLIX.

Vous m'importunez trop : bien que j'aie un cœur tendre,
Je n'aime la pitié qu'au prix que j'en veux prendre¹ :
Employez mieux l'effort de vos justes douleurs ;
Malgré moi m'en toucher, c'est perdre et temps et pleurs ;
J'en veux être le maître, et je veux bien qu'on sache
Que je la désavoue alors qu'on me l'arrache.
Préparez-vous à voir ce malheureux chrétien,
Et faites votre effort quand j'aurai fait le mien.
Allez, n'irritez plus un père qui vous aime²,
Et tâchez d'obtenir votre époux de lui-même
Tantôt jusqu'en ce lieu je le ferai venir :
Cependant quittez-nous, je veux l'entretenir.

PAULINE.

De grâce, permettez...

FÉLIX.

Laissez-nous seuls, vous dis-je ;
Votre douleur m'offense autant qu'elle m'afflige.
A gagner Polyeucte appliquez tous vos soins,
Vous avancerez plus en m'importunant moins.

SCÈNE V.

FÉLIX, ALBIN.

FÉLIX.

Albin, comme est-il mort³ ?

ALBIN.

En brutal⁴, en impie,
En bravant les tourments, en dédaignant la vie,
Sans regret, sans murmure, et sans étonnement,
Dans l'obstination et l'endurcissement,

---

1 « Que veut dire *aimer la pitié au prix qu'on en veut prendre ?* qu'est-ce que ce prix ? Cette phrase était autrefois triviale, et jamais noble ni exacte. » (*Voltaire.*)

2   Venez remercier *un père qui vous aime.*
                          (Racine, *Iphigénie*, act. IV, sc. IV.)

Un père qui vous aime n'est ici qu'un trait de sentiment, et devient dans Racine une sanglante ironie. Aussi le rapprochement que nous faisons n'a-t-il d'autre but que de montrer un contraste d'idées sous l'identité des mots.

3 « Il faut *comment.* » (*Voltaire.*) — Aujourd'hui, oui ; du temps de Corneille, non.

4 « Mauvaise expression. » (*Voltaire.*)

Comme un chrétien enfin, le blasphème à la bouche.
FÉLIX.
Et l'autre?

ALBIN.
Je l'ai dit déjà, rien ne le touche;
Loin d'en être abattu, son cœur en est plus haut;
On l'a violenté pour quitter l'échafaud :
Il est dans la prison où je l'ai vu conduire,
Mais vous êtes bien loin encor de le réduire.
FÉLIX.
Que je suis malheureux!

ALBIN.
Tout le monde vous plaint.
FÉLIX.
On ne sait pas les maux dont mon cœur est atteint;
De pensers sur pensers mon âme est agitée,
De soucis sur soucis elle est inquiétée¹;
Je sens l'amour, la haine, et la crainte, et l'espoir,
La joie et la douleur tour à tour l'émouvoir²;
J'entre en des sentiments qui ne sont pas croyables;
J'en ai de violents, j'en ai de pitoyables;
J'en ai de généreux qui n'oseraient agir :
J'en ai même de bas, et qui me font rougir.
J'aime ce malheureux que j'ai choisi pour gendre,
Je hais l'aveugle erreur qui le vient de surprendre;
Je déplore sa perte, et, le voulant sauver,
J'ai la gloire des dieux ensemble à conserver,
Je redoute leur foudre, et celui de Décie,
Il y va de ma charge, il y va de ma vie.
Ainsi tantôt pour lui je m'expose au trépas,
Et tantôt je le perds pour ne me perdre pas.

ALBIN.
Décie excusera l'amitié d'un beau-père,
Et d'ailleurs Polyeucte est d'un sang qu'on révère.
FÉLIX.
A punir les chrétiens son ordre est rigoureux³;
Et plus l'exemple est grand, plus il est dangereux :
On ne distingue point quand l'offense est publique,
Et lorsqu'on dissimule un crime domestique,

---

1 « Il n'y a pas là d'élégance, mais il y a de la vivacité de sentiment. » (*Voltaire*.)

2 « *La joie* : ce mot ne découvre-t-il pas trop la bassesse de Félix? » (*Voltaire*.) — Ces vers sont beaux, et le plus sûr moyen d'en montrer toute la beauté, est de mettre en regard la même idée exprimée par Scudéri :

> La belle a dans les yeux du feu, de la colère,
> Du dépit, de l'orgueil, de la douleur amère,
> De la honte qui vient du sentiment qu'elle a,
> Et pourtant de l'amour plus que de tout cela.
> (*Alaric ou Rome vaincue*.)

3 « Un *ordre à punir* est un solécisme. » (*Voltaire*.) — Non, c'est un latinisme et un tour de phrase élégant et précis.

ACTE III, SCÈNE V.

Par quelle autorité peut-on, par quelle loi,
Châtier en autrui ce qu'on souffre chez soi?

ALBIN.
Si vous n'osez avoir d'égard à sa personne,
Écrivez à Décie afin qu'il en ordonne.

FÉLIX.
Sévère me perdrait, si j'en usais ainsi :
Sa haine et son pouvoir font mon plus grand souci.
Si j'avais différé de punir un tel crime,
Quoiqu'il soit généreux, quoiqu'il soit magnanime,
Il est homme, et sensible, et je l'ai dédaigné,
Et de tant de mépris son esprit indigné
Que met au désespoir cet hymen de Pauline,
Du courroux de Décie obtiendrait ma ruine.
Pour venger un affront tout semble être permis,
Et les occasions tentent les plus remis.
Peut-être (et ce soupçon n'est pas sans apparence)
Il rallume en son cœur déjà quelque espérance,
Et croyant bientôt voir Polyeucte puni,
Il rappelle un amour à grand peine[1] banni.
Juge si sa colère, en ce cas implacable,
Me ferait innocent de sauver un coupable,
Et s'il m'épargnerait, voyant par mes bontés
Une seconde fois ses desseins avortés.
   Te dirai-je un penser indigne, bas et lâche ?
Je l'étouffe, il renaît; il me flatte, et me fâche.
L'ambition toujours me le vient présenter,
Et tout ce que je puis, c'est de le détester.
Polyeucte est ici l'appui de ma famille,
Mais si par son trépas l'autre épousait ma fille,
J'acquerrais bien par là de plus puissants appuis[2]

---

1 Voy. p. 206, not. 2.
2 « Voici le sentiment le plus bas qu'on puisse jamais développer; mais il est ménagé avec art. Ces expressions, *si l'autre épousait ma fille, j'acquerrais par là, cent fois plus haut*, sont aussi basses que le sentiment de Félix. Cependant j'ai toujours remarqué qu'on n'écoutait pas sans plaisir l'aveu de ces sentiments, tout condamnables qu'ils sont : on aimait en secret ce développement honteux du cœur humain, on sentait qu'il n'est que trop vrai que souvent les hommes sacrifient tout à leur propre intérêt. Enfin Félix dit au moins qu'il déteste ces pensers si lâches; on lui pardonne un peu : mais pardonne-t-on à Albin, qui lui dit qu'il a *l'âme trop haute?* C'est ici le lieu d'examiner si on peut mettre sur la scène tragique des caractères bas et lâches. Le public en général ne les aime pas : le parterre murmure quand Narcisse dit, dans *Britannicus*, *Et pour nous rendre heureux, perdons les misérables*. On n'aime point le prêtre Mathan, qui veut *à force d'attentats perdre tous ses remords*. Cependant, puisque ces caractères sont dans la nature, il semble qu'il soit permis de les peindre; et l'art de les faire contraster avec les personnages héroïques peut quelquefois produire des beautés. » (*Voltaire*.) — Albin ne parle pas d'une manière absolue. L'honnête confident dit que Félix a *l'âme trop haute* pour consentir à *des pensers bas*. Sa réponse convenable et sensée ne mérite ni colère ni pardon.

Qui me mettraient plus haut cent fois que je ne suis.
Mon cœur en prend par force une maligne joie :
Mais que plutôt le ciel à tes yeux me foudroie,
Qu'à des pensers si bas je puisse consentir,
Que jusque-là ma gloire ose se démentir!

ALBIN.

Votre cœur est trop bon, et votre âme trop haute.
Mais vous résolvez-vous à punir cette faute?

FÉLIX.

Je vais dans la prison faire tout mon effort
A vaincre cet esprit par l'effroi de la mort,
Et nous verrons après ce que pourra Pauline.

ALBIN.

Que ferez-vous enfin si toujours il s'obstine?

FÉLIX.

Ne me presse point tant; dans un tel déplaisir,
Je ne puis que résoudre, et ne sais que choisir.

ALBIN.

Je dois vous avertir, en serviteur fidèle,
Qu'en sa faveur déjà la ville se rebelle[1],
Et ne peut voir passer par la rigueur des lois
Sa dernière espérance et le sang de ses rois.
Je tiens sa prison même assez mal assurée,
J'ai laissé tout autour une troupe éplorée;
Je crains qu'on ne la force.

FÉLIX.

Il faut donc l'en tirer,
Et l'amener ici pour nous en assurer.

ALBIN.

Tirez-l'en donc vous-même, et d'un espoir de grâce
Apaisez la fureur de cette populace.

FÉLIX.

Allons, et s'il persiste à demeurer chrétien,
Nous en disposerons sans qu'elle en sache rien.

---

1 « *Rebeller* ne se dit plus, et devrait se dire, puisqu'il vient de *rebelle, rebellion.* » (*Voltaire.*)

FIN DU TROISIÈME ACTE.

ACTE QUATRIÈME.

SCÈNE I.

POLYEUCTE, CLÉON, TROIS AUTRES GARDES.

POLYEUCTE.
Gardes, que me veut-on ?
CLÉON.
Pauline vous demande.
POLYEUCTE.
O présence, ô combat que surtout j'appréhende !
Félix, dans la prison j'ai triomphé de toi,
J'ai ri de ta menace, et t'ai vu sans effroi :
Tu prends pour t'en venger de plus puissantes armes,
Je craignais beaucoup moins tes bourreaux que ses larmes.
  Seigneur, qui vois ici les périls que je cours,
En ce pressant besoin redouble ton secours !
Et toi qui, tout sortant encor de la victoire,
Regarde mes travaux du séjour de la gloire,
Cher Néarque, pour vaincre un si fort ennemi,
Prête du haut du ciel la main à ton ami !
  Gardes, oseriez-vous me rendre un bon office ?
Non pour me dérober aux rigueurs du supplice,
Ce n'est pas mon dessein qu'on me fasse évader ;
Mais comme il suffira de trois à me garder,
L'autre m'obligerait d'aller querir Sévère[1] ;
Je crois que sans péril on peut me satisfaire :
Si j'avais pu lui dire un secret important,
Il vivrait plus heureux, et je mourrais content.
CLÉON.
Si vous me l'ordonnez, j'y cours en diligence.
POLYEUCTE.
Sévère à mon défaut fera ta récompense.
Va, ne perds point de temps, et reviens promptement.
CLÉON.
Je serai de retour, seigneur, dans un moment.

---

1 « Querir ne se dit plus. » (*Voltaire.*)—Il est à regretter qu'on ne le dise plus, et que la langue familière conserve seule cet excellent mot.

SCÈNE II[1].

POLYEUCTE.

(Les gardes se retirent aux coins du théâtre.)

Source délicieuse, en misères féconde,
Que voulez-vous de moi, flatteuses voluptés?
Honteux attachements de la chair et du monde,
Que ne me quittez-vous, quand je vous ai quittés?
Allez, honneurs, plaisirs, qui me livrez la guerre :
    Toute votre félicité,
    Sujette à l'instabilité,
    En moins de rien tombe par terre,
    Et comme elle a l'éclat du verre,
    Elle en a la fragilité[2].

Ainsi n'espérez pas qu'après vous je soupire.
Vous étalez en vain vos charmes impuissants,
Vous me montrez en vain par tout ce vaste empire
Les ennemis de Dieu pompeux et florissants.
Il étale à son tour des revers équitables
    Par qui les grands sont confondus;
    Et les glaives qu'il tient pendus[3]

---

1 « Quatre ans après *Polyeucte*, Rotrou donna *Saint Genest* comme une tragédie sainte. On sait que ce Genest était un comédien qui se convertit sur le théâtre, en jouant dans une farce contre les chrétiens. Rotrou, dans cette pièce, a imité ces stances de Polyeucte. » (*Voltaire.*)

2 « On remarqua, dès les premières représentations de *Polyeucte*, que ces trois vers étaient pris entièrement de la trente-deuxième strophe d'une ode de l'évêque Godeau à Louis XIII :

    Mais leur gloire tombe par terre ;
    Et comme elle a l'éclat du verre,
    Elle en a la fragilité.

Cette ode était oubliée, comme le sont toutes les odes aux rois, surtout quand elles sont trop longues; mais on la déterra pour accuser Corneille de ce petit plagiat. Sa mémoire pouvait l'avoir trompé : ces trois vers purent se présenter à lui dans la foule de ses autres enfants : il eût été mieux de ne les pas employer ; il était assez riche de son propre fonds. C'est peut-être une plus grande faute de les avoir crus bons que de se les être appropriés. » (*Voltaire.*) — Ces vers sont une traduction de ce vers de Publius Syrus :

    « Fortuna vitrea est ; tum cum splendet frangitur. »

Corneille n'a pas eu si grand tort de les trouver bons, et on doit croire qu'il ne se les est pas appropriés. La rencontre n'est pas impossible, et, au pis-aller, une réminiscence n'est pas un larcin.

3 « *Qu'il tient suspendus* serait mieux. *Pendus* n'est pas agréable. » (*Voltaire.*)

ACTE IV, SCÈNE II.

   Sur les plus fortunés coupables
   Sont d'autant plus inévitables,
   Que leurs coups sont moins attendus.

Tigre altéré de sang[1], Décie impitoyable,
Ce Dieu t'a trop longtemps abandonné les siens[2] :
De ton heureux destin vois la suite effroyable,
Le Scythe va venger la Perse et les chrétiens.
Encore un peu plus outre, et ton heure est venue,
   Rien ne t'en saurait garantir,
   Et la foudre qui va partir,
   Toute prête à crever la nue,
   Ne peut plus être retenue
   Par l'attente du repentir.

Que cependant Félix m'immole à ta colère ;
Qu'un rival plus puissant éblouisse ses yeux,
Qu'aux dépens de ma vie il s'en fasse beau-père,
Et qu'à titre d'esclave il commande en ces lieux :
Je consens, ou plutôt j'aspire à ma ruine.
   Monde, pour moi tu n'as plus rien,
   Je porte en un cœur tout chrétien
   Une flamme toute divine,
   Et je ne regarde Pauline
   Que comme un obstacle à mon bien.

Saintes douceurs du ciel, adorables idées,
Vous remplissez un cœur qui vous peut recevoir
De vos sacrés attraits les âmes possédées
Ne conçoivent plus rien qui les puisse émouvoir.
Vous promettez beaucoup, et donnez davantage,
   Vos biens ne sont point inconstants,
   Et l'heureux trépas que j'attends
   Ne vous sert que d'un doux passage
   Pour nous introduire au partage,
   Qui nous rend à jamais contents.

C'est vous, ô feu divin que rien ne peut éteindre,
Qui m'allez faire voir Pauline sans la craindre.
Je la vois : mais mon cœur, d'un saint zèle enflammé,
N'en goûte plus l'appas dont il était charmé,
Et mes yeux éclairés des célestes lumières,
Ne trouvent plus aux siens leurs grâces coutumières[3].

---

1 J. B. Rousseau s'est souvenu de ce vers (l. IV, od. VIII) :
  Tigre à qui la pitié ne peut se faire entendre !

2 Ses adorateurs.

3 Le mot *coutumières* a ici un grand charme ; il est plein de tendresse et d'harmonie. Comment se fait-il que Voltaire dise à ce propos : « C'est dommage que ce dernier mot ne soit plus d'usage que dans le burlesque ? »

SCÈNE III.

POLYEUCTE, PAULINE, GARDES.

POLYEUCTE.

Madame, quel dessein vous fait me demander?
Est-ce pour me combattre, ou pour me seconder?
Cet effort généreux de votre amour parfaite
Vient-il à mon secours, vient-il à ma défaite [1]?
Apportez-vous ici la haine et l'amitié,
Comme mon ennemie, ou ma chère moitié?

PAULINE.

Vous n'avez point ici d'ennemi que vous-même [2];
Seul vous vous haïssez, lorsque chacun vous aime,
Seul vous exécutez tout ce que j'ai rêvé,
Ne veuillez pas vous perdre, et vous êtes sauvé.
A quelque extrémité que votre crime passe,
Vous êtes innocent si vous vous faites grâce.
Daignez considérer le sang dont vous sortez,
Vos grandes actions, vos rares qualités;
Chéri de tout le peuple, estimé chez le prince,
Gendre du gouverneur de toute la province [3],
Je ne vous compte à rien le nom de mon époux,
C'est un bonheur pour moi qui n'est pas grand pour vous,
Mais après vos exploits, après votre naissance,
Après votre pouvoir, voyez notre espérance [4],
Et n'abandonnez pas à la main d'un bourreau
Ce qu'à nos justes vœux promet un sort si beau.

POLYEUCTE.

Je considère plus, je sais mes avantages,

---

[1] « Cela n'est pas français. » (*Voltaire*.) — De quel français Voltaire parle-t-il? Il oublie ou il ignore l'usage de la préposition *à* avec le sens de notre *pour*.

[2] « *Point* est ici une faute contre la langue; il faut *vous n'avez d'ennemis que vous-même*. » (*Voltaire*.) — Cette remarque est encore une chicane. Cette forme de proposition négative est familière à tous les bons écrivains de la première moitié du XVIIe siècle.

[3] « Ce *toute* gâte le vers, parce qu'il est à la fois inutile et emphatique. » (*Voltaire*.) — Il n'est pas inutile, car il y a une différence entre le tout et la partie, et il est naturel que Pauline mette dans tout leur jour, même avec quelque emphase, les avantages que Polyeucte sacrifie.

[4] « On ne peut dire *après votre naissance, après votre pouvoir*, comme on dit *après vos exploits. Voyez notre espérance* est le contraire de ce qu'elle entend; car elle entend : « voyez la juste terreur qui nous reste, voyez où vous nous réduisez; vous, d'une si grande naissance, vous qui avez tant de pouvoir! » (*Voltaire*.) — Voltaire commente *Polyeucte* avec humeur, et l'humeur n'est pas une lumière pour le goût. Corneille dit ce qu'il veut dire : les exploits, la naissance, le pouvoir de Polyeucte sont des degrés à s'élever plus haut, des motifs d'espérer davantage.

Et l'espoir que sur eux forment les grands courages [1];
Ils n'aspirent enfin qu'à des biens passagers,
Que troublent les soucis, que suivent les dangers;
La mort nous les ravit, la fortune s'en joue,
Aujourd'hui dans le trône, et demain dans la boue,
Et leur plus haut éclat fait tant de mécontents,
Que peu de vos Césars en ont joui longtemps [2].
  J'ai de l'ambition, mais plus noble et plus belle:
Cette grandeur périt, j'en veux une immortelle,
Un bonheur assuré, sans mesure et sans fin,
Au-dessus de l'envie, au-dessus du destin.
Est-ce trop l'acheter que d'une triste vie
Qui tantôt, qui soudain me peut être ravie [3];
Qui ne me fait jouir que d'un instant qui fuit,
Et ne peut m'assurer de celui qui le suit [4]?

PAULINE.
Voilà de vos chrétiens les ridicules songes [5],
Voilà jusqu'à quel point vous charment leurs mensonges;
Tout votre sang est peu pour un bonheur si doux!
Mais, pour en disposer, ce sang est-il à vous?
Vous n'avez pas la vie ainsi qu'un héritage,
Le jour qui vous la donne en même temps l'engage,
Vous la devez au prince, au public, à l'État.

POLYEUCTE.
Je la voudrais pour eux perdre dans un combat;
Je sais quel en est l'heur, et quelle en est la gloire.
Des aïeux de Décie on vante la mémoire,
Et ce nom, précieux encore à vos Romains,
Au bout de six cents ans lui met l'empire aux mains.
Je dois ma vie au peuple, au prince, à sa couronne,

---

1 « L'espoir que les *grands courages forment sur des avantages* n'est pas une faute contre la syntaxe; mais cela n'est pas bien écrit: la raison en est qu'il ne faut pas un grand courage pour espérer une grande fortune quand on est gendre du gouverneur de *toute la province*, et estimé chez le *prince*. » (*Voltaire.*)

2 C'est ce qu'exprime Juvénal par ces vers de sa dixième satire:

« Ad generum Cereris sine cæde et vulnere pauci
« Descendunt reges et sicca morte tyranni. »

3 *Tantôt* est ici pour *bientôt*.

4 On peut rappeler ici les beaux vers souvent cités du chanoine F. Maucroix:

Chaque jour est un bien que du ciel je reçoi,
Je jouis aujourd'hui de celui qu'il me donne,
Il n'appartient pas plus aux jeunes gens qu'à moi,
Et celui de demain n'appartient à personne.

Et celui-ci de Lamartine:

Et nous n'avons à nous que le jour d'aujourd'hui.

5 « C'est ici que le mot de *ridicule* est bien placé dans la bouche de Pauline. Les termes les plus bas, employés à propos, s'ennoblissent. Racine, dans *Athalie*, se sert des mots de *bouc* et *chien* avec succès. » (*Voltaire.*)

Mais je la dois bien plus au Dieu qui me la donne :
Si mourir pour son prince est un illustre sort,
Quand on meurt pour son Dieu, quelle sera la mort!
PAULINE.
Quel Dieu!
POLYEUCTE.
Tout beau, Pauline! il entend vos paroles [1],
Et ce n'est pas un dieu comme vos dieux frivoles,
Insensibles et sourds, impuissants, mutilés,
De bois, de marbre, ou d'or comme vous les voulez ;
C'est le Dieu des chrétiens, c'est le mien, c'est le vôtre,
Et la terre et le ciel n'en connaissent point d'autre [2].
PAULINE.
Adorez-le dans l'âme, et n'en témoignez rien.
POLYEUCTE.
Que je sois tout ensemble idolâtre et chrétien
PAULINE.
Ne feignez qu'un moment, laissez partir Sévère,
Et donnez lieu d'agir aux bontés de mon père.
POLYEUCTE.
Les bontés de mon Dieu sont bien plus à chérir :
Il m'ôte des périls que j'aurais pu courir [3],

---

1 « *Tout beau* ne peut jamais être ennobli, parce qu'il ne peut être accompagné de rien qui le relève ; mais presque tout ce que dit Polyeucte dans cette scène est du genre sublime. » (*Voltaire.*) — *Tout beau* n'est ni noble, ni bas ; il est familier et nécessaire. C'est une interjection qui arrête la pensée qu'on va contredire. Corneille l'a employé plusieurs fois, et on aurait tort de le supprimer, comme on essayerait vainement de le remplacer où il l'a mis. « Cette locution, dit très-bien M. Guizot (*Notice sur Corneille*, p. 261), dépouillée de son caractère personnel, n'est plus que le signe d'une idée qui nous intéresse, l'expression forte et naturelle d'un sentiment vif, et, pourvu qu'elle nous le représente bien, tout le reste est écarté. » Cette locution est tellement indéterminée qu'on n'a plus conscience de son sens propre ; et, en effet, si on y songeait, il serait impossible de l'appliquer à une femme. *Tout beau* est, selon toute vraisemblance une phrase elliptique et ironique qu'on peut compléter ainsi : « Tout beau que vous êtes, vous avez tort, » ou quelque chose d'analogue. Si tel est le sens étymologique de cette locution, il est certain que le poëte l'ignore, lorsqu'il s'adresse à Pauline. La même remarque s'applique au passage d'*Horace* (act. III, sc. VI) :

Tout beau, ne les pleurez pas tous.

et à celui de *Cinna* (act. I, sc. II) :

Tout beau! ma passion.

2 Ce passage est sublime. Rotrou l'a imité dans la tragédie de *Saint Genest*, et Racine ne l'avait pas oublié, lorsqu'il fait dire à *Esther* (act. III, sc. IV) :

Ce Dieu, maître absolu de la terre et des cieux,
N'est point tel que l'erreur le figure à vos yeux.

3 « On n'ôte point *des périls* ; on vous sauve d'un péril ; on détourne un péril ; on vous arrache à un péril. » (*Voltaire.*) — On tire quelqu'un d'un péril ou on l'en *ôte*, l'expression n'est pas impropre ; mais si l'on dit *courir un danger*, on ne dit pas *courir un*

ACTE IV, SCÈNE III.

Et, sans me laisser lieu de tourner en arrière [1],
Sa faveur me couronne entrant dans la carrière,
Du premier coup de vent il me conduit au port,
Et sortant du baptême il m'envoie à la mort.
Si vous pouviez comprendre, et le peu qu'est la vie,
Et de quelles douceurs cette mort est suivie !...
Mais que sert de parler de ces trésors cachés
A des esprits que Dieu n'a pas encor touchés ?

PAULINE.

Cruel ! (car il est temps que ma douleur éclate
Et qu'un juste reproche accable une âme ingrate
Est-ce là ce beau feu, sont-ce là tes serments ?
Témoignes-tu pour moi les moindres sentiments ?
Je ne te parlais point de l'état déplorable
Où ta mort va laisser ta femme inconsolable ;
Je croyais que l'amour t'en parlerait assez,
Et je ne voulais pas de sentiments forcés ;
Mais cette amour si ferme et si bien méritée
Que tu m'avais promise, et que je t'ai portée,
Quand tu me veux quitter, quand tu me fais mourir,
Te peut-elle arracher une larme, un soupir ?
Tu me quittes, ingrat, et le fais avec joie,
Tu ne la caches pas, tu veux que je la voie,
Et ton cœur, insensible à ces tristes appas,
Se figure un bonheur où je ne serai pas !
C'est donc là le dégoût qu'apporte l'hyménée ?
Je te suis odieuse après m'être donnée [2] !

POLYEUCTE.

Hélas !

PAULINE.

Que cet hélas a de peine à sortir [3] !
Encor s'il commençait un heureux repentir,
Que, tout forcé qu'il est, j'y trouverais de charmes !
Mais, courage, il s'émeut, je vois couler des larmes.

POLYEUCTE.

J'en verse, et plût à Dieu qu'à force d'en verser
Ce cœur trop endurci se pût enfin percer !

---

péril. Pourquoi? Je l'ignore; l'usage fait loi, et il a ses caprices. Dans cette locution, *courir* a le sens de *parcourir, traverser*, et non de *courir après*, comme dans *courir le lièvre, courir les honneurs*, c'est-à-dire *poursuivre*.

1 « *Sans me laisser lieu*, expression de prose rampante. » (*Voltaire*.) — Cette remarque, sévère à l'excès, prouve que l'image que présente cette locution a cessé de frapper l'esprit. La métaphore s'est effacée par l'usage. La figure disparaît, et le mot ne transmet plus qu'une idée abstraite.

2 « Il me semble que ce couplet est tendre, animé, douloureux, naturel, et très à sa place. » (*Voltaire*.) — Les deux derniers vers manquent de délicatesse. Racine ne les aurait pas écrits, mais il eût pu envier à Corneille ceux qui précèdent.

3 « Cet *hélas* est un peu familier; mais il est attendrissant, quoique le mot *sortir* ne soit pas noble. » (*Voltaire*.)

Le déplorable état où je vous abandonne
Est bien digne des pleurs que mon amour vous donne,
Et si l'on peut au ciel sentir quelques douleurs,
J'y pleurerai pour vous l'excès de vos malheurs ;
Mais si, dans ce séjour de gloire et de lumière,
Ce Dieu tout juste et bon peut souffrir ma prière,
S'il y daigne écouter un conjugal amour,
Sur votre aveuglement il répandra le jour.
Seigneur, de vos bontés il faut que je l'obtienne,
Elle a trop de vertus pour n'être pas chrétienne [1],
Avec trop de mérite il vous plut la former,
Pour ne vous pas connaître et ne vous pas aimer,
Pour vivre des enfers esclave infortunée,
Et sous leur triste joug mourir comme elle est née.

PAULINE.
Que dis-tu, malheureux ? qu'oses-tu souhaiter ?

POLYEUCTE.
Ce que de tout mon sang je voudrais acheter.

PAULINE.
Que plutôt....

POLYEUCTE.
　　　　　　C'est en vain qu'on se met en défense :
Ce Dieu touche les cœurs lorsque moins on y pense
Ce bienheureux moment n'est pas encor venu ;
Il viendra, mais le temps ne m'en est pas connu [2].

PAULINE.
Quittez cette chimère, et m'aimez.

POLYEUCTE.
　　　　　　　　　　　　　　Je vous aime,
Beaucoup moins que mon Dieu, mais bien plus que moi-même.

PAULINE.
Au nom de cet amour, ne m'abandonnez pas.

POLYEUCTE.
Au nom de cet amour, daignez suivre mes pas.

PAULINE.
C'est peu de me quitter, tu veux donc me séduire ?

POLYEUCTE.
C'est peu d'aller au ciel, je vous y veux conduire.

PAULINE.
Imaginations !

POLYEUCTE.
　　　　Célestes vérités !

PAULINE.
Étrange aveuglement !

POLYEUCTE.
　　　　　Éternelles clartés !

PAULINE.
Tu préfères la mort à l'amour de Pauline !

---

1 « Ce vers est admirable. » (*Voltaire*.)
　Ces vers sont une admirable préparation au dénoûment.

ACTE IV, SCÈNE III.

POLYEUCTE.
Vous préférez le monde à la bonté divine
PAULINE.
Va, cruel, va mourir, tu ne m'aimas jamais.
POLYEUCTE.
Vivez heureuse au monde, et me laissez en paix.
PAULINE.
Oui, je t'y vais laisser, ne t'en mets plus en peine,
Je vais¹....

SCÈNE IV.

POLYEUCTE, PAULINE, SÉVÈRE, FABIAN ; GARDES.

PAULINE.
Mais quel dessein en ce lieu vous amène,
Sévère? Aurait-on cru qu'un cœur si généreux
Pût venir jusqu'ici braver un malheureux?
POLYEUCTE.
Vous traitez mal, Pauline, un si rare mérite,
A ma seule prière il rend cette visite.
Je vous ai fait, seigneur, une incivilité²,
Que vous pardonnerez à ma captivité.
Possesseur d'un trésor dont je n'étais pas digne,
Souffrez avant ma mort que je vous le résigne³,
Et laisse la vertu la plus rare à nos yeux
Qu'une femme jamais pût recevoir des cieux,
Aux mains du plus vaillant et du plus honnête homme
Qu'ait adoré la terre et qu'ait vu naître Rome.
Vous êtes digne d'elle, elle est digne de vous ;
Ne la refusez pas de la main d'un époux :
S'il vous a désunis, sa mort vous va rejoindre.

---

1 Dans toute cette scène, Corneille est incomparable. Ces vers divins ont, comme les dieux de la Fable, le privilège d'éternelle jeunesse.
2 « Rendre visite et incivilité ne doivent jamais être employés dans la tragédie. » (Voltaire.)
3 « Cette étrange idée de prier Sévère de venir pour lui céder sa femme ne serait pas tolérable en toute autre occasion ; on ne peut l'approuver que dans un chrétien qui n'aime que le martyre. Mais cela produit de très-grandes beautés dans la scène suivante. » (Voltaire.) — Cela même est une beauté que Voltaire aurait vue s'il eût été chrétien. Son aveuglement lui fait trouver étrange le sublime de l'abnégation. Il va jusqu'à traiter cette cession de lâche et de ridicule et il ajoute : « on peut dire que cette cession n'a rien d'attendrissant parce qu'elle n'a rien de nécessaire. » Or c'est précisément parce qu'elle n'est pas nécessaire qu'elle est héroïque et digne d'admiration. Mais Voltaire aime mieux que ce soit « un hors-d'œuvre qui ne va pas au cœur. »

Qu'un feu jadis si beau n'en devienne pas moindre
Rendez-lui votre cœur, et recevez sa foi,
Vivez heureux ensemble, et mourez comme moi
C'est le bien qu'à tous deux Polyeucte désire.

Qu'on me mène à la mort, je n'ai plus rien à dire.
Allons, gardes, c'est fait.

SCÈNE V.

SÉVÈRE, PAULINE, FABIAN.

SÉVÈRE.

Dans mon étonnement,
Je suis confus pour lui de son aveuglement [1];
Sa résolution a si peu de pareilles,
Qu'à peine je me fie encore à mes oreilles.
Un cœur qui vous chérit (mais quel cœur assez bas
Aurait pu vous connaître, et ne vous chérir pas?),
Un homme aimé de vous, sitôt qu'il vous possède,
Sans regret il vous quitte, il fait plus, il vous cède,
Et comme si vos feux étaient un don fatal,
Il en fait un présent lui-même à son rival [2]!
Certes, ou les chrétiens ont d'étranges manies,
Ou leurs félicités doivent être infinies,
Puisque pour y prétendre ils osent rejeter
Ce que de tout l'empire il faudrait acheter [3].

Pour moi, si mes destins un peu plus tôt propices
Eussent de votre hymen honoré mes services,
Je n'aurais adoré que l'éclat de vos yeux,
J'en aurais fait mes rois, j'en aurais fait mes dieux [4],
On m'aurait mis en poudre, on m'aurait mis en cendre,
Avant que...

---

1 « Cette résignation de Polyeucte fait naître une des plus belles scènes qui soient au théâtre. » (*Voltaire.*)

2 « C'est dommage qu'*un présent de vos feux* gâte un peu ces vers excellents. » (*Voltaire.*)

3 Ce beau vers ressemble trop à celui de la scène précédente :

    Ce que de tout mon sang je voudrais acheter,

et tous deux rappellent une bonne fortune de Scudéri (*Mort de César*):

    Mais César est injuste en voulant nous ôter
    Ce que tous les trésors ne sauraient acheter.

Voilà pour Scudéri une belle périphrase du mot *liberté*.

4 Ceci paraît imité des vers célèbres de du Ryer, que La Rochefoucauld a parodiés.

    Pour plaire à ses beaux yeux,
    J'ai fait la guerre aux rois, je l'aurais faite aux dieux.

ACTE IV, SCÈNE V.

PAULINE.

Brisons là ; je crains de trop entendre,
Et que cette chaleur, qui sent vos premiers feux [1],
Ne pousse quelque suite indigne de tous deux.
Sévère, connaissez Pauline tout entière.
Mon Polyeucte touche à son heure dernière,
Pour achever de vivre il n'a plus qu'un moment,
Vous en êtes la cause, encor qu'innocemment.
Je ne sais si votre âme, à vos désirs ouverte,
Aurait osé former quelque espoir sur sa perte ;
Mais sachez qu'il n'est point de si cruels trépas
Où d'un front assuré je ne porte mes pas,
Qu'il n'est point aux enfers d'horreurs que je n'endure,
Plutôt que de souiller une gloire si pure,
Que d'épouser un homme, après son triste sort,
Qui de quelque façon soit cause de sa mort [2],
Et si vous me croyiez d'une âme si peu saine [3],
L'amour que j'eus pour vous tournerait toute en haine.
Vous êtes généreux ; soyez-le jusqu'au bout.
Mon père est en état de vous accorder tout,
Il vous craint, et j'avance encor cette parole,
Que s'il perd mon époux, c'est à vous qu'il l'immole.
Sauvez ce malheureux, employez-vous pour lui,
Faites-vous un effort pour lui servir d'appui.
Je sais que c'est beaucoup que ce que je demande,
Mais plus l'effort est grand, plus la gloire en est grande.
Conserver un rival dont vous êtes jaloux,
C'est un trait de vertu qui n'appartient qu'à vous ;
Et si ce n'est assez de votre renommée,
C'est beaucoup qu'une femme autrefois tant aimée,
Et dont l'amour peut-être encor vous peut toucher,
Doive à votre grand cœur ce qu'elle a de plus cher :
Souvenez-vous enfin que vous êtes Sévère.
Adieu. Résolvez seul ce que vous voulez faire ;
Si vous n'êtes pas tel que je l'ose espérer,
Pour vous priser encor je le veux ignorer [4].

---

1 « *Une chaleur qui sent de premiers feux et qui pousse une suite* ; cela est mal écrit, d'accord ; mais le sentiment l'emporte ici sur les termes, et le reste est d'une beauté dont il n'y eut jamais d'exemple. Les Grecs étaient des déclamateurs froids, en comparaison de cet endroit de Corneille. » (*Voltaire.*)

2 « Par la construction, c'est le triste sort de cet homme qu'elle épouserait en secondes noces ; et, par le sens, c'est le triste sort de Polyeucte dont il s'agit. » (*Voltaire.*)

3 « *Si peu saine* n'est pas le mot propre. » (*Voltaire.*)

4 « Il n'est point du tout naturel que Pauline sorte sans recevoir une reponse qu'elle attend avec tant d'empressement. Mais le dernier vers est si beau, et en même temps si adroit, qu'il fait tout pardonner. » (*Voltaire*). — Cette remarque contient une critique et un éloge. L'éloge est juste, la critique n'est pas fondée. En effet, Pauline, qui demande un sacrifice, ne doit ni attendre un refus, ni forcer un consentement ; elle doit laisser à Sévère le temps de réfléchir et la liberté de choisir.

SCÈNE VI.

SÉVÈRE, FABIAN.

SÉVÈRE.

Qu'est-ce ci, Fabian? quel nouveau coup de foudre
Tombe sur mon bonheur, et le réduit en poudre!
Plus je l'estime près, plus il est éloigné;
Je trouve tout perdu quand je crois tout gagné,
Et toujours la fortune, à me nuire obstinée,
Tranche mon espérance aussitôt qu'elle est née.
Avant qu'offrir des vœux je reçois des refus,
Toujours triste, toujours et honteux et confus
De voir que lâchement elle ait osé renaître,
Qu'encor plus lâchement elle ait osé paraître,
Et qu'une femme enfin dans la calamité
Me fasse des leçons de générosité.
 Votre belle âme est haute autant que malheureuse,
Mais elle est inhumaine autant que généreuse,
Pauline; et vos douleurs avec trop de rigueur
D'un amant tout à vous tyrannisent le cœur.
C'est donc peu de vous perdre, il faut que je vous donne,
Que je serve un rival lorsqu'il vous abandonne,
Et que par un cruel et généreux effort
Pour vous rendre en ses mains je l'arrache à la mort.

FABIAN.

Laissez à son destin cette ingrate famille,
Qu'il accorde, s'il veut, le père avec la fille,
Polyeucte et Félix, l'épouse avec l'époux,
D'un si cruel effort quel prix espérez-vous?

SÉVÈRE.

La gloire de montrer à cette âme si belle
Que Sévère l'égale, et qu'il est digne d'elle,
Qu'elle m'était bien due, et que l'ordre des cieux
En me la refusant m'est trop injurieux.

FABIAN.

Sans accuser le sort ni le ciel d'injustice,
Prenez garde au péril qui suit un tel service.
Vous hasardez beaucoup, seigneur, pensez-y bien.
Quoi! vous entreprenez de sauver un chrétien!
Pouvez-vous ignorer pour cette secte impie
Quelle est et fut toujours la haine de Décie?
C'est un crime vers lui si grand, si capital,
Qu'à votre faveur même il peut être fatal.

SÉVÈRE.

Cet avis serait bon pour quelque âme commune.
S'il tient entre ses mains ma vie et ma fortune,
Je suis encor Sévère, et tout ce grand pouvoir

ACTE IV, SCÈNE VI.

Ne peut rien sur ma gloire, et rien sur mon devoir.
Ici l'honneur m'oblige, et j'y veux satisfaire;
Qu'après le sort se montre ou propice ou contraire,
Comme son naturel est toujours inconstant,
Périssant glorieux, je périrai content.
　Je te dirai bien plus, mais avec confidence,
La secte des chrétiens n'est pas ce que l'on pense [1] :
On les hait, la raison, je ne la connais point,
Et je ne vois Décie injuste qu'en ce point.
Par curiosité j'ai voulu les connaître :
On les tient pour sorciers dont l'enfer est le maître,
Et sur cette croyance on punit du trépas
Des mystères secrets que nous n'entendons pas.
Mais Cérès Éleusine, et la bonne déesse,
Ont leurs secrets comme eux à Rome et dans la Grèce ;
Encore impunément nous souffrons en tous lieux,
Leur Dieu seul excepté, toute sorte de dieux :
Tous les monstres d'Égypte ont leurs temples dans Rome,
Nos aïeux à leur gré faisaient un dieu d'un homme,
Et leur sang parmi nous conservant leurs erreurs,
Nous remplissons le ciel de tous nos empereurs :
Mais, à parler sans fard de tant d'apothéoses,
L'effet est bien douteux de ces métamorphoses [2].
　Les chrétiens n'ont qu'un Dieu, maître absolu de tout,
De qui le seul vouloir fait tout ce qu'il résout :
Mais, si j'ose entre nous dire ce qu'il me semble,
Les nôtres bien souvent s'accordent mal ensemble,
Et me dût leur colère écraser à tes yeux,
Nous en avons beaucoup pour être de vrais dieux [3].
Enfin chez les chrétiens les mœurs sont innocentes,
Les vices détestés, les vertus florissantes [4] ;
Ils font des vœux pour nous qui les persécutons [5] ;

---

　1 « On sait assez que c'est là un des plus beaux endroits de la pièce ; jamais on n'a mieux parlé de la tolérance. » (*Voltaire.*)
　2 Ces deux mots grecs riment bien ; c'est tout ce qu'il est permis d'en dire.
　3 Corneille a retranché ici quatre vers, dans la crainte qu'on n'en abusât en les généralisant.

　　Peut-être qu'après tout ces croyances publiques
　　Ne sont qu'inventions de sages politiques,
　　Pour contenir un peuple ou bien pour l'émouvoir,
　　Et dessus sa faiblesse appuyer leur pouvoir.

Voltaire n'avait pas de ces scrupules en matière religieuse.
　4 Ici encore quatre vers ont été retranchés :

　　Jamais un adultère, un traître, un assassin,
　　Jamais d'ivrognerie et jamais de larcin :
　　Ce n'est qu'amour entre eux, que charité sincère ;
　　Chacun y chérit l'autre, et le secourt en frère.

　5 « Remarquez ici que Racine, dans *Esther,* exprime la même chose en cinq vers :

　　Tandis que votre main sur eux appesantie
　　A leurs persécuteurs les livrait sans secours,
　　Ils conjuraient ce Dieu de veiller sur vos jours

Et, depuis tant de temps que nous les tourmentons,
Les a-t-on vu mutins ? les a-t-on vu rebelles ?
Nos princes ont-ils eu des soldats plus fidèles ?
Furieux dans la guerre, ils souffrent nos bourreaux ;
Et, lions au combat, ils meurent en agneaux.
J'ai trop de pitié d'eux pour ne pas les défendre.
Allons trouver Félix, commençons par son gendre ;
Et contentons ainsi, d'une seule action,
Et Pauline, et ma gloire, et ma compassion.

> De rompre des méchants les trames criminelles,
> De mettre votre trône à l'ombre de ses ailes.

« Sévère, qui parle en homme d'État, ne dit qu'un mot, et ce mot est plein d'énergie : Esther, qui veut toucher Assuérus, étend davantage cette idée. Sévère ne fait qu'une réflexion ; Esther fait une prière : ainsi l'un doit être concis, et l'autre déployer une éloquence attendrissante. Ce sont des beautés différentes, et toutes deux à leur place. On peut souvent faire de ces comparaisons ; rien ne contribue davantage à épurer le goût. » (*Voltaire.*) — Voltaire ne remarque pas que les vers qui suivent,

> Les a-t-on vus mutins ? les a-t-on vus rebelles ?
> Nos princes ont-ils eu des sujets plus fidèles !

ont encore été imités par Racine, au même endroit (*Esther* act. III, sc. IV) :

> Quelle guerre intestine avons-nous allumée ?
> Les a-t-on vus marcher parmi vos ennemis ?
> Fut-il jamais au joug esclaves plus soumis ?

FIN DU QUATRIÈME ACTE.

ACTE CINQUIÈME.

SCÈNE I.

FÉLIX, ALBIN, CLÉON.

FÉLIX.
Albin, as-tu bien vu la fourbe de Sévère?
As-tu bien vu sa haine? et vois-tu ma misère [1]?
ALBIN.
Je n'ai vu rien en lui qu'un rival généreux,
Et ne vois rien en vous qu'un père rigoureux.
FÉLIX.
Que tu discernes mal le cœur d'avec la mine [2]!
Dans l'âme il hait Félix et dédaigne Pauline,
Et, s'il l'aima jadis, il estime aujourd'hui
Les restes d'un rival trop indignes de lui.
Il parle en sa faveur, il me prie, il menace,
Et me perdra, dit-il, si je ne lui fais grâce,
Tranchant du généreux, il croit m'épouvanter;
L'artifice est trop lourd pour ne pas l'éventer.
Je sais des gens de cour quelle est la politique,
J'en connais mieux que lui la plus fine pratique [3].
C'est en vain qu'il tempête et feint d'être en fureur;
Je vois ce qu'il prétend auprès de l'empereur.
De ce qu'il me demande il m'y ferait un crime,
Épargnant son rival, je serais sa victime,
Et s'il avait affaire à quelque maladroit,
Le piège est bien tendu, sans doute il le perdroit [4]:
Mais un vieux courtisan est un peu moins crédule,

---

1 « Le mot de *misère*, qu'on emploie souvent en vers pour malheur, peut n'être pas convenable ici, parce qu'il peut être entendu de la misère, c'est-à-dire de la bassesse des sentiments. » (*Voltaire.*)
2 « Ce vers est trop du ton de la comédie. » (*Voltaire.*)
3 « *Tranchant du généreux... l'artifice est trop lourd... la plus fine pratique;* tout cela est du style comique. » (*Voltaire.*)
4 « Toute cette tirade, et ces expressions bourgeoises, *j'en ai tant vu de toutes les façons, et j'en ferais des leçons au besoin, et s'il avait affaire à un maladroit*, sont absolument mauvaises. Il faut savoir avouer les fautes, comme admirer les beautés. » (*Voltaire.*)

Il voit quand on le joue, et quand on dissimule,
Et moi j'en ai tant vu de toutes les façons,
Qu'à lui-même au besoin j'en ferais des leçons.
ALBIN.
Dieux! que vous vous gênez par cette défiance!
FÉLIX.
Pour subsister en cour c'est la haute science [1].
Quand un homme une fois a droit de nous haïr,
Nous devons présumer qu'il cherche à nous trahir :
Toute son amitié nous doit être suspecte.
Si Polyeucte enfin n'abandonne sa secte,
Quoi que son protecteur ait pour lui dans l'esprit,
Je suivrai hautement l'ordre qui m'est prescrit.
ALBIN.
Grâce, grâce, seigneur! que Pauline l'obtienne!
FÉLIX.
Celle de l'empereur ne suivrait pas la mienne,
Et loin de le tirer de ce pas hasardeux,
Ma bonté ne ferait que nous perdre tous deux.
ALBIN.
Mais Sévère promet...
FÉLIX.
Albin, je m'en défie,
Et connais mieux que lui la haine de Décie ;
En faveur des chrétiens s'il choquait son courroux,
Lui-même assurément se perdrait avec nous.
Je veux tenter pourtant encore une autre voie.
Amenez Polyeucte, et si je le renvoie,
S'il demeure insensible à ce dernier effort,
Au sortir de ce lieu qu'on lui donne la mort [2].
ALBIN.
Votre ordre est rigoureux.
FÉLIX.
Il faut que je le suive,
Si je veux empêcher qu'un désordre n'arrive.
Je vois le peuple ému pour prendre son parti,
Et toi-même tantôt tu m'en as averti.
Dans ce zèle pour lui qu'il fait déjà paraître,
Je ne sais si longtemps j'en pourrais être maître ;
Peut-être dès demain, dès la nuit, dès ce soir [3],

---

1 « *Pour subsister en cour* est une expression bourgeoise. *La haute science pour subsister en cour* n'est pas de faire couper le cou à son gendre avant de demander l'ordre de l'empereur ; il faut des raisons plus fortes. Le zèle de la religion suffisait, et pouvait fournir des choses sublimes. » (*Voltaire.*) — Un homme d'État païen zélé et sincère eût été un anachronisme. Le polythéisme n'avait alors que des partisans politiques et des dévots aveugles.

2 La situation est celle de Bajazet (act. V, sc. III), quand Roxane dit :

Mais s'il sort, il est mort.

3 Exemple et modèle de progression.

ACTE V, SCÈNE I.

J'en verrais des effets que je ne veux pas voir ;
Et Sévère aussitôt, courant à sa vengeance,
M'irait calomnier ¹ de quelque intelligence.
Il faut rompre ce coup qui me serait fatal.

ALBIN.

Que tant de prévoyance est un étrange mal !
Tout vous nuit, tout vous perd, tout vous fait de l'ombrage ².
Mais voyez que sa mort mettra ce peuple en rage,
Que c'est mal le guérir que le désespérer.

FÉLIX.

En vain après sa mort il voudra murmurer,
Et s'il ose venir à quelque violence,
C'est à faire à céder deux jours à l'insolence :
J'aurai fait mon devoir, quoi qu'il puisse arriver ³.
Mais Polyeucte vient, tâchons à le sauver.
Soldats retirez-vous, et gardez bien la porte.

SCÈNE II.

FÉLIX, POLYEUCTE, ALBIN.

FÉLIX.

As-tu donc pour la vie une haine si forte,
Malheureux Polyeucte, et la loi des chrétiens
T'ordonne-t-elle ainsi d'abandonner les tiens ?

POLYEUCTE.

Je ne hais point la vie, et j'en aime l'usage,
Mais sans attachement qui sente l'esclavage,
Toujours prêt à la rendre au Dieu dont je la tiens ;
La raison me l'ordonne, et la loi des chrétiens ⁴,
Et je vous montre à tous par là comme il faut vivre,
Si vous avez le cœur assez bon pour me suivre.

FÉLIX.

Te suivre dans l'abîme où tu te veux jeter ?

POLYEUCTE.

Mais plutôt dans la gloire où je m'en vais monter.

FÉLIX.

Donne-moi pour le moins le temps de la connaître,
Pour me faire chrétien, sers-moi de guide à l'être,
Et ne dédaigne pas de m'instruire en ta foi,
Ou toi-même à ton Dieu tu répondras de moi.

---

1 *Accuser calomnieusement*, latinisme tombé à tort en désuétude.

2   Tout m'afflige et me nuit, et conspire à me nuire
                            Racine, *Phèdre*, act I, sc. III.

3 C'est la noble devise de la chevalerie au moyen âge : *Fais ce que dois, advienne que pourra*.

4 Tour poétique.

POLYEUCTE.
N'en riez point, Félix, il sera votre juge,
Vous ne trouverez point devant lui de refuge.
Les rois et les bergers y sont d'un même rang [1] :
De tous les siens sur vous il vengera le sang.

FÉLIX.
Je n'en répandrai plus, et, quoi qu'il en arrive,
Dans la foi des chrétiens je souffrirai qu'on vive;
J'en serai protecteur.

POLYEUCTE.
Non, non, persécutez,
Et soyez l'instrument de nos félicités.
Celle d'un vrai chrétien n'est que dans les souffrances,
Les plus cruels tourments lui sont des récompenses;
Dieu, qui rend le centuple aux bonnes actions [2],
Pour comble donne encor les persécutions.
Mais ces secrets pour vous sont fâcheux à comprendre [3],
Ce n'est qu'à ses élus que Dieu les fait entendre.

FÉLIX.
Je te parle sans fard, et veux être chrétien.

POLYEUCTE.
Qui peut donc retarder l'effet d'un si grand bien?

FÉLIX.
La présence importune...

POLYEUCTE.
Et de qui? de Sévère?

FÉLIX.
Pour lui seul contre toi j'ai feint tant de colère :
Dissimule un moment jusques à son départ.

POLYEUCTE.
Félix, c'est donc ainsi que vous parlez sans fard?
Portez à vos païens, portez à vos idoles,
Le sucre empoisonné que sèment vos paroles [4].
Un chrétien ne craint rien, ne dissimule rien,
Aux yeux de tout le monde il est toujours chrétien.

FÉLIX.
Ce zèle de ta foi ne sert qu'à te séduire,
Si tu cours à la mort plutôt que de m'instruire.

POLYEUCTE.
Je vous en parlerais ici hors de saison,
Elle est un don du ciel, et non de la raison,
Et c'est là que bientôt, voyant Dieu face à face,

---

1. Issus de pères rois et de pères bergers,
La Parque également sous la tombe nous serre. (Malherbe.)

2. *Centuplum accipies.* (Evang.)

3. « Ce mot *fâcheux* n'est pas le mot propre, c'est *difficile*. » (*Voltaire.*) — Sont *fâcheux*, «fastidiosi;» *vous font peine à*, etc. *Difficile* ne serait pas plus exact et serait antipoétique.

4. « Ce mot de *sucre* n'est admis que dans le discours très-familier. » (*Voltaire.*) — Il fallait donc louer Corneille de l'avoir placé de manière à l'ennoblir.

ACTE V, SCÈNE II.

Plus aisément pour vous j'obtiendrai cette grâce.
FÉLIX.
Ta perte cependant me va désespérer.
POLYEUCTE.
Vous avez en vos mains de quoi la réparer;
En vous ôtant un gendre, on vous en donne un autre
Dont la condition répond mieux qu'à la vôtre [1];
Ma perte n'est pour vous qu'un change avantageux.
FÉLIX.
Cesse de me tenir ce discours outrageux [2].
Je t'ai considéré plus que tu ne mérites,
Mais, malgré ma bonté, qui croît plus tu l'irrites,
Cette insolence enfin te rendrait odieux,
Et je me vengerais aussi bien que nos dieux.
POLYEUCTE.
Quoi! vous changez bientôt d'humeur et de langage!
Le zèle de vos dieux rentre en votre courage [3]!
Celui d'être chrétien s'échappe! et par hasard
Je vous viens d'obliger à me parler sans fard!
FÉLIX.
Va, ne présume pas que, quoi que je te jure,
De tes nouveaux docteurs je suive l'imposture.
Je flattais ta manie, afin de t'arracher
Du honteux précipice où tu vas trébucher;
Je voulais gagner temps pour ménager ta vie
Après l'éloignement d'un flatteur de Décie [4]:
Mais j'ai trop fait d'injure à nos dieux tout-puissants;
Choisis de leur donner ton sang, ou de l'encens.
POLYEUCTE.
Mon choix n'est point douteux. Mais j'aperçois Pauline :
O ciel!

SCÈNE III

FÉLIX, POLYEUCTE, PAULINE, ALBIN.

PAULINE.
Qui de vous deux aujourd'hui m'assassine?
Sont-ce tous deux ensemble, ou chacun à son tour?
Ne pourrai-je fléchir la nature ou l'amour?
Et n'obtiendrai-je rien d'un époux ni d'un père?

---

1 « *La condition* est du style de la comédie. » (*Voltaire.*)
2 « *Outrageux* n'est pas un mot usité ; mais plusieurs auteurs s'en sont heureusement servis. Nous ne sommes pas assez riches pour devoir nous priver de ce que nous avons. » (*Voltaire.*)
3 *Courage*, cœur.
4 « *Gagner temps*, style de comédie. *Flatteur de Décie*; ce n'est pas ainsi qu'il doit caractériser Sévère. » (*Voltaire.*)

FÉLIX.

Parlez à votre époux.

POLYEUCTE.
Vivez avec Sévère[1].

PAULINE.
Tigre, assassine-moi du moins sans m'outrager.

POLYEUCTE.
Mon amour, par pitié, cherche à vous soulager;
Il voit quelle douleur dans l'âme vous possède,
Et sait qu'un autre amour en est le seul remède.
Puisqu'un si grand mérite a pu vous enflammer,
Sa présence toujours a droit de vous charmer[2] :
Vous l'aimiez, il vous aime : et sa gloire augmentée....

PAULINE.
Que t'ai-je fait, cruel, pour être ainsi traitée,
Et pour me reprocher, au mépris de ma foi,
Un amour si puissant que j'ai vaincu pour toi?
Vois, pour te faire vaincre un si fort adversaire,
Quels efforts à moi-même il a fallu me faire;
Quels combats j'ai donnés pour te donner un cœur[3]
Si justement acquis à son premier vainqueur,
Et si l'ingratitude en ton cœur ne domine,
Fais quelque effort sur toi pour te rendre à Pauline
Apprends d'elle à forcer ton propre sentiment[4],
Prends sa vertu pour guide en ton aveuglement,
Souffre que de toi-même elle obtienne ta vie,
Pour vivre sous ses lois à jamais asservie.
Si tu peux rejeter de si justes désirs,
Regarde au moins ses pleurs, écoute ses soupirs,
Ne désespère pas une âme qui t'adore[5].

POLYEUCTE.
Je vous l'ai déjà dit, et vous le dis encore,
Vivez avec Sévère, ou mourez avec moi[6].

---

1 « On est un peu révolté que Polyeucte ne parle à sa femme que de l'amour qu'elle a pour Sévère. Cette répétition peut déplaire. » (*Voltaire*) — La persistance de Polyeucte prouve qu'il n'a pas cédé à un simple élan de générosité. La répétion *doit* déplaire à Voltaire, puisque la proposition l'avait choqué au point de lui paraître *étrange*.

2 Polyeucte renvoie ici à Pauline ce qu'elle a dit (act. II, sc. IV):

Depuis qu'un vrai mérite a pu nous enflammer,
Sa présence toujours a droit de nous charmer.

3 « *Donnés* pour *te donner*, répétition vicieuse. » (*Voltaire.*) — Corneille aurait pu substituer *rendus* à *donnés*.

4 « Le mot propre est *dompter*. » (*Voltaire.*)

5 « Comment Pauline peut-elle dire qu'elle adore Polyeucte? elle lui donne, *par devoir et par affection*, tout ce que l'autre avait *par inclination*; mais *l'adorer*, c'est trop. » (*Voltaire.*)

6 « Cette troisième apostrophe, cet empressement extrême de lui donner un mari, ne paraissent pas naturels*. Tout cela n'em-

---

* Cette troisième remarque est fort naturelle dans la bouche de Voltaire, sans en être plus juste. Le reste de la note est parfaitement judicieux.

ACTE V, SCÈNE III.

Je ne méprise point vos pleurs, ni votre foi,
Mais de quoi que pour vous notre amour m'entretienne [1],
Je ne vous connais plus, si vous n'êtes chrétienne [2].

C'en est assez, Félix, reprenez ce courroux,
Et sur cet insolent vengez vos dieux, et vous.

PAULINE.

Ah! mon père, son crime à peine est pardonnable,
Mais s'il est insensé, vous êtes raisonnable :
La nature est trop forte, et ses aimables traits
Imprimés dans le sang [3] ne s'effacent jamais :
Un père est toujours père [4], et sur cette assurance
J'ose appuyer encore un reste d'espérance.
Jetez sur votre fille un regard paternel :
Ma mort suivra la mort de ce cher criminel,
Et les dieux trouveront sa peine illégitime,
Puisqu'elle confondra l'innocence et le crime,
Et qu'elle changera, par ce redoublement [5],
En injuste rigueur un juste châtiment.
Nos destins, par vos mains rendus inséparables,
Nous doivent rendre heureux ensemble, ou misérables,
Et vous seriez cruel jusques au dernier point,
Si vous désunissiez ce que vous avez joint.
Un cœur à l'autre uni jamais ne se retire;
Et pour l'en séparer il faut qu'on le déchire.
Mais vous êtes sensible à mes justes douleurs,
Et d'un œil paternel vous regardez mes pleurs.

FÉLIX.

Oui, ma fille, il est vrai qu'un père est toujours père,
Rien n'en peut effacer le sacré caractère,
Je porte un cœur sensible et vous l'avez percé,
Je me joins avec vous contre cet insensé.

---

pêche pas que cette scène ne soit écoutée avec un grand plaisir. L'obstination de Polyeucte, sa résignation, son transport divin, plaisent beaucoup. Ceux qui assistent au spectacle étant persuadés, pour la plupart, des vérités qui enflamment Polyeucte, sont saisis de son transport: ils ne sont pas fort attendris, mais ils s'intéressent à la situation. » (*Voltaire*.)

1 « *De quoi que notre amour m'entretienne pour vous.* Ce vers est un barbarisme. *Un amour qui entretient*, et *qui entretient pour !* et *de quoi qu'il entretienne !* Il n'est pas permis de parler ainsi. » (*Voltaire.*)

2 Albe vous a nommé, *je ne vous connais plus.*
   Horace, act. II, sc. III.

3 Le sang n'est guère propre à recevoir des empreintes.

4 Tout père frappe à côté.
   La Fontaine, liv. VIII, f. xx.

Un père, en punissant, madame, est toujours père.
Racine, *Phèdre*, act. III, sc. III.

5 « Il est triste que *redoublement* ne puisse se dire en cette occasion: le sens est beau. » (*Voltaire.*) — L'expression n'est pas mauvaise, car on entend fort bien que *redoublement* signifie *double mort*.

Malheureux Polyeucte, es-tu seul insensible?
Et veux-tu rendre seul ton crime irrémissible?
Peux-tu voir tant de pleurs d'un œil si détaché?
Peux-tu voir tant d'amour sans en être touché?
Ne reconnais-tu plus ni beau-père, ni femme,
Sans amitié pour l'un, et pour l'autre sans flamme?
Pour reprendre les noms et de gendre et d'époux,
Veux-tu nous voir tous deux embrasser tes genoux?

POLYEUCTE.
Que tout cet artifice est de mauvaise grâce!
Après avoir deux fois essayé la menace,
Après m'avoir fait voir Néarque dans la mort,
Après avoir tenté l'amour et son effort,
Après m'avoir montré cette soif du baptême,
Pour opposer à Dieu l'intérêt de Dieu même,
Vous vous joignez ensemble! Ah, ruses de l'enfer!
Faut-il tant de fois vaincre avant que triompher!
Vos résolutions usent trop de remise[1],
Prenez la vôtre enfin, puisque la mienne est prise.
  Je n'adore qu'un Dieu, maître de l'univers,
Sous qui tremblent le ciel, la terre, et les enfers,
Un Dieu qui, nous aimant d'une amour infinie,
Voulut mourir pour nous avec ignominie,
Et qui, par un effort de cet excès d'amour,
Veut pour nous en victime être offert chaque jour.
Mais j'ai tort d'en parler à qui ne peut m'entendre.
Voyez l'aveugle erreur que vous osez défendre:
Des crimes les plus noirs vous souillez tous vos dieux;
Vous n'en punissez point qui n'ait son maître aux cieux;
La prostitution, l'adultère, l'inceste,
Le vol, l'assassinat, et tout ce qu'on déteste,
C'est l'exemple qu'à suivre offrent vos immortels[2].
J'ai profané leur temple, et brisé leurs autels;
Je le ferais encor, si j'avais à le faire[3],
Même aux yeux de Félix, même aux yeux de Sévère,
Même aux yeux du sénat, aux yeux de l'empereur.

FÉLIX.
Enfin ma bonté cède à ma juste fureur:
Adore-les, ou meurs.

POLYEUCTE.
Je suis chrétien.

FÉLIX.
Impie!
Adore-les, te dis-je, ou renonce à la vie.

---

[1] « Phrase qui n'a point d'élégance. *User de remise*, expression prosaïque: *user* d'ailleurs suppose *usage*; une résolution n'a point d'usage. » (*Voltaire.*)

[2] Ces arguments familiers aux premiers chrétiens, ont été supérieurement développés par Tertullien et saint Augustin.

[3] « Ce vers est dans *le Cid* et est à sa place dans les deux pièces. » (*Voltaire.*)

POLYEUCTE.

Je suis chrétien ¹.
FÉLIX.
Tu l'es? O cœur trop obstiné!
Soldats, exécutez l'ordre que j'ai donné.
PAULINE.
Où le conduisez-vous?
FÉLIX.
A la mort.
POLYEUCTE.
A la gloire ².
Chère Pauline, adieu, conservez ma mémoire.
PAULINE.
Je te suivrai partout, et mourrai si tu meurs.
POLYEUCTE.
Ne suivez point mes pas, ou quittez vos erreurs.
FÉLIX.
Qu'on l'ôte de mes yeux, et que l'on m'obéisse.
Puisqu'il aime à périr, je consens qu'il périsse.

SCÈNE IV.

FÉLIX, ALBIN.

FÉLIX.
Je me fais violence, Albin, mais je l'ai dû;
Ma bonté naturelle aisément m'eût perdu.
Que la rage du peuple à présent se déploie,
Que Sévère en fureur tonne, éclate, foudroie,
M'étant fait cet effort, j'ai fait ma sûreté.
Mais n'es-tu point surpris de cette dureté?
Vois-tu comme le sien des cœurs impénétrables,
Ou des impiétés à ce point exécrables?
Du moins j'ai satisfait mon esprit affligé :
Pour amollir son cœur je n'ai rien négligé,
J'ai feint même à tes yeux des lâchetés extrêmes,
Et certes, sans l'horreur de ses derniers blasphèmes,
Qui m'ont rempli soudain de colère et d'effroi,
J'aurais eu de la peine à triompher de moi.
ALBIN.
Vous maudirez peut-être un jour cette victoire,
Qui tient je ne sais quoi d'une action trop noire,
Indigne de Félix, indigne d'un Romain,
Répandant votre sang par votre propre main.
FÉLIX.
Ainsi l'ont autrefois versé Brute et Manlie,

---

1 Ce cri sublime est aussi sorti de la bouche d'Anne Dubourg avant de marcher au supplice, sous le règne de Henri II.
2 « Dialogue admirable et toujours applaudi. » (*Voltaire.*)

Mais leur gloire en a crû, loin d'en être affaiblie,
Et quand nos vieux héros avaient de mauvais sang,
Ils eussent, pour le perdre, ouvert leur propre flanc [1].

ALBIN.
Votre ardeur vous séduit; mais, quoi qu'elle vous die,
Quand vous la sentirez une fois refroidie,
Quand vous verrez Pauline, et que son désespoir
Par ses pleurs et ses cris saura vous émouvoir...

FÉLIX.
Tu me fais souvenir qu'elle a suivi ce traître,
Et que ce désespoir qu'elle fera paraître
De mes commandements pourra troubler l'effet.
Va donc y donner ordre, et voir ce qu'elle fait,
Romps ce que ses douleurs y donneraient d'obstacle,
Tire-la, si tu peux, de ce triste spectacle [2],
Tâche à la consoler. Va donc, qui te retient?

ALBIN.
Il n'en est pas besoin, seigneur, elle revient.

SCÈNE V.

FÉLIX, PAULINE, ALBIN.

PAULINE.
Père barbare, achève, achève ton ouvrage;
Cette seconde hostie est digne de ta rage [3] :
Joins ta fille à ton gendre, ose, que tardes-tu?
Tu vois le même crime, ou la même vertu :
Ta barbarie en elle a les mêmes matières [4],
Mon époux en mourant m'a laissé ses lumières,
Son sang dont tes bourreaux viennent de me couvrir
M'a dessillé les yeux, et me les vient d'ouvrir.
    Je vois, je sais, je crois, je suis désabusée,
De ce bienheureux sang tu me vois baptisée,
Je suis chrétienne enfin, n'est-ce point assez dit?
Conserve en me perdant ton rang et ton crédit,
Redoute l'empereur, appréhende Sévère;
Si tu ne veux périr, ma perte est nécessaire.
Polyeucte m'appelle à cet heureux trépas,
Je vois Néarque et lui qui me tendent les bras.

---

[1] C'est le mot de Philippe II, bourreau fanatique de son fils don Carlos.

[2] « *Romps, tire-la*, mauvaises expressions: *des douleurs qui donnent obstacle* est un barbarisme; et *ce qu'ils donneraient d'obstacle* est un barbarisme encore plus grand. » (*Voltaire*.)

[3] « Ce mot *hostie* signifiait alors *victime*. » (*Voltaire*.)

[4] « Ce vers est trop négligé, et n'est pas français : *une barbarie qui a des matières*, et *matières en elle*, cela est un peu barbare. » (*Voltaire*.)

ACTE V, SCÈNE V.

Mène, mène-moi voir tes dieux que je déteste,
Il n'en ont brisé qu'un, je briserai le reste.
On m'y verra braver tout ce que vous craignez,
Ces foudres impuissants qu'en leurs mains vous peignez,
Et saintement rebelle [1] aux lois de la naissance,
Une fois envers toi manquer d'obéissance.
Ce n'est point ma douleur que par là je fais voir,
C'est la grâce qui parle, et non le désespoir.
Le faut-il dire encor, Félix? je suis chrétienne [2],
Affermis par ma mort ta fortune et la mienne;
Le coup à l'un et l'autre en sera précieux,
Puisqu'il t'assure en terre en m'élevant aux cieux [3].

SCÈNE VI [4].

FÉLIX, SÉVÈRE, PAULINE, ALBIN, FABIAN.

SÉVÈRE.

Père dénaturé, malheureux politique,
Esclave ambitieux d'une peur chimérique,
Polyeucte est donc mort, et par vos cruautés
Vous pensez conserver vos tristes dignités!
La faveur que pour lui je vous avais offerte,
Au lieu de le sauver, précipite sa perte!
J'ai prié, menacé, mais sans vous émouvoir,
Et vous m'avez cru fourbe, ou de peu de pouvoir.
Eh bien! à vos dépens vous verrez que Sévère
Ne se vante jamais que de ce qu'il peut faire,
Et par votre ruine il vous fera juger
Que qui peut bien vous perdre eût pu vous protéger.
Continuez aux dieux ce service fidèle,
Par de telles horreurs montrez-leur votre zèle,
Adieu, mais quand l'orage éclatera sur vous,

---

1 Belle alliance de mots, analogue au *splendide mendax* d'Horace. Racine a dit (*Athalie*, act. IV, sc. III) : *Saintement homicide*.
2 « Ce prodige est la récompense de la vertu de Pauline; et s'il n'est pas dans l'histoire, il convient parfaitement au théâtre dans une tragédie chrétienne. » (*Voltaire*.)
3 « *T'assure en terre* n'est pas français : elle veut dire *affermit ton pouvoir sur la terre.* » (*Voltaire*.) — C'est précisément ce qu'elle dit, en bon français, quoi que Voltaire en pense. *Assurer* se prend dans le sens d'*affermir, assurer ses pas*. etc.
4 « La pièce semble finie quand Polyeucte est mort. Autrefois, quand les acteurs représentaient les Romains avec le chapeau et une cravate, Sévère arrivait le chapeau sur la tête, et Félix l'écoutait chapeau bas; ce qui faisait un effet ridicule. » (*Voltaire*.)

Ne doutez point du bras dont partiront les coups[1].

FÉLIX.

Arrêtez-vous, seigneur, et d'une âme apaisée
Souffrez que je vous livre une vengeance aisée.
Ne me reprochez plus que par mes cruautés
Je tâche à conserver mes tristes dignités;
Je dépose à vos pieds l'éclat de leur faux lustre.
Celle où j'ose aspirer est d'un rang plus illustre,
Je m'y trouve forcé par un secret appas,
Je cède à des transports que je ne connais pas[2],
Et par un mouvement que je ne puis entendre[3]
De ma fureur je passe au zèle de mon gendre.
C'est lui, n'en doutez point, dont le sang innocent
Pour son persécuteur prie un Dieu tout-puissant;
Son amour épandu sur toute la famille
Tire après lui le père aussi bien que la fille.
J'en ai fait un martyr, sa mort me fait chrétien,
J'ai fait tout son bonheur, il veut faire le mien.
C'est ainsi qu'un chrétien se venge et se courrouce :
Heureuse cruauté dont la suite est si douce !
Donne la main, Pauline. Apportez des liens,
Immolez à vos dieux ces deux nouveaux chrétiens.
Je le suis, elle l'est, suivez votre colère.

PAULINE.

Qu'heureusement enfin je retrouve mon père !
Cet heureux changement rend mon bonheur parfait.

FÉLIX.

Ma fille, il n'appartient qu'à la main qui le fait.

SÉVÈRE.

Qui ne serait touché d'un si tendre spectacle !
De pareils changements ne vont point sans miracle[4] :
Sans doute vos chrétiens qu'on persécute en vain
Ont quelque chose en eux qui surpasse l'humain;
Ils mènent une vie avec tant d'innocence,
Que le ciel leur en doit quelque reconnaissance.
Se relever plus forts, plus ils sont abattus,
N'est pas aussi l'effet des communes vertus[5].
Je les aimai toujours, quoi qu'on m'en ait pu dire,

---

1 Reconnaissez les coups que vous aurez conduits.
Racine, *Iphigénie*, act. V, sc. II.

2 « Ce nouveau miracle n'est pas si bien reçu du parterre que les deux autres; il ne faut pas surtout prodiguer coup sur coup les prodiges de même espèce. » (*Voltaire.*) —Dites franchement, Voltaire, que vous n'aimez pas les conversions.

3 « *Comprendre* semblerait plus juste qu'*entendre*. » (*Voltaire.*)

4 Nos plaisirs les plus doux ne *vont point sans* tristesse.
Horace, act. V, sc. I.

Et La Fontaine, liv. VI, f. XXI :

La porte d'un époux ne va pas sans soupirs.

5 « *Se relever n'est pas l'effet;* cela n'est pas exact, mais c'est une licence que je crois permise. » (*Voltaire.*)

Je n'en vois point mourir que mon cœur n'en soupire,
Et peut-être qu'un jour je les connaîtrai mieux.
J'approuve cependant que chacun ait ses dieux[1],
Qu'il les serve à sa mode[2], et sans peur de la peine.
Si vous êtes chrétien, ne craignez plus ma haine,
Je les aime, Félix, et de leur protecteur
Je n'en veux pas sur vous faire un persécuteur[3].
 Gardez votre pouvoir, reprenez-en la marque,
Servez bien votre Dieu, servez notre monarque.
Je perdrai mon crédit envers sa majesté,
Ou vous verrez finir cette sévérité :
Par cette injuste haine il se fait trop d'outrage[4].
FÉLIX.
Daigne le ciel en vous achever son ouvrage,
Et pour vous rendre un jour ce que vous méritez,
Vous inspirer bientôt toutes ses vérités!
 Nous autres, bénissons notre heureuse aventure[5] :
Allons à nos martyrs donner la sépulture,
Baiser leurs corps sacrés, les mettre en digne lieu,
Et faire retentir partout le nom de Dieu.

---

1 « Ce vers est toujours très-bien reçu du parterre : c'est la voix de la nature. » (*Voltaire*.)

2 « *Qu'il les serve à sa mode* est du style comique. » (*Voltaire*.)

3 « Il y avait auparavant *en vous* ; cela paraissait un contre-sens : il semblait que ce fût Félix chrétien qui pût être persécuteur. Corneille corrigea *sur vous* : mais c'est une faute de langage ; on persécute un homme, et non *sur* un homme. » (*Voltaire*.)

4 Ce vers est obscur. Il se rapporte à l'empereur, et alors *outrage* est pris dans le sens de *tort* : on ne dit pas *se faire outrage*.

5 « *Notre heureuse aventure*, immédiatement après avoir coupé le cou à son gendre, fait un peu rire : et *nous autres* y contribue. L'extrême beauté du rôle de Sévère, la situation piquante* de Pauline, sa scène admirable avec Sévère au quatrième acte, assurent à cette pièce un succès éternel : non-seulement elle enseigne la vertu la plus pure, mais la dévotion et la perfection du christianisme. *Polyeucte* et *Athalie* sont la condamnation éternelle de ceux qui, par une jalousie secrète, voudraient proscrire un art sublime. Dacier, dans ses remarques sur la Poétique d'Aristote, prétend que Polyeucte n'est pas propre au théâtre, parce que ce personnage n'excite ni la pitié ni la crainte ; il attribue tout le succès à Sévère et à Pauline. Cette opinion est assez générale ; mais il faut avouer aussi qu'il y a de très-beaux traits dans le rôle de Polyeucte, et qu'il a fallu un très-grand génie pour manier un sujet si difficile. » (*Voltaire*.)

* Piquante ! Il n'y a que Voltaire pour qualifier ainsi la situation de Pauline.

FIN.

EXAMEN DE POLYEUCTE.

Ce martyre est rapporté par Surius sur le neuvième de janvier. Polyeucte vivait en l'année 250, sous l'empereur Décius. Il était Arménien, ami de Néarque, et gendre de Félix, qui avait la commission de l'empereur pour faire exécuter ses édits contre les chrétiens. Cet ami l'ayant résolu à se faire chrétien, il déchira ces édits qu'on publiait, arracha les idoles des mains de ceux qui les portaient sur les autels pour les adorer, les brisa contre terre, résista aux larmes de sa femme Pauline, que Félix employa auprès de lui pour le ramener à leur culte, et perdit la vie par l'ordre de son beau-père, sans autre baptême que celui de son sang. Voilà ce que m'a prêté l'histoire; le reste est de mon invention.

Pour donner plus de dignité à l'action, j'ai fait Félix gouverneur d'Arménie, et ai pratiqué un sacrifice public, afin de rendre l'occasion plus illustre, et donner un prétexte à Sévère de venir en cette province, sans faire éclater son amour avant qu'il en eût l'aveu de Pauline. Ceux qui veulent arrêter nos héros dans une médiocre bonté, où quelques interprètes d'Aristote bornent leur vertu, ne trouveront pas ici leur compte, puisque celle de Polyeucte va jusqu'à la sainteté, et n'a aucun mélange de faiblesse. J'en ai déjà parlé ailleurs, et, pour confirmer ce que j'en ai dit par quelques autorités, j'ajouterai ici que Minturnus, dans son *Traité du poëte*, agite cette question, *si la Passion de Jésus-Christ et les martyres des saints doivent être exclus du théâtre, à cause qu'ils passent cette médiocre bonté*, et résout en ma faveur. Le célèbre Heinsius, qui non-seulement a traduit la *Poétique* de notre philosophe, mais a fait un *Traité de la Constitution de la Tragédie* selon sa pensée, nous en a donné une sur le martyre des Innocents. L'illustre Grotius a mis sur la scène la Passion même de Jésus-Christ et l'histoire de Joseph ; et le savant Buchanan a fait la même chose de celle de Jephté, et de la mort de saint Jean-Baptiste. C'est sur ces exemples que j'ai hasardé ce poëme, où je me suis donné des licences qu'ils n'ont pas prises, de changer l'histoire en quelque chose, et d'y mêler des épisodes d'invention : aussi m'était-il plus permis sur cette matière qu'à eux sur celle qu'ils ont choisie. Nous ne devons qu'une croyance pieuse à la vie des saints, et nous avons le même droit sur ce que nous en tirons pour les porter sur le théâtre, que sur ce que nous empruntons des autres histoires ; mais nous devons une foi chrétienne et indispensable à tout ce qui est dans la *Bible*, qui ne nous laisse aucune liberté d'y rien changer. J'estime toutefois qu'il ne nous est pas défendu d'y ajouter quelque chose, pourvu qu'il ne détruise rien de ces vérités dictées par le Saint-Esprit. Buchanan ni Grotius ne l'ont pas fait dans leurs poëmes, mais aussi ne les ont-ils pas rendus assez fournis pour notre théâtre, et ne s'y sont proposé pour exemple que la constitution la plus simple des anciens. Heinsius a plus osé qu'eux dans celui que j'ai nommé : les anges qui bercent l'enfant Jésus, et l'ombre de Mariamne avec les Furies qui agitent l'esprit d'Hérode, sont des agréments qu'il n'a pas trouvés dans l'Évangile. Je crois même qu'on en peut supprimer quelque chose, quand il y a apparence qu'il ne plairait pas sur le théâtre, pourvu qu'on ne mette rien en la place ; car alors ce serait changer l'histoire, ce que le respect que nous devons à l'Écriture ne permet point. Si j'avais à y exposer celle de David et de Bethsabée, je ne décrirais pas comme il en devint amoureux en la voyant se baigner dans une fontaine, de peur que l'image de cette nudité ne fît une impression trop chatouilleuse dans l'esprit de l'auditeur ; mais je me contenterais de le peindre avec de l'amour pour elle, sans parler aucunement de quelle manière cet amour se serait emparé de son cœur.

Je reviens à *Polyeucte*, dont le succès a été très-heureux. Le style n'en est pas si fort ni si majestueux que celui de *Cinna* et de *Pompée* ; mais il y a quelque chose de plus touchant, et les tendresses de l'amour humain y font un si agréable mélange avec la fermeté du divin, que sa représentation a satisfait tout ensemble les dévots et les gens du monde. A mon gré, je n'ai point fait de pièce où l'ordre du théâtre soit plus beau et l'enchaînement des scènes mieux ménagé. L'unité d'action, et celle de jour et de lieu, y ont leur justesse; et les scrupules qui peuvent naître touchant ces deux dernières se dissiperont aisément, pour peu qu'on me veuille prêter de cette faveur que l'auditeur nous doit toujours, quand l'occasion s'en offre, en reconnaissance de la peine que nous avons prise à le divertir.

Il est hors de doute que, si nous appliquons ce poëme à nos coutumes, le sacrifice se fait trop tôt après la venue de Sévère; et cette précipitation sortira du vraisemblable par la nécessité d'obéir à la règle. Quand le roi envoie ses ordres dans les villes pour y faire rendre des actions de grâces pour ses victoires, ou pour d'autres bénédictions qu'il reçoit du ciel, on ne les exécute pas dès le jour même; mais aussi il faut du temps pour assembler le clergé, les magistrats et les corps de ville, et c'est ce qui en fait différer l'exécution. Nos acteurs n'avaient ici aucune de ces assemblées à faire.

Il suffisait de la présence de Sévère et de Félix, et du ministère du grand prêtre; ainsi nous n'avons eu aucun besoin de remettre ce sacrifice à un autre jour. D'ailleurs, comme Félix craignait ce favori, qu'il croyait irrité du mariage de sa fille, il était bien aise de lui donner le moins d'occasion de tarder qu'il lui était possible, et de tâcher, durant son peu de séjour, à gagner son esprit par une prompte complaisance, et montrer tout ensemble une impatience d'obéir aux volontés de l'empereur.

L'autre scrupule regarde l'unité de lieu, qui est assez exacte, puisque tout s'y passe dans une salle ou antichambre commune aux appartements de Félix et de sa fille. Il semble que la bienséance y soit un peu forcée pour conserver cette unité au second acte, en ce que Pauline vient jusque dans cette antichambre pour trouver Sévère, dont elle devrait attendre la visite dans son cabinet. A quoi je réponds qu'elle a eu deux raisons de venir au-devant de lui : l'une, pour faire plus d'honneur à un homme dont son père redoutait l'indignation, et qu'il lui avait commandé d'adoucir en sa faveur ; l'autre pour rompre plus aisément la conversation avec lui, en se retirant dans ce cabinet, s'il ne voulait pas la quitter à sa prière, et se délivrer, par cette retraite, d'un entretien dangereux pour elle ; ce qu'elle n'eût pu faire, si elle eût reçu sa visite dans son appartement.

Sa confidence avec Stratonice, touchant l'amour qu'elle avait eu pour ce cavalier, me fait faire une réflexion sur le temps qu'elle prend pour cela. Il s'en fait beaucoup sur nos théâtres d'affections qui ont déjà duré deux ou trois ans, dont on attend à révéler le secret justement au jour de l'action qui se représente ; et non-seulement sans aucune raison de choisir ce jour-là plutôt qu'un autre pour le déclarer, mais lors même que vraisemblablement on s'en est dû ouvrir beaucoup auparavant avec la personne à qui on en fait confidence. Ce sont choses dont il faut instruire le spectateur, en les faisant apprendre par un des acteurs à l'autre ; mais il faut prendre garde avec soin que celui à qui on les apprend ait eu lieu de les ignorer jusque-là aussi bien que le spectateur, et que quelque occasion tirée du sujet oblige celui qui les récite à rompre enfin un silence qu'il a gardé si longtemps. L'infante, dans *le Cid,* avoue à Léonor l'amour secret qu'elle a pour lui, et l'aurait pu faire un an ou six mois plus tôt. Cléopâtre, dans *Pompée,* ne prend pas des mesures plus justes avec Charmion ; elle lui conte la passion de César pour elle, et comme

> Chaque jour ses courriers
> Lui portent en tribut ses vœux et ses lauriers.

Cependant, comme il ne paraît personne avec qui elle ait plus d'ouverture de cœur qu'avec cette Charmion, il y a grande apparence que c'était elle-même dont cette reine se servait pour introduire ces courriers, et qu'ainsi elle devait savoir déjà tout ce commerce entre César et sa maîtresse. Du moins il fallait marquer quelque raison qui lui eût laissé ignorer jusque-là tout ce qu'elle lui apprend, et de quel autre ministère cette princesse s'était servie pour recevoir ces courriers. Il n'en va pas de même ici. Pauline ne s'ouvre avec Stratonice que pour lui faire entendre le songe qui la trouble, et les sujets qu'elle a de s'en alarmer; et comme elle n'a fait ce songe que la nuit d'auparavant, et qu'elle ne lui eût jamais révélé son secret sans cette occasion qui l'y oblige, on peut dire qu'elle n'a point eu lieu de lui faire cette confidence plus tôt qu'elle ne l'a faite.

Je n'ai point fait de narration de la mort de Polyeucte, parce que je n'avais personne pour la faire ni pour l'écouter, que des païens qui ne la pouvaient ni écouter ni faire que comme ils avaient fait et écouté celle de Néarque ; ce qui aurait été une répétition et marque de stérilité, et, en outre, n'aurait pas répondu à la dignité de l'action principale, qui est terminée par là. Ainsi j'ai mieux aimé la faire connaître par un saint emportement de Pauline, que cette mort a convertie, que par un récit qui n'eût point eu de grâce dans une bouche indigne de le prononcer. Félix son père se convertit après elle ; et ces deux conversions, quoique miraculeuses, sont si ordinaires dans les martyres, qu'elles ne sortent point de la vraisemblance, parce qu'elles ne sont pas de ces événements rares et singuliers qu'on ne peut tirer en exemple ; et elles servent à remettre le calme dans les esprits de Félix, de Sévère et de Pauline, que sans cela j'aurais eu bien de la peine à retirer du théâtre dans un état qui rendît la pièce complète, en ne laissant rien à souhaiter à la curiosité de l'auditeur.

RODOGUNE

PRINCESSE DES PARTHES

TRAGÉDIE

1646

A MONSEIGNEUR

LE PRINCE.

Monseigneur,

Rodogune se présente à Votre Altesse avec quelque sorte de confiance, et ne peut croire qu'après avoir fait sa bonne fortune vous dédaigniez de la prendre en votre protection. Elle a trop de connaissance de votre bonté pour craindre que vous veuilliez laisser votre ouvrage imparfait, et lui dénier la continuation des grâces dont vous lui avez été si prodigue. C'est à votre illustre suffrage qu'elle est obligée de tout ce qu'elle a reçu d'applaudissement; et les favorables regards dont il vous plut fortifier la faiblesse de sa naissance lui donnèrent tant d'éclat et de vigueur, qu'il semblait que vous eussiez pris plaisir à répandre sur elle un rayon de cette gloire qui vous environne, et à lui faire part de cette facilité de vaincre qui vous suit partout. Après cela, monseigneur, quels hommages peut-elle rendre à Votre Altesse qui ne soient au-dessous de ce qu'elle lui doit? Si elle tâche à lui témoigner quelque reconnaissance par l'admiration de ses vertus, où trouvera-t-elle des éloges dignes de cette main qui fait trembler tous nos ennemis, et dont les coups d'essai furent signalés par la défaite des premiers capitaines de l'Europe? Votre Altesse sut vaincre avant qu'ils se pussent imaginer qu'elle sût combattre; et ce grand courage, qui n'avait encore vu la guerre que dans les livres, effaça tout ce qu'il y avait lu des Alexandre et des César, sitôt qu'il parut à la tête d'une armée. La générale consternation où la perte de notre grand monarque nous avait plongés, enflait l'orgueil de nos adversaires en un tel point, qu'ils osaient se persuader que du siége de Rocroi dépendait la prise de Paris; et l'avidité de leur ambition dévorait déjà le cœur d'un royaume dont ils pensaient avoir surpris les frontières. Cependant les premiers miracles de votre valeur renversèrent si pleinement toutes leurs espérances, que ceux-là même qui s'étaient promis tant de conquêtes sur nous, virent terminer la campagne de cette même année par celles que vous fîtes sur eux. Ce fut par là, monseigneur, que vous commençâtes ces grandes victoires que vous avez toujours si bien choisies qu'elles ont honoré deux règnes à la fois, comme si c'eût été trop peu pour Votre Altesse d'étendre les bornes de l'État sous celui-ci, si elle n'eût en même temps effacé quelques-uns des malheurs qui s'étaient mêlés aux longues prospérités de l'autre. Thionville, Philisbourg et Norlinghen étaient des lieux funestes pour la France : elle n'en pouvait entendre les noms sans gémir ; elle ne pouvait y porter sa pensée sans soupirer ; et ces mêmes lieux, dont le souvenir lui arrachait des soupirs et des gémissements, sont devenus les éclatantes marques de sa nouvelle félicité, les dignes occasions de ces feux de joie, et les glorieux sujets des actions de grâces qu'elle a rendues au ciel pour les triomphes que votre courage invincible a obtenus. Dispensez-moi, monseigneur, de vous parler de Dunkerque : j'épuise toutes les forces de mon imagination, et je ne conçois rien qui réponde à la dignité de ce grand ouvrage, qui nous vient d'assurer l'Océan par la prise de cette fameuse retraite de corsaires. Tous nos havres en étaient comme assiégés ; il n'en pouvait échapper un vaisseau qu'à la merci de leurs brigandages ; et nous en avons vu souvent de pillés à la vue des mêmes ports dont ils venaient de faire voile : et maintenant, par la conquête d'une seule ville, je vois, d'un côté, nos mers libres, nos côtes affranchies, notre commerce rétabli, la racine de nos maux publics coupée ; d'autre côté, la Flandre ouverte, l'embouchure de ses rivières captive, la porte de son secours fermée, la source de son abondance en notre pouvoir ; et ce que je vois n'est rien encore au prix de ce que je prévois sitôt que Votre Altesse y portera la terreur de ses armes. Dispensez-moi donc, monseigneur, de profaner des effets si merveilleux et des attentes si hautes, par la bassesse de mes idées et par l'impuissance de mes expressions ; et trouvez bon que, demeurant dans un respectueux silence, je n'ajoute rien ici qu'une protestation très-inviolable d'être toute ma vie,

 Monseigneur,
  De Votre Altesse,
   Le très-humble, très-obéissant
   et très-passionné serviteur,
    P. CORNEILLE.

RODOGUNE,

PRINCESSE DES PARTHES.

APPIAN ALEXANDRIN,

AU LIVRE

DES GUERRES DE SYRIE, SUR LA FIN.

« Démétrius, surnommé Nicanor, roi de Syrie, entreprit la guerre contre les Parthes, et étant devenu leur prisonnier, vécut dans la cour de leur roi Phraates, dont il épousa la sœur, nommée Rodogune. Cependant Diodotus, domestique des rois précédents s'empara du trône de Syrie, et y fit asseoir un Alexandre encore enfant, fils d'Alexandre le bâtard, et d'une fille de Ptolomée. Ayant gouverné quelque temps comme son tuteur, il se défit de ce malheureux pupille, et eut l'insolence de prendre lui-même la couronne, sous un nouveau nom de Tryphon qu'il se donna. Mais Antiochus, frère du roi prisonnier, ayant appris à Rhodes sa captivité, et les troubles qui l'avaient suivie, revint dans le pays, où, ayant défait Tryphon avec beaucoup de peines, il le fit mourir : de là il porta ses armes contre Phraates, lui redemandant son frère, et vaincu dans une bataille, il se tua lui-même. Démétrius, retourné en son royaume, fut tué par sa femme Cléopâtre, qui lui dressa des embûches en haine de cette seconde femme Rodogune qu'il avait épousée, dont elle avait conçu une telle indignation, que, pour s'en venger, elle avait épousé ce même Antiochus, frère de son mari. Elle avait eu deux fils de Démétrius, l'un nommé Séleucus, et l'autre Antiochus, dont elle tua le premier d'un coup de flèche, sitôt qu'il eut pris le diadème après la mort de son père, soit qu'elle craignît qu'il ne le voulût venger, soit que l'impétuosité de la même fureur la portât à ce nouveau parricide. Anthiochus lui succéda, qui contraignit cette mauvaise mère de boire le poison qu'elle lui avait préparé. C'est ainsi qu'elle fut enfin punie. »

Voilà ce que m'a prêté l'histoire, où j'ai changé les circonstances de quelques incidents, pour leur donner plus de bienséance. Je me suis servi du nom de Nicanor plutôt que de celui de Démétrius, à cause que le vers souffrait plus aisément l'un que l'autre. J'ai supposé qu'il n'avait pas encore épousé Rodogune, afin que ses deux fils pussent avoir de l'amour pour elle, sans choquer les spectateurs, qui eussent trouvé étrange cette passion pour la veuve de leur père, si j'eusse suivi l'histoire. L'ordre de leur naissance incertain, Rodogune prisonnière, quoiqu'elle ne vint jamais en Syrie; la haine de Cléopâtre pour elle, la proposition sanglante qu'elle fait à ses fils, celle que cette princesse est obligée de leur faire pour se garantir, l'inclination qu'elle a pour Antiochus, et la jalouse fureur de cette mère qui se résout plutôt à perdre ses fils qu'à se voir sujette de sa rivale, ne sont que des embellissements de l'invention, et des acheminements vraisemblables à l'effet dénaturé que me présentait l'histoire, et que les lois du poëme ne me permettaient pas de changer. Je l'ai même adouci tant que j'ai pu en Antiochus, que j'avais fait trop honnête homme dans le reste de l'ouvrage, pour forcer à la fin sa mère à s'empoisonner elle-même.

On s'étonnera peut-être de ce que j'ai donné à cette tragédie le nom de *Rodogune* plutôt que celui de *Cléo-*

pâtre, sur qui tombe toute l'action tragique, et même on pourra douter si la liberté de la poésie peut s'étendre jusqu'à feindre un sujet entier sous des noms véritables, comme j'ai fait ici, où, depuis la narration du premier acte, qui sert de fondement au reste, jusques aux effets qui paraissent dans le cinquième, il n'y a rien que l'histoire avoue.

Pour le premier, je confesse ingénument que ce poëme devait plutôt porter le nom de *Cléopâtre* que de *Rodogune ;* mais ce qui m'a fait en user ainsi a été la peur que j'ai eue qu'à ce nom le peuple ne se laissât préoccuper des idées de cette fameuse et dernière reine d'Égypte, et ne confondît cette reine de Syrie avec elle, s'il l'entendait prononcer. C'est pour cette même raison que j'ai évité de le mêler dans mes vers, n'ayant jamais fait parler de cette seconde Médée que sous celui de la reine ; et je me suis enhardi à cette licence d'autant plus librement, que j'ai remarqué parmi nos anciens maîtres qu'ils se sont fort peu mis en peine de donner à leurs poëmes le nom des héros qu'ils y faisaient paraître, et leur ont souvent fait porter celui des chœurs, qui ont encore bien moins de part dans l'action que les personnages épisodiques, comme Rodogune : témoin *les Trachiniennes* de Sophocle, que nous n'aurions jamais voulu nommer autrement que *la Mort d'Hercule.*

Pour le second point, je le tiens un peu plus difficile à résoudre, et n'en voudrais pas donner mon opinion pour bonne : j'ai cru que, pourvu que nous conservassions les effets de l'histoire, toutes les circonstances, ou, comme je viens de les nommer, les acheminements, étaient en notre pouvoir, au moins je ne pense point avoir vu de règle qui restreigne cette liberté que j'ai prise. Je m'en suis assez bien trouvé en cette tragédie, mais comme je l'ai poussée encore plus loin dans *Héraclius,* que je viens de mettre sur le théâtre, ce sera en le donnant au public que je tâcherai de la justifier, si je vois que les savants s'en offensent, ou que le peuple en murmure. Cependant ceux qui en auront quelque scrupule m'obligeront de considérer les deux *Électre* de Sophocle et d'Euripide, qui conservant le même effet, y parviennent par des voies si différentes, qu'il faut nécessairement conclure que l'une des deux est tout à fait de l'invention de son auteur. Ils pourront encore jeter l'œil sur l'*Iphigénie in Tauris*[1], que notre Aristote nous donne pour exemple d'une parfaite tragédie, et qui a bien la mine d'être toute de même nature, vu qu'elle n'est fondée que sur cette feinte que Diane enleva Iphigénie du sacrifice dans une nuée, et supposa une biche en sa place. Enfin, ils pourront prendre garde à l'*Hélène* d'Euripide, où la principale action et les épisodes, le nœud et le dénoûment sont entièrement inventés sous des noms véritables.

Au reste, si quelqu'un a la curiosité de voir cette histoire plus au long, qu'il prenne la peine de lire Justin, qui la commence au trente-sixième livre, et, l'ayant quittée, la reprend sur la fin du trente-huitième, et l'achève au trente-neuvième. Il la rapporte un peu autrement, et ne dit pas que Cléopâtre tua son mari, mais qu'elle l'abandonna, et qu'il fut tué par le commandement d'un des capitaines d'un Alexandre qu'il lui oppose. Il varie aussi beaucoup sur ce qui regarde Tryphon et son pupille, qu'il nomme Antiochus, et ne s'accorde avec Appian que sur ce qui se passa entre la mère et les deux fils.

Le premier livre *des Machabées*, aux chapitres XI, XIII, XIV et XV, parle de ces guerres de Tryphon et de la prison de Démétrius chez les Parthes; mais il nomme ce pupille Antiochus, ainsi que Justin, et attribue la défaite de Tryphon à Antiochus, fils de Démétrius, et non pas à son frère, comme fait Appian, que j'ai suivi, et ne dit rien du reste.

[1]. L'Iphigénie en Tauride.

Josèphe, au treizième livre des *Antiquités judaïques*, nomme encore ce pupille de Tryphon Antiochus, fait marier Cléopâtre à Antiochus, frère de Démétrius, durant la captivité de ce premier mari chez les Parthes, lui attribue la défaite et la mort de Tryphon, s'accorde avec Justin touchant la mort de Démétrius, abandonné et non pas tué par sa femme, et ne parle point de ce qu'Appian et lui rapportent d'elle et de ses deux fils, dont j'ai fait cette tragédie.

PERSONNAGES.

CLÉOPATRE, reine de Syrie, veuve de Démétrius Nicanor.
SÉLEUCUS,
ANTIOCHUS, } fils de Démétrius et de Cléopâtre.
RODOGUNE, sœur de Phraates, roi des Parthes.
TIMAGÈNE, gouverneur des deux princes.
ORONTE, ambassadeur de Phraates.
LAONICE, sœur de Timagène, confidente de Cléopâtre.

La scène est à Séleucie, dans le palais royal.

RODOGUNE,

PRINCESSE DES PARTHES.

ACTE PREMIER.

SCÈNE I.

LAONICE, TIMAGÈNE.

LAONICE.

Enfin ce jour pompeux, cet heureux jour nous luit,
Qui d'un trouble si long doit dissiper la nuit [1];
Ce grand jour où l'hymen, étouffant la vengeance,
Entre le Parthe et nous remet l'intelligence,
Affranchit sa princesse, et nous fait pour jamais
Du motif de la guerre un lien de la paix;
Ce grand jour est venu, mon frère, où notre reine [2],
Cessant de plus tenir la couronne incertaine,
Doit rompre aux yeux de tous son silence obstiné,
De deux princes gémeaux nous déclarer l'aîné,

---

[1] « A ce magnifique début, qui annonce la réunion entre la Perse et la Syrie, et la nomination d'un roi, etc., on croirait que ce sont des princes qui parlent de ces grands intérêts (quoiqu'un prince ne dise guère qu'un jour est pompeux) : ce sont malheureusement deux subalternes qui ouvrent la pièce. Corneille, dans son examen, dit qu'on lui reprocha cette faute : il était presque le seul qui eût appris aux Français à juger; avant lui, on n'était pas difficile. Il n'y a guère de connaisseurs quand il n'y a point de modèles. Les défauts de cette exposition sont : 1° qu'on ne sait point qui parle ; 2° qu'on ne sait point de qui l'on parle; 3° qu'on ne sait point où l'on parle. Les premiers vers doivent mettre le spectateur au fait, autant qu'il est possible. » (*Voltaire.*) — Corneille laisse à dessein quelque obscurité pour soutenir l'attention, par un effort de curiosité, en attendant le véritable intérêt tragique ou le pathétique.

[2] Cette reine est Cléopâtre, que Corneille ne nomme pas, de peur qu'on ne la confonde avec la célèbre Cléopâtre, maîtresse d'Antoine et de César.

Et l'avantage seul d'un moment de naissance,
Dont elle a jusqu'ici caché la connaissance,
Mettant au plus heureux le sceptre dans la main,
Va faire l'un sujet, et l'autre souverain.
Mais n'admirez-vous point que cette même reine
Le donne pour époux à l'objet de sa haine [1],
Et n'en doit faire un roi qu'afin de couronner
Celle que dans les fers elle aimait à gêner [2]?
Rodogune, par elle en esclave traitée,
Par elle se va voir sur le trône montée,
Puisque celui des deux qu'elle nommera roi
Lui doit donner la main et recevoir sa foi.

TIMAGÈNE.

Pour le mieux admirer trouvez bon, je vous prie,
Que j'apprenne de vous les troubles de Syrie.
J'en ai vu les premiers, et me souviens encor
Des malheureux succès du grand roi Nicanor,
Quand, des Parthes vaincus pressant l'adroite fuite,
Il tomba dans leurs fers au bout de sa poursuite.
Je n'ai pas oublié que cet événement
Du perfide Tryphon fit le soulèvement;
Voyant le roi captif, la reine désolée,
Il crut pouvoir saisir la couronne ébranlée [3],
Et le sort, favorable à son lâche attentat,
Mit d'abord sous ses lois la moitié de l'État.
La reine, craignant tout de ces nouveaux orages,
En sut mettre à l'abri ses plus précieux gages,
Et pour n'exposer pas l'enfance de ses fils,
Me les fit chez son frère enlever à Memphis [4].

---

[1] « *Sa haine* se rapporte à l'*époux*, qui est le substantif le plus voisin; cependant l'auteur entend la *haine* de Cléopâtre : ce sont de ces fautes de grammaire dans lesquelles Corneille, qui ne châtiait pas son style, tombe souvent, et dans lesquelles Racine ne tomba jamais depuis *Andromaque*. » (*Voltaire*.) — Il n'y a ici aucune amphibologie, puisque *sa haine* se rapporte au sujet de la phrase, *cette même reine*.

[2] « Le mot *gêner* vient originairement de *géhène*, vieux mot tiré de la *Bible*, qui signifie *torture*, *prison*; mais jamais il n'est pris en ce dernier sens. » (*Voltaire*) — On ne le prend plus dans ce sens, mais originairement, il n'en avait pas d'autre, et quand Corneille, et après lui Racine, disent : « Ah que vous me gênez, » ils entendent « Quelle torture vous me faites souffrir ! »

[3] Voltaire ne veut pas qu'une couronne puisse être *ébranlée*, comme un empire ou un trône. Une couronne *chancelle* quand le pouvoir est *ébranlé*.

[4] « *Me les fit enlever*, phrase louche. Elle peut signifier, *les fit enlever de mes bras*, ou *m'ordonna de les enlever* : en ce dernier sens, elle est mauvaise. *Enlever à Memphis* est impropre; elle les porta, les conduisit à Memphis, les cacha dans Memphis. *Enlever à Memphis* signifie tout le contraire; *enlever à* signifie *ôter à*, *dérober à*; *enlever le Palladium à Troie*, *enlever Hélène à Pâris*. *Élever*, au lieu d'*enlever* ôterait toute équivoque. Peut-être y a-t-il eu dans la première édition une faute d'impression, qui a été répétée dans toutes les autres. » (*Voltaire*.) — Il n'y a pas de faute

ACTE I, SCÈNE I.

Là, nous n'avons rien su que de la renommée,
Qui, par un bruit confus diversement semée,
N'a porté jusqu'à nous ces grands renversements
Que sous l'obscurité de cent déguisements

LAONICE.

Sachez donc que Tryphon, après quatre batailles,
Ayant su nous réduire à ces seules murailles,
En forma tôt le siége[1] ; et pour comble d'effroi,
Un faux bruit s'y coula[2] touchant la mort du roi.
Le peuple épouvanté, qui déjà dans son âme
Ne suivait qu'à regret les ordres d'une femme,
Voulut forcer la reine à choisir un époux.
Que pouvait-elle faire et seule et contre tous?
Croyant son mari mort, elle épousa son frère[3].
L'effet montra soudain ce conseil salutaire[4].
Le prince Antiochus, devenu nouveau roi,
Sembla de tous côtés traîner l'heur avec soi[5];
La victoire attachée au progrès de ses armes
Sur nos fiers ennemis rejeta nos alarmes;
Et la mort de Tryphon dans un dernier combat,
Changeant tout notre sort, lui rendit tout l'État.
Quelque promesse alors qu'il eût faite à la mère
De remettre ses fils au trône de leur père[6],

d'impression, pas plus ici que dans Racine (*Britannicus*, act. IV, sc. II), où nous lisons :

> Junie, *enlevée à la cour*,
> Devient en une nuit l'objet de notre amour.

C'est un latinisme, *rapere ad*, qui, dans Racine comme dans Corneille, fait amphibologie.

1 « *Tôt* ne se dit plus ; il est devenu bas. » (*Voltaire*.)
2 « *S'y coula* n'est pas du style noble. » (*Voltaire*.)
3 « Il semble qu'elle épousa son propre frère : ne devait-on pas exprimer qu'elle épousa le frère de son mari? l'auteur ne devait-il pas lever cette petite équivoque, avec d'autant plus de soin qu'on pouvait épouser son frère en Perse, en Syrie, en Égypte, à Athènes, en Palestine? Ce n'est là qu'une très-légère négligence; mais il faut toujours faire voir combien il importe de parler purement sa langue, et d'être toujours clair. » (*Voltaire*.)
4 Il y a ici une ellipse convenable au langage poétique ; montra *que* ce conseil *était* salutaire, serait de la prose, la mesure y fût-elle.
5 « On a déjà remarqué que *heur* pour *bonheur* ne se dit plus. » (*Voltaire*.) — Mais il faut ajouter qu'il peut se dire.
6 « Il n'est pas dit que cette veuve de Nicanor était Cléopâtre, mère des deux princes, et que le roi Antiochus avait promis de rendre la couronne aux enfants du premier lit. Le spectateur a besoin qu'on lui débrouille cette histoire. Cléopâtre n'est pas nommée une seule fois dans la pièce. Corneille en donne pour raison qu'on aurait pu la confondre avec la Cléopâtre de César ; mais il n'y a guère d'apparence que les spectateurs instruits, qui instruisent bientôt les autres, eussent pris cette reine de Syrie pour la maîtresse de César. Et puis comment cet Antiochus avait-il promis de rendre le royaume aux deux princes, devaient-ils régner tous deux ensemble? Tout cela est un peu confus dans le fond, et est exprimé confusément. » (*Voltaire*.)

Il témoigna si peu de la vouloir tenir,
Qu'elle n'osa jamais les faire revenir.
Ayant régné sept ans, son ardeur militaire
Ralluma cette guerre où succomba son frère [1] :
Il attaqua le Parthe, et se crut assez fort
Pour en venger sur lui la prison et la mort [2].
Jusque dans ses États il lui porta la guerre,
Il s'y fit partout craindre à l'égal du tonnerre,
Il lui donna bataille, où mille beaux exploits...
Je vous achèverai le reste une autre fois ;
Un des princes survient [3].

(*Elle se veut retirer.*)

SCÈNE II.

ANTIOCHUS, TIMAGÈNE, LAONICE.

ANTIOCHUS.
Demeurez, Laonice [4] ;
Vous pouvez, comme lui me rendre un bon office.

---

[1] « Rien ne fait mieux voir la nécessité absolue d'écrire purement, que l'erreur où jette ce mot *succomba*; il fait croire qu'un frère d'Antiochus succomba dans cette nouvelle guerre : point du tout ; il est question du roi Nicanor, qui avait succombé dans la guerre précédente : il fallait *avait succombé*; cela seul jette des obscurités sur cette exposition. N'oublions jamais que la pureté du style est d'une nécessité indispensable. Quand on voit que celui qui conte cette histoire s'interrompt aux *mille beaux exploits* de cet Antiochus, *craint à l'égal du tonnerre*, et *qui donna bataille*, cette interruption, qui laisse le spectateur si peu instruit, lui ôte l'envie de s'instruire ; et il a fallu tout l'art et toutes les ressources du génie de Corneille pour renouer le fil de l'intérêt. » (*Voltaire.*)
— C'est précisément parce que le spectateur est instruit imparfaitement qu'il est tenu en haleine, et qu'il attend curieusement que le nuage se dissipe. Il faut aussi remarquer l'adresse du poëte, qui répartit sur deux scènes la longue narration nécessaire à l'exposition.

[2] « La construction est encore obscure et vicieuse ; *en* se rapporte au frère, et *lui* se rapporte au Parthe. La difficulté d'employer les pronoms et les conjonctions, sans nuire à la clarté et à l'élégance, est très-grande en français. » (*Voltaire.*)

[3] « On ne sait point quel prince, et Antiochus ne se nommant point, laisse le spectateur incertain. » (*Voltaire.*)

[4] « On ne sait encore si c'est Antiochus ou Séleucus qui parle ; on ignore même que l'un est Antiochus, l'autre Séleucus. Il est à remarquer qu'Antiochus n'est nommé qu'au quatrième acte, à la scène troisième, et Séleucus à la scène cinquième, et que Cléopâtre n'est jamais nommée. Il fallait d'abord instruire les spectateurs. Le lecteur doit sentir la difficulté extrême d'expliquer tant de choses dans une seule scène, et de les énoncer d'une manière intéressante. Mais voyez l'exposition de *Bajazet*; il y avait au-

ACTE I, SCENE II.

Dans l'état où je suis, triste, et plein de souci,
Si j'espère beaucoup, je crains beaucoup aussi.
Un seul mot aujourd'hui, maître de ma fortune
M'ôte ou donne à jamais le sceptre et Rodogune [1],
Et de tous les mortels ce secret révélé
Me rend le plus content ou le plus désolé [2].
Je vois dans le hasard tous les biens que j'espère [3],
Et ne puis être heureux sans le malheur d'un frère,
Mais d'un frère si cher, qu'une sainte amitié
Fait sur moi de ses maux rejaillir la moitié.
Donc pour moins hasarder j'aime mieux moins prétendre [4],
Et pour rompre le coup que mon cœur n'ose attendre,
Lui cédant de deux biens le plus brillant aux yeux,
M'assurer de celui qui m'est plus précieux [5] :
Heureux si, sans attendre un fâcheux droit d'aînesse,
Pour un trône incertain j'en obtiens la princesse [6],
Et puis par ce partage épargner les soupirs
Qui naîtraient de ma peine ou de ses déplaisirs !

tant de préliminaires dont il fallait parler; cependant quelle netteté ! comme tous les caractères sont annoncés ! avec quelle facilité tout est développé ! quel art admirable dans cette exposition de *Bajazet.* » (*Voltaire.*)

1 « Il vaudrait mieux qu'on sût déjà qui est Rodogune. Il est encore plus important de faire connaître tout d'un coup les personnages auxquels on doit s'intéresser, que les événements passés avant l'action. » (*Voltaire.*)

2 « Il semble par la phrase que ce secret ait été révélé par tous les mortels. On n'insiste ici sur ces petites fautes que pour faire voir aux jeunes auteurs quelle attention demande l'art des vers. » (*Voltaire.*)

3 « Expression impropre et louche. *Voir dans le hasard* ne signifie pas : *Mon bien est au hasard, mon bien est hasardé.* » (*Voltaire.*)

4 « *Donc* ne doit presque jamais entrer dans un vers, encore moins le commencer. *Quoi donc* se dit très-bien, parce que la syllabe *quoi* adoucit la dureté de la syllabe *donc*.

Racine a dit :

Je suis donc un témoin de leur peu de puissance.

Mais remarquez que ce mot est glissé dans le vers, et que sa rudesse est adoucie par la voyelle qui le suit. Peu de nos auteurs ont su employer cet enchaînement harmonieux de voyelles et de consonnes. Les vers les mieux pensés et les plus exacts rebutent quelquefois : on en ignore la raison ; elle vient du défaut d'harmonie. » (*Voltaire.*)

5 « On est étonné d'abord qu'un prince cède un trône pour avoir une femme. Mais Antiochus est déterminé par son amitié pour son frère Séleucus, ainsi que par son amour pour Rodogune. Peut-être eût-il fallu qu'Antiochus eût paru éperdument amoureux, et qu'on s'intéressât déjà à sa passion, pour qu'on excusât davantage ce début par lequel il renonce au trône. » (*Voltaire.*)

6 « Le mot propre, au dernier hémistiche du premier vers, est *incertain*; car ce droit d'aînesse n'est point *fâcheux* pour celui qui aura le trône et Rodogune. » (*Voltaire.*) — *Fâcheux* convient dans la bouche d'Antiochus, qui aime tendrement son frère et Rodogune, et qui ne veut ni affliger l'un, ni contraindre l'autre.

Va le voir de ma part, Timagène, et lui dire
Que pour cette beauté je lui cède l'empire;
Mais porte-lui si haut la douceur de régner,
Qu'à cet éclat du trône il se laisse gagner;
Qu'il s'en laisse éblouir jusqu'à ne pas connaître
A quel prix je consens de l'accepter pour maître.
(Timagène s'en va, et le prince continue à parler à Laonice.)
Et vous, en ma faveur voyez ce cher objet,
Et tâchez d'abaisser ses yeux sur un sujet
Qui peut-être aujourd'hui porterait la couronne,
S'il n'attachait les siens à sa seule personne,
Et ne la préférait à cet illustre rang
Pour qui les plus grands cœurs prodiguent tout leur sang.
(Timagène rentre sur le théâtre.)
TIMAGÈNE.
Seigneur, le prince vient, et votre amour lui-même
Lui peut sans interprète offrir le diadème.
ANTIOCHUS.
Ah! je tremble, et la peur d'un trop juste refus
Rend ma langue muette et mon esprit confus.

SCÈNE III.

SÉLEUCUS, ANTIOCHUS, TIMAGÈNE, LAONICE.

SÉLEUCUS.
Vous puis-je en confiance expliquer ma pensée [1]?
ANTIOCHUS.
Parlez, notre amitié par ce doute est blessée.
SÉLEUCUS.
Hélas! c'est le malheur que je crains aujourd'hui.
L'égalité, mon frère, en est le ferme appui,
C'en est le fondement, la liaison, le gage,
Et voyant d'un côté tomber tout l'avantage,
Avec juste raison je crains qu'entre nous deux
L'égalité rompue en rompe les doux nœuds,
Et que ce jour fatal à l'heur de notre vie
Jette sur l'un de nous trop de honte ou d'envie [2].

---

[1] « On ne sait point encore que c'est Séleucus qui parle. Il était aisé de remédier à ce petit défaut. » *(Voltaire.)*

[2] « Pourquoi *trop de honte*? y a-t-il de la honte à n'être pas l'aîné? et s'il est honteux de ne pas régner, pourquoi céder le trône si vite? » *(Voltaire.)* — Il y a de la honte à descendre de l'égalité à un rang inférieur, à être brusquement déçu comme amant et comme prétendant, et si les deux frères cèdent le trône si volontiers, c'est qu'ils ont plus d'amour que d'ambition.

ANTIOCHUS.
Comme nous n'avons eu jamais qu'un sentiment,
Cette peur me touchait, mon frère, également;
Mais, si vous le voulez, j'en sais bien le remède.
SÉLEUCUS.
Si je le veux! bien plus, je l'apporte, et vous cède
Tout ce que la couronne a de charmant en soi.
Oui, seigneur, car je parle à présent à mon roi,
Pour le trône cédé cédez-moi Rodogune,
Et je n'envierai point votre haute fortune.
Ainsi notre destin n'aura rien de honteux,
Ainsi notre bonheur n'aura rien de douteux,
Et nous mépriserons ce faible droit d'aînesse,
Vous, satisfait du trône, et moi de la princesse.
ANTIOCHUS.
Hélas!
SÉLEUCUS.
Recevez-vous l'offre avec déplaisir?
ANTIOCHUS.
Pouvez-vous nommer offre une ardeur de choisir,
Qui, de la même main qui me cède un empire,
M'arrache un bien plus grand, et le seul où j'aspire[1]?
SÉLEUCUS.
Rodogune?
ANTIOCHUS.
Elle-même; ils[2] en sont les témoins.
SÉLEUCUS.
Quoi! l'estimez-vous tant?
ANTIOCHUS.
Quoi! l'estimez-vous moins?
SÉLEUCUS.
Elle vaut bien un trône, il faut que je le die.
ANTIOCHUS.
Elle vaut à mes yeux tout ce qu'en a l'Asie.
SÉLEUCUS.
Vous l'aimez donc, mon frère?
ANTIOCHUS.
Et vous l'aimez aussi:
C'est là tout mon malheur, c'est là tout mon souci.
J'espérais que l'éclat dont le trône se pare
Toucherait vos désirs plus qu'un objet si rare;
Mais aussi bien qu'à moi son prix vous est connu,
Et dans ce juste choix vous m'avez prévenu.
Ah! déplorable prince!
SÉLEUCUS.
Ah! destin trop contraire!
ANTIOCHUS.
Que ne ferais-je point contre un autre qu'un frère!

1. Ces quatre vers consécutifs ont la même consonnance. C'es un défaut.
2. *Ils*, Timagène et Laonice.

SÉLEUCUS.

O mon cher frère! ô nom pour un rival trop doux!
Que ne ferais-je point contre un autre que vous!

ANTIOCHUS.

Où nous vas-tu réduire, amitié fraternelle?

SÉLEUCUS.

Amour, qui doit ici vaincre de vous ou d'elle?

ANTIOCHUS.

L'amour, l'amour doit vaincre [1], et la triste amitié
Ne doit être à tous deux qu'un objet de pitié.
Un grand cœur cède un trône, et le cède avec gloire,
Cet effort de vertu couronne sa mémoire,
Mais lorsqu'un digne objet a pu nous enflammer,
Qui le cède est un lâche, et ne sait pas aimer.
 De tous deux Rodogune a charmé le courage ;
Cessons par trop d'amour de lui faire un outrage :
Elle doit épouser, non pas vous, non pas moi,
Mais de moi, mais de vous quiconque sera roi.
La couronne entre nous flotte encore incertaine,
Mais sans incertitude elle doit être reine.
Cependant, aveuglés dans notre vain projet,
Nous la faisions tous deux la femme d'un sujet!
Régnons, l'ambition ne peut être que belle,
Et pour elle quittée, et reprise pour elle,
Et ce trône, où [2] tous deux nous osions renoncer,
Souhaitons-le tous deux afin de l'y placer :
C'est dans notre destin le seul conseil à prendre [3] ;
Nous pouvons nous en plaindre, et nous devons l'attendre.

SÉLEUCUS.

Il faut encor plus faire, il faut qu'en ce grand jour
Notre amitié triomphe aussi bien que l'amour.
 Ces deux sièges fameux de Thèbes et de Troie,
Qui mirent l'une en sang, l'autre aux flammes en proie,
N'eurent pour fondements à leurs maux infinis
Que ceux que contre nous le sort à réunis.
Il sème entre nous deux toute la jalousie

---

[1] « Cette réponse ne sent-elle pas un peu plus l'idylle que la tragédie? Remarquez que Racine, qui a tant traité l'amour, n'a jamais dit : *l'amour doit vaincre*. Il n'y a pas une maxime pareille, même dans *Bérénice*. En général, ces maximes ne touchent jamais. Tous ceux qui ont dit que Racine sacrifiait tout à l'amour, et que les héros de Corneille étaient toujours supérieurs à cette passion, n'avaient pas examiné ces deux auteurs. Il est très-commun de lire, et très-rare de lire avec fruit. » (*Voltaire.*) — Cette remarque, juste au fond, tombe ici à faux ; car *l'amour doit vaincre* n'est pas une maxime, mais une simple proposition dont l'application est bornée à la situation des deux frères.

[2] *Où*, dans le sens d'*auquel*.

[3] *Conseil* paraît impropre ; c'est *parti* ou *décision* ; ou bien l'impropriété est dans le mot *prendre*, auquel il faudrait substituer *suivre*. *Prendre conseil* signifie *demander avis* à quelqu'un.

ACTE I, SCÈNE III.

Qui dépeupla la Grèce et saccagea l'Asie [1];
Un même espoir du sceptre est permis à tous deux,
Pour la même beauté nous faisons mêmes vœux.
Thèbes périt pour l'un, Troie a brûlé pour l'autre [2].
Tout va choir en ma main ou tomber en la vôtre [3].
En vain votre amitié tâchait à partager,
Et si j'ose tout dire, un titre assez léger,
Un droit d'aînesse obscur, sur la foi d'une mère,
Va combler l'un de gloire, et l'autre de misère.
Que de sujets de plainte en ce double intérêt [4]
Aura le malheureux contre un si faible arrêt!
Que de sources de haine! Hélas! jugez le reste [5],
Craignez-en avec moi l'événement funeste,
Ou plutôt avec moi faites un digne effort
Pour armer votre cœur contre un si triste sort.
Malgré l'éclat du trône et l'amour d'une femme,
Faisons si bien régner l'amitié sur notre âme,
Qu'étouffant dans leur perte un regret suborneur,
Dans le bonheur d'un frère on trouve son bonheur [6].
Ainsi ce qui jadis perdit Thèbes et Troie
Dans nos cœurs mieux unis ne versera que joie [7],
Ainsi notre amitié, triomphante à son tour,
Vaincra la jalousie en cédant à l'amour,
Et de notre destin bravant l'ordre barbare,
Trouvera des douceurs aux maux qu'il nous prépare.

ANTIOCHUS.

Le pourrez-vous, mon frère?

SÉLEUCUS.

Ah! que vous me pressez [8]
Je le voudrai du moins, mon frère, et c'est assez,
Et ma raison sur moi gardera tant d'empire,
Que je désavouerai mon cœur s'il en soupire.

---

1 D'elle naquit la frénésie
De la Grèce contre l'Asie.
Malherbe, liv. I, od. VII.

2 Locution amphibologique, *brûler pour* signifiant aussi *être amoureux de*.

3 « Le mot de *choir*, même du temps de Corneille, ne pouvait être employé pour tomber en partage. » (*Voltaire*.) — *Choir* n'a ici que le sens de *tomber*, sans idée de partage. Corneille répète la même idée à l'aide de deux mots synonymes. On peut critiquer le double emploi, mais non la propriété de l'un des deux mots employés.

4 *Intérêt* a ici le sens de *malheur*, comme dans le *Cid*, act. II, sc. II, et dans *Horace*, act. V, sc. III.

5 La correction demande *du reste*, qui eût été prosaïque.

6 *On* n'est pas assez déterminé; il faudrait *chacun de nous*.

7 « *Ne versera que joie* ne se dirait pas aujourd'hui. » (*Voltaire*.)

8 *Presser* exprime ici, non l'idée de *hâte*, mais de contrainte.

ANTIOCHUS.

J'embrasse comme vous ces nobles sentiments.
Mais allons leur donner le secours des serments,
Afin qu'étant témoins de l'amitié jurée,
Les dieux contre un tel coup assurent sa durée.

SÉLEUCUS.

Allons, allons l'étreindre au pied de leurs autels.
Par des liens sacrés et des nœuds immortels [1].

SCÈNE IV.

LAONICE, TIMAGÈNE.

LAONICE.

Peut-on plus dignement mériter la couronne ?

TIMAGÈNE.

Je ne suis point surpris de ce qui vous étonne ;
Confident de tous deux, prévoyant leur douleur,
J'ai prévu leur constance, et j'ai plaint leur malheur.
Mais, de grâce, achevez l'histoire commencée.

LAONICE.

Pour la reprendre donc où nous l'avons laissée [2],
Les Parthes, au combat par les nôtres forcés,
Tantôt presque vainqueurs, tantôt presque enfoncés,
Sur l'une et l'autre armée également heureuse,
Virent longtemps voler la victoire douteuse :
Mais la fortune enfin se tourna contre nous,
Si bien qu'Antiochus, percé de mille coups,
Près de tomber aux mains d'une troupe ennemie,
Lui voulut dérober les restes de sa vie,
Et préférant aux fers la gloire de périr,
Lui-même par sa main acheva de mourir.
La reine ayant appris cette triste nouvelle,

---

1 « Je crois que, malgré ses défauts, cette scène doit toujours réussir au théâtre. L'amitié tendre des deux frères touche d'abord : on excuse leur dessein de céder le trône, parce qu'ils sont jeunes, et qu'on pardonne tout à la jeunesse passionnée et sans expérience, mais surtout parce que leur droit au trône est incertain. La bonne foi avec laquelle ces princes se parlent doit plaire au public. Leurs réflexions, que Rodogune doit appartenir à celui qui sera nommé roi, forment tout d'un coup le nœud de la pièce ; et le triomphe de l'amitié sur l'amour et sur l'ambition finit cette scène parfaitement. » (*Voltaire.*)

2 « Ces discours de confidents, cette histoire interrompue et recommencée, sont condamnés universellement.

　　Tous deux, débrouillant mal une pénible intrigue,
　　　D'un divertissement me font une fatigue. »

(*Voltaire.*) — La reprise est maladroite, mais la division est habile.

En reçut tôt après une autre plus cruelle :
Que Nicanor vivait; que, sur un faux rapport,
De ce premier époux elle avait cru la mort;
Que, piqué jusqu'au vif contre son hyménée,
Son âme à l'imiter s'était déterminée,
Et que pour s'affranchir des fers de son vainqueur,
Il allait épouser la princesse sa sœur.
C'est cette Rodogune ¹, où l'un et l'autre frère
Trouve encore les appas qu'avait trouvés leur père,
  La reine envoie en vain pour se justifier;
On a beau la défendre, on a beau le prier ²,
On ne rencontre en lui qu'un juge inexorable,
Et son amour nouveau la veut croire coupable :
Son erreur est un crime, et pour l'en punir mieux
Il veut même épouser Rodogune à ses yeux,
Arracher de son front le sacré diadème,
Pour ceindre une autre tête en sa présence même;
Soit qu'ainsi sa vengeance eût plus d'indignité,
Soit qu'ainsi cet hymen eût plus d'autorité,
Et qu'il assurât mieux par cette barbarie
Aux enfants qui naîtraient le trône de Syrie.
  Mais tandis qu'animé de colère et d'amour
Il vient déshériter ses fils par son retour,
Et qu'un gros escadron de Parthes pleins de joie
Conduit ces deux amants, et court comme à la proie,
La reine, au désespoir de n'en rien obtenir,
Se résout de se perdre ou de le prévenir ³.
Elle oublie un mari qui veut cesser de l'être,
Qui ne veut plus la voir qu'en implacable maître,
Et changeant à regret son amour en horreur,
Elle abandonne tout à sa juste fureur.
Elle-même leur dresse une embûche au passage,
Se mêle dans les coups, porte partout sa rage,
En pousse jusqu'au bout les furieux effets.
Que vous dirai-je enfin ? les Parthes sont défaits;
Le roi meurt, et, dit-on, par la main de la reine;
Rodogune captive est livrée à sa haine.

---

1 « Elle est nommée, dans la liste des personnages, sœur de Phraate, roi des Parthes ; on n'est pas plus instruit pour cela, et le nom de Phraate n'est pas prononcé dans la pièce. » (*Voltaire.*)

2 *On a beau le prier* paraît ici trop familier. Cependant la même locution est ennoblie par Malherbe, dans ses stances à Duperrier :

> La mort a des rigueurs à nulle autre pareilles,
>   *On a beau la prier,*
> La cruelle qu'elle est, etc.

C'est à cet art de Malherbe que Boileau fait allusion, lorsqu'il dit :

> D'un mot mis en sa place enseigna le pouvoir.

3 « *Se résout de se perdre* est un solécisme. Je me résous *à*, je résous *de*, il s'est résolu à mourir; il a résolu de mourir. » (*Voltaire.*)

Tous les maux qu'un esclave endure dans les fers
Alors sans moi, mon frère, elle les eût soufferts.
La reine, à la gêner prenant mille délices [1],
Ne commettait qu'à moi l'ordre de ses supplices [2];
Mais, quoi que m'ordonnât cette âme toute en feu [3],
Je promettais beaucoup, et j'exécutais peu.
Le Parthe cependant en [4] jure la vengeance;
Sur nous à main armée il fond en diligence,
Nous surprend, nous assiége, et fait un tel effort,
Que, la ville aux abois, on lui parle d'accord.
Il veut fermer l'oreille, enflé de l'avantage [5];
Mais, voyant parmi nous Rodogune en otage,
Enfin il craint pour elle, et nous daigne écouter;
Et c'est ce qu'aujourd'hui l'on doit exécuter [6].
  La reine de l'Égypte a rappelé nos princes,
Pour remettre à l'aîné son trône et ses provinces.
Rodogune a paru, sortant de sa prison,
Comme un soleil levant dessus notre horizon.
Le Parthe a décampé [7], pressé par d'autres guerres
Contre l'Arménien qui ravage ses terres;
D'un ennemi cruel [8] il s'est fait notre appui;
La paix finit la haine, et, pour comble aujourd'hui,
Dois-je dire de bonne ou mauvaise fortune?
Nos deux princes tous deux adorent Rodogune.

TIMAGÈNE.

Sitôt qu'ils ont paru tous deux en cette cour,
Ils ont vu Rodogune, et j'ai vu leur amour;
Mais comme étant rivaux nous les trouvons à plaindre,
Connaissant leur vertu je n'en vois rien à craindre.
Pour vous, qui gouvernez cet objet de leurs vœux...

LAONICE.

Je n'ai point encor vu qu'elle aime aucun des deux.

TIMAGÈNE.

Vous me trouvez mal propre à cette confidence,

---

1 « On prend plaisir, et non des délices à quelque chose; et on n'en prend point mille » (*Voltaire.*)

2 « Il fallait *le soin de ses supplices*; on ne commet point un ordre. » (*Voltaire.*)

3 « *Ame toute en feu*, expression triviale pour rimer à *peu*. Dans quelle contrainte la rime jette. » (*Voltaire.*)

4 *En*, de Rodogune; incorrect.

5 « Ce mot indéfini *de l'avantage* ne peut être admis ici : il faut *de cet avantage*, ou *de son avantage*. » (*Voltaire.*)

6 « Cela est louche et obscur; il semble qu'on aille exécuter ce qu'on a écouté. » (*Voltaire.*)

7 « Expressions trop négligées; mais il y a un grand germe d'intérêt dans la situation que Timagène expose. Il eût été à désirer que les détails eussent été exprimés avec plus d'élégance : on a remarqué déjà que Racine est le premier qui ait eu ce talent. » (*Voltaire.*)

8 *D'un ennemi cruel* ne signifie pas et devrait signifier pour que la pensée du poëte fût clairement exprimée, *de notre cruel ennemi qu'il était* il s'est fait.

Et peut-être à dessein je la vois qui s'avance¹.
Adieu : je dois au rang qu'elle est prête à tenir
Du moins la liberté de vous entretenir.

SCÈNE V.

RODOGUNE, LAONICE.

RODOGUNE.
Je ne sais quel malheur aujourd'hui me menace,
Et coule dans ma joie une secrète glace :
Je tremble, Laonice, et te voulais parler,
Ou pour chasser ma crainte ou pour m'en consoler².
LAONICE.
Quoi! madame, en ce jour pour vous si plein de gloire?
RODOGUNE.
Ce jour m'en promet tant que j'ai peine à tout croire.
La fortune me traite avec trop de respect;
Et le trône et l'hymen, tout me devient suspect.
L'hymen semble à mes yeux cacher quelque supplice,
Le trône sous mes pas creuser un précipice³;
Je vois de nouveaux fers après les miens brisés,
Et je prends tous ces biens pour des maux déguisés :
En un mot, je crains tout de l'esprit de la reine.
LAONICE.
La paix qu'elle a jurée en a calmé la haine⁴.
RODOGUNE.
La haine entre les grands se calme rarement;
La paix souvent n'y sert que d'un amusement;
Et, dans l'État où j'entre, à te parler sans feinte,
Elle a lieu de me craindre, et je crains cette crainte⁵.
Non qu'enfin je ne donne au bien des deux États
Ce que j'ai dû de haine à de tels attentats⁶ :
J'oublie et pleinement toute mon aventure;

---

1 « A quel dessein? » (*Voltaire.*) — Timagène a tort de dire qu'il est *mal propre*.

2 « Cet *en* se rapporte à la *crainte* par la phrase : il semble qu'elle veuille se consoler de sa crainte. Il faut éviter soigneusement ces amphibologies. » (*Voltaire.*)

3 *Respect* n'est pas le mot propre; il faudrait *faveur*. Un *trône ne creuse* pas un précipice.

4 On ne doit jamais se servir de la particule *en* dans ce cas-ci; il fallait : *la paix qu'elle a jurée a dû calmer sa haine*.

5 Cette *crainte de la crainte* est un méchant jeu de mots.

6 « Elle n'a point parlé de ces attentats : l'auteur les a en vue; il répond à son idée; mais Rodogune, par le mot *tels*, suppose qu'elle a dit ce qu'elle n'a point dit. Cependant le spectateur est si instruit des attentats de Cléopâtre, qu'il entend aisément ce que Rodogune veut dire. (*Voltaire.*)

Mais une grande offense est de cette nature,
Que toujours son auteur impute à l'offensé[1]
Un vif ressentiment dont il le croit blessé,
Et quoiqu'en apparence on les réconcilie,
Il le craint, il le hait, et jamais ne s'y fie[2],
Et toujours alarmé de cette illusion,
Sitôt qu'il peut le perdre il prend l'occasion.
Telle est pour moi la reine.

LAONICE.

Ah ! madame, je jure
Que par ce faux soupçon vous lui faites injure.
Vous devez oublier un désespoir jaloux
Où força son courage un infidèle époux[3].
Si, teinte de son sang et toute furieuse,
Elle vous traita lors en rivale odieuse,
L'impétuosité d'un premier mouvement
Engageait sa vengeance à ce dur traitement ;
Il fallait un prétexte à vaincre sa colère,
Il y fallait du temps, et pour ne rien vous taire,
Quand je me dispensais à lui mal obéir[4],
Quand en votre faveur je semblais la trahir,
Peut-être qu'en son cœur plus douce et repentie
Elle en dissimulait la meilleure partie ;
Que, se voyant tromper, elle fermait les yeux[5],
Et qu'un peu de pitié la satisfaisait mieux.
A présent que l'amour succède à la colère,
Elle ne vous voit plus qu'avec des yeux de mère,
Et si de cet amour je la voyais sortir[6],
Je jure de nouveau de vous en avertir :
Vous savez comme quoi je vous suis tout acquise[7].

---

1 « Rodogune se plaignant de Cléopâtre, et exprimant ce qu'elle craint d'un tel caractère, ferait bien plus d'effet qu'une dissertation. Peut-être que Corneille a voulu préparer un peu, par ce ton politique, la proposition atroce que fera Rodogune à ses amants ; mais aussi toutes ces sentences, dans le goût de Machiavel, ne préparent point aux tendresses de l'amour et à ce caractère d'innocence timide que Rodogune prendra bientôt : cela fait voir combien cette pièce était difficile à faire, et de quel embarras l'auteur a eu à se tirer. » (*Voltaire.*)

2 Trop familier.

3 « *Oublier un désespoir, et un désespoir jaloux, où un infidèle époux a forcé son courage !* Presque toutes les scènes de ce premier acte sont remplies de barbarismes ou de solécismes intolérables. » (*Voltaire.*)

4 « Ce vers n'est pas français : on se dispense d'une chose, et non à une chose. » (*Voltaire.*) — Corneille employait encore *dispenser* dans le sens de *permettre, autoriser* (voy. p. 311, not. 3).

5 « *Repentie* ne l'est pas non plus, du moins aujourd'hui : on ne peut pas dire cette princesse *repentie*. Mais pourquoi n'emploierions-nous pas une expression nécessaire, dont l'équivalent est reçu dans toutes les langues de l'Europe ? » (*Voltaire.*)

6 « *Sortir d'un amour !* quelle négligence ! » (*Voltaire.*)

7 « *Comme quoi* ne se dit pas davantage ; et *tout acquise* est du style comique. » (*Voltaire.*)

ACTE I, SCÈNE V.

Le roi souffrirait-il d'ailleurs quelque surprise?
RODOGUNE.
Qui que ce soit des deux qu'on couronne aujourd'hui,
Elle sera sa mère, et pourra tout sur lui.
LAONICE.
Qui que ce soit des deux, je sais qu'il vous adore :
Connaissant leur amour, pouvez-vous craindre encore?
RODOGUNE.
Oui, je crains leur hymen, et d'être à l'un des deux.
LAONICE.
Quoi! sont-ils des sujets indignes de vos feux?
RODOGUNE.
Comme ils ont même sang avec pareil mérite
Un avantage égal pour eux me sollicite;
Mais il est malaisé, dans cette égalité,
Qu'un esprit combattu ne penche d'un côté.
Il est des nœuds secrets, il est des sympathies,
Dont par le doux rapport les âmes assorties
S'attachent l'une à l'autre, et se laissent piquer
Par ces je ne sais quoi qu'on ne peut expliquer [1].
C'est par là que l'un d'eux obtient la préférence :
Je crois voir l'autre encore avec indifférence,
Mais cette indifférence est une aversion
Lorsque je la compare avec ma passion.
Étrange effet d'amour! incroyable chimère!
Je voudrais être à lui, si je n'aimais son frère,
Et le plus grand des maux toutefois que je crains,
C'est que mon triste sort me livre entre ses mains.
LAONICE.
Ne pourrai-je servir une si belle flamme?
RODOGUNE.
Ne crois pas en tirer le secret de mon âme :
Quelque époux que le ciel veuille me destiner,
C'est à lui pleinement que je veux me donner.
De celui que je crains si je suis le partage,
Je saurai l'accepter avec même visage;
L'hymen me le rendra précieux à son tour,
Et le devoir fera ce qu'aurait fait l'amour,
Sans crainte qu'on reproche à mon humeur forcée

---

[1] « C'est toujours le poëte qui parle; ce sont toujours des maximes : la passion ne s'exprime pas ainsi. Ces vers sont agréables, quoique *dont par le doux rapport* ne soit point français; mais *ces âmes qui se laissent piquer*, et *ces je ne sais quoi*, appartiennent plus à la haute comédie qu'à la tragédie. Ces vers ressemblent à ceux de *la Suite du Menteur* : *Quand les ordres du ciel nous ont faits l'un pour l'autre*, etc. Cependant ces quatre vers, tout éloignés qu'ils sont du style de la véritable tragédie, furent toujours regardés comme un chef-d'œuvre du développement du cœur humain, avant qu'on vit les chefs-d'œuvre véritables de Racine en ce genre. » (*Voltaire.*) — Somme toute, ces quatre vers si vantés et si souvent cités risquent fort de n'être que du galimatias alambiqué.

Qu'un autre qu'un mari règne sur ma pensée.

LAONICE.
Vous craignez que ma foi vous l'ose reprocher!

RODOGUNE.
Que ne puis-je à moi-même aussi bien le cacher!

LAONICE.
Quoi que vous me cachiez, aisément je devine,
Et pour vous dire enfin ce que je m'imagine,
Le prince...

RODOGUNE.
Garde-toi de nommer mon vainqueur :
Ma rougeur trahirait les secrets de mon cœur [1];
Et je te voudrais mal de cette violence
Que ta dextérité ferait à mon silence :
Même, de peur qu'un mot par hasard échappé
Te fasse voir ce cœur et quels traits l'ont frappé,
Je romps un entretien dont la suite me blesse [2].
Adieu, mais souviens-toi que c'est sur ta promesse
Que mon esprit reprend quelque tranquillité.

LAONICE.
Madame, assurez-vous sur ma fidélité.

---

1 « Remarquez que tous les discours de Rodogune sont dans le caractère d'une jeune personne qui craint de s'avouer à elle-même les sentiments tendres et honnêtes dont son cœur est touché. Cependant Rodogune n'est point jeune ; elle épousa Nicanor lorsque les deux frères étaient en bas âge ; ils ont au moins vingt ans. Cette rougeur, cette timidité, cette innocence, semblent donc un peu outrées pour son âge ; elles s'accordent peu avec tant de maximes de politique; elles conviennent encore moins à une femme qui bientôt demandera la tête de sa belle-mère aux enfants mêmes de cette belle-mère. » (*Voltaire.*) — Voltaire, pour attaquer Corneille, s'attache à l'histoire, que Corneille a modifiée. En effet, le poëte dit expressément que Rodogune n'a pas épousé Nicanor, et il ne dit pas qu'Antiochus et Séleucus fussent en bas âge à l'époque où fut formé ce projet de mariage. Ici Voltaire, par besoin de critique, fait de Rodogune une veuve sur le retour ; et plus loin, quand Rodogune proposera à ses amants d'assassiner Cléopâtre, il trouvera que cette proposition ne convient pas à une jeune princesse.

2 Cet entretien n'a pas de suite, puisqu'il est interrompu, et dès lors il n'est pas permis de dire que cette suite soit blessante.

FIN DU PREMIER ACTE.

ACTE DEUXIÈME.

SCÈNE I.

CLÉOPATRE.

Serments fallacieux, salutaire contrainte[1],
Que m'imposa la force et qu'accepta ma crainte,
Heureux déguisements d'un immortel courroux,
Vains fantômes d'État, évanouissez-vous !
Si d'un péril pressant la terreur vous fit naître,
Avec ce péril même il vous faut disparaître,
Semblables à ces vœux dans l'orage formés,
Qu'efface un prompt oubli quand les flots sont calmés[2].
Et vous, qu'avec tant d'art cette feinte a voilée,
Recours des impuissants, haine dissimulée[3],
Digne vertu des rois, noble secret de cour,
Éclatez, il est temps, et voici notre jour.

---

[1] « Corneille reparaît ici dans toute sa pompe ; l'éloquent Bossuet est le seul qui se soit servi après lui de cette belle épithète *fallacieux*. Pourquoi appauvrir la langue ? Un mot consacré par Corneille et Bossuet peut-il être abandonné ? *Salutaire contrainte*: il est difficile d'expliquer comment une salutaire contrainte est un vain fantôme d'État ; il manque là un peu de netteté et de naturel. » (*Voltaire.*)—Voltaire a trouvé cette apostrophe bonne à imiter, car il a dit, dans son *Catilina* :

    Titres chers et sacrés et de père et d'époux,
    Faiblesses des humains, évanouissez-vous.

[2] Voici encore une comparaison bien placée. Elles sont rares dans le style dramatique, où elles ne conviennent que si elles sont courtes. C'est ainsi que Corneille a pu dire (*Hor.*, act. III, sc. 1, p. 146) :

    Pareille à ces éclairs qui, dans le fort des ombres,
    Poussent un jour qui fuit et rend les nuits plus sombres.

Corneille fait ici allusion au proverbe italien : *Passato il pericolo, gabbato il santo.* Après lui, La Fontaine s'en est souvenu (l. IX, f. XIII) :

    Mais, le péril passé, l'on ne se souvient guères
    De ce qu'on a promis aux cieux.

[3] « *Recours des impuissants, éclatez*, est une contradiction ; car ce recours est la *haine dissimulée*, la dissimulation ; et c'est précisément ce qui n'éclate pas : le sens de tout cela est *cessons de dissimuler, éclatons ;* mais ce sens est noyé dans des paroles qui semblent plus pompeuses que justes. » (*Voltaire.*)

Montrons-nous toutes deux, non plus comme sujettes [1],
Mais telle que je suis, et telle que vous êtes.
Le Parthe est éloigné, nous pouvons tout oser :
Nous n'avons rien à craindre, et rien à déguiser ;
Je hais, je règne encor. Laissons d'illustres marques [2]
En quittant, s'il le faut, ce haut rang des monarques :
Faisons-en avec gloire un départ éclatant,
Et rendons-le funeste à celle qui l'attend.
C'est encor, c'est encor cette même ennemie
Qui cherchait ses honneurs dedans mon infamie,
Dont la haine à son tour croit me faire la loi,
Et régner par mon ordre et sur vous et sur moi [3].
Tu m'estimes bien lâche, imprudente rivale
Si tu crois que mon cœur jusque-là se ravale,
Qu'il souffre qu'un hymen qu'on t'a promis en vain
Te mette ma vengeance et mon sceptre à la main.
Vois jusqu'où m'emporta l'amour du diadème,
Vois quel sang il me coûte, et tremble pour toi-même :
Tremble, te dis-je, et songe, en dépit du traité,
Que, pour t'en faire un don, je l'ai trop acheté.

SCÈNE II.

CLÉOPATRE, LAONICE.

CLÉOPATRE.

Laonice, vois-tu que le peuple s'apprête
Au [4] pompeux appareil de cette grande fête?

LAONICE.

La joie en est publique, et les princes tous deux
Des Syriens ravis emportent tous les vœux :
L'un et l'autre fait voir un mérite si rare,

---

1 « Qui sont ces deux? est-ce la haine dissimulée et Cléopâtre? voilà un assemblage bien extraordinaire ! Comment Cléopâtre et sa haine sont-elles deux? comment sa haine est-elle sujette? C'est bien dommage que de si beaux morceaux soient si souvent défigurés par des tours si alambiqués. » (*Voltaire.*)

2 « *Je hais, je règne encor,* est un coup de pinceau bien fier; mais *laissons d'illustres marques* est faible ; on laisse des marques de quelque chose : *marques* n'est là qu'un mot impropre pour rimer à *monarques.* Plût à Dieu que du temps de Corneille un Despréaux eût pu l'accoutumer à faire des vers difficilement! » (*Voltaire.*)

3 « A quoi se rapporte ce *vous* ? Il ne peut se rapporter qu'au recours des impuissants, à cette haine dissimulée dont elle a parlé treize vers auparavant ; elle s'entretient donc avec sa haine dans ce monologue: convenons que cela n'est point dans la nature. » (*Voltaire.*)

4 *Au, ad,* pour le pompeux, etc.

Que le souhait confus entre les deux s'égare ;
Et ce qu'en quelques-uns on voit d'attachement
N'est qu'un faible ascendant d'un premier mouvement[1].
Ils penchent d'un côté, prêts à tomber de l'autre,
Leur choix pour s'affermir attend encor le vôtre,
Et de celui qu'ils font ils sont si peu jaloux,
Que votre secret su les réunira tous.
                    CLÉOPATRE.
Sais-tu que mon secret n'est pas ce que l'on pense ?
                    LAONICE.
J'attends avec eux tous celui de leur naissance.
                    CLÉOPATRE.
Pour un esprit de cour, et nourri chez les grands,
Tes yeux dans leurs secrets sont bien peu pénétrants.
Apprends, ma confidente, apprends à me connaître.
 Si je cache en quel rang le ciel les a fait naître,
Vois, vois que tant que l'ordre en demeure douteux,
Aucun des deux ne règne, et je règne pour eux :
Quoique ce soit un bien que l'un et l'autre attend
De crainte de le perdre aucun ne le demande ;
Cependant je possède, et leur droit incertain
Me laisse avec leur sort leur sceptre dans la main.[2]
Voilà mon grand secret. Sais-tu par quel mystère
Je les laissais tous deux en dépôt chez mon frère ;
                    LAONICE.
J'ai cru qu'Antiochus les tenait éloignés,
Pour jouir des États qu'il avait regagnés.
                    CLÉOPATRE.
Il occupait leur trône, et craignait leur présence,
Et cette juste crainte assurait ma puissance.
Mes ordres en[3] étaient de point en point suivis,
Quand je le menaçais du retour de mes fils :
Voyant ce foudre prêt à suivre ma colère,
Quoi qu'il me plût oser, il n'osait me déplaire ;
Et content malgré lui du vain titre de roi,
S'il régnait au lieu d'eux, ce n'était que sous moi.
 Je te dirai bien plus. Sans violence aucune
J'aurais vu Nicanor épouser Rodogune,
Si, content de lui plaire et de me dédaigner,
Il eût vécu chez elle en me laissant régner.
Son retour me fâchait plus que son hyménée,
Et j'aurais pu l'aimer s'il ne l'eût couronnée.
Tu vis comme il y fit des efforts superflus :
Je fis beaucoup alors, et ferais encor plus
S'il était quelque voie, infâme ou légitime,

---

1 *L'ascendant d'un mouvement* n'est pas une expression heureuse.

2 « *Je possède* demande un régime : *jouir* est neutre quelquefois ; *posséder* ne l'est pas : cependant je crois que cette hardiesse est très-permise et fait un bel effet. » (*Voltaire.*)

3 *En*, par lui, par Antiochus.

Que m'enseignât la gloire, ou que m'ouvrît le crime,
Qui me pût conserver un bien que j'ai chéri
Jusqu'à verser pour lui tout le sang d'un mari [1].
Dans l'état pitoyable où m'en réduit la suite [2],
Délice de mon cœur, il faut que je te quitte [3];
On m'y force, il le faut : mais on verra quel fruit [4]
En recevra bientôt celle qui m'y réduit.
L'amour que j'ai pour toi tourne en haine pour elle :
Autant que l'un fut grand l'autre sera cruelle [5],
Et puisqu'en te perdant j'ai sur qui me venger,
Ma perte est supportable, et mon mal est léger.

LAONICE.

Quoi! vous parlez encor de vengeance et de haine
Pour celle dont vous-même allez faire une reine!

CLÉOPATRE.

Quoi! je ferais un roi pour être son époux,
Et m'exposer aux traits de son juste courroux!
N'apprendras-tu jamais, âme basse et grossière [6],
A voir par d'autres yeux que les yeux du vulgaire?
Toi qui connais ce peuple, et sais qu'aux champs de Mars
Lâchement d'une femme il suit les étendards;
Que, sans Antiochus, Tryphon m'eût dépouillée;
Que sous lui son ardeur fut soudain réveillée [7];
Ne saurais-tu juger que si je nomme un roi,
C'est pour le commander, et combattre pour moi [8]?

---

[1] « Ce *pour lui* gâte la phrase, aussi bien que le *que*, *qui*. Verser du sang pour un bien! » (*Voltaire.*)

[2] « C'est la suite du sang qu'elle a versé : cela n'est pas net, et cet *en* n'est pas heureusement placé.» (*Voltaire.*)

[3] « Ce sont des expressions faites pour la tendresse, et non pour le trône. Un amour du trône qui se tourne en haine pour Rodogune, et l'un qui est grand, l'autre cruelle ; tout cela n'est nullement dans la nature. » (*Voltaire.*)

[4] « Ne faudrait-il pas expliquer comment elle est forcée à résigner la couronne, puisqu'elle vient de dire qu'elle n'a rien à craindre, que le péril est passé? ne devrait-elle pas dire seulement : *on l'exige, je l'ai promis?* » (*Voltaire.*)

[5] « La poésie n'admet guère ces *l'un* et *l'autre*. » (*Voltaire.*)

[6] « Ce n'est point cette confidente qui est grossière : n'est-ce pas Cléopâtre qui semble le devenir en parlant à une dame de sa cour comme on parlerait à une servante dont l'imbécillité mettrait en colère? et ici c'est une reine qui confie des crimes à une dame épouvantée de cette confidence inutile ; elle appelle cette dame *grossière*. En vérité, cela est dans le goût de la comtesse d'Escarbagnas, qui appelle sa femme de chambre *bouvière*. » (*Voltaire.*)

[7] « Il semble que ce soit l'ardeur d'Antiochus ; il s'agit de celle du peuple. Et qu'est-ce qu'une ardeur réveillée sous le peuple?» (*Voltaire.*)

[8] « On commande une armée, on commande à une nation ; on ne commande point un homme, excepté lorsqu'à la guerre un homme est commandé par un autre pour être de tranchée, pour aller reconnaître, pour attaquer. *Pour le commander et combattre* n'est pas français : elle veut dire *pour que je lui commande et qu'il combatte pour moi.* Ces deux *pour* font un mauvais effet. » (*Voltaire.*)

J'en ai le choix en main avec le droit d'aînesse,
Et puisqu'il en faut faire un aide à ma faiblesse,
Que la guerre sans lui ne peut se rallumer,
J'userai bien du droit que j'ai de le nommer.
On ne montera point au rang dont je dévale [1],
Qu'en épousant ma haine au lieu de ma rivale :
Ce n'est qu'en me vengeant qu'on me le peut ravir [2];
Et je ferai régner qui me voudra servir.
\hfill LAONICE.
Je vous connaissais mal [3].
\hfill CLÉOPATRE.
\hfill Connais-moi tout entière.
Quand je mis Rodogune en tes mains prisonnière,
Ce ne fut ni pitié ni respect de son rang,
Qui m'arrêta le bras et conserva son sang.
La mort d'Antiochus me laissait sans armée,
Et d'une troupe en hâte à me suivre animée,
Beaucoup dans ma vengeance ayant fini leurs jours [4]
M'exposaient à son frère, et faible et sans secours [5].
Je me voyais perdue à moins d'un tel otage :
Il vint, et sa fureur craignit pour ce cher gage [6];
Il m'imposa des lois, exigea des serments,
Et moi j'accordai tout pour obtenir du temps.
Le temps est un trésor plus grand qu'on ne peut croire :
J'en obtins, et je crus obtenir la victoire [7].

1 « *Dévaler* était encore d'usage du temps de Corneille. » (*Voltaire.*) Il est fâcheux qu'il ne le soit plus. Il méritait d'être conservé dans le style noble. C'est *avaler* qui lui a fait tort. *Ravaler*, qui se rattache à la même souche, a été employé par Racine (*Britann.*, act. III, sc. IV) :

Quoi! tu ne vois donc pas jusqu'où l'on me ravale,
Albine?

2 « Ce *le* se rapporte au rang, qui est trop loin. » (*Voltaire.*)
3 « Ce mot devrait, ce semble, faire rentrer Cléopâtre en elle-même, et lui faire sentir quelle imprudence elle commet d'ouvrir sans raison une âme si noire à une personne qui en est effrayée. » (*Voltaire.*)
4 « Phrase obscure et qui n'est pas française ; on ne sait si sa vengeance les a fait périr, ou s'ils sont morts en voulant la venger ; et *beaucoup d'une troupe* n'est pas français. » (*Voltaire.*) Ajoutons que des morts n'ont plus de responsabilité, et que c'est mal présenter l'idée que de leur attribuer le danger que courait la reine par le petit nombre de ceux qui avaient survécu.
5 « Quel était ce frère ? on ne l'a point dit. Voilà, je crois, bien des fautes, et cependant le caractère de Cléopâtre est imposant et excite un très-grand intérêt de curiosité : le spectateur est comme la confidente ; il apprend de moment en moment des choses dont il attend la suite. » (*Voltaire.*)
6 *Ce cher gage*, Rodogune.
7 Ces vers sont bien frappés et dignes de Corneille.
Le temps est un trésor plus grand qu'on ne peut croire
mérite de passer en proverbe. Franklin a dit excellemment : « Le temps est l'étoffe de la vie. » Aussi ne saurait-on trop réprimer les paresseux qui perdent le leur, et les importuns qui volent celui des autres.

J'ai pu reprendre haleine, et, sous de faux apprêts...
Mais voici mes deux fils que j'ai mandés exprès.
Écoute, et tu verras quel est cet hyménée
Où¹ se doit terminer cette illustre journée.

SCÈNE III.

CLÉOPATRE, ANTIOCHUS, SÉLEUCUS, LAONICE.

CLÉOPATRE.

Mes enfants, prenez place. Enfin voici le jour
Si doux à mes souhaits, si cher à mon amour,
Où je puis voir briller sur une de vos têtes
Ce que j'ai conservé parmi tant de tempêtes,
Et vous remettre un bien, après tant de malheurs,
Qui m'a coûté pour vous tant de soins et de pleurs².
Il peut vous souvenir quelles furent mes larmes
Quand Tryphon me donna de si rudes alarmes,
Que pour ne vous pas voir exposés à ses coups,
Il fallut me résoudre à me priver de vous.
Quelles peines depuis, grands dieux! n'ai-je souffertes!
Chaque jour redoubla mes douleurs et mes pertes.
Je vis votre royaume entre ces murs réduit,
Je crus mort votre père, et sur un si faux bruit
Le peuple mutiné voulut avoir un maître.
J'eus beau le nommer lâche, ingrat, parjure, traître,
Il fallut satisfaire à son brutal désir,
Et de peur qu'il en prît, il m'en fallut choisir³.
Pour vous sauver l'État que n'eussé-je pu faire!
Je choisis un époux avec des yeux de mère,
Votre oncle Antiochus, et j'espérai qu'en lui
Votre trône tombant trouverait un appui;
Mais à peine son bras en relève la chute,
Que par lui de nouveau le sort me persécute⁴;

---

1 *Où*, par lequel.
2 Il faut remarquer dans cette belle période l'ordre des pensées, qui tient le sens général en suspens par des inversions poétiques. C'est un des secrets trop oubliés de l'art de Corneille. Voltaire et ses disciples, en négligeant l'inversion, ont trop souvent fait de la prose sans le savoir. Il ne suffit pas d'écrire en vers pour être poëte.
3 « Il faut, dans la rigueur, *de peur qu'il n'en prît un*, parce qu'il s'agit ici d'un roi, et non pas d'un nom générique. » (*Voltaire*.) Voltaire exprime ici un scrupule de puriste qui aurait détruit un beau vers, concis sans obscurité.
4 « On ne relève point une chute*; on relève un trône tombé. Le

* *Chute* dans le langage d'un poëte est la chose tombée, et on peut la relever.

Maître de votre État par sa valeur sauvé,
Il s'obstine à remplir ce trône relevé :
Qui lui parle de vous attire sa menace.
Il n'a défait Tryphon que pour prendre sa place,
Et de dépositaire et de libérateur,
Il s'érige en tyran et lâche usurpateur.
Sa main l'en a puni : pardonnons à son ombre ;
Aussi bien en un seul voici des maux sans nombre.
   Nicanor votre père, et mon premier époux...
Mais pourquoi lui donner encore un nom si doux,
Puisque, l'ayant cru mort, il sembla ne revivre
Que pour s'en dépouiller afin de nous poursuivre?
Passons ; je ne me puis souvenir sans trembler
Du coup dont j'empêchai qu'il nous pût accabler[1] :
Je ne sais s'il est digne ou d'honneur ou d'estime,
S'il plut aux dieux ou non, s'il fut justice ou crime,
Mais soit crime ou justice, il est certain, mes fils,
Que mon amour pour vous fit tout ce que je fis :
Ni celui des grandeurs, ni celui de la vie
Ne jeta dans mon cœur cette aveugle furie.
J'étais lasse d'un trône où d'éternels malheurs
Me comblaient chaque jour de nouvelles douleurs.
Ma vie est presque usée, et ce reste inutile
Chez mon frère avec vous trouvait un sûr asile :
Mais voir, après douze ans et de soins et de maux,
Un père vous ôter le fruit de mes travaux !
Mais voir votre couronne après lui destinée
Aux enfants qui naîtraient d'un second hyménée !
A cette indignité je ne connus plus rien,
Je me crus tout permis pour garder votre bien.
Recevez donc, mes fils, de la main d'une mère,
Un trône racheté par le malheur d'un père.
Je crus qu'il fit lui-même un crime en vous l'ôtant,
Et si j'en ai fait un en vous le rachetant,
Daigne du juste ciel la bonté souveraine,
Vous en laissant le fruit, m'en réserver la peine,
Ne lancer que sur moi les foudres mérités,
Et n'épandre sur vous que des prospérités[2] !

---

reste du discours de Cléopâtre est très-artificieux et plein de grandeur. Il semble que Racine l'ait pris en quelque sorte pour modèle du grand discours d'Agrippine à Néron ; mais la situation de Cléopâtre est bien plus frappante que celle d'Agrippine ; l'intérêt est beaucoup plus grand, et la scène bien autrement intéressante. » (*Voltaire.*)

1 « Il semble, par cette phrase, que Cléopâtre trembla du coup que voulait porter Nicanor, et qu'elle l'empêcha de porter ce coup : elle veut dire le contraire. » (*Voltaire.*) Elle le dit dans la langue du siècle de Corneille, où *dont* était l'équivalent de *par lequel*. Les exemples abondent chez nos grands écrivains.

2 Ce discours de Rodogune est un des plus magnifiques morceaux que Corneille ait écrits.

ANTIOCHUS.

Jusques ici, madame, aucun ne met en doute [1]
Les longs et grands travaux que notre amour vous coûte,
Et nous croyons tenir des soins de cet amour
Ce doux espoir du trône aussi bien que le jour [2];
Le récit nous en charme, et nous fait mieux comprendre
Quelles grâces tous deux nous vous en devons rendre :
Mais, afin qu'à jamais nous les puissions bénir,
Épargnez le dernier à notre souvenir;
Ce sont fatalités dont [3] l'âme embarrassée
A plus qu'elle ne veut se voit souvent forcée.
Sur les noires couleurs d'un si triste tableau
Il faut passer l'éponge, ou tirer le rideau [4] :
Un fils est criminel quand il les examine ;
Et quelque suite enfin que le ciel y destine,
J'en rejette l'idée, et crois qu'en ces malheurs
Le silence ou l'oubli nous sied mieux que les pleurs.
Nous attendons le sceptre avec même espérance,
Mais si nous l'attendons, c'est sans impatience;
Nous pouvons sans régner vivre tous deux contents;
C'est le fruit de vos soins, jouissez-en longtemps :
Il tombera sur nous quand vous en serez lasse,
Nous le recevrons lors de bien meilleure grâce,
Et l'accepter sitôt semble nous reprocher
De n'être revenus que pour vous l'arracher.

SÉLEUCUS.

J'ajouterai, madame, à ce qu'a dit mon frère
Que bien qu'avec plaisir et l'un et l'autre espère,

---

1 « Ce discours d'Antiochus est d'une bienséance qui lui gagne tous les cœurs. — S'il y a *votre amour* (toutes les éditions le portent), c'est un barbarisme : *notre amour* ne peut jamais signifier l'amour que vous avez pour nous ; s'il y a *votre amour*, il peut signifier l'amour de Cléopâtre pour ses enfants. » (*Voltaire*.) Il y a *notre amour*, et ce n'est pas un barbarisme. *Notre amour* peut signifier également l'amour que vous avez pour nous, ou l'amour que nous avons pour vous. Ici c'est le premier sens que l'idée met en lumière sous l'amphibologie du mot. Si c'est une faute, Racine l'a également commise en disant (*Androm.*, act. I, sc. IV) :

Est-ce mon intérêt qui le rend criminel ?

L'intérêt que je lui porte. De même pour ce vers du *Cid* :

Hélas ! ton intérêt ici me désespère.

Chimène, parlant à Rodrigue, entend, par *ton intérêt*, l'intérêt que je te porte.

2 « Un doux espoir du trône qu'on tient du soin d'un amour ! » (*Voltaire*.)

3 *Dont*, par lesquelles.

4 « On sent assez que cette alternative d'*éponge* et de *rideau* fait un mauvais effet : il ne faut employer l'alternative que quand on propose le choix de deux partis, mais on ne propose point, en parlant à sa reine et à sa mère, le choix de deux expressions. De plus, ces expressions un peu triviales ne sont pas dignes du style tragique. Il en faut dire autant de la *suite que le ciel destine à ces noires couleurs*. » (*Voltaire*.)

L'ambition n'est pas notre plus grand désir[1].
Régnez, nous le verrons tous deux avec plaisir,
Et c'est bien la raison que pour tant de puissance
Nous vous rendions du moins un peu d'obéissance[2],
Et que celui de nous dont le ciel a fait choix
Sous votre illustre exemple apprenne l'art des rois.

CLÉOPATRE.

Dites tout, mes enfants : vous fuyez la couronne,
Non que son trop d'éclat ou son poids vous étonne ;
L'unique fondement de cette aversion,
C'est la honte attachée à sa possession.
Elle passe à vos yeux pour la même infamie,
S'il faut la partager avec notre ennemie[3],
Et qu'un indigne hymen la fasse retomber
Sur celle qui venait pour vous la dérober.
O nobles sentiments d'une âme généreuse !
O fils vraiment mes fils ! ô mère trop heureuse !
Le sort de votre père enfin est éclairci :
Il était innocent, et je puis l'être aussi ;
Il vous aima toujours, et ne fut mauvais père
Que charmé par la sœur, ou forcé par le frère,
Et dans cette embuscade où son effort fut vain,
Rodogune, mes fils, le tua par ma main.
Ainsi de cet amour la fatale puissance
Vous coûte votre père, à moi, mon innocence[4] ;
Et si ma main pour vous n'avait tout attenté,
L'effet de cet amour vous aurait tout coûté.
Ainsi vous me rendrez l'innocence et l'estime[5],
Lorsque vous punirez la cause de mon crime.
De cette même main qui vous a tout sauvé,
Dans son sang odieux je l'aurais bien lavé ;
Mais comme vous aviez votre part aux offenses,
Je vous ai réservé votre part aux vengeances,

---

1 « L'ambition est une passion, et non un désir. » (*Voltaire.*)

2 « *C'est bien la raison*, est du style de la comédie. *Pour tant de puissance* ne forme pas un sens net : est-ce pour la puissance de la reine ? est-ce pour la puissance de ses enfants, qui n'en ont aucune ? est-ce pour celle qu'aura l'un d'eux ? » (*Voltaire.*)

3 « Le défaut de clarté vient principalement de *la même infamie*, qui n'est pas français, et de ce que ce pronom *elle*, qui se rapporte par le sens à *couronne*, est joint à *honte* par la construction. » (*Voltaire.*) Corneille dit *la même infamie*, comme il a dit dans *le Cid la même vertu* pour *la vertu même.* Si ce tour n'est plus français, le critique doit au moins avertir qu'il l'a été. Un vers de *Médée* (act. II, sc. ii) nous montre clairement qu'alors le sens de *même* ne dépendait pas de la place qu'il occupe avant ou après le substantif :

Ah ! l'innocence *même* et la *même* candeur !

4 « *De cet amour* ne se rapporte à rien ; elle entend l'amour que Nicanor avait eu pour Rodogune. » (*Voltaire.*)

5 « *Vous me rendrez l'estime* ne peut se dire comme *vous me rendrez l'innocence ;* car l'innocence appartient à la personne, et

Et pour ne tenir plus en suspens vos esprits,
Si vous voulez régner, le trône est à ce prix [1].
Entre deux fils que j'aime avec même tendresse
Embrasser ma querelle est le seul droit d'aînesse.
La mort de Rodogune en nommera l'aîné [2].

Quoi ! vous montrez tous deux un visage étonné
Redoutez-vous son frère ? Après la paix infâme
Que même en la jurant je détestais dans l'âme,
J'ai fait lever des gens par des ordres secrets
Qu'à vous suivre en tous lieux vous trouverez tout prêts;
Et tandis qu'il fait tête aux princes d'Arménie,
Nous pouvons sans péril briser sa tyrannie.
Qui vous fait donc pâlir à cette juste loi ?
Est-ce pitié pour elle ? est-ce haine pour moi ?
Voulez-vous l'épouser afin qu'elle me brave,
Et mettre mon destin aux mains de mon esclave ?
Vous ne répondez point ! Allez, enfants ingrats,
Pour qui je crus en vain conserver ces États :
J'ai fait votre oncle roi, j'en ferai bien un autre,
Et mon nom peut encore ici plus que le vôtre.

SÉLEUCUS.

Mais, madame, voyez que pour premier exploit...

CLÉOPATRE.

Mais que chacun de vous pense à ce qu'il me doit.
Je sais bien que le sang qu'à vos mains je demande
N'est pas le digne essai d'une valeur bien grande;
Mais si vous me devez et le sceptre et le jour,
Ce doit être envers moi le sceau de votre amour :
Sans ce gage ma haine à jamais s'en défie;
Ce n'est qu'en m'imitant que l'on me justifie.

---

l'estime est le sentiment d'autrui. Vous me rendez mon innocence, ma raison, mon repos, ma gloire, mais non pas mon estime. » (*Voltaire.*) *Estime* avait alors le sens d'*honneur, bonne réputation.* En voici un exemple :

> Vous étiez en *estime*
> D'avoir une âme noble, et grande, et magnanime.
> (Corneille, *la Suite du Menteur*, act. II, sc. IV.)

1 « Cette proposition si peu préparée, si extraordinaire, prépare des événements d'un si grand tragique, que le spectateur a toujours pardonné cette atrocité, quoiqu'elle ne soit ni dans la vérité historique, ni dans la vraisemblance. La situation est théâtrale; elle attache malgré la réflexion. Une invention purement raisonnable peut être très-mauvaise ; une invention théâtrale, que la raison condamne dans l'examen, peut faire un très-grand effet : c'est que l'imagination, émue de la grandeur du spectacle, se demande rarement compte de son plaisir. » (*Voltaire.*) — « La proposition de Cléopâtre est vraisemblable de la part d'une femme qui a tué son mari de sa propre main, et qui est capable de tout sacrifier à son ambition. » (*Palissot.*)

2 « *En nommera l'aîné.* Cet *en* se rapporte à ses deux fils; mais comme il y a un vers entre deux, le sens ne se présente pas clairement. » (*Voltaire.*) Il y a clarté pour les esprits clairvoyants qui n'ont pas perdu de vue le vers précédent.

Rien ne vous sert ici de faire le surpris ;
Je vous le dis encor, le trône est à ce prix ;
Je puis en disposer comme de ma conquête ;
Point d'aîné, point de roi, qu'en m'apportant sa tête
Et puisque mon seul choix vous y peut élever [1],
Pour jouir de mon crime il le faut achever [2].

SCÈNE IV.

SÉLEUCUS, ANTIOCHUS.

SÉLEUCUS.
Est-il une constance à l'épreuve du foudre
Dont ce cruel arrêt met notre espoir en poudre [3] ?
ANTIOCHUS.
Est-il un coup de foudre à comparer aux coups
Que ce cruel arrêt vient de lancer sur nous ?
SÉLEUCUS.
O haines, ô fureurs dignes d'une Mégère !
O femme, que je n'ose appeler encor mère !
Après que tes forfaits ont régné pleinement,
Ne saurais-tu souffrir qu'on règne innocemment ?
Quels attraits penses-tu qu'ait pour nous la couronne,
S'il faut qu'un crime égal par ta main nous la donne ?
Et de quelles horreurs nous doit-elle combler,
Si pour monter au trône il faut te ressembler ?
ANTIOCHUS.
Gardons plus de respect aux droits de la nature [4],

---

1. « Cet *y* se rapporte à *trône*, qui est quatre vers auparavant : les pronoms, les adverbes doivent toujours être près des noms qu'ils désignent ; c'est une règle à laquelle il n'y a point d'exception. » (*Voltaire.*) La poésie en souffre de nombreuses. Voltaire parle toujours comme si la prose et les vers étaient une même chose.

2. « Ce vers est très-beau. Mais comment une reine habile peut-elle avouer son crime à ses enfants, et les presser d'en commettre un autre ? » (*Voltaire.*) Une reine avoue, comme une simple mortelle, les crimes qu'elle a commis, quand cet aveu lui est nécessaire pour en commettre d'autres, dans l'intérêt de ses passions.

3. « Voilà encore un foudre dont un arrêt met un espoir en poudre. » (*Voltaire.*) Voilà encore une méprise de Voltaire ! Ce n'est point le foudre qui rend un arrêt, mais l'arrêt qui foudroie ; *dont* est ici dans le sens de *par lequel.*

4. « La douleur respectueuse d'Antiochus est aussi contraire à l'histoire qu'à la politique ordinaire des princes. Plusieurs ont fait enfermer leurs mères pour de bien moindres crimes. Cléopâtre vient d'avouer à ses enfants qu'elle a assassiné leur père ; elle veut les forcer à assassiner leur maîtresse ; elle doit être à leurs yeux infiniment plus coupable que Clytemnestre ne le fut pour Oreste. Est-ce là le cas de dire *j'aime ma mère* ? Mais ce sentiment d'amour respectueux pour une mère est si profondément gravé dans

Et n'imputons qu'au sort notre triste aventure :
Nous le nommions cruel, mais il nous était doux
Quand il ne nous donnait à combattre que nous.
Confidents tout ensemble et rivaux l'un de l'autre,
Nous ne concevions point de mal pareil au nôtre :
Cependant, à nous voir l'un de l'autre rivaux,
Nous ne concevions pas la moitié de nos maux.

SÉLEUCUS.

Une douleur si sage et si respectueuse,
Ou n'est guère sensible, ou guère impétueuse,
Et c'est en de tels maux avoir l'esprit bien fort
D'en connaître la cause, et l'imputer au sort.
Pour moi, je sens les miens avec plus de faiblesse,
Plus leur cause m'est chère, et plus l'effet m'en blesse :
Non que pour m'en venger j'ose entreprendre rien ;
Je donnerais encor tout mon sang pour le sien :
Je sais ce que je dois, mais dans cette contrainte,
Si je retiens mon bras, je laisse aller ma plainte,
Et j'estime qu'au point qu'elle nous a blessés,
Qui ne fait que s'en plaindre a du respect assez¹.
Voyez-vous bien quel est le ministère infâme
Qu'ose exiger de nous la haine d'une femme ?
Voyez-vous qu'aspirant à des crimes nouveaux,
De deux princes ses fils elle fait ses bourreaux ?
Si vous pouvez le voir, pouvez-vous vous en taire ?

ANTIOCHUS.

Je vois bien plus encor, je vois qu'elle est ma mère,
Et plus je vois son crime indigne de ce rang²,
Plus je le vois souiller la source de mon sang.

---

tous les cœurs bien faits, que tous les spectateurs pensent comme Antiochus. Telle est la magie de la poésie : le poète tient les cœurs dans sa main : il peut, s'il veut, peindre Antiochus comme un Oreste, et alors le public s'intéressera à sa vengeance ; il peut le peindre comme un prince sévère et juste, qui, pour le bien de son État, veut ôter le gouvernement à une femme homicide, le fléau de ses sujets : alors les spectateurs applaudiront à sa justice : il peut le peindre soumis, respectueux, attaché à sa mère autant qu'indigné ; et alors le public partage les mêmes sentiments. Cette dernière situation est la seule convenable à la construction de cette tragédie, d'autant plus qu'Antiochus est représenté comme un jeune homme soumis ; mais aussi son caractère est sans force » (*Voltaire.*)

1 Cet hémistiche est bien rude à l'oreille, et l'expression manque de noblesse.

2 *Rang* se dirait de la reine, et non de la mère ; la maternité est plutôt un titre qu'un rang. Mais on est assuré dans Corneille que *sang* attirera toujours *rang*, comme *monarque* ne manque pas d'appeler *marque*, et réciproquement. Il serait curieux de dresser le catalogue de ces inévitables rencontres. Voici, au reste, un quatrain qui les rapproche (*Pompée*, act. V, sc. III) :

> Mais il est mort, madame, avec toutes les *marques*
> Dont éclatent les morts des plus dignes *monarques* ;
> Sa vertu rappelée a soutenu son *rang*,
> Et sa perte aux Romains a coûté bien du *sang*.

J'en sens de ma douleur croître la violence,
Mais ma confusion m'impose le silence,
Lorsque dans ses forfaits sur nos fronts imprimés
Je vois les traits honteux dont nous sommes formés [1].
Je tâche à cet objet d'être aveugle ou stupide,
J'ose me déguiser jusqu'à son parricide,
Je me cache à moi-même un excès de malheur
Où notre ignominie égale ma douleur,
Et détournant les yeux d'une mère cruelle,
J'impute tout au sort qui m'a fait naître d'elle.
  Je conserve pourtant encore un peu d'espoir :
Elle est mère, et le sang a beaucoup de pouvoir ;
Et, le sort l'eût-il faite encor plus inhumaine,
Une larme d'un fils peut amollir sa haine [2].

SÉLEUCUS.

Ah ! mon frère, l'amour n'est guère véhément
Pour des fils élevés dans un bannissement [3],
Et qu'ayant fait nourrir presque dans l'esclavage,
Elle n'a rappelés que pour servir sa rage.
De ses pleurs tant vantés je découvre le fard [4] ;
Nous avons en son cœur vous et moi peu de part.
Elle fait bien sonner ce grand amour de mère,
Mais elle seule enfin s'aime et se considère,
Et, quoi que nous étale un langage si doux,
Elle a tout fait pour elle, et n'a rien fait pour nous.
Ce n'est qu'un faux amour que la haine domine ;
Nous ayant embrassés, elle nous assassine [5],
En veut au cher objet dont nous sommes épris,
Nous demande son sang, met le trône à ce prix.
Ce n'est plus de sa main qu'il nous le faut attendre ;
Il est, il est à nous, si nous osons le prendre.
Notre révolte ici n'a rien que d'innocent ;

---

[1] Ces deux vers apportent plus de bruit que de lumière. En effet, il n'est pas facile de se représenter « les traits honteux dont les enfants sont formés, visibles dans les forfaits de leur mère imprimés sur leurs propres fronts. »

[2] « Il n'est peut-être pas bien naturel qu'Antiochus dise qu'une larme peut changer le cœur de Cléopâtre, après qu'elle lui a proposé de sang-froid le plus grand des crimes ; mais ce contraste du caractère d'Antiochus avec celui de Séleucus est si beau, qu'on aime cette petite illusion que se fait le cœur vertueux d'Antiochus. » (*Voltaire.*)

[3] *Bannissement* est l'acte par lequel on est banni ; c'est *exil* qu'il faut dire pour désigner le lieu.

[4] « Le *fard des pleurs* est des plus impropres. On peut demander pourquoi on dit avec succès *le faste des pleurs*, pour exprimer l'ostentation d'une douleur étudiée, et que le mot de *fard* n'est pas recevable : c'est qu'en effet il y a de l'ostentation, du faste, dans l'appareil d'une douleur qu'on étale ; mais on ne peut mettre réellement du fard sur des larmes : cette figure n'est pas juste, parce qu'elle n'est pas vraie. » (*Voltaire.*)

[5] J'embrasse mon rival, mais c'est pour l'étouffer.
                                  Racine. *Brit.*

Il est à l'un de nous, si l'autre le consent[1] :
Régnons, et son courroux ne sera que faiblesse :
C'est l'unique moyen de sauver la princesse.
Allons la voir, mon frère, et demeurons unis :
C'est l'unique moyen de voir nos maux finis.
Je forme un beau dessein que son amour m'inspire,
Mais il faut qu'avec lui notre union conspire :
Notre amour aujourd'hui si digne de pitié,
Ne saurait triompher que par notre amitié.

ANTIOCHUS.

Cet avertissement marque une défiance
Que la mienne pour vous souffre avec patience.
Allons, et soyez sûr que même le trépas
Ne peut rompre des nœuds que l'amour ne rompt pas.

---

[1] On dit aujourd'hui *consentir à;* mais il importe de constater l'usage antérieur pour s'en autoriser et pour y revenir dans l'occasion. Nous trouvons à l'acte suivant, sc. III :

Le consentiras-tu cet effort sur ma flamme ?

Voy. p. 398, not. 5.;

FIN DU SECOND ACTE.

ACTE TROISIÈME.

SCÈNE I.

RODOGUNE, ORONTE, LAONICE.

RODOGUNE.

Voilà comme l'amour succède à la colère,
Comme elle ne me voit qu'avec des yeux de mère
Comme elle aime la paix, comme elle fait un roi,
Et comme elle use enfin de ses fils et de moi.
Et tantôt mes soupçons lui faisaient une offense?
Elle n'avait rien fait qu'en sa juste défense?
Lorsque tu la trompais elle fermait les yeux?
Ah! que ma défiance en jugeait beaucoup mieux!
Tu le vois, Laonice.

LAONICE.

Et vous voyez, madame
Quelle fidélité vous conserve mon âme,
Et qu'ayant reconnu sa haine et mon erreur,
Le cœur gros de soupirs, et frémissant d'horreur,
Je romps une foi due aux secrets de ma reine,
Et vous viens découvrir mon erreur et sa haine.

RODOGUNE.

Cet avis salutaire est l'unique secours
A qui je crois devoir le reste de mes jours.
Mais ce n'est pas assez de m'avoir avertie;
Il faut de ces périls m'aplanir la sortie,
Il faut que tes conseils m'aident à repousser...

LAONICE.

Madame, au nom des dieux, veuillez m'en dispenser;
C'est assez que pour vous je lui sois infidèle,
Sans m'engager encore à des conseils contre elle.
Oronte est avec vous, qui comme ambassadeur,
Devait de cet hymen honorer la splendeur;
Comme c'est en ses mains que le roi votre frère
A déposé le soin d'une tête si chère [1],

---

1 Racine a dit:
J'ignore le destin d'une tête si chère?
(*Phèdre*, act. I, sc. I.)
Les deux poètes se sont souvenus des vers d'Horace:
« Quis desiderio sit pudor aut modus
« Tam cari capitis? »

Je vous laisse avec lui pour en délibérer.
Quoi que vous résolviez, laissez-moi l'ignorer.
Au reste, assurez-vous de l'amour des deux princes[1];
Plutôt que de vous perdre ils perdront leurs provinces :
Mais je ne réponds pas que ce cœur inhumain
Ne veuille à leur refus s'armer d'une autre main.
Je vous parle en tremblant, si j'étais ici vue,
Votre péril croîtrait, et je serais perdue.
Fuyez, grande princesse, et souffrez cet adieu.

RODOGUNE.

Va, je reconnaîtrai ce service en son lieu.

SCÈNE II.

RODOGUNE, ORONTE.

RODOGUNE.

Que ferons-nous, Oronte, en ce péril extrême,
Où l'on fait de mon sang le prix d'un diadème?
Fuirons-nous chez mon frère? attendrons-nous la mort,
Ou ferons-nous contre elle un généreux effort?

ORONTE.

Notre fuite, madame, est assez difficile;
J'ai vu des gens de guerre épandus par la ville.
Si l'on veut votre perte, on vous fait observer,
Ou s'il vous est permis encor de vous sauver,
L'avis de Laonice est sans doute une adresse :
Feignant de vous servir, elle sert sa maîtresse.
La reine, qui surtout craint de vous voir régner,
Vous donne ces terreurs pour vous faire éloigner,
Et pour rompre un hymen qu'avec peine elle endure,
Elle en veut à vous-même imputer la rupture.
Elle obtiendra par vous le but de ses souhaits,
Et vous accusera de violer la paix;
Et le roi[2] plus piqué contre vous que contre elle,
Vous voyant lui porter une guerre nouvelle,
Blâmera vos frayeurs et nos légèretés,
D'avoir osé douter de la foi des traités,
Et peut-être, pressé des guerres d'Arménie,
Vous laissera moquée, et la reine impunie.
  A ces honteux moyens gardez de recourir.
C'est ici qu'il vous faut ou régner ou périr.

---

[1] *Assurez-vous* : soyez assurée, et non *tâchez de gagner*, comme on l'entendrait aujourd'hui.

[2] Oronte raisonne comme Félix dans *Polyeucte*, il se trompe faute de croire à la bonne foi, croyance rare, et pour cause, chez les hommes d'État.

Le ciel pour vous ailleurs n'a point fait de couronne;
Et l'on s'en rend indigne alors qu'on l'abandonne.
              RODOGUNE.
Ah! que de vos conseils j'aimerais la vigueur,
Si nous avions la force égale à ce grand cœur!
Mais pourrons-nous braver une reine en colère
Avec ce peu de gens que m'a laissés mon frère?
              ORONTE.
J'aurais perdu l'esprit, si j'osais me vanter
Qu'avec ce peu de gens nous pussions résister.
Nous mourrons à vos pieds, c'est toute l'assistance
Que vous peut en ces lieux offrir notre impuissance :
Mais pouvez-vous trembler quand dans ces mêmes lieux
Vous portez le grand maître et des rois et des dieux[1]?
L'amour fera lui seul tout ce qu'il vous faut faire.
Faites-vous un rempart des fils contre la mère;
Ménagez bien leur flamme, ils voudront tout pour vous;
Et ces astres naissants sont adorés de tous.
Quoi que puisse en ces lieux une reine cruelle,
Pouvant tout sur ses fils, vous y pouvez plus qu'elle.
Cependant trouvez bon qu'en ces extrémités
Je tâche à rassembler nos Parthes écartés;
Ils sont peu, mais vaillants, et peuvent de sa rage
Empêcher la surprise et le premier outrage.
Craignez moins, et surtout, madame, en ce grand jour,
Si vous voulez régner, faites régner l'amour[2].

SCÈNE III.

RODOGUNE.

Quoi! je pourrais descendre à ce lâche artifice
D'aller de mes amants mendier le service,
Et, sous l'indigne appât d'un coup d'œil affété,
J'irais jusqu'en leur cœur chercher ma sûreté!
Celles de ma naissance ont horreur des bassesses,
Leur sang tout généreux hait ces molles adresses.
Quel que soit le secours qu'ils me puissent offrir,
Je croirai faire assez de le daigner souffrir :
Je verrai leur amour, j'éprouverai sa force,
Sans flatter leurs désirs, sans leur jeter d'amorce,
Et s'il est assez fort pour me servir d'appui,

---

[1] « Comment une femme porte-t-elle ce grand maître? « L'amour maître des dieux est une expression de madrigal indigne d'un ambassadeur. — Remarquons encore qu'on n'aime point à voir un ambassadeur jouer un rôle si peu considérable. » (*Voltaire.*)

[2] Jeu d'esprit dans le goût italien.

Je le ferai régner, mais en régnant sur lui.
  Sentiments étouffés de colère et de haine,
Rallumez vos flambeaux à celles de la reine [1],
Et d'un oubli contraint rompez la dure loi,
Pour rendre enfin justice aux mânes d'un grand roi ;
Rapportez à mes yeux son image sanglante,
D'amour et de fureur encore étincelante,
Telle que je le vis, quand tout percé de coups
Il me cria : « Vengeance ! Adieu ; je meurs pour vous ! »
Chère ombre, hélas ! bien loin de l'avoir poursuivie,
J'allais baiser la main qui t'arracha la vie,
Rendre un respect de fille à qui versa ton sang :
Mais pardonne au devoir que m'impose mon rang :
Plus la haute naissance approche des couronnes,
Plus cette grandeur même asservit nos personnes ;
Nous n'avons point de cœur pour aimer ni haïr [2],
Toutes nos passions ne savent qu'obéir [3].
  Après avoir armé pour venger cet outrage,
D'une paix mal conçue on m'a faite le gage
Et moi, fermant les yeux sur ce noir attentat,
Je suivais mon destin en victime d'État :
Mais aujourd'hui qu'on voit cette main parricide,
Des restes de ta vie insolemment avide,
Vouloir encor percer ce sein infortuné,
Pour y chercher le cœur que tu m'avais donné [4],
De la paix qu'elle rompt je ne suis plus le gage ;
Je brise avec honneur mon illustre esclavage,
J'ose reprendre un cœur pour aimer et haïr,
Et ce n'est plus qu'à toi que je veux obéir.
  Le consentiras-tu cet effort sur ma flamme [5],

---

1 « Des sentiments qui rallument des flambeaux à la haine de la reine, et qui rompent la *loi dure* d'un oubli *contraint* pour *rendre* justice, ce sont des paroles qui ne forment point un sens net ; c'est un style aussi obscur qu'emphatique ; et on doit d'autant plus le remarquer, que plus d'un auteur a imité ces fautes. » (*Voltaire.*)

2 « Ici, elle n'a point de cœur pour aimer ni haïr ; et, dans le même monologue, elle reprend un cœur pour aimer et haïr : ces antithèses, ces jeux de vers ne sont plus permis. » (*Voltaire.*)

3 Hermione (*Androm.*, act. III, sc. II) exprime plus élégamment la même idée :

> L'amour ne règle pas le sort d'une princesse ;
> La gloire d'obéir est tout ce qu'on nous laisse.

4 Ainsi, le cœur de Nicanor était matériellement enfermé dans le sein de Rodogune ! Étrange idée, qui se rattache à une métaphore prise au sens propre. Les amants ont de tout temps donné leur cœur, au figuré ; mais Guillaume de Lorris, Charles d'Orléans et leurs imitateurs l'ont livré et même emprisonné matériellement, sous clef, et dans la cassette du dieu d'amour. La tradition du *Roman de la Rose*, conservée par les précieuses, avait donc infecté jusqu'à Corneille.

5 « Consentir *à*, et non consentir *le* : ce verbe gouverne toujours le datif, exprimé chez nous par la préposition *à*. Il est vrai qu'au barreau on viole cette règle ; mais le style du barreau est celui

ACTE III, SCÈNE III.

Toi, son vivant portrait, que j'adore dans l'âme,
Cher prince, dont je n'ose en mes plus doux souhaits
Fier encor le nom aux murs de ce palais?
Je sais quelles seront tes douleurs et tes craintes;
Je vois déjà tes maux, j'entends déjà tes plaintes,
Mais pardonne aux devoirs qu'exige enfin un roi
A qui tu dois le jour qu'il a perdu pour moi.
J'aurai mêmes douleurs, j'aurai mêmes alarmes;
S'il t'en coûte un soupir, j'en verserai des larmes [1].
   Mais, dieux! que je me trouble en les voyant tous deux!
Amour, qui me confonds, cache du moins tes feux,
Et content de mon cœur dont je te fais le maître,
Dans mes regards surpris garde-toi de paraître.

SCÈNE IV.

ANTIOCHUS, SÉLEUCUS, RODOGUNE.

ANTIOCHUS.

Ne vous offensez pas, princesse, de nous voir
De vos yeux à vous-même expliquer le pouvoir [2].
Ce n'est pas d'aujourd'hui que nos cœurs en soupirent [3];
A vos premiers regards tous deux ils se rendirent,
Mais un profond respect nous fit taire et brûler,
Et ce même respect nous force de parler.
   L'heureux moment approche où votre destinée
Semble être aucunement à la nôtre enchaînée [4],

---

des barbarismes. » (*Voltaire.*) Voltaire suppose, par anticipation, une règle qui n'existait pas encore. En retrouvant cette expression dans la langue du barreau, il aurait dû soupçonner qu'elle n'était qu'un archaïsme, et non un barbarisme.

  1 « Que veut dire cela? veut-elle parler de l'ordre qu'elle va donner à ses deux amants de tuer leur mère? est-ce là le cas d'un soupir! ne faut-il pas avouer que presque tous les sentiments de ce monologue ne sont ni assez vrais ni assez touchants? » (*Voltaire.*)

  2 « Et de quoi veut-il qu'elle s'offense? de ce que deux frères, dont l'un doit l'épouser et la faire reine, joignent à l'offre du trône un sentiment dont elle doit être charmée et honorée? Ce faux goût était introduit par nos romans de chevalerie, dans lesquels un héros était sûr de l'indignation de sa dame quand il lui avait fait sa déclaration; et ce n'était qu'après beaucoup de temps et de façons qu'on lui pardonnait. » (*Voltaire.*)

  3 « Cet *en* ne paraît se rapporter à rien, car les cœurs ne soupirent pas d'expliquer un pouvoir. » (*Voltaire.*)

  4 « *Aucunement* est un terme de loi qui ne doit jamais entrer dans un vers. » (*Voltaire.*) Autre archaïsme : *aucunement* a signifié d'abord et signifie essentiellement *en quelque sorte*. L'adverbe a suivi le sort de l'adjectif *aucun*, qui paraît négatif, grâce à la né-

Puisque d'un droit d'aînesse incertain parmi nous [1]
La nôtre attend un sceptre, et la vôtre un époux.
C'est trop d'indignité, que notre souveraine
De l'un de ses captifs tienne le nom de reine [2] :
Notre amour s'en offense et, changeant cette loi,
Remet à notre reine à nous choisir un roi.
Ne vous abaissez plus à suivre la couronne [3],
Donnez-la sans souffrir qu'avec elle on vous donne,
Réglez notre destin, qu'ont mal réglé les dieux ;
Notre seul droit d'aînesse est de plaire à vos yeux :
L'ardeur qu'allume en nous une flamme si pure
Préfère votre choix au choix de la nature,
Et vient sacrifier à votre élection [4]
Toute notre espérance et notre ambition.
  Prononcez donc, madame, et faites un monarque :
Nous céderons sans honte à cette illustre marque ;
Et celui qui perdra votre divin objet
Demeurera du moins votre premier sujet ;
Son amour immortel saura toujours lui dire
Que ce rang près de vous vaut ailleurs un empire ;
Il y mettra sa gloire, et dans un tel malheur,
L'heur de vous obéir flattera sa douleur.

      RODOGUNE.

Princes, je dois beaucoup à cette déférence
De votre ambition et de votre espérance,
Et j'en recevrais l'offre avec quelque plaisir,
Si celles de mon rang avaient droit de choisir.
Comme sans leur avis les rois disposent d'elles
Pour affermir leur trône ou finir leurs querelles,
Le destin des Etats est arbitre du leur,
Et l'ordre des traités règle tout dans leur cœur.
C'est lui que suit le mien, et non pas la couronne :
J'aimerai l'un de vous, parce qu'il me l'ordonne ;

gation *ne*. Corneille dit encore, dans le sens positif (*Suite du Ment.*, act. III, sc. 1) :

  Qui s'avoue insolvable *aucunement* s'acquitte.

1 « *Incertain parmi nous* : il veut dire *incertain entre nous deux*. » (*Voltaire*.)

2 « C'est jouer sur les mots de *reine* et de *captif*, et c'est un ton de galanterie qui est bien loin du tragique. » (*Voltaire*.)

3 « On ne suit point une couronne ; on suit l'ordre, la loi qui dispose de la couronne. Cette faute est répétée plus bas. » (*Voltaire*.) Cette expression figurée est parfaitement juste, et Voltaire a tort d'y voir une faute.

4 « *Election* ne peut être employé pour *choix* ; *élection d'un empereur, d'un pape*, suppose plusieurs suffrages. » (*Voltaire*.) *Election*, dans le langage religieux, se dit du *choix* de Dieu. C'est un suffrage unique qui fait les élus. Au reste, ce terme mystique ne convient pas ici. Notre poëte y est revenu dans *la Suite du Menteur*, act. III, sc. V :

  Je suis ravi de voir que mon *élection*
  Ait enfin mérité ton approbation.

ACTE III, SCÈNE IV.

Du secret révélé j'en prendrai le pouvoir[1],
Et mon amour pour naître attendra mon devoir.
N'attendez rien de plus, ou votre attente est vaine.
Le choix que vous m'offrez appartient à la reine;
J'entreprendrais sur elle à l'accepter de vous.
Peut-être on vous a tû jusqu'où va son courroux :
Mais je dois par épreuve assez bien le connaître
Pour fuir l'occasion de le faire renaître.
Que n'en ai-je souffert, et que n'a-t-elle osé !
Je veux croire avec vous que tout est apaisé;
Mais craignez avec moi que ce choix ne ranime
Cette haine mourante à quelque nouveau crime[2] :
Pardonnez-moi ce mot qui viole un oubli
Que la paix entre nous doit avoir établi.
Le feu qui semble éteint souvent dort sous la cendre[3];
Qui l'ose réveiller peut s'en laisser surprendre,
Et je mériterais qu'il me pût consumer,
Si je lui fournissais de quoi se rallumer.

SÉLEUCUS.

Pouvez-vous redouter sa haine renaissante,
S'il est en votre main de la rendre impuissante ?
Faites un roi, madame, et régnez avec lui ;
Son courroux désarmé demeure sans appui,
Et toutes ses fureurs sans effet rallumées
Ne pousseront en l'air que de vaines fumées.
Mais a-t-elle intérêt au choix que vous ferez
Pour en craindre les maux que vous vous figurez ?
La couronne est à nous, et sans lui faire injure,
Sans manquer de respect aux droits de la nature,
Chacun de nous à l'autre en peut céder sa part,
Et rendre à votre choix ce qu'il doit au hasard.
Qu'un si faible scrupule en notre faveur cesse :
Votre inclination vaut bien un droit d'aînesse,
Dont[4] vous seriez traitée avec trop de rigueur,
S'il se trouvait contraire aux vœux de votre cœur.
On vous applaudirait quand vous seriez à plaindre;
Pour vous faire régner ce serait vous contraindre,
Vous donner la couronne en vous tyrannisant,
Et verser du poison sur ce noble présent.
Au nom de ce beau feu qui tous deux nous consume,
Princesse, à notre espoir ôtez cette amertume,
Et permettez que l'heur qui suivra votre époux[5]

---

1 « *Je prendrai du secret révélé le pouvoir de vous aimer*: cela n'est pas français : *j'en prendrai* est obscur. » (*Voltaire.*)

2 « *Ranime* ne peut gouverner le datif; c'est un solécisme. » (*Voltaire.*) Ce n'est pas un solécisme, mais un latinisme élégant et vif: *Suscitat ad scelus.*

3 « Suppositos ignes cineri doloso. » (Horace.)

4 *Dont,* par lequel.

5 « *Un heur qui suit un époux et qui redouble à le tenir !* tou

26

Se puisse redoubler à le tenir de vous [1].
RODOGUNE.
Ce beau feu vous aveugle autant comme [2] il vous brûle,
Et tâchant d'avancer, son effort vous recule.
Vous croyez que ce choix que l'un et l'autre attend
Pourra faire un heureux sans faire un mécontent;
Et moi, quelque vertu que votre cœur prépare [3],
Je crains d'en faire deux si le mien se déclare :
Non que de l'un et l'autre il dédaigne les vœux;
Je tiendrais à bonheur d'être à l'un de vous deux,
Mais souffrez que je suive enfin ce qu'on m'ordonne :
Je me mettrai trop haut s'il faut que je me donne;
Quoique aisément je cède aux ordres de mon roi,
Il n'est pas bien aisé de m'obtenir de moi.
Savez-vous quels devoirs, quels travaux, quels services,
Voudront de mon orgueil exiger les caprices [4]?
Par quels degrés de gloire on me peut mériter [5]?
En quels affreux périls il faudra vous jeter?
Ce cœur vous est acquis après le diadème,
Princes, mais gardez-vous de le rendre à lui-même.
Vous y renoncerez peut-être pour jamais
Quand je vous aurai dit à quel prix je le mets.
SÉLEUCUS.
Quels seront les devoirs, quels travaux, quels services
Dont nous ne vous fassions d'amoureux sacrifices?
Et quels affreux périls pourrons-nous redouter,
Si c'est par ces degrés qu'on peut vous mériter?
ANTIOCHUS.
Princesse, ouvrez ce cœur, et jugez mieux du nôtre;
Jugez mieux du beau feu qui brûle l'un et l'autre,
Et dites hautement à quel prix votre choix
Veut faire l'un de nous le plus heureux des rois.
RODOGUNE.
Princes, le voulez-vous?

---

cela est impropre, et n'est ni bien construit, ni français; ce sont autant de barbarismes. » (Voltaire.)

1 « C'est encore un barbarisme: *un heur qui redouble à le tenir!* il semble que ce soit cet *heur* qui tienne. » (Voltaire.) Ces remarques sont fastidieuses, et l'obstination de Voltaire à voir des barbarismes toutes les fois qu'il rencontre la préposition *à* dans un sens qui l'étonne, et qui n'en est pas moins légitime, dégénère en manie. Corneille pouvait-il prévoir les scrupules des grammairiens qui l'ont suivi?

2 *Autant comme* ne se dit plus, et c'est dommage.

3 « Cela ne paraît pas bien dit; on ne prépare pas une vertu comme on prépare une réponse, un dessein, une action, un discours, etc. » (*Voltaire*.)

4 « Il est bien étrange qu'elle se serve de ce mot, et qu'elle appelle *caprice* l'abominable proposition qu'elle va faire.» (*Voltaire*.)

5 « Elle appelle un parricide *degré de gloire*. Si elle parle sérieusement, elle dit une chose aussi affreuse que fausse; si c'est une ironie, c'est joindre le comique à l'horreur. » (*Voltaire*.)

ANTIOCHUS.
C'est notre unique envie.
RODOGUNE.
Je verrai cette ardeur d'un repentir suivie.
SÉLEUCUS.
Avant ce repentir tous deux nous périrons.
RODOGUNE.
Enfin vous le voulez ?
SÉLEUCUS.
Nous vous en conjurons.
RODOGUNE.
Eh bien donc! il est temps de me faire connaître.
J'obéis à mon roi, puisqu'un de vous doit l'être,
Mais quand j'aurai parlé, si vous vous en plaignez,
J'atteste tous les dieux que vous m'y contraignez,
Et que c'est malgré moi qu'à moi-même rendue
J'écoute une chaleur qui m'était défendue [1];
Qu'un devoir rappelé me rend un souvenir
Que la foi des traités ne doit plus retenir.

Tremblez, princes, tremblez au nom de votre père :
Il est mort, et pour moi, par les mains d'une mère.
Je l'avais oublié, sujette à d'autres lois;
Mais libre, je lui rends enfin ce que je dois.
C'est à vous de choisir mon amour ou ma haine.
J'aime les fils du roi, je hais ceux de la reine :
Réglez-vous là-dessus; et sans plus me presser,
Voyez auquel des deux vous voulez renoncer.
Il faut prendre parti, mon choix suivra le vôtre :
Je respecte autant l'un que je déteste l'autre.
Mais ce que j'aime en vous du sang de ce grand roi,
S'il n'est digne de lui, n'est pas digne de moi.
Ce sang que vous portez, ce trône qu'il vous laisse [2],
Valent bien que pour lui votre cœur s'intéresse.
Votre gloire le veut, l'amour vous le prescrit.
Qui peut contre elle et lui soulever votre esprit [3] ?
Si vous leur préférez une mère cruelle,
Soyez cruels, ingrats, parricides comme elle :
Vous devez la punir, si vous la condamnez,
Vous devez l'imiter, si vous la soutenez.
Quoi! cette ardeur s'éteint! l'un et l'autre soupire!
J'avais su le prévoir, j'avais su le prédire...

---

[1] « Une chaleur défendue, un devoir qui rend un souvenir, un souvenir que les traités ne peuvent retenir, font un amas de termes impropres et une construction trop vicieuse. » (*Voltaire*.)

[2] « On ne porte point un sang : il était aisé de dire : *ce sang qui coule en vous*, ou *le sang dont vous sortez*. » (*Voltaire*.)

[3] « Le sens est louche : *contre elle* signifie *contre votre gloire*, et *lui* signifie *votre amour*; c'est là le sens ; mais il faut le chercher. La clarté est la première loi de l'art d'écrire ; et puis comment l'esprit de ces princes peut-il être soulevé contre leur gloire? est-ce parce qu'ils s'effrayent d'un parricide ? » (*Voltaire*.)

ANTIOCHUS.
Princesse...
RODOGUNE.
Il n'est plus temps, le mot en est lâché :
Quand j'ai voulu me taire, en vain je l'ai tâché.
Appelez ce devoir haine, rigueur, colère ;
Pour gagner Rodogune il faut venger un père ;
Je me donne à ce prix : osez me mériter,
Et voyez qui de vous daignera m'accepter.
Adieu, princes [1].

SCÈNE V.

ANTIOCHUS, SÉLEUCUS.

ANTIOCHUS.
Hélas ! c'est donc ainsi qu'on traite
Les plus profonds respects d'une amour si parfaite [2] !
SÉLEUCUS.
Elle nous fuit, mon frère, après cette rigueur.
ANTIOCHUS.
Elle fuit, mais en Parthe, en nous perçant le cœur [3].
SÉLEUCUS.
Que le ciel est injuste ! Une ame si cruelle
Méritait notre mère, et devait naître d'elle.
ANTIOCHUS.
Plaignons-nous sans blasphème.
SÉLEUCUS.
Ah ! que vous me gênez
Par cette retenue où vous vous obstinez !
Faut-il encor régner ? faut-il l'aimer encore ?
ANTIOCHUS.
Il faut plus de respect pour celle qu'on adore [4].
SÉLEUCUS.
C'est ou d'elle ou du trône être ardemment épris,

---

[1] « Observez qu'elle n'a pas dit un seul mot de la chose qui pourrait en quelque façon lui faire pardonner cette horreur insensée ; elle devait leur dire au moins : *Cléopâtre vous a demandé ma tête, ma sûreté me force à vous demander la sienne.* » (Voltaire.)

[2] « Est-ce ici le temps de se plaindre qu'on a mal reçu les profonds respects de l'amour, quand il s'agit d'un parricide ? » (Voltaire.)

[3] Ce vers proverbial est un jeu d'esprit prétentieux et faux. Le rapprochement entre la proposition que fait Rodogune avant de se retirer, et les flèches que les Parthes lancent en fuyant, est une pointe qui n'est ni juste ni tragique.

[4] « Peut-on employer ces idées et ces expressions de roman dans un moment si terrible ? » (Voltaire.)

ACTE III, SCÈNE V.

Que vouloir ou l'aimer ou régner à ce prix.
ANTIOCHUS.
C'est et d'elle et de lui tenir bien peu de compte,
Que faire une révolte et si pleine et si prompte[1].
SÉLEUCUS.
Lorsque l'obéissance a tant d'impiété,
La révolte devient une nécessité.
ANTIOCHUS.
La révolte, mon frère, est bien précipitée
Quand la loi qu'elle rompt peut être rétractée[2],
Et c'est à nos désirs trop de témérité
De vouloir de tels biens avec facilité :
Le ciel par les travaux veut qu'on monte à la gloire;
Pour gagner un triomphe il faut une victoire.
Mais que je tâche en vain de flatter nos tourments!
Nos malheurs sont plus forts que ces déguisements[3].
Leur excès à mes yeux paraît un noir abîme
Où la haine s'apprête à couronner le crime,
Où la gloire est sans nom, la vertu sans honneur,
Où sans un paricide il n'est point de bonheur;
Et voyant de ces maux l'épouvantable image,
Je me sens affaiblir quand je vous encourage;
Je frémis, je chancelle, et mon cœur abattu
Suit tantôt sa douleur, et tantôt sa vertu[4].
Mon frère, pardonnez à des discours sans suite,
Qui font trop voir le trouble où mon âme est réduite.
SÉLEUCUS.
J'en ferais comme vous, si mon esprit troublé
Ne secouait le joug dont il est accablé.
Dans mon ambition, dans l'ardeur de ma flamme,
Je vois ce qu'est un trône, et ce qu'est une femme;
Et jugeant par leur prix de leur possession,
J'éteins enfin ma flamme et mon ambition;
Et je vous céderais l'un et l'autre avec joie,
Si dans la liberté que le ciel me renvoie,
La crainte de vous faire un funeste présent
Ne me jetait dans l'âme un remords trop cuisant.
Dérobons-nous, mon frère, à ces âmes cruelles,
Et laissons-les sans nous achever leurs querelles.
ANTIOCHUS.
Comme j'aime beaucoup, j'espère encore un peu[5].
L'espoir ne peut s'éteindre où brûle tant de feu,
Et son reste confus me rend quelques lumières

---

1 « Faire une révolte contre une femme qui a imaginé quelque chose de si noir ! *Faire une révolte n'est pas français.* » (*Voltaire.*)

2 « On ne rompt point une loi, on ne la rétracte pas ; *révoquer* est le mot propre : on rétracte une opinion. » (*Voltaire.*)

3 « Un *déguisement* n'est point *fort* ; il faut toujours ou le mot propre, ou une métaphore juste . » (*Voltaire.*)

4 Voilà encore de beaux vers.

5   J'aime, il faut que j'espère.
           (Lamartine. *Méditations.*)

Pour juger mieux que vous de ces ames si fières.
Croyez-moi, l'une et l'autre a redouté nos pleurs :
Leur fuite à nos soupirs a dérobé leurs cœurs,
Et si tantôt leur haine eût attendu nos larmes,
Leur haine à nos douleurs aurait rendu les armes.

SÉLEUCUS.

Pleurez donc à leurs yeux, gémissez, soupirez,
Et je craindrai pour vous ce que vous espérez.
Quoi qu'en votre faveur vos pleurs obtiennent d'elles,
Il vous faudra parer leurs haines mutuelles,
Sauver l'une de l'autre, et peut-être leurs coups,
Vous trouvant au milieu, ne perceront que vous :
C'est ce qu'il faut pleurer. Ni maîtresse ni mère
N'ont plus de choix ici ni de lois à nous faire ;
Quoi que leur rage exige ou de vous ou de moi,
Rodogune est à vous, puisque je vous fais roi.
Épargnez vos soupirs près de l'une et de l'autre.
J'ai trouvé mon bonheur, saisissez-vous du vôtre :
Je n'en suis point jaloux, et ma triste amitié
Ne le verra jamais que d'un œil de pitié.

SCÈNE VI.

ANTIOCHUS.

Que je serais heureux si je n'aimais un frère !
Lorsqu'il ne veut pas voir le mal qu'il se veut faire,
Mon amitié s'oppose à son aveuglement :
Elle agira pour vous, mon frère, également,
Et n'abusera point de cette violence
Que l'indignation fait à votre espérance.
La pesanteur du coup souvent nous étourdit.
On le croit repoussé quand il s'approfondit ;
Et quoi qu'un juste orgueil sur l'heure persuade,
Qui ne sent point son mal est d'autant plus malade ;
Ces ombres de santé cachent mille poisons,
Et la mort suit de près ces fausses guérisons.
Daignent les justes dieux rendre vain ce présage !
Cependant allons voir si nous vaincrons l'orage,
Et si, contre l'effort d'un si puissant courroux,
La nature et l'amour voudront parler pour nous.

FIN DU TROISIÈME ACTE.

ACTE QUATRIÈME.

SCÈNE I.

ANTIOCHUS, RODOGUNE.

RODOGUNE.
Prince, qu'ai-je entendu ? parce que je soupire,
Vous présumez que j'aime, et vous m'osez le dire [1] !
Est-ce un frère, est-ce vous dont la témérité
S'imagine...
ANTIOCHUS.
      Apaisez ce courage irrité,
Princesse, aucun de nous ne serait téméraire
Jusqu'à s'imaginer qu'il eût l'heur de vous plaire :
Je vois votre mérite et le peu que je vaux,
Et ce rival si cher connaît mieux ses défauts [2].
Mais si tantôt ce cœur parlait par votre bouche,
Il veut que nous croyions qu'un peu d'amour le touche,
Et qu'il daigne écouter quelques-uns de nos vœux,
Puisqu'il tient à bonheur d'être à l'un de nous deux.
Si c'est présomption de croire ce miracle,
C'est une impiété de douter de l'oracle,
Et mériter les maux où [3] vous nous condamnez,
Qu'éteindre un bel espoir que vous nous ordonnez.
Princesse, au nom des dieux, au nom de cette flamme...
RODOGUNE.
Un mot ne fait pas voir jusques au fond d'une âme ;

---

[1] « L'âme du spectateur était remplie de deux assassinats proposés par deux femmes ; on attendait la suite de ces horreurs : le spectateur est étonné de voir Rodogune qui se fâche de ce qu'on présume qu'elle pourrait aimer un des princes destiné pour être son époux ; elle ne parle que de la témérité d'Antiochus, qui, en la voyant soupirer, ose supposer qu'elle n'est pas insensible. C'était un des ridicules à la mode dans les romans de chevalerie, comme on l'a déjà dit ; il fallait qu'un chevalier n'imaginât pas que la dame de ses pensées pût être sensible avant de très-longs services : ces idées infectèrent notre théâtre. » (*Voltaire.*)

[2] « Est-ce à Antiochus à parler des défauts de son frère ? comment peut-on dire à une telle femme que les deux frères connaissent trop bien leurs défauts pour oser croire qu'elle puisse aimer l'un des deux ? » (*Voltaire.*)

[3] *Où*, auxquels.

Et votre espoir trop prompt prend trop de vanité
Des termes obligeants de ma civilité.
Je l'ai dit, il est vrai; mais, quoi qu'il en puisse être,
Méritez cet amour que vous voulez connaître.
Lorsque j'ai soupiré, ce n'était pas pour vous [1],
J'ai donné ces soupirs aux mânes d'un époux [2],
Et ce sont les effets du souvenir fidèle
Que sa mort à toute heure en mon âme rappelle.
Princes, soyez ses fils, et prenez son parti.

ANTIOCHUS.

Recevez donc son cœur en nous deux réparti;
Ce cœur, qu'un saint amour rangea sous votre empire,
Ce cœur, pour qui le vôtre à tous moments soupire,
Ce cœur, en vous aimant indignement percé,
Reprend pour vous aimer le sang qu'il a versé [3];
Il le reprend en nous, il revit, il vous aime,
Et montre en vous aimant, qu'il est encor le même.
Ah! princesse, en l'état où le sort nous a mis,
Pouvons-nous mieux montrer que nous sommes ses fils?

RODOGUNE.

Si c'est son cœur en vous qui revit et qui m'aime,
Faites ce qu'il ferait s'il vivait en lui-même [4];
A ce cœur qu'il vous laisse osez prêter un bras :
Pouvez-vous le porter et ne l'écouter pas [5]?
S'il vous explique mal ce qu'il en doit attendre,
Il emprunte ma voix pour se mieux faire entendre.
Une seconde fois il vous le dit par moi [6] :

1 « Ce vers paraît trop comique, et achève de révolter le lecteur judicieux, qui doit attendre ce que deviendra la proposition d'un assassinat horrible. » (*Voltaire.*)

2 « Rodogune n'a pas épousé Nicanor; elle lui était promise; et, dans ce sens, elle peut le nommer son époux. » (*Palissot.*) C'est la primitive acception de ce mot, tiré du *sponsus* des Latins.

3 « C'est donc le cœur de Nicanor reparti entre ses deux fils, qui, ayant été percé, reprend le sang qu'il a versé, c'est-à-dire son propre sang, pour aimer encore sa femme dans la personne de ses deux enfants. Que dire de telles idées et de telles expressions? comment ne pas remarquer de pareils défauts? et comment les excuser? que gagnerait-on à vouloir les pallier? ce serait trahir l'art qu'on doit enseigner aux jeunes gens. » (*Voltaire.*)

4 « Rodogune continue la figure employée par Antiochus; mais on ne peut dire *vivre en soi-même*. Ce style fait beaucoup de peine; mais ce qui en fait bien davantage, c'est que Rodogune passe ainsi tout d'un coup de la modeste fierté d'une fille qui ne veut pas qu'on lui parle d'amour, à l'exécrable empressement d'exiger d'un fils la tête de sa mère. » (*Voltaire.*)

5 « *Prêter un bras à un cœur, le porter et ne pas l'écouter*, sont des expressions triviales si forcées, si fausses, qu'on voit bien que la situation n'est point naturelle; car, d'ordinaire, comme dit Boileau :

Ce que l'on conçoit bien s'exprime clairement. »

(*Voltaire.*)

6 « Est-il possible qu'Antiochus puisse lui dire : *Nommez les assassins?* Quel faux artifice! ne les connaît-il pas! ne sait-il pas

ACTE IV, SCÈNE I.

Prince, il faut le venger.

ANTIOCHUS.
J'accepte cette loi.
Nommez les assassins, et j'y cours.

RODOGUNE.
Quel mystère
Vous fait, en l'acceptant, méconnaître une mère?

ANTIOCHUS.
Ah! si vous ne voulez voir finir nos destins,
Nommez d'autres vengeurs ou d'autres assassins.

RODOGUNE.
Ah! je vois trop régner son parti dans votre âme;
Prince, vous le prenez.

ANTIOCHUS.
Oui, je le prends, madame [1]
Et j'apporte à vos pieds le plus pur de son sang
Que la nature enferme en ce malheureux flanc.
Satisfaites vous-même à cette voix secrète
Dont la vôtre envers nous daigne être l'interprète :
Exécutez son ordre; et hâtez-vous sur moi
De punir une reine et de venger un roi :
Mais quitte par ma mort d'un devoir si sévère,
Écoutez-en un autre en faveur de mon frère.
De deux princes unis à soupirer pour vous
Prenez l'un pour victime, et l'autre pour époux [2],
Punissez un des fils des crimes de la mère,
Mais payez l'autre aussi des services du père :
Et laissez un exemple à la postérité
Et de rigueur entière, et d'entière équité.
Quoi! n'écouterez-vous ni l'amour ni la haine?
Ne pourrai-je obtenir ni salaire ni peine?
Ce cœur qui vous adore, et que vous dédaignez...

RODOGUNE.
Hélas, prince [3]!

que c'est sa mère? ne s'en est-elle pas vantée à lui-même? Je n'ai point de terme pour exprimer la peine que me font les fautes de ce grand homme; elles consolent au moins, en faisant voir l'extrême difficulté de faire une bonne pièce de théâtre. » (*Voltaire.*)

1 « Quelle froideur dans de tels éclaircissements, et quelles étranges expressions! *Vous le prenez? Oui, je le prends.*»(*Voltaire.*)

2 « Peut-on sérieusement dire à Rodogune : *Tuez l'un de nous deux, et épousez l'autre*, et se complaire dans cette pensée aussi froide que barbare, et la retourner en deux ou trois façons? Corneille fait dire à Sabine, dans *les Horaces* : *Que l'un de vous me tue, et que l'autre me venge*; il répète ici cette pensée, mais il la délaye, il la rend insipide : tous ces froids efforts de l'esprit ne sont que des amplifications. Ce n'est pas là Virgile, ce n'est pas là Racine. » (*Voltaire.*)

3 « Rodogune passe tout d'un coup de l'assassinat à la tendresse. La petite finesse du soupir qui va vers l'ombre d'un père, et Rodogune qui tremble d'aimer, forment ici une pastorale. Cela n'est que trop vrai; et, encore une fois, il faut le dire et le redire. » (*Voltaire.*)

ANTIOCHUS.
Est-ce encor le roi que vous plaignez[1]
Ce soupir ne va-t-il que vers l'ombre d'un père?
RODOGUNE.
Allez, ou pour le moins rappelez votre frère :
Le combat pour mon âme était moins dangereux
Lorsque je vous avais à combattre tous deux :
Vous êtes plus fort seul que vous n'étiez ensemble;
Je vous bravais tantôt, et maintenant je tremble.
J'aime : n'abusez pas, prince, de mon secret,
Au milieu de ma haine il m'échappe à regret;
Mais enfin il m'échappe, et cette retenue
Ne peut plus soutenir l'effort de votre vue.
Oui, j'aime un de vous deux malgré ce grand courroux,
Et ce dernier soupir dit assez que c'est vous.

Un rigoureux devoir à cet amour s'oppose :
Ne m'en accusez point, vous en êtes la cause;
Vous l'avez fait renaître en me pressant d'un choix
Qui rompt de vos traités les favorables lois.
D'un père mort pour moi voyez le sort étrange :
Si vous me laissez libre, il faut que je le venge,
Et mes feux dans mon âme ont beau s'en mutiner[2],
Ce n'est qu'à ce prix seul que je puis me donner :
Mais ce n'est pas de vous qu'il faut que je l'attende[3],
Votre refus est juste autant que ma demande.
A force de respect votre amour s'est trahi.
Je voudrais vous haïr s'il m'avait obéi,
Et je n'estime pas l'honneur d'une vengeance
Jusqu'à vouloir d'un crime être la récompense.
Rentrons donc sous les lois que m'impose la paix,
Puisque m'en affranchir c'est vous perdre à jamais.

---

1 « Ce mélange de tendresse naïve et d'atrocités affreuses n'est pas supportable. » (*Voltaire.*)

2 « *Des feux qui se mutinent!* cela est impropre; et *s'en mutinent* est encore plus mauvais : on ne se mutine point *de; mutiner* est un verbe qui n'a point de régime. Cette scène est un entassement de barbarismes et de solécismes, autant que de pensées fausses. Ce sont ces défauts, applaudis par quelques ignorants entêtés, que Boileau avait en vue quand il disait, dans son *Art poétique* :

Mon esprit n'admet point un pompeux barbarisme,
Ni d'un vers ampoulé l'orgueilleux solécisme. » (*Voltaire.*)

3 « Pourquoi l'a-t-elle donc demandé? Toutes ces contradictions sont la suite de cette proposition révoltante qu'elle a faite d'assassiner sa belle-mère; une faute en attire cent autres. » (*Voltaire.*)

4 « Y a-t-il de l'honneur dans cette vengeance? Elle change à présent d'avis; elle ne voudrait plus d'Antiochus s'il avait tué sa mère : ce n'est pas là assurément le caractère qu'exigent Horace et Boileau :

Qu'en tout avec soi-même il se montre d'accord,
Et qu'il soit jusqu'au bout tel qu'on l'a vu d'abord. »

(*Voltaire.*)

ACTE IV, SCÈNE I.

Prince, en votre faveur je ne puis davantage :
L'orgueil de ma naissance enfle encor mon courage,
Et quelque grand pouvoir que l'amour ait sur moi,
Je n'oublierai jamais que je me dois un roi.
Oui, malgré mon amour, j'attendrai d'une mère
Que le trône me donne ou vous ou votre frère.
Attendant son secret, vous aurez mes désirs ;
Et s'il le fait régner, vous aurez mes soupirs[1] :
C'est tout ce qu'à mes feux ma gloire peut permettre,
Et tout ce qu'à vos feux les miens osent promettre.

ANTIOCHUS.

Que voudrais-je de plus ? son bonheur est le mien :
Rendez heureux ce frère, et je ne perdrai rien.
L'amitié le consent, si l'amour l'appréhende.
Je bénirai le ciel d'une perte si grande ;
Et, quittant les douceurs de cet espoir flottant,
Je mourrai de douleur, mais je mourrai content[2].

RODOGUNE.

Et moi, si mon destin entre ses mains me livre,
Pour un autre que vous s'il m'ordonne de vivre,
Mon amour.... Mais adieu ; mon esprit se confond.
Prince, si votre flamme à la mienne répond,
Si vous n'êtes ingrat à ce cœur qui vous aime[3],
Ne me revoyez point qu'avec le diadème[4].

SCÈNE II.

ANTIOCHUS.

Les plus doux de mes vœux enfin sont exaucés.
Tu viens de vaincre, amour ; mais ce n'est pas assez
Si tu veux triompher en cette conjoncture,
Après avoir vaincu, fais vaincre la nature,
Et prête-lui pour nous ces tendres sentiments
Que ton ardeur inspire aux cœurs des vrais amants,
Cette pitié qui force, et ces dignes faiblesses

---

[1] « Elle voulait tout à l'heure tuer Cléopâtre, et à présent elle lui est soumise. Et qu'est-ce qu'un secret qui *fait régner ?* » (*Voltaire.*)

[2] « Il est absolument impossible de mourir affligé et content. » (*Voltaire.*)

[3] Voltaire ne veut pas qu'on puisse dire : « *Ingrat à ce cœur qui vous aime.* » Il a tort de proscrire une locution qui unit la clarté et la vivacité. Racine n'a-t-il pas dit (*Androm.*, act. V, sc. 1), avec plus de hardiesse et non moins heureusement :

Muet à mes soupirs, tranquille à mes alarmes.

[4] On dirait aujourd'hui : *Ne me revoyez qu'avec.* Ce n'est pas la faute de Corneille si on a depuis proscrit cette forme plus énergique de négation qu'il emploie.

Dont la vigueur détruit les fureurs vengeresses[1].
Voici la reine. Amour, nature, justes dieux,
Faites-la-moi fléchir, ou mourir à ses yeux[2].

SCÈNE III.

CLÉOPATRE, ANTIOCHUS, LAONICE.

CLÉOPATRE.
Eh bien! Antiochus, vous dois-je la couronne[3]?
ANTIOCHUS.
Madame, vous savez si le ciel me la donne.
CLÉOPATRE.
Vous savez mieux que moi si vous la méritez.
ANTIOCHUS.
Je sais que je péris si vous ne m'écoutez.
CLÉOPATRE.
Un peu trop lent peut-être à servir ma colère,
Vous vous êtes laissé prévenir par un frère?
Il a su me venger quand vous délibériez[4],
Et je dois à son bras ce que vous espériez?
Je vous en plains, mon fils, ce malheur est extrême
C'est périr en effet que perdre un diadème.
Je n'y sais qu'un remède, encore est-il fâcheux,
Étonnant, incertain, et triste pour tous deux;
Je périrai moi-même, avant que de le dire[5]:
Mais enfin on perd tout quand on perd un empire.
ANTIOCHUS.
Le remède à nos maux est tout en votre main,
Et n'a rien de fâcheux, d'étonnant, d'incertain;

---

1 La vigueur des faiblesses est une antithèse hasardée et prétentieuse.

2 Ce vers est légèrement irrégulier. En effet, *faites-la-moi*, qui se lie à *fléchir*, ne s'unit pas à *mourir*. Il suffisait de transposer le pronom, et de dire:

Faites-moi la fléchir, ou mourir à ses yeux.

3 « C'est-à-dire voulez-vous tuer Rodogune? cela ne peut s'entendre autrement; cela même signifie: avez-vous tué Rodogune? car elle n'a promis la couronne qu'à l'assassin. » (*Voltaire*.)

4 « On ne peut imaginer que Cléopâtre veuille dire ici autre chose, sinon: *Séleucus vient de tuer sa maîtresse et la vôtre*. A ce mot seul, Antiochus ne doit-il pas entrer en fureur? » (*Voltaire*.) Il paraît que ces vers et les suivants renferment une interrogation; et comme Antiochus, qui vient de quitter Rodogune, sait qu'elle n'est pas morte, il ne se trouble pas.

5 « On n'entend pas mieux ce que c'est que ce secret. Ces deux couplets paraissent remplis d'obscurités. » (*Voltaire*.) Cléopâtre insinue qu'Antiochus ferait une bonne affaire en tuant Séleucus.

Votre seule colère a fait notre infortune.
Nous perdons tout, madame, en perdant Rodogune :
Nous l'adorons tous deux ; jugez en quels tourments
Nous jette la rigueur de vos commandements.
　　L'aveu de cet amour sans doute vous offense :
Mais enfin nos malheurs croissent par le silence,
Et votre cœur, qu'aveugle un peu d'inimitié,
S'il ignore nos maux, n'en peut prendre pitié.
Au point où je le vois, c'en est le seul remède.

CLÉOPATRE.

Quelle aveugle fureur vous-même vous possède !
Avez-vous oublié que vous parlez à moi ?
Ou si vous présumez être déjà mon roi ?

ANTIOCHUS.

Je tâche avec respect à vous faire connaître
Les forces d'un amour que vous avez fait naître.

CLÉOPATRE.

Moi, j'aurais allumé cet insolent amour ?

ANTIOCHUS.

Et quel autre prétexte a fait notre retour[1] ?
Nous avez-vous mandés qu'afin qu'un droit d'aînesse
Donnât à l'un de nous le trône et la princesse ?
Vous avez bien fait plus, vous nous l'avez fait voir ;
Et c'était par vos mains nous mettre en son pouvoir.
Qui de nous deux, madame, eût osé s'en défendre,
Quand vous nous ordonniez à tous deux d'y prétendre[2] ?
Si sa beauté dès lors n'eût allumé nos feux,
Le devoir auprès d'elle eût attaché nos vœux.
Le désir de régner eût fait la même chose,
Et dans l'ordre des lois que la paix nous impose,
Nous devions aspirer à sa possession
Par amour, par devoir, ou par ambition.
Nous avons donc aimé, nous avons cru vous plaire ;
Chacun de nous n'a craint que le bonheur d'un frère,
Et cette crainte enfin cédant à l'amitié,
J'implore pour tous deux un moment de pitié.
Avons-nous dû prévoir cette haine cachée,
Que la foi des traités n'avait point arrachée[3] ?

---

1 « *Un prétexte qui fait un retour* n'est pas français. » (*Voltaire.*)

2 « Il me semble qu'il n'est point du tout intéressant de savoir si Cléopâtre a fait naître elle-même l'amour des deux frères pour Rodogune ; ce n'est pas là ce qui doit l'inquiéter Il doit trembler que Cléopâtre n'ait déjà fait assassiner Rodogune par Séleucus, comme elle l'a déjà dit, ou du moins qu'elle n'emploie le bras de quelque autre : cette idée si naturelle ne se présente pas seulement à lui ; c'était la seule qui pût inspirer de la terreur et de la pitié, et c'est la seule qui ne vienne pas dans la tête d'Antiochus ; il s'amuse à dire inutilement que les deux frères devaient aimer Rodogune ; il veut le prouver en forme ; il parle de l'*ordre des lois.*» (*Voltaire.*)

3 « Ce verbe *arracher* exige une préposition et un substantif : on arrache la haine du cœur. » (*Voltaire.*)

CLÉOPATRE.
Non, mais vous avez dû garder le souvenir
Des hontes que pour vous j'avais su prévenir [1],
Et de l'indigne état où votre Rodogune
Sans moi, sans mon courage, eût mis votre fortune.
Je croyais que vos cœurs, sensibles à ses coups,
En sauraient conserver un généreux courroux,
Et je le retenais avec ma douceur feinte,
Afin que, grossissant sous un peu de contrainte,
Ce torrent de colère et de ressentiment
Fût plus impétueux en son débordement.
Je fais plus maintenant, je presse, sollicite,
Je commande, menace, et rien ne vous irrite.
Le sceptre, dont ma main vous doit récompenser,
N'a point de quoi vous faire un moment balancer,
Vous ne considérez ni lui ni mon injure,
L'amour étouffe en vous la voix de la nature :
Et je pourrais aimer des fils dénaturés !

ANTIOCHUS.
La nature et l'amour ont leurs droits séparés ;
L'un n'ôte point à l'autre une âme qu'il possède.

CLÉOPATRE.
Non, non, où l'amour règne il faut que l'autre cède.

ANTIOCHUS.
Leurs charmes à nos cœurs sont également doux.
Nous périrons tous deux s'il faut périr pour vous ;
Mais aussi...

CLÉOPATRE.
Poursuivez, fils ingrat et rebelle.

ANTIOCHUS.
Nous périrons tous deux s'il faut périr pour elle.

CLÉOPATRE.
Périssez, périssez ! votre rébellion
Mérite plus d'horreur que de compassion.
Mes yeux sauront le voir [2] sans verser une larme,
Sans regarder en vous que l'objet qui vous charme ;
Et je triompherai, voyant périr mes fils,
De ses adorateurs et de mes ennemis.

ANTIOCHUS.
Eh bien ! triomphez-en, que rien ne vous retienne :
Votre main tremble-t-elle ? y voulez-vous la mienne [3] ?
Madame, commandez, je suis prêt d'obéir,
Je percerai ce cœur qui vous ose trahir :
Heureux si par ma mort je puis vous satisfaire,

---

1. « La *honte* n'a point de pluriel, du moins dans le style noble. » (*Voltaire*.) Le contraire serait plus près de la vérité. La langue poétique peut fort bien admettre *les hontes* pour les choses honteuses, les affronts.

2. *Le voir*, voir cela, c'est-à-dire que vous périssiez.

3. « Cet *y* ne se rapporte à rien. » (*Voltaire*.) Oui, grammaticalement ; mais, logiquement, il se rapporte au meurtre que désire Cléopâtre.

ACTE IV. SCÈNE III.

Et noyer dans mon sang toute votre colère!
Mais si la dureté de votre aversion
Nomme encor notre amour une rébellion,
Du moins souvenez-vous qu'elle n'a pris pour armes
Que de faibles soupirs et d'impuissantes larmes.

CLÉOPATRE.

Ah! que n'a-t-elle pris et la flamme et le fer!
Que bien plus aisément j'en saurais triompher :
Vos larmes dans mon cœur ont trop d'intelligence,
Elles ont presque éteint cette ardeur de vengeance.
Je ne puis refuser des soupirs à vos pleurs,
Je sens que je suis mère auprès de vos douleurs [1].
C'en est fait, je me rends, et ma colère expire.
Rodogune est à vous, aussi bien que l'empire ;
Rendez grâces aux dieux qui vous ont fait l'aîné [2],
Possédez-la, régnez.

ANTIOCHUS.

O moment fortuné!
O trop heureuse fin de l'excès de ma peine!
Je rends grâces aux dieux qui calment votre haine.
Madame, est-il possible?

CLÉOPATRE.

En vain j'ai résisté,
La nature est trop forte, et mon cœur s'est dompté.
Je ne vous dis plus rien ; vous aimez votre mère,
Et votre amour pour moi taira ce qu'il faut taire.

ANTIOCHUS.

Quoi! je triomphe donc sur le point de périr!
La main qui me blessait a daigné me guérir!

CLÉOPATRE.

Oui, je veux couronner une flamme si belle.
Allez à la princesse en porter la nouvelle ;
Son cœur comme le vôtre en deviendra charmé :
Vous n'aimeriez pas tant si vous n'étiez aimé.

ANTIOCHUS.

Heureux Antiochus! heureuse Rodogune [3]!
Oui, madame, entre nous la joie en est commune.

---

1 « Cela n'est pas français ; il fallait dire : *vos douleurs me font sentir que je suis mère.* » (*Voltaire.*) Le critique multiplie à plaisir les fautes de français. La ligne de prose qu'il offre en échange d'un beau vers est correcte ; mais il ne sait qu'il sacrifie est correct aussi, et de plus poétique. Pourquoi ne dirait-on pas *auprès de vos douleurs*, comme on dit *en présence de vos douleurs*.

2 « Je suis encore surpris du peu d'effet que produit ici cette déclaration de la primogéniture d'Antiochus ; c'est pourtant le sujet de la pièce, c'est ce qui est annoncé dès les premiers vers comme la chose la plus importante. Je pense que la raison de l'indifférence avec laquelle on entend cette déclaration, est qu'on ne la croit pas vraie. Cléopâtre vient de s'adoucir sans aucune raison ; on pense que tout ce qu'elle dit est feint. » (*Voltaire.*)

3 « Quoi! après qu'elle ne lui a parlé que d'assassiner Rodogune, rès avoir voulu lui faire accroire que Séleucus l'a tuée, après lui

CLÉOPATRE.
Allez donc ; ce qu'ici vous perdez de moments
Sont autant de larcins à vos contentements,
Et ce soir, destiné pour la cérémonie,
Fera voir pleinement si ma haine est finie.
ANTIOCHUS.
Et nous vous ferons voir tous nos désirs bornés
A vous donner en nous des sujets couronnés.

SCÈNE IV.

CLÉOPATRE, LAONICE.

LAONICE.
Enfin ce grand courage a vaincu sa colère.
CLÉOPATRE.
Que ne peut point un fils sur le cœur d'une mère !
LAONICE.
Vos pleurs coulent encore, et ce cœur adouci...
CLÉOPATRE.
Envoyez-moi son frère, et nous laissez ici.
Sa douleur sera grande, à ce que je présume ;
Mais j'en saurai sur l'heure adoucir l'amertume.
Ne lui témoignez rien : il lui sera plus doux
D'apprendre tout de moi, qu'il ne serait de vous.

SCÈNE V[1].

CLÉOPATRE.

Que tu pénètres mal le fond de mon courage[2] !

---

avoir dit : *périssez, périssez !* elle lui dit que ses larmes ont de l'intelligence dans son cœur ; et Antiochus la croit ! Non, une telle crédulité n'est pas dans la nature. Antiochus n'a jamais dû avoir plus de défiance, et il n'en témoigne aucune : il devrait au moins demander si le changement inopiné de sa mère est bien vrai ; il devrait dire : *Est-il possible que vous soyez tout autre en un moment ! serai-je assez heureux ?* etc. ; mais point ; il s'écrie tout d'un coup : *O moment fortuné ! ô trop heureuse fin !* Plus j'y réfléchis, et moins je trouve cette scène naturelle. » (*Voltaire.*)

1 « On dit qu'au théâtre on n'aime pas les scélérats. Il n'y a point de criminelle plus odieuse que Cléopatre, et cependant on se plaît à la voir ; du moins le parterre, qui n'est pas toujours composé de connaisseurs sévères et délicats, s'est laissé subjuguer quand une actrice imposante a joué ce rôle ; elle ennoblit l'horreur de son caractère par la fierté des traits dont Corneille la peint ; on ne lui pardonne pas, mais on attend avec impatience ce qu'elle fera, après avoir promis Rodogune et le trône à son fils Antiochus. Si Corneille a manqué à son art dans les détails, il a rempli le grand projet de tenir les esprits en suspens, et d'arranger tellement les événements, que personne ne peut deviner le dénoûment de cette tragédie. » (*Voltaire.*)

2 *Courage* est encore dans le sens de *cœur, pensée.*

ACTE IV, SCENE V.

Si je verse des pleurs, ce sont des pleurs de rage,
Et ma haine, qu'en vain tu crois s'évanouir,
Ne les a fait couler qu'afin de t'éblouir.
Je ne veux plus que moi dedans ma confidence.
Et toi, crédule amant, que charme l'apparence,
Et dont l'esprit léger s'attache avidement
Aux attraits captieux de mon déguisement,
Va, triomphe en idée avec ta Rodogune;
Au sort des immortels préfère ta fortune,
Tandis que, mieux instruite en l'art de me venger,
En de nouveaux malheurs je saurai te plonger.
Ce n'est pas tout d'un coup que tant d'orgueil trébuche [1] :
De qui se rend trop tôt on doit craindre une embûche,
Et c'est mal démêler le cœur d'avec le front [2],
Que prendre pour sincère un changement si prompt.
L'effet te fera voir comme je suis changée.

SCÈNE VI.

CLÉOPATRE, SÉLEUCUS.

CLÉOPATRE.
Savez-vous, Séleucus, que je me suis vengée [3]?
SÉLEUCUS.
Pauvre princesse, hélas [4]!
CLÉOPATRE.
Vous déplorez son sort!
Quoi! l'aimiez-vous
SÉLEUCUS.
Assez pour regretter sa mort [5]?
CLÉOPATRE.
Vous lui pouvez servir encor d'amant fidèle;
Si j'ai su me venger, ce n'a pas été d'elle.
SÉLEUCUS.
O ciel! et de qui donc, madame?

---

1. « *Trébucher* n'a jamais été du style noble. » (*Voltaire.*) — Il est ici même noblement employé; de sorte que la remarque de Voltaire est réfutée par le passage qui la provoque.
2. « Je crois qu'il eût fallu *distinguer*, au lieu de *démêler*; car le cœur et le front ne sont point mêlés ensemble. » (*Voltaire.*)
3 Cléopâtre emploie auprès de Séleucus la même ruse qu'auprès de son frère, et celui-ci s'y laisse prendre.
4 « Cette réponse est insoutenable; la bassesse de l'expression s'y joint à une indifférence qu'on n'attendait pas d'un homme amoureux; on ne parlerait pas ainsi de la mort d'une personne qu'on connaîtrait à peine : il croit que sa maîtresse est assassinée, et il dit : *Pauvre princesse!* » (*Voltaire.*)
5 « Enchérit encore sur cette faute. » (*Voltaire.*)

CLÉOPATRE.

C'est de vous,
Ingrat, qui n'aspirez qu'à vous voir son époux,
De vous qui l'adorez en dépit d'une mère,
De vous, qui dédaignez de servir ma colère,
De vous, de qui l'amour, rebelle à mes désirs,
S'oppose à ma vengeance, et détruit mes plaisirs.

SÉLEUCUS.

De moi?

CLÉOPATRE.

De toi, perfide! Ignore, dissimule
Le mal que tu dois craindre et le feu qui te brûle,
Et si pour l'ignorer tu crois t'en garantir,
Du moins en l'apprenant commence à le sentir.
Le trône était à toi par le droit de naissance;
Rodogune avec lui tombait en ta puissance;
Tu devais l'épouser, tu devais être roi!
Mais comme ce secret n'est connu que de moi,
Je puis, comme je veux, tourner le droit d'aînesse,
Et donne à ton rival ton sceptre et ta maîtresse.

SÉLEUCUS.

A mon frère?

CLÉOPATRE.

C'est lui que j'ai nommé l'aîné.

SÉLEUCUS.

Vous ne m'affligez point de l'avoir couronné;
Et, par une raison qui vous est inconnue,
Mes propres sentiments vous avaient prévenue :
Les biens que vous m'ôtez n'ont point d'attraits si doux
Que mon cœur n'ait donnés à ce frère avant vous,
Et si vous bornez là toute votre vengeance,
Vos désirs et les miens seront d'intelligence.

CLÉOPATRE.

C'est ainsi qu'on déguise un violent dépit;
C'est ainsi qu'une feinte au dehors l'assoupit [1],
Et qu'on croit amuser de fausses patiences
Ceux dont en l'âme on craint les justes défiances.

SÉLEUCUS.

Quoi! je conserverais quelque courroux secret!

CLÉOPATRE.

Quoi! lâche, tu pourrais la perdre sans regret,
Elle de qui les dieux te donnaient l'hyménée,
Elle dont tu plaignais la perte imaginée?

SÉLEUCUS.

Considérer sa perte avec compassion,

---

1 « Qu'est-ce qu'une feinte qui assoupit au dehors, et de fausses patiences qui amusent ceux dont on craint en l'âme des défiances? Comment l'auteur de Cinna a-t-il pu écrire dans un style si incorrect et si peu noble? » (Voltaire.) — Benserade a aussi mis patience au pluriel dans le fameux sonnet de Job :

On voit aller des patiences
Plus loin que la sienne n'alla.

ACTE IV, SCÈNE VI.

Ce n'est pas aspirer à sa possession.
                CLÉOPATRE.
Que la mort la ravisse, ou qu'un rival l'emporte,
La douleur d'un amant est également forte ;
Et tel qui se console après l'instant fatal
Ne saurait voir son bien aux mains de son rival :
Piqué jusques au vif, il tâche à le reprendre,
Il fait de l'insensible, afin de mieux surprendre ;
D'autant plus animé, que ce qu'il a perdu
Par rang ou par mérite à sa flamme était dû [1].
                SÉLEUCUS.
Peut-être, mais enfin par quel amour de mère
Pressez-vous tellement ma douleur contre un frère?
Prenez-vous intérêt à la faire éclater?
                CLÉOPATRE.
J'en prends à la connaître, et la faire avorter ;
J'en prends à conserver malgré toi mon ouvrage
Des jaloux attentats de ta secrète rage.
                SÉLEUCUS.
Je le veux croire ainsi, mais quel autre intérêt
Nous fait tous deux aînés quand et comme il vous plaît?
Qui des deux vous doit croire, et par quelle justice
Faut-il que sur moi seul tombe tout le supplice,
Et que du même amour dont nous sommes blessés
Il soit récompensé, quand vous m'en punissez?
                CLÉOPATRE.
Comme reine, à mon choix je fais justice ou grâce,
Et je m'étonne fort d'où vous vient cette audace,
D'où vient qu'un fils, vers moi noirci de trahison,
Ose de mes faveurs me demander raison.
                SÉLEUCUS.
Vous pardonnerez donc ces chaleurs indiscrètes :
Je ne suis point jaloux du bien que vous lui faites,
Et je vois quel amour vous avez pour tous deux,
Plus que vous ne pensez, et plus que je ne veux :
Le respect me défend d'en dire davantage.
   Je n'ai ni faute d'yeux ni faute de courage,
Madame, mais enfin n'espérez voir en moi
Qu'amitié pour mon frère, et zèle pour mon roi.
Adieu.

---

[1] « Tout cela est mal exprimé et est d'un style familier et bas. *Une chose due par rang* n'est pas français. Le reste de la scène est plus naturel et mieux écrit ; mais Séleucus ne dit rien qui doive faire prendre à sa mère la résolution de l'assassiner ; un grand crime doit au moins être nécessaire. Pourquoi Séleucus ne prend-il pas des mesures contre sa mère, comme il l'avait proposé à Antiochus ? En ce cas, Cléopâtre aurait quelque raison qui semblerait colorer ses crimes. » (*Voltaire.*)

SCÈNE VII.

CLÉOPATRE.

De quel malheur suis-je encore capable¹!
Leur amour m'offensait, leur amitié m'accable,
Et contre mes fureurs je trouve en mes deux fils
Deux enfants révoltés et deux rivaux unis.
Quoi! sans émotion perdre trône et maîtresse!
Quel est ici ton charme, odieuse princesse?
Et par quel privilége, allumant de tels feux,
Peux-tu n'en prendre qu'un, et m'ôter tous les deux²?
N'espère pas pourtant triompher de ma haine :
Pour régner sur deux cœurs, tu n'es pas encore reine.
Je sais bien qu'en l'état où tous deux je les voi
Il me les faut percer pour aller jusqu'à toi³ :
Mais n'importe ; mes mains sur le père enhardies
Pour un bras refusé sauront prendre deux vies :
Leurs jours également sont pour moi dangereux :
J'ai commencé par lui, j'achèverai par eux.
Sors de mon cœur, nature, ou fais qu'ils m'obéissent :
Fais-les servir ma haine, ou consens qu'ils périssent.
Mais déjà l'un a vu que je les veux punir.
Souvent qui tarde trop se laisse prévenir.
Allons chercher le temps d'immoler mes victimes,
Et de me rendre heureuse à force de grands crimes.

---

1 « On est capable d'une résolution, d'une action vertueuse ou criminelle ; on n'est point capable d'un malheur. » (*Voltaire.*)

2 « Elle veut dire : *en n'en prenant qu'un;* car Rodogune ne pouvait pas prendre deux maris. Cette antithèse, *en prendre un et en ôter deux*, est recherchée. J'ai déjà remarqué que l'antithèse est trop familière à la poésie française : ce pourrait bien être la faute de la langue, qui n'a point le nombre et l'harmonie de la latine et de la grecque ; c'est encore plus notre faute : nous ne travaillons pas assez nos vers ; nous n'avons pas assez d'attention au choix des paroles ; nous ne luttons pas assez contre les difficultés. » (*Voltaire.*)

3 Pour aller jusqu'au cœur que vous voulez percer,
Voilà par quels chemins vos coups doivent passer. (Racine. *Iphig.*

FIN DU QUATRIÈME ACTE.

ACTE CINQUIÈME.

SCÈNE I.

CLÉOPATRE.

Enfin, grâces aux dieux, j'ai moins d'un ennemi [1].
La mort de Séleucus m'a vengée à demi;
Son ombre, en attendant Rodogune et son frère,
Peut déjà de ma part les promettre à son père [2].
Ils le suivront de près, et j'ai tout préparé
Pour réunir bientôt ce que j'ai séparé.
 O toi, qui n'attends plus que la cérémonie
Pour jeter à mes pieds ma rivale punie,
Et par qui deux amants vont d'un seul coup du sort
Recevoir l'hyménée, et le trône, et la mort,
Poison, me sauras-tu rendre mon diadème?
Le fer m'a bien servie, en feras-tu de même?
Me seras-tu fidèle? Et toi, que me veux-tu,
Ridicule retour d'une sotte vertu,
Tendresse dangereuse autant comme importune?
Je ne veux point pour fils l'époux de Rodogune,
Et ne vois plus en lui les restes de mon sang,
S'il m'arrache du trône et la met en mon rang.
 Reste du sang ingrat d'un époux infidèle,
Héritier d'une flamme envers moi criminelle,
Aime mon ennemie, et péris comme lui.

---

1 « Il n'est point de serpent ni de monstre odieux
 Qui, par l'art imité, ne puisse plaire aux yeux.

Il faut bien que cela soit ainsi, puisque le public écoute encore, non sans plaisir, ce monologue. Je ne puis trahir ma pensée jusqu'à déguiser la peine qu'il me fait : je trouve surtout cette exclamation, *grâces aux dieux*, aussi déplacée qu'horrible. *Grâces aux dieux, je viens d'égorger mon fils, de qui je n'avais nul sujet de me plaindre!* mais enfin je conçois que cette détestable fermeté de Cléopâtre peut attacher, et surtout qu'on est très-curieux de savoir comment Cléopâtre réussira ou succombera : c'est là ce qui fait, à mon avis, le grand mérite de cette pièce. » (*Voltaire.*)

2 « *De ma part* est une expression familière ; mais, ainsi placée, elle devient fière et tragique : c'est là le grand art de la diction. Il serait à souhaiter que Corneille l'eût employée souvent ; mais il serait à souhaiter aussi que la rage de Cléopâtre pût avoir quelque excuse au moins apparente. » (*Voltaire.*)

Pour la faire tomber j'abattrai son appui :
Aussi bien sous mes pas c'est creuser un abîme
Que retenir ma main sur la moitié du crime,
Et te faisant mon roi, c'est trop me négliger,
Que te laisser sur moi père et frère à venger.
Qui se venge à demi court lui-même à sa peine :
Il faut ou condamner ou couronner sa haine.
Dût le peuple en fureur pour ses maîtres nouveaux
De mon sang odieux arroser leurs tombeaux,
Dût le Parthe vengeur me trouver sans défense,
Dût le ciel égaler le supplice à l'offense,
Trône, à t'abandonner je ne puis consentir ;
Par un coup de tonnerre il vaut mieux en sortir ;
Il vaut mieux mériter le sort le plus étrange [1].
Tombe sur moi le ciel, pourvu que je me venge [2] !
J'en recevrai le coup d'un visage remis :
Il est doux de périr après ses ennemis,
Et de quelque rigueur que le destin me traite,
Je perds moins à mourir qu'à vivre leur sujette [3].
  Mais voici Laonice ; il faut dissimuler
Ce que le seul effet doit bientôt révéler.

SCÈNE II.

CLÉOPATRE, LAONICE.

CLÉOPATRE.
Viennent-ils, nos amants ?
LAONICE.
                    Ils approchent, madame [4] :

---

[1] « *Il vaut mieux mériter*, etc. Il est bien plus étrange qu'un vers si oiseux et si faible se trouve entre deux vers si beaux et si forts. Plaignons la stérilité de nos rimes dans le genre noble ; nous n'en avons qu'un très-petit nombre, et l'embarras de trouver une rime convenable fait souvent beaucoup de tort au génie ; mais aussi, quand cette difficulté est toujours surmontée, le génie brille alors dans toute sa perfection. » (*Voltaire.*)

[2] « On sait bien que le ciel ne peut tomber sur une personne ; mais cette idée, quoique très-fausse, était reçue du vulgaire ; elle exprime toute la fureur de Cléopâtre, elle fait frémir. » (*Voltaire.*)
— Cyrano de Bergerac a imité ce vers dans son *Agrippine* :

Périsse l'univers pourvu que je me venge.

[3] Ce couplet est tout entier de la plus grande beauté, et nulle part le pinceau de Corneille n'a été plus sûr et plus énergique.

[4] « Cette description que fait Laonice, toute simple qu'elle est, me paraît un grand coup de l'art ; elle intéresse pour les deux époux : c'est un beau contraste avec la rage de Cléopâtre. Ce moment excite la crainte et la pitié ; et voilà la vraie tragédie. » (*Voltaire.*)

On lit dessus leur front l'allégresse de l'âme;
L'amour s'y fait paraître avec la majesté,
Et suivant le vieil ordre en Syrie usité,
D'une grâce en tous deux tout auguste et royale,
Ils viennent prendre ici la coupe nuptiale,
Pour s'en aller au temple, au sortir du palais,
Par les mains du grand prêtre, être unis à jamais [1].
C'est là qu'il les attend pour bénir l'alliance.
Le peuple tout ravi par ses vœux le devance,
Et pour eux à grands cris demande aux immortels
Tout ce qu'on leur souhaite au pied de leurs autels,
Impatient pour eux que la cérémonie
Ne commence bientôt, ne soit bientôt finie.
Les Parthes à la foule aux Syriens mêlés [2],
Tous nos vieux différends de leur âme exilés [3],
Font leur suite assez grosse, et d'une voix commune
Bénissent à l'envi le prince et Rodogune.
Mais je les vois déjà : madame, c'est à vous
A commencer ici des spectacles si doux.

SCÈNE III.

CLÉOPATRE, ANTIOCHUS, RODOGUNE, ORONTE,
LAONICE, TROUPE DE PARTHES ET DE SYRIENS.

CLÉOPATRE.

Approchez, mes enfants; car l'amour maternelle,
Madame, dans mon cœur vous tient déjà pour telle,
Et je crois que ce nom ne vous déplaira pas.

RODOGUNE.

Je le chérirai même au delà du trépas.
Il m'est trop doux, madame, et tout l'heur que j'espère,
C'est de vous obéir et respecter en mère.

CLÉOPATRE.

Aimez-moi seulement; vous allez être rois,
Et s'il faut du respect, c'est moi qui vous le dois.

ANTIOCHUS.

Ah! si nous recevons la suprême puissance,

---

[1] « On sent assez la dureté de ces sons, *grand prêtre*, *être*; il est aisé de substituer le mot de *pontife*. » (*Voltaire.*)

[2] « Il faut *en foule*. » (*Voltaire.*) — Ou plutôt *dans la foule*. Ce morceau, pour le mouvement et les idées, a pu servir de modèle au récit de Cléone, dans *Andromaque* (act. V, sc. II).

[3] Ce vers, qui forme une proposition absolue, ne se détache pas suffisamment et jette sur la phrase quelque obscurité. Ce qui fait dire malignement à Voltaire « qu'il semble que ces différends soient de la suite. »

Ce n'est pas pour sortir de votre obéissance :
Vous régnerez ici quand nous y régnerons,
Et ce seront vos lois que nous y donnerons.
CLÉOPATRE.
J'ose le croire ainsi ; mais prenez votre place :
Il est temps d'avancer[1] ce qu'il faut que je fasse.
(*Ici Antiochus s'assied dans un fauteuil, Rodogune à sa gauche, en même rang, et Cléopâtre à sa droite, mais en rang inférieur, et qui marque quelque inégalité. Oronte s'assied aussi à la gauche de Rodogune, avec la même différence ; et Cléopâtre, cependant qu'ils prennent leurs places, parle à l'oreille de Laonice, qui s'en va querir une coupe de vin empoisonné. Après qu'elle est partie, Cléopâtre continue :*)
Peuple qui m'écoutez, Parthes et Syriens,
Sujets du roi son frère, ou qui fûtes les miens,
Voici de mes deux fils celui qu'un droit d'aînesse
Élève dans le trône, et donne à la princesse.
Je lui rends cet État que j'ai sauvé pour lui,
Je cesse de régner ; il commence aujourd'hui.
Qu'on ne me traite plus ici de souveraine :
Voici votre roi, peuple, et voilà votre reine.
Vivez pour les servir, respectez-les tous deux,
Aimez-les, et mourez, s'il est besoin, pour eux.
Oronte, vous voyez avec quelle franchise
Je leur rends ce pouvoir dont je me suis démise :
Prêtez les yeux au reste[2], et voyez les effets
Suivre de point en point les traités de la paix.
(*Laonice revient avec une coupe à la main.*)
ORONTE.
Votre sincérité s'y fait assez paraître,
Madame, et j'en ferai récit au roi mon maître.
CLÉOPATRE.
L'hymen est maintenant notre plus cher souci.
L'usage veut, mon fils, qu'on le commence ici :
Recevez de ma main la coupe nuptiale,
Pour être après unis sous la loi conjugale ;
Puisse-t-elle être un gage, envers votre moitié,
De votre amour ensemble et de mon amitié !
ANTIOCHUS, (*prenant la coupe.*)
Ciel ! que ne dois-je point aux bontés d'une mère !
CLÉOPATRE.
Le temps presse, et votre heur d'autant plus se diffère.
ANTIOCHUS, (*à Rodogune.*)
Madame, hâtons donc ces glorieux moments :
Voici l'heureux essai de nos contentements.

---

1 *Avancer* est-il ici pour *hâter* ou pour *expliquer* ?

2 « Pourquoi dit-on *prêter l'oreille*, et que *prêter les yeux* n'est pas français ? N'est-ce point qu'on peut s'empêcher à toute force d'entendre, en détournant ailleurs son attention, et qu'on ne peut s'empêcher de voir quand on a les yeux ouverts ? » (*Voltaire.*)

Mais si mon frère était le témoin de ma joie...
CLÉOPATRE.
C'est être trop cruel de vouloir qu'il la voie :
Ce sont des déplaisirs qu'il fait bien d'épargner [1],
Et sa douleur secrète a droit de l'éloigner.
ANTIOCHUS.
Il m'avait assuré qu'il la verrait sans peine.
Mais n'importe, achevons.

SCÈNE IV.

CLÉOPATRE, ANTIOCHUS, RODOGUNE, ORONTE
TIMAGÈNE, LAONICE, TROUPE.

TIMAGÈNE.
Ah ! seigneur !
CLÉOPATRE.
Timagène,
Quelle est votre insolence !
TIMAGÈNE.
Ah, madame !
ANTIOCHUS, (*rendant la coupe à Laonice.*)
Parlez.
TIMAGÈNE.
Souffrez pour un moment que mes sens rappelés...
ANTIOCHUS.
Qu'est-il donc arrivé ?
TIMAGÈNE.
Le prince votre frère...
ANTIOCHUS.
Quoi ! se voudrait-il rendre à mon bonheur contraire ?
TIMAGÈNE.
L'ayant cherché longtemps afin de divertir
L'ennui que de sa perte il pouvait ressentir,
Je l'ai trouvé, seigneur, au bout de cette allée
Où la clarté du ciel semble toujours voilée.
Sur un lit de gazon, de faiblesse étendu,
Il semblait déplorer ce qu'il avait perdu ;
Son âme à ce penser paraissait attachée ;
Sa tête sur un bras languissamment penchée,
Immobile et rêveur, en malheureux amant [2]...
ANTIOCHUS.
Enfin, que faisait-il ? Achevez promptement.

---

[1] Il semble qu'il faudrait *de s'épargner*.
[2] Voltaire ne pense pas qu'on puisse dire d'un prince assassiné qu'il est *rêveur en malheureux amant sur un lit de gazon?*

TIMAGÈNE.
D'une profonde plaie en l'estomac ouverte
Son sang à gros bouillons sur cette couche verte...
CLÉOPATRE.
Il est mort!
TIMAGÈNE.
Oui, madame.
CLÉOPATRE.
Ah! destins ennemis,
Qui m'enviez le bien que je m'étais promis,
Voilà le coup fatal que je craignais dans l'âme,
Voilà le désespoir où l'a réduit sa flamme.
Pour vivre en vous perdant il avait trop d'amour,
Madame, et de sa main il s'est privé du jour.
TIMAGÈNE, (à *Cléopâtre*.)
Madame, il a parlé; sa main est innocente.
CLÉOPATRE, (à *Timagène*.)
La tienne est donc coupable, et ta rage insolente,
Par une lâcheté qu'on ne peut égaler,
L'ayant assassiné, le fait encor parler!
ANTIOCHUS.
Timagène, souffrez la douleur d'une mère,
Et les premiers soupçons d'une aveugle colère.
Comme ce coup fatal n'a point d'autres témoins,
J'en ferais autant qu'elle, à vous connaître moins[1].
Mais que vous a-t-il dit? Achevez, je vous prie.
TIMAGÈNE.
Surpris d'un tel spectacle, à l'instant je m'écrie;
Et soudain à mes cris, ce prince en soupirant,
Avec assez de peine entr'ouvre un œil mourant;
Et ce reste égaré de lumière incertaine
Lui peignant son cher frère au lieu de Timagène,
Rempli de votre idée, il m'adresse pour vous
Ces mots où l'amitié règne sur le courroux :
« Une main qui nous fut bien chère
« Venge ainsi le refus d'un coup trop inhumain.
« Régnez, et surtout, mon cher frère,
« Gardez-vous de la même main.
« C'est... » La Parque à ce mot lui coupe la parole;
Sa lumière s'éteint, et son âme s'envole :
Et moi, tout effrayé d'un si tragique sort,
J'accours pour vous en faire un funeste rapport.
ANTIOCHUS.
Rapport vraiment funeste, et sort vraiment tragique,
Qui va changer en pleurs l'allégresse publique.
O frère, plus aimé que la clarté du jour[2]!
O rival, aussi cher que m'était mon amour!

[1] Voilà encore un de ces tours vifs et précis dont Voltaire fait si généreusement des solécismes *à vous connaître moins* équivaut, pour le sens, à *si je vous connaissais moins*.
[2] Vitâ frater amabilior. (Catullo.)

ACTE V, SCÈNE IV.

Je te perds, et je trouve en ma douleur extrême
Un malheur dans ta mort plus grand que ta mort même.
O de ses derniers mots fatale obscurité !
En quel gouffre d'horreur m'as-tu précipité ?
Quand j'y pense chercher la main qui l'assassine,
Je m'impute à forfait tout ce que j'imagine ;
Mais, aux marques enfin que tu m'en viens donner,
Fatale obscurité ! qui dois-je en soupçonner ?
« Une main qui nous fut bien chère ! »
Madame, est-ce la vôtre, ou celle de ma mère[1] ?
Vous vouliez toutes deux un coup trop inhumain ;
Nous vous avons tous deux refusé notre main :
Qui de vous s'est vengée ? est-ce l'une, est-ce l'autre,
Qui fait agir la sienne au refus de la nôtre ?
Est-ce vous qu'en coupable il me faut regarder ?
Est-ce vous désormais dont je me dois garder[2] ?

CLÉOPATRE.

Quoi ! vous me soupçonnez ?

---

[1] « Il n'y a point de situation plus forte, il n'y en a point où l'on ait porté plus loin la terreur et cette incertitude effrayante qui serre l'âme dans l'attente d'un événement qui ne peut être que tragique. Ces mots terribles :

« Une main qui nous fut bien chère ! »
Madame, est-ce la vôtre, ou celle de ma mère ?

ces mots font frémir ; et ce qui mérite encore plus d'éloges, c'est que la situation est aussi bien dénouée qu'elle est fortement conçue. Cléopâtre, avalant elle-même le poison préparé pour son fils et pour Rodogune, se flattant encore de vivre assez pour les voir périr avec elle, forme un dénoûment admirable. Il faut bien qu'il le soit, puisqu'il a fait pardonner les étranges invraisemblances sur lesquelles il est fondé, et qui ne peuvent pas avoir d'autre excuse. Ceux qui ont cru, bien mal à propos, que la gloire de Corneille était intéressée à ce qu'on justifiât ses fautes, ont fait de vains efforts pour pallier celles du plan de *Rodogune*. Pour en venir à bout, il faudrait pouvoir dire : Il est dans l'ordre des choses vraisemblables que, d'un côté, une mère propose à ses deux fils, à deux princes reconnus sensibles et vertueux, d'assassiner leur maîtresse, et que, d'un autre côté, dans le même jour, cette même maîtresse, qui n'est point représentée comme une femme atroce, propose à deux jeunes princes dont elle connaît la vertu, d'assassiner leur mère. Comme il est impossible d'accorder cette assertion avec le bon sens, il vaut beaucoup mieux abandonner une apologie insoutenable, et laisser à Corneille le soin de se défendre lui-même. Il s'y prend mieux que ses défenseurs : il a fait le cinquième acte. Souvenons-nous donc une bonne fois et pour toujours, que sa gloire n'est pas de n'avoir point commis de fautes, mais d'avoir su les racheter : elle doit suffire à ce créateur de la scène française. » (*La Harpe*)

[2] « Cette situation est sans doute des plus théâtrales ; elle ne permet pas aux spectateurs de respirer. Le succès prodigieux de cette scène est une grande réponse à tous ces critiques qui disent à un auteur *ceci n'est pas assez fondé, cela n'est pas assez préparé*. L'auteur répond : *J'ai touché, j'ai enlevé le public*. L'auteur a raison tant que le public applaudit. » (*Voltaire*.)

RODOGUNE.
Quoi ! je vous suis suspecte?
ANTIOCHUS.
Je suis amant et fils, je vous aime et respecte;
Mais, quoi que sur mon cœur puissent des noms si doux,
A ces marques enfin, je ne connais que vous.
As-tu bien entendu? dis-tu vrai, Timagène?
TIMAGÈNE.
Avant qu'en soupçonner la princesse ou la reine,
Je mourrais mille fois; mais enfin mon récit
Contient, sans rien de plus, ce que le prince a dit.
ANTIOCHUS.
D'un et d'autre côté l'action est si noire
Que n'en pouvant douter, je n'ose encor la croire.
O quiconque des deux avez versé son sang,
Ne vous préparez plus à me percer le flanc.
Nous avons mal servi vos haines mutuelles,
Aux jours l'une de l'autre également cruelles;
Mais si j'ai refusé ce détestable emploi,
Je veux bien vous servir toutes deux contre moi :
Qui que vous soyez donc, recevez une vie
Que déjà vos fureurs m'ont à demi ravie [1].
RODOGUNE.
Ah ! seigneur, arrêtez !
TIMAGÈNE.
Seigneur, que faites-vous?
ANTIOCHUS.
Je sers ou l'une ou l'autre, et je préviens ses coups.
CLÉOPATRE.
Vivez, régnez heureux.
ANTIOCHUS.
Otez-moi donc de doute,
Et montrez-moi la main qu'il faut que je redoute.
Qui pour m'assassiner ose me secourir,
Et me sauve de moi pour me faire périr.
Puis-je vivre et traîner cette gêne éternelle [2],
Confondre l'innocente avec la criminelle,
Vivre, et ne pouvoir plus vous voir sans m'alarmer,
Vous craindre toutes deux, toutes deux vous aimer?
Vivre avec ce tourment, c'est mourir à toute heure.
Tirez-moi de ce trouble, où souffrez que je meure,
Et que mon déplaisir, par un coup généreux,
Épargne un parricide à l'une de vous deux.
CLÉOPATRE.
Puisque, le même jour que ma main vous couronne,

---

[1] Vitæ dimidium meæ. (Horace.)

[2] « On ne traîne point une gêne ; mais le discours d'Antiochus est si beau, que cette légère faute n'est pas sensible. » (*Voltaire.*) — Cette légère faute est une beauté qui rappelle ce trait de Virgile: *Luctumque trahentes.*

ACTE V, SCÈNE IV.

Je perds un de mes fils, et l'autre me soupçonne,
Qu'au milieu de mes pleurs, qu'il devrait essuyer,
Son peu d'amour me force à me justifier,
Si vous n'en pouvez mieux consoler une mère
Qu'en la traitant d'égal[1] avec une étrangère,
Je vous dirai, seigneur (car ce n'est plus à moi
A nommer autrement et mon juge et mon roi),
Que vous voyez l'effet de cette vieille haine
Qu'en dépit de la paix me garde l'inhumaine,
Qu'en son cœur du passé soutient le souvenir,
Et que j'avais raison de vouloir prévenir.
Elle a soif de mon sang, elle a voulu l'épandre :
J'ai prévu d'assez loin ce que j'en viens d'apprendre ;
Mais je vous ai laissé désarmer mon courroux.
    (à Rodogune.)
Sur la foi de ses pleurs je n'ai rien craint de vous,
Madame, mais, ô dieux ! quelle rage est la vôtre !
Quand je vous donne un fils, vous assassinez l'autre,
Et m'enviez soudain l'unique et faible appui
Qu'une mère opprimée eût pu trouver en lui !
Quand vous m'accablerez, où sera mon refuge ?
Si je m'en plains au roi, vous possédez mon juge,
Et s'il m'ose écouter, peut-être, hélas ! en vain
Il voudra se garder de cette même main.
Enfin je suis leur mère, et vous leur ennemie ;
J'ai recherché leur gloire, et vous leur infamie,
Et si je n'eusse aimé ces fils que vous m'ôtez,
Votre abord en ces lieux les eût déshérités.
C'est à lui maintenant, en cette concurrence,
A régler ses soupçons sur cette différence,
A voir de qui des deux il doit se défier,
Si vous n'avez un charme à vous justifier.
        RODOGUNE, (à Cléopâtre.)
Je me défendrai mal : l'innocence étonnée
Ne peut s'imaginer qu'elle soit soupçonnée,
Et n'ayant rien prévu d'un attentat si grand,
Qui l'en veut accuser sans peine la surprend[2].
Je ne m'étonne point de voir que votre haine
Pour me faire coupable a quitté Timagène.
Au moindre jour ouvert de tout jeter sur moi,

---

1 *Traiter d'égal* était alors une phrase faite pour les deux genres. On écrirait aujourd'hui *traiter d'égale*.
2 « On n'a rien à dire sur ces deux plaidoyers de Cléopâtre et de Rodogune. Ces deux princesses parlent toutes deux comme elles doivent parler. La réponse de Rodogune est beaucoup plus forte que les discours de Cléopâtre, et elle doit l'être ; il n'y a rien à y répliquer, elle porte la conviction ; et Antiochus devrait en être tellement frappé, qu'il ne devait peut-être pas dire : *Non, je n'écoute rien* ; car, comment ne pas écouter de si bonnes raisons ? Mais j'ose dire que le parti que prend Antiochus est infiniment plus théâtral que s'il était simplement raisonnable. » (*Voltaire.*)

Son récit s'est trouvé digne de votre foi.
Vous l'accusiez pourtant, quand votre âme alarmée
Craignait qu'en expirant ce fils vous eût nommée :
Mais de ses derniers mots voyant le sens douteux
Vous avez pris soudain le crime entre nous deux.
Certes, si vous voulez passer pour véritable
Que l'une de nous deux de sa mort soit coupable,
Je veux bien par respect ne vous imputer rien ;
Mais votre bras au crime est plus fait que le mien,
Et qui sur un époux fit son apprentissage
A bien pu sur un fils achever son ouvrage.
Je ne dénierai point, puisque vous le savez,
De justes sentiments dans mon âme élevés :
Vous demandiez mon sang, j'ai demandé le vôtre :
Le roi sait quels motifs ont poussé l'une et l'autre ;
Comme par sa prudence il a tout adouci,
Il vous connaît peut-être, et me connaît aussi.
    (à *Antiochus*.)
Seigneur, c'est un moyen de vous être bien chère
Que pour don nuptial vous immoler un frère :
On fait plus, on m'impute un coup si plein d'horreur,
Pour me faire un passage à vous percer le cœur.
    (à *Cléopâtre*.)
Où fuirais-je de vous après tant de furie,
Madame ? et que ferait toute votre Syrie,
Où, seule et sans appui contre mes attentats,
Je verrais...? Mais, seigneur, vous ne m'écoutez pas !

ANTIOCHUS.

Non, je n'écoute rien, et dans la mort d'un frère
Je ne veux point juger entre vous et ma mère :
Assassinez un fils, massacrez un époux,
Je ne veux me garder ni d'elle ni de vous.
  Suivons aveuglément ma triste destinée ;
Pour m'exposer à tout, achevons l'hyménée.
Cher frère, c'est pour moi le chemin du trépas ;
La main qui t'a percé ne m'épargnera pas ;
Je cherche à te rejoindre, et non à m'en défendre,
Et lui veux bien donner tout lieu de me surprendre.
Heureux si sa fureur qui me prive de toi
Se fait bientôt connaître en achevant sur moi [1],
Et si du ciel, trop lent à la réduire en poudre,
Son crime redoublé peut arracher la foudre !
Donnez-moi...

    RODOGUNE, (*l'empêchant de prendre la coupe.*)
      Quoi ! seigneur !

---

[1] « *En achevant sur moi* dépare un peu ce morceau, qui est très-beau ; *achevant* demande absolument un régime. *Tout lieu de me surprendre* est trop faible ; *réduire en poudre*, trop commun. » (Voltaire.)

ACTE V, SCÈNE IV.

ANTIOCHUS.
Vous m'arrêtez en vain :
Donnez.
RODOGUNE.
Ah! gardez-vous de l'une et l'autre main!
Cette coupe est suspecte, elle vient de la reine;
Craignez de toutes deux quelque secrète haine.
CLÉOPATRE.
Qui m'épargnait tantôt ose enfin m'accuser!
RODOGUNE.
De toutes deux, madame, il doit tout refuser.
Je n'accuse personne, et vous tiens innocente;
Mais il en faut sur l'heure une preuve évidente :
Je veux bien à mon tour subir les mêmes lois.
On ne peut craindre trop pour le salut des rois.
Donnez donc cette preuve; et, pour toute réplique,
Faites faire un essai par quelque domestique [1].
CLÉOPATRE, (*prenant la coupe.*)
Je le ferai moi-même. Eh bien! redoutez-vous
Quelque sinistre effet encor de mon courroux?
J'ai souffert cet outrage avecque patience.
ANTIOCHUS, (*prenant la coupe des mains de Cléopâtre, après qu'elle a bu.*)
Pardonnez-lui, madame, un peu de défiance :
Comme vous l'accusez, elle fait son effort
A rejeter sur vous l'horreur de cette mort;
Et, soit amour pour moi, soit adresse pour elle [2],
Ce soin la fait paraître un peu moins criminelle.
Pour moi, qui ne vois rien, dans le trouble où je suis,
Qu'un gouffre de malheurs, qu'un abîme d'ennuis,
Attendant qu'en plein jour ces vérités paraissent,
J'en laisse la vengeance aux dieux qui les connaissent,
Et vais sans plus tarder...
RODOGUNE.
Seigneur, voyez ses yeux
Déjà tout égarés, troubles et furieux,
Cette affreuse sueur qui court sur son visage,
Cette gorge qui s'enfle. Ah! bons dieux! quelle rage!
Pour vous perdre après elle, elle a voulu périr.
ANTIOCHUS, (*rendant la coupe à Laonice ou à quelque autre.*)
N'importe, elle est ma mère, il faut la secourir.

[1] « Apparemment que les princesses syriennes faisaient peu de cas de leurs domestiques; mais c'est une réflexion que personne ne peut faire, dans l'agitation où l'on est et dans l'attente du dénoûment. L'action qui termine cette scène fait frémir, c'est le tragique porté au comble : on est seulement étonné que, dans les compliments d'Antiochus et de l'ambassadeur, qui terminent la pièce, Antiochus ne dise pas un mot de son frère, qu'il aimait si tendrement. » (*Voltaire.*) Que dire après ce vers parti du cœur :
O frère plus aimé que la clarté du jour !

[2] « Il fallait peut-être dire : *soit intérêt pour elle.* » (*Voltaire.*)

CLÉOPATRE.

Va, tu me veux en vain rappeler à la vie :
Ma haine est trop fidèle, et m'a trop bien servie :
Elle a paru trop tôt pour te perdre avec moi;
C'est le seul déplaisir qu'en mourant je reçoi :
Mais j'ai cette douceur dedans cette disgrâce
De ne voir point régner ma rivale en ma place[1].
   Règne; de crime en crime enfin te voilà roi.
Je t'ai défait d'un père, et d'un frère, et de moi :
Puisse le ciel tous deux vous prendre pour victimes,
Et laisser choir sur vous les peines de mes crimes!
Puissiez-vous ne trouver dedans votre union
Qu'horreur, que jalousie, et que confusion!
Et, pour vous souhaiter tous les malheurs ensemble,
Puisse naître de vous un fils qui me ressemble[2]!

ANTIOCHUS.

Ah! vivez pour changer cette haine en amour.

CLÉOPATRE.

Je maudirais les dieux s'ils me rendaient le jour.
Qu'on m'emporte d'ici : je me meurs, Laonice,
Si tu veux m'obliger par un dernier service,
Après les vains efforts de mes inimitiés,
Sauve-moi de l'affront de tomber à leurs pieds.
   (*Elle s'en va, et Laonice lui aide à marcher.*)

ORONTE.

Dans les justes rigueurs d'un sort si déplorable,
Seigneur, le juste ciel vous est bien favorable :
Il vous a préservé, sur le point de périr,
Du danger le plus grand que vous puissiez courir,
Et par un digne effet de ses faveurs puissantes,
La coupable est punie, et vos mains innocentes.

ANTIOCHUS.

Oronte, je ne sais, dans son funeste sort,

---

1 « Après ces vers, Corneille en avait ajouté huit autres qui ne se trouvent aujourd'hui dans aucune édition connue; les voici :

   Je n'aimais que le trône, et de son droit douteux
   J'espérais faire un don fatal à tous les deux,
   Détruire l'un par l'autre, et régner en Syrie
   Plutôt par vos fureurs que par ma barbarie.
   Séleucus, avec toi trop fortement uni,
   Ne m'a point écoutée et je l'en ai puni.
   J'ai cru par le poison en faire autant du reste;
   Mais sa force trop prompte à moi seule est funeste.
   Règne; de crime, etc.

Corneille supprima ces vers avec grande raison : une femme empoisonnée et mourante n'a pas le temps d'entrer dans ces détails, et une femme aussi forcenée que Cléopâtre ne rend point compte ainsi à ses ennemis. » (*Voltaire.*)

2 Les imprécations d'Athalie paraissent un écho de celles-ci : le modèle et l'imitation sont également admirables.

Qui m'afflige le plus, ou sa vie, ou sa mort;
L'une et l'autre a pour moi des malheurs sans exemple :
Plaignez mon infortune. Et vous, allez au temple
Y changer l'allégresse en un deuil sans pareil,
La pompe nuptiale en funèbre appareil,
Et nous verrons après, par d'autres sacrifices,
Si les dieux voudront être à nos vœux plus propices.

FIN.

EXAMEN DE RODOGUNE.

Le sujet de cette tragédie est tiré d'Appian Alexandrin, dont voici les paroles, sur la fin du livre qu'il a fait *des Guerres de Syrie :* « Démétrius, surnommé Nicanor, entreprit la guerre contre les Parthes, et vécut quelque temps prisonnier dans la cour de leur roi Phraates, dont il épousa la sœur, nommée Rodogune. Cependant Diodotus, domestique des rois précédents, s'empara du trône de Syrie, et y fit asseoir un Alexandre, encore enfant, fils d'Alexandre le Bâtard et d'une fille de Ptolomée. Ayant gouverné quelque temps comme tuteur sous le nom de ce pupille, il s'en défit, et prit lui-même la couronne sous un nouveau nom de Tryphon qu'il se donna. Antiochus, frère du roi prisonnier, ayant appris sa captivité à Rhodes, et les troubles qui l'avaient suivie, revint dans la Syrie, où, ayant défait Tryphon, il le fit mourir. De là, il porta ses armes contre Phraates, et, vaincu dans une bataille, il se tua lui-même. Démétrius, retournant en son royaume, fut tué par sa femme Cléopâtre, qui lui dressa des embûches sur le chemin, en haine de cette Rodogune qu'il avait épousée, dont elle avait conçu une telle indignation, qu'elle avait épousé ce même Antiochus, frère de son mari. Elle avait deux fils de Démétrius, dont elle tua Séleucus l'aîné, d'un coup de flèche, sitôt qu'il eut pris le diadème après la mort de son père, soit qu'elle craignît qu'il ne la voulût venger sur elle, soit que la même fureur l'emportât à ce nouveau parricide. Antiochus son frère lui succéda, et contraignit cette mère dénaturée de prendre le poison qu'elle lui avait préparé. »

Justin, en son trente-sixième, trente-huitième et trente-neuvième livre, raconte cette histoire plus au long, avec quelques autres circonstances. Le premier *des Machabées*, et Josèphe, au treizième *des Antiquités judaïques*, en disent aussi quelque chose qui ne s'accorde pas tout à fait avec Appian. C'est à lui que je me suis attaché pour la narration que j'ai mise au premier acte, et pour l'effet du cinquième, que j'ai adouci du côté d'Antiochus. J'en ai dit la raison ailleurs[1]. Le reste sont des épisodes d'invention, qui ne sont pas incompatibles avec l'histoire, puisqu'elle ne dit point ce que devint Rodogune après la mort de Démétrius, qui vraisemblablement l'amenait en Syrie prendre possession de sa couronne. J'ai fait porter à la pièce le nom de cette princesse plutôt que celui de Cléopâtre, que je n'ai même osé nommer dans mes vers, de peur qu'on ne confondît cette reine de Syrie avec cette fameuse princesse d'Égypte qui portait le même nom, et que l'idée de celle-ci, beaucoup plus connue que l'autre, ne semât une dangereuse préoccupation parmi les auditeurs.

On m'a souvent fait une question à la cour : quel était celui de mes poëmes que j'estimais le plus ; et j'ai trouvé tous ceux qui me l'ont faite si prévenus en faveur de *Cinna* ou du *Cid*, que je n'ai jamais osé déclarer toute la tendresse que j'ai toujours eue pour celui-ci, à qui j'aurais volontiers donné mon suffrage, si je n'avais craint de manquer, en quelque sorte, au respect que je devais à ceux que je voyais pencher d'un autre côté. Cette préférence est peut-être en moi un effet de ces inclinations aveugles qu'ont beaucoup de pères pour quelques-uns de leur enfants plus que pour les autres ; peut-être y entre-t-il un peu d'amour-propre, en ce que cette tragédie me semble être un peu plus à moi que celles qui l'ont précédée, à cause

[1] Dans le *second discours sur la tragédie*, voici le passage : « Si j'eusse fait voir cette action sans y rien changer, c'eût été punir un parricide par un autre parricide ; on eût pris aversion pour Antiochus, et il a été bien plus doux de faire qu'elle-même, voyant que sa haine et sa noire perfidie allaient être découvertes, s'empoisonne dans son désespoir, à dessein d'envelopper ces deux amants dans sa perte, en leur ôtant tout sujet de défiance. »

des incidents surprenants qui sont purement de mon invention, et n'avaient jamais été vus au théâtre; et peut-être enfin y a-t-il un peu de vrai mérite qui fait que cette inclination n'est pas tout à fait injuste. Je veux bien laisser chacun en liberté de ses sentiments; mais certainement on peut dire que mes autres pièces ont peu d'avantages qui ne se rencontrent en celle-ci: elle a tout ensemble la beauté du sujet, la nouveauté des fictions, la force des vers, la facilité de l'expression, la solidité du raisonnement, la chaleur des passions, les tedrnesses de l'amour et de l'amitié; et cet heureux assemblage est ménagé de sorte qu'elle s'élève d'acte en acte. Le second passe le premier, le troisième est au-dessus du second, et le dernier l'emporte sur tous les autres. L'action y est une, grande, complète; sa durée ne va point, ou fort peu, au delà de celle de la représentation. Le jour en est le plus illustre qu'on puisse imaginer, et l'unité de lieu s'y rencontre en la manière que je l'explique dans le troisième de mes discours, et avec l'indulgence que j'ai demandée pour le théâtre.

Ce n'est pas que je me flatte assez pour présumer qu'elle soit sans taches. On a fait tant d'objections contre la narration de Laonice au premier acte, qu'il est malaisé de ne donner pas les mains à quelques-unes. Je ne la tiens pas toutefois si inutile qu'on l'a dit. Il est hors de doute que Cléopâtre, dans le second, ferait connaître beaucoup de choses par sa confidence avec cette Laonice, et par le récit qu'elle en a fait à ses deux fils, pour leur remettre devant les yeux combien ils lui ont d'obligation; mais ces deux scènes demeureraient assez obscures, si cette narration ne les avait précédées; et du moins les justes défiances de Rodogune à la fin du premier acte, et la peinture que Cléopâtre fait d'elle-même dans son monologue qui ouvre le second, n'auraient pu se faire entendre sans ce secours.

J'avoue qu'elle est sans artifice, et qu'on la fait de sang-froid à un personnage protatique, qui se pourrait toutefois justifier par les deux exemples de Térence que j'ai cités sur ce sujet au premier discours[1]. Timagène, qui l'écoute, n'est introduit que pour l'écouter, bien que je l'emploie au cinquième à faire celle de la mort de Séleucus, qui se pouvait faire par un autre. Il l'écoute sans y avoir aucun intérêt notable, et par simple curiosité d'apprendre ce qu'il pouvait avoir su déjà en la cour d'Égypte, où il était en assez bonne posture, étant gouverneur des neveux du roi, pour entendre des nouvelles assurées de tout ce qui se passait dans la Syrie, qui en est voisine. D'ailleurs, ce qui ne peut recevoir d'excuse, c'est que, comme il y avait déjà quelque temps qu'il était de retour avec les princes, il n'y a pas d'apparence qu'il aye[2] attendu ce grand jour de cérémonie pour s'informer de sa sœur comment se sont passés tous ces troubles, qu'il dit ne savoir que confusément. Pollux, dans *Médée*, n'est qu'un personnage protatique qui écoute sans intérêt comme lui; mais sa surprise de voir Jason à Corinthe, où il vient d'arriver, et son séjour en Asie, que la mer en sépare, lui donnent juste sujet d'ignorer ce qu'il en apprend. La narration ne laisse pas de demeurer froide comme celle-ci, parce qu'il ne s'est encore rien passé dans la pièce qui excite la curiosité de l'auditeur, ni qui lui puisse donner quelque émotion en l'écoutant; mais si vous voulez réfléchir sur celle de Curiace dans l'*Horace,* vous trouverez qu'elle fait tout un autre effet. Camille, qui l'écoute, a intérêt, comme lui, à savoir comment s'est faite une paix dont dépend leur mariage; et l'auditeur, que Sabine et elle n'ont entretenu que de leurs malheurs et des appréhensions d'une bataille qui se va donner entre deux partis, où elles voient leurs frères dans l'un et leur amour dans l'autre, n'a pas moins d'avidité qu'elle d'apprendre comment une paix si surprenante s'est pu conclure.

Ces défauts dans cette narration confirment ce que

---

[1] « Tels sont Sosie dans son *Andrienne*, et Davus dans son *Phormion* qu'on ne revoit plus après sa narration, et qui ne servent qu'à l'écouter. » Le mot de *protatique* qui fait sourire Voltaire, vient de *protase* qui signifie *exposition*.

[2] L'usage d'écrire *ait* et non *aye* a prévalu.

j'ai dit ailleurs, que, lorsque la tragédie a son fondement sur des guerres entre deux États, ou sur d'autres affaires publiques, il est très-malaisé d'introduire un acteur qui les ignore, et qui puisse recevoir le récit qui en doit instruire les spectateurs en parlant à lui.

J'ai déguisé quelque chose de la vérité historique en celui-ci : Cléopâtre n'épousa Antiochus qu'en haine de ce que son mari avait épousé Rodogune chez les Parthes ; et je fais qu'elle ne l'épouse que par la nécessité de ses affaires, sur un faux bruit de la mort de Démétrius, tant pour ne la faire pas méchante sans nécessité, comme Ménélas dans l'*Oreste* d'Euripide, que pour avoir lieu de feindre que Démétrius n'avait pas encore épousé Rodogune, et venait l'épouser dans son royaume pour la mieux établir en la place de l'autre, par le consentement de ses peuples, et assurer la couronne aux enfants qui naîtraient de ce mariage. Cette fiction m'était absolument nécessaire, afin qu'il fût tué avant que de l'avoir épousée, et que l'amour que ses deux fils ont pour elle ne fît point d'horreur aux spectateurs, qui n'auraient pas manqué d'en prendre une assez forte, s'ils les eussent vus amoureux de la veuve de leur père, tant cette affection incestueuse répugne à nos mœurs !

Cléopâtre a lieu d'attendre ce jour-là à faire confidence à Laonice de ses desseins et des véritables raisons de tout ce qu'elle a fait. Elle eût pu trahir son secret aux princes ou à Rodogune, si elle l'eût su plus tôt ; et cette ambitieuse mère ne lui en fait part qu'au moment qu'elle veut bien qu'il éclate, par la cruelle proposition qu'elle va faire à ses fils. On a trouvé celle que Rodogune leur fait à son tour indigne d'une personne vertueuse, comme je la peins ; mais on n'a pas considéré qu'elle ne la fait pas, comme Cléopâtre, avec espoir de la voir exécuter par les princes, mais seulement pour s'exempter d'en choisir aucun, et les attacher tous deux à sa protection par une espérance égale. Elle était avertie par Laonice de celle que la reine leur avait faite, et devait prévoir que, si elle se fût déclarée pour Antiochus qu'elle aimait, son ennemie, qui avait seule le secret de leur naissance, n'eût pas manqué de nommer Séleucus pour aîné, afin de les commettre l'un contre l'autre, et d'exciter une guerre civile qui eût pu causer sa perte. Ainsi elle devait s'exempter de choisir, pour les contenir tous deux dans l'égalité de prétention, et elle n'en avait point de meilleur moyen que de rappeler le souvenir de ce qu'elle devait à la mémoire de leur père, qui avait perdu la vie pour elle, et leur faire cette proposition qu'elle savait bien qu'ils n'accepteraient pas. Si le traité de paix l'avait forcée à se départir de ce juste sentiment de reconnaissance, la liberté qu'ils lui rendaient la rejetait dans cette obligation. Il était de son devoir de venger cette mort; mais il était de celui des princes de ne se pas charger de cette vengeance. Elle avoue elle-même à Antiochus qu'elle les haïrait, s'ils lui avaient obéi; que, comme elle a fait ce qu'elle a dû par cette demande, ils font ce qu'ils doivent par leur refus; qu'elle aime trop la vertu pour vouloir être le prix d'un crime; et que la justice qu'elle demande de la mort de leur père serait un parricide, si elle la recevait de leurs mains.

Je dirai plus : quand cette proposition serait tout à fait condamnable en sa bouche, elle mériterait quelque grâce, et pour l'éclat que la nouveauté de l'invention a fait au théâtre, et pour l'embarras surprenant où elle jette les princes, et pour l'effet qu'elle produit dans le reste de la pièce, qu'elle conduit à l'action historique. Elle est cause que Séleucus, par dépit, renonce au trône et à la possession de cette princesse; que la reine, le voulant animer contre son frère, n'en peut rien obtenir, et qu'enfin elle se résout par désespoir de les perdre tous deux, plutôt que de se voir sujette de son ennemie.

Elle commence par Séleucus, tant pour suivre l'ordre de l'histoire, que parce que, s'il fût demeuré en vie après Antiochus et Rodogune, qu'elle voulait empoisonner publiquement, il les aurait pu venger. Elle ne craint pas la même chose d'Antiochus pour son frère, d'autant qu'elle n'espère que le poison violent qu'elle lui a préparé fera un effet assez prompt pour le faire mourir avant qu'il ait pu rien savoir de cette autre mort, ou du moins avant qu'il l'en puisse convaincre, puisqu'elle a si bien pris son temps pour l'assassiner, que ce parricide n'a point eu de témoins. J'ai parlé ailleurs de l'adoucissement que j'ai apporté pour empêcher qu'Antiochus n'en commît un en la forçant de prendre le poison qu'elle lui présente, et du peu d'apparence qu'il y avait qu'un moment après qu'elle a expiré presque à sa vue, il parlât d'amour et de mariage à Rodogune. Dans l'état où ils rentrent derrière le théâtre, ils peuvent le résoudre quand ils le jugeront à propos. L'action est complète, puisqu'ils sont hors de péril; et la mort de Séleucus m'a exempté de développer le secret du droit d'aînesse entre les deux frères, qui d'ailleurs n'eût jamais été croyable, ne pouvant être éclairci que par une bouche en qui l'on n'a pas vu assez de sincérité pour prendre aucune assurance sur son témoignage.

FIN DE RODOGUNE.

NICOMÈDE

TRAGÉDIE

1652

NICOMÈDE.

AU LECTEUR.

Voici une pièce d'une constitution assez extraordinaire : aussi est-ce la vingt et unième que j'ai fait voir sur le théâtre; et, après avoir fait réciter quarante mille vers, il est bien malaisé de trouver quelque chose de nouveau, sans s'écarter un peu du grand chemin, et se mettre au hasard de s'égarer. La tendresse et les passions, qui doivent être l'âme des tragédies, n'ont aucune part en celle-ci ; la grandeur de courage y règne seule, et regarde son malheur d'un œil si dédaigneux qu'il n'en saurait arracher une plainte. Elle y est combattue par la politique, et n'oppose à ses artifices qu'une prudence généreuse, qui marche à visage découvert, qui prévoit le péril sans s'émouvoir, et ne veut point d'autre appui que celui de sa vertu, et de l'amour qu'elle imprime dans les cœurs de tous les peuples. L'histoire qui m'a prêté de quoi la faire paraître en ce haut degré est tirée de Justin : et voici comme il la raconte à la fin de son trente-quatrième livre :

« En même temps Prusias, roi de Bithynie, prit dessein de faire assassiner son fils Nicomède, pour avancer ses autres fils qu'il avait eus d'une autre femme, et qu'il faisait élever à Rome : mais ce dessein fut découvert à ce jeune prince par ceux mêmes qui l'avaient entrepris : ils firent plus, ils l'exhortèrent à rendre la pareille à un père si cruel, et faire retomber sur sa tête les embûches qu'il lui avait préparées, et n'eurent pas grande peine à le persuader. Sitôt donc qu'il fut entré dans le royaume de son père, qui l'avait appelé auprès de lui, il fut proclamé roi ; et Prusias, chassé du trône, et délaissé même de ses domestiques, quelque soin qu'il prît à se cacher, fut enfin tué par ce fils, et perdit la vie par un crime aussi grand que celui qu'il avait commis en donnant les ordres de l'assassiner. »

J'ai ôté de ma scène l'horreur d'une catastrophe si barbare, et n'ai donné ni au père ni au fils aucun dessein de parricide. J'ai fait ce dernier amoureux de Laodice, afin que l'union d'une couronne voisine donnât plus d'ombrage aux Romains, et leur fît prendre plus de soin d'y mettre un obstacle de leur part. J'ai approché de cette histoire celle de la mort d'Annibal qui arriva un peu auparavant chez ce même roi, et dont le nom n'est pas un petit ornement à mon ouvrage; j'en ai fait Nicomède disciple, pour lui prêter plus de valeur et plus de fierté contre les Romains; et, prenant l'occasion de l'ambassade où Flaminius fut envoyé par eux vers ce roi leur allié pour demander qu'on remît entre leurs mains ce vieil ennemi de leur grandeur, je l'ai chargé d'une commission secrète de traverser ce mariage, qui leur devait donner de la jalousie. J'ai fait que, pour gagner l'esprit de la reine, qui, suivant l'ordinaire des secondes femmes, avait tout pouvoir sur celui de son vieux mari, il lui ramène un de ses fils, que mon auteur m'apprend avoir été nourri à Rome. Cela fait deux effets; car, d'un côté, il obtient la perte d'Annibal par le moyen de cette mère ambitieuse, et, de l'autre, il oppose à Nicomède un rival appuyé de toute la faveur des Romains, jaloux de sa gloire et de sa grandeur naissante.

Les assassins qui découvrirent à ce prince les sanglants desseins de son père m'ont donné jour à d'autres artifices pour le faire tomber dans les embûches que sa belle-mère lui avait préparées; et pour la fin, je l'ai réduite en sorte que tous mes **personnages** y agissent avec générosité, et que les uns rendant ce qu'ils doivent à la vertu, et les autres demeurant dans la fermeté de leur devoir, laissent un exemple assez illustre, et une conclusion assez agréable.

La représentation n'en a point déplu; et comme ce ne sont pas les moindres vers qui soient partis de ma main, j'ai sujet d'espérer que la lecture n'ôtera rien à cet ouvrage de la réputation qu'il s'est acquise

AU LECTEUR.

jusqu'ici, et ne le fera point juger indigne de suivre ceux qui l'ont précédé. Mon principal but a été de peindre la politique des Romains au dehors, et comme ils agissaient impérieusement avec les rois leurs alliés; leurs maximes pour les empêcher de s'accroître, et les soins qu'ils prenaient de traverser leur grandeur, quand elle commençait à leur devenir suspecte à force de s'augmenter et de se rendre considérable par de nouvelles conquêtes. C'est le caractère que j'ai donné à leur république en la personne de leur ambassadeur Flaminius, qui rencontre un prince intrépide, qui voit sa perte assurée sans s'ébranler, et brave l'orgueilleuse masse de leur puissance, lors même qu'il en est accablé. Ce héros de ma façon sort un peu des règles de la tragédie, en ce qu'il ne cherche point à faire pitié par l'excès de ses malheurs : mais le succès a montré que la fermeté des grands cœurs, qui n'excite que de l'admiration dans l'âme du spectateur, est quelquefois aussi agréable que la compassion que notre art nous commande de mendier par leurs misères. Il est bon de hasarder un peu, et ne s'attacher pas toujours si servilement à ses préceptes, ne fût-ce que pour pratiquer celui de notre Horace :

Et mihi res, non me rebus, submittere conor.

Mais il faut que l'événement justifie cette hardiesse; et dans une liberté de cette nature on demeure coupable, à moins que d'être fort heureux.

PERSONNAGES.

PRUSIAS, roi de Bithynie.
FLAMINIUS, ambassadeur de Rome.
ARSINOÉ, seconde femme de Prusias.
LAODICE, reine d'Arménie.
NICOMÈDE, fils aîné de Prusias, sorti du premier lit.
ATTALE, fils de Prusias et d'Arsinoé.
ARASPE, capitaine des gardes de Prusias.
CLÉONE confidente d'Arsinoé.

La scène est à Nicomédie.

NICOMÈDE.

ACTE PREMIER.

SCÈNE I.

NICOMÈDE, LAODICE.

LAODICE.
Après tant de hauts faits, il m'est bien doux, seigneur,
De voir encor mes yeux régner sur votre cœur [1];
De voir, sous les lauriers qui vous couvrent la tête,
Un si grand conquérant être encor ma conquête [2],
Et de toute la gloire acquise à ses travaux
Faire un illustre hommage à ce peu que je vaux.
Quelques biens toutefois que le ciel me renvoie,
Mon cœur épouvanté se refuse à la joie :
Je vous vois à regret, tant mon cœur amoureux
Trouve la cour pour vous un séjour dangereux.
Votre marâtre y règne, et le roi votre père

---

[1] « On ne voit point ses yeux : cette figure manque un peu de justesse; mais c'est une faute légère. » (*Voltaire.*) — Laodice ne voit pas ses yeux, mais elle voit que ses yeux règnent encore sur le cœur de Nicomède. Voltaire ne s'y est pas mépris; mais il n'a pas voulu sacrifier une plaisanterie qu'il croyait bonne : c'est une irrévérence *légère*.

[2] « Corneille paraît affectionner ces vers d'antithèses :

Ce qu'il doit au vaincu brûlant pour le vainqueur.
Et pour être invaincu l'on n'est pas invincible.
J'irai sous mes cyprès accabler ses lauriers.

Ces figures ne doivent pas être prodiguées. Racine s'en sert très-rarement : cependant il a imité ce vers dans *Andromaque* :

Mener en conquérant sa superbe conquête.

Il dit aussi :

Vous me voulez aimer, et je ne puis vous plaire
Vous m'aimeriez, madame, en me voulant haïr.
« .... Non ego paucis
« Offendar maculis... »

(*Voltaire.*)

Ne voit que par ses yeux, seule la considère,
Pour souveraine loi n'a que sa volonté :
Jugez après cela de votre sûreté.
La haine que pour vous elle a si naturelle [1]
A mon ocasion encor se renouvelle.
Votre frère son fils, depuis peu de retour...

NICOMÈDE.

Je le sais, ma princesse, et qu'il vous fait la cour.
Je sais que les Romains, qui l'avaient en otage,
L'ont enfin renvoyé pour un plus digne ouvrage ;
Que ce don à sa mère était le prix fatal
Dont leur Flaminius marchandait Annibal [2];
Que le roi par son ordre eût livré ce grand homme,
S'il n'eût par le poison lui-même évité Rome,
Et rompu par sa mort les spectacles pompeux [3]
Où l'effroi de son nom le destinait chez eux.
Par mon dernier combat je voyais réunie
La Cappadoce entière avec la Bithynie,
Lorsqu'à cette nouvelle, enflammé de courroux
D'avoir perdu mon maître, et de craindre pour vous,
J'ai laissé mon armée aux mains de Théagène,
Pour voler en ces lieux au secours de ma reine.
Vous en aviez besoin, madame, et je le voi,
Puisque Flaminius obsède encor le roi.
Si de son arrivée Annibal fut la cause,
Lui mort, ce long séjour prétend quelque autre chose
Et je ne vois que vous qui le puisse arrêter [4],

---

1 « L'inversion de ce vers gâte et obscurcit un sens clair, qui est : *la haine naturelle qu'elle a pour vous*. Que Racine dit la même chose bien plus élégamment !

Des droits de ses enfants une mère jalouse
Pardonne rarement au fils d'une autre épouse. »

(*Voltaire.*) — Les vers de Racine sont élégants ; mais l'inversion reprochée à Corneille n'amène aucune obscurité.

2 « Cette expression populaire, *marchandait*, devient ici très-énergique et très-noble, par l'opposition du grand nom d'Annibal, qui inspire du respect. On dirait très-bien, même en prose : cet empereur, après avoir *marchandé* la couronne, trafiqua du sang des nations : mais ce *don dont leur Flaminius* n'est ni harmonieux ni français ; on ne marchande point d'un don. » (*Voltaire.*) — *Marchandait* ne se rapporte pas à *don*, mais à *prix* ; *dont* est dans le sens *d'auquel*, et l'emploi de la préposition *de* n'est pas un solécisme, mais un archaïsme, différence que Voltaire oublie trop souvent pour se donner le plaisir de dire : « Ceci n'est pas français. »

3 « *Rompre des spectacles* n'est pas français. Par une singularité commune à toutes les langues, on interrompt des spectacles, quoiqu'on ne les rompe pas ; on corrompt le goût, on ne le rompt pas. » (*Voltaire.*) — On *interrompt* les spectacles quand ils sont commencés ; on les *rompt* s'ils sont en projet. Donc, *rompre des spectacles* est français, et de plus l'expression est hardie et poétique. *Où* est dans le sens *d'auxquels*.

4 On n'a pas remarqué dans ce vers une syllepse très-hardi *qui le puisse* après *vous* n'est pas régulier grammaticaleme

ACTE I, SCÈNE I.

Pour aider à mon frère à vous persécuter [1].

LAODICE.
Je ne veux point douter que sa vertu romaine
N'embrasse avec chaleur l'intérêt de la reine :
Annibal, qu'elle vient de lui sacrifier,
L'engage en sa querelle, et m'en fait défier.
Mais, seigneur, jusqu'ici j'aurais tort de m'en plaindre :
Et, quoi qu'il entreprenne, avez-vous lieu de craindre ?
Ma gloire et mon amour peuvent bien peu sur moi,
S'il faut votre présence à soutenir ma foi [2],
Et si je puis tomber en cette frénésie
De préférer Attale au vainqueur de l'Asie ;
Attale, qu'en otage ont nourri les Romains,
Ou plutôt qu'en esclave ont façonné leurs mains,
Sans lui rien mettre au cœur qu'une crainte servile
Qui tremble à voir un aigle, et respecte un édile [3] !

NICOMÈDE.
Plutôt, plutôt la mort, que mon esprit jaloux
Forme des sentiments si peu dignes de vous !
Je crains la violence, et non votre faiblesse,
Et si Rome une fois contre nous s'intéresse [4]...

LAODICE.
Je suis reine, seigneur, et Rome a beau tonner,
Elle ni votre roi n'ont rien à m'ordonner :
Si de mes jeunes ans il est dépositaire,
C'est pour exécuter les ordres de mon père :
Il m'a donnée à vous, et nul autre que moi
N'a droit de l'en dédire, et me choisir un roi [5]
Par son ordre et le mien, la reine d'Arménie
Est due à l'héritier du roi de Bithynie,
Et ne prendra jamais un cœur assez abject

---

l'accord se fait comme s'il y avait : « Je ne vois personne, vous exceptée, qui le puisse arrêter. »

1 « *Aider à quelqu'un* est une expression populaire : *aidez-lui à marcher* ; il faut : *pour aider mon frère.* » (*Voltaire.*) — Si *aider à quelqu'un* est une expression populaire, c'est qu'elle est ancienne, et le vieux Corneille l'emploie très-légitimement.

2 *A soutenir* pour *soutenir*.

3 « *La crainte qui tremble* paraît une expression faible et négligée, un pléonasme. Ce vers est très-beau :

Qui tremble à voir un aigle et respecte un édile. »

(*Voltaire.*)

4 « On se ligue, on entreprend, on agit, on conspire *contre*, mais on s'intéresse *pour*. Cependant je crois qu'on peut dire en vers : *s'intéresse contre nous* : c'est une espèce d'ellipse. » (*Voltaire.*) — Il n'y a point d'ellipse ; *s'intéresser* signifie *prendre parti*. Dès lors on peut *s'intéresser pour* ou *contre*. Corneille n'a pas besoin d'excuse, et Voltaire est inexcusable d'en proposer une mauvaise.

5 *Me choisir.* Il y a ici ellipse de la préposition *de*, qui devrait être répétée, parce que les deux verbes n'ont ni même régime direct, ni même régime indirect.

29

Pour se laisser réduire à l'hymen d'un sujet.
Mettez-vous en repos.

NICOMÈDE.

Et le puis-je, madame,
Vous voyant exposée aux fureurs d'une femme
Qui, pouvant tout ici, se croira tout permis
Pour se mettre en état de voir régner son fils?
Il n'est rien de si saint qu'elle ne fasse enfreindre.
Qui livrait Annibal pourra bien vous contraindre,
Et saura vous garder même fidélité
Qu'elle a gardée aux droits de l'hospitalité.

LAODICE.

Mais ceux de la nature ont-ils un privilége
Qui vous assure d'elle après ce sacrilége?
Seigneur, votre retour, loin de rompre ses coups,
Vous expose vous-même, et m'expose après vous.
Comme il est fait sans ordre, il passera pour crime,
Et vous serez bientôt la première victime
Que la mère et le fils, ne pouvant m'ébranler,
Pour m'ôter mon appui se voudront immoler.
Si j'ai besoin de vous de peur qu'on me contraigne [1],
J'ai besoin que le roi, qu'elle-même vous craigne.
Retournez à l'armée, et pour me protéger
Montrez cent mille bras tout prêts à me venger.
Parlez la force en main, et hors de leur atteinte :
S'ils vous tiennent ici, tout est pour eux sans crainte [2];
Et ne vous flattez point ni sur votre grand cœur,
Ni sur l'éclat d'un nom cent et cent fois vainqueur :
Quelque haute valeur que puisse être la vôtre [3],
Vous n'avez en ces lieux que deux bras comme un autre [4],
Et fussiez-vous du monde et l'amour et l'effroi,
Quiconque entre au palais porte sa tête au roi.

1 « Il faudrait, pour que la phrase fût exacte, la négation *ne* : « qu'on *ne* me contraigne. » En général, voici la règle : quand les Latins emploient le *ne* nous l'employons aussi : *vereor ne cadat*, je crains qu'il *ne* tombe ; mais, quand les Latins se servent d'*ut*, *utrum*, nous supprimons ce *ne* : « dubito utrum eas, » je doute que vous alliez ; *opto ut vivas*, je souhaite que vous viviez. Quand *je doute* est accompagné d'une négation, *je ne doute pas*, on la redouble pour exprimer la même chose : *je ne doute pas que vous ne l'aimiez*. La suppression du *ne*, dans le cas où il est d'usage, est une licence qui n'est permise que quand la force de l'expression la fait pardonner. » (*Voltaire.*)

2 Il veut dire : *tout est sûr pour eux, ils n'ont rien à craindre.*

3 « Ce vers est défectueux. Il est vrai qu'il n'était pas facile, mais ce sont ces mêmes difficultés qui, lorsqu'elles sont vaincues, rendent la belle poésie si supérieure à la prose. » (*Voltaire.*) — Il n'y aurait eu aucun embarras si Corneille eût pu dire, comme on aurait fait un ou deux siècles avant : *Quelle haute valeur que puisse être la vôtre* ; mais ce malheureux *quelque que*, si inutile et si disgracieux, avait déjà prévalu.

4 « Voilà de ces vers de comédie qu'on se permettait trop souvent dans le style noble. » (*Voltaire.*)

Je vous le dis encor, retournez à l'armée,
Ne montrez à la cour que votre renommée,
Assurez votre sort pour assurer le mien :
Faites que l'on vous craigne, et je ne craindrai rien.
NICOMÈDE.
Retourner à l'armée ! ah ! sachez que la reine
La sème d'assassins achetés par sa haine.
Deux s'y sont découverts, que j'amène avec moi
Afin de la convaincre et détromper le roi [1].
Quoiqu'il soit son époux, il est encor mon père,
Et, quand il forcera la nature à se taire,
Trois sceptres à son trône attachés par mon bras
Parleront au lieu d'elle, et ne se tairont pas [2].
Que si notre fortune à ma perte animée
La prépare à la cour aussi bien qu'à l'armée,
Dans ce péril égal qui me suit en tous lieux,
M'envierez-vous l'honneur de mourir à vos yeux ?
LAODICE.
Non, je ne vous dis plus désormais que je tremble,
Mais que, s'il faut périr, nous périrons ensemble.
  Armons-nous de courage, et nous ferons trembler
Ceux dont les lâchetés pensent nous accabler.
Le peuple ici vous aime, et hait ces cœurs infâmes
Et c'est être bien fort que régner sur tant d'âmes.
Mais votre frère Attale adresse ici ses pas.
NICOMÈDE.
Il ne m'a jamais vu, ne me découvrez pas [3].

[1] « Il faut, pour l'exactitude : *et de détromper ;* mais cette licence est souvent très-excusable en vers ; il n'est pas permis de la prendre en prose. » (*Voltaire.*)

[2] « Toute métaphore, comme on l'a dit, pour être bonne, doit être une image qu'on puisse peindre ; mais comment peindre trois sceptres qu'un bras attache à un trône. D'ailleurs puisque les sceptres parleront, il est clair qu'ils ne se tairont pas. Ces sortes de pléonasmes sont les plus vicieux ; ils retombent quelquefois dans ce qu'on appelle le style niais. » (*Voltaire.*) — Corneille n'aurait pas commis cette faute du temps où il disait :

Deux sceptres en ma main, Albe à Rome asservie,
Parlent bien hautement en faveur de sa vie.

Ajoutons encore à la remarque de Voltaire que les sceptres ne s'attachent pas aux trônes. Les quatre vers qui suivent sont d'un beau style et d'un tour digne de Corneille.

[3] « Il serait mieux, à mon avis, que Nicomède apportât quelque raison qui fit voir qu'il ne doit pas être reconnu par son frère avant d'avoir parlé au roi. Il semble que Nicomède veuille seulement se procurer ici le plaisir d'embarrasser son frère, et que l'auteur ne songe qu'à ménager une de ces scènes théâtrales. Celle-ci est plutôt de la haute comédie que de la tragédie ; elle est attachante ; et quoiqu'elle ne produise rien dans la pièce, elle fait plaisir. » (*Voltaire.*) — Elle dessine le caractère de Nicomède, et c'est quelque chose. Le goût de raillerie, qui est un des traits principaux de la physionomie de Nicomède, amène naturellement cette scène, qui échappe ainsi à toutes les critiques de Voltaire.

SCÈNE II.

LAODICE, NICOMÈDE, ATTALE.

ATTALE.
Quoi! madame, toujours un front inexorable!
Ne pourrai-je surprendre un regard favorable,
Un regard désarmé de toutes ces rigueurs,
Et tel qu'il est enfin quand il gagne les cœurs?
LAODICE.
Si ce front est mal propre à m'acquérir le vôtre [1],
Quand j'en aurai dessein, j'en saurai prendre un autre.
ATTALE.
Vous ne l'acquerrez point, puisqu'il est tout à vous.
LAODICE.
Je n'ai donc pas besoin d'un visage plus doux.
ATTALE.
Conservez-le, de grâce, après l'avoir su prendre.
LAODICE.
C'est un bien mal acquis que j'aime mieux vous rendre [2].
ATTALE.
Vous l'estimez trop peu pour le vouloir garder.
LAODICE.
Je vous estime trop pour vouloir rien farder.
Votre rang et le mien ne sauraient le permettre :
Pour garder votre cœur je n'ai pas où le mettre [3];
La place est occupée, et je vous l'ai tant dit,
Prince, que ce discours vous dût être interdit :
On le souffre d'abord, mais la suite importune.

---

[1] « *Mal propre*, dans toutes ses acceptions, est absolument banni du style noble; et, par la construction, il semble que le front de Laodice soit mal propre à acquérir le front d'Attale; de plus, *prendre un front* est un barbarisme. On dit bien : *il prit un visage sévère*, *un front serein* ou *triste* ; mais, en général, on ne peut pas dire *prendre un front*, parce qu'on ne peut pas prendre ce qu'on a. Il faut ajouter une épithète qui marque le sentiment qu'on peint sur son front, sur son visage. » (*Voltaire.*) — L'épithète est placée plus haut ; c'est le *front inexorable* dont Attale a parlé. Voltaire a raison sur *mal propre*, qui choque, même dans la comédie, témoin ce vers du *Misanthrope* :

La mal propre sur soi, de peu d'attraits chargée.

[2] « Laodice commence à prendre le ton de l'ironie. Corneille l'a prodiguée dans cette pièce d'un bout à l'autre. Il ne faut pas soutenir un ouvrage entier par la même figure. *Un bien mal acquis* est comique. » (*Voltaire.*)

[3] « Après les beaux vers que Laodice a débités dans la scène précédente, et va débiter encore, on ne peut sans chagrin lui voir prendre si souvent le ton du bas comique. » (*Voltaire.*)

ACTE I, SCÈNE II.

ATTALE.
Que celui qui l'occupe a de bonne fortune
Et que serait heureux qui pourrait aujourd'hui ¹
Disputer cette place, et l'emporter sur lui.

NICOMÈDE.
La place à l'emporter coûterait bien des têtes,
Seigneur : ce conquérant garde bien ses conquêtes,
Et l'on ignore encor parmi ses ennemis
L'art de reprendre un fort qu'une fois il a pris.

ATTALE.
Celui-ci toutefois peut s'attaquer de sorte
Que, tout vaillant qu'il est, il faudra qu'il en sorte ².

LAODICE.
Vous pourriez vous méprendre.

ATTALE.
Et si le roi le veut ³?

LAODICE.
Le roi, juste et prudent, ne veut que ce qu'il peut.

ATTALE.
Et que ne peut ici la grandeur souveraine?

LAODICE.
Ne parlez pas si haut : s'il est roi, je suis reine,
Et vers moi tout l'effort de son autorité
N'agit que par prière et par civilité.

ATTALE.
Non, mais agir ainsi souvent c'est beaucoup dire
Aux reines comme vous qu'on voit dans son empire ⁴,
Et si ce n'est assez des prières d'un roi,
Rome qui m'a nourri vous parlera pour moi.

NICOMÈDE.
Rome, seigneur!

ATTALE.
Oui, Rome; en êtes-vous en doute?

1 « *Que serait heureux qui* n'est pas français : *Qu'ils sont heureux ceux qui peuvent aimer!* c'est un fort joli vers ; *Que sont heureux ceux qui peuvent aimer!* est un barbarisme. Remarquez qu'un seul mot de plus ou de moins suffit pour gâter absolument les plus nobles pensées et les plus belles expressions.» (*Voltaire.*) — *Que* est ici pour *combien*, et n'est pas un barbarisme, pas plus que dans ce vers de La Fontaine :

Que vous êtes joli! que vous me semblez beau!

2 « Le sens grammatical est : *quelque vaillant que soit ce fort, il faudra qu'il sorte*: Corneille veut dire : *quelque vaillant que soit le conquérant;* mais il ne le dit pas. » (*Voltaire.*) — Oui, mais il n'y a pas à s'y méprendre.

3 « On peut faire ici une réflexion. Attale parle de son amour, et des intérêts de l'État, et des secrets du roi, devant un inconnu : cela n'est pas conforme à la prudence dont Attale est souvent loué dans la pièce ; mais aussi, sans ce défaut, la scène ne subsisterait pas ; et quelquefois on souffre des fautes qui amènent des beautés.» (*Voltaire.*)

4 Attale manque ici de politesse et fait mal sa cour.

NICOMÈDE.

Seigneur, je crains pour vous qu'un Romain vous écoute;
Et si Rome savait de quels feux vous brûlez,
Bien loin de vous prêter l'appui dont vous parlez,
Elle s'indignerait de voir sa créature
A l'éclat de son nom faire une telle injure,
Et vous dégraderait peut-être dès demain
Du titre glorieux de citoyen romain.
Vous l'a-t-elle donné pour mériter sa haine
En le déshonorant par l'amour d'une reine?
Et ne savez-vous plus qu'il n'est princes ni rois
Qu'elle daigne égaler à ses moindres bourgeois[1]?
Pour avoir tant vécu chez ces cœurs magnanimes,
Vous en avez bientôt oublié les maximes.
Reprenez un orgueil digne d'elle et de vous;
Remplissez mieux un nom sous qui nous tremblons tous[2],
Et sans plus l'abaisser à cette ignominie
D'idolâtrer en vain la reine d'Arménie,
Songez qu'il faut du moins, pour toucher votre cœur,
La fille d'un tribun ou celle d'un préteur;
Que Rome vous permet cette haute alliance,
Dont vous aurait exclu le défaut de naissance,
Si l'honneur souverain de son adoption
Ne vous autorisait à tant d'ambition.
Forcez, rompez, brisez de si honteuses chaînes;
Aux rois qu'elle méprise abandonnez les reines,
Et concevez enfin des vœux plus élevés,
Pour mériter les biens qui vous sont réservés.

ATTALE.

Si cet homme est à vous, imposez-lui silence,
Madame, et retenez une telle insolence.
Pour voir jusqu'à quel point elle pourrait aller,
J'ai forcé ma colère à le laisser parler[3];
Mais je crains qu'elle échappe[4], et que, s'il continue,
Je ne m'obstine plus à tant de retenue.

NICOMÈDE.

Seigneur, si j'ai raison, qu'importe à qui je sois?

---

1 « *Bourgeois* : cette expression est bannie du style noble. Elle y était admise à Rome, et l'est encore dans les républiques : le *droit de bourgeoisie*, le *titre de bourgeois*. Elle a perdu chez nous de sa dignité, peut-être parce que nous ne jouissons pas des droits qu'elle exprime. Un bourgeois dans une république est, en général, un homme capable de parvenir aux emplois; dans un État monarchique, c'est un homme du commun. Aussi ce mot est-il ironique dans la bouche de Nicomède, et n'ôte rien à la noble fermeté de son discours. » (*Voltaire*.)

2 On voit à ce trait que Nicomède seul ne tremble pas au nom de Rome.

3 Ici l'emploi de la préposition *à* dans le sens de *pour* présente un sens louche. Corneille veut dire : « J'ai fait effort sur ma colère, je l'ai comprimée pour le laisser parler. »

4 « Il faudrait *qu'elle n'échappe*. » (*Voltaire*.)

Perd-elle de son prix pour emprunter ma voix¹?
Vous-même, amour à part, je vous en fais arbitre.
 Ce grand nom de Romain est un précieux titre,
Et la reine et le roi l'ont assez acheté
Pour ne se plaire pas à le voir rejeté,
Puisqu'ils se sont privés, pour ce nom d'importance
Des charmantes douceurs d'élever votre enfance.
Dès l'âge de quatre ans ils vous ont éloigné²;
Jugez si c'est pour voir ce titre dédaigné,
Pour vous voir renoncer, par l'hymen d'une reine,
A la part qu'ils avaient à la grandeur romaine.
D'un si rare trésor l'un et l'autre jaloux...

ATTALE.

Madame, encore un coup, cet homme est-il à vous?
Et pour vous divertir est-il si nécessaire³
Que vous ne lui puissiez ordonner de se taire?

LAODICE.

Puisqu'il vous a déplu vous traitant de Romain,
Je veux bien vous traiter de fils de souverain.
 En cette qualité vous devez reconnaître
Qu'un prince votre aîné doit être votre maître,
Craindre de lui déplaire, et savoir que le sang
Ne vous empêche pas de différer de rang,
Lui garder le respect qu'exige sa naissance,
Et loin de lui voler son bien en son absence⁴...

ATTALE.

Si l'honneur d'être à vous est maintenant son bien,
Dites un mot, madame, et ce sera le mien;
Et si l'âge à mon rang fait quelque préjudice,
Vous en corrigerez la fatale injustice.
Mais, si je lui dois tant en fils de souverain,
Permettez qu'une fois je vous parle en Romain.
 Sachez qu'il n'en est point que le ciel n'ait fait naître
Pour commander aux rois, et pour vivre sans maître⁵:
Sachez que mon amour est un noble projet
Pour éviter l'affront de me voir son sujet;
Sachez...

1 *Elle* se rapporte à *raison*. Pour que le rapport fût parfaitement régulier, il faudrait qu'il y eût *la raison*.
2 « Ce vers est très-adroit: il paraît sans artifice; et il y a beaucoup d'art à donner ainsi une raison qui empêche évidemment qu'Attale ne reconnaisse son frère. » (*Voltaire*.)
3 « Le mot *divertir*, et même les trois vers que dit Attale, sont absolument du style comique. » (*Voltaire*.)
4 Attale est également frappé par les deux cornes d'un dilemme invincible: « Si vous êtes citoyen romain, ne descendez pas à l'hymen d'une reine; si vous êtes prince, cédez le pas à votre frère aîné. »
5 « Ces deux vers sont de la tragédie de *Cinna*, dans le rôle d'Émilie; mais ils conviennent bien mieux à Emilie romaine qu'à un prince arménien. Au reste, cette scène est très-attachante: toutes les fois que deux personnages se bravent sans se connaître, le succès de la scène est sûr. » (*Voltaire*.)

LAODICE.

Je m'en doutais, seigneur, que ma couronne
Vous charmait bien du moins autant que ma personne;
Mais, telle que je suis, et ma couronne et moi,
Tout est à cet aîné qui sera votre roi,
Et s'il était ici, peut-être en sa présence
Vous penseriez deux fois à lui faire une offense.

ATTALE.

Que ne puis-je l'y voir! mon courage amoureux...

NICOMÈDE.

Faites quelques souhaits qui soient moins dangereux,
Seigneur, s'il les savait, il pourrait bien lui-même
Venir d'un tel amour venger l'objet qu'il aime.

ATTALE.

Insolent! est-ce enfin le respect qui m'est dû?

NICOMÈDE.

Je ne sais de nous deux, seigneur, qui l'a perdu.

ATTALE.

Peux-tu bien me connaître et tenir ce langage?

NICOMÈDE.

Je sais à qui je parle, et c'est mon avantage
Que, n'étant point connu, prince, vous ne savez
Si je vous dois respect, ou si vous m'en devez.

ATTALE.

Ah! madame, souffrez que ma juste colère...

LAODICE.

Consultez-en, seigneur, la reine votre mère;
Elle entre.

SCÈNE III[1].

NICOMÈDE, ARSINOÉ, LAODICE, ATTALE, CLÉONE.

NICOMÈDE.

Instruisez mieux le prince votre fils,
Madame, et dites-lui, de grâce, qui je suis :
Faute de me connaître, il s'emporte, il s'égare,
Et ce désordre est mal dans une âme si rare :
J'en ai pitié.

ARSINOÉ.

Seigneur, vous êtes donc ici?

---

[1] « Presque toute la fin de la scène seconde et le commencement de celle-ci sont une ironie perpétuelle. » (*Voltaire.*) — L'ironie est maniée avec un tel art que cette figure familière à la comédie, et la situation d'Attale, littéralement *mystifié* par sa maîtresse et par son frère, ne font pas descendre cette scène si neuve, si attachante, si amusante même, au-dessous de la dignité tragique.

NICOMÈDE.

Oui, madame, j'y suis, et Métrobate aussi[1].

ARSINOÉ.

Métrobate! ah! le traître!

NICOMÈDE.

Il n'a rien dit, madame,
Qui vous doive jeter aucun trouble dans l'âme.

ARSINOÉ.

Mais qui cause, seigneur, ce retour surprenant?
Et votre armée?

NICOMÈDE.

Elle est sous un bon lieutenant;
Et quant à mon retour, peu de chose le presse.
J'avais ici laissé mon maître et ma maîtresse[2] :
Vous m'avez ôté l'un, vous, dis-je, ou les Romains,
Et je viens sauver l'autre et d'eux et de vos mains.

ARSINOÉ.

C'est ce qui vous amène?

NICOMÈDE.

Oui, madame, et j'espère
Que vous m'y servirez auprès du roi mon père.

ARSINOÉ.

Je vous y servirai comme vous l'espérez.

NICOMÈDE.

De votre bon vouloir nous sommes assurés.

ARSINOÉ.

Il ne tiendra qu'au roi qu'aux effets je ne passe[3].

NICOMÈDE.

Vous voulez à tous deux nous faire cette grâce?

ARSINOÉ.

Tenez-vous assuré que je n'oublierai rien.

NICOMÈDE.

Je connais votre cœur, ne doutez pas du mien.

ATTALE.

Madame, c'est donc là le prince Nicomède?

NICOMÈDE.

Oui, c'est moi qui viens voir s'il faut que je vous cède.

---

1 « Si Nicomède eût établi dans la première scène que ce Métrobate était un des assassins gagés par Arsinoé, ce vers ferait un grand effet ; mais il en fait moins, parce qu'on ne connaît pas encore ce Métrobate. » (*Voltaire.*) — Voltaire se trompe. L'effet est d'autant plus vif que Métrobate n'ayant pas été nommé, le spectateur s'applaudit de deviner, même avant l'explication d'Arsinoé, quel est cet homme.

2 « *Maîtresse*; on permettait alors ce terme peu tragique. *Maître* et *maîtresse* semblent faire ici un jeu de mots peu noble. » (*Voltaire.*)

3 « Souvent en ce temps-là on supprimait le *ne* quand il fallait l'employer, et on s'en servait quand il fallait l'omettre. Le second *ne* est ici un solécisme. *Il tient à vous*, c'est-à-dire *il dépend de vous que je passe, que je fasse, que je combatte*, etc. *Il ne tient qu'à vous* est la même chose qu'*il tient à vous* : donc le *ne* suivant est un solécisme. » (*Voltaire.*)

ATTALE.
Ah! seigneur, excusez si, vous connaissant mal [1]...
NICOMÈDE.
Prince, faites-moi voir un plus digne rival [2].
Si vous aviez dessein d'attaquer cette place,
Ne vous départez point d'une si noble audace :
Mais, comme à son secours je n'amène que moi,
Ne la menacez plus de Rome ni du roi.
Je la défendrai seul, attaquez-la de même,
Avec tous les respects qu'on doit au diadème.
Je veux bien mettre à part, avec le nom d'aîné,
Le rang de votre maître où [3] je suis destiné,
Et nous verrons ainsi qui fait mieux un brave homme [4],
Des leçons d'Annibal, ou de celles de Rome.
Adieu, pensez-y bien, je vous laisse y rêver.

SCÈNE IV.

ARSINOÉ, ATTALE, CLÉONE.

ARSINOÉ.
Quoi! tu faisais excuse à qui m'osait braver!
ATTALE.
Que ne peut point, madame, une telle surprise?
Ce prompt retour me perd, et rompt votre entreprise.
ARSINOÉ.
Tu l'entends mal, Attale, il la met dans ma main.
Va trouver de ma part l'ambassadeur romain
Dedans [5] mon cabinet amène-le sans suite,
Et de ton heureux sort laisse-moi la conduite.
ATTALE.
Mais, madame, s'il faut...

---

1 « On connaît mal quand on se trompe au caractère. Laodice dit à Cléopâtre : *Je vous connaissais mal*; Photin dit : *J'ai mal connu César* : mais quand on ignore quel est l'homme à qui l'on parle, alors il faut *je ne connaissais pas.* » (*Voltaire.*) — Voltaire n'a pas tout à fait raison dans cette minutie. *Mal* rapproché d'un verbe ou d'un adjectif équivaut souvent à une négation. Ainsi un *malcontent* ou mécontent n'est pas content du tout. Voltaire lui-même a employé mal-connaître ou, ce qui est la même chose, mé-connaître dans le sens de ne connaître pas :

   Jeune et dans l'âge heureux qui *méconnaît* la crainte.
                                           ŒDIPE.

2 « Tout ce discours est noble, ferme, élevé; c'est là de la véritable grandeur; il n'y a ni ironie ni enflure. » (*Voltaire.*)
3 *Où*, auquel.
4 *Brave homme* a eu (Corneille ne le prévoyait pas) même sort que *bon homme*, et n'a rien de tragique.
5 *Dedans* n'est plus préposition, mais exclusivement adverbe.

ARSINOÉ.
Va, n'appréhende rien,
Et pour avancer tout, hâte cet entretien.

SCÈNE V.

ARSINOÉ, CLÉONE.

CLÉONE.
Vous lui cachez, madame, un dessein qui le touche!
ARSINOÉ.
Je crains qu'en l'apprenant son cœur ne s'effarouche ‹
Je crains qu'à la vertu par les Romains instruit
De ce que je prépare il ne m'ôte le fruit,
Et ne conçoive mal qu'il n'est fourbe ni crime
Qu'un trône acquis par là ne rende légitime [1].
CLÉONE.
J'aurais cru les Romains un peu moins scrupuleux,
Et la mort d'Annibal m'eût fait mal juger d'eux.
ARSINOÉ.
Ne leur impute pas une telle injustice;
Un Romain seul l'a faite, et par mon artifice.
Rome l'eût laissé vivre, et sa légalité [2]
N'eût point forcé les lois de l'hospitalité.
Savante à ses dépens de ce qu'il savait faire [3],
Elle le souffrait mal auprès d'un adversaire;
Mais quoique par ce triste et prudent souvenir
De chez Antiochus [4] elle l'ait fait bannir,
Elle aurait vu couler sans crainte et sans envie
Chez un prince allié les restes de sa vie.

---

1 « Ces derniers vers sont de la conversation la plus négligée, et ce sentiment est intolérable. On retrouve le même défaut toutes les fois que Corneille fait raisonner un prince, un ministre : tous disent qu'il faut être fourbe et méchant pour régner. On a déjà remarqué que jamais homme d'Etat ne parle ainsi. Ce défaut vient de ce qu'il est très-difficile de ménager ses expressions, et de faire entendre avec art des choses qui révoltent. C'est une grande imprudence et une grande bassesse dans une reine de dire qu'il faut être fourbe et criminel pour régner. *Un trône acquis par là* est une expression de comédie. » (*Voltaire*.)

2 « *Légalité* n'a jamais signifié *justice, équité, magnanimité*; il signifie *authenticité d'une loi revêtue des formes ordinaires*. » (*Voltaire*.)

3 « *Savante de* est un barbarisme : *savante, savait*, répétition fautive. » (*Voltaire*.) — Ce barbarisme, si barbarisme il y a, est une récidive, car Corneille avait déjà dit dans *Mélite*, act. V, sc. III :

Savante à mes dépens de leur peu de durée.

4 « Expression trop basse, *de chez lui, de chez nous*. » (*Voltaire*.)

Le seul Flaminius, trop piqué de l'affront
Que son père défait lui laisse sur le front;
Car je crois que tu sais que, quand l'aigle romaine
Vit choir ses légions au bord du Trasimène,
Flaminius son père en était général [1],
Et qu'il y tomba mort de la main d'Annibal;
Ce fils donc, qu'a pressé la soif de la vengeance,
S'est aisément rendu de mon intelligence [2] :
L'espoir d'en voir l'objet [3] entre ses mains remis
A pratiqué par lui le retour de mon fils;
Par lui j'ai jeté Rome en haute jalousie [4]
De ce que Nicomède a conquis dans l'Asie,
Et de voir Laodice unir tous ses États,
Par l'hymen de ce prince, à ceux de Prusias :
Si bien que le sénat prenant un juste ombrage
D'un empire si grand sous un si grand courage,
Il s'en est fait nommer lui-même ambassadeur [5],
Pour rompre cet hymen, et borner sa grandeur;
Et voilà le seul point où Rome s'intéresse [6].

CLÉONE.
Attale à ce dessein entreprend sa maîtresse [7] !
Mais que n'agissait Rome avant que le retour
De cet amant si cher affermît son amour?

ARSINOÉ.
Irriter un vainqueur en tête d'une armée
Prête à suivre en tous lieux sa colère allumée,

1 « Corneille donne ici, contre la vérité historique, l'exemple d'une licence qui, à ce que nous croyons, ne doit jamais être imitée. Le Flaminius qu'il introduit dans sa pièce n'était point du tout, comme il le suppose, fils du général qui fut vaincu, et qui périt à la journée de Trasimène. Ces deux Flaminius n'avaient pas même une origine commune. Celui qui combattit contre Annibal se nommait Caius Flaminius, et sa famille était plébéienne; l'autre, patricien de naissance, se nommait Titus Quintus, et fut en effet député à la cour de Prusias, pour y demander, au nom des Romains, Annibal, qui s'était réfugié chez ce prince. » (*Voltaire*.)

2 « S'est aisément rendu de mon intelligence n'est pas français; on est en intelligence, on se rend du parti de quelqu'un. » (*Voltaire*.)

3 *Objet* se rapporte à *vengeance*.

4 « On inspire de la jalousie, on la fait naître : la jalousie ne peut être haute; elle est grande, elle est violente, soupçonneuse, etc. » (*Voltaire*.)

5 *Il* se rapporte à Flaminius, et *sa grandeur* à Nicomède. Corneille ne s'est pas donné la peine d'être parfaitement clair.

6 « Pourquoi Arsinoé dit-elle tout cela à une confidente inutile? Cléopâtre, dans *Rodogune*, tombe dans le même défaut. La plupart des confidences sont froides et déplacées, à moins qu'elles ne soient nécessaires : il faut qu'un personnage paraisse avoir besoin de parler, et non pas envie de parler. » (*Voltaire*.)

7 « Ce vers n'est pas français. » (*Voltaire*.) — *Entreprendre*, dans le sens que lui donne ici Corneille, est d'une extrême familiarité.

C'était trop hasarder, et j'ai cru pour le mieux [1]
Qu'il fallait de son fort l'attirer en ces lieux.
Métrobate l'a fait, par des terreurs paniques,
Feignant de lui trahir mes ordres tyranniques [2],
Et pour l'assassiner se disant suborné,
Il l'a, grâces aux dieux, doucement amené.
Il vient s'en plaindre au roi, lui demander justice [3],
Et sa plainte le jette au bord du précipice.
Sans prendre aucun souci de m'en justifier,
Je saurai m'en servir à me fortifier.
Tantôt en le voyant j'ai fait de l'effrayée [4],
J'ai changé de couleur, je me suis écriée;
Il a cru me surprendre, et l'a cru bien en vain,
Puisque son retour même est l'œuvre de ma main.

CLÉONE.

Mais, quoi que Rome fasse, et qu'Attale prétende,
Le moyen qu'à ses yeux Laodice se rende?

ARSINOÉ.

Et je n'engage aussi mon fils en cet amour
Qu'à dessein d'éblouir le roi, Rome et la cour.
Je n'en veux pas, Cléone, au sceptre d'Arménie :
Je cherche à m'assurer celui de Bithynie,
Et si ce diadème une fois est à nous,
Que cette reine après se choisisse un époux.
Je ne la vais presser que pour la voir rebelle,
Que pour aigrir les cœurs de son amant et d'elle.
Le roi que le Romain poussera vivement,
De peur d'offenser Rome agira chaudement;
Et ce prince, piqué d'une juste colère,
S'emportera sans doute, et bravera son père.
S'il est prompt et bouillant, le roi ne l'est pas moins,
Et comme à l'échauffer j'appliquerai mes soins [5],

---

1 « *Pour le mieux*, expression de comédie. » (*Voltaire.*)

2 « Il faut *de lui dévoiler, de lui déceler, de lui apprendre, de trahir mes ordres tyranniques en sa faveur.* » (*Voltaire.*) — Corneille, fidèle à l'étymologie, prend trahir (*tradere*) dans le sens de *livrer*, comme il a déjà fait dans Polyeucte, act. III, sc. III :

J'ai *trahi* la justice à l'amour maternel.

3 Voltaire a transformé ce vers en trait de satire à l'adresse de Le Franc de Pompignan :

Je vais me plaindre au roi, qui me rendra justice.

(*La Vanité*, satire.)

4 « Les comédiens ont corrigé, *j'ai feint d'être effrayée.* » (*Voltaire.*) — Les comédiens devraient se corriger de leur manie de correction. *Faire de l'effrayée* est un idiotisme qu'il faut respecter. Les langues ne se conservent que par le maintien des tours qui leur sont propres. C'est dans le même sens que notre poëte a dit ailleurs :

J'ai fait de l'insensible.

5 « Cette phrase et ce tour, qui commencent par *comme*, sont familiers à Corneille. Il n'y en a aucun exemple dans Racine. Ce

462 NICOMÈDE.

Pour peu qu'à de tels coups cet amant soit sensible,
Mon entreprise est sûre, et sa perte infaillible.
　　Voilà mon cœur ouvert, et tout ce qu'il prétend.
Mais dans mon cabinet Flaminius m'attend.
Allons, et garde bien le secret de ta reine.
CLÉONE.
Vous me connaissez trop pour vous en mettre en peine [1].

tour est un peu trop prosaïque : il réussit quelquefois; mais il ne faut pas en faire un trop fréquent usage. » (*Voltaire.*)

[1] « Cela est trop trivial, et ce vers fait trop voir l'inutilité du rôle de Cléone : c'est un très-grand art de savoir intéresser les confidents à l'action. Néarque, dans *Polyeucte*, montre comment un confident peut être nécessaire. Cette scène est froide et mal écrite. » (*Voltaire.*)

FIN DU PREMIER ACTE.

ACTE DEUXIÈME.

SCÈNE I.

PRUSIAS, ARASPE.

PRUSIAS.
Revenir sans mon ordre, et se montrer ici!
ARASPE.
Sire, vous auriez tort d'en prendre aucun souci,
Et la haute vertu du prince Nicomède
Pour ce qu'on peut en craindre est un puissant remède;
Mais tout autre que lui devrait être suspect :
Un retour si soudain manque un peu de respect,
Et donne lieu d'entrer en quelque défiance
Des secrètes raisons de tant d'impatience.
PRUSIAS.
Je ne les vois que trop, et sa témérité
N'est qu'un pur attentat sur mon autorité :
Il n'en veut plus dépendre, et croit que ses conquêtes
Au-dessus de son bras ne laissent point de têtes [1];
Qu'il est lui seul sa règle, et que sans se trahir
Des héros tels que lui ne sauraient obéir.
ARASPE.
C'est d'ordinaire ainsi que ses pareils agissent :
A suivre leur devoir leurs hauts faits se ternissent,
Et ces grands cœurs, enflés du bruit de leurs combats,
Souverains dans l'armée, et parmi leurs soldats,
Font du commandement une douce habitude,
Pour qui l'obéissance est un métier bien rude.
PRUSIAS.
Dis tout, Araspe, dis que le nom de sujet
Réduit toute leur gloire en un rang trop abject [2];

---

[1] Voltaire se récrie contre ces *têtes au-dessus d'un bras*.
[2] « Qu'est-ce que le rang d'une gloire? On ne réduit pas *en*, on réduit *à*. Presque tout le style de cette pièce est vicieux : la raison en est que l'auteur emploie le ton de la conversation familière, dans laquelle on se permet beaucoup d'impropriétés, et souvent des solécismes et des barbarismes. Le style de la conversation peut être admis dans une comédie héroïque, mais il faut que ce soit la conversation des Condé, des La Rochefoucauld, des Retz, des Pascal, des Arnauld. » (*Voltaire.*)

Que, bien que leur naissance au trône les destine,
Si son ordre est trop lent, leur grand cœur s'en mutine[1];
Qu'un père garde trop un bien qui leur est dû,
Et qui perd de son prix étant trop attendu;
Qu'on voit naître de là mille sourdes pratiques
Dans le gros de son peuple, et dans ses domestiques[2],
Et que si l'on ne va jusqu'à trancher le cours
De son règne ennuyeux, et de ses tristes jours,
Du moins une insolente et fausse obéissance,
Lui laissant un vain titre, usurpe sa puissance.

ARASPE.
C'est ce que de tout autre il faudrait redouter,
Seigneur, et qu'en tout autre il faudrait arrêter.
Mais ce n'est pas pour vous un avis nécessaire;
Le prince est vertueux, et vous êtes bon père.

PRUSIAS.
Si je n'étais bon père, il serait criminel[3]:
Il doit son innocence à l'amour paternel;
C'est lui seul qui l'excuse, et qui le justifie,
Ou lui seul qui me trompe, et qui me sacrifie:
Car je dois craindre enfin que sa haute vertu
Contre l'ambition n'ait en vain combattu,
Qu'il ne force en son cœur la nature à se taire.
Qui se lasse d'un roi peut se lasser d'un père;
Mille exemples sanglants nous peuvent l'enseigner:
Il n'est rien qui ne cède à l'ardeur de régner,
Et depuis qu'une fois elle nous inquiète,
La nature est aveugle, et la vertu muette.
Te le dirais-je, Araspe? il m'a trop bien servi;
Augmentant mon pouvoir, il me l'a tout ravi:
Il n'est plus mon sujet qu'autant qu'il le veut être,
Et qui me fait régner en effet est mon maître.
Pour paraître à mes yeux son mérite est trop grand:
On n'aime point à voir ceux à qui l'on doit tant.
Tout ce qu'il a fait parle au moment qu'il m'approche;
Et sa seule présence est un secret reproche:

---

1 « L'ordre de qui? de la naissance? Cela ne fait point de sens; et *mutine* n'est ni assez fort ni assez relevé. » (*Voltaire.*)

2 « Ces expressions n'appartiennent qu'au style familier de la comédie. » (*Voltaire.*) — Racine a su les ennoblir (*Esther*, act. I, sc. V):

> J'ai découvert au roi les sanglantes pratiques
> Que formaient contre lui deux ingrats domestiques.

3 « On retrouve un peu Corneille dans cette tirade, quoique la même pensée y soit répétée et retournée en plusieurs façons; ce qui était un vice commun en ce temps-là. Mais à quoi bon tous ces discours? Que veut Prusias? Rien. Quelle résolution prend-il avec Araspe? Aucune. Cette scène paraît peu nécessaire, ainsi que celle d'Arsinoé et de sa confidente. En général, toute scène entre un personnage principal et un confident est froide, à moins que ce personnage n'ait un secret important à confier, un grand dessein à faire réussir, une passion furieuse à développer. » (*Voltaire.*)

Elle me dit toujours qu'il m'a fait trois fois roi,
Que je tiens plus de lui qu'il ne tiendra de moi,
Et que si je lui laisse un jour une couronne,
Ma tête en porte trois que sa valeur me donne [1].
J'en rougis dans mon âme, et ma confusion,
Qui renouvelle et croît à chaque occasion,
Sans cesse offre à mes yeux cette vue importune,
Que qui m'en donne trois peut bien m'en ôter une;
Qu'il n'a qu'à l'entreprendre, et peut tout ce qu'il veut.
Juge, Araspe, où j'en suis s'il veut tout ce qu'il peut [2].

ARASPE.
Pour tout autre que lui je sais comme s'explique
La règle de la vraie et saine politique.
Aussitôt qu'un sujet s'est rendu trop puissant,
Encor qu'il soit sans crime, il n'est pas innocent [3];
On n'attend point alors qu'il s'ose tout permettre :
C'est un crime d'État que d'en pouvoir commettre,
Et qui sait bien régner l'empêche prudemment
De mériter un juste et plus grand châtiment,
Et prévient, par un ordre à tous deux salutaire,
Ou les maux qu'il prépare, ou ceux qu'il pourrait faire.
Mais, seigneur, pour le prince, il a trop de vertu;
Je vous l'ai déjà dit.

PRUSIAS.
Et m'en répondras-tu?
Me seras-tu garant de ce qu'il pourra faire
Pour venger Annibal, ou pour perdre son frère?
Et le prends-tu pour homme à voir d'un œil égal [4]
Et l'amour de son frère, et la mort d'Annibal?
Non, ne nous flattons point, il court à sa vengeance;
Il en a le prétexte, il en a la puissance;
Il est l'astre naissant qu'adorent mes États;
Il est le dieu du peuple, et celui des soldats.
Sûr de ceux-ci, sans doute il vient soulever l'autre,

---

1 Corneille exprime les mêmes idées dans *Suréna*. Orode, qui doit tous ses succès à ce général, dit aussi que la supériorité d'un sujet

> a droit d'inquiéter
> Un roi qui lui doit tant, et ne peut s'acquitter.

Il ajoute :

> J'en tremble, j'en rougis, je m'en indigne, et crains
> Qu'il n'ose quelque jour s'en parer par ses mains;
> Et dans tout ce qu'il a de nom et de fortune,
> Sa fortune me pèse et son nom m'importune.

2 Ces antithèses sur *devoir* et *pouvoir* montrent que Corneille profitait de la lecture de Sénèque.

3 Dès qu'on leur (*aux rois*) est suspect on n'est plus innocent.
Racine, *Athalie*.

4 *Égal*, indifférent. C'est dans le même sens que Sabine a dit (*Horace*, act. I, sc. I) :

> Égale à toutes deux.

Fondre avec son pouvoir sur le reste du nôtre ! :
Mais ce peu qui m'en reste, encor que languissant,
N'est pas peut-être encor tout à fait impuissant.
Je veux bien toutefois agir avec adresse,
Joindre beaucoup d'honneur à bien peu de rudesse²,
Le chasser avec gloire, et mêler doucement
Le prix de son mérite à mon ressentiment :
Mais, s'il ne m'obéit, ou s'il ose s'en plaindre,
Quoi qu'il ait fait pour moi, quoi que j'en voie à craindre,
Dussé-je voir par là tout l'État hasardé...

ARASPE.

Il vient.

SCÈNE II.

PRUSIAS, NICOMÈDE, ARASPE.

PRUSIAS.
Vous voilà, prince! et qui vous a mandé?
NICOMÈDE.
La seule ambition de pouvoir en personne
Mettre à vos pieds, seigneur, encore une couronne,
De jouir de l'honneur de vos embrassements,
Et d'être le témoin de vos contentements.
Après la Cappadoce heureusement unie
Aux royaumes du Pont et de la Bithynie,
Je viens remercier et mon père et mon roi
D'avoir eu la bonté de s'y servir de moi,
D'avoir choisi mon bras pour une telle gloire,
Et fait tomber sur moi l'honneur de sa victoire³.
PRUSIAS.
Vous pouviez vous passer de mes embrassements,
Me faire par écrit de tels remerciements,
Et vous ne deviez pas envelopper d'un crime
Ce que votre victoire ajoute à votre estime⁴.

---

1 « Expressions vicieuses : on ne peut dire *l'autre* que quand on l'oppose *à l'un* ; *le nôtre* ne se peut dire à la place *du mien*, à moins qu'on n'ait déjà parlé au pluriel. Je le répète encore, rien n'est si difficile et si rare que de bien écrire. » (*Voltaire.*)

2 « Tout cela est d'un style confus, obscur. *Le reste du nôtre qui n'est pas tout à fait impuissant*, et *bien peu de rudesse*, et *le prix d'un mérite mêlé doucement à un ressentiment* ! »

3 M. Naudet, dans son excellent commentaire sur *Nicomède*, rapproche fort à propos ce passage de deux vers de la *Sémiramis* de Voltaire :

Elle laissa tomber de son char de victoire,
Sur son front jeune encore, un rayon de sa gloire.

4 « *Ajoute à votre estime* n'est pas français en ce sens : l'estime où nous sommes n'est pas notre estime; on ne peut dire *votre*

Abandonner mon camp en est un capital,
Inexcusable en tous, et plus au général,
Et tout autre que vous, malgré cette conquête,
Revenant sans mon ordre, eût payé de sa tête.
NICOMÈDE.
J'ai failli, je l'avoue, et mon cœur imprudent
A trop cru les transports d'un désir trop ardent :
L'amour que j'ai pour vous a commis cette offense,
Lui seul à mon devoir fait cette violence.
Si le bien de vous voir m'était moins précieux,
Je serais innocent ; mais si loin de vos yeux,
Que j'aime mieux, seigneur, en perdre un peu d'estime,
Et qu'un bonheur si grand me coûte un petit crime [1]
Qui ne craindra jamais la plus sévère loi,
Si l'amour juge en vous ce qu'il a fait en moi.
PRUSIAS.
La plus mauvaise excuse est assez pour un père,
Et sous le nom d'un fils toute faute est légère.
Je ne veux voir en vous que mon unique appui :
Recevez tout l'honneur qu'on vous doit aujourd'hui.
L'ambassadeur romain me demande audience ;
Il verra ce qu'en vous je prends de confiance ;
Vous l'écouterez, prince, et répondrez pour moi.
Vous êtes aussi bien le véritable roi ;
Je n'en suis plus que l'ombre, et l'âge ne m'en laisse.
Qu'un vain titre d'honneur qu'on rend à ma vieillesse [2];
Je n'ai plus que deux jours peut-être à le garder,
L'intérêt de l'État vous doit seul regarder.
Prenez-en aujourd'hui la marque la plus haute :
Mais gardez-vous aussi d'oublier votre faute,
Et comme elle fait brèche au pouvoir souverain,
Pour la bien réparer, retournez dès demain.
Remettez en éclat la puissance absolue [3] :
Attendez-la de moi comme je l'ai reçue,
Inviolable, entière, et n'autorisez pas
De plus méchants que vous à la mettre plus bas [4].

---

estime comme on dit *votre gloire, votre vertu.* » (*Voltaire.*) — Nous avons déjà dit qu'*estime* avait alors le sens de réputation.

1 « *Un petit crime.* Cette épithète n'est pas du style de la tragédie. Le crime de Nicomède est en effet bien faible. Nicomède parle ici ironiquement à son père, comme il a parlé à son frère ; car, par *désir trop ardent,* il entend le désir qu'il avait de voir sa maîtresse. Il n'a point du tout d'amour pour son père ; le public n'en est pas fâché. On méprise Prusias ; on aime beaucoup la hauteur d'un héros persécuté. *Petit crime, bonheur si grand,* ces contrastes affectés font un mauvais effet. » (*Voltaire.*)

2 *Rend* se rapporte à *honneur* ; on ne *rend* pas un *titre*, on le donne.

3 « Comme on ne *met* rien en *éclat* on n'y *remet* rien ; on donne de l'éclat, on met en lumière. » (*Voltaire.*)

4 Voltaire critique à tort ces vers. Il ne veut pas qu'on finisse un vers par *plus bas.*

Le peuple qui vous voit, la cour qui vous contemple,
Vous désobéiraient sur votre propre exemple :
Donnez-leur-en un autre, et montrez à leurs yeux
Que nos premiers sujets obéissent le mieux.
NICOMÈDE.
J'obéirai, seigneur, et plus tôt qu'on ne pense;
Mais je demande un prix de mon obéissance.
La reine d'Arménie est due à ses Etats,
Et j'en vois les chemins ouverts par nos combats.
Il est temps qu'en son ciel cet astre aille reluire :
De grâce, accordez-moi l'honneur de l'y conduire.
PRUSIAS.
Il n'appartient qu'à vous, et cet illustre emploi
Demande un roi lui-même, ou l'héritier d'un roi;
Mais pour la renvoyer jusqu'en son Arménie
Vous savez qu'il y faut quelque cérémonie ¹ :
Tandis que je ferai préparer son départ,
Vous irez dans mon camp l'attendre de ma part.
NICOMÈDE.
Elle est prête à partir sans plus grand équipage ².
PRUSIAS.
Je n'ai garde à son rang de faire un tel outrage.
Mais l'ambassadeur entre, il le faut écouter ;
Puis nous verrons quel ordre on y doit apporter ³.

SCÈNE III.

PRUSIAS, NICOMÈDE, FLAMINIUS, ARASPE.

FLAMINIUS.
Sur le point de partir, Rome, seigneur, me mande
Que je vous fasse encor pour elle une demande.
Elle a nourri vingt ans un prince votre fils,
Et vous pouvez juger des soins qu'elle en a pris
Par les hautes vertus et les illustres marques
Qui font briller en lui le sang de vos monarques.
Surtout il est instruit en l'art de bien régner :
C'est à vous de le croire et de le témoigner.
Si vous faites état de cette nourriture ⁴,

---

1 « Prusias veut aussi railler. Cette pièce est trop pleine de railleries et d'ironies. »(*Voltaire*.). C'est là ce qui en fait l'originalité.
2 « Ce dernier hémistiche est absolument du style de la comédie. » (*Voltaire.*)
3 « A quoi se rapporte cet ordre? à l'*ambassadeur*, à l'*outrage*, ou à l'*équipage*? » (*Voltaire.*)
4 « *Nourriture* est ici pour *éducation*, et, dans ce sens, il ne se dit plus : c'est peut-être une perte pour notre langue. *Faire état* est aussi aboli. » (*Voltaire.*) — *Faire état* n'est point aboli et vaut

Donnez ordre qu'il règne : elle vous en conjure,
Et vous offenseriez l'estime qu'elle en fait,
Si vous le laissiez vivre et mourir en sujet.
Faites donc aujourd'hui que je lui puisse dire
Où vous lui destinez un souverain empire.
                    PRUSIAS.
Les soins qu'ont pris de lui le peuple et le sénat
Ne trouveront en moi jamais un père ingrat :
Je crois que pour régner il en a les mérites,
Et n'en veux point douter après ce que vous dites ;
Mais vous voyez, seigneur, le prince son aîné,
Dont le bras généreux trois fois m'a couronné ;
Il ne fait que sortir encor d'une victoire,
Et pour tant de hauts faits je lui dois quelque gloire :
Souffrez qu'il ait l'honneur de répondre pour moi [1].
                    NICOMÈDE.
Seigneur, c'est à vous seul de faire Attale roi.
                    PRUSIAS.
C'est votre intérêt seul que sa demande touche.
                    NICOMÈDE.
Le vôtre toutefois m'ouvrira seul la bouche.
De quoi se mêle Rome, et d'où prend le sénat,

mieux que *faire cas* qu'on emploie trop souvent. La Fontaine a usé du mot *nourriture* dans le sens d'*éducation* (l. VIII, f. XXIV) :

> Mais la diverse *nourriture*,
> Fortifiant en l'un cette heureuse nature,
> En l'autre l'altérant......

On disait aussi *nourrir* dans le sens d'*élever*. Ainsi dans la *Suivante* de Corneille, act. III, sc. IV :

> Elle vous fait cette galanterie
> Pour mériter le nom de fille bien *nourrie*.

[1] « Le roi Prusias, qui n'est déjà pas trop respectable, est peut-être encore plus avili dans cette scène, où Nicomède lui donne, en présence de l'ambassadeur de Rome, des conseils qui ressemblent souvent à des reproches. Il est même assez étonnant que connaissant la fierté de son fils, et sachant combien ce disciple d'Annibal hait les Romains, il le charge de répondre à l'ambassadeur de Rome, qu'il croit avoir grand intérêt de ménager. Prusias n'a nulle raison de répondre à l'ambassadeur par une autre bouche, et il s'expose visiblement à voir l'ambassadeur outragé par Nicomède. Il a commencé par dire à son fils : *Vous êtes criminel d'État, vous méritez d'être puni de mort* ; et il finit par lui dire : *Répondez pour moi à l'ambassadeur de Rome en ma présence ; faites le personnage de roi, tandis que je ferai celui de subalterne.* Prusias joue un rôle avilissant ; mais celui de Nicomède est noble et imposant. Ces personnages plaisent toujours à la multitude. C'est toujours un problème à résoudre, si les caractères bas et faibles peuvent figurer dans une tragédie. Le parterre s'élève contre eux à une première représentation : on aime à faire tomber sur l'auteur le mépris que lui-même inspire pour le personnage ; les critiques se déchaînent : cependant ces caractères sont dans la nature ; Maxime dans *Cinna*, Félix dans *Polyeucte*. » (*Voltaire.*)

Vous vivant, vous régnant, ce droit sur votre État[1]?
Vivez, régnez, seigneur, jusqu'à la sépulture,
Et laissez faire après, ou Rome, ou la nature.

PRUSIAS.

Pour de pareils amis il faut se faire effort.

NICOMÈDE.

Qui partage vos biens aspire à votre mort,
Et de pareils amis, en bonne politique...

PRUSIAS.

Ah! ne me brouillez point avec la république[2];
Portez plus de respect à de tels alliés.

NICOMÈDE.

Je ne puis voir sous eux les rois humiliés,
Et quel que soit ce fils que Rome vous renvoie,
Seigneur, je lui rendrais son présent avec joie.
S'il est si bien instruit en l'art de commander,
C'est un rare trésor qu'elle devrait garder,
Et conserver chez soi sa chère nourriture[3],
Ou pour le consulat ou pour la dictature.

FLAMINIUS, (à Prusias.)

Seigneur, dans ce discours qui nous traite si mal,
Vous voyez un effet des leçons d'Annibal;
Ce perfide ennemi de la grandeur romaine
N'en a mis en son cœur que mépris et que haine.

NICOMÈDE.

Non, mais il m'a surtout laissé ferme en ce point,
D'estimer beaucoup Rome, et ne la craindre point.
On me croit son disciple, et je le tiens à gloire,
Et quand Flaminius attaque sa mémoire,
Il doit savoir qu'un jour il me fera raison
D'avoir réduit mon maître au secours du poison,
Et n'oublier jamais qu'autrefois ce grand homme
Commença par son père à triompher de Rome[4].

1 « Jamais, dit M. Naudet, cette revendication inattendue de l'indépendance et de la dignité royale ne manque son effet au théâtre. L'âme du spectateur se dilate d'aise en se relevant avec Nicomède de l'abaissement où le tenait Prusias. »

2 Cette exclamation de Prusias, qui a dégénéré en proverbe à l'adresse des peureux, est sans doute naturelle, elle dévoile même à fond toute la pusillanimité de ce bonhomme de roi; mais elle fait toujours rire, et ce n'était pas l'intention du poëte.

3 Il n'y a pas de lien grammatical entre ce vers et le précédent; mais combien est fière cette replique, quelle noble ironie! quel heureux tour! Pourquoi Voltaire n'a-t-il pour ce passage qu'une minutieuse remarque et non un cri d'admiration! *Sa chère nourriture* est une vraie trouvaille au service de l'héroïque ironie de Nicomède.

4 Ce beau vers contient deux erreurs. Le Flaminius vaincu à Trasimène n'était pas le père de l'ambassadeur; et de plus Annibal avait préludé sur le Tésin et la Trébie à la victoire remportée sur

FLAMINIUS.
Ah! c'est trop m'outrager!
NICOMÈDE.
N'outragez plus les morts.
PRUSIAS.
Et vous, ne cherchez point à former de discords;
Parlez et nettement sur ce qu'il me propose.
NICOMÈDE.
Eh bien! s'il est besoin de répondre autre chose,
Attale doit régner, Rome l'a résolu,
Et puisqu'elle a partout un pouvoir absolu,
C'est aux rois d'obéir alors qu'elle commande.
Attale a le cœur grand, l'esprit grand, l'âme grande,
Et toutes les grandeurs dont se fait un grand roi [1];
Mais c'est trop que d'en croire un Romain sur sa foi,
Par quelque grand effet voyons s'il en est digne,
S'il a cette vertu, cette valeur insigne :
Donnez-lui votre armée, et voyons ces grands coups;
Qu'il en fasse pour lui ce que j'ai fait pour vous [2];
Qu'il règne avec éclat sur sa propre conquête,
Et que de sa victoire il couronne sa tête.
Je lui prête mon bras, et veux dès maintenant,
S'il daigne s'en servir, être son lieutenant.
L'exemple des Romains m'autorise à le faire,
Le fameux Scipion le fut bien de son frère,
Et lorsque Antiochus fut par eux détrôné,
Sous les lois du plus jeune on vit marcher l'aîné.
Les bords de l'Hellespont, ceux de la mer Égée,
Le reste de l'Asie à nos côtés rangée,
Offrent une matière à son ambition...
FLAMINIUS.
Rome prend tout ce reste en sa protection,
Et vous n'y pouvez plus étendre vos conquêtes
Sans attirer sur vous d'effroyables tempêtes.
NICOMÈDE.
J'ignore sur ce point les volontés du roi :
Mais peut-être qu'un jour je dépendrai de moi,

Flaminius. Cette erreur du poëte, volontaire ou non, nous vaudra encore deux admirables vers de la même scène :

> Et si Flaminius en est le capitaine,
> On pourra lui trouver un lac de Trasimène.

1 Comme ces vers satiriques allaient au delà du but en faisant rire, on les a remplacés à la représentation par ceux-ci :

> On vient nous assurer qu'Attale a l'âme grande,
> Et tous les dons du ciel qui forment un grand roi.

Cette variante est de M. Andrieux. Il n'y a plus à rire, mais il n'y a pas de quoi applaudir. Ce sont là de tristes opérations à pratiquer.

2 *Roi* ne se rapporte pas à vertu, comme le prétend Voltaire, mais à armée, qui se trouve dans le vers précédent. Voltaire se hâte de critiquer avant d'avoir compris.

Et nous verrons alors l'effet de ces menaces.
  Vous pouvez cependant faire munir ces places,
Préparer un obstacle à mes nouveaux desseins,
Disposer de bonne heure un secours de Romains,
Et si Flaminius en est le capitaine,
Nous pourrons lui trouver un lac de Trasimène.

PRUSIAS.

Prince, vous abusez trop tôt de ma bonté :
Le rang d'ambassadeur doit être respecté,
Et l'honneur souverain qu'ici je vous défère...

NICOMÈDE.

Ou laissez-moi parler, sire, ou faites-moi taire.
Je ne sais point répondre autrement pour un roi
A qui dessus son trône on veut faire la loi.

PRUSIAS.

Vous m'offensez moi-même en parlant de la sorte,
Et vous devez dompter l'ardeur qui vous emporte.

NICOMÈDE.

Quoi! je verrai, seigneur, qu'on borne vos Etats,
Qu'au milieu de ma course on m'arrête le bras,
Que de vous menacer on a même l'audace,
Et je ne rendrai point menace pour menace!
Et je remercierai qui me dit hautement
Qu'il ne m'est plus permis de vaincre impunément[1]!

PRUSIAS, (à *Flaminius*.)

Seigneur, vous pardonnez aux chaleurs de son âge;
Le temps et la raison pourront le rendre sage.

NICOMÈDE.

La raison et le temps m'ouvrent assez les yeux,
Et l'âge ne fera que me les ouvrir mieux.
  Si j'avais jusqu'ici vécu comme ce frère,
Avec une vertu qui fût imaginaire,
(Car je l'appelle ainsi quand elle est sans effets,
Et l'admiration de tant d'hommes parfaits
Dont il a vu dans Rome éclater le mérite,
N'est pas grande vertu si l'on ne les imite);
Si j'avais donc vécu dans ce même repos
Qu'il a vécu dans Rome auprès de ses héros,
Elle me laisserait la Bithynie entière,
Telle que de tous temps l'aîné la tient d'un père,
Et s'empresserait moins à le faire régner,
Si vos armes sous moi n'avaient su rien gagner :
Mais parce qu'elle voit avec la Bithynie
Par trois sceptres conquis trop de puissance unie,
Il faut la diviser, et dans ce beau projet,
Ce prince est trop bien né pour vivre mon sujet!
Puisqu'il peut la servir à me faire descendre[2],

---

1 Quel langage et quels nobles sentiments! Il n'y a rien de plus beau dans Corneille que ces traits du rôle de Nicomède.
2 « Ce vers est inintelligible : à quoi se rapporte ce *la servir?* au dernier substantif, à la puissance de Nicomède, que Rome veut

ACTE II, SCÈNE III.

Il a plus de vertu que n'en eut Alexandre,
Et je lui dois quitter, pour le mettre en mon rang[1],
Le bien de mes aïeux, ou le prix de mon sang.
Grâces aux immortels, l'effort de mon courage
Et ma grandeur future ont mis Rome en ombrage :
Vous pouvez l'en guérir, seigneur, et promptement;
Mais n'exigez d'un fils aucun consentement :
Le maître qui prit soin d'instruire ma jeunesse[2]
Ne m'a jamais appris à faire une bassesse.

FLAMINIUS.

A ce que je puis voir, vous avez combattu,
Prince, par intérêt, plutôt que par vertu.
Les plus rares exploits que vous ayez pu faire
N'ont jeté qu'un dépôt sur la tête d'un père;
Il n'est que gardien[3] de leur illustre prix,
Et ce n'est que pour vous que vous avez conquis,
Puisque cette grandeur à son trône attachée
Sur nul autre que vous ne peut être épanchée.
Certes, je vous croyais un peu plus généreux :
Quand les Romains le sont, ils ne font rien pour eux.
Scipion, dont tantôt vous vantiez le courage,
Ne voulait point régner sur les murs de Carthage,
Et de tout ce qu'il fit pour l'empire romain
Il n'en eut que la gloire et le nom d'Africain.
Mais on ne voit qu'à Rome une vertu si pure;
Le reste de la terre est d'une autre nature.
Quant aux raisons d'État qui vous font concevoir
Que nous craignons en vous l'union du pouvoir,
Si vous en consultiez des têtes bien sensées,
Elles vous déferaient de ces belles pensées :
Par respect pour le roi je ne dis rien de plus,
Prenez quelque loisir de rêver là-dessus;
Laissez moins de fumée à vos feux militaires[4],

---

diviser. *Me faire descendre;* il faut dire d'où l'on descend : *Et, monté sur le faîte, il aspire à descendre.* » (*Voltaire.*) — Voltaire sait fort bien que *la* se rapporte à Rome. Corneille aurait évité toute obscurité en substituant *vous* à *la*.

[1] « On ne dit point *quitter à*, on dit *quitter pour : je dois quitter pour lui*, ou *je lui dois céder, laisser, abandonner.* » (*Voltaire.*) — Cette critique sur le mot *quitter* n'a pas de sens; *quitter* se dit fort bien pour *céder* : c'est la véritable acception de ce mot et son usage primitif. Molière a dit dans le même sens (*Tartufe*, act. II, sc. IV) :

Ma présence le chasse,
Et je ferai bien mieux de *lui quitter la place*.

C'est par des chicanes de ce genre qu'on appauvrit la langue et qu'on lui enlève ce qu'elle a de plus précieux, je veux dire ses idiotismes.

[2] Annibal.

[3] *Gardien* est ici de trois syllabes. C'est à tort.

[4] « La fumée des feux militaires est une figure trop bizarre. Le vers suivant est du bas comique. » (*Voltaire.*)

Et vous pourrez avoir des visions plus claires.
NICOMÈDE.
Le temps pourra donner quelque décision[1]
Si la pensée est belle, ou si c'est vision.
Cependant...
FLAMINIUS.
Cependant, si vous trouvez des charmes
A pousser plus avant la gloire de vos armes,
Nous ne la bornons point; mais comme il est permis
Contre qui que ce soit de servir ses amis,
Si vous ne le savez, je veux bien vous l'apprendre,
Et vous en donne avis pour ne vous pas surprendre.
Au reste, soyez sûr que vous posséderez
Tout ce qu'en votre cœur déjà vous dévorez;
Le Pont sera pour vous avec la Galatie,
Avec la Cappadoce, avec la Bithynie.
Ce bien de vos aïeux, ce prix de votre sang,
Ne mettront point Attale en votre illustre rang,
Et puisque leur partage est pour vous un supplice,
Rome n'a pas dessein de vous faire injustice.
Ce prince régnera sans rien prendre sur vous.
(à *Prusias.*)
La reine d'Arménie a besoin d'un époux,
Seigneur, l'occasion ne peut être plus belle;
Elle vit sous vos lois, et vous disposez d'elle.
NICOMÈDE.
Voilà le vrai secret de faire Attale roi,
Comme vous l'avez dit, sans rien prendre sur moi.
La pièce est délicate[2], et ceux qui l'ont tissue
A de si longs détours font une digne issue.
Je n'y réponds qu'un mot, étant sans intérêt.
Traitez cette princesse en reine comme elle est[3]:
Ne touchez point en elle aux droits du diadème,
Ou pour les maintenir je périrai moi-même.
Je vous en donne avis, et que jamais les rois,
Pour vivre en nos États, ne vivent sous nos lois,
Qu'elle seule en ces lieux d'elle-même dispose.
PRUSIAS.
N'avez-vous, Nicomède, à lui dire autre chose[4]?

1 Cette périphrase pour *décider* est évidemment amenée par la rime.

2 « Le mot de *pièce* ne dit point là ce que l'auteur a prétendu dire; c'est d'ailleurs une expression populaire lorsqu'elle signifie *intrigue.* » (*Voltaire.*) — L'expression est familière et non impropre, puisqu'on dit dans le sens de tromper, *faire pièce.*

3 « Il faut *comme elle l'est,* pour l'exactitude; mais *comme elle l'est* serait encore plus mauvais. » (*Voltaire.*) — *Comme* est pour *que,* or, *qu'elle est* serait non pas élégant, mais correct.

4 « Cette interrogation de Prusias, qui n'a rien dit pendant le cours de cette scène, n'a-t-elle pas quelque chose de comique? » (*Voltaire.*)

NICOMÈDE.

Non, seigneur, si ce n'est que la reine, après tout,
Sachant ce que je puis, me pousse trop à bout ¹.

PRUSIAS.

Contre elle, dans ma cour, que peut votre insolence?

NICOMÈDE.

Rien du tout, que garder ou rompre le silence.
Une seconde fois avisez, s'il vous plaît,
A traiter Laodice en reine comme elle est,
C'est moi qui vous en prie.

SCÈNE IV.

PRUSIAS, FLAMINIUS, ARASPE.

FLAMINIUS.

Eh quoi! toujours obstacle?

PRUSIAS.

De la part d'un amant ce n'est pas grand miracle².
Cet orgueilleux esprit, enflé de ses succès,
Pense bien de son cœur nous empêcher l'accès;
Mais il faut que chacun suive sa destinée.
L'amour entre les rois ne fait pas l'hyménée,
Et les raisons d'État, plus fortes que ses nœuds,
Trouvent bien les moyens d'en éteindre les feux³.

FLAMINIUS.

Comme elle a de l'amour, elle aura du caprice⁴.

PRUSIAS.

Non, non, je vous réponds, seigneur, de Laodice :
Mais enfin elle est reine, et cette qualité
Semble exiger de nous quelque civilité.
J'ai sur elle après tout une puissance entière,
Mais j'aime à la cacher sous le nom de prière.
Rendons-lui donc visite, et comme ambassadeur,

---

1 « Cette expression est encore comique, ou du moins familière ; Racine s'en est servi dans *Bajazet* :

. . . . . Poussons à bout l'ingrat.

Mais le mot *ingrat*, qui finit la phrase, la relève. Ce sont de petites nuances qui distinguent souvent le bon du mauvais. » (*Voltaire*.)

2 « *Toujours obstacle* n'est pas français, et *grand miracle* n'est pas noble. » (*Voltaire*.)

3 Corneille, dans ses dernières pièces, où tous les amours sont politiques, exprime cette même idée à satiété.

4 « Et ce vers et l'idée qu'il présente appartiennent absolument à la comédie. » (*Voltaire*.). Ce n'en est pas moins un enthymème parfaitement régulier.

Proposez cet hymen vous même à sa grandeur¹.
Je seconderai Rome, et veux vous introduire.
Puisqu'elle est en nos mains, l'amour ne vous peut nuire².
Allons de sa réponse à votre compliment
Prendre l'occasion de parler hautement³.

1 « Il semble qu'il appelle ici la reine Laodice *sa grandeur*, comme on dit *sa majesté, son altesse.* » (*Voltaire.*)
2 « L'auteur veut dire, *puisque Laodice est en nos mains.* » (*Voltaire.*)
3 Prusias est un père de comédie et de la trempe de Chrysale, des *Femmes Savantes*; il n'ose parler hautement ni à son fils, ni à Flaminius mais il va faire le brave avec Laodice.

FIN DU DEUXIÈME ACTE.

ACTE TROISIÈME.

SCÈNE I.

PRUSIAS, FLAMINIUS, LAODICE.

PRUSIAS.
Reine, puisque ce titre a pour vous tant de charmes,
Sa perte vous devrait donner quelques alarmes [1] :
Qui tranche trop du roi ne règne pas longtemps.
LAODICE.
J'observerai, seigneur, ces avis importants [2],
Et si jamais je règne, on verra la pratique
D'une si salutaire et noble politique.
PRUSIAS.
Vous vous mettez fort mal au chemin de régner.
LAODICE.
Seigneur, si je m'égare, on peut me l'enseigner.
PRUSIAS.
Vous méprisez trop Rome, et vous devriez faire
Plus d'estime d'un roi qui vous tient lieu de père.
LAODICE.
Vous verriez qu'à tous deux je rends ce que je doi,
Si vous vouliez mieux voir ce que c'est qu'être roi.
Recevoir ambassade en qualité de reine,
Ce serait à vos yeux faire la souveraine,
Entreprendre sur vous, et dedans votre État
Sur votre autorité commettre un attentat :
Je la refuse donc, seigneur, et me dénie
L'honneur qui ne m'est dû que dans mon Arménie.
C'est là que sur mon trône avec plus de splendeur
Je puis honorer Rome en son ambassadeur,
Faire réponse en reine, et comme le mérite
Et de qui l'on me parle, et qui m'en sollicite.
Ici c'est un métier que je n'entends pas bien [3] :

[1] L'auteur veut dire, *vous devriez craindre de le perdre.*
[2] On dit *observer des ordres, suivre des conseils,* mais *observer des avis* ne se dit pas.
[3] « Le mot *métier* ne peut être admis qu'avec une expression qui le fortifie, comme le *métier des armes.* Il est heureusement employé par Racine dans le sens le plus bas ; Athalie dit à Joas :
  Laissez là cet habit, quittez ce vil métier.
On ne peut exprimer plus fortement le mépris de cette reine pour le

Car hors de l'Arménie enfin je ne suis rien,
Et ce grand nom de reine ailleurs ne m'autorise
Qu'à n'y voir point de trône à qui je sois soumise,
A vivre indépendante, et n'avoir en tous lieux
Pour souverains que moi, la raison, et les dieux [1].

PRUSIAS.

Ces dieux vos souverains, et le roi votre père,
De leur pouvoir sur vous m'ont fait dépositaire,
Et vous pourrez peut-être apprendre une autre fois
Ce que c'est en tous lieux que la raison des rois.
Pour en faire l'épreuve allons en Arménie;
Je vais vous y remettre en bonne compagnie [2];
Partons, et dès demain, puisque vous le voulez,
Préparez-vous à voir vos pays désolés;
Préparez-vous à voir par toute votre terre
Ce qu'ont de plus affreux les fureurs de la guerre,
Des montagnes de morts, des rivières de sang [3].

LAODICE.

Je perdrai mes États, et garderai mon rang,
Et ces vastes malheurs où mon orgueil me jette
Me feront votre esclave, et non votre sujette :
Ma vie est en vos mains, mais non ma dignité.

PRUSIAS.

Nous ferons bien changer ce courage indompté,
Et quand vos yeux, frappés de toutes ces misères,
Verront Attale assis au trône de vos pères,
Alors, peut-être, alors vous le prierez en vain
Que pour y remonter il vous donne la main.

LAODICE.

Si jamais jusque-là votre guerre m'engage,
Je serai bien changée et d'âme et de courage.
Mais peut-être, seigneur, vous n'irez pas si loin :
Les dieux de ma fortune auront un peu de soin,
Ils vous inspireront, ou trouveront un homme
Contre tant de héros que vous prêtera Rome.

---

sacerdoce des Juifs. » (*Voltaire*.) — Le plus spirituel des pamphlétaires, Paul-Louis Courier, avait dit en parlant à un jeune prince : *ton métier sera de régner*; on lui en fit un crime, et il répondit : « Comment ne pas savoir que ce mot vulgaire de *métier* relève, ennoblit l'expression, par cela même qu'il est vulgaire, tellement qu'elle ne serait pas déplacée dans un poëme, une composition du genre le plus élevé, une ode à la louange du prince. »

1 Voltaire emploie le même tour dans ce passage de sa tragédie de *Brutus* :

Vous qui n'avez pour rois
Que les dieux de Numa, vos vertus et nos lois.

2 « C'est-à-dire accompagnée d'une armée : mais cette expression, pour vouloir être ironique, ne devient-elle pas comique ? » (*Voltaire*.)

3 Ici l'hyperbole va un peu loin ; mais Corneille ne va pas aussi loin que Brébeuf qui a dit :

De morts et de mourants cent montagnes plaintives.

ACTE III, SCÈNE I.

PRUSIAS.
Sur un présomptueux vous fondez votre appui ;
Mais il court à sa perte, et vous traîne avec lui.
 Pensez-y bien, madame, et faites-vous justice,
Choisissez d'être reine, ou d'être Laodice,
Et pour dernier avis que vous aurez de moi,
Si vous voulez régner, faites Attale roi.
Adieu.

SCÈNE II.

FLAMINIUS, LAODICE.

FLAMINIUS.
 Madame, enfin une vertu parfaite...
LAODICE.
Suivez le roi, seigneur, votre ambassade est faite,
Et je vous dis encor, pour ne vous point flatter,
Qu'ici je ne la dois ni la veux écouter.
FLAMINIUS.
Et je vous parle aussi, dans ce péril extrême,
Moins en ambassadeur qu'en homme qui vous aime,
Et qui, touché du sort que vous vous préparez,
Tâche à rompre le cours des maux où vous courez[1].
 J'ose donc comme ami vous dire en confidence
Qu'une vertu parfaite a besoin de prudence,
Et doit considérer, pour son propre intérêt,
Et les temps où l'on vit, et les lieux où l'on est.
La grandeur de courage en une âme royale
N'est sans cette vertu qu'une vertu brutale,
Que son mérite aveugle, et qu'un faux jour d'honneur
Jette en un tel divorce avec le vrai bonheur,
Qu'elle-même se livre à ce qu'elle doit craindre,
Ne se fait admirer que pour se faire plaindre,
Que pour nous pouvoir dire, après un grand soupir,
« J'avais droit de régner, et n'ai su m'en servir. »
Vous irritez un roi dont vous voyez l'armée
Nombreuse, obéissante, à vaincre accoutumée ;
Vous êtes en ses mains, vous vivez dans sa cour.
LAODICE.
Je ne sais si l'honneur eut jamais un faux jour,
Seigneur, mais je veux bien vous répondre en amie.
 Ma prudence n'est pas tout à fait endormie[2],

---

[1] *Courez* vient mal après le *cours* des maux. C'est une négligence.

[2] Cette *prudence endormie* n'a jamais été du style tragique.

Et sans examiner par quel destin jaloux
La grandeur de courage est si mal avec vous,
Je veux vous faire voir que celle que j'étale
N'est pas tant qu'il vous semble une vertu brutale ;
Que, si j'ai droit au trône, elle s'en veut servir,
Et sait bien repousser qui me le veut ravir.
  Je vois sur la frontière une puissante armée,
Comme vous l'avez dit, à vaincre accoutumée ;
Mais par quelle conduite, et sous quel général ?
Le roi, s'il s'en fait fort [1], pourrait s'en trouver mal,
Et s'il voulait passer de son pays au nôtre,
Je lui conseillerais de s'assurer d'une autre.
Mais je vis dans sa cour, je suis dans ses États,
Et j'ai peu de raison de ne le craindre pas [2].
Seigneur, dans sa cour même, et hors de l'Arménie,
La vertu trouve appui contre la tyrannie.
Tout son peuple a des yeux pour voir quel attentat
Font sur le bien public les maximes d'État :
Il connaît Nicomède, il connaît sa marâtre,
Il en sait, il en voit la haine opiniâtre ;
Il voit la servitude où le roi s'est soumis,
Et connaît d'autant mieux les dangereux amis [3].
  Pour moi, que vous croyez au bord du précipice,
Bien loin de mépriser Attale par caprice,
J'évite les mépris qu'il recevrait de moi
S'il tenait de ma main la qualité de roi.
Je le regarderais comme une âme commune,
Comme un homme mieux né pour une autre fortune,
Plus mon sujet qu'époux, et le nœud conjugal
Ne le tirerait pas de ce rang inégal.
Mon peuple à mon exemple en ferait peu d'estime.
Ce serait trop, seigneur, pour un cœur magnanime :
Mon refus lui fait grâce, et malgré ses désirs,
J'épargne à sa vertu d'éternels déplaisirs.

FLAMINIUS.

Si vous me dites vrai, vous êtes ici reine [4] :

mais elle fait sourire depuis le sonnet de Trissotin immortalisé par Molière :

    Votre prudence est endormie, etc.

  1 « *Se faire fort de quelque chose* ne peut être employé pour *s'en prévaloir* : il signifie, j'en réponds, je prends sur moi l'entreprise, je me flatte d'y réussir. » (*Voltaire.*) — Corneille emploie cette locution dans son sens primitif, et veut dire : *s'il (le roi) s'attribue la force de cette armée.*

  2 Ces deux vers renferment une objection à laquelle Laodice répond dans les vers suivants.

  3 « Ces vers sont ingénieusement placés pour préparer la révolte qui s'élève tout d'un coup au cinquième acte : reste à savoir s'ils la préparent assez, et s'ils suffisent pour la rendre vraisemblable. Mais *un attentat que des maximes d'État font sur le bien public* forme une phrase trop incorrecte, trop irrégulière, et ce n'est pas parler sa langue. » (*Voltaire.*)

  4 « Ces malheureuses contestations, ces froides discussions

ACTE III, SCÈNE II.

Sur l'armée et la cour je vous vois souveraine;
Le roi n'est qu'une idée [1], et n'a de son pouvoir
Que ce que par pitié vous lui laissez avoir.
Quoi! même vous allez jusques à faire grâce!
Après cela, madame, excusez mon audace;
Souffrez que Rome enfin vous parle par ma voix:
Recevoir ambassade est encor de vos droits;
Ou, si ce nom vous choque ailleurs qu'en Arménie,
Comme simple Romain souffrez que je vous die
Qu'être allié de Rome, et s'en faire un appui,
C'est l'unique moyen de régner aujourd'hui;
Que c'est par là qu'on tient ses voisins en contrainte,
Ses peuples en repos, ses ennemis en crainte;
Qu'un prince est dans son trône à jamais affermi
Quand il est honoré du nom de son ami;
Qu'Attale avec ce titre est plus roi, plus monarque
Que tous ceux dont le front ose en porter la marque,
Et qu'enfin...

LAODICE.
Il suffit: je vois bien ce que c'est [2]:
Tous les rois ne sont rois qu'autant comme il vous plaît [3];
Mais si de leurs États Rome à son gré dispose,
Certes pour son Attale elle fait peu de chose,
Et qui tient en sa main tant de quoi lui donner [4]
A mendier pour lui devrait moins s'obstiner.
Pour un prince si cher sa réserve m'étonne:
Que ne me l'offre-t-elle avec une couronne?
C'est trop m'importuner en faveur d'un sujet,
Moi qui tiendrais un roi pour un indigne objet,
S'il venait par votre ordre, et si votre alliance
Souillait entre ses mains la suprême puissance.
Ce sont des sentiments que je ne puis trahir;
Je ne veux point de rois qui sachent obéir,
Et puisque vous voyez mon âme tout entière,
Seigneur, ne perdez plus menace ni prière.

FLAMINIUS.
Puis-je ne pas vous plaindre en cet aveuglement?

politiques, qui ne mènent à rien, qui n'ont rien de tragique, rien d'intéressant, sont aujourd'hui bannies du théâtre. Flaminius et Laodice ne parlent ici que pour parler. Quelle différence entre Acomat dans *Bajazet*, et Flaminius dans *Nicomède!* Acomat se trouve entre Bajazet et Roxane, qu'il veut réunir, entre Roxane et Atalide, entre Atalide et Bajazet; comme il parle convenablement, prudemment, à tous les trois! et quel tragique dans tous ces intérêts! quelle force de raisons! quelle pureté de langage! quels vers admirables!» (*Voltaire.*)

1 Ce *roi*, qui n'est ici qu'une *idée*, c'est-à-dire une *image*, un *fantôme*, sera plus tard (act. V, sc. VI) un roi *en peinture*. Partout c'est un triste roi.

2 « Cela est du style comique: c'est en général celui de la pièce. » (*Voltaire.*)

3 Il faut *autant que*.

4 *Tant de quoi* est vulgaire.

Madame, encore un coup, pensez-y mûrement,
Songez mieux ce qu'est Rome et ce qu'elle peut faire,
Et si vous vous aimez, craignez de lui déplaire.
Carthage étant détruite, Antiochus défait,
Rien de nos volontés ne peut troubler l'effet :
Tout fléchit sur la terre, et tout tremble sur l'onde[1];
Et Rome est aujourd'hui la maîtresse du monde.

LAODICE.

La maîtresse du monde! Ah, vous me feriez peur
S'il ne s'en fallait pas l'Arménie et mon cœur[2],
Si le grand Annibal n'avait qui lui succède,
S'il ne revivait pas au prince Nicomède[3],
Et s'il n'avait laissé dans de si dignes mains
L'infaillible secret de vaincre les Romains.
Un si vaillant disciple aura bien le courage
D'en mettre jusqu'au bout les leçons en usage :
L'Asie en fait l'épreuve, où trois sceptres conquis
Font voir en quelle école il en a tant appris.
Ce sont des coups d'essai, mais si grands que peut-être
Le Capitole a droit d'en craindre un coup de maître[4],
Et qu'il ne puisse un jour...

FLAMINIUS.

Ce jour est encor loin,
Madame, et quelques-uns vous diront, au besoin,
Quels dieux du haut en bas renversent les profanes[5],
Et que même au sortir de Trébie et de Cannes,
Son ombre épouvanta votre grand Annibal[6].
Mais le voici ce bras à Rome si fatal.

---

1 « *Tout tremble sur l'onde* est ce qu'on appelle une cheville, malheureusement amenée par la rime, comme on l'a déjà remarqué tant de fois. » (*Voltaire.*) — Cette malheureuse rime rappelle involontairement le distique improvisé par le père Mallebranche.

2 Ce tour familier a ici beaucoup de noblesse, et les sentiments sont dignes de celle qui sera la femme de Nicomède. On ne comprend pas que Voltaire ait trouvé ici quelque chose de comique.

3 *Au prince*, « dans le prince : » remarquable exemple de la force et de l'étendue de la préposition *à* au siècle de Corneille.

4 Souvenir du *Cid* :

Ses pareils à deux fois ne se font pas connaître,
Et pour des coups d'essai veulent des coups de maître.

5 « Corneille parle évidemment des dieux à qui le Capitole était dédié, de ces dieux protecteurs qui le défendirent contre les Gaulois lorsque ces barbares se croyaient déjà maîtres de Rome. Par une figure hardie, et qui tient même du sublime, il suppose qu'après les journées malheureuses de Trébie et de Cannes, l'ombre seule de ce Capitole, si révéré des Romains, suffit pour effrayer Annibal, qui véritablement, malgré ses victoires, n'osa s'avancer au delà de Capoue. » (*Palissot.*)

6 Ces beaux vers paraissent un souvenir de Silius Italicus, un de ces poëtes de décadence qui ne déplaisait pas à Corneille :

« Cannas Trasimenuaque busta
Et Pauli stuero ingentem miraberis umbram. »

SCÈNE III.

NICOMÈDE, LAODICE, FLAMINIUS.

NICOMÈDE.
Ou Rome à ses agents donne un pouvoir bien large,
Ou vous êtes bien long à faire votre charge[1].
FLAMINIUS.
Je sais quel est mon ordre, et si j'en sors ou non,
C'est à d'autres qu'à vous que j'en rendrai raison.
NICOMÈDE.
Allez-y donc, de grâce, et laissez à ma flamme
Le bonheur à son tour d'entretenir madame[2] :
Vous avez dans son cœur fait de si grands progrès,
Et vos discours pour elle ont de si grands attraits,
Que sans de grands efforts je n'y pourrai détruire
Ce que votre harangue y voulait introduire.
FLAMINIUS.
Les malheurs où la plonge une indigne amitié
Me faisaient lui donner un conseil par pitié.
NICOMÈDE.
Lui donner de la sorte un conseil charitable,
C'est être ambassadeur et tendre et pitoyable[3].
Vous a-t-il conseillé beaucoup de lâchetés[4],
Madame ?
FLAMINIUS.
Ah ! c'en est trop, et vous vous emportez

---

1 « Ces deux vers ont été corrigés par les comédiens. Ce n'est plus ici une ironie qui peut quelquefois être ennoblie ; c'est une plaisanterie absolument indigne de la tragédie et de la comédie. » (*Voltaire.*) — M. Andrieux a substitué à cette antithèse comique les vers suivants :
> Ou Rome étend beaucoup les pouvoirs qu'elle donne,
> Ou vous en faites plus qu'elle ne vous ordonne.

2 « Cela est du comique le plus négligé. » (*Voltaire.*)

3 « Le mot *pitoyable* signifiait alors compatissant, aussi bien que *digne de pitié*. » (*Voltaire.*)

4 « Une grande partie de cette pièce est du style burlesque ; mais il y a de temps en temps un air de grandeur qui impose, et surtout qui intéresse pour Nicomède ; ce qui est un très-grand point. Au reste, jusqu'ici la plupart des scènes ne sont que des conversations assez étrangères à l'intrigue. En général, toute scène doit être une espèce d'action qui fait voir à l'esprit quelque chose de nouveau et d'intéressant. » (*Voltaire.*) — Voltaire parle de son maître avec bien de l'irrévérence. Le style de Nicomède n'a rien de burlesque ; c'est un mélange, souvent très-heureux, de familiarité et de grandeur, bien préférable à la pompe soutenue et monotone qui a prévalu chez les successeurs de Corneille et de Racine.

NICOMÈDE.
Je m'emporte ?

FLAMINIUS.
                Sachez qu'il n'est point de contrée
Où d'un ambassadeur la dignité sacrée...

NICOMÈDE.
Ne nous vantez plus tant son rang et sa splendeur :
Qui fait le conseiller n'est plus ambassadeur,
Il excède sa charge, et lui-même y renonce.
Mais dites-moi, madame, a-t-il eu sa réponse ?

LAODICE.
Oui, seigneur.

NICOMÈDE.
                Sachez donc que je ne vous prends plus
Que pour l'agent d'Attale, et pour Flaminius,
Et si vous me fâchiez, j'ajouterais peut-être
Que pour l'empoisonneur d'Annibal, de mon maître.
Voilà tous les honneurs que vous aurez de moi :
S'ils ne vous satisfont, allez vous plaindre au roi.

FLAMINIUS.
Il me fera justice[1], encor qu'il soit bon père ;
Ou Rome à son refus se la saura bien faire.

NICOMÈDE.
Allez de l'un et l'autre embrasser les genoux[2].

FLAMINIUS.
Les effets répondront : prince, pensez à vous.

SCÈNE IV.

NICOMÈDE, LAODICE.

NICOMÈDE.
Cet avis est plus propre à donner à la reine[3].
Ma générosité cède enfin à sa haine :
Je l'épargnais assez pour ne découvrir pas
Les infâmes projets de ses assassinats ;
Mais enfin on m'y force, et tout son crime éclate.
J'ai fait entendre au roi Zénon et Métrobate,
Et comme leur rapport a de quoi l'étonner,
Lui-même il prend le soin de les examiner.

LAODICE.
Je ne sais pas, seigneur, quelle en sera la suite

---

1 De cet hémistiche et du précédent Voltaire a composé un vers de satire qu'il place dans la bouche de le Franc de Pompignan :
    Je vais me plaindre au roi, qui me rendra justice.   (*La Vanité*.)
2 Les genoux de Prusias, soit, mais de Rome !
3 Nicomède doit prononcer ce vers quand Flaminius se retire.

ACTE III, SCÈNE IV.

Mais je ne comprends point toute cette conduite,
Ni comme à cet éclat la reine vous contraint.
Plus elle vous doit craindre, et moins elle vous craint,
Et plus vous la pouvez accabler d'infamie,
Plus elle vous attaque en mortelle ennemie.

NICOMÈDE.

Elle prévient ma plainte, et cherche adroitement
A la faire passer pour un ressentiment,
Et ce masque trompeur de fausse hardiesse
Nous déguise sa crainte, et couvre sa faiblesse.

LAODICE.

Les mystères de cour souvent sont si cachés,
Que les plus clairvoyants y sont bien empêchés [1].
Lorsque vous n'étiez point ici pour me défendre,
Je n'avais contre Attale aucun combat à rendre [2];
Rome ne songeait point à troubler notre amour :
Bien plus, on ne vous souffre ici que ce seul jour,
Et dans ce même jour Rome, en votre présence,
Avec chaleur pour lui presse mon alliance.
Pour moi, je ne vois goutte en ce raisonnement [3]
Qui n'attend point le temps de votre éloignement,
Et j'ai devant les yeux toujours quelque nuage
Qui m'offusque la vue, et m'y jette un ombrage.
Le roi chérit sa femme, il craint Rome, et pour vous.
S'il ne voit vos hauts faits d'un œil un peu jaloux,
Du moins, à dire tout, je ne saurais vous taire
Qu'il est trop bon mari pour être assez bon père [4].

---

1 « Rien n'est plus utile que de comparer : opposons à ces vers ceux que Junie dit à Britannicus, et qui expriment un sentiment à peu près semblable, quoique dans une circonstance différente :

> Je ne connais Néron et la cour que d'un jour;
> Mais, si j'ose le dire, hélas ! dans cette cour
> Combien tout ce qu'on dit est loin de ce qu'on pense !
> Que la bouche et le cœur sont peu d'intelligence !
> Avec combien de joie on y trahit sa foi !
> Quel séjour étranger et pour vous et pour moi !

Voilà le style de la nature; ce sont là des vers : c'est ainsi qu'on doit écrire. C'est une dispute bien inutile, bien puérile, que celle qui dura si longtemps entre les gens de lettres sur le mérite de Corneille et de Racine. Qu'importe à la connaissance de l'art, aux règles de la langue, à la pureté du style, à l'élégance des vers, que l'un soit venu le premier et soit parti de plus loin, et que l'autre ait trouvé la route aplanie? ces frivoles questions n'apprennent point comment il faut parler. Le but de ce commentaire, je ne puis trop le redire, est de tâcher de former des poètes, et de ne laisser aucun doute sur notre langue aux étrangers. » (*Voltaire.*)

2 Racine a adopté cette locution :

> Où sont-ils les combats que vous avez rendus?

3 « *Je ne vois goutte*, expression populaire et basse. » (*Voltaire.*)

4 « On ne s'exprimerait pas autrement dans une comédie. Jusqu'ici on ne voit qu'une petite intrigue et de petites jalousies. Ce qui est encore bien plus du ressort de la comédie, c'est cet Attale

Voyez quel contre-temps Attale prend ici[1] !
Qui l'appelle avec nous ? quel projet ? quel souci ?
Je conçois mal, seigneur, ce qu'il faut que j'en pense;
Mais j'en romprai le coup, s'il y faut ma présence.
Je vous quitte.

SCÈNE V.

NICOMÈDE, ATTALE, LAODICE.

ATTALE.
Madame, un si doux entretien
N'est plus charmant pour vous quand j'y mêle le mien.
LAODICE.
Votre importunité, que j'ose dire extrême,
Me peut entretenir en un autre moi-même :
Il connaît tout mon cœur, et répondra pour moi,
Comme à Flaminius il a fait pour le roi.

SCÈNE VI.

NICOMÈDE, ATTALE.

ATTALE.
Puisque c'est la chasser, seigneur, je me retire
NICOMÈDE.
Non, non, j'ai quelque chose aussi bien à vous dire,
Prince. J'avais mis bas, avec le nom d'aîné,
L'avantage du trône où je suis destiné,
Et voulant seul ici défendre ce que j'aime,
Je vous avais prié de l'attaquer de même,
Et de ne mêler point surtout dans vos desseins
Ni le secours du roi, ni celui des Romains.
Mais, ou vous n'avez pas la mémoire fort bonne,
Ou vous n'y mettez rien de ce qu'on vous ordonne[2].

qui vient n'ayant rien à dire, et à qui Laodice dit qu'il est un importun. » (*Voltaire*.) — Comment écrire ceci après la scène entre Nicomède et Flaminius ?

1 « On ne dit point *prendre un contre-temps*; et quand on le dirait, il ne faudrait pas se servir de ces tours trop familiers. » (*Voltaire*.) — *Contre-temps* signifie *temps contraire*; et dès lors on peut dire *prendre un contre-temps*, comme on dit *prendre un temps favorable*.

2 « Ces deux vers, ainsi que le dernier de cette scène, sont une ironie amère qui peut-être avilit trop le caractère d'Attale, que

ACTE III, SCÈNE VI.

ATTALE.

Seigneur, vous me forcez à m'en souvenir mal,
Quand vous n'achevez pas de rendre tout égal.
Vous vous défaites bien de quelques droits d'aînesse :
Mais vous défaites-vous du cœur de la princesse,
De toutes les vertus qui vous en font aimer,
Des hautes qualités qui savent tout charmer,
De trois sceptres conquis, du gain de six batailles,
Des glorieux assauts de plus de cent murailles?
Avec de tels seconds rien n'est pour vous douteux.
Rendez donc la princesse égale entre nous deux[1] :
Ne lui laissez plus voir ce long amas[2] de gloire
Qu'à pleines mains sur vous a versé la victoire,
Et faites qu'elle puisse oublier une fois
Et vos rares vertus et vos fameux exploits;
Ou contre son amour, contre votre vaillance,
Souffrez Rome et le roi dedans l'autre balance :
Le peu qu'ils ont gagné vous fait assez juger
Qu'ils n'y mettront jamais qu'un contre-poids léger.

NICOMÈDE.

C'est n'avoir pas perdu tout votre temps à Rome,
Que vous savoir ainsi défendre en galant homme :
Vous avez de l'esprit, si vous n'avez du cœur[3].

SCÈNE VII.

ARSINOÉ, NICOMÈDE, ATTALE, ARASPE.

ARASPE.

Seigneur, le roi vous mande.

NICOMÈDE.

Il me mande?

Corneille cependant veut rendre intéressant. Il paraît étonnant que Nicomède mette de la grandeur d'âme à injurier tout le monde, et qu'Attale, qui est brave et généreux, et qui va bientôt en donner des preuves, ait la complaisance de le souffrir » (*Voltaire.*)

1 « Il fallait : *rendez le combat égal.* » (*Voltaire.*) — *Égale* signifie *sans parti pris, indifférente, ne penchant d'aucun côté.*

2 « Boileau a dit, après Corneille :

> Mais, fussiez-vous issu d'Hercule en droite ligne,
> Si vous ne faites voir qu'une bassesse indigne,
> Ce *long amas* d'aïeux que vous diffamez tous
> Sont autant de témoins qui parlent contre vous. (*Sat.* V, v. 57.)

(*Voltaire.*) — Il faut avouer que, dans Corneille, *verser un long amas de gloire*, forme une métaphore assez incohérente.

3 « Il ne doit pas traiter son frère de poltron, puisque ce frère va faire une action très-belle, et que cet outrage même devrait l'empêcher de la faire. » (*Voltaire.*) — Voltaire ne remarque pas qu'Attale ne tourne à la générosité que lorsque Flaminius lui défend de songer à Laodice.

ARASPE.

Oui, seigneur.

ARSINOÉ.

Prince, la calomnie est aisée à détruire.

NICOMÈDE.

J'ignore à quel sujet vous m'en venez instruire,
Moi qui ne doute point de cette vérité,
Madame.

ARSINOÉ.

Si jamais vous n'en aviez douté,
Prince, vous n'auriez pas, sous l'espoir qui vous flatte,
Amené de si loin Zénon et Métrobate.

NICOMÈDE.

Je m'obstinais, madame, à tout dissimuler;
Mais vous m'avez forcé de les faire parler.

ARSINOÉ.

La vérité les force, et mieux que vos largesses.
Ces hommes du commun tiennent mal leurs promesses;
Tous deux en ont plus dit qu'ils n'avaient résolu.

NICOMÈDE.

J'en suis fâché pour vous, mais vous l'avez voulu.

ARSINOÉ.

Je le veux bien encore, et je n'en suis fâchée
Que d'avoir vu par là votre vertu tachée,
Et qu'il faille ajouter à vos titres d'honneur
La noble qualité de mauvais suborneur.

NICOMÈDE.

Je les ai subornés contre vous à ce compte?

ARSINOÉ.

J'en ai le déplaisir, vous en aurez la honte.

NICOMÈDE.

Et vous pensez par là leur ôter tout crédit?

ARSINOÉ.

Non, seigneur, je me tiens à ce qu'ils en ont dit.

NICOMÈDE.

Qu'ont-ils dit qui vous plaise, et que vous vouliez croire?

ARSINOÉ.

Deux mots de vérité qui vous comblent de gloire.

NICOMÈDE.

Peut-on savoir de vous ces deux mots importants?

ARASPE.

Seigneur, le roi s'ennuie, et vous tardez longtemps.

ARSINOÉ.

Vous les saurez de lui : c'est trop le faire attendre.

NICOMÈDE.

Je commence, madame, enfin à vous entendre :
Son amour conjugal, chassant le paternel [1],
Vous fera l'innocente, et moi le criminel.
Mais...

---

1 *Chassant le paternel* est prosaïque.

ACTE III, SCÈNE VII.

ARSINOÉ.
Achevez, seigneur : ce mais, que veut-il dire ?
NICOMÈDE.
Deux mots de vérité qui font que je respire.
ARSINOÉ.
Peut-on savoir de vous ces deux mots importants?
NICOMÈDE.
Vous les saurez du roi ; je tarde trop longtemps [1].

SCÈNE VIII.

ARSINOÉ, ATTALE.

ARSINOÉ.
Nous triomphons, Attale, et ce grand Nicomède
Voit quelle digne issue à ses fourbes succède [2].
Les deux accusateurs que lui-même a produits,
Que pour l'assassiner je dois avoir séduits,
Pour me calomnier subornés par lui-même,
N'ont pu bien soutenir un si noir stratagème :
Tous deux m'ont accusée, et tous deux avoué
L'infâme et lâche tour qu'un prince m'a joué.
Qu'en présence des rois les vérités sont fortes!
Que pour sortir d'un cœur elles trouvent de portes!
Qu'on en voit le mensonge aisément confondu!
Tous deux voulaient me perdre, et tous deux l'ont perdu.
ATTALE.
Je suis ravi de voir qu'une telle imposture
Ait laissé votre gloire et plus grande et plus pure;
Mais pour l'examiner, et bien voir ce que c'est,
Si vous pouviez vous mettre un peu hors d'intérêt,
Vous ne pourriez jamais, sans un peu de scrupule,
Avoir pour deux méchants une âme si crédule.
Ces perfides tous deux se sont dits aujourd'hui
Et subornés par vous, et subornés par lui :
Contre tant de vertus, contre tant de victoires,
Doit-on quelque croyance à des âmes si noires?
Qui se confesse traître est indigne de foi.
ARSINOÉ.
Vous êtes généreux, Attale, et je le voi,
Même de vos rivaux la gloire vous est chère.

1 Cette ritournelle ironique donne le dernier mot à Nicomède, mais ne le tire pas d'affaire.
2 « Cette fausse accusation, ménagée par Arsinoé, n'est pas sans quelque habileté ; mais elle est sans noblesse et sans tragique. Pourquoi les petits moyens déplaisent-ils, tandis que les grands crimes font tant d'effet? c'est que les uns inspirent la terreur, les autres le mépris. C'est par la même raison qu'on aime à entendre parler d'un conquérant plutôt que d'un voleur ordinaire.» (*Voltaire*)

ATTALE.
Si je suis son rival, je suis aussi son frère;
Nous ne sommes qu'un sang, et ce sang dans mon cœur
A peine à le passer pour calomniateur [1].

ARSINOÉ.
Et vous en avez moins à me croire assassine,
Moi, dont la perte est sûre à moins que sa ruine [2]!

ATTALE.
Si contre lui j'ai peine à croire ces témoins,
Quand ils vous accusaient je les croyais bien moins.
Votre vertu, madame, est au-dessus du crime.
Souffrez donc que pour lui je garde un peu d'estime.
La sienne dans la cour lui fait mille jaloux,
Dont quelqu'un a voulu le perdre auprès de vous [3],
Et ce lâche attentat n'est qu'un trait de l'envie
Qui s'efforce à noircir une si belle vie.
Pour moi (si par soi-même on peut juger d'autrui),
Ce que je sens en moi, je le présume en lui.
Contre un si grand rival j'agis à force ouverte,
Sans blesser son honneur, sans pratiquer sa perte.
J'emprunte du secours, et le fais hautement;
Je crois qu'il n'agit pas moins généreusement,
Qu'il n'a que les desseins où sa gloire l'invite,
Et n'oppose à mes vœux que son propre mérite.

ARSINOÉ.
Vous êtes peu du monde, et savez mal la cour.

ATTALE.
Est-ce autrement qu'en prince on doit traiter l'amour [4]?

ARSINOÉ.
Vous le traitez, mon fils, et parlez en jeune homme.

ATTALE.
Madame, je n'ai vu que des vertus à Rome.

ARSINOÉ.
Le temps vous apprendra, par de nouveaux emplois,
Quelles vertus il faut à la suite des rois.
Cependant si le prince est encor votre frère,
Souvenez-vous aussi que je suis votre mère,
Et malgré les soupçons que vous avez conçus,
Venez savoir du roi ce qu'il croit là-dessus.

1 « *A peine à le passer* n'est pas français : on dit, dans le comique, *je le passe pour honnête homme.* » (*Voltaire.*)
2 *Assassine*, comme substantif, n'est guère autorisé. *A moins que sa ruine* est concis, mais obscur : il signifie ; *si nous n'allons pas jusqu'à sa ruine* ; *à moins de* serait moins obscur, témoin ce vers du Ve acte, sc. IV :

Tout est perdu, madame, *à moins* d'un prompt remède,

3 *Dont*, par le moyen desquels.
4 Ce vers est obscur : il signifie : « est-ce qu'étant prince on doit traiter l'amour autrement que je ne le traite ? »

FIN DU TROISIÈME ACTE.

ACTE QUATRIÈME.

SCÈNE I[1].

PRUSIAS, ARSINOÉ, ARASPE.

PRUSIAS.
Faites venir le prince, Araspe.
                    (*Araspe rentre.*)
                              Et vous, madame,
Retenez des soupirs dont vous me percez l'âme.
Quel besoin d'accabler mon cœur de vos douleurs,
Quand vous y pouvez tout sans le secours des pleurs ?
Quel besoin que ces pleurs prennent votre défense ?
Douté-je de son crime ou de votre innocence ?
Et reconnaissez-vous que tout ce qu'il m'a dit
Par quelque impression ébranle mon esprit ?
ARSINOÉ.
Ah ! seigneur, est-il rien qui répare l'injure
Que fait à l'innocence un moment d'imposture ?
Et peut-on voir mensonge assez tôt avorté
Pour rendre à la vertu toute sa pureté ?
Il en reste toujours quelque indigne mémoire
Qui porte une souillure à la plus haute gloire[2].
Combien en votre cour est-il de médisants ?
Combien le prince a-t-il d'aveugles partisans,
Qui, sachant une fois qu'on m'a calomniée,
Croiront que votre amour m'a seul justifiée ?
Et si la moindre tache en demeure à mon nom,
Si le moindre du peuple en conserve un soupçon,

---

1 « Arsinoé joue précisément le rôle de la femme du *Malade imaginaire*, et Prusias celui du *Malade*, qui croit sa femme. Très-souvent des scènes tragiques ont le même fond que des scènes de comédie : c'est alors qu'il faut faire les plus grands efforts pour fortifier par le style la faiblesse du sujet. On ne peut cacher entièrement le défaut, mais on l'orne, on l'embellit par le charme de la poésie : ainsi dans *Mithridate*, dans *Britannicus*, etc. » (*Voltaire.*)
2 J.-B. Rousseau (*Epître aux Muses*) exprime la même idée en parlant de la calomnie :

> La plaie est faite, et quoiqu'il en guérisse,
> On en verra toujours la cicatrice.

Suis-je digne de vous? et de telles alarmes
Touchent-elles trop peu pour mériter mes larmes?

PRUSIAS.

Ah! c'est trop de scrupule, et trop mal présumer
D'un mari qui vous aime, et qui vous doit aimer.
La gloire est plus solide après la calomnie,
Et brille d'autant mieux qu'elle s'en vit ternie.
Mais voici Nicomède, et je veux qu'aujourd'hui...

SCÈNE II.

PRUSIAS, ARSINOÉ, NICOMÈDE, ARASPE, GARDES.

ARSINOÉ.

Grâce, grâce, seigneur, à notre unique appui!
Grâce à tant de lauriers en sa main si fertiles!
Grâce à ce conquérant, à ce preneur de villes!
Grâce...

NICOMÈDE.

De quoi, madame? est-ce d'avoir conquis
Trois sceptres, que ma perte expose à votre fils [1]?
D'avoir porté si loin vos armes dans l'Asie,
Que même votre Rome en a pris jalousie?
D'avoir trop soutenu la majesté des rois?
Trop rempli votre cour du bruit de mes exploits?
Trop du grand Annibal pratiqué les maximes?
S'il faut grâce pour moi, choisissez de mes crimes,
Les voilà tous, madame, et si vous y joignez
D'avoir cru des méchants par quelque autre gagnés,
D'avoir une âme ouverte, une franchise entière,
Qui, dans leur artifice, a manqué de lumière,
C'est gloire et non pas crime à qui ne voit le jour
Qu'au milieu d'une armée, et loin de votre cour,
Qui n'a que la vertu de son intelligence [2],
Et vivant sans remords, marche sans défiance.

ARSINOÉ.

Je m'en dédis, seigneur: il n'est point criminel.
S'il m'a voulu noircir d'un opprobre éternel,
Il n'a fait qu'obéir à la haine ordinaire
Qu'imprime à ses pareils le nom de belle-mère.
De cette aversion son cœur préoccupé
M'impute tous les traits dont il se sent frappé.
Que son maître Annibal, malgré la foi publique,
S'abandonne aux fureurs d'une terreur panique,

---

[1] *Expose* ne dit pas exactement *fait passer* ou *livre*, et c'est ce qu'il fallait dire.

[2] « Cela veut dire: *qui ne s'entend qu'avec la vertu.*» (*Voltaire.*)

Que ce vieillard confie et gloire et liberté
Plutôt au désespoir qu'à l'hospitalité,
Ces terreurs, ces fureurs, sont de mon artifice.
Quelque appas que lui-même il trouve en Laodice,
C'est moi qui fais qu'Attale a des yeux comme lui ;
C'est moi qui force Rome à lui servir d'appui ;
De cette seule main part tout ce qui le blesse,
Et pour venger ce maître et sauver sa maîtresse,
S'il a tâché, seigneur, de m'éloigner de vous,
Tout est trop excusable en un amant jaloux.
Ce faible et vain effort ne touche point mon âme.
Je sais que tout mon crime est d'être votre femme ;
Que ce nom seul l'oblige à me persécuter :
Car enfin hors de là que peut-il m'imputer?
Ma voix, depuis dix ans qu'il commande une armée,
A-t-elle refusé d'enfler sa renommée !
Et lorsqu'il l'a fallu puissamment secourir,
Que la moindre longueur l'aurait laissé périr,
Quel autre a mieux pressé les secours nécessaires?
Qui l'a mieux dégagé de ses destins contraires?
A-t-il eu près de vous un plus soigneux agent
Pour hâter les renforts et d'hommes et d'argent?
Vous le savez, seigneur, et pour reconnaissance,
Après l'avoir servi de toute ma puissance,
Je vois qu'il a voulu me perdre auprès de vous :
Mais tout est excusable en un amant jaloux :
Je vous l'ai déjà dit.

PRUSIAS.
Ingrat, que peux-tu dire¹?
NICOMÈDE.
Que la reine a pour moi des bontés que j'admire.
Je ne vous dirai point que ces puissants secours
Dont² elle a conservé mon honneur et mes jours,
Et qu'avec tant de pompe à vos yeux elle étale,
Travaillaient par ma main à la grandeur d'Attale ;
Que par mon propre bras elle amassait pour lui,
Et préparait dès lors ce qu'on voit aujourd'hui.
Par quelques sentiments qu'elle aye été poussée,
J'en laisse le ciel juge, il connaît sa pensée ;
Il sait pour mon salut comme elle a fait des vœux ;
Il lui rendra justice, et peut-être à tous deux.
Cependant, puisque enfin l'apparence est si belle,
Elle a parlé pour moi, je dois parler pour elle,
Et pour son intérêt vous faire souvenir
Que vous laissez longtemps deux méchants à punir.
Envoyez Métrobate et Zénon au supplice.
Sa gloire attend de vous ce digne sacrifice :

1 Prusias parle comme Orgon : Molière a reproduit cette situation dans son *Tartufe* : l'hypocrite demandant la grâce de Damis à son père abusé ressemble parfaitement à Arsinoé.
2 *Dont*, par lesquels.

Tous deux l'ont accusée, et s'ils s'en sont dédits
Pour la faire innocente et charger votre fils,
Ils n'ont rien fait pour eux, et leur mort est trop juste
Après s'être joués d'une personne auguste.
L'offense une fois faite à ceux de notre rang
Ne se répare point que par des flots de sang [1] :
On n'en fut jamais quitte ainsi pour s'en dédire.
Il faut sous les tourments que l'imposture expire
Ou vous exposeriez tout votre sang royal
A la légèreté d'un esprit déloyal.
L'exemple est dangereux et hasarde nos vies,
S'il met en sûreté de telles calomnies [2].

ARSINOÉ.

Quoi! seigneur, les punir de la sincérité
Qui soudain dans leur bouche a mis la vérité,
Qui vous a contre moi sa fourbe découverte,
Qui vous rend votre femme et m'arrache à ma perte,
Qui vous a retenu d'en prononcer l'arrêt;
Et couvrir tout cela de mon seul intérêt!
C'est être trop adroit, prince, et trop bien l'entendre [3].

PRUSIAS.

Laisse là Métrobate, et songe à te défendre.
Purge-toi d'un forfait si honteux et si bas.

NICOMÈDE.

M'en purger! moi, seigneur! vous ne le croyez pas [4]!
Vous ne savez que trop qu'un homme de ma sorte,
Quand il se rend coupable, un peu plus haut se porte,
Qu'il lui faut un grand crime à tenter son devoir [5],
Où sa gloire se sauve à l'ombre du pouvoir.

1 *Point* ne se mettrait pas aujourd'hui ; mais on peut regretter cette forme de proposition négative, où *que* équivaut à *si ce n'est que*.

2 « L'expression propre était : *s'il laisse de telles calomnies impunies*. On ne met point la calomnie en sûreté, on l'enhardit par l'impunité. » (*Voltaire*.)

3 « Ce ton bourgeois rend encore le rôle d'Arsinoé plus bas et plus petit. L'accusation d'un assassinat devait au moins jeter du tragique dans la pièce ; mais il y produit à peine un faible intérêt de curiosité. » (*Voltaire*.)

4 « Ce vers est beau, noble, convenable au caractère et à la situation, il fait voir tous les défauts précédents. » (*Voltaire*.) — « Ce vers est si beau, que Voltaire s'en est ressouvenu dans *OEdipe*, en faisant dire à Jocaste par Philoctète :

Qui? moi, de tels forfaits! moi, des assassinats !
Et que de votre époux... vous ne le croyez pas !

(*Palissot*.)

5 « *Un homme de sa sorte, qui un peu plus haut se porte, et à qui il faut un grand crime à tenter son devoir*, n'a pas un style digne de ce beau vers :

M'en purger! moi, seigneur! vous ne le croyez pas.

Il y a de la grandeur dans ce que dit Nicomède ; mais il faut que la grandeur et la pureté du style répondent. » (*Voltaire*.)

Soulever votre peuple, et jeter votre armée
Dedans les intérêts d'une reine opprimée;
Venir, le bras levé, la tirer de vos mains,
Malgré l'amour d'Attale et l'effort des Romains,
Et fondre en vos pays contre leur tyrannie
Avec tous vos soldats et toute l'Arménie;
C'est ce que pourrait faire un homme tel que moi,
S'il pouvait se résoudre à vous manquer de foi.
La fourbe n'est le jeu que des petites âmes,
Et c'est là proprement le partage des femmes.
　Punissez donc, seigneur, Métrobate et Zénon;
Pour la reine, ou pour moi, faites-vous-en raison.
A ce dernier moment la conscience presse;
Pour rendre compte aux dieux tout respect humain cesse [1],
Et ces esprits légers, approchant des abois [2],
Pourraient bien se dédire une seconde fois.

ARSINOÉ.
Seigneur...
　　　　　NICOMÈDE.
　　　　Parlez, madame, et dites quelle cause
A leur juste supplice obstinément s'oppose;
Ou laissez-nous penser qu'aux portes du trépas
Ils auraient des remords qui ne vous plairaient pas.

ARSINOÉ.
Vous voyez à quel point sa haine m'est cruelle;
Quand je le justifie, il me fait criminelle :
Mais sans doute, seigneur, ma présence l'aigrit,
Et mon éloignement remettra son esprit :
Il rendra quelque calme à son cœur magnanime,
Et lui pourra sans doute épargner plus d'un crime.
　Je ne demande point que par compassion
Vous assuriez un sceptre à ma protection [3],
Ni que, pour garantir la personne d'Attale,
Vous partagiez entre eux la puissance royale :
Si vos amis de Rome en ont pris quelque soin,
C'était sans mon aveu, je n'en ai pas besoin.
Je n'aime point si mal que de ne vous pas suivre [4],
Sitôt qu'entre mes bras vous cesserez de vivre,
Et sur votre tombeau mes premières douleurs
Verseront tout ensemble et mon sang et mes pleurs.

---

　1 « Ces idées sont belles et justes. » (*Voltaire.*)
　2 « Cette expression *des abois*, qui, par elle-même, n'est pas noble, n'est plus d'usage aujourd'hui. » (*Voltaire.*) — Corneille l'a déjà employée dans *Polyeucte*. C'est une métaphore tirée, comme disait Montaigne, du jargon des chasses.
　3 « Le sens n'est pas assez clair; elle veut dire : *que ma protection assure le sceptre à mon fils.* » (*Voltaire.*)
　4 « Cela n'est pas français : il fallait : *je vous aime trop pour ne vous pas suivre* : ou plutôt il ne fallait pas exprimer ce sentiment, qui est admirable quand il est vrai, ridicule quand il est faux. » (*Voltaire.*)

PRUSIAS.

Ah ! madame !

ARSINOÉ.

Oui, seigneur, cette heure infortunée
Par vos derniers soupirs clora ma destinée,
Et puisque ainsi jamais il ne sera mon roi,
Qu'ai-je à craindre de lui ? que peut-il contre moi ?
Tout ce que je demande en faveur de ce gage,
De ce fils qui déjà lui donne tant d'ombrage,
C'est que chez les Romains il retourne achever
Des jours que dans leur sein vous fîtes élever ;
Qu'il retourne y traîner, sans péril et sans gloire,
De votre amour pour moi l'impuissante mémoire.
Ce grand prince vous sert, et vous servira mieux
Quand il n'aura plus rien qui lui blesse les yeux :
Et n'appréhendez point Rome, ni sa vengeance ;
Contre tout son pouvoir il a trop de vaillance :
Il sait tous les secrets du fameux Annibal,
De ce héros à Rome en tous lieux si fatal
Que l'Asie et l'Afrique admirent l'avantage
Qu'en tire Antiochus, et qu'en reçut Carthage.
Je me retire donc, afin qu'en liberté
Les tendresses du sang pressent votre bonté,
Et je ne veux plus voir ni qu'en votre présence
Un prince que j'estime indignement m'offense,
Ni que je sois forcée à vous mettre en courroux
Contre un fils si vaillant et si digne de vous.

SCÈNE III.

PRUSIAS, NICOMÈDE, ARASPE.

PRUSIAS.

Nicomède, en deux mots, ce désordre me fâche [1].
Quoi qu'on t'ose imputer, je ne te crois point lâche
Mais donnons quelque chose à Rome qui se plaint,
Et tâchons d'assurer la reine qui te craint [2].
J'ai tendresse pour toi, j'ai passion pour elle,
Et je ne veux pas voir cette haine éternelle,

---

[1] « Le mot *fâcher* est bien bourgeois. Ce vers comique et trivial jette du ridicule sur le caractère de Prusias, et fait trop apercevoir au spectateur que toute l'intrigue de cette tragédie n'est qu'une tracasserie. » (*Voltaire.*) — Le mérite en est plus grand de l'avoir rendue intéressante.

[2] « Le mot d'*assurer* n'est pas français ici ; il faut *de rassurer* : on assure une vérité ; on rassure une âme intimidée. » (*Voltaire.*) — Cette décision de Voltaire est contredite par une foule d'exemples, et notamment par ce vers :

O bonté qui m'assure autant qu'elle m'honore !

ACTE IV, SCÈNE III.

Ni que des sentiments que j'aime à voir durer
Ne règnent dans mon cœur que pour le déchirer.
J'y veux mettre d'accord l'amour et la nature :
Être père et mari dans cette conjoncture...

NICOMÈDE.

Seigneur, voulez-vous bien vous en fier à moi?
Ne soyez l'un ni l'autre.

PRUSIAS.

Et que dois-je être?

NICOMÈDE.

Roi.

Reprenez hautement ce noble caractère.
Un véritable roi n'est ni mari ni père;
Il regarde son trône, et rien de plus. Régnez;
Rome vous craindra plus que vous ne la craignez [1].
Malgré cette puissance et si vaste et si grande,
Vous pouvez déjà voir comme elle m'appréhende,
Combien en me perdant elle espère gagner,
Parce qu'elle prévoit que je saurai régner.

PRUSIAS.

Je règne donc, ingrat, puisque tu me l'ordonnes;
Choisis, ou Laodice, ou mes quatre couronnes !
Ton roi fait ce partage entre ton frère et toi;
Je ne suis plus ton père, obéis à ton roi.

NICOMÈDE.

Si vous étiez aussi le roi de Laodice
Pour l'offrir à mon choix avec quelque justice,
Je vous demanderais le loisir d'y penser :
Mais enfin pour vous plaire, et ne pas l'offenser
J'obéirai, seigneur, sans répliques frivoles,
A vos intentions, et non à vos paroles.
A ce frère si cher transportez tous mes droits,
Et laissez Laodice en liberté du choix.
Voilà quel est le mien.

PRUSIAS.

Quelle bassesse d'âme !
Quelle fureur t'aveugle en faveur d'une femme?
Tu la préfères, lâche ! à ces prix glorieux
Que ta valeur unit au bien de tes aïeux !
Après cette infamie es-tu digne de vivre [2]?

---

[1] « Il n'y a peut-être rien de plus beau que ce passage dans les meilleures pièces de Corneille. Ce vrai sublime fait sentir combien l'ampoulé doit déplaire aux esprits bien faits. Il n'y a pas un mot dans ces quatre vers qui ne soit simple et noble; rien de trop ni de trop peu; l'idée est grande, vraie, bien placée, bien exprimée. Je ne connais point dans les anciens de passage qui l'emporte sur celui-ci. Il fallait que toute la pièce fût sur ce ton héroïque. Je ne veux pas dire que tout doive tendre au sublime, car alors il n'y en aurait point; mais tout doit être noble. Nicomède insulte ici un peu son père, mais Prusias le mérite. » (*Voltaire.*)

[2] « Prusias ne doit point traiter son fils de lâche, ni lui dire qu'il *est indigne de vivre après cette infamie* : il doit avoir assez

NICOMÈDE.
Je crois que votre exemple est glorieux à suivre :
Ne préférez-vous pas une femme à ce fils
Par qui tous ces États aux vôtres sont unis?

PRUSIAS.
Me vois-tu renoncer pour elle au diadème?

NICOMÈDE.
Me voyez-vous pour l'autre y renoncer moi-même?
Que cédé-je à mon frère en cédant vos États?
Ai-je droit d'y prétendre avant votre trépas?
Pardonnez-moi ce mot, il est fâcheux à dire :
Mais un monarque enfin comme un autre homme expire[1];
Et vos peuples alors, ayant besoin d'un roi,
Voudront choisir peut-être entre ce prince et moi.
Seigneur, nous n'avons pas si grande ressemblance,
Qu'il faille de bons yeux pour y voir différence,
Et ce vieux droit d'aînesse est souvent si puissant,
Que pour remplir un trône il rappelle un absent.
Que si leurs sentiments se règlent sur les vôtres,
Sous le joug de vos lois j'en ai bien rangé d'autres,
Et dussent vos Romains en être encor jaloux,
Je ferai bien pour moi ce que j'ai fait pour vous.

PRUSIAS.
J'y donnerai bon ordre.

NICOMÈDE.
Oui, si leur artifice
De votre sang par vous se fait un sacrifice ;
Autrement vos États à ce prince livrés
Ne seront en ses mains qu'autant que vous vivrez.
Ce n'est point en secret que je vous le déclare ;
Je le dis à lui-même, afin qu'il s'y prépare :
Le voilà qui m'entend.

PRUSIAS.
Va, sans verser mon sang,
Je saurai bien, ingrat, l'assurer en ce rang,
Et demain...

---

d'esprit pour entendre ce que lui dit son fils, et que ce prince lui explique bientôt après. » (*Voltaire*.)

1 « Quoique ce vers soit un peu prosaïque, il est si vrai, si ferme, si naturel, si convenable au caractère de Nicomède, qu'il doit plaire beaucoup, ainsi que le reste de la tirade. On aime ces vérités dures et fières, surtout quand elles sont dans la bouche d'un personnage qui les relève encore par sa situation. » (*Voltaire*.) — On doit regretter que Voltaire n'ait pas toujours pris à cœur, comme dans cette note, de balancer le blâme par l'éloge : son commentaire en aurait plus de prix. En jugeant une pièce aussi extraordinaire que *Nicomède*, il ne convenait pas de chicaner sur des détails, mais de faire remarquer, outre l'originalité de la conception, l'adresse avec laquelle le poëte côtoie la comédie sans jamais y entrer. Le grand nom de Corneille devait retenir la malignité et la mauvaise humeur de Voltaire.

SCÈNE IV.

PRUSIAS, NICOMÈDE, ATTALE, FLAMINIUS, ARASPE,
GARDES.

FLAMINIUS.
Si pour moi vous êtes en colère,
Seigneur, je n'ai reçu qu'une offense légère :
Le sénat en effet pourra s'en indigner ;
Mais j'ai quelques amis qui sauront le gagner.
PRUSIAS.
Je lui ferai raison, et dès demain Attale
Recevra de ma main la puissance royale :
Je le fais roi de Pont et mon seul héritier.
Et quant à ce rebelle, à ce courage fier [1],
Rome entre vous et lui jugera de l'outrage :
Je veux qu'au lieu d'Attale il lui serve d'otage,
Et pour l'y mieux conduire, il vous sera donné,
Sitôt qu'il aura vu son frère couronné [2].
NICOMÈDE.
Vous m'enverrez à Rome !
PRUSIAS.
On t'y fera justice.
Va, va lui demander ta chère Laodice.
NICOMÈDE.
J'irai, j'irai, seigneur, vous le voulez ainsi,
Et j'y serai plus roi que vous n'êtes ici.
FLAMINIUS.
Rome sait vos hauts faits et déjà vous adore [3].
NICOMÈDE.
Tout beau, Flaminius [4] ! je n'y suis pas encore :
La route en est mal sûre, à tout considérer,
Et qui m'y conduira pourrait bien s'égarer.
PRUSIAS.
Qu'on le remène, Araspe, et redoublez sa garde

---

1 *Fier* ne rime pas avec *héritier*.

2 « Pourquoi cette idée soudaine d'envoyer Nicomède à Rome ? elle paraît bizarre. Flaminius ne l'a point demandé, il n'en a jamais été question. Prusias est un peu comme les vieillards de comédie, qui prennent des résolutions outrées, quand on leur a reproché d'être trop faibles. Il est bien lâche, dans sa colère, de remettre son fils aîné entre les mains de Flaminius, son ennemi. » (*Voltaire.*) — Cette idée de Prusias est un trait de caractère. Rien n'est plus près de la violence que la faiblesse.

3 « Autre ironie, aussi froide que le mot *vous adore* est déplacé. »

4 Voy. ci-dessus la note sur *tout beau* de Polyeucte.

(*à Attale.*)
Toi, rends grâces à Rome, et sans cesse regarde
Que, comme son pouvoir est la source du tien,
En perdant son appui tu ne seras plus rien.
　Vous, seigneur, excusez si, me trouvant en peine
De quelques déplaisirs que m'a fait voir la reine,
Je vais l'en consoler, et vous laisse avec lui.
Attale, encore un coup, rends grâce à ton appui.

SCÈNE V.

FLAMINIUS, ATTALE.

ATTALE.
Seigneur, que vous dirai-je après des avantages
Qui sont même trop grands pour les plus grands courages.
Vous n'avez point de borne [1], et votre affection
Passe votre promesse et mon ambition.
Je l'avouerai pourtant, le trône de mon père
Ne fait pas le bonheur que plus je considère :
Ce qui touche mon cœur, ce qui charme mes sens,
C'est Laodice acquise à mes vœux innocents.
La qualité de roi qui me rend digne d'elle...
FLAMINIUS.
Ne rendra pas son cœur à vos vœux moins rebelle.
ATTALE.
Seigneur, l'occasion fait un cœur différent :
D'ailleurs, c'est l'ordre exprès de son père mourant,
Et par son propre aveu la reine d'Arménie
Est due à l'héritier du roi de Bithynie.
FLAMINIUS.
Ce n'est pas loi pour elle, et reine comme elle est,
Cet ordre, à bien parler, n'est que ce qui lui plaît.
Aimerait-elle en vous l'éclat d'un diadème
Qu'on vous donne aux dépens d'un grand prince qu'elle aime;
En vous qui la privez d'un si cher protecteur;
En vous qui de sa chute êtes l'unique auteur?
ATTALE.
Ce prince hors d'ici, seigneur, que fera-t-elle?
Qui contre Rome et nous soutiendra sa querelle?
Car j'ose me promettre encor votre secours.
FLAMINIUS.
Les choses quelquefois prennent un autre cours;

[1] Cette expression manque d'élégance et de clarté ; *vous n'avez point de borne* signifie : « vous n'êtes point borné ; » et ce n'est pas ainsi que Corneille l'entend ; il veut dire : « votre générosité n'a point de bornes. »

ACTE IV, SCÈNE V.

Pour ne vous point flatter, je n'en veux pas répondre.
ATTALE.
Ce serait bien, seigneur, de tout point me confondre,
Et je serais moins roi qu'un objet de pitié [1],
Si le bandeau royal m'ôtait votre amitié.
Mais je m'alarme trop, et Rome est plus égale :
N'en avez-vous pas l'ordre ?
FLAMINIUS.
Oui, pour le prince Attale,
Pour un homme en son sein nourri dès le berceau
Mais pour le roi de Pont il faut ordre nouveau.
ATTALE.
Il faut ordre nouveau! Quoi! se pourrait-il faire
Qu'à l'œuvre de ses mains Rome devînt contraire;
Que ma grandeur naissante y fît quelque jaloux ?
FLAMINIUS.
Que présumez-vous, prince ? et que me dites-vous ?
ATTALE.
Vous-même dites-moi comme il faut que j'explique
Cette inégalité de votre république.
FLAMINIUS.
Je vais vous l'expliquer, et veux bien vous guérir
D'une erreur dangereuse où vous semblez courir.
Rome qui vous servait auprès de Laodice,
Pour vous donner son trône eût fait une injustice;
Son amitié pour vous lui faisait cette loi :
Mais par d'autres moyens elle vous a fait roi,
Et le soin de sa gloire à présent la dispense
De se porter pour vous à cette violence.
Laissez donc cette reine en pleine liberté,
Et tournez vos désirs de quelque autre côté.
Rome de votre hymen prendra soin elle-même.
ATTALE.
Mais s'il arrive enfin que Laodice m'aime ?
FLAMINIUS.
Ce serait mettre encor Rome dans le hasard
Que l'on crût artifice ou force de sa part [2];
Cet hymen jetterait une ombre sur sa gloire.
Prince, n'y pensez plus, si vous m'en pouvez croire.
Ou, si de mes conseils vous faites peu d'état,
N'y pensez plus du moins sans l'aveu du sénat.
ATTALE.
A voir quelle froideur à tant d'amour succède,
Rome ne m'aime pas; elle hait Nicomède [3],
Et lorsqu'à mes désirs elle a feint d'applaudir,

---

1 Il faut *un* devant *roi*, ou il ne le faut pas devant *objet de pitié*.

2 « La plupart de tous ces vers sont des barbarismes : celui-ci en est un ; il veut dire : *ce serait exposer le sénat à passer pour un fourbe ou pour un tyran.* » (*Voltaire*.)

3 « Ce vers excellent est fait pour servir de maxime à jamais. »

Elle a voulu le perdre, et non pas m'agrandir.

FLAMINIUS.

Pour ne vous faire pas de réponse trop rude
Sur ce beau coup d'essai de votre ingratitude,
Suivez votre caprice, offensez-vos amis;
Vous êtes souverain, et tout vous est permis :
Mais puisque enfin ce jour vous doit faire connaître
Que Rome vous a fait ce que vous allez être,
Que, perdant son appui, vous ne serez plus rien,
Que le roi vous l'a dit, souvenez-vous-en bien.

SCÈNE VI.

ATTALE.

Attale, était-ce ainsi que régnaient tes ancêtres [1]?
Veux-tu le nom de roi pour avoir tant de maîtres?
Ah! ce titre à ce prix déjà m'est importun :
S'il nous en faut avoir, du moins n'en ayons qu'un.
Le ciel nous l'a donné trop grand, trop magnanime,
Pour souffrir qu'aux Romains il serve de victime.
Montrons-leur hautement que nous avons des yeux,
Et d'un si rude joug affranchissons ces lieux.
Puisqu'à leurs intérêts tout ce qu'ils font s'applique,
Que leur vaine amitié cède à leur politique,
Soyons à notre tour de leur grandeur jaloux,
Et comme ils font pour eux faisons aussi pour nous [2].

---

[1] « Dans ce monologue, qui prépare le dénoûment, on aime à voir le prince Attale prendre les sentiments qui conviennent au fils d'un roi, qui va régner lui-même. Le monologue plaît, parce qu'il est noble. Cependant, je ne sais s'il n'eût pas mieux valu qu'Attale eût puisé ces nobles sentiments dans son caractère, à la vue des lâches intrigues qu'on faisait, même en sa faveur, contre son frère. » (*Voltaire.*) — Cette combinaison aurait justifié les précédentes critiques de Voltaire sur les railleries de Nicomède contre son frère. Mais Corneille a su ce qu'il faisait.

[2] « Ce vers est encore du style comique. » (*Voltaire.*)

FIN DU QUATRIÈME ACTE.

ACTE CINQUIÈME.

SCÈNE I.

ARSINOÉ, ATTALE.

ARSINOÉ.

J'ai prévu ce tumulte, et n'en vois rien à craindre;
Comme un moment l'allume, un moment peut l'éteindre[1],
Et si l'obscurité laisse croître ce bruit,
Le jour dissipera les vapeurs de la nuit.
Je me fâche bien moins qu'un peuple se mutine
Que de voir que ton cœur dans son amour s'obstine,
Et d'une indigne ardeur lâchement embrasé,
Ne rend point de mépris à qui t'a méprisé.
Venge-toi d'une ingrate, et quitte une cruelle,
A présent que le sort t'a mis au-dessus d'elle.
Son trône, et non ses yeux, avait dû te charmer:
Tu vas régner sans elle; à quel propos l'aimer?
Porte, porte ce cœur à de plus douces chaînes.
Puisque te voilà roi, l'Asie a d'autres reines,
Qui, loin de te donner des rigueurs à souffrir,
T'épargneront bientôt la peine de t'offrir.

ATTALE.

Mais, madame....

ARSINOÉ.

Eh bien! soit, je veux qu'elle se rende;
Prévois-tu les malheurs qu'ensuite j'appréhende?
Sitôt que d'Arménie elle t'aura fait roi,
Elle t'engagera dans sa haine pour moi.
Mais, ô dieux! pourra-t-elle y borner sa vengeance?
Pourras-tu dans son lit dormir en assurance?

---

1 « On n'allume pas un tumulte : il se fait dans la ville une sédition imprévue. C'est une machine qu'il n'est plus guère permis d'employer aujourd'hui, parce qu'elle est triviale, parce qu'elle n'est pas renfermée dans l'exposition de la pièce, parce que, n'étant pas née du sujet, elle est sans art et sans mérite. » (*Voltaire*.) — On ne voit pas bien pourquoi il serait défendu *d'allumer un tumulte*, quand il est permis de dire *le feu de la sédition*. Cette sédition n'est triviale ni tout à fait imprévue. Laodice ne dit-elle pas dès la première scène :
Nous ferons trembler
Ceux dont les lâchetés pensent nous accabler.
Le peuple ici vous aime et hait ces cœurs infâmes,
Et c'est être bien fort que régner sur tant d'âmes.

Et refusera-t-elle à son ressentiment
Le fer et le poison pour venger son amant?
Qu'est-ce qu'en sa fureur une femme n'essaie[1]?

ATTALE.

Que de fausses raisons pour me cacher la vraie!
Rome, qui n'aime pas à voir un puissant roi,
L'a craint en Nicomède, et le craindrait en moi.
Je ne dois plus prétendre à l'hymen d'une reine,
Si je ne veux déplaire à notre souveraine,
Et puisque la fâcher ce serait me trahir,
Afin qu'elle me souffre, il vaut mieux obéir.
Je sais par quels moyens sa sagesse profonde
S'achemine à grands pas à l'empire du monde[2].
Aussitôt qu'un État devient un peu trop grand,
Sa chute doit guérir l'ombrage qu'elle en prend[3].
C'est blesser les Romains que faire une conquête,
Que mettre trop de bras sous une seule tête[4];
Et leur guerre est trop juste après cet attentat
Que fait sur leur grandeur un tel crime d'État[5].
Eux, qui pour gouverner sont les premiers des hommes,
Veulent que sous leur ordre on soit ce que nous sommes,
Veulent sur tous les rois un si haut ascendant
Que leur empire seul demeure indépendant.
Je les connais, madame, et j'ai vu cet ombrage
Détruire Antiochus, et renverser Carthage[6].
De peur de choir comme eux, je veux bien m'abaisser,
Et cède à des raisons que je ne puis forcer[7].
D'autant plus justement mon impuissance y cède,
Que je vois qu'en leurs mains on livre Nicomède.
Un si grand ennemi leur répond de ma foi;
C'est un lion tout prêt à déchaîner sur moi.

ARSINOÉ.

C'est de quoi je voulais vous faire confidence:
Mais vous me ravissez d'avoir cette prudence.
Le temps pourra changer; cependant prenez soin
D'assurer des jaloux dont vous avez besoin[8].

---

1 « Notumque furens quid femina possit. »   (Virgile.)

2 Racine a imité ce vers, et ne l'a pas égalé:

Depuis ce coup fatal le pouvoir d'Agrippine
Vers sa chute à grands pas chaque jour s'achemine.
Britannicus, act. I, sc. I.

3 « On ne guérit point un ombrage; cette expression est impropre. » (Voltaire.)

4 « Mettre des bras sous une tête! » (Voltaire.)

5 « Un attentat qu'un crime d'État fait sur une grandeur, c'est à la fois un solécisme et un barbarisme. » (Voltaire.)

6 « Un ombrage qui a détruit Carthage! » (Voltaire.)

7 « Des raisons qu'on ne peut forcer, c'est un barbarisme. » (Voltaire.)

8 « Assurer des jaloux ne s'entend point. Quelque sens qu'on donne à cette phrase, elle est inintelligible. » (Voltaire.) — Elle

SCÈNE II[1].

FLAMINIUS, ARSINOÉ, ATTALE.

ARSINOÉ.
Seigneur, c'est remporter une haute victoire
Que de rendre un amant capable de me croire :
J'ai su le ramener aux termes du devoir,
Et sur lui la raison a repris son pouvoir.

FLAMINIUS.
Madame, voyez donc si vous serez capable
De rendre également ce peuple raisonnable.
Le mal croît; il est temps d'agir de votre part[2],
Ou quand vous le voudrez, vous le voudrez trop tard.[3]
Ne vous figurez plus que ce soit le confondre
Que de le laisser faire, et ne lui point répondre.
Rome autrefois a vu de ces émotions,
Sans embrasser jamais vos résolutions[4].
Quand il fallait calmer toute une populace,
Le sénat n'épargnait promesse ni menace,
Et rappelait par là son escadron mutin
Et du mont Quirinal et du mont Aventin,
Dont il l'aurait vu faire une horrible descente,
S'il eût traité longtemps sa fureur d'impuissante,
Et l'eût abandonnée à sa confusion,
Comme vous semblez faire en cette occasion.

ARSINOÉ.
Après ce grand exemple en vain on délibère :
Ce qu'a fait le sénat montre ce qu'il faut faire,
Et le roi... Mais il vient.

---

n'est pas inintelligible, puisque *assurer* s'entend pour *donner de la confiance*. Il est naturel qu'Arsinoé recommande à Attale de ne pas inspirer de défiance aux Romains dont il a besoin.

1 « Cette scène paraît jeter un peu de ridicule sur la reine. Flaminius vient l'avertir, elle et son fils, qu'il n'est pas sage de parler de toute autre chose que d'une sédition qui est à craindre, et lui cite de vieux exemples de l'histoire de Rome; au lieu de s'adresser au roi, il vient parler à sa femme : c'est traiter ce roi en vieillard de comédie qui n'est pas le maître chez lui. » (*Voltaire*.)

2 *De votre part* s'entend ordinairement *en votre nom*; ici il signifie *de votre côté* : « il est temps que vous agissiez. »

3 « Il est trop tard. » Combien ce mot a-t-il fait trébucher de puissances?

4 Expression vague qui signifie, *sans prendre le parti que vous prenez*, c'est-à-dire, de laisser faire.

SCÈNE III.

PRUSIAS, ARSINOÉ, FLAMINIUS, ATTALE.

PRUSIAS.
              Je ne puis plus douter,
Seigneur, d'où vient le mal que je vois éclater :
Ces mutins ont pour chefs les gens de Laodice.
FLAMINIUS.
J'en avais soupçonné déjà son artifice.
ATTALE.
Ainsi votre tendresse et vos soins sont payés [1] !
FLAMINIUS.
Seigneur, il faut agir, et, si vous m'en croyez...

SCÈNE IV.

PRUSIAS, ARSINOÉ, FLAMINIUS, ATTALE, CLÉONE.

CLÉONE.
Tout est perdu, madame, à moins d'un prompt remède :
Tout le peuple à grands cris demande Nicomède ;
Il commence lui-même à se faire raison,
Et vient de déchirer Métrobate et Zénon.
ARSINOÉ.
Il n'est donc plus à craindre, il a pris ses victimes :
Sa fureur sur leur sang va consumer ses crimes ;
Elle s'applaudira de cet illustre effet,
Et croira Nicomède amplement satisfait.
FLAMINIUS.
Si ce désordre était sans chefs et sans conduite,
Je voudrais, comme vous, en craindre moins la suite ;
Le peuple par leur mort pourrait s'être adouci ;
Mais un dessein formé ne tombe pas ainsi :
Il suit toujours son but jusqu'à ce qu'il l'emporte ;
Le premier sang versé rend sa fureur plus forte ;
Il l'amorce, il l'acharne, il en éteint l'horreur,
Et ne lui laisse plus ni pitié ni terreur.

---

[1] « C'est ici une ironie d'Attale ; il a dessein de sauver Nicomède. » (*Voltaire.*)

SCÈNE V.

PRUSIAS, FLAMINIUS, ARSINOÉ, ATTALE, CLÉONE, ARASPE.

ARASPE.

Seigneur, de tous côtés le peuple vient en foule ;
De moment en moment votre garde s'écoule,
Et suivant les discours qu'ici même j'entends,
Le prince entre mes mains ne sera pas longtemps ;
Je n'en puis plus répondre.

PRUSIAS.

Allons, allons le rendre,
Ce précieux objet d'une amitié si tendre.
Obéissons, madame, à ce peuple sans foi,
Qui, las de m'obéir, en veut faire son roi,
Et du haut d'un balcon, pour calmer la tempête,
Sur ses nouveaux sujets faisons voler sa tête.

ATTALE.

Ah, seigneur!

PRUSIAS.

C'est ainsi qu'il lui sera rendu
A qui le cherche ainsi, c'est ainsi qu'il est dû[1].

ATTALE.

Ah! seigneur, c'est tout perdre, et livrer à sa rage
Tout ce qui de plus près touche votre courage[2],
Et j'ose dire ici que votre majesté
Aura peine elle-même à trouver sûreté.

PRUSIAS.

Il faut donc se résoudre à tout ce qu'il m'ordonne,
Lui rendre Nicomède avecque ma couronne :
Je n'ai point d'autre choix, et s'il est le plus fort,
Je dois à son idole ou mon sceptre ou la mort.

FLAMINIUS.

Seigneur, quand ce dessein aurait quelque justice,
Est-ce à vous d'ordonner que ce prince périsse?
Quel pouvoir sur ses jours vous demeure permis?
C'est l'otage de Rome, et non plus votre fils[3] ;

---

[1] Si Prusias était énergique ou féroce par nature, ces vers produiraient un grand effet ; mais pusillanime comme il est, son langage est ridicule.

[2] « Expression vicieuse. » (*Voltaire.*) — Courage est pris dans le sens de cœur.

[3] « Tout ce discours de Flaminius est une conséquence de son caractère artificieux parfaitement soutenu : mais remarquez que jamais des raisonnements politiques ne font un grand effet dans un cinquième acte, où tout doit être action ou sentiment, où la

Je dois m'en souvenir quand son père l'oublie.
C'est attenter sur nous qu'ordonner de sa vie :
J'en dois compte au sénat, et n'y puis consentir.
Ma galère est au port toute prête à partir,
Le palais y répond par la porte secrète :
Si vous le voulez perdre, agréez ma retraite;
Souffrez que mon départ fasse connaître à tous
Que Rome a des conseils plus justes et plus doux,
Et ne l'exposez pas à ce honteux outrage
De voir à ses yeux même immoler son otage.

ARSINOÉ.
Me croirez-vous, seigneur, et puis-je m'expliquer?

PRUSIAS.
Ah! rien de votre part ne saurait me choquer;
Parlez.

ARSINOÉ.
Le ciel m'inspire un dessein dont j'espère
Et satisfaire Rome et ne vous pas déplaire.
S'il est prêt à partir, il peut en ce moment
Enlever avec lui son otage aisément :
Cette porte secrète ici nous favorise.
Mais, pour faciliter d'autant mieux l'entreprise,
Montrez-vous à ce peuple, et, flattant son courroux,
Amusez-le du moins à débattre avec vous [1];
Faites-lui perdre temps, tandis qu'en assurance
La galère s'éloigne avec son espérance.
S'il force le palais, et ne l'y trouve plus,
Vous ferez comme lui le surpris, le confus [2];
Vous accuserez Rome, et promettrez vengeance
Sur quiconque sera de son intelligence.
Vous enverrez après, sitôt qu'il sera jour,
Et vous lui donnerez l'espoir d'un prompt retour,
Ou mille empêchements que vous ferez vous-même
Pourront de toutes parts aider au stratagème [3].
Quelque aveugle transport qu'il témoigne aujourd'hui,
Il n'attentera rien tant qu'il craindra pour lui [4],
Tant qu'il présumera son effort inutile.

---

terreur et la pitié doivent s'emparer de tous les cœurs. » (*Voltaire*.)

[1] « *Débattre* est un verbe réfléchi qui n'emporte point son action avec lui : il en est ainsi de *plaindre*, *souvenir*; on dit *se plaindre*, *se souvenir*, *se débattre*; mais quand *débattre* est actif, il faut un sujet, un objet, un régime : nous avons débattu ce point, cette opinion fut débattue. » (*Voltaire*.)

[2] « C'est un vers de comédie ; et le conseil d'Arsinoé tient aussi un peu du comique. » (*Voltaire*.)

[3] « Le roi et son épouse, qui, dans une situation si pressante, ont resté si longtemps paisibles, se déterminent enfin à prendre un parti ; mais il paraît que le lâche conseil que donne Arsinoé est petit, indigne de la tragédie ; et ses expressions : *faire le surpris, le confus, sitôt qu'il sera jour*, et *fuir vous et moi*, sont d'un style aussi lâche que le conseil. » (*Voltaire*.)

[4] Pour Nicomède.

Ici la délivrance en paraît trop facile,
Et s'il l'obtient, seigneur, il faut fuir vous et moi :
S'il le voit à sa tête, il en fera son roi ;
Vous le jugez vous-même.
PRUSIAS.
Ah ! j'avouerai, madame,
Que le ciel a versé ce conseil dans votre âme¹.
Seigneur, se peut-il voir rien de mieux concerté?
FLAMINIUS.
Il vous assure et vie, et gloire, et liberté,
Et vous avez d'ailleurs Laodice en otage :
Mais qui perd temps ici perd tout son avantage.
PRUSIAS.
Il n'en faut donc plus perdre : allons-y de ce pas.
ARSINOÉ.
Ne prenez avec vous qu'Araspe et trois soldats :
Peut-être un plus grand nombre aurait quelque infidèle.
J'irai chez Laodice et m'assurerai d'elle.
Attale, où courez-vous?
ATTALE.
Je vais de mon côté
De ce peuple mutin amuser la fierté,
A votre stratagème en ajouter quelque autre².
ARSINOÉ.
Songez que ce n'est qu'un que mon sort et le vôtre,
Que vos seuls intérêts me mettent en danger.
ATTALE.
Je vais périr, madame, ou vous en dégager.
ARSINOÉ.
Allez donc. J'aperçois la reine d'Arménie.

SCÈNE VI.

ARSINOÉ, LAODICE, CLÉONE.

ARSINOÉ.
La cause de nos maux doit-elle être impunie?
LAODICE.
Non, madame, et pour peu qu'elle ait d'ambition,
Je vous réponds déjà de sa punition.

---

1 « C'est là que Prusias est plus que jamais un vieillard de Molière, qui ne sait quel parti prendre, et qui trouve toujours que sa femme a raison. »(*Voltaire.*)
2 « Le projet que forme sur-le-champ le prince Attale de délivrer son frère est noble, grand, et produit dans la scène un très-bel effet ; mais la manière dont il l'annonce aux spectateurs ne tient-elle pas trop de la comédie? (*Voltaire.*)

ARSINOÉ.
Vous qui savez son crime, ordonnez de sa peine.
LAODICE.
Un peu d'abaissement suffit pour une reine :
C'est déjà trop de voir son dessein avorté.
ARSINOÉ.
Dites, pour châtiment de sa témérité,
Qu'il lui faudrait du front tirer le diadème.
LAODICE.
Parmi les généreux il n'en va pas de même ;
Ils savent oublier quand ils ont le dessus,
Et ne veulent que voir leurs ennemis confus.
ARSINOÉ.
Ainsi qui peut vous croire, aisément se contente.
LAODICE.
Le ciel ne m'a pas fait l'âme plus violente[1].
ARSINOÉ.
Soulever des sujets contre leur souverain,
Leur mettre à tous le fer et la flamme en la main,
Jusque dans le palais pousser leur insolence,
Vous appelez cela fort peu de violence.
LAODICE.
Nous nous entendons mal, madame, et je le voi,
Ce que je dis pour vous, vous l'expliquez pour moi[2].
Je suis hors de souci pour ce qui me regarde,
Et je viens vous chercher pour vous prendre en ma garde,
Pour ne hasarder pas en vous la majesté
Au manque de respect d'un grand peuple irrité.
Faites venir le roi, rappelez votre Attale ;
Que je conserve en eux la dignité royale :
Ce peuple en sa fureur peut les connaître mal.
ARSINOÉ.
Peut-on voir un orgueil à votre orgueil égal !
Vous, par qui seule ici tout ce désordre arrive,
Vous, qui dans ce palais vous voyez ma captive,
Vous, qui me répondrez au prix de votre sang
De tout ce qu'un tel crime attente sur mon rang,
Vous me parlez encore avec la même audace
Que si j'avais besoin de vous demander grâce !

---

1 « Voici encore, au cinquième acte, dans le moment où l'action est la plus vive, une scène d'ironie, mais remplie de beaux vers. Laodice, en qualité de chef de parti, au lieu de venir braver la reine sous le frivole prétexte de la prendre sous sa protection, devrait veiller plus soigneusement à la suite de la révolte et à la sûreté du prince qu'elle appelle son époux ; elle vient inutilement ; elle n'a rien à dire à Arsinoé. Ces deux femmes se bravent sans savoir en quel état sont leurs affaires ; mais les scènes de bravade réussissent presque toujours au théâtre. » (*Voltaire.*)

2 « Ces méprises entre deux reines, ces équivoques semblent bien peu dignes de la tragédie. » (*Voltaire.*)

ACTE V, SCÈNE VI.

LAODICE.

Vous obstiner, madame, à me parler ainsi,
C'est ne vouloir pas voir que je commande ici,
Que, quand il me plaira, vous serez ma victime.
Et ne m'imputez point ce grand désordre à crime :
Votre peuple est coupable, et dans tous vos sujets
Ces cris séditieux sont autant de forfaits;
Mais pour moi qui suis reine, et qui, dans nos querelles
Pour triompher de vous, vous ai fait ces rebelles,
Par le droit de la guerre il fut toujours permis
D'allumer la révolte entre ses ennemis :
M'enlever mon époux, c'est vous faire la mienne.

ARSINOÉ.

Je la suis donc, madame, et quoi qu'il en avienne,
Si ce peuple une fois enfonce le palais,
C'est fait de votre vie, et je vous le promets.

LAODICE.

Vous tiendrez mal parole, ou bientôt sur ma tombe
Tout le sang de vos rois servira d'hécatombe.
Mais avez-vous encor parmi votre maison
Quelque autre Métrobate, ou quelque autre Zénon?
N'appréhendez-vous point que tous vos domestiques
Ne soient déjà gagnés par mes sourdes pratiques[1]?
En savez-vous quelqu'un si prêt à se trahir,
Si las de voir le jour, que de vous obéir?
Je ne veux point régner sur votre Bithynie :
Ouvrez-moi seulement les chemins d'Arménie,
Et pour voir tout d'un coup vos malheurs terminés,
Rendez-moi cet époux qu'en vain vous retenez.

ARSINOÉ.

Sur le chemin de Rome il vous faut l'aller prendre;
Flaminius l'y mène, et pourra vous le rendre :
Mais hâtez-vous, de grâce, et faites bien ramer,
Car déjà sa galère a pris le large en mer[2].

LAODICE.

Ah! si je le croyais!...

ARSINOÉ.

N'en doutez point, madame.

LAODICE.

Fuyez donc les fureurs qui saisissent mon âme :
Après le coup fatal de cette indignité,
Je n'ai plus ni respect ni générosité.
Mais plutôt demeurez pour me servir d'otage[3]
Jusqu'à ce que ma main de ses fers le dégage.
J'irai jusque dans Rome en briser les liens,

---

1 Voy. ci-dessus, p. 464, not. 2.

2 « Ironie, ou plutôt plaisanterie indigne de la noblesse tragique, ainsi que toutes celles qu'on a remarquées. » (*Voltaire.*)

3 « Elle lui parle comme si elle était maîtresse du palais; elle devrait donc avoir des gardes. » (*Voltaire.*)

Avec tous vos sujets, avecque tous les miens;
Aussi bien Annibal nommait une folie
De présumer la vaincre ailleurs qu'en Italie [1].
Je veux qu'elle me voie au cœur de ses États
Soutenir ma fureur d'un million de bras,
Et sous mon désespoir rangeant sa tyrannie...

ARSINOÉ.
Vous voulez donc enfin régner en Bithynie?
Et dans cette fureur qui vous trouble aujourd'hui,
Le roi pourra souffrir que vous régniez pour lui?

LAODICE.
J'y régnerai, madame, et sans lui faire injure.
Puisque le roi veut bien n'être roi qu'en peinture
Que lui doit importer qui donne ici la loi,
Et qui règne pour lui des Romains ou de moi?
Mais un second otage entre mes mains se jette.

SCÈNE VII.

ARSINOÉ, LAODICE, ATTALE, CLÉONE.

ARSINOÉ.
Attale, avez-vous su comme ils ont fait retraite?

ATTALE.
Ah! madame!

ARSINOÉ.
　　　Parlez.

ATTALE.
　　　　　Tous les dieux irrités
Dans les derniers malheurs nous ont précipités.
Le prince est échappé [3].

LAODICE.
　　　　　Ne craignez plus, madame;
La générosité déjà rentre en mon âme.

---

1 Racine s'est inspiré de ce passage lorsqu'il fait dire à Mithridate (act. II, sc. 1):

　　Annibal l'a prédit, croyons-en ce grand homme,
　　On ne vaincra jamais les Romains que dans Rome.

Cette idée se trouve dans Justin (l. XXX, c. v): « Ait Annibal Romanos vinci non nisi armis suis posse, nec Italiam aliter quam italicis viribus subigi. »

2 « *Être roi en peinture* : cette expression est du grand nombre de celles auxquelles on reproche d'être trop familières. » (*Voltaire.*)

3 « C'est dommage que la belle action d'Attale ne se présente ici que sous l'idée d'un mensonge et d'une supercherie: *le prince est échappé* tient encore du comique. » (*Voltaire.*)

ARSINOÉ.
Attale, prenez-vous plaisir à m'alarmer?
ATTALE.
Ne vous flattez point tant que de le présumer.
Le malheureux Araspe, avec sa faible escorte,
L'avait déjà conduit à cette fausse porte;
L'ambassadeur de Rome était déjà passé,
Quand, dans le sein d'Araspe, un poignard enfoncé
Le jette aux pieds du prince. Il s'écrie, et sa suite,
De peur d'un pareil sort, prend aussitôt la fuite.
ARSINOÉ.
Et qui dans cette porte a pu le poignarder?
ATTALE.
Dix ou douze soldats qui semblaient la garder.
Et ce prince...
ARSINOÉ.
Ah! mon fils! qu'il est partout de traîtres!
Qu'il est peu de sujets fidèles à leurs maîtres!
Mais de qui savez-vous un désastre si grand?
ATTALE.
Des compagnons d'Araspe, et d'Araspe mourant.
Mais écoutez encor ce qui me désespère.
J'ai couru me ranger auprès du roi mon père;
Il n'en était plus temps : ce monarque étonné
A ses frayeurs déjà s'était abandonné,
Avait pris un esquif pour tâcher de rejoindre
Ce Romain dont l'effroi peut-être n'est pas moindre.

SCÈNE VIII.

PRUSIAS, FLAMINIUS, ARSINOÉ, LAODICE, ATTALE, CLÉONE.

PRUSIAS.
Non, non, nous revenons l'un et l'autre en ces lieux
Défendre votre gloire, ou mourir à vos yeux[1].
ARSINOÉ.
Mourons, mourons, seigneur, et dérobons nos vies

---

1 « Corneille dit lui-même, dans son Examen, qu'il avait d'abord fini sa pièce sans faire revenir l'ambassadeur et le roi; qu'il n'a fait ce changement que pour plaire au public, qui aime à voir à la fin d'une pièce tous les acteurs réunis : il convient que ce retour avilit encore plus le caractère de Prusias, de même que celui de Flaminius, qui se trouve dans une situation humiliante, puisqu'il semble n'être revenu que pour être témoin du triomphe de son ennemi. Cela prouve que le plan de cette tragédie était impraticable. » (*Voltaire.*) — Il fallait seulement que le caractère de Prusias fût sacrifié; et il est vrai de dire que Corneille a fait le sacrifice complet.

A l'absolu pouvoir des fureurs ennemies ;
N'attendons pas leur ordre, et montrons-nous jaloux
De l'honneur qu'ils auraient à disposer de nous[1].

LAODICE.

Ce désespoir, madame, offense un si grand homme
Plus que vous n'avez fait en l'envoyant à Rome :
Vous devez le connaître, et puisqu'il a ma foi,
Vous devez présumer qu'il est digne de moi.
Je le désavouerais s'il n'était magnanime,
S'il manquait à remplir l'effort de mon estime[2],
S'il ne faisait paraître un cœur toujours égal.
Mais le voici, voyez si je le connais mal.

SCÈNE IX.

PRUSIAS, NICOMÈDE, ARSINOÉ, LAODICE, FLAMINIUS, ATTALE, CLÉONE.

NICOMÈDE.

Tout est calme, seigneur ; un moment de ma vue
A soudain apaisé la populace émue.

PRUSIAS.

Quoi ! me viens-tu braver jusque dans mon palais,
Rebelle ?

NICOMÈDE.

C'est un nom que je n'aurai jamais.
Je ne viens point ici montrer à votre haine
Un captif insolent d'avoir brisé sa chaîne ;
Je viens en bon sujet vous rendre le repos[3]
Que d'autres intérêts troublaient mal à propos.

---

1 « La pensée est très-mal exprimée : il fallait dire : *ravissons-leur, en mourant, la gloire d'ordonner de notre sort.*» (*Voltaire.*)

2 « *Manquer à remplir l'effort d'une estime!* On ne voit point cette foule de barbarismes dans les belles scènes d'*Horace* et de *Cinna*. Par quelle fatalité Corneille écrivait-il toujours avec plus d'incorrection à mesure que la langue se perfectionnait sous Louis XIV ? Plus son goût et son style devaient se perfectionner, et plus ils se corrompaient. » (*Voltaire.*)

3 « Nicomède, toujours fier et dédaigneux, bravant toujours son père, sa marâtre et les Romains, devient généreux, et même docile, dans le moment où ils veulent le perdre et où il se trouve leur maître. Cette grandeur d'âme réussit toujours ; mais il ne doit pas dire qu'il adore les bontés d'Arsinoé. Quant au royaume qu'il offre de conquérir au prince Attale, cette promesse ne paraît-elle pas trop romanesque ? et ne peut-on pas craindre que cette vanité ne fasse une opposition trop forte avec les discours nobles et sensés qui la précèdent ! Au reste, le retour de Nicomède dut faire grand plaisir aux spectateurs ; et je présume qu'il en eût fait davantage si ce prince eût été dans un danger évident de perdre la vie. » (*Voltaire.*)

Non que je veuille à Rome imputer quelque crime :
Du grand art de régner elle suit la maxime,
Et son ambassadeur ne fait que son devoir,
Quand il veut entre nous partager le pouvoir.
Mais ne permettez pas qu'elle vous y contraigne;
Rendez-moi votre amour, afin qu'elle vous craigne;
Pardonnez à ce peuple un peu trop de chaleur
Qu'à sa compassion a donné mon malheur;
Pardonnez un forfait qu'il a cru nécessaire,
Et qui ne produira qu'un effet salutaire.
    Faites-lui grâce aussi, madame, et permettez
Que jusques au tombeau j'adore vos bontés.
Je sais par quel motif vous m'êtes si contraire :
Votre amour maternel veut voir régner mon frère,
Et je contribuerai moi-même à ce dessein,
Si vous pouvez souffrir qu'il soit roi de ma main.
Oui, l'Asie à mon bras offre encor des conquêtes,
Et pour l'en couronner mes mains sont toutes prêtes :
Commandez seulement, choisissez en quels lieux,
Et j'en apporterai la couronne à vos yeux.

ARSINOÉ.

Seigneur, faut-il si loin pousser votre victoire,
Et qu'ayant en vos mains et mes jours et ma gloire,
La haute ambition d'un si puissant vainqueur
Veuille encor triompher jusque dedans mon cœur?
Contre tant de vertu je ne puis le défendre;
Il est impatient lui-même de se rendre.
Joignez cette conquête à trois sceptres conquis,
Et je croirai gagner en vous un second fils.

PRUSIAS.

Je me rends donc aussi, madame, et je veux croire
Qu'avoir un fils si grand est ma plus grande gloire¹.
Mais, parmi les douceurs qu'enfin nous recevons,
Faites-nous savoir, prince, à qui nous vous devons.

NICOMÈDE.

L'auteur d'un si grand coup m'a caché son visage;
Mais il m'a demandé mon diamant pour gage²,
Et me le doit ici rapporter dès demain.

ATTALE.

Le voulez-vous, seigneur, reprendre de ma main?

NICOMÈDE.

Ah! laissez-moi toujours à cette digne marque

---

1 « Si Prusias n'est pas du commencement jusqu'à la fin un vieillard de comédie, j'ai tort. » (*Voltaire.*)

2 « Attale paraît ici bien prudent, et Nicomède bien peu curieux ; mais si ce moyen n'est pas digne de la tragédie, la situation n'en est pas moins belle ; il paraît seulement bien injuste et bien odieux qu'Attale ait assassiné un officier du roi son père, qui faisait son devoir. A l'égard du diamant, je ne sais si Boileau, qui blâmait tant l'anneau royal dans Astrate, était content du diamant de Nicomède. » (*Voltaire.*)

Reconnaître en mon sang un vrai sang de monarque.
Ce n'est plus des Romains l'esclave ambitieux,
C'est le libérateur d'un sang si précieux.
Mon frère, avec mes fers vous en brisez bien d'autres,
Ceux du roi, de la reine, et les siens et les vôtres.
Mais pourquoi vous cacher en sauvant tout l'État ?

ATTALE.

Pour voir votre vertu dans son plus haut éclat ;
Pour la voir seule agir contre notre injustice,
Sans la préoccuper par ce faible service,
Et me venger enfin ou sur vous ou sur moi,
Si j'eusse mal jugé de tout ce que je voi.
Mais, madame...

ARSINOÉ.

Il suffit, voilà le stratagème
Que vous m'aviez promis pour moi contre moi-même :
(*à Nicomède.*)
Et j'ai l'esprit, seigneur, d'autant plus satisfait,
Que mon sang rompt le cours du mal que j'avais fait.

NICOMÈDE, *à Flaminius.*

Seigneur, à découvert, toute âme généreuse
D'avoir votre amitié doit se tenir heureuse ;
Mais nous n'en voulons plus avec ces dures lois
Qu'elle jette toujours sur la tête des rois :
Nous vous la demandons hors de la servitude,
Ou le nom d'ennemi nous semblera moins rude.

FLAMINIUS, *à Nicomède.*

C'est de quoi le sénat pourra délibérer :
Mais cependant pour lui j'ose vous assurer,
Prince, qu'à ce défaut vous aurez son estime,
Telle que doit l'attendre un cœur si magnanime,
Et qu'il croira se faire un illustre ennemi,
S'il ne vous reçoit pas pour généreux ami.

PRUSIAS.

Nous autres, réunis sous de meilleurs auspices,
Préparons à demain de justes sacrifices,
Et demandons aux dieux, nos dignes souverains,
Pour comble de bonheur l'amitié des Romains [1].

---

[1] « Cette pièce est peut-être une des plus fortes preuves du génie de Corneille ; et je ne suis pas étonné de l'affection qu'il avait pour elle. Ce genre est non-seulement le moins théâtral de tous, mais le plus difficile à traiter. Il n'a point cette magie qui transporte l'âme, comme le dit si bien Horace. » (*Voltaire.*) — Pourquoi donc avoir fait tant de notes acerbes ?

FIN.

EXAMEN DE NICOMÈDE.

Voici une pièce d'une constitution assez extraordinaire ; aussi est-ce la vingt et unième que j'ai mise sur le théâtre ; et après y avoir fait réciter quarante mille vers, il est bien malaisé de trouver quelque chose de nouveau, sans s'écarter un peu du grand chemin, et se mettre au hasard de s'égarer. La tendresse et les passions, qui doivent être l'âme des tragédies, n'ont aucune part en celle-ci ; la grandeur de courage y règne seule, et regarde son malheur d'un œil si dédaigneux, qu'il n'en saurait arracher une plainte. Elle y est combattue par la politique, et n'oppose à ses artifices qu'une prudence généreuse, qui marche à visage découvert, qui prévoit le péril sans s'émouvoir, et qui ne veut point d'autre appui que celui de sa vertu, et de l'amour qu'elle imprime dans les cœurs de tous les peuples.

L'histoire qui m'a prêté de quoi la faire paraître en ce haut degré est tirée du trente-quatrième livre de Justin. J'ai ôté de ma scène l'horreur de sa catastrophe, où le fils fait assassiner son père qui lui en avait voulu faire autant, et n'ai donné ni à Prusias ni à Nicomède aucun dessein de parricide. J'ai fait ce dernier amoureux de Laodice, reine d'Arménie, afin que l'union d'une couronne voisine à la sienne donnât plus d'ombrage aux Romains, et leur fît prendre plus de soin d'y mettre un obstacle de leur part. J'ai approché de cette histoire celle de la mort d'Annibal, qui arriva un peu auparavant chez ce même roi, et dont le nom n'est pas un petit ornement à mon ouvrage. J'en ai fait Nicomède disciple, pour lui prêter plus de valeur et plus de fierté contre les Romains ; et, prenant l'occasion de l'ambassade où Flaminius fut envoyé par eux vers ce roi leur allié pour demander qu'on remît entre leurs mains ce vieil ennemi de leur grandeur, je l'ai chargé d'une commission secrète de traverser ce mariage, qui leur devait donner de la jalousie. J'ai fait que, pour gagner l'esprit de la reine, qui, suivant l'ordinaire des secondes femmes, avait tout pouvoir sur celui de son vieux mari, il lui ramène un de ses fils, que mon auteur m'apprend avoir été nourri à Rome. Cela fait deux effets; car, d'un côté, il obtient la perte d'Annibal par le moyen de cette mère ambitieuse, et, de l'autre, il oppose à Nicomède un rival appuyé de toute la faveur des Romains, jaloux de sa gloire et de sa grandeur naissante.

Les assassins qui découvrirent à ce prince les sanglants desseins de son père, m'ont donné jour à d'autres artifices pour le faire tomber dans les embûches que sa belle-mère lui avait préparées; et pour la fin, je l'ai réduite en sorte que tous mes personnages y agissent avec générosité, et que les uns rendant ce qu'ils doivent à la vertu, et les autres demeurant dans la fermeté de leur devoir, laissent un exemple assez illustre et une conclusion assez agréable.

La représentation n'en a point déplu, et ce ne sont pas les moindres vers qui soient partis de ma main. Mon principal but a été de peindre la politique des Romains au dehors, et comme ils agissaient impérieusement avec les rois leurs alliés; leurs maximes pour les empêcher de s'accroître, et les soins qu'ils prenaient de traverser leur grandeur quand elle commençait à leur devenir suspecte, à force de s'augmenter et de se rendre considérable par de nouvelles conquêtes. C'est le caractère que j'ai donné à leur république en la personne de son ambassadeur Flaminius, à qui j'oppose un prince intrépide, qui voit sa perte assurée sans s'ébranler, et qui brave l'orgueilleuse masse de leur puissance, lors même qu'il en est accablé. Ce héros de ma façon sort un peu des règles de la tragédie, en ce qu'il ne cherche point à faire pitié par l'excès de ses infortunes : mais le succès a montré que la fermeté des grands cœurs, qui n'excite que de l'admiration dans l'âme du spectateur, est quelquefois aussi agréable que la compassion que notre art nous ordonne d'y produire par la représentation de leurs malheurs. Il en fait naître toutefois quelqu'une, mais elle ne va pas jusqu'à tirer des larmes. Son effet se borne à mettre les auditeurs dans les intérêts de ce prince, et à leur faire former des souhaits pour ses prospérités.

Dans l'admiration qu'on a pour sa vertu, je trouve une manière de purger les passions, dont n'a point parlé Aristote, et qui est peut-être plus sûre que celle qu'il prescrit à la tragédie par le moyen de la pitié et de la crainte. L'amour qu'elle nous donne pour cette vertu que nous admirons nous imprime de la haine pour le vice contraire. La grandeur de courage de Nicomède nous laisse une aversion de la pusillanimité; et la généreuse reconnaissance d'Héraclius qui expose sa vie pour Martian, à qui il est redevable de la sienne, nous jette dans l'horreur de l'ingratitude.

Je ne veux point dissimuler que cette pièce est une de celles pour qui j'ai le plus d'amitié. Aussi n'y remarquerai-je que ce défaut de la fin qui va trop vite, comme je l'ai dit ailleurs, et où l'on peut même trouver quelque inégalité de mœurs en Prusias et Flaminius, qui, après avoir pris la fuite sur la mer, s'avisent tout d'un coup de rappeler leur courage, et viennent se ranger auprès de la reine Arsinoé, pour mourir avec elle en la défendant. Flaminius y demeure en assez méchante posture, voyant réunir toute la famille royale, malgré les soins qu'il avait pris de la diviser, et les instructions qu'il en avait apportées de Rome. Il s'y voit enlever par Nicomède les affections de cette reine et du prince Attale, qu'il avait choisis pour instruments à traverser sa grandeur, et semble n'être revenu que pour être témoin du triomphe qu'il remporte sur lui. D'abord j'avais fini la pièce sans les faire revenir, et m'étais contenté de faire témoigner par Nicomède à sa belle-mère grand déplaisir de ce que la fuite du roi ne lui permettait pas de lui rendre ses obéissances.

Cela ne démentait point l'effet historique, puisqu'il laissait sa mort en incertitude; mais le goût des spectateurs, que nous avons accoutumés à voir rassembler tous nos personnages à la conclusion de cette sorte de poëmes, fut cause de ce changement, où je me résolus, pour leur donner plus de satisfaction, bien qu'avec moins de régularité.

FIN DE NICOMEDE.

TABLE DES MATIÈRES.

Notice... Pag.	I
Épître à madame de Combalet............................	1
Avertissement sur la tragédie du Cid....................	5
Le Cid...	15
Examen du Cid..	98
Épître à monseigneur le cardinal duc de Richelieu.......	109
Extrait de Tite Live...................................	113
Horace...	119
Examen d'Horace..	183
Épître à M. de Montoron................................	191
Extrait de Sénèque.....................................	194
Extrait de Montaigne...................................	197
Cinna..	201
Examen de Cinna..	263
Épître à la reine régente..............................	269
Abrégé du martyre de saint Polyeucte...................	273
Polyeucte..	279
Examen de Polyeucte....................................	350
Épître à monseigneur le prince.........................	357
Extrait d'Appian Alexandrin............................	359
Rodogune...	365
Examen de Rodogune.....................................	434
Avis au lecteur..	443
Nicomède...	447
Examen de Nicomède.....................................	517

FIN DE LA TABLE.

PARIS. — TYPOGRAPHIE LAHURE
Rue de Fleurus, 9

AUTRES OUVRAGES DE M. GÉRUZEZ

PUBLIÉS PAR LA MÊME LIBRAIRIE

Mélanges et Pensées. 1 vol. in-18 jésus.   1 fr. 25 c.
Leçons de mythologie. 1 vol. grand in-8 avec 6 planches contenant 69 sujets, broché.   1 fr. 25 c.

    Cet ouvrage fait partie du *Cours complet d'éducation pour les filles*.

Petit Cours de mythologie, contenant les Mythologies grecque et romaine, et un précis des récits fabuleux chez les Indous, les Perses, les Égyptiens et les Scandinaves. Nouvelle édition. 1 vol. in-12, cartonné.   90 c.

    Ouvrage autorisé par le Conseil de l'Instruction publique.

Boileau : *Œuvres poétiques.* Nouvelle édition classique, publiée avec une notice biographique et littéraire, et des notes. 1 volume in-12, cartonné.   1 fr. 50 c.

Florian : *Fables*, suivies des poèmes de Tobie et de Ruth, avec des notes. 1 volume in-18, cartonné.   60 c.

La Fontaine : *Fables.* Nouvelle édition classique, précédée d'une notice biographique et littéraire, suivie de Philémon et Baucis, et accompagnée de notes. 1 volume petit in-16, cartonné.   1 fr. 60 c.

    Édition autorisée par le Conseil de l'Instruction publique.

— *Choix de Fables*, avec une notice biographique et des notes tirées de l'édition classique. 1 volume in-8, cartonné.   1 fr.

Racine : *Théâtre choisi.* Édition classique, publiée avec une notice biographique et littéraire et des notes. 1 volume in-12, cartonné.   2 fr. 50 c.

Rousseau (J.-B.) : *Œuvres lyriques.* Édition classique, suivie d'un extrait des poésies de Malherbe, de Racan, de J. Racine, d'un choix d'épigrammes, et accompagnée de notes. 1 volume in-12, cartonné.   1 fr. 25 c.

Voltaire : *Théâtre choisi.* Édition classique, publiée avec une notice biographique et littéraire et des notes. 1 volume in-12, cartonné.   2 fr. 50 c.

Typographie Lahure, rue de Fleurus, 9, à Paris.

www.ingramcontent.com/pod-product-compliance
Lightning Source LLC
Chambersburg PA
CBHW060402230426
43663CB00008B/1365